GOUVERNEMENT GÉNÉRAL DE MADAGASCAR

ET DÉPENDANCES

# GUIDE DE L'IMMIGRANT

A

## MADAGASCAR

PUBLIÉ PAR LA COLONIE AVEC LE CONCOURS DU COMITÉ DE MADAGASCAR

### TOME PREMIER

Histoire. — Géographie. — Organisation administrative.

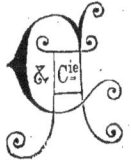

Armand Colin & C<sup>ie</sup>, Éditeurs

Paris, 5, rue de Mézières

Tous droits réservés.

L'ouvrage comprend trois volumes de texte et un atlas.

# GUIDE DE L'IMMIGRANT

## MADAGASCAR

38849. — PARIS, IMPRIMERIE LAHURE
9, rue de Fleurus, 9

GOUVERNEMENT GÉNÉRAL DE MADAGASCAR

ET DÉPENDANCES

# GUIDE DE L'IMMIGRANT

A

## MADAGASCAR

OUVRAGE

PUBLIÉ AU GOUVERNEMENT GÉNÉRAL, AVEC LE CONCOURS DU COMITÉ DE MADAGASCAR,
A L'AIDE DES RAPPORTS
DES CHEFS DE SERVICES, ADMINISTRATEURS, OFFICIERS,
RASSEMBLÉS ET MIS EN ORDRE
PAR LE CAPITAINE NÈPLE, DE L'ÉTAT-MAJOR DU CORPS D'OCCUPATION

COMPRENANT

3 VOLUMES DE TEXTE ET UN ATLAS

TOME PREMIER

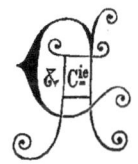

PARIS

ARMAND COLIN ET C<sup>ie</sup>, ÉDITEURS

5, RUE DE MÉZIÈRES, 5

1899

Tous droits réservés.

# PRÉFACE[1]

Il y a peu de pays, peu de colonies, qui aient été l'objet d'appréciations aussi diverses que Madagascar ; tous les auteurs, qui ont présenté au public cette grande île qu'ils venaient de parcourir ou qu'ils avaient habitée pendant quelques années, ne se sont pas fait faute d'attirer l'attention de leurs lecteurs, avec une égale bonne foi et d'égales convictions, tantôt sur les ressources extraordinaires de son sol et de son sous-sol, tantôt sur la pauvreté extrême de ce coin de l'univers qu'ils disaient deshérité.

Chacun jugeait sur les données qu'il avait acquises, sur les résultats qu'il avait obtenus et sur les espérances qu'il croyait légitimes ; on conçoit aisément combien ces facteurs sont variables ; aucun de ces ouvriers de la première heure ne pouvait se prononcer en parfaite connaissance de cause, n'ayant sur beaucoup de régions de l'île que des renseignements vagues ou incomplets, et, même, dans les régions les mieux connues, ne pouvant s'appuyer que sur des expériences restreintes, des essais souvent tentés dans des conditions exceptionnellement favorables, ou, au contraire, voués d'avance à l'insuccès.

Malgré ces contradictions, qui devraient mettre en garde les moins méfiants, Madagascar attire aujourd'hui l'attention de tous ; l'opinion publique a fait un choix dans les légendes les plus flatteuses dont la renommée embellissait notre jeune Colonie et il est entendu aujour-

---

[1] À la demande du général Gallieni, gouverneur général de Madagascar, M. A. Grandidier, membre de l'Institut et président d'honneur du comité de Madagascar, a bien voulu présider à la publication et à l'impression du *Guide de l'Immigrant à Madagascar* et de son *Atlas*, laissant, bien entendu, aux auteurs des diverses parties de cet ouvrage la responsabilité des opinions émises par eux.

Décembre 1898.

d'hui par beaucoup de nos compatriotes que ce dernier fleuron de notre empire d'outre-mer est le plus beau et le plus riche ; la fertilité de son sol est devenue presque proverbiale, ses mines sont considérées comme des trésors inépuisables, on croit ses richesses forestières incalculables, le reste à l'avenant ; si les grandes sociétés, qui prêtent à la Colonie le concours de leurs ingénieurs et de leurs actionnaires, savent, en général, ramener à des proportions raisonnables ces appréciations trop élogieuses, il n'en est pas toujours de même du petit colon ; combien de nos compatriotes ont quitté la France, n'ayant pour tout capital que leur intelligence, persuadés qu'une volonté et deux bras leur seraient suffisants pour amasser en quelques mois une grande fortune ; de tout ce qu'ils avaient entendu sur Madagascar, ils n'avaient retenu que ce qui pouvait encourager leurs belles espérances ; le réveil a été dur pour beaucoup de ces malheureux, quand, tirés de leur songe, ils se sont trouvés aux prises avec la réalité.

Le Gouvernement de la Colonie devait à tous de publier des données certaines sur la colonisation de Madagascar, de fixer des bases d'appréciation, dans un esprit dégagé de toutes considérations étrangères au bien de la Colonie et aux intérêts des Français qui veulent tenter sa mise en valeur ; de là, « le Guide » que nous avons l'honneur de présenter au public.

Que l'on ne s'étonne point de son apparition tardive : nul n'ignore les dangers qu'a courus notre conquête de 1895 ; notre clémence et notre bienveillance, après la victoire, furent prises pour de la faiblesse par un peuple qui ne méritait ni l'une ni l'autre ; la fourberie et la duplicité des Hovas se donnèrent libre carrière durant les mois qui suivirent l'occupation de Tananarive ; les intrigues se nouèrent et associèrent à ce que quelques patriotes appelaient la cause sacrée celle que défendaient depuis longtemps des bandits de grand chemin comme Rainibetsimisaraka.

Peu à peu, sur des ordres partis du Palais de la Reine, l'agitation se transforma en révolte : elle éclata loin de Tananarive, au nord, dans le Vonizongo, au sud, dans la province d'Arivonimamo ; elle gagna les abords de la capitale. L'insurrection s'organisa, elle eut ses chefs, Rabozaka, Rabezavana, Rainibetsimisaraka ; elle eut sa caisse, alimentée par des dons généreux ; elle eut ses soldats recrutés dans les populations des campagnes que quelques factieux savaient terroriser et entraîner à leur suite.

C'est l'époque sombre où nos compatriotes sont massacrés dès qu'ils s'éloignent des postes et se risquent à voyager seuls : Duret de Brie, Garnier, le Père Berthier, la famille Johnson furent les premières victimes dont les noms ouvrirent un martyrologe qui ne fit que s'accroître pendant des mois.

En France, l'opinion s'émut; l'expédition de 1895 avait coûté bien des deuils et bien des sacrifices; allait-il falloir encore risquer la vie de beaucoup d'hommes, dépenser beaucoup de millions pour pacifier un pays dont la conquête nous coûtait déjà si cher? On décida, d'abord, de confier au général Gallieni la pacification de l'Émyrne et du pays Betsiléo : quelques jours après, le 28 septembre 1896, il était investi des fonctions de Résident général et centralisait dans ses mains les pouvoirs civils et militaires.

Nous ne redirons point ici le détail des mesures qui lui parurent propres à assurer la pacification : le rappel des gouverneurs hovas de toutes les provinces non peuplées par des Hovas et leur remplacement par des chefs autochtones; le fractionnement des pays soulevés en territoires militaires, cercles et secteurs, chacune de ces subdivisions ayant à sa tête un officier centralisant lui aussi tous les pouvoirs dans ses mains et assumant la pleine responsabilité de tout ce qui se passait dans les régions à lui confiées; les luttes journalières de nos troupes contre les rebelles, luttes opiniâtres, acharnées, dont les abords de Tananarive furent le premier théâtre, et qui, progressant du centre à la périphérie, nettoyèrent l'Émyrne, le Nord et l'Est de l'île; l'abaissement progressif du prestige de la monarchie hova jusqu'à la disparition de son dernier vestige, du fantôme de reine que le traité de 1895 avait cru devoir conserver.

Dix-huit mois à peine se sont écoulés depuis la mise en application de ces mesures et ce pays de 600 000 kilomètres carrés, grand comme la France, la Belgique et la Hollande réunies, est près d'être complètement pacifié.

Mais, durant toute cette période, il ne pouvait être question du développement économique de l'île. Pouvait-on en effet songer à favoriser l'extension des entreprises agricoles ou industrielles, à faire appel aux capitaux de la Métropole, lorsque périclitaient les situations précédemment acquises, lorsque la vie de chacun était menacée, lorsque l'existence même de la Colonie était assez gravement compromise.

Aujourd'hui, tout le versant oriental de l'île, le plus riche, est ouvert à la colonisation, sauf la région encore insuffisamment calme qui s'étend au sud-est du pays Betsiléo, entre Ikongo, Ivohibé et Betroky (pays qu'a traversé et levé cependant sans incident, à la fin de 1897, un officier à peine escorté de quinze hommes).

Le nord-ouest de l'île, qui est riche, est entièrement pacifié jusqu'à la route Majunga-Tananarive et s'ouvre également aux entreprises de nos nationaux.

L'intérieur, l'Émyrne et le Betsiléo, jouit depuis longtemps de la sécurité la plus absolue ; il est parcouru journellement, étudié, scruté, fouillé par nos colons sans escorte.

L'occupation de tout le versant ouest de l'Ambongo à Tulléar est sur le point d'être achevée. Déjà, nos colons ont commencé à y pénétrer et à s'y établir à la suite de nos troupes. C'est ainsi que des exploitations aurifères sont en activité dans le Betsiriry; nous ne parlons pas de la zone côtière (Maintirano, Morondava, Tulléar), dont le commerce n'a pour ainsi dire pas été interrompu. Il est permis d'espérer que notre expansion progressive dans ces vastes régions du versant occidental sera à la fin de cette saison un fait accompli et que les derniers mois de cette année 1898 nous trouveront solidement et définitivement établis dans tout le pays sakalave, qui s'étend de Majunga à Tulléar.

A ce moment, qu'il semble préférable d'attendre, ce vaste pays encore peu connu, mais assez riche, comme on le verra dans le cours de cet ouvrage, s'ouvrira lui aussi aux entreprises agricoles, commerciales ou industrielles de nos colons, dont l'activité ne manquera pas d'aliment.

Reste l'extrême sud de l'île habité par les Antandroy et les Mahafaly. Cette région est presque totalement inconnue. L'insuffisance des moyens dont dispose le Gouvernement général n'a point encore permis d'y pénétrer, et le peu de renseignements qu'il a été possible de recueillir sur ces territoires et leurs habitants ne sont nullement de nature à tourner encore vers ces pays notre attention et nos intérêts. Les voyageurs qui s'en sont le plus approchés s'accordent pour reconnaître que cette partie de l'île, inculte, aride, dépourvue d'eau, n'est occupée que par des populations sauvages, qui ne vivent que de pillage et de rapines.

On le voit par ce court exposé : la pacification est complète dans les deux tiers de Madagascar.

Mais la pacification n'est qu'une des phases, la première, de l'organisation d'une conquête; toutes les autres phases, les pays que nous occupons effectivement les ont également traversées. Ces pays non seulement jouissent aujourd'hui d'une sécurité absolue, mais encore ils sont organisés, administrés, repeuplés, remis en culture à un tel point que, malgré le peu de temps qui s'est écoulé depuis les dernières scènes de l'insurrection, il n'en reste plus aujourd'hui aucune trace.

Le moment semble donc venu de présenter Madagascar à ceux de nos compatriotes qu'intéressent les choses coloniales, de faire connaître à nos cultivateurs, à nos industriels, à nos commerçants, les ressources de notre nouvelle possession, le parti qu'on peut en tirer, les entreprises auxquelles elle semble devoir se prêter.

Dès que l'état de la pacification a permis de songer à mettre en valeur le sol malgache, l'administration s'est immédiatement préoccupée de faciliter par tous les moyens en son pouvoir la venue et l'établissement de nos compatriotes dans la Colonie.

C'est dans ce but qu'ont été institués les bureaux de colonisation au chef-lieu de chaque cercle et de chaque province et l'office du travail au Gouvernement général. De plus, l'administration a fait reconnaître, étudier, délimiter des lots dans chaque province ou cercle, de telle sorte que le colon arrivant de France peut immédiatement être mis en possession de l'un de ces lots qu'il choisit d'après le genre d'exploitation auquel il désire se livrer. Chaque lot fait l'objet d'une notice descriptive très complète accompagnée de croquis détaillés, dont l'immigrant peut prendre connaissance, soit au Gouvernement général (Bureau des affaires civiles, 3e section), soit au chef-lieu même du cercle ou de la province (Bureau de colonisation).

Le lecteur trouvera au chapitre III de la quatrième partie le résumé de toutes ces notices et pourra, à l'aide de la carte générale des lots que contient l'atlas, jeter en toute connaissance de cause son dévolu sur un terrain approprié à l'exploitation qu'il se propose d'entreprendre. Ce même chapitre contient, en outre, l'indication de toutes les formalités à remplir pour obtenir une concession agricole, soit à titre gratuit, soit à titre onéreux, en même temps que tous les renseignements désirables sur les conditions d'installation et d'existence dans la région, le prix de la main-d'œuvre, les moyens de communication et de transport, etc.; d'un autre côté, les cultures qui, présentant le plus de chances de réussite, semblent devoir être conseillées, font l'objet du chapitre Ier de la quatrième partie.

Les productions végétales actuelles de l'île sont exposées tout au long dans le chapitre II de la troisième partie ; voilà pour l'agriculteur. De son côté, le commerçant trouvera au chapitre V de la troisième partie un exposé complet de la situation commerciale dans les différentes provinces de l'île, avec les prix de tous les articles ou denrées, l'indication des centres commerciaux, des tendances des demandes et des offres.

Enfin le chapitre IV de la troisième partie présente à l'industriel le tableau des principales industries que l'on rencontre aujourd'hui dans la grande île, et le chapitre II de la quatrième partie détaille celles qui paraissent pouvoir être entreprises avec succès dans la Colonie, en indiquant les différentes régions qui s'y prêtent, les capitaux qu'elles exigent et les meilleures conditions et avantages de chacune d'elles. Toutes les formalités à remplir pour obtenir soit une concession forestière, soit une concession minière, sont d'ailleurs exposées dans le chapitre II (quatrième partie).

Tous ces renseignements[1] comme d'ailleurs tous ceux que contient le Guide ont été puisés aux sources les plus autorisées. Ils sont empruntés, la plupart du temps, aux rapports des administrateurs et commandants de cercles mieux à même que personne de connaître à fond la situation économique de leur circonscription. Ce n'est que justice d'ailleurs de dire que tous s'y sont employés entièrement et avec succès. La description des côtes est due presque entièrement au concours de la Division navale et en particulier à MM. Louel, lieutenant de vaisseau adjudant de division, Moret, enseigne de vaisseau, et Marcadet, aspirant de majorité, qui ont bien voulu extraire ces notes des archives de la Division, travail long et pénible pour lequel nous leur exprimons ici tous nos remerciments. Le chapitre *cultures à entreprendre ou à développer* est la reproduction à peu près textuelle de notices dues à M. Prud'homme, inspecteur en chef du service de l'agriculture, notices établies en parfaite connaissance de cause et en toute sincérité.

Les chapitres *climat* et surtout *hygiène* et *pathologie* sont extraits d'un travail très documenté de M. le docteur Clavel, médecin principal des colonies et directeur du service de santé à Madagascar.

Les notices ethnographiques sont pour la plupart l'œuvre des chefs de province ou d'administrateurs tels que M. le docteur Besson

---

[1]. Les personnes qui désireront se renseigner complètement sur les ressources de Madagascar devront consulter le Journal officiel de la colonie (depuis sept. 96) ainsi que les « Notes, Reconnaissances et Explorations », qui sont remplis de détails circonstanciés à ce sujet.

ou M. Benevent qui ont pu, grâce à un très long séjour dans la Colonie, pénétrer à fond la langue et l'ethnologie des populations qu'ils dirigent.

Nous mentionnons en leur lieu et place les études de MM. Gautier, Jullien et James Sibree, trop connus et trop appréciés pour qu'il soit nécessaire de nous y arrêter dans cette préface.

Enfin, nous nous faisons un devoir d'adresser ici nos remerciements à MM. Raybaud, administrateur adjoint, Breton, contrôleur des mines, et Nogué, directeur par intérim de l'école professionnelle, dont les indications et renseignements nous ont été des plus précieux.

Ce n'est que grâce au concours obligeant et empressé que nous avons partout trouvé qu'il nous a été possible de mener à bien une tâche aussi ardue. Sans doute le travail que nous publions aujourd'hui présente des lacunes nombreuses, disons même des inexactitudes, quelque soin que nous y avons apporté, mais l'on voudra bien observer que notre Colonie ne date pas encore de deux ans. Cette considération est bien faite, croyons-nous, non seulement pour atténuer la sévérité des censeurs, mais encore pour faire juger le travail énorme que chacun, dans sa sphère d'action civile ou militaire et à tous les degrés de la hiérarchie, a dû s'imposer pour faire de cette vaste contrée, si peu française jusqu'ici, une seconde France. C'est par l'union de toutes les volontés et de toutes les énergies que ce premier résultat, si considérable, a été obtenu.

Le travail que nous publions aujourd'hui, on le comprendra, ne peut donc pas être définitif. De jour en jour, en effet, la grande île nous devient plus connue. Elle l'était peu quand nous avons écrit les premières lignes de cet ouvrage; fallait-il attendre qu'elle fût entièrement pénétrée, fouillée, étudiée, nous ne l'avons pas pensé. Nous avons cru qu'il était préférable de dire dès maintenant, simplement et sincèrement, ce que l'on sait de cette nouvelle Colonie, pour certains, objet d'un mirage trompeur; pour d'autres, terre de malédiction et de désolation.

Madagascar n'est ni un Éden, un Eldorado, ni une Arabie pétrée. Si la région côtière est presque partout d'une fertilité remarquable, le sol de la région centrale, il faut bien le reconnaître, est pauvre et ne se prête à des cultures rémunératrices qu'à grand renfort d'engrais. Le tabac et le thé y réussiront peut-être, tandis que le littoral semble, d'après les essais faits jusqu'à ce jour, convenir parfaitement à toutes les cultures tropicales : vanille, cacao, girofle, café (Libéria), canne à sucre, etc....

Mais Madagascar sera surtout, croyons-nous, une terre d'élevage et, dans l'état actuel de nos connaissances de la grande île, il semble qu'on peut ranger ainsi par ordre de gradation décroissante les diverses exploitations auxquelles nos colons pourront s'y livrer : élevage, culture, industrie minière. Nous ne donnons là que trois grandes divisions, mais il est certain que l'industrie forestière et l'industrie séricicole, par exemple, trouveront dans notre nouvelle Colonie à s'exercer avec succès, ainsi que l'exploitation du caoutchouc, etc.

Que l'on ne nous parle pas de l'incertitude des débouchés; si en effet nous examinons la statistique des produits coloniaux importés chaque année en France, nous sommes frappé de la masse énorme de denrées provenant des pays tropicaux ou intertropicaux que les nations étrangères nous fournissent et qu'il nous serait possible de demander à nos propres colonies.

Ainsi il est importé en France 65 183 586 kilogrammes de café représentant une valeur de 175 177 755 francs; nos colonies ne nous en envoient que 765 525 kilogrammes, soit pour une somme de 1 783 673 francs.

Nous recevons 5 261 628 kilogrammes de caoutchouc et de gutta-percha, évalués 27 781 398 francs; il ne nous en vient de nos colonies que pour 2 699 644 francs, soit 492 359 kilogrammes.

Les contrées d'outre-mer nous expédient 3 048 148 kilogrammes de conserves de viandes en boîtes, qu'elles nous vendent 4 657 777 fr.; dans cette importation nos colonies n'entrent que pour 491 151 kilogrammes, valant 589 381 francs.

Pour 162 177 231 kilogrammes de coton, estimés en douane 166 866 898 francs, qui nous viennent de l'étranger, nous n'en recevons que 8 338 kilogrammes de nos colonies, soit pour 8 255 francs.

L'étranger importe en France 3 540 999 kilogrammes de clous de girofle, de vanille, de cannelle et de poivre, d'une valeur de 3 706 021 francs; l'importation des mêmes articles de nos colonies ne s'élève qu'à 3 237 696 francs.

Dans une importation de 251 559 892 kilogrammes de laine, représentant une valeur de 394 906 843 francs, nos colonies,

Algérie et Tunisie comprises, ne comptent que pour 4 466,252 kilogrammes ou 6 476 066 francs.

Nous ne recevons de nos colonies que 2 725 819 kilogrammes de bois d'ébénisterie, d'une valeur de 730 153 francs, contre 19 666 571 kilogrammes que nous envoient les autres contrées exotiques et qui sont évalués en bloc à 5 167 994 francs.

Pour les bois de teinture, les importations de l'étranger montent à 119 415 133 kilogrammes, payés 17 912 200 francs, tandis que celles de nos colonies s'élèvent seulement à 10 845 667 kilogrammes valant 1 628 850 francs.

Pour les arachides contre 53 431 191 kilogrammes, d'une valeur de 11 896 714 francs que les autres pays font entrer chez nous, les envois de nos colonies ne dépassent pas 49 705 329 kilogrammes, soit 10 197 115 francs.

Quant aux graines de sésame et aux amandes de noix de coco, en face d'une importation de l'étranger se chiffrant par 164 985 171 kilogrammes qu'on nous fait payer 48 503 467 francs, les envois de nos colonies sont de 2 550 082 kilogrammes, d'une valeur de 799 962 francs.

Enfin et pour terminer, contre 15 191 448 kilogrammes de cacao nous venant de contrées exotiques autres que les colonies françaises et qui valent 21 268 280 francs, celles-ci ne nous en expédient que pour 880 377 francs, soit 628 841 kilogrammes, etc., etc.[1]

On le voit, les débouchés ne manquent pas. Pour la plupart de ces produits, Madagascar peut fournir un appoint appréciable.

Nous souhaitons que ce Guide, qui n'a d'autre prétention que de commencer à faire connaître notre nouvelle possession, évite à nos compatriotes qui viendront s'y fixer les tâtonnements, les incertitudes et aussi les désillusions. Pour cela nous ne saurions trop insister sur ce point qu'a du reste parfaitement mis en lumière le Comité de Madagascar, à savoir qu'il ne faut pas songer à s'établir dans la Colonie si l'on ne dispose d'aucune ressource, et qu'au contraire la condition primordiale du succès est de posséder la volonté, mais doublée d'un certain capital. Ce n'est pas assez de 5 000 francs et de bons bras comme on l'a dit, il faut au moins de 15 000 à 20 000 francs pour pouvoir s'installer et vivre jusqu'à ce que l'exploitation entreprise commence à produire, ce qui nécessite toujours quelque temps.

1. Rapport de M. Pauliat au Sénat.

Seul, nous le répétons, l'immigrant, disposant d'un certain capital peut et doit songer à venir se fixer à Madagascar.

Nous avons confiance que, grâce aux ressources de la grande île, à la douceur du climat de sa région centrale, beaucoup de nos compatriotes n'hésiteront pas à s'y établir et auront à cœur de continuer l'œuvre si brillamment commencée par nos troupes et de faire de cette terre lointaine une seconde France, la France australe.

Décembre 1898.

# TABLE DES MATIÈRES

CONTENUES DANS LE TOME PREMIER

## PREMIÈRE PARTIE

### GÉNÉRALITÉS

Origine du nom de Madagascar, 1. — Comment on va de France à Madagascar, 3. — Deux grandes voies maritimes : 1° Le Havre-Tamatave par le cap de Bonne-Espérance; *Compagnie des Chargeurs-Réunis*, 3 à 6. — Dates des départs et des arrivées, 3. — Prix pour les différentes escales, 4. — Distances effectivement parcourues, 5. — 2° Ligne de Marseille-Tamatave par le canal de Suez : *Compagnie havraise péninsulaire de navigation à vapeur*, 6. — Départs et arrivées, 6. — Frais de passage, 6. — *Compagnie des Messageries maritimes*, 7. — Départ de Marseille le 10 et le 25 de chaque mois, 7. — Marseille, 7. — Les hôtels de Marseille, 9. — La traversée, 10 à 12. — Le détroit de Bonifacio, 11. — Les côtes de la Sardaigne, 11. — Le détroit de Messine, 11. — Port-Saïd, 12. — Le canal de Suez, 13 à 15. — Suez, 15. — La mer Rouge, 15. — Cheick-Saïd, 16. — Obock, 16. — Djbouti, 17. — Aden, 18 à 23. — Hôtels d'Aden, 19. — Zanzibar, 25 à 25. — Mayotte, 25. — Majunga, 26. — Nossi-Bé, 27. — Diego-Suarez, 28. — Sainte-Marie, 29. — Tamatave, 30. — Hôtels de Tamatave, 30.

## DEUXIÈME PARTIE

### HISTOIRE ET GÉOGRAPHIE
#### ADMINISTRATION

Préliminaires de 1642 à 1895. — Richelieu, 34. — Colbert, 34. — Le traité de Paris (1763), 34. — Benyowski (1773-1786), 34. — Lescalier, 34. — Bory de Saint-Vincent, 34. — Sylvain Roux, 34. — L'Angleterre s'empare de Tamatave (1811), mais est obligée de nous rendre Madagascar (1816), 35. — Charles X envoie à Madagascar une expédition, qui ne réussit pas, et Louis-Philippe fait évacuer l'île, 35. — Cessation des relations avec la France, 35. — L'œuvre de Laborde, 35. — Traité de 1868, 35. — Violation de ce traité, 35. — Hostilité du gouvernement hova vis-à-vis des Français, 35. — Expédition de l'amiral Pierre (1883), 35. — Traité de 1885, 36. — Nouvelles vexations, 37. — Une nouvelle expédition devient indispensable, 37.

L'expédition de 1895. — Sa préparation, 37. — Composition du corps expéditionnaire, 38. — Marches et opérations du corps expéditionnaire, 39. — Opérations maritimes, 39. — Opérations de l'avant-garde, 39. — Prise de Marovoay, 40. — Opérations du corps expéditionnaire jusqu'à l'ouverture du pont de la Betsiboka, 40 à 42. — Opérations du corps expéditionnaire jusqu'au départ de la colonne légère, 42. — Opérations de la colonne légère, 42 à 44. — Prise de Tananarive, 44. — Déblocus de Tamatave et répression des mouvements insurrectionnels, 45. — Troubles du Sud-Ouest de l'Imerina et de la côte Est, 46.

Événements survenus jusqu'au mois de septembre 1896, 47. — Colonne du Nord, 47. — Colonne du Sud-Est, 48. — Route de Tamatave, 49. — Extension de l'insurrection, 49 à 51.

Exposé des derniers événements de 1896, 51 à 53. — Cercle d'Ambatondrazaka, 53. — Cercle de Moramanga, 54. — Cercle d'Ambohidrabiby, 54. — Cercle de Babay, 55. — Cercle d'Arivonimamo, 56 à 59. — Cercle d'Ambatomanga, 59 à 61.

Exposé des événements de 1897. — **Janvier** : Lignes d'étapes, 61. — 1er territoire militaire : cercles d'Ambatondrazaka, d'Ambohidrabiby, de Moramanga, de Babay, 62. — 2e territoire militaire : cercles d'Ambatomanga, d'Arivonimamo, 62, 63. — **Février** : 1er territoire militaire : cercles d'Ambatondrazaka, d'Ambohidrabiby, de Moramanga, d'Ambatomanga, de Babay, 63, 64, 65, 66. — Territoire civil, 66. — **Mars** : 1er territoire militaire : cercles d'Ambohidrabiby et de Moramanga, 66, 67. — 2e territoire militaire : cercle de Tsiafahy, cercles annexes de Betafo et d'Arivonimamo; cercle de Miarinarivo, 67, 68, 69. — Territoire civil, 69. — **Avril** : 1er territoire militaire : cercles d'Ambatondrazaka, d'Ankazobé, d'Ambohidrabiby, de Moramanga, 69, 70, 71. — 2e territoire militaire : cercle de Miarinarivo, 71. — 3e territoire militaire, 71, 72. — Territoire civil, 72. — **Mai** : Cercles d'Ambatondrazaka, d'Ankazobé, d'Anjozorobé, de Moramanga, 72, 73, 74. — 2e territoire militaire : cercle de Tsiafahy; cercles annexes d'Arivonimamo de Betafo, cercle de Miarinarivo, 74, 75. — Territoire civil, 75. — **Juin** : Cercles d'Ambatondrazaka, d'Ankazobé, d'Anjorobé, de Moramanga, 75, 76. — 2e Territoire militaire : Betsiriry et Menabé, 77, 78. — Territoire civil, 78. — **Juillet** : Cercles d'Ambatondrazaka, d'Ankazobé, d'Anjozorobé, 78, 79. — 2e territoire militaire, 79. — Territoire civil, 79, 80. — **Août** : Cercle d'Ambatondrazaka, 80. — 2e territoire militaire : Betsiriry et Menabé, 81, 82. — Territoire civil : Bouéni, 83. — Provinces du Sud : Tulléar, 84, 85. — **Septembre** : Cercles d'Ambatondrazaka, d'Anjozorobé et de Mevatanana, 85. — 2e territoire militaire, 85. — Territoire sakalave, 86, 87, 88. — Bouéni, 88. — Provinces du Sud, 88. — Fort-Dauphin, 89. — **Octobre** : Territoire sakalave, 89, 90. — Province du Sud, 90. — Résumé, 91. — **Novembre** : Pas d'événements militaires importants, 91, 92. — Progrès et améliorations, 92. — **Décembre** : Mouvement d'immigration à Madagascar, 93. — Apaisement des tribus sakalaves, 94. — Reconnaissances dans les différentes régions, 95, 96. — Soumission de chefs sakalaves, 97. — Mesures pour combattre la disette, 98. — Écoles publiques, 100. — Rendement des impôts, 101. — Tribunaux, 101. — Mouvement commercial entre l'Imerina et le Nord, 101. — Plantations de caféiers, 102. — Culture du tabac, 102. — Situation satisfaisante au point de vue des tendances et de l'état d'esprit des populations, 103. — Situation financière, 103. — Reconnaissance chez les Tanalas de Volambita, 103. — Battue dirigée contre Isambo; soumission de ce chef, 104. — Situation de la circonscription de

Tulléar, 105. — Défaite des Mahafalys, 107. — Division de la province de Tulléar en deux secteurs, 107. — Province de Fort-Dauphin, 107. — Province de Maroantsetra, 108. — Ile de Nossi-Bé, 109. — Travaux de la route carrossable de Tananarive à Tamatave; projet de canal entre Tamatave et Andévorante, 109, 110 et 111. — Amélioration de la situation financière de la colonie, 111. — Pacification de la plus grande partie de l'île, 112

CHAPITRE II

## Géographie.

**Généralités**, 114 et 115.

**Orographie**. — Les pentes orientales, 115. — Hauts plateaux, 115, 116. — Le bas pays de l'Ouest, 116, 117.

**Géologie**. — Roches métamorphiques, terrains sédimentaires; fossiles, minéraux, 117, 118, 119.

**Hydrographie**. — *Versant Est.* — Le Rodo, 120. — Le Bemarivo, 120. — Le Lokoho, 121. — L'Antanambalana, 121. — Le Mananara, 121. — La Manompa, 121. — Le Maningory, 121. — L'Ivondrona, 121. — L'Iharoka, 122. — Le Mangoro, 122. — Le Mananjara, 123. — La Namorona, 124. — Le Faraony, 124. — La Matitanana, 124. — La Mananara, 124. — La Menabaraka, 125. — Le Manambondro, 125. — Le Manantena, 126. — Le Mandrary, 126.

*Versant Ouest.* — L'Onilahy, 126. — Le Fiheranana, 127. — Le Mongoka et ses affluents (à droite) : le Boaka, l'Ankona, le Fanidrona, le Manandriana, le Manantsahala, 127, 129. — (A gauche) : le Mahaditra, le Mandranofotsy, le Mandranomavo, l'Ambatorondro, le Mananatanana, le Moralina, l'Ambalava, le Manambolo, l'Ihosy, le Malio, 130 à 133. — Le Maitampaka, 133. — Le Manarivo, 133. — La Morondava, 133. — La Tsiribihina, 134. — La Mania et ses affluents (à droite) : le Miatiaty, le Saharevo, la Manandona, le Sahatsio, le Sahalambo, le Sahatany, le Sahanivotry, la Ranomainty, l'Andrantsay, le Lohalambo, le Fitamalama, l'Ipongy, 130, 135 à 140. — (A gauche) : le Sandrandahy, le Mady, le Saha, le Vato, le Sahasarotra, le Tsindro, le Sambalahy, le Sakeny, 140 à 142. — Le Mahajilo et ses affluents : le Kitsamby, l'Ankazotsipihina, l'Ampitambé et les cours d'eau du lac Itasy, 142 à 147. — Le Manambolo, 147. — La Sahoany, 148. — La Demoka, 149. — Le Manambao, 149. — Le Mahavavy, 150. — La Betsiboka est formée de la Mananara et du Jabo et ses affluents : la Mananta, le Tsimaloto, le Kamory, l'Isopy, 150 à 154. — L'Ikopa et ses affluents, 154 à 166. — Autres cours d'eau de la côte Ouest : la Mahajamba, etc., etc, 166 à 170.

*Ports, estuaires, marées et courants de Madagascar.* — Généralités, 170.

*Côte Est.* — Traversées, cyclones, pluies, marées et courants 172. — Diego-Suarez, 172. — Port Louquez, 173. — Port-Leven, 173. — Baie d'Andravina, 174. — Vohémar, 174. — Sahambavany, 174. — Angontsy, 175. — Baie d'Antongil, 175. — Ile Marosy. — Rivière de Tanjona, 175, — Sainte-Marie de Madagascar, 176. — Fénérive et Foulepointe, 176. — Tamatave, 177, 178. — Andévorante, 178. — Vatomandry, 179. — Mahanoro, 179. — Déviation de l'aiguille aimantée, 180. — Mangoro, 180. — Mahela, 180. — Mananjary, 180. — Le Faraony, 181. — Rivière Matitanana, 181. — Ranambo, 182. — Farafangana, 182. — Roches d'Ambatobé, 182. — Sainte-Luce, 183. — Baie de Fort-Dauphin, 183. — Rafonotsy, 183. — Andrahomanana, 184.

# TABLE DES MATIÈRES.

*Côte Ouest.* — Renseignements généraux. — Aspect général, rivières, mouillages, climat, marées, courants, 184, 185. — Ports Robinson, Jenkinson, Liverpool, 185. — Baie de Befotaka, 185. — Cap Saint-Sébastien, 186. — Nossi-Bé, 186. — Baies d'Ampasindava, de Rafala, d'Anorontsangana, 186, 187. — Port-Radama, 187. — Rivière Loza, 187. — Baies de Narendry, Mahajamba, Bombetoke et Betsiboka, 188 à 190. — Mayotte, les Comores, 190. — Baie de Boina, 190. — Rivière de la Mahavavy, 190. — Baies de Maroambitsy, Baly, 190. — Rivière Ranomavo ou Andranomavo, 190. — Ban de Pracel, 191. — Ile Juan de Nova, 191, 192. — Rivière Beravina, 192. — Nosy-Vao, 193. — Tamboharana, 193. — Maintirano, 193. — Sahoany, 193. — Manambolo, 194. — Tsiribihina, 194. — Bosy, 195. — Morondava, 195. — Belo, 196. — Baie d'Ampasilava, 196. — Mangoka, 197. — Baie de Tsingilofilo, 198. — Climat, vents, 198. — Récif, 198. — Baie de Ranobé, 199. — Tulléar, 199. — Nosy-Vé, 199. — Androka, rivière Ilinto, 200.

**Les Forêts.** — Aperçu général, 201. — Distribution des forêts, 202. — Principales essences, 203 à 208. — La forêt de Moramanga, 208. — Produits forestiers de l'Est, 209 à 214. — Arbres, arbustes, arbrisseaux de la région exploités ou exploitables pour le bois, 214. — Arbres, arbustes, arbrisseaux palmiers ou lianes exploités ou exploitables pour les fruits, fleurs, écorces, latex, etc., 216. — Régions exploitées ou exploitables pour le bois, 216 à 227. — Arbres, arbustes, arbrisseaux palmiers ou lianes exploités ou exploitables pour les fruits, fleurs, écorces, latex, etc., 228. — Cryptogames, fougères, lichens, fleurs des bois, orchidées, 234 à 236. — Faune, 236. — Oiseaux, 237. — Reptiles, 237. — Insectes, 238, 239. — Produits forestiers du Bouéni, 239, 246. — Bois d'exportation et de construction. 246 à 248. — Forêts du Sud-Est : Répartition des forêts, 248. — Nature et emploi des produits des forêts, a) arbres isolés, b) arbres bordant les cours d'eau, c) arbustes et arbrisseaux, 250 à 258. — Exploitation et commerce des produits des forêts, 258 à 261.

**Les Pangalanes** entre Tamatave et Andévorante, 260 à 263.

**Climat.** — Climatologie, 263. — Côte orientale : Diego-Suarez, Tamatave, Fort-Dauphin, 263 à 266. — Ligne d'étapes ou de ravitaillement : Andévorante, Beforona, Moramanga, 266 à 269. — Climat des Hauts Plateaux ; climat de l'Imerina, 269. — Saison des pluies, 270. — Températures moyennes mensuelles, 273. — Moyennes des pressions barométriques mensuelles, 274. — Saison sèche ou froide, 274. — Calendrier pour 1898, 276, 277. — Observations faites à la mission catholique de Tananarive, 280, 287. — Côte occidentale : climat de Majunga, Morondava, Nosy-Vé, 287 à 289.

**Races.** — *Race hova.* — Caractères physiques, 289, 290. — Qualités de la race, 291. — Tableau généalogique des souverains de l'Émyrne, 292. — *Race betsiléo.* — Limites du territoire, 293. — Émigration, 294. — Routes les plus fréquentées, 294. — Caractères distinctifs, 295 à 298. — Nature du sol et culture, 298, 299. — Le climat, 299, 300. — Habitations, 301. — Monnaie, 301. — Les arts divers, 302. — Chants et danses, 303. — Productions du sol, 303. — Main-d'œuvre, 303. — La propriété, 305. — Justice, 304. — Traditions locales, 304. — Physionomie et constitution des habitants, 304. — Races mixtes, 305. — Maladies locales, 305. — Natalité, 305. — Alimentation, 305.

*Betsimarakas.* — Historique, 306. — Habitations, 306. — Costumes, 306. — Mobilier, 306. — Alimentation, 306. — Maladies locales, 307. — Agriculture, commerce, industrie, coutumes, 308, 309.

*Sakalaves* du Menabé, 309. — Sakalaves du Mailaka, 310. — Sakalaves du Bouéni, 311, 316. — Habitations, 316. — Villages, 317. — Ustensiles, 319. — Nourriture, 320, 321. — Coutumes, superstitions, 322 à 330. — Langage : Différence de prononciation, différence de vocabulaire, différence grammaticale, 330, 332. — Hiérarchie : les rois sakalaves, 332. — Liste généalogique des rois sakalaves du Bouéni, 334, 335. — Noms des rois encore

# TABLE DES MATIÈRES.

vivants et des royaumes qu'ils gouvernent, 336. — Familles déclassées ou bâtardes, 337 à 340. — Mort des rois, cérémonies des funérailles, 340. — Cérémonies, jeux, chants et danses, 340 à 544. — Famille, 344, 345.

*Sihanakas.* — Histoire. Étude ethnologique. Races. Limites du pays des Sihanakas, 347 à 350. — Caractère. Mœurs. Coutumes. Accouchement. Circoncision. — Mariage. Mort. — Coutumes funéraires. — Religion. — Morale. Croyances particulières. — Moyens d'existence. — Commerce, 350 à 554.

*Bezanozanos.* — Limites. Esquisse historique, 354 à 359. — Description succincte de la vallée du Mangoro, 359 à 364. — Aperçu ethnologique, 364, 366. — Climat. Voies de communication. Habitations. Ressources naturelles. Cultures. Mœurs. Coutumes. Occupations. Vêtements. Fêtes. Religion, 366 à 376.

*Tsimihetys.* — Mœurs et coutumes, 376 à 378.

*Antanalas* d'Ambohimanga du Sud. Communications, orographie et hydrographie. Climatologie. Température. Ethnographie. Pathologie, 378 à 381.

*Baras.* — Subdivision en plusieurs peuplades, 381 à 384.

*Antaimoros,* 384 à 386.

*Antambahoakas,* 386 à 388.

*Antandroys,* 388.

*Antanosys,* 389.

*Mahafalys,* 390 à 397.

*Masikoros,* 397.

## CHAPITRE III

## Organisation et Administration de la Colonie.

Gouvernement général de Madagascar et dépendances, 398.

Gouvernement général. — Bureau des affaires civiles, politiques, commerciales, de la comptabilité et des affaires indigènes. — État-major du corps d'occupation. — Division navale de l'Océan Indien. — Administration des territoires militaires et des territoires civils, 398 à 409.

# TABLE DES GRAVURES

Planches
I. — Tananarive; le palais du Gouverneur général et le lac d'Anosy.
II. — Tananarive : place Jean Laborde . . . . . . . . . . . . . . . . . . 34-35
III. — Avant l'attaque des grottes à l'est du Kiraba. — Grotte servant de refuge aux fahavalos. — Village de fahavalos. . . . . . . . . . 60-61
IV. — Porte d'un ancien village de l'Imerina. — Enterrement d'une sœur malgache . . . . . . . . . . . . . . . . . . . . . . . . . . . . 88-89
V. — Tananarive : construction d'une route. — Une rue dans la ville. . . 106-107
VI. — Tananarive : le fort Voyron. . . . . . . . . . . . . . . . . . . . 126-127
VII. — Chute du Kitsamby à Ramainandro. . . . . . . . . . . . . . . . 142-143
VIII. — Tananarive : la cathédrale. — Le temple anglican et la maison de l'État-major. . . . . . . . . . . . . . . . . . . . . . . . . . 164-165
IX. — Mananjary : entrée de la rivière. — Ville d'Antsirane . . . . . . 180-181
X. — Tananarive : caserne du 13ᵉ d'infanterie de marine. . . . . . . . 198-199
XI. — Tananarive : le Tribunal. . . . . . . . . . . . . . . . . . . . . 220-221
XII. — Tananarive : le Trésor. . . . . . . . . . . . . . . . . . . . . . 244-245
XIII. — Tananarive : l'Hôtel des postes et télégraphes. . . . . . . . . . 260-261
XIV. — Chefs hovas. . . . . . . . . . . . . . . . . . . . . . . . . . . 290-291
XV. — Types de l'Imerina. . . . . . . . . . . . . . . . . . . . . . . . 294-295
XVI. — Types de Betsimarakas; type de Betsileo. . . . . . . . . . . . . 304-305
XVII. — Sakalaves du Ménabé. . . . . . . . . . . . . . . . . . . . . . . 310-311
XVIII. — Tananarive : la Gendarmerie. . . . . . . . . . . . . . . . . . . 324-325
XIX. — Femmes malgaches de la côte N.-O. — Métisse arabe. — Sihanaka. . 346-347
XX. — La cathédrale de Fianarantsoa. . . . . . . . . . . . . . . . . . 360-361
XXI. — Femme tanala. — Betsileos . . . . . . . . . . . . . . . . . . . 378-379
XXII. — Chef bara et ses suivants. — Isambo, roi bara-bé et ses chefs . 382-383

Pl. I. — TANANARIVE : LE PALAIS DU GOUVERNEUR GÉNÉRAL ET LE LAC D'ANOSY.

# GUIDE DE L'IMMIGRANT

## A MADAGASCAR

---

## PREMIÈRE PARTIE

## GÉNÉRALITÉS

Origine du nom de Madagascar. — Comment on va de France à Madagascar. — Deux grandes voies maritimes : 1° Le Havre-Tamatave par le cap de Bonne-Espérance ; *Compagnie des Chargeurs-Réunis*. — Dates des départs et des arrivées. — Prix pour les différentes escales. — Distances effectivement parcourues. — 2° Ligne de Marseille-Tamatave par le canal de Suez : *Compagnie havraise péninsulaire de navigation à vapeur*. — Départs et arrivées. — Frais de passage. — *Compagnie des Messageries maritimes*. — Départ de Marseille le 10 et le 25 de chaque mois. — Marseille. — Les hôtels de Marseille. — La traversée. — Le détroit de Bonifacio. — Les côtes de la Sardaigne. — Le détroit de Messine. — Port-Saïd. — Le canal de Suez. — Suez. — La mer Rouge. — Cheick-Saïd. — Obock. — Djibouti. — Aden. — Hôtels d'Aden. — Zanzibar. — Mayotte. — Majunga. — Nossi-Bé. — Diego-Suarez. — Sainte-Marie. — Tamatave. — Hôtels de Tamatave.

## I

### Origine du nom de Madagascar.

L'origine du nom de Madagascar est obscure. Il n'y a pas de doute, comme le disait le R. P. Luiz Mariano, au commencement du xviie siècle, dans sa remarquable *Relation du Voyage de découvertes fait sur les côtes de l'île de Saint-Laurent en 1613-1614 par les Portugais*, que ce nom a été donné à la grande île africaine par les Européens et que les Malgaches n'ont eu, jusque tout récemment, aucune appellation générale pour désigner leur pays tout entier ou l'ensemble de ses habitants. Il n'y a donc pas lieu de s'occuper des étymologies plus ou moins savantes et plus ou moins vraisemblables qui ont été proposées par les nombreux auteurs qui, sur la foi d'écrivains d'ordinaire mieux renseignés, étaient persuadés que le nom de Madagascar ou tout au moins celui de Malgaches était d'origine locale. Voici ce que dit à ce sujet M. Grandidier :

« Marco Polo n'ayant pas eu connaissance de l'île que nous nommons Madagascar, comment ce nom qu'il a cité le premier et qui appartient à un tout autre pays, lui a-t-il été universellement attribué?

« Dès les temps anciens, cette île était connue des Grecs et des Arabes; mais les noms de Ménuthias, de Djafouna, de Chezbezat sous lesquels ils la désignaient, et la description très courte, quoique exacte, qu'ils nous en ont laissée, n'avaient pas frappé l'attention des géographes européens qui n'en ont appris l'existence que par les Portugais, en 1500. Cependant, dès 1492, sur le globe de Nuremberg, le plus ancien et le plus fameux de tous, figurait déjà une île de ce nom ! C'est que son auteur, Martin Behaim, interprétant mal les récits de Marco Polo qui avait à tort décrit comme des îles [1] les pays de Magdicho [2] (Madeigascar ou Mogelasio, suivant l'orthographe du manuscrit original de 1298) et de Zanzibar, y a placé, à sa fantaisie, en plein océan Indien, auprès d'un vaste promontoire qu'il fait saillir étrangement de la côte orientale d'Afrique, deux îles, l'une triangulaire, coupée par le tropique du Capricorne, qu'il a appelée Madagascar, l'autre plus au Sud et presque aussi grande, qu'il a nommée Zanzibar. Ces deux îles, imaginaires comme tant d'autres sur les anciennes mappemondes, ont chacune, par un hasard singulier, trouvé peu après leur emploi. En effet, lorsqu'on connut en Europe la découverte faite par Diego Dias d'une grande terre située en face de la côte de Mozambique et par Ruy Lourenço Ravasco d'un îlot (Angoya) sur la côte du Zanguebar, les géographes, n'y prenant garde, ont cru que cette terre, qui était, en effet, sous le tropique du Capricorne, et que cet îlot n'étaient autres que les deux îles inventées par Martin Behaim, dont il a fallu toutefois modifier complètement la forme, la position et la grandeur. Le nom de Madagascar, appliqué à tort par Cantino en 1502 et par tous les géographes qui l'ont suivi à l'île appelée par les Portugais île de Saint-Laurent, est donc une corruption du mot Magdicho, nom du port le plus riche et le plus célèbre au moyen âge de toute la côte orientale de l'Afrique. » (*Histoire de la géographie de Madagascar*, 1885, p. 24 à 33.)

[1]. Les Arabes dont Marco Polo, qui n'est jamais venu en Afrique, tenait ses renseignements, employoient, en effet, indifféremment le même mot *Djéziret* pour île et pour côte ou pays maritime.
[2]. Magdicho était au moyen âge le principal port de toute l'Afrique orientale.

## II

## Comment l'on va de France à Madagascar[1].

Le voyageur se rendant de France à Madagascar a à sa disposition deux grandes voies maritimes :

Le Havre-Tamatave par le cap de Bonne-Espérance;
Marseille-Tamatave par le canal de Suez.

La première de ces voies est desservie par la Compagnie des Chargeurs-Réunis.

*Chargeurs-Réunis*. — Les steamers de cette Compagnie partent du Havre le 25 de chaque mois et s'arrêtent aux escales suivantes : Bordeaux-Pauillac, Lisbonne, Dakar, Cape-Town, Lourenço-Marques, Beira, Fort-Dauphin, Mananjary, Vatomandry, Tamatave.

Les dates approximatives de l'arrivée et du départ pour ces différentes escales sont les suivantes :

| ALLER | | | RETOUR | | |
|---|---|---|---|---|---|
| | ARRIVÉE | DÉPART | | ARRIVÉE | DÉPART |
| Havre. . . . . . . . . | » | 25 | Tamatave . . . . . . . | » | 20 |
| Bordeaux-Pauillac. . . . | 27 | 28 | Vatomandry . . . . . . | 21 | 22 |
| Lisbonne. . . . . . . . | 1 | 2 | Mananjary . . . . . . . | 23 | 24 |
| Dakar . . . . . . . . . | 8 | 8 | Fort-Dauphin . . . . . | 25 | 25 |
| Cape-Town. . . . . . . | 23 | 24 | Beira. . . . . . . . . | 28 | 28 |
| Lourenço-Marques. . . . | 29 | 3 | Lourenço-Marques . . . | 30 | 2 |
| Beira . . . . . . . . . | 5 | 7 | Cape-Town . . . . . . | 7 | 8 |
| Fort-Dauphin. . . . . . | 10 | 11 | Dakar. . . . . . . . . | 23 | 24 |
| Mananjary. . . . . . . | 12 | 13 | Lisbonne . . . . . . . | 30 | 30 |
| Vatomandry . . . . . . | 14 | 15 | Bordeaux . . . . . . . | 3 | 3 |
| Tamatave . . . . . . . | 16 | » | Havre . . . . . . . . | 5 | » |

Ces dates ne sont qu'approximatives, particulièrement en ce qui concerne les arrivages à Madagascar. Elles sont subordonnées aux opérations commerciales qu'ont à effectuer les navires à Lourenço-Marques et à Beira.

Les prix des passages pour les différentes escales sont indiqués au tableau ci-dessous :

[1]. Voir dans l'*Atlas* la planche 24 où se trouvent les plans des principales escales.

## MARCHE DES PAQUEBOTS

**COMPAGNIE DES CHARGEURS RÉUNIS :** Prix pour les différentes escales.

| | Dakar | | | | Cape-Town | | | | Lourenço-Marques | | | | Beira | | | | Fort-Dauphin, Mananjary, Vatomandry, et Tamatave | | | |
|---|---|---|---|---|---|---|---|---|---|---|---|---|---|---|---|---|---|---|---|---|
| | 1re | 2e | 3e | Entrep¹ | 1re | 2e | 3e | Entrep¹ | 1re | 2e | 3e | Entrep¹ | 1re | 2e | 3e | Entrep¹ | 1re | 2e | 3e | Entrep¹ |
| Du Havre ou de Bordeaux........ | 600 | 500 | 240 | 150 | 850 | 750 | 300 | 250 | 1000 | 900 | 350 | 300 | 1150 | 1050 | 425 | 350 | 1150 | 1050 | 425 | 350 |
| Lisbonne..... | 500 | 400 | 200 | 150 | 740 | 640 | 275 | 225 | 740 | 640 | 275 | 225 | 740 | 640 | 275 | 225 | 1150 | 1050 | 425 | 350 |
| Dakar.... | | | | | 600 | 500 | 250 | 175 | 800 | 700 | 350 | 275 | 900 | 800 | 375 | 300 | 1000 | 900 | 375 | 300 |
| Cape-Town.... | | | | | | | | | 300 | 250 | 160 | 125 | 400 | 350 | 200 | 150 | 500 | 400 | 275 | 200 |
| Lourenço-Marques.. | | | | | | | | | | | | | 200 | 150 | 80 | 50 | 450 | 350 | 175 | 100 |
| Beira....... | | | | | | | | | | | | | | | | | 450 | 350 | 175 | 100 |

**Observations.** — Le vin de table est compris dans les prix de passages. — A partir de 1899, il ne sera plus admis de passagers de 1re ni de 2e classe, mais seulement de 3e et d'entrepont.

On remarquera que les prix du passage de France à Madagascar sont les mêmes, que le voyageur débarque à Fort-Dauphin, à Mananjary, à Vatomandry ou à Tamatave.

A chaque passager de 3ᵉ classe (cabine) il est accusé une franchise de 100 kilogrammes ne dépassant pas 300 décimètres cubes.

Les excédents de bagages sont taxés à raison de 9 francs par 100 décimètres cubes (ou 2 shillings par pied cube anglais).

Les passagers ne peuvent garder dans les cabines que les colis mesurant au maximum un mètre de longueur sur cinquante centimètres de largeur et quarante de hauteur. Les colis dépassant ces dimensions sont placés dans la soute aux bagages.

Comme il est dit au bas du tableau de la page précédente, le Conseil d'Administration de la *Compagnie des Chargeurs réunis* a décidé, dans sa séance du 28 décembre 1898, qu'à partir de 1899, leurs bateaux ne prendraient plus à l'avenir de passagers de 1ʳᵉ ni de 2ᵉ classe, mais seulement des passagers de 3ᵉ classe et d'entrepont.

Pour ce qui concerne le prix du passage d'un point de Madagascar à un autre et les prix du fret, on voudra bien se reporter à la cinquième partie.

Les différentes distances de cet itinéraire sont indiquées au tableau ci-dessous :

*Tableau des distances effectivement parcourues
exprimées en milles marins de 1852 mètres.*

| | | | | | | | |
|---|---|---|---|---|---|---|---|
| Havre. | | | | | | | |
| 520 | Bordeaux-Pauillac. | | | | | | |
| 1228 | 708 | Lisbonne. | | | | | |
| 2787 | 2267 | 1559 | Dakar. | | | | |
| 6438 | 5918 | 5210 | 3651 | Cape-Town. | | | |
| 7682 | 7162 | 6454 | 4895 | 1244 | Lourenço-Marques. | | |
| 8142 | 7622 | 6914 | 5355 | 1704 | 460 | Beira. | |
| 9342 | 8822 | 8114 | 6555 | 2904 | 1660 | 1200 | Tamatave. |

Les passagers sont transportés à Dakar, Cape-Town, Lourenço-Marques, Beira, Fort-Dauphin, Mananjary, Vatomandry et Tamatave sans aucun transbordement.

Le siège social de la Compagnie des Chargeurs-Réunis est à Paris, 11, boulevard des Italiens. Pour les renseignements, s'adresser soit à Paris, soit au Havre, 99, boulevard de Strasbourg, soit à Bordeaux, 2, place Richelieu.

A Bordeaux, pour les passagers, s'adresser à MM. A. Ch. Colson et Cie, cours du Chapeau-Rouge, 12.

La deuxième voie maritime pour se rendre à Madagascar, la plus employée, est la ligne Marseille-Tamatave par le canal de Suez.

Cette ligne est desservie par deux Compagnies de navigation : la Compagnie havraise péninsulaire de navigation à vapeur et la Compagnie des Messageries maritimes.

*Compagnie havraise péninsulaire de navigation à vapeur.* — Les steamers de cette Compagnie partent chaque mois :

> du Havre le 1$^{er}$ ;
> de Saint-Nazaire le 5 ;
> de Bordeaux-Pauillac le 8 ;
> de Marseille le 20.

Ils arrivent à Majunga vers le 15 du mois suivant ;

> à Diego-Suarez vers le 20 ;
> à Tamatave vers le 25.

Les autres escales ne sont pas fixées. En outre, la durée de chaque escale n'est pas déterminée à l'avance d'une façon précise ; elle dépend de l'importance des chargements à y déposer et à y prendre.

Les passagers à destination de Madagascar doivent s'embarquer à Marseille.

Les prix de passage sont les suivants :

*Tarif des frais de passage de France à Madagascar*
*(Diego-Suarez, Majunga, Tamatave et la Réunion).*

| PASSAGES | 1$^{re}$ CLASSE | 2$^e$ CLASSE |
|---|---|---|
| De Marseille à Majunga. . . . . . . . . . . . . . . . . . | 650 » | 400 » |
| — Diego-Suarez. . . . . . . . . . . . . . . | 700 » | 425 » |
| — Tamatave . . . . . . . . . . . . . . . . | 750 » | 450 » |
| — la Réunion. . . . . . . . . . . . . . . . | 950 » | 700 » |
| De Majunga à Diego-Suarez. . . . . . . . . . . . . . | 90 » | 67 80 |
| — Tamatave . . . . . . . . . . . . . . . | 152 » | 114 60 |
| — la Réunion. . . . . . . . . . . . . . . | 259 » | 189 » |
| De Diego-Suarez à Tamatave. . . . . . . . . . . . . | 98 » | 73 50 |
| — la Réunion. . . . . . . . . . . . . | 182 » | 133 » |
| De Tamatave à la Réunion. . . . . . . . . . . . . . . . | 94 50 | 71 40 |

*Nota.* — La Compagnie havraise péninsulaire, n'ayant sur ses vapeurs qu'une sorte d'installation de 1$^{re}$ classe, s'est engagée, dans le cas où elle aurait à assurer le passage d'un officier supérieur, à faire aménager pour ce dernier la chambre du capitaine commandant. Le prix du passage dans ce cas est celui de la 1$^{re}$ classe ordinaire augmenté de 10 pour 100.

La Compagnie n'ayant pas non plus d'aménagements pour passagers de 4ᵉ classe ne pourra admettre ces derniers que comme passagers de pont pour les petits parcours, c'est-à-dire :

de Majunga pour Diego-Suarez, Tamatave et la Réunion ;
de Diego-Suarez pour Tamatave et la Réunion ;
de Tamatave pour la Réunion.

Le prix de ces passages de pont serait calculé à raison de 7 francs par jour.

L'itinéraire de la Compagnie havraise péninsulaire étant analogue à partir de Marseille à celui des Messageries maritimes, nous indiquerons, en parlant de cette dernière compagnie, les distances qui séparent les différentes escales.

Tous les renseignements complémentaires sur le fret, les passages, etc., sont indiqués à la cinquième partie : *Communications*.

Le siège social de la Compagnie havraise péninsulaire est à Paris, rue de la Grange-Batelière, 13.

*Compagnie des Messageries maritimes.* — Les paquebots de cette Compagnie sont spécialement aménagés pour transporter des passagers et présentent à cet égard toutes les conditions désirables de confort et de célérité. Étant chargés du service postal, ils partent à date et à heure fixes, suivent un itinéraire invariable, s'arrêtent à chaque escale indiquée pendant un nombre d'heures fixé, déterminé à l'avance, permettant toujours au passager (sauf pour Suez où l'on mouille très loin de la terre) de descendre à terre et de visiter l'escale. Le service des Messageries maritimes est absolument régulier ; aussi est-ce généralement le paquebot de cette Compagnie que prend le passager pour se rendre de France à Madagascar. Nous allons donc indiquer en détail les formalités à remplir, les opérations à faire pour s'embarquer sur le paquebot des Messageries ; nous suivrons ensuite le passager pendant toute sa traversée de Marseille à Tamatave. Les paquebots des Messageries à destination de Madagascar partent de Marseille le 10 et le 25 de chaque mois. Le paquebot du 10 dessert un plus grand nombre d'escales et met vingt-six jours pour se rendre à Tamatave. Le paquebot du 25, plus direct, ne met que vingt-un jours pour atteindre le même point. Le voyageur qui désire se rendre à Tananarive ou en un point quelconque de la côte Est doit prendre son billet pour Tamatave.

On trouvera (p. 8) le tableau officiel des escales pour les deux itinéraires (du 10 et du 25), avec les dates d'arrivée dans ces escales pour l'année 1898.

Il faut remarquer que les paquebots arrivent souvent un jour ou deux avant la date fixée par ce tableau, le service postal doit en effet profiter de toute avance obtenue en cours de navigation. Ces dates sont en quelque sorte des dates limites. Mais il est bien entendu que celle du départ de Marseille est absolument invariable. Le paquebot quitte Marseille, le jour fixé, à quatre heures de l'après-midi.

L'émigrant doit donc tout d'abord se rendre à Marseille.

Les formalités à remplir pour s'embarquer nécessitent certaines démarches qui exigent, surtout pour un ignorant des choses maritimes, des conseils

## MARCHE DES PAQUEBOTS

**LIGNES DE L'OCÉAN INDIEN :** Côte Orientale d'Afrique, Madagascar, La Réunion et Maurice

*ALLER*

| Départs | Arrivées | | | | | | | | | | | | | |
|---|---|---|---|---|---|---|---|---|---|---|---|---|---|---|
| MARSEILLE | Port-Saïd | Suez | Djibouti | Aden | Zanzibar | Mutsamudu (Anjouan) | Mayotte | Majunga | Nossi-Bé | Diego-Suarez | Sainte-Marie | Tamatave | Réunion | Maurice |
| 10 janvier... | 15 janv. | 16 janv. | 21 janv. | | 28 janv. | 30 janv. | 31 janv. | 1er février | 2 février | 3 février | | 5 février | 7 février | 9 février |
| 25 janvier... | 30 janv. | 31 janv. | 5 février | 6 février | | | | | | 13 février | 14 février | 15 février | 17 février | 19 février |
| 10 février... | 15 février | 16 février | 21 février | | 28 février | 2 mars | 3 mars | 4 mars | 5 mars | 6 mars | | 8 mars | 10 mars | 12 mars |
| 25 février... | 2 mars | 3 mars | 8 mars | 9 mars | | | | | | 16 mars | 17 mars | 18 mars | 20 mars | 22 mars |
| 10 mars... | 15 mars | 16 mars | 21 mars | | 28 mars | 30 mars | 31 mars | 1er avril | 2 avril | 3 avril | | 5 avril | 7 avril | 9 avril |
| 25 mars... | 30 mars | 31 mars | 5 avril | 6 avril | | | | | | 13 avril | 14 avril | 15 avril | 17 avril | 19 avril |
| 10 avril... | 15 avril | 16 avril | 21 avril | | 28 avril | 30 avril | 1er mai | 2 mai | 3 mai | 4 mai | | 6 mai | 8 mai | 10 mai |
| 25 avril... | 30 avril | 1er mai | 6 mai | 7 mai | | | | | | 14 mai | 15 mai | 16 mai | 18 mai | 20 mai |
| 10 mai... | 15 mai | 16 mai | 21 mai | | 28 mai | 30 mai | 31 mai | 1er juin | 2 juin | 3 juin | | 5 juin | 7 juin | 9 juin |
| 25 mai... | 30 mai | 31 mai | 5 juin | 6 juin | | | | | | 13 juin | 14 juin | 15 juin | 17 juin | 19 juin |
| 10 juin... | 15 juin | 16 juin | 21 juin | | 28 juin | 30 juin | 1er juillet | 2 juillet | 3 juillet | 4 juillet | | 6 juillet | 8 juillet | 10 juillet |
| 25 juin... | 30 juin | 1er juillet | 6 juillet | 7 juillet | | | | | | 14 juillet | 15 juillet | 16 juillet | 18 juillet | 20 juillet |
| 10 juillet... | 15 juillet | 16 juillet | 21 juillet | | 28 juillet | 30 juillet | 31 juillet | 1er août | 2 août | 3 août | | 5 août | 7 août | 9 août |
| 25 juillet... | 30 juillet | 31 juillet | 5 août | 6 août | | | | | | 13 août | 14 août | 15 août | 17 août | 19 août |
| 10 août... | 15 août | 16 août | 21 août | | 28 août | 30 août | 31 août | 1er sept. | 2 sept. | 3 sept. | | 5 sept. | 7 sept. | 9 sept. |
| 25 août... | 30 août | 31 août | 5 sept. | 6 sept. | | | | | | 13 sept. | 14 sept. | 15 sept. | 17 sept. | 19 sept. |
| 10 septembre | 15 sept. | 16 sept. | 21 sept. | | 28 sept. | 30 sept. | 1er oct. | 2 oct. | 3 oct. | 4 oct. | | 6 oct. | 8 oct. | 10 oct. |
| 25 septembre | 30 sept. | 1er oct. | 6 oct. | 7 oct. | | | | | | 14 oct. | 15 oct. | 16 oct. | 18 oct. | 20 oct. |
| 10 octobre... | 15 oct. | 16 oct. | 21 oct. | | 28 oct. | 30 oct. | 31 oct. | 1er nov. | 2 nov. | 3 nov. | | 5 nov. | 7 nov. | 9 nov. |
| 25 octobre... | 30 oct. | 31 oct. | 5 nov. | 6 nov. | | | | | | 13 nov. | 14 nov. | 15 nov. | 17 nov. | 19 nov. |
| 10 novembre | 15 nov. | 16 nov. | 21 nov. | | 28 nov. | 30 nov. | 1er déc. | 2 déc. | 3 déc. | 4 déc. | | 6 déc. | 8 déc. | 10 déc. |
| 25 novembre | 30 nov. | 1er déc. | 6 déc. | 7 déc. | | | | | | 14 déc. | 15 déc. | 16 déc. | 18 déc. | 20 déc. |
| 10 décembre | 15 déc. | 16 déc. | 21 déc. | | 28 déc. | 30 déc. | 31 déc. | 1 janv.1899 | 2 janv. | 3 janv. | | 5 janv. | 7 janv. | 9 janv. |
| 25 décembre | 30 déc. | 31 déc. | 5 janv.1899 | 6 janv.1899 | | | | | | 13 janv. | 14 janv. | 15 janv. | 17 janv. | 19 janv. |

Les dates de départs de Marseille sont seules impératives, le service postal devant profiter de toute avance obtenue en cours de navigation.

# GÉNÉRALITÉS. 9

et du temps. Aussi le voyageur fera-t-il bien d'arriver à Marseille au moins vingt-quatre heures avant le départ du paquebot, la veille au matin, si possible. En effet, l'enregistrement des bagages, le transport au quai d'embarquement la veille du jour fixé pour le départ, ou dans la matinée de ce jour, obligent le voyageur, qui n'envoie pas ses bagages à l'avance ou qui n'a pas recours à l'une des nombreuses agences existant dans tous les ports, à des dérangements continus et parfois à de longues heures d'attente.

Aussitôt descendu de wagon, le voyageur devra se tenir en garde contre les nombreux pisteurs ou indicateurs et contre les portefaix dont les exigences n'ont pas de tarif officiel.

A Marseille, l'émigrant a le choix entre un certain nombre d'hôtels où il pourra faire transporter immédiatement ses bagages. Une liste assez complète de ces hôtels est donnée ci-dessous avec les prix respectifs des repas et des chambres. Ce sont :

*Hôtel-Restaurant d'Alger,* cours Belzunce, 45 : Chambres depuis 1 fr. 50 ; déjeuner, 2 francs.

*Hôtel Beauvau,* quai de la Fraternité et rue Beauvau : Depuis 8 fr. 50 par jour complet, chambres depuis 2 francs.

*Hôtel-Restaurant de Californie,* cours Belzunce, 44 : Chambres à partir de 1 fr. 50 jusqu'à 4 francs ; déjeuner, 2 fr. 50 ; dîner, 2 francs. Service à la carte.

*Hôtel Cannebière,* rue des Feuillants, 4 : A partir de 7 fr. 50 par jour.

*Hôtel-Restaurant du Continent,* cours Belzunce, 47 : 2 francs par repas ; chambres depuis 2 francs.

*Hôtel du Cours,* cours Belzunce, 28ª : Chambres à partir de 2 francs.

*Hôtel du Croissant et de la Drôme,* 6, rue des Tapis-Verts et rue des Recollettes, 44 : Chambres de 1 à 3 francs. Voyageurs, depuis 5 francs par jour.

*Grand Hôtel-Restaurant du Globe,* rue Colbert, 62 : Chambres depuis 1 fr. 50. Service à la carte, prix fixe.

*Hôtel de la Croix de Malte,* rue Magenta, 15 : Chambres et nourriture depuis 5 francs par jour.

*Hôtel international,* cours Belzunce, 16 : Chambres depuis 2 francs.

*Hôtel de la Méditerranée,* rue Glandères : 4 et quai de la Rive-Neuve, 1 et 3 : Chambres à partir de 2 francs.

*Hôtel des Négociants,* cours Belzunce, 33 : Chambres à partir de 2 fr. 50. Journée complète depuis 8 francs.

*Grand Hôtel de Paris,* rue Colbert. Chambres à partir de 2 fr. 50.

*Grand Hôtel et Restaurant des Phocéens,* rue Thubaneau, 4 et 6 : Chambres, 2 fr. 50 ; prix de la journée (2 repas), 9 francs.

*Hôtel de la Poste,* rue Colbert : Chambres à partir de 2 fr. 50.

*Grand Hôtel et Restaurant de Provence*, cours Belzunce, 12 : Chambres à partir de 2 fr. 50 ; déjeuner, 2 fr. 50 ; dîner, 3 francs.

*Grand Hôtel-Restaurant Raphaël*, rue des Recollettes, 40 et 42 : Chambres depuis 1 franc ; déjeuner, 1 fr. 50 ; dîner, 2 francs.

*Hôtel Sainte-Marie*, cours Belzunce, 36 : Chambres à partir de 1 fr. 50.

*Hôtel Transatlantique*, rue des Feuillants, 12 : Chambres depuis 1 fr. 25.

*Hôtel des Messageries*, cours Belzunce, 28 : Chambres à partir de 1 franc.

Les voitures de place et les voitures omnibus desservent Marseille et sa banlieue, ces dernières, presque toujours sur rails. Ces voitures, construites solidement, présentent toutes les conditions de confort, de sécurité et de propreté. Les coupés sont munis d'un avertisseur à sifflet communiquant avec l'intérieur au moyen d'une boule en caoutchouc ou d'un cordon. Les voitures sont numérotées et celles non fermées sont munies d'une capote ou d'une ombrelle. Les prix des places sont les suivants :

| TARIF POUR L'INTÉRIEUR DE LA VILLE | 6 HEURES DU MATIN 10 HEURES DU SOIR | | 10 HEURES DU SOIR 6 HEURES DU MATIN | |
|---|---|---|---|---|
| | COURSE | HEURE | COURSE | HEURE |
| Coupés et voitures à 1 cheval . . . | 1 » | 2 » | 1 50 | 2 50 |
| Grande voiture à 2 chevaux . . . . | 1 25 | 2 25 | 2 » | 3 » |

Tout cocher appelé à domicile reçoit 1 fr. 50 au lieu de 1 franc.

S'il n'est pas employé, il reçoit 0 fr. 50 s'il est renvoyé immédiatement, et 1 franc s'il attend un quart d'heure. S'il reste plus d'un quart d'heure, il est payé comme s'il avait été pris à l'heure.

Les menus bagages sont transportés gratuitement.

Les autres bagages sont taxés : 0 fr. 25 pour la course, 0 fr. 50 pour l'heure, par colis n'excédant pas 30 kilogrammes et 50 décimètres cubes de dimensions. Passé ces limites, il est traité de gré à gré avec le cocher.

Les enfants au-dessous de cinq ans ne paient pas.

Pour les courses de la gare à la banlieue, on traite de gré à gré.

Une fois la jetée de Marseille passée, on longe la côte en laissant à droite l'île rocheuse d'If, que domine son château aux murs massifs, célèbre par la captivité du Masque de fer et la légende de Monte-Cristo. Le lendemain, au lever du soleil, on a la vue des côtes de Corse, arides, aux nombreuses anfractuosités qui se dessinent de plus en plus à mesure que le soleil monte et qu'on se rapproche du détroit de Bonifacio. Ce détroit a 15 kilomètres de large. La citadelle et les fortifications du port de Bonifacio apparaissent au loin, au pied du mont de la Trinité, sur un plateau rocheux tombant à pic

## GÉNÉRALITÉS. 11

dans la mer du côté du port et s'abaissant en pentes douces du côté du golfe. Le port, encaissé dans la terre, ne laisse pour passage aux bateaux qu'un étroit goulet entre deux falaises à pic. Le passage du détroit est rendu difficile à cause des nombreux écueils qui prolongent sous l'eau les dentelures rocheuses des îles de la Corse et de la Sardaigne.

L'aspect plus riant de la Sardaigne et sa teinte plus grise contrastent avec les côtes italiennes qui seront en vue dans quelques heures. En avant, l'immense forteresse italienne de la Maddalena (superbe rade), l'île de Caprera (résidence de Garibaldi jusqu'à sa mort), les îles de San Stefano et de Sparzy apparaissent comme autant de montagnes isolées, dont le pied Ouest est battu par les vagues et qui abritent des vents, derrière leur masse uniforme, une rade spacieuse, profonde, refuge de la flotte italienne. La côte de Sardaigne disparaît à son tour et, presque aussitôt, on aperçoit les treize Lipari ou îles Éoliennes, de nature volcanique. Le Stromboli, qui en fait partie et dont le paquebot longe la face orientale, est encore en ignition et, sans discontinuité, d'énormes masses de fumée noirâtre montent dans les airs, infléchies par le vent. On distingue très aisément du paquebot quelques villages blancs au toit rouge se baignant dans la mer ou essayant d'escalader les flancs noirâtres du volcan.

Le Stromboli est encore visible que déjà l'on entre dans le détroit de Messine. Les côtes siciliennes, parsemées de nombreux villages, se distinguent par leur verdure; les côtes italiennes sont au contraire sèches, arides, rocheuses. Le navire semble pénétrer dans un vaste golfe, au fond duquel on aperçoit de loin le grand phare de Messine et les blanches constructions environnantes qui se dressent à l'extrémité de la Sicile, au cap Faro. Sur la côte italienne, on devine plutôt qu'on ne voit le chemin de fer qui longe cette côte jusqu'à Reggio. On laisse à droite le petit port de Pizzo, où fut fusillé Murat, et, après avoir doublé le cap Faro, on entre dans le détroit entre deux villes : Reggio, à gauche, au pied de montagnes escarpées; à droite, Messine (port vaste et sûr), allongée le long de la plage et cherchant à escalader les flancs du plateau sicilien qui tombe presque à pic dans la mer. Au-dessus de Messine, quelques chemins rouges conduisent dans l'intérieur de l'île.

Le détroit est large de 3 kilomètres à son extrémité nord en face Vucilibo, rochers de Scylla, de 5 kilomètres devant Messine et de 10 kilomètres à Reggio; on met trois heures pour le traverser dans le sens de la longueur. Sur la côte de Calabre on aperçoit Scylla, village caché par un rocher à l'entrée du gouffre de Charybde. Après Reggio, se dressent le rocher d'Homère qui est fendu verticalement, puis Mélito et la dent de Mélito et, enfin, le cap Spartivento, d'un aspect blanchâtre.

Les navires prennent le milieu du détroit en longeant toutefois d'un peu plus près la côte sicilienne. L'Etna, aux glaciers perdus dans les nuages, apparaît au bout de ce couloir, dominant les plateaux environnants et la mer de sa hauteur de 3500 mètres.

Le paquebot laisse à droite l'île de Malte qu'on n'aperçoit pas et à gauche l'île de Crète qui apparaît loin au nord à l'horizon en un profil d'abruptes falaises grises.

On approche de la côte d'Égypte signalée par le phare de Damiette, qu'on aperçoit à droite et, enfin, au bout de cinq jours, on arrive à Port-Saïd. Le navire, piloté jusque dans le port, y fait sa première escale.

**Port-Saïd.** — A 1510 milles ou 2796 kilomètres de Marseille et à 161 kilomètres de Suez, cette ville cosmopolite par excellence contient environ 35000 habitants. En 1858, lors des premiers coups de pioche donnés à l'isthme de Suez, ce n'était qu'une petite bourgade sans importance, entre deux étangs et sans nom. Saïd est le nom du Khédive d'Égypte qui régnait au moment où les travaux furent commencés et qui encouragea si bien de Lesseps de ses capitaux et de ses fellahs laborieux.

Aujourd'hui, c'est une ville en échiquier, avec rues droites, à la population bigarrée, aux langues multiples, aux nombreux magasins et caravansérails. La ville européenne, près du port, est traversée par la Grande Rue du Commerce, bien dénommée, qui conduit dans le village arabe jusqu'au lac Menzalet. De tous côtés, ce ne sont que magasins orientaux, marchands de cigarettes, cafés au milieu desquels vont et viennent Arabes, Turcs, Égyptiens, Anglais, Français, Italiens; toutes les populations européennes semblent y avoir donné rendez-vous à leurs commerçants et voyageurs.

Le mouvement de la ville n'est d'ailleurs qu'un corollaire de celui du port, où de nombreux navires viennent chaque jour s'approvisionner de charbon, ou déposer leurs marchandises. Parmi les Compagnies étrangères dont les bateaux peuvent se rencontrer dans ce port avec ceux des Messageries maritimes, on peut citer la Compagnie péninsulaire orientale arrivant de Brindisi chaque mercredi; la Compagnie hollandaise Stomwart Madtschappy venant de Gênes tous les quinze jours, le mardi, et la Rotterdam Lloyd arrivant de Marseille tous les quinze jours, le mardi : ce service alterné est donc hebdomadaire; la Bibly Line arrivant de Marseille tous les vingt et un jours à compter du 21 septembre 1897; la Nord-Deutsche Lloyd, Compagnie allemande venant de Naples tous les quinze jours, le dimanche, à partir du 26 septembre 1897; la Compagnie italienne Rubbatino venant de Gênes tous les quinze jours, mardi, à partir du 28 septembre 1897; le Lloyd autrichien venant de Trieste le 7 de chaque mois. Pour les départs, quatre pour Marseille sont mensuellement effectués par les Messageries maritimes venant d'Australie, de Chine et de Madagascar; pour Marseille via Alexandrie, le mercredi de chaque semaine, par les paquebots de Constantinople, Smyrne et la Syrie; réciproquement pour la Syrie, Smyrne et Constantinople, le jeudi de chaque semaine. La Compagnie russe suit le même itinéraire, mais par quinzaine, le mercredi et le samedi. La Compagnie péninsulaire orientale quitte Port-Saïd le lundi ou au plus tard le mercredi de chaque semaine pour Brindisi. Le Lloyd autrichien venant d'Alexandrie dessert la côte de Syrie le mardi, toutes les semaines.

Dans le port, les navires s'amarrent à des bouées et les transports du bateau à terre s'effectuent au moyen de canots. Le prix du transport du bord à terre a été fixé à 0 fr. 30 par personne pendant le jour et à 0 fr. 60 la nuit.

## GÉNÉRALITÉS.

On trouve à Port-Saïd quelques bons hôtels : l'hôtel Nicoleau, tenu par un Français, sur le boulevard du port, en face le Consulat de France; l'Extern-Exchange anglais, l'hôtel Continental italien sur le même boulevard. Les prix par jour varient de 8 à 10 francs.

Les moyens de locomotion sont les voitures, et dont le prix est de 2 francs par heure en ville le jour, 2 fr. 50 la nuit; les ânes qui sont du même prix, et enfin les tramways qui sillonnent toutes les voies.

Les excursions au village arabe, à l'extrémité de la rue du Commerce, au cimetière, sur la plage où se trouve l'établissement de bains Minerve, se font de préférence en voiture ou à âne.

Sur la rive asiatique, se trouve un autre établissement de bains avec restaurant tenu par un Français, M. Bousquet.

A l'usine des eaux, le long du canal d'eau douce, un Grec tient un café-restaurant. On s'y rend en barque.

Il n'y a pas de monuments à Port-Saïd.

Les Français de passage, civils ou militaires, sont reçus au cercle français, rue du Quai-Nord.

L'Eldorado, rue du Commerce, qui est le café-concert de Port-Saïd, possède une roulette tenue par des Grecs. Nous ne saurions trop mettre en garde nos compatriotes contre le jeu qui ne pourrait avoir pour eux que de fâcheuses conséquences.

A des prix modérés, on peut se procurer des articles de voyage français chez Talazac et neveux, français, et chez Mohamed Yazdi.

Les autres maisons débitant des articles de provenance étrangère sont : l'Extern-Exchange, Macri fils, Vassilopoulo frères. Les objets de curiosité, chinoiseries, articles de luxe, se trouvent à la maison Frirovanté, au Mikado.

Marchands de tabacs : Bodner et Cie, français ; Simon Artz et Handras.

Les monnaies en cours à Port-Saïd sont : la livre anglaise, 25 fr. 25 ; le shilling 1 fr. 25 ; la livre égyptienne 25 fr. 92, qui se décompose en 1 000 millièmes ; une piastre vaut 10 millièmes, un peu plus de 0 fr. 25.

Le seul établissement financier français est le Crédit Lyonnais ; ensuite viennent la Banque Ottomane, la Banque Anglaise et l'Of. Egypt.. La remise sur le change est minime.

Les précautions hygiéniques à prendre sont celles adoptées en général dans les colonies où il faut se prémunir contre les insolations et l'humidité, très grande surtout en septembre et octobre.

A Port-Saïd, commence le canal maritime qui relie la Méditerranée à la mer Rouge. Ce canal a été construit dans le but de donner passage aux bâtiments du plus fort tonnage et par conséquent du plus fort tirant d'eau. Toutefois, les cuirassés atteignant 10 mètres de tirant d'eau, jaugeant 12 000 tonnes, ne peuvent passer sans être délestés de leurs pièces. D'après les instructions de la Compagnie, le tirant d'eau maximum que peuvent avoir les bâtiments est de 7 m. 50. Depuis que le canal a été approfondi à 8 mètres au minimum on admet une légère tolérance pour les bâtiments de guerre.

Le niveau moyen habituel des eaux de la mer Rouge est de 16 centimètres plus élevé que celui des eaux de la Méditerranée. Si l'on prend 20 mètres comme repère du quai de Suez, à la haute mer, les plus fortes eaux de la mer Rouge atteignant 20 mètres, les plus fortes eaux de la Méditerranée n'atteignent que 18 m. 61, d'où une différence de 1 m. 31. D'un autre côté, les plus basses eaux de la mer Rouge sont de 16 m. 75, celles de la Méditerranée de 17 m. 66, soit une différence de 95 centimètres. Ces différences, insensibles pour les 147 kilomètres de longueur du canal de Suez, n'influent en rien sur la vitesse des navires dans le canal.

Le canal a une largeur à peu près uniforme de 80 mètres et un navire de 7 mètres de tirant d'eau peut s'amarrer à n'importe quelle rive à moins de 10 mètres de distance. Les berges sont dans la plus grande partie du canal peu élevées au-dessus du niveau des eaux. Le remous produit par les navires marchant à grande vitesse ayant pour effet de faire dépasser les berges les plus basses aux eaux du canal, il est interdit aux bâtiments de dépasser la vitesse de 10 kilomètres à l'heure pendant tout le trajet.

Il n'y a pas longtemps encore, les navires ne naviguaient que de jour, faute de lumière capable d'éclairer les deux rives du canal à une grande distance. Aujourd'hui cet inconvénient a disparu par l'emploi d'énormes lanternes à projections électriques, qui éclairent le canal jusqu'à près de 2 kilomètres en avant et préviennent ainsi tout navire venant en sens inverse. De ce fait, les escales à Suez et à Port-Saïd ont diminué et les bateaux peuvent franchir le canal en 16 heures au lieu de 30 comme auparavant. Ces lanternes sont prises à Port-Saïd et laissées à Suez et vice-versa. Tout le long du canal, de grands pieux fixés en terre sur les deux rives servent à l'amarrage des bateaux. Ils sont distants entre eux de 100 mètres. Enfin des gares situées sur la côte égyptienne servent à contrôler la marche des bateaux. Le procédé du block-système employé dans les Compagnies de chemins de fer, et consistant à bloquer un train dans une certaine région en empêchant tout train suivant d'entrer dans cette région avant que le précédent l'ait franchie, s'applique à la navigation dans le canal. Le système des signaux employés pour régler la marche des bateaux comprend, le jour, 2,3,4 boules rouges ou noires, la nuit, 2,3,4 lumières rouges ou blanches que l'on manœuvre le long d'un mât et qui donnent aux navires les indications nécessaires. Les signes employés sont reproduits dans un tableau.

Lorsque deux navires se rencontrent, le premier qui a vu le signal « Garez-vous » stoppe et s'amarre sur la côte asiatique s'il va de Port-Saïd à Suez, sur la côte égyptienne s'il marche en sens contraire, toujours à gauche dans le sens de la direction. L'autre bateau passe dans l'espace resté libre.

Il passe en moyenne dix bateaux par jour dans le canal. Les droits à percevoir sont de 10 francs par personne et de 9 francs par tonne, ce qui porte à 30 000 francs le prix de passage d'un bateau de 3 000 tonnes portant 300 passagers.

Les berges sablonneuses des deux rives laissent en tout temps couler du sable dans le canal, qu'il est nécessaire de draguer presque constamment. Les dragues à vapeur que l'on voit sur le canal et principalement vers son embouchure dans la Méditerranée permettent de creuser le sol à 2 mètres et 2 m. 50 de profondeur et chacune d'elles, avec une équipe de 14 hommes, enlève de 11 à 1500 mètres cubes de déblai par jour. Ce même travail fait par des ouvriers exigerait une main-d'œuvre énorme.

Un auxiliaire indispensable pour la construction du canal a été le canal d'eau douce qui amène les eaux du Nil à Ismaïlia, après avoir emprunté en partie le tracé du fameux canal maritime de l'antiquité, le même que Napoléon voulait restaurer lors de son expédition d'Égypte. A partir d'Ismaïlia, ce canal est doublé d'un chemin de fer qui aboutit à Suez. Un tramway à vapeur relie Ismaïlia à Port-Saïd: le trajet s'effectue en trois heures et demie.

Enfin, il n'est pas inutile de dire que le canal commencé en 1858 a exigé onze ans de travail et a été inauguré solennellement le 17 novembre 1869 à Ismaïlia par le Khédive d'Égypte, qui a réuni dans de magnifiques fêtes plusieurs souverains d'Europe, les représentants du monde entier, ainsi qu'un grand nombre de voyageurs, de savants et d'artistes.

De Port-Saïd, où commence le lac Menzaleh, le canal se dirige en droite ligne vers Kantara, à l'extrémité sud de ce lac qui est le point de passage de la route de Syrie en Égypte. Kantara est environ à moitié chemin d'Ismaïlia, sur le lac Timsah qui a été dragué dans presque toute son étendue afin d'en faire un abri et un refuge au milieu du canal. Pour la même raison on a fait un port à Ismaïlia, mais les navires ne s'y arrêtent plus. Ismaïlia conserve encore quelques souvenirs des grandes fêtes de 1869. La villa de Ferdinand de Lesseps et le quartier européen du côté du canal sont assez nettement séparés des quartiers arabe et égyptien. A Ismaïlia aboutit le chemin de fer de Suez au Caire et passe le canal d'eau douce.

Après avoir franchi les trois quarts environ de la longueur du canal, on atteint le bassin des grands lacs amers que les navires peuvent traverser à toute vitesse et enfin, entre deux régions absolument unies, arides, inhabitées, on atteint Suez dont on distingue les deux villes, d'assez loin dans le canal, villes qu'on confond presque; le navire ancre à trois kilomètres environ de la rive (à 161 kilomètres de Port-Saïd).

**Suez.** — Les deux villes de Suez sont séparées par une bande de terre de 800 mètres environ et reliées par un canal. Suez est loin d'avoir l'importance de Port-Saïd, comme population et comme mouvement du port. On n'y descend pas, la ville étant trop éloignée; on s'y arrête environ deux heures, juste le temps de prendre le courrier.

Dans l'exposé du plan du percement de l'isthme, il était question de faire de Suez un port comparable à celui de Port-Saïd par l'établissement d'énormes jetées s'avançant au loin dans la mer. Ce projet a été abandonné à cause de l'énorme dépense qu'il eût entraînée, dépense hors de proportion avec les avantages qu'il eût procurés.

En quittant Suez, on entre dans la mer Rouge.

Si la traversée du canal en été est très pénible, celle de la mer Rouge ne l'est guère moins. A ce sujet on peut se demander quelle est la meilleure saison pour effectuer la traversée de France à Madagascar. Tout d'abord il faut éviter d'arriver à Madagascar dans la saison des cyclones.

La traversée de la mer Rouge dure environ cinq jours. Au nord, cette mer se resserre entre les contreforts des montagnes d'Afrique et d'Asie. Pendant six à sept heures, on aperçoit les deux côtes arides, sans verdure, brûlées par un soleil torride; par moment des bouffées d'air chaud donnent l'impression d'une vraie fournaise. L'horizon qui s'élargit n'apporte pas plus de fraîcheur. De grandes précautions sont à prendre dès ce moment pour éviter les insolations de la mer Rouge qui ne pardonnent presque jamais.

Après quatre jours de marche, on aperçoit à gauche Cheick-Saïd, presqu'île française, la rivale de Périm, qui ferme au sud l'entrée de la mer Rouge, et est la clef d'une position formidable. Les Allemands l'avaient bien compris et ils en avaient offert 4 millions à MM. Rabaud-Bazin, de Marseille, qui s'en étaient rendus acquéreurs en 1868. La France eut la préférence pour la moitié de ce prix; malgré cela, Cheick-Saïd n'est pas encore occupé et le drapeau turc y flotte toujours. En 1890, le conseil d'amirauté, qui a désigné les colonies appelées à servir de point d'appui à notre flotte, n'a pas fait mention de Cheick-Saïd, et cette position n'a reçu aucune fortification.

Le détroit de Bab-el-Mandeb, d'une largeur totale de quatorze milles (26 kilomètres), est coupé en deux par l'île anglaise de Périm. Le détroit entre l'île Périm et la côte africaine a onze milles de largeur, mais n'est franchissable que sur une largeur de 7 kilomètres, le sol se relevant en pentes assez douces vers l'île et vers le continent. La passe Est n'a qu'un mille et demi de largeur, mais elle est franchissable dans presque toute son étendue et utilisée par presque tous les bateaux. Le point culminant de Périm n'a que 65 mètres d'altitude, tandis que le mont Makhali, le point culminant de Cheick-Saïd, en a 270. La passe Est, celle le plus souvent suivie par les navires, est donc bien plus facilement défendue par Cheick-Saïd que par Périm; en somme, c'est nous, ou du moins c'est Cheick-Saïd qui est maître du passage.

Vu de la mer, Cheick-Saïd présente l'aspect de montagnes enchevêtrées, ne laissant entre elles que d'étroits défilés. La configuration de ces montagnes, la coloration des roches dénotent l'existence d'anciens volcans. A Bab-el-Mandeb, il ne pleut jamais. Les habitants sont des Arabes dont le cheick réside ordinairement dans le village de Doubab, dans le Nord, sur la mer Rouge.

De Bab-el-Mandeb à Obock il y a six heures environ de traversée. Aujourd'hui la capitale de nos possessions françaises dans la baie de Tadjoura ayant été transportée à Djibouti, les navires ne s'arrêtent plus à Obock. Obock au Sud, la baie des Adulis au Nord ou près de la ville de Massaouah, sont, l'une la partie méridionale, l'autre la partie septentrionale de l'Éthiopie; elles se complètent l'une l'autre. Entre Massaouah et Obock, le littoral aride, nu, avec de temps en temps une maigre plantation de mimosas, est dominé par une chaîne continue d'environ 3000 mètres d'altitude derrière laquelle s'allongent les plaines de l'Éthiopie.

Derrière Obock, sur la route d'Aoussa, se rencontre un trésor : la plaine de sel où les traces du séjour des flots sont encore vivantes. Au milieu de cette plaine on rencontre un lac que les chaleurs les plus torrides n'ont pu dessécher et qu'entourent d'énormes blocs de sel cristallisé formant rochers.

A Obock même, l'eau manque; on la conserve précieusement dans des outres et citernes qu'on remplit à l'époque des pluies. Les torrents et rivières sont à sec; cependant il n'est pas rare de rencontrer en sous-sol des nappes d'eau souterraines dirigées Ouest-Est, et se conservant même pendant les années de grande sécheresse. Malgré la chaleur excessive d'Obock, le climat y est relativement sain, car elle est toujours sèche et tempérée par les brises de la mer.

L'occupation d'Obock est d'une importance capitale. Obock et Cheick-Saïd assurent la libre navigation dans la mer Rouge et dans le détroit de Bab-el-Mandeb et peuvent abriter nos navires qui n'ont dès lors pas besoin de faire relâche dans un port anglais, Aden ou Périm.

Dans le but d'assurer la communication avec l'Extrême Orient après l'achèvement du canal, le gouvernement français a fait acheter, en 1856, par M. Lambert, le territoire d'Obock pour la somme de 50 000 francs versée entre les mains du sultan de Tadjoura. Depuis, il a été augmenté par l'acquisition de Sagallo, de Tadjoura et de Djibouti, en même temps qu'on lui ouvrait les débouchés de l'Éthiopie méridionale.

**Djibouti** (à 1 284 milles ou 2 378 kilomètres de Suez). — En 1895, le siège du gouvernement a été transporté à Djibouti, à l'entrée du golfe Tadjoura, à trois heures d'Obock.

Djibouti est le rendez-vous des caravanes venant du Harrar et du Choa dont la capitale, Addis-Abba, est aujourd'hui la résidence de Ménélik. En communication avec Aden par un câble sous-marin, avec Obock et avec l'intérieur, cette ville, à l'entrée d'une magnifique baie, est appelée à prendre un grand développement commercial; la baie, entourée de vertes plantations, semble une oasis à côté des baies arides et nues que l'on a rencontrées depuis Suez. Le port n'est pas creusé profondément dans le voisinage des côtes, de sorte que le navire mouille à une assez grande distance de la jetée, à environ 1 kilomètre et demi. Le service de transport à terre est assuré au moyen de canots, et le prix de passage, de 50 centimes pendant le jour, s'élève à 1 franc pendant la nuit. Après trente minutes de canot, on arrive à la jetée large, étendue, avec une voie Decauville qui va au village. A l'extrémité de la jetée, est la résidence de notre gouverneur, entourée d'un grand mur et semée de quelque verdure; le quartier européen s'étend le long de la côte, où se trouvent les hôtels de « France » (plus spécialement fréquenté par les Anglais) et des « Arcades ».

La place du Marché, où pendant la nuit dorment hommes et chameaux, sépare ce quartier de celui des Somalis, qui est assez habité et pas trop mal entretenu. Comme à Obock, la température est sèche et très élevée : tel est le climat de Djibouti.

On y peut à des prix modiques acheter du tabac, des boucliers, lames, couteaux et parures indigènes. La monnaie française, or, argent, cuivre, a cours et a sa vraie valeur. Les roupies de l'Inde et les thalers de Marie-Thérèse sont aussi employés, mais à des taux variables.

Les véhicules n'existent pas.

De nombreux petits Somalis, munis d'éventails et croyant être agréables aux Français, les accompagnent en chantant la *Marseillaise*, le *Petit Navire*, etc., d'une façon fantaisiste, tout en les éventant.

Pour aller au Harrar, les voyageurs ont recours à des caravanes dont l'organisation est très coûteuse. Une des difficultés de l'introduction des produits européens dans le Harrar ou le Choa consiste principalement dans l'emploi pour moyens de transport de ces caravanes qui, si elles ne sont plus attaquées, sont du moins exposées à beaucoup de pertes. Le fret d'une tonne de marchandises de la mer au plateau est de 2 000 à 2 500 francs.

La difficulté des transports et des relations avec le territoire de Ménélik, qui est peuplé de plus de trois millions de sujets, a amené l'idée de la construction d'un chemin de fer de 300 kilomètres de long, à voie étroite de 1 mètre, partant de Djibouti pour atteindre le Harrar. La Compagnie impériale des chemins de fer éthiopiens (siège social, 5, rue Scribe, Paris) a commencé les travaux le 1$^{er}$ octobre 1897, et déjà une partie de la voie est en construction, malgré la résistance des Somalis à qui l'on a dû imposer par la force le « permis de construction ».

L'escale à Djibouti dure environ dix heures. Les bateaux font provision de charbon. Les paquebots des Messageries maritimes allant à Madagascar s'arrêtent tous à Djibouti.

En quittant ce port, les navires franchissent la passe comprise entre l'île Moussah et le continent, et après une nuit de voyage arrivent à Aden où généralement ils s'ancrent dans le port extérieur, à l'entrée de la baie, entre les presqu'îles d'Aden et de Petit-Aden. Cette traversée de quelques heures est souvent mouvementée. C'est dans ces parages que se perdit corps et biens en 1884 l'aviso *le Renard*.

**Aden** (possession anglaise à 133 milles ou 246 kilomètres de Djibouti). — L'acquisition d'Aden par les Anglais date de cinquante ans. A la suite d'outrages commis à l'égard de passagers anglais qui avaient fait naufrage près d'Aden, un corps expéditionnaire fut envoyé de Bombay. En janvier 1838, le capitaine Haines demanda et obtint la reddition de la ville. Il était stipulé, en outre, que le sud de la Péninsule arabique serait cédé à l'Angleterre. Les négociations rien moins qu'amicales entre les divers sultans arabes et le gouvernement anglais n'aboutissant pas, une nouvelle expédition, sous les ordres du major Baillie, et comprenant le *Volage*, 28 canons, et le *Cruizier*, 10 canons, vint bombarder Aden qu'elle prit d'assaut.

En 1872, Petit-Aden fut acquis par les Anglais.

Enfin, en 1883, la partie centrale fut aussi achetée. Elle comprend une bande de terre de six milles de long sur trois de large qui relie la presqu'île d'Aden à la presqu'île de Petit-Aden et englobe en tous sens la baie comprise entre ces deux presqu'îles. Les Anglais y construisirent immédiatement Shaikh Othmann qui depuis est devenu le lieu de réunion de la colonie anglaise hors d'Aden.

Le canal de Suez construit, les bateaux à vapeur remplaçant les bateaux à

## GÉNÉRALITÉS.

voile, Aden est devenu le seul grand entrepôt et le seul grand dépôt de charbon sur la route des Indes.

La presqu'île d'Aden est reliée au continent par un isthme étroit, bas et sablonneux. Elle est très accidentée; il y a, à l'Ouest, les débarcadères du Port-Extérieur et, à l'Est, la ville d'Aden reliée à Shaïkh Othmann, que sépare un massif volcanique atteignant une hauteur de 580 mètres.

La faune et la flore d'Aden n'ont rien de particulier. On peut citer cependant un cétacé herbivore remarquable, le dugong, assez abondant dans la baie d'Aden et dont quelques spécimens dépassent quatre mètres de longueur. Une remarque à faire, les huîtres pêchées sur les rochers des marées basses sont excellentes; celles qui ne sont pas dans ces conditions sont d'une digestion difficile et peuvent amener de graves indispositions.

La population d'Aden a beaucoup augmenté depuis le creusement de l'isthme de Suez et l'apparition des bateaux à vapeur. En 1858, au moment où commencèrent les premiers travaux du canal, elle n'était que de 6 000 habitants. Ce nombre s'est accru chaque année et aujourd'hui il y en a environ 39 000 (recensement de 1891), principalement Arabes et Somalis. Les hommes sont environ deux fois plus nombreux que les femmes. La colonie européenne est composée d'Anglais, d'Allemands, de Français et d'Italiens; quelques Hindous, quelques Perses et Juifs (ceux-ci commerçants) complètent le chiffre.

Les Arabes et les Somalis sont musulmans sans cependant pratiquer toutes les prescriptions du Coran. Tous les consulats représentés à Aden, sauf le consulat américain, sont situés à Tawati près du village indigène, sur le Croissant du Prince de Galles.

Avec le canal de Suez, Aden a vu augmenter très vite son commerce qui aujourd'hui atteint cinq millions de livres sterling; 1726 bateaux sont entrés dans le port, dans chacune des années 1890 et 1891. Un des articles les plus importants, monopolisé par les Juifs, est celui des plumes d'autruche. La fabrication de l'eau potable a donné naissance à l'une des industries les plus actives d'Aden; aujourd'hui la ville n'a plus à craindre de manquer d'eau, que distillent de grandes usines.

Le prix de l'eau est d'environ 14 annas pour 100 gallons (454 litres), plus les frais de transport d'environ 8 annas. L'anna vaut à peu près dix centimes.

Il existe aussi à Aden de grandes salines.

Les moyens de locomotion sont très nombreux. Les voitures de louage, voitures américaines attelées à de petits chevaux somalis, chétifs, des mulets et des chameaux pour la selle (ceux-ci particulièrement utiles hors de la ville) sont les plus utilisés. (Voir les tarifs indiqués au tableau, p. 20).

Les principaux hôtels d'Aden sont les suivants :

*Grand Hôtel de l'Univers*, le plus grand, aménagé à la française et tenu par Paolo Basile.

Prix par jour { 1<sup>re</sup> classe : 6 roupies[1] ; 2<sup>e</sup> — 4 — ; 3<sup>e</sup> — 3 — } Trois repas sans vin

1. 14 roupies valent 20 francs.

*Grand Hôtel d'Europe*, tenu par Isaac Benghiat et où vont surtout les Allemands et les Anglais.

Prix par jour $\begin{cases} 1^{re} \text{ classe : 6 roupies, 4 repas} \\ 2^e \quad - \quad 4 \quad - \quad 3 \quad - \\ 3^e \quad - \quad 3 \quad - \quad 3 \quad - \end{cases}$ Sans vin

*Hôtel Victoria* tenu par Mme Trucillo, née Dufaut. Prix unique : 4 roupies par jour, trois repas sans vin.

*Nive Hôtel* tenu par Eftimio Stouro. Prix unique : 2 roupies par jour, deux repas sans vin.

Ces trois derniers hôtels se trouvent à Steamer-Point. A cette même pointe

| | VOYAGE SIMPLE | | ALLER ET RETOUR AVEC ARRÊT DE 1 HEURE | |
|---|---|---|---|---|
| | 1 ou 2 personnes | 3 ou 4 personnes | 1 ou 2 personnes | 3 ou 4 personnes |
| | Roupies. Annas. | Roupies. Annas. | Roupies. Annas. | Roupies. Annas. |
| Cratère et étangs.... | 1    8 | 2    » | 2    4 | 3    » |
| Phare de Marshag... | 1    8 | 2    » | 2    4 | 3    » |
| Village Maala..... | »    12 | 1    » | 1    » | 1    4 |
| Isthme (Barrières)... | 1    » | 1    8 | 1    8 | 2    » |
| Khos Manoor (cas. caval). | 1    8 | 2    » | 2    4 | 3    » |
| Pointe Steamer.... | »    8 | »    12 | 1    » | 1    8 |
| Shaikh Othmann.... | 5    » | »    » | »    » | »    » |

se trouve la colonie perse, composée de négociants vendant principalement des articles d'Europe.

Il est à remarquer que la vente des armes et des munitions est interdite à Aden.

Les distractions sont nombreuses. Outre les visites aux Étangs, aux magasins, la colonie européenne très nombreuse a à sa disposition le théâtre de l'Artillerie royale, les jeux, les orchestres et les promenades à Shaikh Othmann, soit en voiture, soit en barque à travers la baie d'Aden. La chasse au petit gibier, aux oiseaux de toute sorte sur la presqu'île ou sur le continent, aux éléphants, aux lions et aux antilopes est la récréation d'un grand nombre de colons.

La température est très chaude, tempérée cependant en grande partie par la mousson, la brise de mer et surtout un vent presque glacial venant du Nord-Est. Il tombe très peu de pluie. Quant aux maladies épidémiques, elles n'existent pour ainsi dire pas, chassées par le voisinage de la mer, la température sèche et surtout l'usage constant de l'eau distillée.

Les principales Compagnies maritimes disposent à Aden de chaloupes à vapeur pour le débarquement des passagers; mais ce sont surtout les canots amarrés au débarcadère et conduits par des Somalis qui servent à cet usage.

Du Port-Extérieur au débarcadère du Prince de Galles, où débarqua le prince en 1876 lors de son voyage dans les Indes, on met de quinze à trente minutes. Le prix des embarcations pour l'aller et le retour est de 6 annas par passager et de 2 annas pour chaque colis ou par quatorze kilogrammes. Pour l'aller et le retour à tout navire au delà du phare flottant, le prix est de 12 annas. Le louage d'une embarcation pour la journée est de 4 roupies.

Sur la jetée se trouvent un grand nombre d'établissements : bureaux ou banques. La Nouvelle Banque Ottomane, les bureaux de la Compagnie orientale des télégraphes, la Résidence, le Palais de Justice, la Douane, l'Administration du port, la Poste qui est à cent mètres du débarcadère à droite, se suivent presque sans interruption. A côté se trouvent le cercle de l'Union et les voitures de louage. Prenons une de ces voitures et allons voir les Étangs. Après avoir longé le restaurant italien, on débouche au Croissant. Le Croissant et le côté de la mer, depuis la ville indigène de Tawahi, forment un cirque compris entre deux éperons s'avançant dans la mer. Une population de 6 500 indigènes avec cafés, écoles, mosquées, est rassemblée en cet endroit.

A l'éperon fortifié du Passe-Hedjuf se trouve la fabrique de glace qui débite plusieurs tonnes par jour à raison de 1 anna (environ 10 centimes) la livre. A partir du Croissant, la route longe la mer en laissant entre elle et la plage les grands magasins de charbon de la Compagnie des Messageries maritimes; elle entre ensuite en pleine campagne et atteint le village de Maala où se trouve le nouveau cimetière chrétien.

Au sortir de Maala, la route se bifurque. La branche de gauche conduit au splendide mess des officiers, celle de droite remonte le cratère. Maala est le centre où les indigènes apportent sur des barques à voiles appelées « tartanes » les marchandises destinées à l'exportation. La route du cratère passe près de la loge maçonnique et de l'ancien cimetière juif et arrive enfin à la passe principale, protégée par une batterie et un poste militaire avec pont-levis. A partir de cet endroit la route descend. L'on aperçoit bientôt à un tournant Aden qui présente un coup d'œil pittoresque avec ses maisons blanches et dont l'aspect clair contraste avec les rochers à pic et très élevés qui lui forment une ceinture; on laisse à droite le champ de manœuvres et le quartier de l'infanterie de Bombay (en tout un bataillon) à côté desquels on peut remarquer une petite mosquée et un temple hindou. La montée du shum-shum est raide et abrupte : à l'extrémité se trouve la prison près de laquelle on découvre successivement la boulangerie du Gouvernement, une chapelle, des écoles, un couvent de religieuses du Bon-Pasteur d'Angers venues là en 1868 à la place des religieuses de Saint-François, une église catholique romaine, une église protestante, etc. Une brèche s'est produite en cet endroit dans le cratère et se termine par une plage sablonneuse sur laquelle sont construits les baraques européennes et les logements de la garnison anglaise. On traverse un pont et la route formant patte d'oie se divise en trois; celle qui va aux Etangs, tourne brusquement à droite, la seconde mène en plein quartier européen composé de plusieurs maisons américaines, françaises, italiennes, consulat américain, bureaux annexes de la poste, télégraphe, téléphone. La troisième conduit au mess des officiers et au sémaphore d'où l'on a une vue admirable sur la ville et la mer.

Les fortifications d'Aden consistent en une immense muraille bordée d'un fossé.

La monnaie en usage à Aden est la roupie de l'Inde; mais toutes les monnaies en or ont cours de même que les billets de banque.

A la douane, lorsqu'on débarque, les bagages sont visités. L'alcool, la parfumerie sont soumis à des droits d'entrée. Enfin les armes et les munitions sont strictement prohibées.

Sous peine de poursuites, il est expressément défendu de photographier les fortifications ou autres travaux militaires.

Durée de l'escale des navires des Messageries maritimes à Aden : dix heures.

A Aden, où ne s'arrêtent que les bateaux partant de Marseille le 25 de chaque mois, commence l'océan Indien. Quelques heures après avoir quitté le port, les navires voguent droit vers l'île Socotora et tournent vers le Sud en doublant le cap Gardafui, qui, vu du Sud, affecte la forme d'une tête de lion accroupi sur le sable. On distingue parfaitement le contour de la tête, le museau aplati et ses larges narines ainsi que l'excavation des yeux. Derrière ce rocher on découvre une large plage sablonneuse à peine élevée au-dessus de la mer, et qui, à marée haute, est presque entièrement recouverte par les eaux; enfin plus à l'Ouest, une chaîne de montagnes se terminant par des pentes brusques domine la plaine. Tout cet ensemble vu du Sud fait penser que l'extrémité du cap Gardafui fait corps avec ces montagnes. Cette méprise contre laquelle se gardent avec prudence tous les navigateurs a, il y a quelques années, coûté la perte de l'*Aveyron* et du *Comorin*, deux navires français qui se sont ensablés entre la tête de lion et le plateau, et dont en 1897 on distinguait encore l'extrémité des mâts émergeant de l'eau.

Au cap Gardafui la mer déferle presque toujours avec violence. Des bourrasques, de violents coups de vent y soulèvent presque constamment les flots; la navigation y est particulièrement difficile.

Pendant les cinq jours que dure la traversée d'Aden à Zanzibar, on ne voit pas la terre. A peu près à mi-distance du cap d'Ambre (extrémité Nord de Madagascar) à l'île Socotora, un courant venant de l'Est se bifurque en deux branches, l'une se dirigeant vers le Nord en longeant la côte africaine, l'autre vers le Sud. Ces courants ont une influence sensible sur le parcours des navires. On constate une différence d'environ 30 milles entre les parcours d'un même navire dans une journée suivant qu'il va dans un sens ou dans l'autre.

A mi-distance aussi de la pointe Nord de Madagascar et du cap Gardafui, on traverse l'Équateur, la Ligne comme le dénomment les marins. La traversée de la Ligne s'effectue généralement au milieu des brimades, de plaisanteries atteignant les passagers à qui est dévolu l'insigne honneur de traverser l'Équateur pour la première fois, ce qui est toujours l'occasion d'un bon petit moment de récréation au milieu de cette longue traversée.

**Zanzibar** (à 1 880 milles ou 3 481 kilomètres de Djibouti). — On arrive enfin à Zanzibar dans une magnifique baie encombrée de nombreux navires de toutes nationalités. Zanzibar est une des îles les plus riches de l'océan Indien.

Les droits de la France sur l'île de Zanzibar ont été stipulés bien avant ceux de l'Angleterre. Ceux-ci néanmoins ont été pleinement reconnus en 1885 par la France, en échange de l'adhésion de l'Angleterre à notre protectorat sur Madagascar et par l'Allemagne à la suite de la cession à cette dernière de l'île d'Héligoland dans la mer du Nord, en face l'estuaire de l'Elbe. Il nous a fallu une conquête en règle pour maintenir notre protectorat sur Madagascar et finalement une expédition qui a transformé le protectorat en annexion. Cette expédition a été bien plus onéreuse que le bombardement de Zanzibar par les Anglais. Le sultan dépossédé d'attributions politiques ne conserve qu'une autorité religieuse assez restreinte, vu le grand nombre de nationalités entassées dans cette île. Aujourd'hui Zanzibar possède près de 10 000 habitants et est le centre d'un commerce important avec Madagascar et avec toute la côte orientale d'Afrique. A Zanzibar débarquent les passagers pour l'Est africain allemand.

La terre africaine est vue bien avant l'entrée du navire dans la rade. Ce ne sont partout sur la côte de la petite île que végétation luxuriante et exotique, coquettes villas perdues au milieu de la verdure, le tout brûlé par les rayons torrides d'un soleil implacable. On entre enfin dans la rade. A 800 mètres, on stoppe. Au milieu de la baie, des vergues, des mâts émergeant de l'eau attestent le combat naval livré il y a deux ans : ce sont les restes d'un bateau du sultan coulé par les canons anglais. En rade et ne sortant presque jamais, le navire du sultan, seul vestige de sa puissance et dont le seul service consiste à tirer pour annoncer le lever et le coucher du du soleil. A peine a-t-on stoppé que de nombreux canots, rangés le long du bord, sollicitent les passagers à descendre à terre. Le pied à peine sur le sol, des ruines et des ruines se dressent sur la plage, maisons à demi détruites, pans de murs écroulés, boulets épars. Bientôt on s'enfonce dans le dédale des rues. Si l'on prend à droite, à pied, car les voitures ne peuvent pas circuler dans ces rues étroites, on rencontre successivement les différents consulats, grandes bâtisses carrées, à la toiture horizontale, aux ouvertures rares et petites, semblables en tous points aux grandes maisons de Zanzibar. Le soleil ne frappe la chaussée que lorsqu'il est au zénith et à ce moment la chaleur de ses rayons ajoutée à celle des espaces resserrés est telle que le séjour dans la rue pendant trois heures environ est vraiment insupportable. L'intérieur des maisons est sombre, il y règne une certaine fraîcheur; les maisons carrées, blanches, communiquent souvent entre elles par une passerelle jetée au-dessus de la rue, vrai type des maisons arabes. Dès que la chaleur est un peu tombée, les rues et les places sont encombrées par une foule cosmopolite, d'Arabes, d'Indiens, de Juifs, de Chinois, de Japonais, d'Européens, d'Asiatiques, d'Africains, de Comoriens, qui vont, qui viennent, courent, se coudoient, se heurtent, s'interpellent au milieu d'une confusion de langues, d'idiomes, de choses et de gens traitant, discutant leurs affaires comme en une immense Bourse de l'Afrique australe. De loin en loin des marchés en plein vent, marchés de poisson sec et de viande boucanée qu'on s'empresse de traverser rapidement, tellement l'odeur est désagréable. Un peu plus loin, s'étale une grande mare sur laquelle est jeté un pont et qui, à marée haute, est comblée par l'eau de mer. Mais à marée basse elle est à sec et de nombreux enfants y grouillent, nus ou à peu près, au milieu de détritus de toutes sortes, vrai foyer d'infection pour la ville entière. Un peu plus loin, formant un heureux contraste, la campagne de Zanzibar apparaît ravissante. Les huttes des indigènes, cachées au milieu des cocotiers, des palmiers, des bananiers et d'autres arbres exotiques, font suite aux jolies villas que baigne la mer et qui servent de séjour aux riches Zanzibarites.

Sur la grande place, on remarque le palais du sultan, celui de ses femmes et des mosquées. En dehors de la ville, l'hôpital tenu par des Sœurs de Sainte-Marie, Sœurs de France, qui enseignent en outre à lire à de nombreux petits indigènes, est le seul souvenir de notre ancienne suprématie à Zanzibar.

La surface totale de l'île est de 1 700 kilomètres carrés et sa population est de 200 000 habitants. Le protectorat exercé par les Anglais consiste à guider les rapports du sultan avec les puissances extérieures; cependant, au mépris des conventions internationales, l'Angleterre veut remplacer et a déjà remplacé les sultans morts par des sultans de son choix, gouvernant sous la tutelle du résident anglais. En somme elle est la vraie maîtresse; elle s'est emparée du haut commerce, a implanté sa langue, dirige les rapports avec les autres puissances et avec les étrangers de la ville et enfin elle y tient garnison.

Les échanges, les achats se font au moyen de roupies de l'Inde dont le taux est variable, en moyenne 14 pour 20 francs. Des maisons pour l'échange de l'or de toute nationalité et des billets de banque français et anglais existent en grand nombre. La monnaie de cuivre anglaise a cours. Peu de restaurants; à citer cependant l'hôtel de France tenu par un Anglais, où le personnel indigène parle assez bien le français. Comme moyens de locomotion : les ânes venus directement d'Arabie; il existe à peine quelques voitures à deux chevaux; mais ce sont des voitures de maître.

Le commerce, presque entièrement aux mains des Anglais et surtout des Indiens, roule sur des produits manufacturés, étoffes légères provenant d'Angleterre, d'Amérique, sur les tabacs et enfin sur l'ivoire, l'ébène, avec lesquels on fait de nombreux objets.

Zanzibar est relié à Majunga et à Aden par un câble télégraphique. La correspondance télégraphique de Madagascar avec la métropole se fait par Zanzibar. Quand le câble est rompu, les dépêches sont portées à la Réunion, puis de là expédiées à Maurice et en Angleterre, empruntant dans toutes les circonstances le câble anglais.

L'escale dure environ douze heures. On y fait provision de charbon.

La traversée du détroit de Mozambique avec escale à Mayotte dure cinq jours de Zanzibar à Majunga.

**Mayotte** (à 560 milles ou 1 036 kilomètres de Zanzibar). — Le troisième jour, on arrive dans les parages des îles Comores. La première qui apparaît, la Grande Comore, frappe par son aspect désolé, ce qui lui a fait attribuer à tort la réputation de terre infertile, ne méritant pas l'intérêt des nations civilisées. Si la côte, qui est sèche, aride, sans un cours d'eau, semble justifier cette appréciation, il n'en est pas de même pour l'intérieur exploré par M. Humblot, dont la végétation luxuriante contraste avec l'aridité des côtes. On y élève de très beaux bœufs supérieurs à ceux de Madagascar, mais la seule culture est à peu près celle du riz.

Après la Grande Comore, apparaît l'île d'Anjouan à 60 milles de Mayotte. D'abord sous la protection de l'Angleterre, puis menacée d'un bombardement à la suite de conventions mal définies avec un colon américain, Anjouan a demandé le protectorat de la France.

Ces trois îles, la Grande Comore, Anjouan, Mohéli, dépendent du gouvernement de Mayotte, où résident les fonctionnaires. Cette dénomination des îles Mayotte comprend en réalité quatre îles, la Grande Ile ou Mayotte proprement dite avec les villages les plus importants, M'sapéry et Mamoutzou, ce dernier séparé seulement par un étroit bras de mer de Dzaoudzi sur l'île de Pamanzy ou Petite Ile. La capitale politique Dzaoudzi, village de 400 habitants, est située sur une petite presqu'île dépendant de l'île de Pamanzy. Tous les fonctionnaires sont réunis là autour du palais du Gouvernement, grande bâtisse en pierre, donnant sur une petite place au milieu du village, place entièrement plantée de manguiers. Les paquebots font escale à Dzaoudzi dans une petite baie donnant sur le chenal étroit qui sépare les deux îles. L'escale ne dure pas longtemps, environ trois heures, le temps nécessaire pour donner et prendre le courrier et embarquer des provisions de fruits.

Les abords de Mayotte sont particulièrement difficiles à cause des nombreux bancs madéporiques formant une ceinture à l'île et dont quelques sommets émergent çà et là à marée basse. La côte est découpée en rades profondes et sûres, protégées par des caps et dont la plus importante, la baie de Bouéni, pourrait, paraît-il, offrir un excellent mouillage à une escadre entière.

Mayotte est de constitution volcanique; on voit à Dzaoudzi un volcan éteint dont le cratère communique par une fissure souterraine avec la mer. Sa contenance est 3 400 hectares; son plus haut sommet a 660 mètres.

Mayotte a été acquise en 1845 par le commandant Passot de l'infanterie de marine moyennant une redevance en argent et en rhum payée à Andriantsoly, souverain légitime de ce pays. Au début de notre occupation, le climat était très malsain; mais, depuis, la culture a beaucoup assaini le pays et aujourd'hui, au point de vue sanitaire, Mayotte peut être comparée à la Réunion. Il y a deux saisons : la saison sèche d'avril en octobre et la saison chaude ou des pluies de novembre à avril; la température moyenne de l'année est de 25°. Enfin les coups de vent et les raz de marée si fréquents à la Réunion y sont assez rares; mais comme le prouve la catastrophe de février dernier (1898), Mayotte n'échappe pas aux cyclones.

**Majunga** (à 190 milles ou 351 kilomètres de Mayotte). — De Mayotte à Majunga, on met trente heures. Madagascar paraît d'abord comme une masse grise, sombre, dans un lointain brumeux. Peu à peu le contour de la Grande île se dessine plus nettement, on aperçoit la côte, le relief se détache, et l'on distingue les forêts, les vallées, le rivage. Enfin après un détour à gauche. on entre dans la baie de Bombetok où se déversent les eaux de la Betsiboka. La rade est spacieuse ; la mer y est très agitée à marée haute.

Majunga, que précède une longue plage sablonneuse, apparaît avec ses maisons blanches se détachant sur un fond sombre, au pied d'une colline verdoyante que couronne le « Rova » ou fort; au delà du Rova, la brousse, le sol rouge zébré de longues brèches, sans un arbre, à peine couvert d'une méchante herbe folle, c'est Madagascar, c'est le Bouéni.

Du paquebot au débarcadère : dix minutes de traversée. Ici pas de monde à l'arrivée du navire, aucun des gais loustics de Djibouti, d'Aden, de Zanzibar venant sur une méchante pirogue cueillir les sous et pièces blanches lancés par les passagers dans la mer. A peine y a-t-il quelques canots pour conduire à terre.

Au bout du débarcadère, le sable brûlant où le pied enfonce. Personne sur le rivage, pas une voiture, pas même de filanjane. On laisse à gauche le café Blum qui est très bien situé sur la plage, aussi les Européens s'y donnent-ils rendez-vous au coucher du soleil pour jouir de la brise du soir. A droite également sur pilotis, une bibliothèque. Devant cette construction une vingtaine de grandes embarcations pontées gisent depuis 1895 dans un petit lac rempli par les eaux de la mer à marée haute. De vieilles chaudières, des machines désorganisées dorment dans le sable et servent souvent d'abri la nuit aux mendiants, aux pauvres, à ceux qui n'ont pas de gîte. Des carcasses de voitures Lefebvre, sans roues, sans brancards, la caisse à moitié ensablée, complètent ce premier aperçu, triste et plein de souvenirs, de la ville de Majunga.

Si l'on suit la grande rue qui a été récemment construite, après avoir laissé à droite une église en bois qui a remplacé l'église brûlée il y a quelques années, on longe d'abord de petites villas coquettes entourées de quelque verdure, puis de nombreuses boutiques, et l'on arrive à la rue Augey-Dufresse qui lui est perpendiculaire. Un peu plus loin, le marché indigène, grande place carrée où les produits européens se mêlent aux produits indigènes, et qui est complètement entourée de marchands, de cafés, de débits divers, etc. Au delà, les maisons en bois se prolongent jusqu'au village indigène.

Cette voie partage le quartier européen de Majunga en deux. Du côté de la mer, les bureaux de la Place, des Messageries maritimes, du commissariat, plus loin la gendarmerie, la maison Garnier, la fabrique de glace et de limonade d'où partent de petits chalands et des chaloupes à vapeur pour remonter la Betsiboka.

Du côté du Rova, la route de Tananarive, large, couverte d'épais ombrages impénétrables aux rayons du soleil, garnie de chaque côté de belles maisons entourées de verdure : c'est la promenade favorite des habitants. Elle aboutit à un petit carrefour sur lequel est l'entrée du village indigène avec ses nombreuses cases entourées de palissades et toutes semblables.

Enfin au sommet de la montagne qui domine Majunga, s'élève le Rova avec ses murs encore intacts; derrière le Rova, le quartier de la Garnison, au Nord le Colombier militaire, jolie villa plongée dans la verdure, et plus au Nord encore l'hôpital militaire dont les constructions en bois, établies sur pilotis, dominent la mer de 50 mètres et reçoivent de tous côtés la brise maritime.

Tel est Majunga avec sa foule bariolée de Français, d'Anglais, d'Allemands, d'Indiens, d'Arabes, de Zanzibarites, de Comoriens et enfin de Sakalaves, ces derniers presque tous convertis à l'islamisme par des motifs purement commerciaux.

A Majunga, la Betsiboka forme une excellente voie de pénétration dans l'intérieur de l'île ; les chalands de la Compagnie Suberbie, remorqués par une chaloupe à vapeur jusqu'à Marololo en passant par Amboaniho et Ambato, remontent ensuite jusqu'à Suberbieville à la perche. Le voyage dure quatre ou cinq jours. Au delà de Suberbieville, on emploie les bourjanes.

A l'aide d'un bateau annexe de la Compagnie des Messageries maritimes (le Mpanjaka), Majunga est en relations avec la côte Ouest de Madagascar : Maintirano, Morondava, Tulléar.

Les moyens de transport n'existent pour ainsi dire pas. Quelques portefaix emportent vos bagages pendant que vous marchez à pied ou en filanjane, si vous avez pu vous procurer des bourjanes.

Cinq chalands et trois remorqueurs servent pour le débarquement des bagages, qui est fait par les soins de la Compagnie française de charbonnage et de batelage. Les prix sont de 2 à 5 francs par personne et de 1 franc par colis.

On trouve à Majunga un hôtel, *l'hôtel Benoiton*, et une maison meublée tenue par la veuve Le Mée. Le prix des repas est de 3 francs. Une chambre coûte 50 à 60 francs par mois. La pension est de 110 francs.

Le salaire d'un cuisinier varie de 50 à 70 francs, celui d'un domestique de 40 à 50 francs.

L'escale dure de sept à huit heures.

La monnaie employée est la monnaie française d'or, d'argent et de cuivre.

Le lendemain du départ de Majunga, on arrive à Nossi-Bé.

**Nossi-Bé** (à 190 milles ou 351 kilomètres de Majunga). — Nossi-Bé ou la Grande île possède environ 10 000 habitants et est séparée de la côte par une passe que barre en partie l'île Nosy-Komba; elle fait topographiquement partie de Madagascar.

Sa capitale Hellville (1 100 habitants) est un point de relâche des bateaux. Des travaux y sont commencés pour en faire un port de mouillage pour les navires, port où les diverses Compagnies maritimes installeraient une agence dans le but d'éviter les frais onéreux de Maurice.

Ambanoro (1 600 habitants) est le village le plus important de l'île.

A une certaine époque de l'année, Nossi-Bé vu de loin apparaît comme incendié, lorsque les habitants brûlent les bois et les herbes pour les défrichements.

Le sol est riche et il est certain qu'avec des capitaux on pourrait tirer de cette île un profit sérieux.

De Nossi-Bé les navires remontent vers le Nord en longeant la côte qui est très escarpée et d'où se détachent de nombreux rochers, formant une masse d'îlots au milieu d'une mer presque toujours tourmentée. Le navire double le cap d'Ambre qui forme l'extrémité Nord de l'île de Madagascar. Une large échancrure, et la magnifique baie de Diego-Suarez apparaît, rivale de celle de Rio-de-Janeiro. L'entrée en est superbe; large de plus de 3 kilomètres, elle est coupée en son milieu par l'île de la Lune ou Nossy Volana. Les navires n'entrent guère que de jour dans cette baie. Les passes en effet ne sont pas encore suffisamment éclairées; l'absence de phare révélant la présence de la terre, une mer souvent agitée et des côtes dangereuses ne permettent guère de s'engager de nuit dans ce défilé.

La première passe franchie, on se trouve en pleine baie de Diego.

**Diego-Suarez** (à 157 milles ou 290 kilomètres de Nossi-Bé). — Cette baie est divisée en six compartiments par ses ramifications des montagnes voisines qui se prolongent en avant dans les eaux calmes et profondes. Quelques îlots armés en compléteraient la défense intérieure. Les navires peuvent y mouiller à quelques mètres de la rive; Diego est un véritable port naturel facilement défendable de la côte même et dominant, par sa position en avant dans l'Océan, la route des Indes; bien fortifié, il serait imprenable. Les travaux de fortification sont d'ailleurs déjà commencés; on prépare en outre l'installation de phares, ce qui rendra possible en tout temps, de jour et de nuit, l'entrée de la baie aux navires de différent tonnage.

La baie, qui est découpée, s'avance profondément dans l'intérieur des terres et sépare presque entièrement la partie Nord de l'île, qui ne forme plus qu'une presqu'île rattachée à la Grande terre par un plateau élevé, à la base est duquel est bâti Diego-Suarez.

En face de Diego, de l'autre côté de la baie et existant depuis 1885 seulement, est Antsirane (Antseranana), qui domine toute la baie. Cette ville s'élève sur l'emplacement même où les Hovas avaient établi le poste de douane d'Antomboka; construite depuis 1885, elle ne peut pas présenter encore les commodités, la régularité et le coup d'œil de nos villes européennes. C'est à Antsirane que se trouvent l'hôtel du Gouvernement, vaste, aéré, bâti sur une éminence et dominant la ville, les casernes construites en briques et reliées par un Decauville à Mahatinjo, sur le bord de la rivière des Caïmans. Le sol y est aride, semé seulement çà et là d'un peu de verdure et de quelques tamariniers. C'est sur le tronc énorme d'un de ces arbres que le gouvernement fait afficher les documents officiels. Antsirane ne possédait que deux fontaines, assaillies constamment par la foule altérée; le gouvernement vient de la doter d'une conduite d'eau. Aux environs de la ville il y a deux rivières: la rivière des Caïmans et la rivière des Maques, qui coulent dans des vallées d'une grande fertilité.

Antsirane possède une chapelle desservie par l'aumônier de l'hôpital militaire; des religieuses de la congrégation dite des Filles de Marie y ont fondé une école.

Sur la presqu'île de Diego, où l'on se rend d'Antsirane en chaloupe en traversant la rade, se trouvent la gendarmerie, les magasins d'approvisionnement, l'hôpital militaire et la caserne des disciplinaires. Des fortifications sont établies sur le plateau qui relie la Grande terre à la presqu'île de Diego, plateau dominant Diego-Suarez et sur lequel se trouve la route d'Antsirane à Ambohimarina.

A Diego arrivent directement d'Aden les bateaux des Messageries maritimes qui partent le 25 de Marseille.

Les moyens de débarquement mis à la disposition des passagers sont des embarcations appartenant à des créoles et à des Anjouanais; les prix fixés sont de 50 centimes par personne et de 50 centimes par colis du bord à terre. La Société française de charbonnage et de batelage y a une agence qui a à sa disposition des chalands et des remorqueurs.

On ne trouve de restaurant ni à Diego, ni à Antsirane, mais il existe à Antsirane un hôtel tenu par M. Donyère, rue de la République.

Le salaire d'un cuisinier est de 35 à 45 francs, celui d'un domestique de 30 à 35 francs.

L'escale dure environ huit heures.

De Diego à Sainte-Marie, les bateaux longent tout le temps la côte, qu'ils ne perdent pas de vue et sur laquelle on remarque successivement Vohémar, le cap Masoala, contre lequel les vagues se précipitent avec furie et qui se trouve à l'entrée de l'immense baie d'Antongil, véritable mer intérieure semée de nombreux îlots, le port de Tintingue avec des arbres énormes, contemporains de ceux dont se servit Mahé de Labourdonnais pour réparer sa flotte, et enfin, en face de Tintingue, un cap boisé, extrémité Nord de l'île Sainte-Marie.

**Sainte-Marie** (à 325 milles ou 582 kilomètres de Diego). — Sainte-Marie appartient à la France depuis 1750. Elle est séparée de la Grande île par un détroit de 6 à 16 kilomètres de largeur; l'île, de forme allongée, a 50 kilomètres de long sur 3 de large, et possède une population indigène de 6 000 habitants.

A l'ouest de l'île, en face de la Pointe à Larrée, il existe un très beau port naturel, accessible en tout temps, qui est protégé par deux îlots : l'îlot aux Forbans, qui sert de dépôt de charbon, et l'îlot Madame, qui est le siège du gouvernement. L'îlot Madame est relié à Sainte-Marie par deux ponts, dont l'un conduit à Saint-Louis, la capitale de l'île, petite ville d'un aspect charmant, entourée de cocotiers et de manguiers et enchâssée dans une verdure exotique des plus luxuriantes.

En 1876, Sainte-Marie fut rattachée administrativement à la Réunion; elle est aujourd'hui une dépendance de Madagascar. Il s'y trouve une école laïque de garçons et une école de filles tenue par les Sœurs de Saint-Joseph de Cluny.

Le climat de Sainte-Marie est assez insalubre. L'île, couverte d'une riche végétation, produit surtout des clous de girofle, car les girofliers y sont en très grand nombre et y viennent admirablement.

**Tamatave** (à 399 milles ou 739 kilomètres de Diego-Suarez, ou à 84 milles, soit 155 kilomètres de Sainte-Marie).

Après avoir dépassé l'île aux Prunes, on arrive à Tamatave, dernière escale des Messageries maritimes à Madagascar et point où descendent les passagers à destination de la côte Est, de Tananarive et de tout l'Imerina.

Tamatave présente une rade spacieuse, mais insuffisamment abritée contre les violents cyclones de la mer des Indes.

La ville est construite sur le sable et divisée en deux parties : le quartier européen et le quartier malgache.

Le quartier européen présente un certain nombre d'hôtels, dont nous indiquons ci-après les conditions.

*Hôtel Moderne* : pension, 100 francs; repas, 3 francs; chambre, 2 francs.

*Hôtel Continental* : repas, 3 fr. 50 et 4 francs; pension, 130 francs. Chambre et pension pour voyageur de passage : 10 francs par jour, 225 francs par mois.

*Hôtel de la République* : repas, 3 francs; chambre, 7 fr. 50; par mois, 200 francs.

*Hôtel de France* : repas, 3 francs; par jour, 8 francs; pension, 130 francs; 170 francs par mois.

*Hôtel du Midi* : par jour, 6 francs; pension, 90 francs; chambre seule, 28 francs.

*Hôtel du Marché* : repas, 2 francs; pension, 90 francs; chambre, 18 francs.

Salaires : cuisinier, 30 à 60 francs; domestique, 18 à 30 francs.

L'Hôtel Continental, où l'on trouve un certain nombre de pensionnaires, possède un hall spacieux qui sert de restaurant et de café.

Non loin de ces hôtels, on rencontre l'hôpital, l'église, la résidence de France, les consulats anglais et allemand.

La ville malgache est très originale avec ses boutiques encombrées, aux toits se rejoignant par-dessus les ruelles.

Les femmes filent la soie, en font de jolis lambas. Le chanvre est employé pour la confection des vêtements.

Avec les joncs des marais, les Malgaches font des chapeaux; avec le rafia, ils font des tissus soyeux, des rabannes.

Tamatave fait environ le cinquième de tout le commerce maritime de Madagascar.

La population est spécialement composée d'émigrants et de nomades, où domine le Hova que l'amour du lucre attire vers cette ville commerçante.

C'est à Tamatave que débarquent la plupart des marchandises à destination de l'Imerina. En filanjana, le trajet de Tamatave à Tananarive demande huit jours environ, avec une vitesse moyenne de 36 kilomètres par jour. Les marchandises arrivent en quinze jours. La construction d'une route carrossable, presque entièrement achevée, et celle d'un chemin de fer reliant Tananarive à Andévorante qui est actuellement à l'étude, permettront d'assurer à la capitale de Madagascar des relations plus faciles avec la côte et, par suite, avec la France.

# DEUXIÈME PARTIE

## HISTOIRE ET GÉOGRAPHIE
### ADMINISTRATION

Préliminaires de 1642 à 1895. — Richelieu. — Colbert. — Le traité de Paris (1763). — Benyowski (1773-1786). — Lescalier. — Bory de Saint-Vincent. — Sylvain Roux. — L'Angleterre s'empare de Tamatave (1811), mais est obligée de nous rendre Madagascar (1816). — Charles X envoie à Madagascar une expédition qui ne réussit pas, et Louis-Philippe fait évacuer l'île. — Cessation des relations avec la France. — L'œuvre de Laborde. — Traité de 1868. — Violation de ce traité. — Hostilité du gouvernement hova vis-à-vis des Français. — Expédition de l'amiral Pierre (1883). — Traité de 1885. — Nouvelles vexations. — Une nouvelle expédition devient indispensable.

L'expédition de 1895. — Sa préparation. — Composition du corps expéditionnaire — Marches et opérations du corps expéditionnaire. — Opérations maritimes. — Opérations de l'avant-garde. — Prise de Marovoay. — Opérations du corps expéditionnaire jusqu'à l'ouverture du pont de la Betsiboka. — Opérations du corps expéditionnaire jusqu'au départ de la colonne légère. — Opérations de la colonne légère. — Prise de Tananarive. — Déblocus de Tamatave et répression des mouvements insurrectionnels. — Troubles du Sud-Ouest de l'Imerina et de la côte Est.

Événements survenus jusqu'au mois de septembre 1896. — Colonne du Nord. — Colonne du Sud-Est. — Route de Tamatave. — Extension de l'insurrection.

Exposé des derniers événements de 1896. — Cercle d'Ambatondrazaka. — Cercle de Moramanga. — Cercle d'Ambohidrabiby. — Cercle de Babay. — Cercle d'Arivonimamo. — Cercle d'Ambatomanga.

Exposé des événements de 1897. — Janvier : Lignes d'étapes. — 1ᵉʳ territoire militaire : cercles d'Ambatondrazaka, d'Ambohidrabiby, de Moramanga, de Babay. — 2ᵉ territoire militaire : cercles d'Ambatomanga, d'Arivonimamo. — Février : 1ᵉʳ territoire militaire : cercles d'Ambatondrazaka, d'Ambohidrabiby, de Moramanga, d'Ambatomanga, de Babay. — Territoire civil. — Mars : 1ᵉʳ territoire militaire : cercles d'Ambohidrabiby, de Moramanga. — 2ᵉ territoire militaire : cercle de Tsiafahy, cercles annexes de Betafo et d'Arivonimamo, cercle de Miarinarivo. — Territoire civil. — Avril : 1ᵉʳ territoire militaire : cercles d'Ambatondrazaka, d'Ankazobé, d'Ambohidrabiby, de Moramanga. — 2ᵉ territoire militaire : cercle de Miarinarivo. — 3ᵉ territoire militaire. — Territoire civil. — Mai : cercles d'Ambatondrazaka, d'Ankazobé, d'Anjozorobé, de Moramanga. — 2ᵉ territoire militaire. — Cercle de Tsiafahy, cercles annexes d'Arivonimamo, de Betafo, cercle de Miarinarivo. — Territoire civil. — Juin : cercles d'Ambatondrazaka, d'Ankazobé, d'Anjozorobé, de Moramanga. — 2ᵉ territoire militaire : Betsiriry et Menabé. — Territoire civil. — Juillet : Cercles d'Ambatondrazaka, d'Ankazobé, d'Anjozorobé. — 2ᵉ territoire militaire. — Territoire civil. — Août : Cercle d'Ambatondrazaka. — 2ᵉ territoire militaire. : Betsiriry et Menabé. — Territoire civil ; Bouéni. — Provinces du Sud ; Tuléar. — Septembre ; Cercles d'Ambatondrazaka, d'Anjozorobé et de Maevatanana. — 2ᵉ territoire militaire. — Territoire sakalave. — Bouéni. — Provinces du Sud. — Fort-Dauphin. — Octobre : Territoire sakalave. — Provinces du Sud. — Résumé. — Novembre : Pas d'événements militaires importants. — Progrès et améliorations. — Décembre : Mouvement d'immigration à Madagascar. — Apaisement des tribus sakalaves. — Reconnaissances dans les différentes régions. — Soumission de chefs sakalaves. — Mesures pour combattre la disette. — Écoles publiques. — Rendement [des impôts. — Tribunaux. — Mouvement commercial entre l'Imerina et le Nord. — Plantations de caféiers. — Culture du tabac. — Situation satisfaisante au point de vue des tendances et de l'état d'esprit des populations. — Situation financière. — Reconnaissance chez les Tanalas de Volambita. —

Battue dirigée contre Isambo; soumission de ce chef. — Situation de la circonscription de Tulléar. — Défaite des Mahafalys. — Division de la province de Tulléar en deux secteurs. — Province de Fort-Dauphin. — Province de Maroantsetra. — Ile de Nossi-Bé. — Travaux de la route carrossable de Tananarive à Tamatave; projet de canal entre Tamatave et Andévorante. — Amélioration de la situation financière de la colonie. — Pacification de la plus grande partie de l'île.

# CHAPITRE I

## Histoire : La conquête de Madagascar.

### PRÉLIMINAIRES DE 1642 A 1895

Rattachée la dernière au domaine de la France, la colonie de Madagascar est entrée cependant, depuis plus de deux siècles, dans notre sphère d'influence.

Dès 1642, le cardinal de Richelieu donne au Dieppois Rigault l'autorisation d'en prendre possession au nom d'une Compagnie commerciale, dont les premiers administrateurs sont Pronis et Flacourt.

En 1664, Colbert crée la Compagnie des Indes Orientales; Madagascar prend le nom de « France Orientale », et M. de Mondevergue est nommé gouverneur général de l'île. Mais son successeur, l'amiral La Haye, mécontente les indigènes et l'île est évacuée après le massacre de Fort-Dauphin.

Le traité de 1763 ramène l'attention sur Madagascar et, en 1767, M. de Maudave rétablit nos établissements de Fort-Dauphin. Six ans plus tard, en 1773, Benyowski vient s'installer au fond de la baie d'Antongil, envoyé par le gouvernement français pour « former une colonie en se conciliant la bienveillance, la confiance et l'attachement des naturels du pays ». Sa mission réussit au delà de toute espérance et, trois ans plus tard, il est acclamé comme chef suprême par les indigènes du Nord-Est. Malheureusement, les gouverneurs de l'île de France le jalousent et s'acharnent à sa perte; sa mort, survenue le 23 mai 1786, retarde de plus d'un siècle l'union de Madagascar à la France.

Cependant, malgré le mouvement révolutionnaire, l'attention ne se détourne pas de notre possession de l'océan Indien et, à la fin de 1791, un commissaire spécial, Lescalier, est envoyé de Paris pour y faire un voyage d'études.

Napoléon, consul, puis empereur, continue la tradition. En 1801, Bory de Saint-Vincent est chargé d'une mission analogue à celle de Lescalier et, en 1804, Sylvain Roux est mis à la tête d'un sous-gouvernement, dont le siège est à Tamatave.

En 1811, les Anglais profitent de nos préoccupations sur le continent pour s'emparer de Tamatave; mais leur occupation est de courte durée. Cinq ans

Pl. II. — TANANARIVE : PLACE JEAN LABORDE (OU D'ANDOHALO).

plus tard (octobre 1816), l'Angleterre, rappelée à l'exécution du traité de Paris, est obligée de nous rendre Madagascar.

En 1822, Sylvain Roux, chef d'une mission nouvelle, se réinstalle sans peine à Sainte-Marie, reprend Fort-Dauphin, Pointe à Larrée, Tintingue et fait accueillir le protectorat de la France par toutes les peuplades voisines de ces localités.

Malheureusement, nous nous heurtons, dans l'île même, à de sérieuses difficultés. A la suite de quelques escarmouches, où l'avantage ne nous était pas resté, Radama I$^{er}$ et la reine Ranavalona I$^{re}$, qui lui succède, montrent une telle arrogance, que le gouvernement de Charles X se décide à envoyer à Madagascar une expédition dont Gourbeyre prend le commandement. Mais, mal conçue au début et disposant d'effectifs insuffisants, cette expédition demeure sans résultat et le gouvernement de Louis-Philippe répond à une demande de renforts par l'ordre d'évacuer l'île.

De ce jour, le gouvernement hova devint intraitable à l'égard des étrangers et des Français en particulier, et, jusqu'en 1853, toutes les relations cessèrent avec les puissances européennes.

Cependant, un Français, M. Laborde, établi à Tananarive depuis 1831, était parvenu à se créer une situation exceptionnelle auprès de la reine Ranavalona I$^{re}$. Grâce à son activité et à sa remarquable intelligence, il avait rendu de tels services au gouvernement hova, qu'il réussit à amener un rapprochement entre Radama II et le gouvernement de Napoléon III. Son intervention aboutit au traité de commerce du 4 août 1868, conclu sous le règne de Ranavalona II. Entre autres avantages, les Français obtenaient le droit d'acquérir en toute propriété des biens meubles et immeubles dans la Grande île et de les transmettre à leurs héritiers. Ils pouvaient également se livrer à toutes les opérations commerciales et industrielles.

A la mort de M. Laborde, de nouvelles difficultés surgirent. Lorsque ses héritiers voulurent réaliser la fortune qu'il leur avait léguée, le gouvernement de Ranavalona II refusa de reconnaître leurs droits et, malgré le traité de 1868, repoussa l'intervention du gouvernement français.

Telle est l'origine de la querelle qui a abouti aux deux campagnes de 1883 et de 1895. Enhardis par notre politique de temporisation, les Hovas multipliaient les mesures vexatoires contre les Français établis dans l'île et prétendaient faire reconnaître leur autorité dans les territoires sakalaves et antankaras placés sous notre protectorat depuis 1840.

En 1882, le gouvernement se décida à envoyer une escadre pour les rappeler au respect des traités et, le 30 avril 1883, l'amiral Pierre arrivait à Nossi-Bé avec mission d'obtenir des garanties effectives assurant l'exécution du traité de 1868. En huit jours, il chasse les Hovas de leurs garnisons de la côte Nord-Ouest, enlève le fort et la place de Majunga et y arbore le pavillon français. Cette action énergique est suivie d'un ultimatum qui met le gouvernement malgache en demeure de céder à la France la partie de Madagascar située au nord du 16$^e$ parallèle, de payer une indemnité de un million, de reconnaître les droits des héritiers Laborde et de subordonner sa politique extérieure au contrôle de la France.

Cet ultimatum étant repoussé sans discussion, l'amiral Pierre met la main sur Tamatave. L'amiral Galiber, son successeur dans le commandement de la division navale de l'océan Indien, arrive à Tamatave le 24 septembre 1883; il avait reçu l'ordre de continuer l'œuvre commencée sans engager d'opérations offensives et en cherchant à traiter avec les Hovas sur les bases de l'ultimatum précédent.

Les négociations, ouvertes dès le mois de novembre, se prolongent jusqu'au mois d'avril 1884, sans modifier la situation. Les Hovas refusent de céder à toutes nos propositions.

La Chambre des Députés, saisie de la question le 24 mars 1884 par une interpellation de M. de Lanessan, paraît alors disposée à une action plus énergique, et il semble un instant qu'un effort sérieux et définitif va être tenté. L'amiral Galiber est rappelé et remplacé par l'amiral Miot; quelques renforts sont envoyés à Tamatave et un corps de volontaires créoles est formé à la Réunion. Mais l'amiral Miot, ne disposant que d'un effectif de 500 hommes, est contraint de limiter son action à des opérations de petite envergure contre les postes de la côte occupés par les Hovas. Ces opérations, qui embrassent toute la période comprise entre le mois d'avril et le mois de décembre 1884, se concentrent principalement autour de Tamatave et de Majunga. Elles sont marquées par divers combats : Anjiabory (15 octobre 1884), Vohémar (21 novembre 1884), Andramparano (5 décembre 1884), Amboaniho, qui font le plus grand honneur à la bravoure de nos troupes et à la vigueur de leurs chefs; elles se terminent en 1885, après l'arrivée de nouveaux renforts, par le combat d'Andampy (27 août) et l'affaire de Farafatre (10 septembre).

Les opérations de l'amiral Miot ont pour effet d'amener la cour d'Imerina à conclure la paix et, après de laborieuses négociations, un traité préparé par l'amiral Miot et M. Patrimonio est signé le 17 décembre 1885.

La cour d'Imerina nous cédait en toute propriété le territoire de Diego-Suarez; elle reconnaissait implicitement notre protectorat et il était stipulé que le gouvernement de la République représenterait Madagascar dans toutes ses relations extérieures. Un résident général français devait s'installer à Tananarive avec une escorte militaire; enfin, le gouvernement hova s'engageait à payer, pour les victimes de la guerre, une indemnité de dix millions.

Ce traité donnait satisfaction à nos légitimes revendications et paraissait devoir mettre un terme à nos différends avec les Hovas. Des avantages étaient, d'ailleurs, consentis de part et d'autre, et c'est en vertu de ces stipulations réciproques que le gouvernement hova put entreprendre sur la côte Ouest des expéditions qui assurèrent pour la première fois son autorité dans cette région.

Enfin, nous nous engagions à défendre le gouvernement hova contre toute attaque venue du dehors et nous mettions à sa disposition des instructeurs militaires, des ingénieurs, des professeurs et des chefs d'atelier.

Cependant, méconnaissant ses propres intérêts, le gouvernement hova ne tarde pas à violer ses engagements et à chercher à éluder les dispositions fondamentales du traité.

Aux bons offices et aux remontrances des résidents généraux, le premier ministre oppose d'abord l'inertie; puis, sous l'inspiration de quelques étrangers, il refuse catégoriquement de souscrire aux clauses formelles du traité de 1885 sur la question de l'exequatur. Enfin, en 1890, il perd toute réserve et rouvre brusquement l'ère des vexations et des difficultés de toute sorte.

De tous les points de l'île, on signale, contre la vie et les biens des Français, des attentats qui restent toujours impunis. A Tananarive même, le neveu de la reine, Rakotomena, et ses aides de camp attaquent et blessent grièvement un soldat de l'escorte. Vainement, les résidents généraux font entendre des protestations énergiques; il paraît de plus en plus évident qu'une intervention armée est nécessaire pour châtier définitivement l'insolence des Hovas.

Cependant, le gouvernement français veut donner encore une fois la preuve de son esprit de conciliation et charge M. Le Myre de Vilers de tenter, auprès du gouvernement de l'île, un dernier appel à la raison; mais celui-ci se dérobe aux explications franches et va jusqu'à exiger l'annulation du traité de 1885, que nous lui demandions d'appliquer avec toutes ses conséquences. En présence de cette attitude, M. Le Myre de Vilers procède à l'évacuation de la colonie française sur Tamatave et à celle de l'escorte sur Majunga; il quitte, le dernier, la capitale de l'Imerina.

Dès lors, le gouvernement de la République se résout à agir; après un exposé magistral des causes de la guerre fait par M. Hanotaux dans plusieurs discours aux Chambres, les crédits nécessaires à l'expédition de Madagascar sont votés.

Telles sont les origines de la campagne de 1895, qui a doté notre domaine colonial d'une de ses plus riches possessions.

## PRÉPARATION DE L'EXPÉDITION

Dans la première quinzaine de novembre 1894, le gouvernement décidait de confier au département de la guerre la direction supérieure de l'expédition, en laissant à celui de la marine le soin de pourvoir aux transports maritimes, ainsi qu'à la direction du port de Majunga. Ce dernier département devait, en outre, assurer la surveillance des côtes et le commandement des établissements créés en dehors de la zone d'opérations du corps expéditionnaire.

Le général Duchesne fut appelé à exercer le commandement du corps expéditionnaire. Le général de Torcy lui fut adjoint comme chef d'état-major.

Le corps expéditionnaire fut constitué sur les bases suivantes :

*Infanterie* :

1 bataillon de chasseurs à pied (40ᵉ).
4 régiments à 3 bataillons, comprenant :
1ʳᵉ Brigade : 1 régiment d'Algérie (2 bataillons de tirailleurs algériens, 1 de légion), 1 régiment de ligne (le 200ᵉ).
2ᵉ Brigade : 1 régiment d'infanterie de marine (le 13ᵉ), 1 régiment colonial, 1 bataillon de tirailleurs malgaches, 1 de tirailleurs haoussas, 1 de volontaires (de la Réunion).

*Cavalerie* :

1 escadron de chasseurs d'Afrique à 150 chevaux (10ᵉ escadron du 1ᵉʳ régiment).

*Artillerie* :

1 groupe de 2 batteries de montagne de la guerre (15ᵉ et 16ᵉ batteries du 38ᵉ régiment).

1 groupe de 3 batteries de montagne de la marine (7ᵉ, 8ᵉ et 9ᵉ), 1 groupe de 2 batteries montées de la guerre (17ᵉ et 18ᵉ du 38ᵉ).

*Génie* :

4 compagnies à 200 hommes chacune, avec leur parc.
1 parc du génie.

*Train* :

6 compagnies blanches formant le 30ᵉ escadron du train, 1 compagnie sénégalaise (la 6ᵉ *bis*) à l'effectif de 500 conducteurs.

*Services* :

1 section de commis et ouvriers militaires d'administration (la 30ᵉ), 1 détachement de secrétaires d'état-major.

Le total du corps expéditionnaire, en y comprenant le personnel du quartier général et celui des divers services, s'est trouvé ainsi fixé à :

      658 officiers ou assimilés ;
  14.773 hommes de troupe ;
      641 chevaux de selle ;
   6.650 mulets ;
       46 pièces d'artillerie (30 de 80 de montagne, 12 de 80 de campagne, 4 de 120 court.)
   5.040 voitures Lefebvre.

En outre, environ 6 000 conducteurs auxiliaires furent recrutés en Algérie, dans nos possessions d'Obock et de l'océan Indien ou à Madagascar.

La division navale, sous les ordres du capitaine de vaisseau Bienaimé, renforcée au printemps de 1895, se composait de :

2 croiseurs ;  2 avisos-transports ;
2 avisos de 1ʳᵉ classe;  3 canonnières ;
1 transport-hôpital et un ponton.

L'administration de la marine organisa, en outre, la flottille fluviale, qui comprenait 12 canonnières ou remorqueurs de 25 mètres et 42 chalands, tous démontables, plus 6 canots à vapeur et pontons d'accostage.

## MARCHES ET OPÉRATIONS

### DU CORPS EXPÉDITIONNAIRE

### Opérations maritimes.

La notification de l'état de guerre fut faite le 11 décembre 1894 au chef de la division navale. Dès le 12 décembre, à sept heures du matin, un détachement des troupes de la marine débarquait à Tamatave et l'occupait après un court engagement; les Hovas se retiraient derrière les lignes de Farafatre.

Le 24 décembre, la colonie de Diego-Suarez est déclarée en état de siège; la garnison, forte de cinq compagnies et d'un détachement d'artillerie, tient en respect les postes hovas du Nord.

Le 12 février 1895, sur la demande des chefs sakalaves de la côte Nord-Ouest, le commandant de la division navale fait occuper le village d'Ambodimadiro, au fond de la baie d'Ampasindava, au sud de notre colonie de Nossi-Bé.

Le 15 février, deux compagnies d'infanterie de marine et une section d'artillerie, venant de Diego-Suarez, débarquent à Majunga, qui doit être la base d'opérations du corps expéditionnaire; le même jour, l'état de siège y est proclamé.

### Opérations de l'avant-garde du corps expéditionnaire.

(1ᵉʳ mars — 6 mai 1895).

Le général Metzinger, commandant l'avant-garde du corps expéditionnaire, débarqué à Majunga le 1ᵉʳ mars 1895, disposait de dix compagnies, huit pièces d'artillerie et d'un détachement du génie et du train.

La première quinzaine de mars fut consacrée à des reconnaissances à la suite desquelles le général Metzinger résolut de balayer les deux rives du fleuve, jusqu'à Marovoay et Mahabo.

Après divers succès, au nombre desquels il faut compter l'enlèvement de Miadana, village fortifié solidement, occupé par les Hovas, le général Metzinger jugea prudent d'attendre la fin de la saison des pluies et donna l'ordre à l'avant-garde de rallier Majunga, à l'exception de deux détachements laissés à Mevarano et à Mahabo.

Tous les efforts de la garnison de Majunga furent appliqués au débarquement des transports et des affrétés.

**Prise de Marovoay.** — Cependant, l'arrivée de nouvelles unités rendait possible la reprise des opérations ; l'enlèvement de Marovoay fut décidé pour le 2 mai. Situé à 75 kilomètres de Majunga, ce poste était très solidement organisé ; les Hovas l'occupaient en force et tenaient, en outre, une ligne de crêtes qui s'étend à l'est de Marovoay jusqu'à Ampasilava, sur un front de 10 kilomètres environ. Le général Metzinger décida que l'attaque se ferait en trois colonnes.

La première colonne, sous les ordres directs du général Metzinger, devait se diriger sur Ampasilava ; la deuxième, commandée par le capitaine de vaisseau Bienaimé, débarquerait au confluent de la Betsiboka et de la rivière de Marovoay et monterait sur Marovoay, tandis qu'un troisième détachement, sous le commandement du capitaine Delbousquet, venant de Mahabo, traverserait le fleuve et viendrait, par le Sud-Est, menacer la retraite de l'ennemi.

A dix heures du matin, la première colonne enlevait les lignes d'Ampasilava et bousculait les Hovas dans le marais au sud de Marovoay. Peu après, le commandant Bienaimé entrait dans le fort hova et arborait le pavillon français sur le Rova.

Le détachement Delbousquet, retardé par une marche pénible à travers les marais, ne put que poursuivre les fuyards de quelques feux de salve.

L'ennemi abandonna une grande partie de ses munitions, de grands approvisionnements de poudre et tous ses bagages. Le lendemain, le lieutenant-colonel Pardes, avec le bataillon malgache et une compagnie de tirailleurs algériens, contournant les marais, vint s'établir à Manonga, pour barrer la route à un corps de deux mille Hovas qui descendait de l'Imerina. Il le défit complètement le 16 à Ambodimonty, après un combat très vif, où les Hovas perdirent soixante hommes, un canon de 78 millimètres et une grande quantité de munitions. Le lieutenant Forestou, de la 2e compagnie malgache, et onze tirailleurs furent blessés dans ce dernier engagement.

Par suite de ces premières opérations, tout le cours de la Betsiboka, jusqu'à Ankaboka-Marolambo, et toute la rive droite du fleuve, jusqu'à Androtra, se trouvaient purgés de troupes hovas.

Le général Duchesne, débarqué à Majunga le 6 mai, vint le 16 inspecter les positions et, dès le 18, toutes les dispositions furent arrêtées pour marcher en avant.

## Opérations du corps expéditionnaire jusqu'à l'ouverture du pont de la Betsiboka.

(19 mai — 14 juillet 1895).

A la suite des échecs qu'ils avaient subis à Marovoay et Ambodimonty, les Hovas n'opposèrent plus aucune résistance sérieuse à la marche de nos troupes.

Mais, au fur et à mesure que les colonnes s'éloignaient de Majunga, les difficultés du ravitaillement devenaient de plus en plus grandes. La flottille n'était pas encore en état d'assurer les communications par la voie fluviale, et la voie de terre, d'autre part, ne pouvait être utilisée. Cette situation fâcheuse détermina le général en chef à transformer en route carrossable la piste de la rive droite jusqu'à Suberbieville. En même temps, le génie construisit un grand nombre de ponts pour franchir les divers cours d'eau entre Marovoay et le confluent de l'Ikopa.

Dans les journées des 6 et 7 juin, l'avant-garde passait la Betsiboka; le 9, elle arriva en vue de Mevatanana, forte position dont une poignée d'hommes déterminés et bien armés pouvaient faire une position inexpugnable, et que les Hovas abandonnèrent après un court engagement. Ils laissaient entre nos mains trois canons Hotchkiss, deux cents fusils Snider, une grande quantité de munitions et plusieurs pièces d'artillerie.

Le 19 juin, un détachement composé d'une section de la 16ᵉ batterie et d'un peloton de chasseurs d'Afrique, sous le commandement du chef de bataillon Lentonnet, vient camper à Tsarasaotra, à 25 kilomètres au sud de Suberbieville.

Le 20, au point du jour, il y est attaqué inopinément par des forces nombreuses, qui ouvrent le feu à trois ou quatre cents mètres, en même temps qu'elles cherchent à envelopper le camp par l'Ouest. Le commandant Lentonnet répond par une charge à la baïonnette qui met l'ennemi en fuite. Dans ce brillant engagement, nous perdons un officier, le lieutenant Augey-Dufresse, tué au début de l'action. L'ennemi subit des pertes sérieuses.

Le lendemain, un camp établi sur le mont Beritsoka, en face de Tsarasaotra, est enlevé par des troupes de renfort venues de Suberbieville.

Ces deux journées, pendant lesquelles nos soldats rivalisèrent de bravoure et d'entrain, furent décisives et rejetèrent l'ennemi jusque vers Andriba, à plus de 80 kilomètres de Suberbieville.

A la date du 28 juin, la route était devenue praticable pour les voitures Lefebvre de Majunga jusqu'à Ambato. Le corps expéditionnaire put être mis en marche et concentré, le 9 juillet, à Ambato.

Enfin, le 24 juillet, au moment où la 13ᵉ compagnie du génie terminait, au prix d'efforts inouïs, le pont de la Betsiboka, la route, praticable aux voitures sur deux cent cinquante kilomètres de longueur, reliait sans discontinuité Majunga à la pointe d'avant-garde établie au mont Beritsoka.

Marololo pouvait, dès lors, être ravitaillé à la fois par terre et par eau, et il devenait possible d'y accumuler les approvisionnements nécessaires pour la marche en avant.

## Opérations du corps expéditionnaire jusqu'au départ de la colonne légère.

### (14 juillet — 14 septembre 1895).

Le 15 juillet, les trois bataillons du régiment d'Algérie et le 40ᵉ bataillon de chasseurs entreprirent la construction de la route au delà de Tsarasaotra. A la date du 3 juillet, le nouveau tronçon était ouvert jusqu'à mi-chemin, entre la Betsiboka et Anjiajia; à cette même date, les troupes de la 2ᵉ brigade dépassaient celles de la 1ʳᵉ et atteignaient, le 2 août, le pied des monts Ambohimenakely, de manière à prendre, à leur tour, la tête de la marche et des travaux.

La construction de la route sur la partie orientale des petits Ambohimena exigea un très gros effort de la part de nos troupes. Les deux brigades durent y être concentrées pour opérer un déblai de 6 000 mètres cubes; ce travail énorme fut achevé en cinq jours.

Les Hovas, au nombre d'environ 5 000, occupaient fortement la position formée par le pic d'Andriba et le mont Hiandrereza, qui commande le défilé donnant accès sur Andriba. Cette position fut enlevée le 21 août, après une brillante attaque, par la brigade du général Voyron, qui bivouaqua à Andriba.

Pendant les deux dernières journées, les troupes avaient supporté, avec une endurance remarquable, des marches très pénibles, et leur entrain dans l'attaque avait démoralisé l'ennemi qui s'était retiré à plus de trente kilomètres dans le Sud.

Les travaux de route furent alors repris par tout le corps expéditionnaire, sous la protection d'une avant-garde établie d'abord au marché d'Andriba et portée ensuite à Mangasoavina. C'est ce point qui devint, par la suite, la station tête d'étapes et la base de ravitaillement de la colonne légère.

## Opérations de la colonne légère. Prise de Tananarive.

### (14 septembre — 30 septembre 1895).

Le général en chef, frappé des difficultés, chaque jour plus grandes, que présentaient l'ouverture de la route carrossable et la marche des échelons de ravitaillement, décida de prendre la plaine d'Andriba pour point de départ d'une colonne légère dont le convoi serait exclusivement constitué avec des mulets de bât.

La route étant devenue praticable jusqu'à Mangasoavina, il devenait possible de constituer, dans cette localité, les approvisionnements de toute sorte nécessaires à la marche sur Tananarive.

Le 13 septembre, ce résultat étant atteint, le général en chef fixa le départ de la colonne légère au lendemain 14.

Elle comprenait : 237 officiers, 4 013 combattants, 1 515 conducteurs auxiliaires, 266 chevaux et 2 809 mulets. Les approvisionnements étaient de vingt-deux jours de vivres, 140 cartouches par homme et 1 116 projectiles pour 12 pièces de 80 millimètres de montagne.

Le 15 septembre au matin, les forces hovas, évaluées à 5 ou 6 000 hommes, sont chassées de la position de Tsinainondry, où elles étaient fortement établies.

Les opérations, commencées avant le jour, se terminent, vers deux heures de l'après-midi, par la retraite de l'ennemi, qui abandonne un canon et laisse quatre-vingts morts sur le terrain.

Le premier échelon de la colonne légère bivouaque le lendemain à Ambohinoro ; le 17, après avoir franchi sans coup férir le col de Kiangara, évacué par les Hovas, il vient camper au pied des grands Ambohimena, dont les hautes falaises se dressent comme un formidable rempart, protégeant l'Imerina contre l'invasion des étrangers.

Depuis plusieurs semaines, les Hovas avaient élevé dans le massif de nombreux ouvrages destinés à nous barrer le passage. Les troupes refoulées du Bouéni, nouvellement ravitaillées, venaient d'être renforcées par les « Voromahery » de la garde royale et préparaient une sérieuse résistance.

Néanmoins, après une vive défense, les Hovas, vigoureusement attaqués de front et débordés par nos troupes, abandonnent complètement leurs formidables positions et battent en retraite de tous côtés jusqu'à l'Ankarahara, à 45 kilomètres dans le Sud, en incendiant tous les lieux habités qui jalonnent la route.

Le 19 au soir, le général en chef établit son camp dans la plaine de Maharidaza, au pied Sud des Ambohimena. Les convois rejoignent le 20 et la marche est reprise le 21. L'avant-garde bivouaque le même jour près d'Ankazobé et, le 22 septembre, sur le versant Nord de l'Ankarahara, dont elle gravit les pentes le 23.

Le 23 au soir, elle bivouaque près de Fihaonana et y attend l'échelon du général Metzinger. Le général en chef a décidé, en effet, de faire marcher en un seul échelon l'avant-garde et le gros dans la région plus populeuse de l'Imerina.

Le 25 au matin, la colonne reprend sa marche en avant, suivie à une journée d'intervalle par l'échelon de réserve (colonel de Lorme). Elle s'établit en bivouac près d'Andavabary, pendant que la cavalerie reconnaît un assez fort rassemblement près de Sabotsy.

Le 26, dès la pointe du jour, l'avant-garde enlève le marché de Sabotsy et continue sa marche en avant, en poussant l'ennemi devant elle.

Après avoir traversé le Fandrozana, la tête de colonne est accueillie, à hauteur de Tsimahandry, par le feu très bien repéré de trois pièces d'artillerie, en position sur les hauteurs d'Ambohipiara.

Nos batteries répondent ; les deux bataillons algériens et le bataillon de légion s'élancent sur la position, qui ne tarde pas à être enlevée.

Le 27, le général Duchesne fait séjour au camp de Tsimahandry pour faire reposer les troupes. Il attend, en outre, le troisième échelon, qui a reçu l'ordre de rejoindre les deux premiers, de façon que la colonne se trouve complètement concentrée pour attaquer l'ennemi dans ses derniers retranchements.

Le général en chef s'étant décidé à tourner Tananarive par le Nord et par l'Est, pour éviter les nombreuses rizières situées à l'Ouest, le grand mouvement circulaire que devait faire la colonne commença le 28, à la pointe du jour. Dans la journée, notre arrière-garde fut assez vigoureusement attaquée par environ 2000 hommes ; 6 des nôtres furent blessés.

Le 29, en approchant de Lazaina, la colonne se heurte à une partie de la garnison de Tananarive, qui bat en retraite sans attendre l'attaque. Le général Duchesne fait alors enlever les abords du village d'Ilafy, à huit kilomètres à vol d'oiseau du palais de la reine.

Les Hovas occupaient en grand nombre la chaîne de hauteurs qui se développe, à l'Est, parallèlement au plateau de Tananarive ; ils s'étaient fortement établis à l'observatoire d'Ambohidempona et au village d'Andrainarivo. Le général en chef arrête, en conséquence, le dispositif d'attaque comme il suit :

1° Occupation et attaque de la ligne de crêtes qui s'étend de l'observatoire vers le Nord ;

2° Bombardement et assaut de Tananarive.

La colonne devait effectuer ces opérations en deux échelons ; l'un, à gauche, commandé par le général Metzinger, était chargé de l'attaque débordante par le Sud ; l'autre, à droite, sous les ordres du général Voyron, devait former le pivot du mouvement et attaquer par le Nord-Est.

Le 30 au matin, lorsque les mouvements commençaient, le corps de Rainianjalahy vient ouvrir le feu contre le convoi avec deux canons. Quelques unités d'infanterie de marine et de Haoussas sont envoyées aussitôt pour le couvrir.

Cependant, le général Metzinger débouche en face d'Ankatso, occupé par l'ennemi. Ce point est enlevé par le bataillon malgache, qui a un officier et un tirailleur blessés. Puis, une lutte d'artillerie s'engage avec les défenseurs d'Andrainarivo et, à midi trente-cinq, l'artillerie hova renonce à la lutte, après avoir reçu 77 obus. Pendant ce temps, le bataillon malgache s'empare de l'observatoire ; malheureusement, une compagnie du 3ᵉ bataillon algérien, qui devait servir de pivot à l'attaque de l'échelon de gauche, agit trop précipitamment. Après avoir enlevé le village d'Andraisoro, elle se porte prématurément à l'attaque d'Andrainarivo et doit se replier après avoir eu 2 sous-officiers et 4 tirailleurs tués, 2 officiers et 17 tirailleurs blessés.

En même temps, les troupes du général Voyron venaient occuper les pitons situés au nord d'Andrainarivo. Cependant, le bataillon malgache avait à peine retourné contre Tananarive les deux canons enlevés sur la position de l'observatoire, que les batteries de la capitale ouvraient le feu.

Le général en chef, confirmant ses ordres antérieurs, fit préparer six colonnes d'assaut et commencer le bombardement général. Les 16ᵉ et 9ᵉ batteries tireront chacune cinq obus à la mélinite sur les batteries ennemies établies sur la terrasse du palais de la reine. Ce tir produisit un tel effet sur les Hovas qu'une demi-heure après le commencement du tir, vers trois heures et demie, un pavillon blanc fut hissé sur le palais et qu'un parlementaire, Marc Rabibisoa, se présentait, au moment même où les colonnes d'assaut allaient s'élancer.

Peu après, un fils du premier ministre, Radilifera, accompagné par l'interprète Ramanankirahina, venait déclarer, au nom de son gouvernement, que nos troupes pouvaient entrer en ville et que les hostilités ne seraient pas reprises.

Le général Metzinger, nommé gouverneur militaire de Tananarive, pénètre dans la place à quatre heures et demie du soir avec 4 bataillons, 1 batterie et 2 compagnies du génie, pendant que le général Duchesne restait avec le général Voyron sur les positions conquises, prêts à recommencer le bombardement à la moindre alerte.

L'entrée solennelle du général en chef eut lieu le lendemain, 1$^{er}$ octobre, à huit heures du matin.

Le traité de paix fut signé à trois heures de l'après-midi et ratifié le jour même par la reine.

La prise de Tananarive, qui clôturait si heureusement la campagne, était un juste dédommagement des épreuves subies depuis six mois avec une héroïque constance par le corps expéditionnaire ; elle terminait brillamment cette longue marche de dix-sept jours, souvent interrompue par des combats qui avaient mis en relief l'énergie des chefs et des soldats.

### Déblocus de Tamatave
### et répression des mouvements insurrectionnels.

Le 11 septembre, le général Duchesne avait envoyé au contre-amiral Bienaimé l'ordre d'amener à Tamatave, du 1$^{er}$ au 5 octobre, toutes les troupes qui pouvaient être prélevées, sans inconvénient, sur les garnisons de Diego-Suarez et de Majunga, et d'y réunir le plus grand nombre possible de bâtiments de la division navale.

Le 30 septembre, l'amiral Bienaimé arrivait en rade de Tamatave à bord du *Primauguet*.

Dans la nuit du 5 au 6 octobre, une colonne forte de trois compagnies et d'une batterie de 65 millimètres est dirigée sur les lignes de Farafatre.

A ce moment, arrivait de Vatomandry la nouvelle de l'occupation de Tananarive et de la conclusion de la paix. La cessation des hostilités contre Farafatre s'imposait donc et le gouverneur hova consentit à signer le 11 octobre, à huit heures du matin, la reddition complète des lignes. La principale route qui relie la capitale de l'Imerina avec la côte se trouvait ainsi dégagée.

Dans l'intervalle, la base de ravitaillement, maintenue à Mangasoavina, avait été évacuée et toutes les troupes d'étapes repliées sur Suberbieville et Marololo.

Tous les mouvements de troupes et de matériel furent dès lors effectués exclusivement par Tamatave.

### Troubles du sud-ouest de l'Imerina et de la côte Est.

Le 22 novembre, jour même de la fête du Bain, un mouvement insurrectionnel éclata dans le sud-ouest de l'Imerina. Le centre de l'insurrection était à Amboanana, village situé au nord de l'Ankaratra, à 44 kilomètres à vol d'oiseau de Tananarive. Les rebelles appartenaient à la tribu des Zanakantitra (fils des vieux), la plus nombreuse de la province d'Arivonimamo. Ils étaient conduits par des sorciers fanatiques dont le but était de chasser les étrangers, quelle que fût leur confession religieuse, et de ramener le peuple à l'ancien culte des idoles.

Le pasteur anglais Johnson, sa femme et sa fille furent cruellement assassinés à Arivonimamo. Le gouverneur hova de ce village fut également massacré avec un de ses officiers.

Le général en chef dirigea, dès le 23 novembre, sur Arivonimamo, trois compagnies malgaches sous le commandement du chef de bataillon Ganeval.

Le 24 et le 25 novembre, ce détachement tint tête à Antsahavola, à mi-chemin d'Arivonimamo, à 7 000 ou 8 000 rebelles fanatisés qui, bien que fort mal armés, l'attaquèrent audacieusement à sept reprises différentes.

La supériorité de notre armement leur infligea des pertes telles que, le 25 au soir, les rebelles renoncèrent à la lutte et se dispersèrent pour venir se soumettre quelques jours après l'occupation d'Arivonimamo.

Ce mouvement insurrectionnel était à peine réprimé qu'un autre, d'origine et de nature différentes, avait éclaté sur la côte Est. Ce mouvement n'était dirigé ni contre nous, ni contre les Européens, mais bien contre les Hovas, qui, par leur domination cruelle et leurs exactions, s'étaient attiré la haine des peuplades de l'Est.

Le 13 décembre, une bande de ces insurgés, appelés Vorimos, vint menacer Andévorante et une partie de la route d'étapes jusqu'à Beforona. Deux compagnies de Haoussas et 60 tirailleurs malgaches furent envoyés au lieutenant-colonel Gonard, commandant la ligne d'étapes, qui les échelonna en cinq ou six postes, d'Andérovante à Beforona. Devant ce déploiement de forces, les Vorimos, témoignant au commandant de leur intention de ne pas nous combattre, firent leur soumission.

Dès lors, la route de Tamatave à Tananarive fut assez sûre pour que les mouvements de convois pussent être repris.

M. Laroche, résident général de France, débarqué à Tamatave le 8 janvier, monta sans escorte à Tananarive, où il arriva le 16 du même mois.

Le 18 janvier, après avoir remis les divers services de son commandement à M. Laroche et au général Voyron, désigné pour commander le corps d'occupation, le général Duchesne partait pour Tamatave, où il s'embarqua le 25 janvier pour la France.

Le général Metzinger était parti de Majunga le 29 décembre, après avoir présidé à la mise en route des derniers éléments rapatriables, le 200e, le 40e bataillon de chasseurs et le bataillon de légion.

## Événements survenus jusqu'au mois de septembre 1896.

Le traité apporté par le général Duchesne, et conclu dès son entrée à Tananarive, établissait à Madagascar le système du protectorat avec toutes ses conséquences. Mais l'opinion publique réclamait des mesures plus rigoureuses vis-à-vis des Hovas et, le 18 septembre, le général recevait un télégramme lui recommandant de modifier le texte du projet qui lui avait été remis à son départ et de le transformer en un acte unilatéral, ne portant d'engagement que de la part de la reine.

Ce télégramme n'étant parvenu à Tananarive que six jours après la signature du traité, le général jugea qu'il n'y avait pas lieu de revenir aussitôt sur le fait accompli, et l'acte unilatéral ne fut signé que trois mois plus tard, le 18 janvier 1896, après l'arrivée de M. le résident général Laroche.

A cette époque, la situation était calme; les populations de la côte, qui avaient essayé, par quelques mouvements insurrectionnels, de se délivrer du joug des Hovas, étaient rentrées dans le devoir.

Cependant, des intrigues s'ourdissaient dans l'entourage de la reine; une campagne secrète s'organisait de tous côtés et les agitateurs, pour augmenter la force de la rébellion, n'hésitaient pas à pactiser avec les fahavalos de profession et les prêtres d'idoles ou sorciers.

En même temps, le gouvernement hova nous suscitait en sous main des difficultés qui entravaient le ravitaillement des troupes; au mois de février, le pain, le vin et le tafia manquaient complètement à Tananarive.

Le commandement, vivement préoccupé de cette situation, décide de rendre muletier le chemin de Tamatave et tous les efforts du génie vont, dès lors, se porter sur cette entreprise; en même temps, se poursuivront les études d'une route carrossable définitive et d'un chemin de fer.

Le mois de janvier 1896 n'est marqué que par quelques opérations sur la côte et, en février, l'Imerina est encore tranquille.

Le 5 mars, deux compagnies de tirailleurs sénégalais débarquent à Tamatave et sont réparties entre les postes de la côte Est et sur la ligne d'étapes. Quelques jours plus tard, deux compagnies algériennes débarquent également et sont envoyées à Tananarive. En même temps, l'autorité militaire se préoccupe du recrutement du 2$^e$ bataillon malgache à Diego-Suarez et du 3$^e$ à Tamatave et Fianarantsoa.

**Colonne du Nord.** — Dans le courant du mois de mars, l'insurrection éclate dans le nord-est de l'Imerina et on apprend que Rabezavana, ancien gouverneur hova d'Antsatrana, et Rabozaka, gouverneur de Vohidrozana, ont pris la direction du mouvement. Ces deux chefs, après avoir occupé Anjozorobé, ont groupé autour d'eux d'anciens soldats hovas non désarmés, renforcés par plusieurs bandes de fahavalos. Ils disposent d'environ 400 à 500 sniders et de 4 canons, et, dès le début, se déclarent réfractaires à la souveraineté française.

Une colonne comprenant trois compagnies malgaches, une compagnie haoussa et une section d'artillerie quitte Tananarive le 24 mars, suivie bientôt par quatre compagnies algériennes; elle se porte rapidement jusqu'à Ampetsapetsa. Les rebelles l'attaquent les 26, 27 et 28 mars; ils sont repoussés, après avoir perdu plus de 400 tués ou blessés.

Le 29 mars, le colonel Combes vient prendre le commandement de la colonne et enlève, le 2 avril, Anjozorobé.

Sur ces entrefaites, il apprend qu'Ambatondrazaka est sérieusement menacé par les bandes. Avec cinq compagnies, il se porte immédiatement au secours de cette ville, où il entre le 10 avril, après avoir délogé les rebelles, solidement établis dans la forêt entre Tanifotsy et Mandanivatsy. La compagnie malgache du capitaine Collinet est laissée à Ambatondrazaka. Le 16 avril, le colonel Combes est de retour à Anjozorobé et la colonne continue à opérer dans cette région.

Dans la vallée du Mangoro, la compagnie haoussa du capitaine Legrand opère sur le flanc de la colonne du Nord et inflige aux rebelles plusieurs échecs successifs.

L'insurrection s'étendant vers Ambohidratrimo, le lieutenant Bloch vient occuper ce village le 1$^{er}$ juin avec 50 tirailleurs algériens.

Dans l'intervalle, le commandant Gendron, qui amenait de Majunga un convoi de 750 mulets sous l'escorte de 160 Haoussas et de 60 Sénégalais, était arrivé à Ankazobé. Des rebelles en grand nombre ayant été signalés sur la route qu'il devait parcourir, le général Voyron envoie à sa rencontre le capitaine Daval avec 70 fusils, en même temps que le capitaine Blanc reçoit l'ordre de se porter dans la direction du convoi pour protéger sa marche au passage de la Mananara.

Le 5 juin, le commandant Gendron, attaqué près de Babay, repousse l'ennemi en lui infligeant des pertes sérieuses; le même jour, le capitaine Blanc rencontre une partie des rebelles et les disperse. Le convoi peut, dès lors, arriver sans autre incident à Tananarive.

Le 22 juin, une bande nombreuse, qui cherchait à incendier Imerimandroso, est chassée par le peloton haoussa du lieutenant Dejoux.

Quelques jours avant, quatre Européens venant de Majunga avaient été tués par les rebelles à Ankazobé.

**Colonne du Sud-Est.** — Dans le Sud-Est, le chef de bandes Rainibetsimisaraka ayant également fait massacrer trois Français qui prospectaient au nord de Tsinjoarivo, une colonne de trois compagnies, placée sous les ordres du général Oudri, partit le 1$^{er}$ avril pour aller châtier les auteurs de ce meurtre et ramener à l'obéissance toute cette région où se dessinait un commencement de révolte.

Après un mois d'opérations, elle rentra le 30 avril à Tananarive ayant fait subir des pertes sérieuses aux rebelles et rassuré les habitants de la région; une compagnie était laissée à Manarintsoa. Le calme paraissant rétabli, cette compagnie se disposait à rejoindre, lorsqu'on apprit que Rainibetsimisaraka avait incendié Antsirabé le 25 mai et que la colonie européenne de cette ville avait failli être massacrée.

Le général Oudri reprit, le 29, le chemin du Sud avec une compagnie algérienne et alla installer à Antsirabé un détachement de 60 hommes commandé par le lieutenant Gruss.

**Route de Tamatave.** — A la fin d'avril, la sécurité des convois n'existe plus sur la route de Tamatave.

Le général Voyron fait occuper Ankeramadinika, Sabotsy et Andakana par des pelotons haoussas ou sénégalais.

Le 30 avril, cinq officiers hovas envoyés pour arrêter des prêtres d'idoles sont surpris par les rebelles à Manjakandriana et brûlés vifs.

Pendant les mois de mai et de juin, des engagements ont lieu à Soavina. Vers cette même époque, quatre colons français sont tués par les fahavalos dans la forêt d'Antsahambavy.

Des postes sont successivement créés à Maharidaza, Manjakandriana, Ambatomena et Antanamalaza, pour protéger la route ; les journées des 26 et 30 juin, 1er, 2 et 4 juillet sont marquées par divers engagements avec les bandes rebelles.

Enfin, au sud de la route, la population se soulève dans la vallée de la Varahina et la compagnie algérienne Castel va occuper Ambatomanga.

**Extension de l'insurrection.** — Les hauts fonctionnaires hovas encouragent ces mouvements insurrectionnels et favorisent le commerce occulte des armes, qui se fait en grand à Tananarive.

Sur la route de Tamatave, les poteaux de la ligne télégraphique sont enlevés et les sacs d'un courrier de France sont pillés ; les convois ne peuvent plus circuler que sous la protection d'escortes importantes.

Dans le Nord principalement, on signale une nouvelle recrudescence de l'insurrection ; en même temps, quelques bandes de Sakalaves commencent à opérer dans l'Ouest.

Le général Voyron envoie aussitôt le commandant Reynes, avec une compagnie algérienne et une pièce d'artillerie, prendre le commandement de la région où viennent d'être installés les postes d'Ambohibeloma et d'Arivonimamo.

Dans la région du Mangoro, le capitaine Legrand continue ses opérations et fait subir aux rebelles des échecs répétés ; mais l'importance des bandes qu'il a en face de lui décide le commandement à mettre à sa disposition la compagnie sénégalaise du capitaine Oddoz.

Le 27 juillet, le commandant Noël livre un brillant combat aux rebelles, près de Manjakandriana, et leur enlève plusieurs villages. Les insurgés portent alors leurs efforts du côté de Soavina, qu'ils attaquent à plusieurs reprises sans succès.

Les communications de Tananarive avec Majunga sont complètement coupées par l'insurrection du Vonizongo. Les relations avec Ankazobé et même avec Babay sont très précaires et ces postes sont fréquemment attaqués.

La région d'Ambohidratrimo est continuellement parcourue par les bandes rebelles ; enfin, les troubles continuent dans le Sud, du côté de Tsiafahy, où le commandant Lalubin est envoyé avec un détachement de 100 hommes.

Pendant le mois d'août, le mouvement de rébellion ne cesse de s'accentuer. Les bandes du Sud et du Nord sont entrées en relations et se prêtent un mutuel appui pour dévaster méthodiquement le pays, malgré les efforts incessants de nos troupes.

Le 15 août, le commandant Noël, avec 200 fusils prélevés sur la ligne d'étapes, inflige un sérieux échec aux rebelles du Nord, fortement retranchés aux environs de Manjakandriana, mais la sécurité de la route reste toujours aussi précaire.

Le 18 août, le capitaine Mahéas enlève aux insurgés du Sud la position d'Ambohitsimafia, sur la rive gauche de la Varahina.

Dans la région d'Ambohidratrimo, la rébellion gagne de plus en plus ; les incendies de villages se multiplient et cette région, auparavant riche et peuplée, devient déserte. Les 11, 12, 14 et 17 août, des engagements très vifs ont lieu aux environs du poste d'Ambohidratrimo.

Dans l'Ouest, le commandant Reynes continue à opérer contre les bandes sakalaves qui sont venues soutenir les rebelles du Mamolakazo et tentent de pénétrer dans l'Ambodirano ; le 22 août, le poste d'Ambohibeloma est attaqué par une autre bande sakalave. Le commandant Reynes, accouru au secours du poste attaqué, poursuit les rebelles du Valalafotsy jusqu'à Soarano ; mais les Sakalaves s'enfuient jusqu'au Sakay, sans pouvoir être atteints.

Enfin, dans le secteur du commandant Mougeot, le lieutenant Grammont, commandant le poste de Maharidaza (10 kilomètres au nord d'Ambobimanga), surprend, dans la nuit du 22 au 23, une bande dans le village de Miandrasoa.

A cette époque, des nouvelles peu rassurantes parviennent d'Ambatondrazaka : la garnison a été bloquée pendant tout le mois d'août et, dans un des nombreux engagements avec les bandes, le lieutenant Antoni a été tué. Le lieutenant-colonel Le Camus, commandant supérieur à Tamatave, reçoit l'ordre de dégager la route de Fénérive à Ambatondrazaka avec une colonne composée de 100 hommes d'infanterie de marine, de 75 tirailleurs malgaches et d'une pièce de canon.

En somme, dans l'Imerina et dans la vallée du Mangoro, comme dans la région d'Ambatondrazaka, l'insurrection est presque générale. Les chefs du mouvement, sûrs de l'impunité, dirigent, de Tananarive même, les opérations des bandes. Le but poursuivi est d'isoler la capitale et de l'affamer. La route de Tamatave n'est conservée à peu près libre que grâce à des efforts continuels. Ne pouvant la couper définitivement, les rebelles cherchent à provoquer la famine en empêchant de cultiver les rizières.

Pendant le mois de septembre, la situation est toujours aussi critique.

Le lieutenant-colonel Gonard, parti d'Andriba le 25 août avec une compagnie haoussa et un peloton sénégalais, n'a cessé d'être inquiété jusqu'à Ambohidratrimo.

Le 6 septembre, un convoi venant de Babay est attaqué, et le général

Voyron confie au lieutenant-colonel Gonard la mission de ramener le calme dans cette région.

Le même jour, sur la route de Tamatave, un convoi est vivement attaqué à deux kilomètres à l'ouest de Manjakandriana.

Dans le Nord, le poste d'Ambatonandriana, attaqué une première fois le 1er septembre, l'est encore le 15 septembre par une bande nombreuse, qui est repoussée après une vigoureuse offensive de la petite garnison du poste.

Enfin, dans l'Ouest, le poste d'Amboasary a été attaqué, le 4 septembre, par les insurgés du Mamolakazo et, dans le Sud, le poste d'Ambatolampy a dû également repousser l'agression d'une bande nombreuse.

## Exposé des derniers événements de 1896.

Le 16 septembre 1896, le général Gallieni prend le commandement du corps d'occupation. Le 28 septembre, il est nommé résident général et le gouvernement réunit entre ses mains tous les pouvoirs civils et militaires.

La situation est des plus critiques et des mesures énergiques s'imposent pour rétablir l'ordre, mettre à la raison le gouvernement hova, le supprimer au besoin et, enfin, ramener dans le devoir les populations insurgées.

L'expérience acquise par le général Gallieni au Tonkin, dans la pacification des frontières de Chine, lui avait montré, dans des circonstances analogues, la double nécessité, d'une part, d'inspirer, par une direction et une pensée uniques, tous les actes de l'autorité et, d'autre part, d'appliquer ce même principe d'unité d'action et de fusion des pouvoirs à tous les échelons de la hiérarchie.

En lui confiant la plénitude de l'autorité sur tous les services civils et militaires, le gouvernement avait permis au général Gallieni de réaliser la partie de ce programme qui incombait à son initiative personnelle. Il lui restait à adapter à ce plan de réforme le mécanisme administratif et, enfin, à définir le rôle des officiers et des fonctionnaires qui devaient coopérer, sous ses ordres, à la pacification du pays.

La situation troublée du pays conduit le général à lui appliquer deux régimes distincts.

Les parties à peu près tranquilles, qui comprennent surtout les régions côtières, sont constituées en territoires civils, qu'administrent des résidents.

Le plateau central, où l'insurrection s'est généralisée, est formée en territoires militaires, qui se subdivisent en cercles et en secteurs.

D'ailleurs, si cette distinction répond, dans les territoires militaires, à la nécessité de donner une intensité plus grande à l'action de nos troupes, elle ne subsiste pour ainsi dire pas, dès qu'on se place au seul point de vue administratif. Quel que soit le régime appliqué à une contrée, c'est toujours le même principe qui domine; ici ou là, les règles générales d'organisation sont les mêmes. Résidents et commandants de cercle possèdent les mêmes attributions, la même plénitude de pouvoirs pour régler l'administration de leur territoire et y assurer l'ordre sous leur responsabilité. Cette réglementation, qui supprime la dualité de commandement et décentralise les divers services, facilite considérablement l'administration; elle supprime toute cause de conflits entre les autorités, qui, jusque-là, exerçaient des pouvoirs parallèles, et, en même temps, elle stimule l'initiative des résidents et des commandants de cercle, qui deviennent, dans le sens le plus complet du mot, de véritables chefs de province.

Dès la prise de commandement du général Gallieni, pour affirmer aux yeux des indigènes notre volonté bien arrêtée de couper court aux complots qui se tramnent à Tananarive, quelques exemples sont jugés nécessaires : Rainandriamampandry, ministre de l'intérieur, et Ratsimamanga, oncle de la reine, convaincus de complicité avec les rebelles, sont traduits en conseil de guerre, condamnés à mort et exécutés. — Ramasindrazana, tante de la reine, notoirement hostile à notre influence, est déportée à Sainte-Marie-de-Madagascar.

Le résident général proclame la suppression de l'hégémonie hova dans toutes les provinces soumises jusqu'alors à l'autorité de la cour d'Imerina; les gouverneurs hovas de ces provinces, qui, pour la plupart, nous étaient hostiles, sont rappelés à Tananarive et remplacés par des chefs de race autochtone désignés par les tribus elles-mêmes.

Ces premières mesures prises, le résident général divise le territoire de l'île en circonscriptions administratives, à la tête de chacune desquelles une autorité française responsable réunit entre ses mains tous les pouvoirs.

Sur la côte, le secrétaire général à Tamatave reçoit la délégation des pouvoirs du résident général pour faire appliquer, par les résidents des provinces du littoral, le programme de la réorganisation politique et administrative.

En Imerina, où le chef d'état-major remplit les fonctions de secrétaire général, la même règle est suivie et la création des territoires et des cercles militaires attribue tous les pouvoirs aux officiers qui les commandent.

Deux territoires militaires sont organisés : le premier, commandé par le colonel Combes, comprend les cercles d'Ambatondrazaka, de Moramanga et d'Ambohidrabiby; le second, sous les ordres du lieutenant-colonel Borbal-Combret, est constitué par la réunion des cercles d'Arivonimamo et d'Ambatomanga; la région de Tananarive, avec le territoire du Voromahery, forme un gouvernement militaire à la tête duquel est placé le colonel Bouguié. Enfin, dans la région Nord, le cercle de Babay est confié au lieutenant-colonel Gonard.

Les cercles militaires sont délimités en tenant compte des anciennes frontières des provinces et en évitant de grouper, sous la même autorité, des populations de races différentes.

Le commandant du cercle exerce les fonctions de résident; dans toute l'étendue de son commandement, il est responsable de la sécurité du territoire qui lui est confié.

Des opérations méthodiques sont entreprises sur tous les points à la fois, pour chasser les rebelles en dehors de l'Imerina; chaque bond en avant doit être suivi d'une période d'arrêt de quelques jours permettant d'installer des postes, en arrière desquels s'organise la région conquise.

Comme conséquence logique de cette organisation, et en raison du faible effectif du corps d'occupation, il y avait urgence à concentrer nos forces dans les régions les plus troublées, remettant à plus tard l'extension de notre influence sur les parties de l'île où nos troupes et nos colons n'avaient pas encore pénétré. En conséquence, les garnisons du littoral sont réduites dans une très large mesure et la surveillance des côtes incombe alors à peu près complètement aux bâtiments de la division navale.

Les troupes de l'Imerina et de la vallée du Mangoro se trouvent ainsi renforcées du bataillon de légion débarqué au mois de septembre, de trois compagnies d'infanterie de marine et de deux compagnies sénégalaises; un peu plus tard, sont arrivées deux compagnies du bataillon de la Réunion.

D'autre part, l'organisation des milices est poussée activement, de façon à remédier à l'insuffisance des troupes noires; en même temps, des mesures sont prises pour armer les populations fidèles et les charger du soin de leur défense et de la surveillance des pays reconquis sur l'insurrection.

Pour assurer le ravitaillement rendu plus difficile par l'augmentation des effectifs, un système de transports militaires, à l'aide de mulets et de voitures Lefebvre, est organisé sur la route d'étapes.

Un aperçu sur les différents cercles donnera une idée de cette nouvelle organisation politique, militaire et administrative.

**Cercle d'Ambatondrazaka.** — A la fin de septembre, pendant que le lieutenant-colonel Le Camus achemine une colonne de ravitaillement de Fénérive sur Ambatondrazaka, le général confie au colonel Combes la mission de traverser les bandes rebelles qui cernent ce dernier poste, d'y installer le commandant Rouland, de renforcer la garnison et d'assurer son ravitaillement. Le colonel Combes forme sa colonne à Moramanga dans les premiers jours d'octobre.

Pendant ce temps, M. le lieutenant-colonel Le Camus, poursuivant sa marche, était arrivé à Ambatondrazaka, avait ravitaillé la garnison et s'était remis en route pour Tamatave.

Le colonel Combes atteint à son tour Ambatondrazaka le 13 octobre, sans que les rebelles, impressionnés par cette marche de deux colonnes convergentes, s'opposent sérieusement à sa marche.

M. Penel, résident de France, remet le service entre les mains du commandant Rouland et des mesures sont prises pour remplacer le gouverneur hova Rabeony par un chef autochtone. Après avoir arrêté différentes mesures politiques et militaires destinées à nous rallier la population sihanaka, le colonel Combes revient en Imerina, ramenant avec lui la majeure partie de la colonie hova (environ 500 personnes). La traversée de la forêt entre Tsiafahy et Mandanivatsy, où les rebelles ont accumulé de nombreuses défenses, s'opère sans trop grandes difficultés, grâce à une attaque vigoureuse de l'avant-garde conduite par les lieutenants Gerboz et Garnier; ce dernier officier est seul blessé.

La politique de races, inaugurée dans la région, ne tarde pas à produire de très heureux résultats. Les Sihanakas de la rive droite du lac Alaotra ayant fait leur soumission, le commandant Rouland, à la tête d'une petite colonne composée de trois pelotons noirs, disperse, par une opération combinée, les bandes retranchées autour d'Ambohitromby, puis reconnaît toute la rive occidentale du lac dont il fait le tour complet, exécutant, en huit jours, une marche de plus de 200 kilomètres dans un pays accidenté et coupé de marais et de rivières difficilement franchissables.

La population sihanaka paraissant disposée à faire sa soumission complète, Imerimandroso est occupé par nos troupes et les transactions reprennent sur la route qui relie cette ville à Sahatavy et à Fénérive.

**Cercle de Moramanga.** — De nombreuses attaques ont lieu contre les convois dans le courant du mois de septembre; elles se produisent presque toutes sur la partie de la ligne d'étapes comprise entre Analamazaotra et Moramanga, dans la traversée de la forêt. Ces attaques sont dues à de petites bandes armées, formées dans la vallée du Mangoro, au nord de Moramanga. Pour en finir, le général Gallieni ordonne le débroussaillement des abords de la route et la construction de blockhaus aux points les plus dangereux. En même temps, des petits postes sont placés à Imahatsara et à Ambohibeladina pour surveiller l'entrée des sentiers de la forêt; enfin un détachement de légion est envoyé à Ambohidray (45 kilomètres au nord de Moramanga) pour y construire un poste.

Sur la rive droite, le poste d'Analabé ne cesse d'être l'objet des attaques des rebelles.

**Cercle d'Ambohidrabiby.** — Une compagnie d'infanterie de marine ayant été envoyée dans ce cercle, le commandant Mougeot peut faire réoccuper, dès la fin de septembre, le poste d'Ambatofisoarana et créer celui d'Ambatomainty. Cet officier supérieur entreprend une série d'opérations destinées à disperser les bandes et à les rejeter vers le Nord.

Les reconnaissances exécutées dans le pays difficile qui s'étend au nord d'Ambatomena rencontrent des bandes nombreuses et résolues. Les capitaines Landersin et Loyer et le lieutenant Dejoux ont avec elles plusieurs engagements très vifs qui causent à l'ennemi des pertes sensibles, mais qui nous coûtent quelques blessés.

A la fin d'octobre, le commandant Mougeot dirige lui-même une battue sur la rive droite de la Mananara. Des engagements assez sérieux ont lieu avec les bandes de Rabozaka les 24 et 25 octobre; un tirailleur malgache est tué, quatre autres sont blessés.

Des postes sont laissés à Anjohy, sur la Mananara, et à Ambohidratrimo, au débouché d'un sentier reliant, à travers la forêt, l'Imerina et la vallée du Mangoro.

Le 4 novembre, une nouvelle reconnaissance sur la rive gauche de la Mananara réussit à envelopper un certain nombre de rebelles dans un petit bois situé près d'Analandrefana et, sans qu'il nous en coûte aucune perte, de nombreux prisonniers, plusieurs chefs importants et une grande quantité de fusils et de munitions tombent entre nos mains. Le poste d'Analatsara achève d'établir notre autorité sur cette partie de la haute vallée de la Mananara.

Cependant, les bandes tentent, avec un acharnement tout particulier, de nombreuses attaques contre le poste d'Ambatomainty, qui protège un groupe de villages catholiques. Au cours d'une de ces attaques, le 9 novembre, un sergent-major et deux soldats du 13ᵉ de marine sont blessés.

Les 14, 15 et 17 novembre, le lieutenant Aupetit-Durand exécute une série de coups de main très heureux contre les rebelles de la rive droite de la Mananara et leur enlève plusieurs fusils à tir rapide. Le 21, le peloton de cet officier s'installe à Ambohimiadana, à l'est d'Ambatomena, après un engagement assez vif, dans lequel un caporal indigène est blessé et qui coûte à l'ennemi plusieurs morts et la perte d'une dizaine de fusils. La création de ce poste contribue à enfermer les rebelles dans la forêt, où ils se trouvent dans la situation la plus précaire.

Un de leurs campements, situé au nord-est d'Ambohidratrimo, est surpris, le 25 novembre, par le capitaine Landersin, après une marche de nuit habilement conduite à travers la forêt. L'ennemi subit de grosses pertes et nous abandonne sept fusils et une grande quantité de munitions.

Dans les premiers jours de décembre, le colonel Combes vient s'établir à Tanifotsy et prend le commandement du 1ᵉʳ territoire militaire. Son premier soin est de chercher à débarrasser des bandes la région très boisée comprise entre le cours du Mangoro et celui de la Mananara.

Une compagnie de légion est chargée d'observer la vallée du Mangoro.

A peine arrivée à Ankankalava, elle est vivement assaillie, pendant la nuit du 7 au 8 décembre, par un groupe de rebelles, qui, profitant de l'obscurité, viennent se jeter sur les tentes. Ils sont vigoureusement repoussés; mais, dans la lutte corps à corps, nous avons six légionnaires blessés à coups de haches et de sagaies.

Le lendemain, le capitaine de Thuy, qui commande cette compagnie, opère sa jonction avec le colonel, qui vient de traverser la forêt avec des troupes noires du cercle d'Ambohidrabiby.

Le colonel Combes procède alors à la répartition des troupes de la vallée du Mangoro et confie à une compagnie de légion l'occupation de la rive droite de la haute vallée, jusqu'à Merimitatatra. En même temps, des reconnaissances sont poussées dans toute la forêt par le capitaine Brulard et le lieutenant Quintard.

Pendant que nos troupes opéraient dans le Nord-Est, un peloton haoussa était détaché au sud de la ligne d'étapes, pour occuper Beparasy et Anosihé, centre d'une région prospère dont les habitants avaient maintes fois demandé notre protection. Cette occupation fut immédiatement suivie du remplacement du sous-gouverneur hova par un chef betsimisaraka.

**Cercle de Babay.** (*Ambohidratrimo*). — La brillante opération du lieutenant-colonel Gonard exécutée du 7 au 12 septembre avait eu pour effet de décourager les rebelles et de les disperser en groupes isolés qui ne pouvaient tenter d'attaques bien sérieuses.

Dans la nuit du 25 au 26 septembre, une opération conduite par le capitaine Robard, du 13ᵉ de marine, contre une bande rassemblée au nord d'Ambohidratrimo, fait perdre à l'ennemi 23 hommes tués et une certaine quantité d'armes et de munitions.

Le 7 octobre, une autre opération d'ensemble a pour effet de nettoyer les abords du massif de l'Andringitra et de refouler les bandes vers le Nord.

Le capitaine Blanc et le lieutenant Boussat contribuent, par de vigoureuses sorties avec la garnison de Babay, à dégager les environs de ce poste et à préparer sa liaison avec celui d'Ankazobé. Ce dernier est toujours serré d'assez près par les bandes et, le 26, à deux heures du matin, il est vigoureusement attaqué.

Le 22 octobre, une opération du capitaine Blanc a pour résultat l'occupation de Fihaonana. Au commencement de novembre, une série de postes est créée pour rétablir les communications avec Ankazobé et pour assurer la sécurité sur les abords de la route. Différentes reconnaissances et opérations repoussent progressivement les rebelles de la région située entre Babay et l'Ikopa.

Dans la deuxième quinzaine de novembre, une série d'opérations habilement conduites par le lieutenant Archambault, du 13ᵉ de marine, refoule les dernières bandes de la vallée de l'Anjomoka, qui perdent un grand nombre d'hommes, plusieurs fusils et des approvisionnements de toute nature. De nombreuses soumissions reçues les jours suivants viennent attester l'importance des succès obtenus.

Le lieutenant-colonel Gonard poursuit alors son programme d'extension progressive dans la partie Nord du Vonizongo et installe des postes qui relient Andriba à Ankazobé, de façon à assurer les communications, depuis longtemps interrompues, sur la route de Majunga. En même temps, cet officier supérieur, avec le concours du capitaine Laborie, occupe effectivement, après quelques vifs engagements qui nous coûtent un officier (lieutenant Minary) et un sergent blessés, la région Est, où les bandes s'étaient repliées.

Grâce à cette extension très considérable de notre occupation dans le nord du Vonizongo, le service régulier de correspondance avec Majunga peut être repris à la fin de décembre.

Dans le nord du Tsimahafotsy, le commandant Drujon ne cesse, pendant les mois d'octobre et de novembre, de gagner du terrain sur les rebelles à la suite de nombreuses affaires qui se terminent par l'opération exécutée dans le massif du Mokony le 8 décembre.

**Cercle d'Arivonimamo.** — Pendant le mois de septembre, le village de Miantsoarivo est, à deux reprises différentes, pillé par les rebelles qui descendent du massif de l'Ankaratra. Pour mettre un terme à ces incursions, le commandant Reynes y installe un poste. A l'Ouest, les postes d'Amboniriana, d'Amboasary et d'Ambohibeloma ont des engagements répétés avec les rebelles du Mamolakazo et les bandes sakalaves de Zamary.

C'est ainsi que le capitaine Bou-Ayed disperse, le 1ᵉʳ octobre, plusieurs rassemblements dans la vallée d'Ierana et reprend aux rebelles les troupeaux enlevés aux habitants.

Le 6 octobre, le lieutenant Pommarède repousse vigoureusement les Sakalaves qui viennent menacer le poste d'Amboniriana; un tirailleur algérien est mortellement blessé à l'assaut des hauteurs du Monimbola.

Le poste d'Antsasarina repousse les rebelles dans une série d'engagements assez vifs qui nous coûtent, le 17 septembre, 1 sergent français et 2 tirailleurs sénégalais blessés; mais l'ennemi laisse sur le terrain 11 cadavres et quelques fusils.

Les 24 et 25 septembre, nouveaux engagements; le 2 octobre, le lieutenant Rocheron réussit à surprendre de nuit un petit groupe. Enfin, le 6 octobre, la garnison d'Antsasarina repousse à l'arme blanche les attaques d'une bande sakalave bien armée, qui a 17 hommes tués et perd plusieurs fusils Remington. Le chef sakalave Zamary est mortellement blessé dans cette affaire, et, depuis cette époque, nos postes de l'Ouest cessent d'être inquiétés.

Aux environs d'Ambohibeloma, le 27 septembre, le commandant Reynes réussit à surprendre, par une attaque de nuit, une bande de pillards, qui est à peu près complètement détruite après une lutte assez chaude, pendant laquelle le lieutenant d'artillerie Mouriès et ses conducteurs sénégalais, dont deux sont tués, font preuve du plus brillant courage.

Le 10 novembre, la ligne des postes est reportée plus à l'Ouest, d'Ambohitrandrano à Ambohimahiratra, pendant que les anciens postes reçoivent des garnisons de miliciens soutenues provisoirement par de petits groupes de tirailleurs algériens.

Les attaques des insurgés contre les nouveaux postes ne se font pas attendre. A Donandrohara particulièrement, le sergent Bordel, des tirailleurs sénégalais, a des engagements répétés avec une bande bien armée.

Le capitaine Bou-Ayed et le lieutenant Zemmalach ont, avec les rebelles, des affaires assez chaudes au cours desquelles 5 tirailleurs algériens sont blessés auprès de Monimbola.

Quelques bandes renforcées de Sakalaves viennent, le 28 octobre, attaquer Soavinandriana, occupé seulement par les 50 miliciens qu'y a amenés le capitaine Compérat, pour servir de noyau aux contingents indigènes restés fidèles dans cette province.

Grâce aux habiles dispositions prises par le capitaine Compérat et à la vigueur du soldat Albertini, détaché provisoirement comme garde à la milice du Mandridrano, les assaillants sont mis en pleine déroute avant d'avoir pu aborder le village. Cette affaire nous coûte 5 partisans tués et quelques blessés; mais les insurgés laissent sur le terrain 25 cadavres, 4 fusils et de nombreuses armes blanches.

Le 8 novembre, le capitaine Bou-Ayed surprend les bandes de l'Ambohimiangara et leur fait subir de très grosses pertes. Le 20 novembre, le même officier, après une marche habilement combinée entre les garnisons des trois postes de Monimbola, Amboniriana et Mahabo, surprend au village de Vinany une bande qu'il réussit à détruire complètement. Le 30 novembre, une surprise du même genre a pour résultat la destruction d'une autre bande à Isoamanandaza et, le 1er décembre, le lieutenant Génie exécute un autre coup de main sur le village de Mahatsinjo.

Ces opérations préparent l'occupation de Menazary, au nord-est du lac Itasy; le capitaine Bou-Ayed s'y installe, avec un peloton de sa compagnie, le 4 décembre.

Plus au Nord, la 5e compagnie du 13e de marine, sous les ordres du capitaine Robert, ne cesse de déployer la plus grande activité.

Les reconnaissances du lieutenant Sabaton, les 3, 7 et 8 décembre, refoulent les insurgés dans une série d'engagements au cours desquels nos soldats doivent charger à la baïonnette et qui ont pour effet de reprendre de nombreux troupeaux et de causer de nombreuses défections parmi les insurgés.

De son côté, le lieutenant Barféty, installé au poste de Bealoka, ne laisse aucune trêve aux bandes qui l'entourent. Un de ses hommes est blessé dans une de ces opérations, dont la plus brillante, le 24 décembre, a pour résultat la destruction à peu près complète d'une bande installée dans les hameaux de la Belanitra.

Le secteur confié au capitaine Orlanducci est également purgé progressivement; le 25 novembre, cet officier réussit à surprendre une petite bande cantonnée dans le village fortifié d'Ambohiday, lui tue une quinzaine d'hommes et lui enlève des fusils et des armes blanches.

A la suite de ces opérations répétées, un découragement marqué se manifeste chez les rebelles du Mamolakazo et du Valalafotsy, et le général prescrit à M. le commandant Reynes d'en profiter pour porter d'un seul bond ses postes de première ligne jusqu'à la limite de l'Imerina, de l'extrémité Ouest du lac Itasy aux sources du Sakay.

Dans le Sud, à la fin d'octobre, le capitaine Lamy parcourt le massif de l'Ankaratra, repaire de rebelles qui pillent l'Ambodirano et le Vakinankaratra, et réussit, après une marche de nuit, à surprendre dans des gorges sans issue des groupes assez nombreux qui mettent bas les armes.

Le capitaine Lamy continue son œuvre de pacification et amène la tranquillité du district d'Ankisatra, qui est rendu à Ambodirano.

Les agitateurs essayent cependant de susciter des troubles dans certaines régions prospères. C'est ainsi que, le 14 novembre, le commandant Reynes doit envoyer brusquement le sergent Dufour et 13 hommes, les seuls disponibles à Arivonimamo, donner la chasse à une bande qui vient de se former à Amboanana. Le sergent Dufour réussit, avec sa poignée d'hommes, à disperser les rassemblements qu'il rencontre et à prendre plusieurs fusils. Cette intervention immédiate empêche le mouvement de s'étendre et fait rentrer tout le monde dans le devoir.

D'ailleurs, l'arrivée de la compagnie algérienne Mahéas dans la région d'Isaha, et de la compagnie malgache du capitaine Mérienne-Lucas dans la région Sud et Sud-Ouest de l'Ankaratra, permet de compléter le réseau de surveillance et d'assurer la tranquillité de cette partie du cercle d'Arivonimamo.

**Cercle d'Ambatomanga.** — Pour assurer la sécurité sur le secteur de la route d'étapes que comprend le cercle d'Ambatomanga, le commandement fait entreprendre la construction d'une série de blockhaus établis sur les mauvais passages.

Les bandes se rassemblent, de plus en plus nombreuses, dans la haute vallée de la Varahina, et elles tentent, le 24 septembre, une attaque générale contre Ambatomanga. La garnison (compagnie Mahéas) les repousse facilement par ses feux d'artillerie et d'infanterie, et les rebelles, après avoir éprouvé des pertes sérieuses, se retirent à l'arrivée d'un détachement accouru d'Antanamalaza, sous les ordres du lieutenant Véret.

Les jours suivants, le commandant Noël dirige contre ces bandes une opération continue avec des fractions empruntées aux postes de Manjakandriana, de Maharidaza et d'Ambatomanga et une section d'artillerie de montagne.

Dans le sud de la province du Sisaony, autour de Tsiafahy, se produit également une vive effervescence. Le détachement d'infanterie de marine que le général Voyron avait dirigé de ce côté, sous les ordres du commandant Lalubin, a une série d'engagements avec les rebelles pendant tout le mois de septembre. Les petits postes que cet officier supérieur établit dans cette région réussissent à empêcher l'insurrection de gagner la zone comprise entre cette ligne de postes et Tananarive. Mais ce pays n'en est pas moins l'objet de menées très actives de la part des émissaires des rebelles.

C'est à ce moment que le lieutenant-colonel Borbal-Combret prend le commandement du cercle.

Sa première préoccupation est de nettoyer les abords de la route. A cet effet, les sommets de l'Angavokely et du Kiraba sont occupés par des petits postes, pendant que le capitaine Michelangeli et le lieutenant Duruy entreprennent une poursuite méthodique de tous les insurgés, réfugiés dans les grottes.

Au cours de ces périlleuses opérations, le lieutenant Duruy est contusionné, 1 sergent français, 2 tirailleurs algériens, 2 légionnaires et 1 Haoussa sont blessés. Mais un grand nombre de prisonniers et plusieurs fusils tombent entre nos mains.

Le 20 octobre, le lieutenant-colonel Borbal-Combret se porte contre les bandes qui tiennent le pays au delà de la ligne Tsiafahy-Ambatomanga avec la compagnie de légion Flayelle, la compagnie algérienne Tahon et une pièce de 80 de montagne. Il attaque tout d'abord le village fortifié d'Ambohimasina. Le 22 octobre, après une série d'engagements avec les bandes qui tiennent toutes les hauteurs et qui ne cèdent que devant des attaques à la baïonnette, Ambohimasina est brillamment enlevé d'assaut par la compagnie Tahon; l'ennemi, qui éprouve de très grosses pertes, laisse 22 fusils entre nos mains.

Le lendemain, la petite colonne, renforcée par un groupe emprunté aux garnisons de la ligne d'étapes, se porte sur le massif de l'Andrarakasina, où les bandes se sont reformées. Cette position est enlevée à la baïonnette par un peloton de la compagnie Flayelle, tandis que la compagnie Tahon poursuit l'ennemi dans la vallée de la Varahina.

Le 24 octobre, les débris des bandes sont encore repoussés vers l'Est.

Dans ces trois journées d'opérations, nous avons 1 légionnaire tué, 1 légionnaire et 2 Algériens blessés; les résultats obtenus nous permettent d'installer de nouveaux postes et d'obtenir la rentrée de nombreux habitants; quelques petites bandes de rôdeurs se maintiennent seules à l'intérieur du pays occupé.

Une nouvelle série d'opérations exécutées les 12 et 13 novembre a pour but de disperser quelques goupes qui essayent de se reformer entre les postes d'Ambohimasina. Les hauteurs de l'Ampefivato sont enlevées d'assaut par la compagnie Tahon; un sergent algérien est atteint de deux blessures.

A la suite de ces affaires, la compagnie Tahon est envoyée à Lazaina, avec mission de nettoyer la haute vallée de la Varahina et la bande de terrain comprise entre l'Ikopa et la forêt. Plusieurs engagements, du 22 novembre au 3 décembre, coûtent aux insurgés de nombreux morts, 50 prisonniers et la perte d'un assez grand nombre de fusils.

Le 9 décembre, une nouvelle reconnaissance est dirigée vers le Sud-Est, dans la région d'Ankafo, et permet de constater que le gros des rebelles, lassés des poursuites incessantes exécutées par les compagnies Thévenin, Flayelle et Tahon, s'est retiré dans la région d'Iharamalaza, près des sources de l'Ikopa.

En même temps, les premières mesures sont prises pour l'occupation du sous-gouvernement de Tsinjoarivo.

Profitant des bonnes dispositions constatées chez un certain nombre d'habitants de ce sous-gouvernement, à la suite de négociations engagées par M. Savaron et M. Philippe Razafimandimby, le lieutenant-colonel Borbal-Combret le fait occuper par la compagnie de légion Deleuze et la compagnie malgache du capitaine Pichon, cette dernière venant de Fianarantsoa.

Notre installation dans le bassin de l'Onivé aura pour effet de restreindre considérablement le champ d'action de Rainibetsimisaraka et de le rejeter dans les forêts qui séparent la vallée du Mangoro du Vakinankaratra. Une reconnaissance dirigée au mois de novembre par M. l'inspecteur de milice Verrier, sur l'ordre de M. Alby, résident d'Antsirabé, avait, d'ailleurs, réussi à détruire plusieurs repaires de ce chef de brigands, sur la rive droite de la Sahatoarendrika, près de Bilisy.

Au nord de la route, nos troupes ne restent pas inactives. Le 28 novembre, une opération très vigoureusement conduite par le capitaine Michelangeli a pour résultat de détruire un groupe de rebelles fanatiques installés dans le village d'Andranomadio, dans le voisinage du Kiraba. Ces rebelles, au nombre desquels se trouvent plusieurs prêtres d'idoles influents, se défendent avec la plus grande énergie et, dans une lutte corps à corps, nous blessent un sergent français et plusieurs tirailleurs haoussas.

Les jours suivants, le lieutenant Desaulty dégage les grottes situées à l'est

Pl. III. — 1. AVANT L'ATTAQUE DES GROTTES A L'EST DU KIRABA. — 2. GROTTE SERVANT DE REFUGE AUX FAHAVALOS. — 3. VILLAGE DE FAHAVALOS.

du Kiraba et réussit à faire quelques prisonniers et à prendre plusieurs fusils.

Les insurgés se replient alors dans la forêt, au nord d'Ankeramadinika, où le commandant Drujon va les disperser et brûler leurs campements dans les journées des 22 et 23 décembre.

Ces débris de bandes, réduits à l'existence la plus misérable, dépourvus de toute ressource, cherchent alors à tenter un coup de main pour se procurer les vivres qui leur font défaut. Dans la journée du 28 novembre, un groupe de 400 rebelles bien déterminés quitte la forêt pendant la nuit et se porte au nord de la route, dans la direction d'Ambohimalaza, avec l'intention de piller ce village. Cette bande est aussitôt signalée et traquée de toutes parts par les détachements qu'envoient à sa poursuite tous les postes des environs; elle fait demi-tour et rentre précipitamment dans la forêt, sans avoir pu piller. Malheureusement, dans la lutte désespérée qu'elle engage pour s'ouvrir une ligne de retraite, nos petits détachements sont assez éprouvés : 1 officier, le lieutenant Guillet, 3 soldats du bataillon de la Réunion et 1 Haoussa sont tués; 2 Français et 4 Haoussas sont blessés. Cette journée fait grand honneur à la vigueur et à l'entrain de nos petits postes, dont les chefs n'hésitèrent pas à se porter au-devant de la bande avec des groupes de quelques hommes.

## EXPOSÉ DES ÉVÉNEMENTS DE 1897

### JANVIER

**Lignes d'étapes.** — Les événements du 28 décembre venaient de nous montrer quelle était l'audace des rebelles quand ils étaient poussés à bout par la famine.

D'autres indices ne tarderont pas à confirmer le commandement dans la conviction qu'il y avait lieu d'agir avec vigueur et rapidité pour déloger les abords de la ligne d'étapes. Les 9 et 10 janvier, les rebelles tentent successivement de s'emparer du convoi journalier et de détruire la ligne télégraphique. Le 13, le lieutenant-colonel Hurstel reçoit l'ordre de se rendre à Ankeramadinika, afin d'y prendre le commandement d'une colonne composée des 7e et 8e compagnies d'Algérie et de troupes empruntées aux cercles d'Ambohidrabiby, d'Ambatomanga et de Moramanga.

Grâce à un réseau de postes de surveillance judicieusement placés, des résultats importants sont obtenus; au bout de quelques jours, plus de 9 000 insurgés sont pris ou obligés de faire leur soumission.

Ces opérations sont suivies de la création des postes de Falivahoaka, d'Ampamiloana, d'Ambilona, de Manakana et d'Ankerana.

## 1ᵉʳ Territoire militaire.

**Cercle d'Ambatondrazaka.** — Les reconnaissances exécutées par les troupes du cercle, 1ʳᵉ et 9ᵉ compagnies de tirailleurs malgaches et 1ʳᵉ compagnie de tirailleurs sénégalais, ont eu pour effet de maintenir ou de faire rentrer dans le devoir la population de toute la partie centrale du pays Antsihanaka.

Les postes d'Andranofotsy, d'Antanimenakely et de Manakambahiny ont été installés sans incidents.

Au Nord, M. le capitaine Chieusse a poussé une reconnaissance jusqu'à Anosimboahangy, à 50 kilomètres d'Imerimandroso, sur la route de Mandritsara.

**Cercle d'Ambohidrabiby.** — A la fin de janvier, le poste d'Anjozorobé a été attaqué, à trois reprises, par une bande de rebelles venant du Nord-Ouest. M. le lieutenant Parizet, commandant le poste, a repoussé ces attaques par de vigoureuses sorties, dans lesquelles il y a eu un sergent indigène et deux tirailleurs blessés.

Des reconnaissances exécutées à la même époque par MM. les lieutenants Brousse et Maritz ont permis de constater que les campements des bandes de Rabozaka étaient adossés à la forêt, en face d'Andranomadio, sur la rive droite de la Mananara.

**Cercle de Moramanga.** — Dans le nord du cercle, M. le capitaine Brulard, commandant la 4ᵉ compagnie de légion étrangère, a étendu son occupation autour de Merimitatatra, de manière à compléter le système défensif créé par le colonel Combes dans la région de Tanifotsy.

Dans le secteur d'Analabé, M. le capitaine de Thuy a eu quelques engagements sans importance, à la lisière de la forêt voisine du poste de Mandialaza, avec des bandes rebelles venues du camp de Rabozaka.

**Cercle de Babay.** — Dans les premiers jours de janvier, M. le capitaine Laborie, de la 5ᵉ compagnie du 13ᵉ régiment d'infanterie de marine, a poursuivi avec succès une bande rebelle qui occupait les environs de la forêt d'Ambohitantely; ces opérations ont eu d'heureux résultats pour la pacification de la partie orientale du Vonizongo.

M. le lieutenant Gassouin, du régiment colonial, après avoir franchi l'Ikopa de vive force le 17 janvier à Ihosy, a de son côté dirigé sur la rive gauche de cette rivière une reconnaissance qui a été suivie de la soumission de 7000 indigènes.

## 2ᵉ Territoire militaire.

**Cercle d'Ambatomanga.** — Le 11 janvier, une opération vigoureusement menée à l'est d'Ambatondrazaka, par M. le commandant Drujon, amène la destruction d'un camp important; plus de 150 prisonniers restent entre nos mains, ainsi que des armes et des munitions.

Dans le secteur du Voromahery, M. le capitaine Deleuze, reconnaissant la nécessité de marcher contre Rainibetsimisaraka, concentre le 6 janvier, à Belanitra, une petite colonne composée de 50 légionnaires et de 120 tirailleurs malgaches. Le 7, la Sahatoarendrika est franchie malgré une résistance assez sérieuse et la colonne bivouaque sur la rive droite. Le 9, le fort principal de Rainibetsimisaraka est enlevé d'assaut; les autres ouvrages sont évacués sans combat et les rebelles se dispersent dans toutes les directions.

Ces dernières opérations ont pour effet de dégager les abords d'Antanamalaza, qui étaient fréquemment inquiétés. On peut désormais considérer toute cette région comme soumise, jusqu'à la lisière de la grande forêt.

**Cercle d'Arivonimamo.** — Une série d'opérations, exécutées les 21 et 22 janvier par MM. les lieutenants Génie, de la 3ᵉ compagnie d'Algérie, commandant le poste de Ngiloby, et Verhaeghe, de la 3ᵉ compagnie de tirailleurs sénégalais, commandant le poste d'Ampolomanarivo, a pour résultat la dispersion complète des groupes qui se tenaient encore sur la rive gauche du Sakay.

Plus au Nord, M. le capitaine Robert, de la 5ᵉ compagnie du 13ᵉ régiment d'infanterie de marine, concentre à Ambohijafy un détachement de 75 fusils et poursuit, le 19 janvier, les rebelles réfugiés vers les sources du Sakay, décidant ainsi plus d'un millier d'entre eux à lui faire leur soumission.

Enfin, dans la nuit du 27 au 28, M. le lieutenant Barféty, partant de son poste de Belanitra, détruit, sur les hauteurs de Zafinantara, un campement où s'était réfugié un groupe d'irréductibles; il fait 211 prisonniers, enlève 13 fusils, 300 bœufs et achève ainsi la pacification du Mamolakazo.

Au total, 18 104 habitants de cette province se sont soumis dans le courant de janvier, livrant 330 fusils de tous modèles.

### FÉVRIER

#### 1ᵉʳ Territoire militaire.

**Cercle d'Ambatondrazaka.** — Aucun événement militaire important n'est survenu dans la région d'Ambatondrazaka, où les inondations, qui augmentent considérablement chaque année à cette saison la surface du lac Alaotra, empêchent de poursuivre les bandes rebelles qui occupent encore les massifs montagneux situés à l'ouest du lac.

**Cercle d'Ambohidrabiby.** — Dans le secteur d'Ambatomainty, des fractions de la bande de Rabozaka ont attaqué sans succès le poste d'Analabé, les 12 et 13 janvier.

Ce même jour, une patrouille du poste d'Andranomalaza est entourée par une bande très nombreuse et ne réussit à se dégager que par une charge à la baïonnette, après avoir eu 2 blessés. Une sortie vigoureuse, faite aussitôt par le poste, met les rebelles en fuite; 8 fusils restent entre nos mains.

Le 19, le blockhaus de Nosivato, entre Analabé et Anjozorobé, est également attaqué avec acharnement. Le sergent Laquerbe, qui le commandait, est tué dans la lutte, et les tirailleurs malgaches n'arrachent son corps aux assaillants qu'avec les plus grandes difficultés.

Les attaques répétées de Rabozaka démontrant l'urgence d'opérer contre ses bandes, M. le colonel Combes renforce tout d'abord le réseau de surveillance qu'il a installé dans la vallée du Mangoro, entre Merimitatatra et Mandialaza.

Un peloton de la 7º compagnie de tirailleurs algériens est chargé d'occuper à cet effet plusieurs blockhaus, sur la lisière orientale de la forêt. En même temps, M. le capitaine Marcajoux, de la 2º compagnie de tirailleurs malgaches, reconnaît le pays compris entre la route d'Anjozorobé, Tanifotsy et le coude de la Mananara; enfin des blockhaus sont installés de ce côté de la forêt.

Le colonel Combes rassemble ensuite les troupes mobiles dont il dispose et qui forment plusieurs groupes sous le commandement des capitaines Lucciardi, Rémond et Marcajoux.

**Cercle de Moramanga.** — Au nord de la ligne d'étapes, une battue faite dans les environs d'Ambohidray par M. le capitaine Lemoine, avec un détachement de tirailleurs haoussas, a pour résultat la destruction de quelques campements que les rebelles venaient de réinstaller à la lisière de la grande forêt. Cette reconnaissance, faite malgré les difficultés résultant des inondations, achève d'assurer la sécurité de la vallée moyenne du Mangoro.

Dans le sud du cercle, aucune opération importante à signaler. Le 20 février, cependant, le sergent-major Fauchère, de la 7º compagnie d'Algérie, ayant reconnu, à divers indices, que les rassemblements devaient se trouver non loin de son poste d'Ambatosana, parvient à atteindre, avec 10 tirailleurs seulement, un camp assez nombreux. Abordés à la baïonnette et complètement surpris, les rebelles sont mis en pleine déroute, après avoir subi quelques pertes et abandonné plusieurs fusils.

**Cercle d'Ambatomanga.** — Tandis que les troupes mobiles du cercle prenaient part aux opérations de la colonne Hurstel, les postes de la partie centrale, Antanetibé, Lazaina, Ambohitromby, avaient dû limiter leur action à la protection de la zone déjà pacifiée.

Une notable partie de la population du Sisaony, entraînée par quelques chefs influents, était réfugiée dans la région de Nosibé-Iharamalaza, où elle se croyait à l'abri de toute attaque. Sous peine de compromettre les résultats acquis, une action immédiate s'imposait contre ces bandes.

À la tête d'une colonne, composée de détachements de la 6º compagnie d'infanterie de marine, de la 1º compagnie de la légion (capitaine Flayelle), des 2º et 8º compagnies de tirailleurs algériens (capitaines Tahon et Vuillemin), de conducteurs sénégalais et d'une pièce de 80 millimètres de montagne (lieutenant Charbonnel), M. le chef de bataillon Drujon enlève, le 6 février, le village fortifié de Nosibé. Un canon en fer forgé, 21 fusils à tir rapide et une grande quantité d'armes blanches sont abandonnés par l'ennemi.

Une poursuite vigoureuse achève de disperser un groupe de rebelles qui tentaient de fuir vers l'Ikopa; beaucoup se noient en cherchant à franchir cette rivière.

Le 9 février, le commandant Drujon marche sur Ambohimarina, autre point d'appui très soigneusement fortifié par les chefs insurgés, qui, n'osant pas le défendre, le brûlent et l'évacuent à l'approche de la colonne.

Pendant ce temps, les reconnaissances des capitaines Flayelle et Vuillemin, continuant à battre la région, recueillent de très nombreuses soumissions.

Le 19 février, le lieutenant Raudey détruit, à l'est de Nosibé, le camp d'un petit chef de bande. Dans la nuit du 25 au 26, le capitaine Flayelle détruit également, près de la route d'Ambohidrafito à Beparasy, le camp du chef rebelle Ramarakoto, tandis que le lieutenant Dérigoin surprend une autre bande aventurée dans un village, hors de la forêt, lui enlève plusieurs fusils et lui fait 50 prisonniers.

Plus de 1000 soumis se présentent encore, à la suite de ces opérations incessantes, aux commandants des postes du secteur de la Varahina.

Dans le secteur du Voromahery, le chef rebelle Ramampanjaka étant venu rejoindre Rainibetsimisaraka dans la forêt, au sud de la Sahatoarendrika, le capitaine Deleuze a pris immédiatement ses dispositions pour marcher contre ces deux bandes.

A la tête d'une colonne composée d'une section de légion étrangère, d'un peloton de la 11ᵉ compagnie de tirailleurs malgaches et d'un détachement de milice, il atteint les rebelles le 22 février aux sources de la rivière Mananjary. Ceux-ci prennent la fuite vers le Sud après avoir incendié les campements considérables qu'ils occupaient.

Ce succès a la plus heureuse influence sur les populations du Voromahery, qui, en quelques jours, remettent volontairement 115 fusils, dont plus de la moitié à tir rapide.

Au commencement de février, de nombreuses bandes de dissidents provenant du Mamolakazo, de l'Ambodirano et du Marovatana occupent le Valalafotsy, où aucune troupe française n'a encore pénétré.

Dans la nuit du 12 au 13, le lieutenant Sabaton, à la tête de 34 hommes d'infanterie de marine et de quelques miliciens, surprend une de ces bandes, au village d'Amboniriana, sur la Masiaka, lui fait subir de très grosses pertes et lui enlève 14 fusils, 139 armes blanches, plus des munitions et approvisionnements de toute nature.

Le 27 février, M. le commandant Reynes réunit à Ambohijanamasoandro une colonne composée d'un peloton de la 5ᵉ compagnie d'infanterie de marine, un peloton de la 3ᵉ compagnie sénégalaise, un détachement de milice et une pièce de 80 de montagne. Le 28, il se porte sur Soalaka, poussant devant lui de gros rassemblements, qui ne lui offrent pas de résistance sérieuse et se réfugient sur la rive gauche de la Masiaka et à Fenoarivo même, où il va bientôt les attaquer.

**Cercle de Babay.** — Dans le nord du Vonizongo, un groupe de rebelles a été signalé, le 19 février, aux environs de Kiangara. M. le capitaine Robin, de la 5ᵉ compagnie sénégalaise, a réussi à le surprendre à la suite d'une marche rapide qui lui a permis de faire une quarantaine de prisonniers et d'enlever plusieurs fusils.

Quelques jours après, le lieutenant Saphore, de la 3ᵉ compagnie d'infanterie de marine, surprend à son tour, au village de Mandanja, au nord-ouest d'Ankazobé, une autre bande qui laisse entre nos mains 50 prisonniers et 9 fusils Snyder.

Ces deux heureux coups de main ont achevé d'assurer la sécurité de la route de Majunga.

Dans le secteur de Tsimahafotsy, des reconnaissances incessantes ont réussi, pendant le mois de février, à empêcher les bandes des lieutenants de Rabezavana de venir se réinstaller sur la rive gauche de la Sahasarotra.

### Territoire civil.

A la suite des troubles qui avaient éclaté à Mananjary, résidence de Lamby, la 8ᵉ compagnie de tirailleurs malgaches, sous les ordres du capitaine Delort, est envoyée dans cette province. Pendant tout le mois de février, elle parcourt la région côtière sans rencontrer aucune résistance de la part des insurgés.

Dans le nord de l'île, la 6ᵉ compagnie de tirailleurs malgaches, sous les ordres du capitaine Clavel, se porte de Maroantsetra à Befandriana, sans autres incidents que ceux qui résultent de la mauvaise saison et de la difficulté des chemins.

### MARS

### 1ᵉʳ Territoire militaire.

**Cercle d'Ambohidrabiby.** — Le 8 mars, le camp de Mampidongy est enlevé par la colonne du capitaine Lucciardi. Les bandes de Rabozaka, mises en complète déroute, se heurtent à la colonne du capitaine Marcajoux et sont rejetées dans la forêt, après avoir subi de fortes pertes.

Dans la journée du 9, le capitaine Lucciardi se lance, avec 90 tirailleurs, sur la piste suivie par le principal groupe de fuyards. Il l'atteint en pleine forêt et lui inflige de nouvelles pertes. 20 fusils à tir rapide, des armes blanches, des troupeaux restent entre nos mains, ainsi que 60 prisonniers.

Afin d'empêcher Rabozaka de rejoindre Rabezavana, le colonel Combes prend aussitôt ses dispositions pour pousser ses postes à l'ouest de la ligne Ambatomainty-Tanifotsy. Le capitaine Dubois occupe Ambohimpanompo, le 16 mars; le 18, le capitaine Remond occupe Manohilahy, après un court engagement.

Enfin, M. le capitaine Staup prend, le 27 mars, à Takoderaina, le commandement d'un groupe destiné à opérer contre Vohilena.

**Cercle de Moramanga.** — Une série de reconnaissances exécutées dans les secteurs d'Analabé, de Merimitatatra et de Moramanga ont permis d'infliger des pertes sensibles aux rebelles et de leur enlever un certain nombre d'armes.

Au sud de la ligne d'étapes, quelques petites bandes se sont montrées dans le massif du Fody, où elles auraient pu devenir un danger pour les convois, si elles n'avaient été vigoureusement poursuivies par les garnisons des postes d'Andakana et de Sabotsy.

Dans la région d'Anosibé, un agitateur a fait, sans succès, plusieurs tentatives pour recruter des partisans parmi les Betsimisaraka.

**Cercle de Babay.** — Le 4 mars, le lieutenant Lacoste, de la 4ᵉ compagnie sénégalaise, partait du poste de Soavimanjaka avec 55 tirailleurs et surprenait, dans la nuit du 4 au 5, sur la rive gauche de l'Ikopa, la bande du chef rebelle Rainijirika; après une lutte assez vive, il s'emparait de 39 fusils et délivrait environ 3500 indigènes que Rainijirika maintenait de force dans la rébellion. Les indigènes rentrèrent dans leur villages à la suite du détachement, ramenant avec eux plus de 6 000 têtes de bétail.

Le 11 mars, le chef Rainimasongy venait faire sa soumission à Ankazobé. Le 22, son lieutenant, Rakotobesoka, venait également se rendre avec 76 hommes qui ont remis 20 fusils à tir rapide.

## 2ᵉ Territoire militaire.

**Cercle de Tsiafahy** (Ambatomanga). — Une bande de rebelles, composée en grande partie des assassins de M. Duret de Brie, occupait, depuis quelque temps, la haute vallée de l'Ikopa et inquiétait constamment les postes du secteur de Maroandriana; il devenait indispensable d'agir contre elle au plus vite.

Le 5 mars au matin, trois détachements, comprenant ensemble une centaine d'hommes de la 6ᵉ compagnie d'infanterie de marine et de la 1ʳᵉ compagnie de légion, partent d'Andramasina, d'Ambohimanjaka et de Manjakalanitra pour converger vers Manarintsoa. La bande ennemie, surprise et complètement cernée, tente en vain de s'échapper; elle est entièrement détruite; 150 prisonniers et une grande quantité d'armes de toute nature tombent au pouvoir des trois détachements.

Les jours suivants, plusieurs postes sont installées dans la haute vallée de l'Ikopa, où 1380 indigènes font leur soumission et livrent 58 fusils.

Un peloton de la 12ᵉ compagnie du régiment colonial, sous les ordres de M. le capitaine Micholangeli, a occupé la lisière Est de la forêt, de concert avec les commandants des postes établis à Andakakely et à Beparasy par le commandant du cercle de Moramanga.

Pendant ce temps, des détachements de la 2ᵉ compagnie du bataillon de la Réunion, de la 2ᵉ compagnie de tirailleurs algériens et de la 1ʳᵉ compagnie de légion, avec une section d'artillerie de 80 millimètres de montagne, se concentraient à Imerinarivo et à Nosibé, pour battre la lisière Ouest. Les

24, 25 et 26 mars, tous les campements des rebelles installés de ce côté ont été détruits.

Dans le secteur du Voromahery, une petite colonne composée de 130 tirailleurs malgaches et de quelques légionnaires, sous les ordres des capitaines Deleuze et Compérat, a quitté Tsinjoarivo, le 24 mars, pour reconnaître les sentiers qui conduisent à la vallée du Mangoro. Après une marche des plus laborieuses à travers la grande forêt, qui n'exige pas moins de cinq jours pour la traversée, le détachement débouche près du village betsimisaraka de Mahatsara, puis fait sa jonction sur le Mangoro avec une reconnaissance venue d'Anosibé, sous le commandement du lieutenant Grillo.

Tandis que le capitaine Compérat poursuit sa marche sur Mahanoro par Ambohimanga, où il doit installer le lieutenant Grillo en qualité de chancelier, le capitaine Deleuze établit des postes à Sandrananda, sur le Mangoro, et à Ambohimilanja, où il laisse le capitaine Pichon.

**Cercles-annexes de Betafo et d'Arivonimamo.** — Aucun événement militaire important ne s'est produit dans le cercle annexe de Betafo.

Un peloton de la 12ᵉ compagnie de tirailleurs malgaches occupe maintenant Inanatonana, point de départ de la principale voie de pénétration vers le Betsiriry, et une ligne de postes de milice et de villages armés complète la ligne de la surveillance établie à la limite occidentale de la partie habitée de cette province pour en protéger les habitants contre les incursions périodiques des Sakalaves.

Il ne s'est produit aucun fait militaire méritant d'être cité dans le cercle annexe d'Arivonimamo, où il ne reste, non plus, comme troupes régulières, que des fractions des 5ᵉ et 6ᵉ compagnies d'Algérie, chargées de la surveillance des deux versants de l'Ankaratra.

**Cercle de Miarinarivo.** — Le 2 mars, le commandant Reynes s'empare de Fenoarivo, que les rebelles évacuent en toute hâte à l'approche de la colonne.

Quelques jours plus tard, Tompomanandrarina tombait entre nos mains. L'occupation du Valalafotsy devint ainsi un fait accompli.

Dans le Mandridrano, au sud du lac Itasy, plus d'un millier d'habitants sont venus, dans la première quinzaine de mars, faire leur soumission aux différents postes installés par le capitaine Schæffer.

Le 12, une opération très heureuse a été exécutée par M. le capitaine Robert, de la 5ᵉ compagnie d'infanterie de marine, contre les derniers rassemblements de rebelles, qui se maintenaient encore dans le Valalafotsy. Campés sur les bords de la Jangoana, au nord-ouest de Fenoarivo, ces rebelles se croyaient hors de portée de nos troupes et se refusaient à venir faire leur soumission.

Renseigné d'une manière précise, le capitaine Robert réussit d'abord, le 12 mars, à surprendre, avec 40 hommes de sa compagnie, de grosses bandes qui se dispersent sans lui opposer de résistance sérieuse; le lendemain par une habile manœuvre, il accule plusieurs milliers d'indigènes au cours débordé de la Masiaka et les oblige à faire en bloc leur soumission. Il ramène ainsi à Fenoarivo plus de 4000 habitants qui sont autorisés à réintégrer leurs villages. Ce succès semble avoir marqué la fin de l'insurrection dans le Valalafotsy.

### Territoire civil.

La compagnie Clavel, poursuivant sa marche vers la côte Ouest, est arrivée, le 1$^{er}$ mars, à Befandriana que les rebelles venaient d'incendier la veille en l'évacuant.

Le 4 mars, tandis que M. le résident Pradon installait un chancelier et un détachement de milice à Befandriana, le capitaine Clavel se mettait à la poursuite de la bande ennemie que l'on savait s'être maintenue à petite distance. Il l'atteignait, le 6 mars, à Ampamoto, où elle venait de faire sa jonction avec une bande chassée de la côte par les opérations du *Météore* et de la milice de M. l'administrateur Troupel.

Après une heure d'un engagement très vif, les rebelles étaient mis en complète déroute et s'enfuyaient dans les bois, abandonnant sur le champ de bataille 3 canons, 4 drapeaux aux armes de la reine, 52 fusils, 210 sagaies, 54 sabres et 41 barils de poudre, ainsi qu'un gros approvisionnement de munitions; tous les bagages de la bande et une partie de ses troupeaux. L'ennemi avait plus de 150 hommes hors de combat; mais, de notre côté, sur 100 hommes présents, nous comptions un tirailleur mortellement blessé et neuf caporaux ou tirailleurs plus ou moins grièvement atteints.

Le 8 mars, le lieutenant Bastard occupait Antsohihy avec une section; le 13, le capitaine Clavel atteignait Andranosamonta d'où il pouvait évacuer ses blessés sur Nossi-Bé.

### AVRIL

### 1$^{er}$ Territoire militaire.

**Cercle d'Ambatondrazaka.** — En vue d'assurer l'occupation du pays situé à l'ouest du lac Alaotra, M. le commandant Rouland a constitué deux petites colonnes, l'une à Imerimandroso, sous les ordres du capitaine Chieusse, l'autre à Ambatondrazaka sous ses ordres directs.

Franchissant le lac, le 15 avril, en face d'Imerimandroso, le capitaine Chieusse s'est emparé tout d'abord, dans la journée du 16, du village fortifié d'Ambohijanahary, où il a installé un poste. Il s'est porté ensuite sur Ampandrana par une marche rapide, tandis que le commandant Rouland, à la tête du 2$^e$ groupe, s'emparait successivement d'Amparafaravola et d'Ambohilona, refoulant devant lui les bandes assez nombreuses de Marofotsy et de Menalamba.

Les deux colonnes ont fait leur jonction, le 23 avril, près d'Ampandrana, après avoir repris aux rebelles d'immenses troupeaux qu'ils avaient volés l'année précédente dans le pays des Sihanakas. Le commandant Rouland, revenant alors à Amparafaravola, y créa un poste, puis se dirigea sur Morafeno, qu'il a enlevé après un court engagement. La colonne est rentrée à Ambatondrazaka après avoir installé des blockhaus à Ambohitromby et sur la ligne des hauteurs qui s'étend entre Amparafaravola et Morafeno, afin d'achever, du côté de l'Ouest, la protection du pays antsihanaka.

Pendant ce temps, une demi-section de tirailleurs malgaches occupait le centre important de Didy, au sud-est d'Ambatondrazaka, achevant ainsi la liaison avec les postes établis sur la rive gauche du Mangoro.

**Cercle d'Ankazobé.** — Les opérations préparées, dans le courant de mars, par le colonel Combes, ont eu pour résultat, le 12 avril, l'occupation du point important de Vohilena, dont le capitaine Staup s'est emparé après une légère résistance.

Cette occupation a d'ailleurs été précédée de l'organisation de toute une série de postes, formant un demi-cercle complet, autour de la zone où se tenaient encore les rebelles et qui s'étendait d'Analaroa à la Betsiboka.

Partant peu après de Vohilena, le colonel Combes a poussé une pointe vigoureuse jusqu'à Antsatrana et y est entré, le 28 avril, sans coup férir. Ce mouvement avait été combiné avec une démonstration exécutée sur la rive gauche de la Betsiboka par les forces disponibles du Vonizongo, de manière à empêcher les bandes qui refluaient devant la colonne du colonel Combes de se rejeter vers l'Ouest.

Le lendemain de l'occupation d'Antsatrana, le capitaine Laborie, de la 3e compagnie du 13e régiment, franchissait la Betsiboka, et exécutait, dans le massif du Vombohitra, une série de reconnaissances qui ont décidé à la soumission une fraction notable de la population sakalave de cette région.

**Cercle d'Ambohidrabiby.** — Des détachements de la 6e compagnie sénégalaise ont occupé, le 3 avril, les deux points d'Anjiro et de Faralahitsidiso, au nord de Tanifotsy, et ouvert ainsi une nouvelle voie de communication, à travers la forêt, entre la haute vallée du Mangoro et le bassin de la Mahajamba.

A quelques kilomètres de Tanifotsy, un détachement de la 2e compagnie sénégalaise a attaqué, le 13 avril, un groupe de campements qu'il avait réussi à découvrir au cœur de la forêt. Bien que la bande fût peu nombreuse, la lutte a été des plus vives, et nous avons eu 1 tirailleur tué et 3 blessés.

**Cercle de Moramanga.** — De nombreuses reconnaissances n'ont cessé de poursuivre les petits groupes de rebelles qui se maintenaient encore dans la zone forestière qui borde la vallée du Mangoro.

Dans le secteur d'Analabé, M. le capitaine de Châteauneuf a détruit de nombreux campements et fait subir des pertes sensibles aux rebelles. Un important mouvement de soumission a été la conséquence de l'activité déployée par les postes de ce secteur.

Du côté de Beparasy, une surprise de nuit habilement conduite par le lieutenant Grémillet a fait tomber entre nos mains, le 17 avril, 72 prisonniers d'une bande qui tenait depuis longtemps le pays, au sud de la ligne d'étapes.

Une autre reconnaissance, partie d'Andakakely le 24 avril, a surpris, au nord-ouest de Sahasoa, un autre camp où ont encore été faits de nombreux prisonniers. Enfin, le 27 avril, le lieutenant Pernot, officier de renseignements du cercle de Moramanga, tombant à l'improviste, avec quelques tirailleurs haoussas et miliciens, sur les campements du chef battu, le 17, par le lieutenant Grémillet, réussit à détruire ses campements et à faire plusieurs prisonniers.

Le lieutenant Comiot, de la 2ᵉ compagnie de la légion étrangère, commandant le poste d'Ambodifiakarana, a surpris, le 18 avril, le campement du chef rebelle Ramampanjaka, auquel il a enlevé plusieurs hommes, pris douze fusils et tous ses bagages.

Le capitaine Deleuze a surpris de son côté, le 25 avril, un campement de Rainibetsimisaraka, lequel a eu quelques hommes tués, a perdu six fusils et son mulet de selle. Le lendemain, des patrouilles capturaient la mère de Ramampanjaka, son frère et plusieurs autres membres de sa famille. Le 27, ce chef rebelle faisait lui-même sa soumission au lieutenant Comiot, avec un certain nombre de ses partisans. Enfin, un des principaux lieutenants de Rainibetsimisaraka allait se rendre avec cent quatre-vingts personnes au poste de milice de Morarano, à la limite orientale du cercle de Betafo.

## 2ᵉ Territoire militaire.

**Cercle de Miarinarivo.** — Le lieutenant Rocheron, de la 3ᵉ compagnie de tirailleurs sénégalais, a occupé Ankavandra, le 24 avril, avec une section de sa compagnie. Cette occupation pacifique était prévue, le chef sakalave de cette localité étant venu à Tananarive peu de temps auparavant pour demander la protection des troupes françaises.

## 3ᵉ Territoire militaire.

Un incident, sans importance par lui-même, s'est produit aux environs de Tananarive et a mis en évidence la vigilance des commandants de secteur et même des simples soldats d'infanterie de marine commandant les petits postes répartis sur un grand nombre de points du 3ᵉ territoire militaire.

Le 6 avril, dans la matinée, une petite bande, refoulée des bords de la Sahasarotra par les opérations du colonel Combes et qui avait profité de la nuit pour dérober sa marche au poste de Tsimahafotsy, se présentait à l'improviste devant Imerimandroso et réussissait à y pénétrer par surprise, sans doute avec la connivence de quelques indigènes.

Les habitants fidèles se barricadèrent dans l'église, tandis que l'alarme fut donnée au sanatorium d'Ambatoharana, où se trouvaient alors quelques convalescents d'infanterie de marine. Sous la conduite du soldat Basset, ceux-ci se portent résolument à l'attaque de la bande, installée dans le village, et qui les reçoit à coups de fusil. Ils réussissent cependant à déloger les rebelles qui se dispersent dans la campagne et sont vigoureusement poursuivis par le lieutenant d'artillerie de marine Thiébeaux, accouru d'Ambohimanga avec un détachement d'artillerie et de miliciens, ainsi que par des groupes de quelques hommes de tous les autres petits postes du secteur.

La petite bande est entièrement prise ou détruite et perd tous ses fusils.

Le lendemain, 6 avril, alors que le secteur d'Ambohimanga avait été renforcé d'une section d'infanterie de marine, de la garnison de Tananarive, et d'une brigade de gendarmerie à cheval, de nouveaux débris de bandes du chef Ramasana se présentent sur le front Nord du secteur; mais ils se heurtent à un réseau de petits postes beaucoup plus complet encore et sont dispersés presque sans combat.

### Territoire civil.

Les troupes stationnées en territoire civil n'ont pris part à des opérations actives que dans le nord-ouest de l'île. Le 20 avril, le lieutenant Level, de la 5ᵉ compagnie de tirailleurs malgaches, a réussi à attirer dans une embuscade une bande venue de la région de Tsiafabazaha et lui a fait subir de grosses pertes, bien qu'elle ait ouvert le feu avec deux canons se chargeant par la culasse.

Dans le Bouéni, M. le capitaine de Bouvié a entrepris une série d'opérations rendues urgentes par l'attaque du poste d'Ambato, le 21 mars.

Parti de Marovoay, le 7 avril, à la tête d'un détachement de tirailleurs haoussas et de miliciens, il s'est porté directement sur les points de la Mahajamba qui lui étaient signalés comme refuges des bandes ennemies; il envoyait, en même temps, l'ordre au lieutenant Lafleur de quitter Marololo avec une section de Haoussas pour venir le rejoindre.

Le 19 avril, il occupait sans combat Maroadabo, sur la rive gauche de la Mahajamba; le 25, il attaquait à Analavakivoto un nombreux parti de rebelles et le mettait en complète déroute. Le capitaine de Bouvié, remontant ensuite la Mahajamba, entrait, le 24 avril, à Tsaratanana, où il installait immédiatement un poste.

**MAI**

**Cercle d'Ambatondrazaka.** — MM. les lieutenants Brüncher et Marchegay, du 1ᵉʳ régiment de tirailleurs malgaches, ont exécuté, autour d'Amparafaravola et de Morarano, une série de reconnaissances qui ont amené un mouvement de soumissions très marqué parmi la population sihanaka.

Le 21, le capitaine Feldmann, de la 6ᵉ compagnie sénégalaise, qui venait de faire sa jonction à Faralahitsidiso avec le commandant du cercle d'Ankazobé, a enlevé brillamment une position fortement retranchée et occupée par un groupe de rebelles déterminés, mais assez mal armés.

Le 22, les limites communes aux trois cercles d'Ankazobé, d'Anjozorobé et d'Ambatondrazaka ont été arrêtées définitivement par le commandant Lyautey et les capitaines Dulin et Feldmann.

**Cercle d'Ankazobé.** — Apprenant que Rabezavana occupait Marotsipoy, où des approvisionnements importants étaient réunis, le commandant Lyautey est parti immédiatement d'Antsatrana avec deux sections de tirailleurs sénégalais et malgaches, et une pièce de 80 de montagne.

Arrivé devant Marotsipoy, le 3 mai, il s'en est emparé, sans que les rebelles se soient sérieusement défendus. Rabezavana a dû prendre la fuite, abandonnant tous ses approvisionnements et une partie de ses bagages.

Afin de dégager complètement la région comprise entre la Mananta et la Mahajamba, le commandant Lyautey dirigeait, aussitôt après, ses efforts sur Ambohimanjaka.

Pendant que le capitaine Le Moan marchait sur ce point avec des détachements de tirailleurs algériens, sénégalais et malgaches et s'en emparait, le 15 mai, sans résistance, le lieutenant Matagne réussissait, le même jour, à surprendre une des bandes en retraite à laquelle il faisait 130 prisonniers et prenait 20 fusils.

Les jours suivants, des reconnaissances, dirigées par le capitaine Mourin, les lieutenants Bloch et Colonna, exécutèrent une battue complète de toute la région d'Ambohimanjaka.

Le capitaine Mourin déloge du massif montagneux d'Analamanantsiva un groupe de rebelles qui laisse entre nos mains 11 fusils et de nombreux prisonniers, non sans avoir opposé une assez vive résistance.

Le lieutenant Bloch, reconnaissant la vallée de la Lakaijaina, y surprend, le 16 mai, la bande de l'ancien gouverneur de Vohilena, et lui fait subir des pertes assez importantes. Enfin, le lieutenant Colonna, poursuivant, vers le Nord-Ouest, un groupe de fugitifs, s'empare de plusieurs fusils et d'un immense troupeau.

Le 29 mai, Rabezavana lui-même se présente au poste d'Antsatrana pour y faire sa soumission avec 560 partisans.

**Cercle d'Anjozorobé** (Ambohidrabiby). — M. le chef de bataillon Pourrat a pris le commandement du cercle, dont le chef-lieu a été transféré d'Ambohidrabiby à Anjozorobé.

Le 9 mai, le lieutenant Colonna a surpris en forêt la bande de Rabozaka et lui a pris dix fusils et de nombreuses armes blanches.

Quelques jours après, un autre campement situé près d'Antsahahafa a été enlevé par le sergent Brücker qui, à la tête de 13 tirailleurs algériens, a fait 12 prisonniers, pris plusieurs fusils et mis la bande en complète déroute. Les nombreuses battues exécutées en forêt ont amené un grand nombre de soumissions, aussi bien dans le cercle de Moramanga que dans le cercle d'Anjozorobé.

**Cercle de Moramanga.** — La région de Didy, habitée exclusivement par des Bezanozanos, a été définitivement rattachée au cercle de Moramanga.

Les 20, 21 et 22 mai, le capitaine de Chateauneuf a fouillé la forêt entre Mandialaza et Vodivato et s'est relié avec le lieutenant Forestier, du cercle d'Anjozorobé ; un certain nombre de campements ont été détruits.

Dans le secteur de Beparasy, M. le lieutenant Grémillet a surpris, le 24 mai, un groupe de rebelles dont quelques-uns ont entamé une lutte corps à corps avec ses tirailleurs et ont été tués ou faits prisonniers.

## 2⁰ Territoire militaire.

**Cercle de Tsiafahy.** — Indépendamment des reconnaissances continuelles exécutées par les garnisons des postes et blockhaus échelonnés sur la lisière de la forêt, d'Ankeramadinika à Tsinjoarivo, une battue plus importante a été faite, du 7 au 10 mai, à l'est de Nosibé, sous la direction du capitaine Flayelle, de la légion étrangère, commandant le secteur Sud de la Varahina. Des fractions de la 1$^{re}$ compagnie de légion, de la 2$^e$ compagnie de tirailleurs algériens et de la 12$^e$ compagnie de tirailleurs haoussas ont parcouru toute la région d'Ambohiboromanga où elles ont détruit de nombreux campements.

Les bandes se sont dispersées dans la forêt après avoir subi quelques pertes ; un grand nombre de soumis sont venus, les jours suivants, se présenter aux postes voisins.

Le 11 mai, un chef important de l'insurrection du Sud-Est, Rainimanganoro, qui récemment encore avait jeté le trouble dans la région de Mahanoro et de Mananjary, est venu faire sa soumission à Tsinjoarivo avec trente-six de ses partisans.

A la fin de mai, le capitaine Michelangeli, commandant la 12$^e$ compagnie de tirailleurs haoussas, a été chargé de procéder, dans la région d'Ambohibazaha, à une dernière battue qui a achevé de refouler vers le Sud quelques débris des bandes qui cherchaient encore à se maintenir de ce côté.

**Cercle-annexe d'Arivonimamo.** — A la suite de l'assassinat des pasteurs Escande et Minault, le 21 mai, une battue a été organisée dans la région de l'Ankaratra où semblait s'être réfugiée la bande qui avait commis l'attentat.

Trois petites colonnes ont parcouru ce massif sous la direction de M. le capitaine Schaeffer, commandant le cercle-annexe, mais elles ont constaté que le calme le plus complet y régnait et que l'assassinat était le fait d'un petit groupe de malfaiteurs qui s'étaient dispersés presque aussitôt après.

**Cercle-annexe de Betafo.** — Dans le cercle-annexe de Betafo, le poste d'Inanatonana, qui doit servir de première base à la pénétration chez les Sakalaves du Betsiriry et du Ménabé, a commencé à recevoir des approvisionnements en vue de ces opérations.

La 4$^e$ compagnie de tirailleurs sénégalais (capitaine Mazillier) a quitté Tananarive, le 20 mai, pour se rendre à Inanatonana et gagner de là un point de la vallée du Mahajilo, convenablement choisi, au sud de Manandaza, pour servir ultérieurement de centre de ravitaillement à la colonne qui doit pénétrer dans le Ménabé.

**Cercle de Miarinarivo.** — Il n'y a été fait aucune opération militaire importante; le calme le plus complet n'a cessé de régner dans cette partie de l'Imerina.

Le lieutenant Rocheron a dirigé des reconnaissances autour de son nouveau poste d'Ankavandra et est arrivé à faire libérer par les Sakalaves de cette contrée un certain nombre d'esclaves, razziés par eux au cours de leurs incursions de 1896 dans le Valalafotsy et jusque dans l'Ambodirano.

Afin d'étendre le rayon d'action du poste d'Ankavandra, le capitaine Orlanducci y a été envoyé avec une nouvelle section de sa compagnie.

## Territoire civil.

Dans la province de Mananjary, le poste d'Ambohimanga, commandé par le lieutenant-chancelier Grillo, a été très vivement attaqué, le 10 mai, par toute la population tanala, soulevée contre l'autorité française par le gouverneur du district, le prince Revanarivo. Bien que la garnison ne fût composée que de trente tirailleurs de la 11ᵉ compagnie du 1ᵉʳ régiment malgache, sous les ordres du sous-lieutenant Vaillant, l'assaut a été vigoureusement repoussé.

Seul, le sous-lieutenant Vaillant a été blessé d'un coup de hache, en repoussant les assaillants à la tête de ses hommes.

Informé des événements d'Ambohimanga, le capitaine Deleuze partait de Tsinjoarivo le 17 mai, avec un détachement composé de dix légionnaires, vingt tirailleurs malgaches et cinquante miliciens.

Malgré une marche en forêt rendue très laborieuse par suite des obstacles accumulés sur le sentier par les rebelles, la petite colonne atteignait cependant Ambohimanga dans la journée du 19, sans avoir été sérieusement inquiétée. M. le résident Besson arrivait lui-même le lendemain de Fianarantsoa avec le capitaine Lefort et cinquante hommes de la 12ᵉ compagnie du 13ᵉ régiment d'infanterie de marine. Grâce à l'initiative de tous, une force mobile d'environ quatre cents fusils se trouvait ainsi réunie au bout de quelques jours à Ambohimanga. Aussi les Tanalas ont-ils commencé peu après à venir se soumettre.

Le 24 mai, le capitaine Lefort, à la tête de son détachement, s'emparait des bagages et des papiers du gouverneur Revanarivo, ainsi que d'une partie de sa famille.

### JUIN

**Cercle d'Ambatondrazaka.** — Le commandant Rouland s'est rendu, le 4 juin, à Ambohimanjaka, pour se concerter avec le commandant Lyautey sur la marche à suivre pour l'occupation de la Mahajamba.

Cette occupation s'est faite sans incidents notables et de nombreuses soumissions se sont produites dans la population marofotsy, dès que les postes d'Ambilona, d'Ambandrano et de Sakoamadinika ont été créés.

Le 25 juin, une reconnaissance dirigée par le sergent-major de la 1ʳᵉ compagnie de tirailleurs malgaches a surpris dans la forêt, à l'ouest d'Amparafaravola, une bande à laquelle elle a fait plusieurs prisonniers et enlevé quelques fusils.

**Cercle d'Ankazobé.** — Le 7 juin, Rainitsimba, ancien gouverneur de Vohilena, est venu se présenter au commandant Lyautey avec cent seize rebelles qui ont remis quarante-cinq fusils Snider en bon état. Les jours suivants, ce même chef a amené plus de huit cents personnes et fait verser une centaine de fusils.

En outre cinq cent quarante-neuf soumis, dont plusieurs des lieutenants de Rabezavana, se sont présentés, du 10 au 14 juin, au capitaine Rémond, dans les environs d'Ambodiamontana. Chargé de procéder à l'occupation de toute la région qui s'étend d'Antsatrana et de Marotsipoy à Tsaratanana, cet officier est arrivé, le 21 juin, à Betrandraka, où il a créé un poste ; il a fait ensuite sa jonction à Tsaratanana avec les troupes du Bouéni. Pour compléter la liaison avec le cercle d'Ambatondrazaka, un autre poste a été créé, le 29 juin, à Telomita à l'est d'Antsatrana.

Seules, parmi les troupes placées sous les ordres du commandant Lyautey, les garnisons des postes du secteur d'Ambohimanjaka ont encore eu à la fin de juin quelques engagements avec les rebelles.

Le sergent Matteï, de la 4ᵉ compagnie du 1ᵉʳ régiment malgache, parti avec quinze tirailleurs de son poste d'Ankazomena, a surpris, dans la nuit du 20 au 21 juin, le campement d'une bande nombreuse qu'il a chargée à la baïonnette et à laquelle il a réussi à enlever trente et un prisonniers, dix fusils et trente-deux sagaies ou armes blanches.

**Cercle d'Anjozorobé.** — A la suite d'une battue convergente exécutée en forêt, les 12 et 13 juin, à l'est de Vodivato, Rabozaka, ayant failli être pris, fit une tentative pour se rapprocher de la ligne d'étapes, vers Ankeramadinika.

Aussitôt prévenu de ce mouvement, le capitaine Ruellan, commandant le poste de Maharidaza, a pris immédiatement toutes les précautions nécessaires pour empêcher tout incident. En même temps, le capitaine Staup, chef du service des renseignements de l'état-major, était envoyé à la disposition de M. le commandant Pourrat, avec deux cents partisans hovas recrutés à Tananarive, pour contribuer à de nouvelles opérations en forêt.

Le 28 juin, ces partisans opérant de concert avec la compagnie Ruellan surprenaient le camp que Rabozaka venait d'établir au sud d'Antsahambavy, au point le plus épais de la forêt, mais ils ne parvenaient à faire que quelques prisonniers.

**Cercle de Moramanga.** — Un groupe de rebelles qui avait quitté la forêt pour achever de se ravitailler dans la région d'Amboanjo a été surpris par une reconnaissance sous les ordres de l'adjudant Thomas, de la 4ᵉ compagnie de légion étrangère ; trente-trois prisonniers sont tombés entre les mains de ce sous-officier, ainsi qu'un certain nombre d'armes.

Pendant ce temps, un caporal de la même compagnie, à la tête de quelques légionnaires, faisait quatre-vingt-onze prisonniers aux environs d'Amboasary. Tous ces indigènes ont été renvoyés dans leurs villages après avoir été désarmés et un grand nombre de soumissions se sont produites les jours suivants.

## 2ᵉ Territoire militaire.

A la suite de négociations habilement conduites, Rainibetsimisaraka, imitant l'exemple de ses principaux lieutenants, a fini par se décider à faire sa soumission.

Le célèbre chef de bande s'est rendu, le 9 juin, à Ambohimirary, sur la route d'Antsirabé à Ambositra, remettant au chef de poste, le sergent Molinié, les quelques fusils qui lui restaient.

Le 10 juin, l'ex-gouverneur d'Ambohimanga, Revanarivo, acculé dans des gorges sans issue, se rendait à son tour sans conditions à M. le sous-lieutenant Jacquié, de la 12ᵉ compagnie du 13ᵉ régiment d'infanterie de marine.

La soumission de ces deux chefs a fait faire un pas décisif à la pacification du sud de l'Imerina.

Dans la région d'Ankavandra, a été livré aux Sakalaves un combat très vif par M. le lieutenant Rocheron.

Cet officier avait entretenu, pendant quelque temps, des relations avec les tribus voisines, mais sans parvenir à acquérir sur elles une réelle influence.

Le 16 juin, il était informé que des villages soumis, situés à peu de distance de son poste, venaient d'être pillés et brûlés par des tribus dissidentes. Il se mettait aussitôt à leur poursuite avec quarante-cinq tirailleurs sénégalais et atteignait, le 17, à 30 kilomètres au nord-ouest d'Ankavandra, le groupe principal des rebelles qui lui opposa une vive résistance.

Il fallut déloger les Sakalaves successivement d'une série de positions sur lesquelles ils attendirent, jusqu'au contact, l'assaut des Sénégalais. Plusieurs combats corps à corps s'ensuivirent, à la suite desquels la bande se dispersa complètement, non sans avoir essuyé de grosses pertes ; mais les Sénégalais avaient eu également quatre tués et quatre blessés.

**Betsiriry et Menabé.** — Le 5 juin, le capitaine Mazillier a occupé sans résistance le col d'Analaidirano, qui marque la limite des pays sakalaves. Il a laissé en ce point un poste de liaison, puis s'est porté vers le Mahajilo et a reconnu le cours de cette rivière jusqu'au-dessous de son dernier rapide, à 80 kilomètres à l'ouest d'Analaidirano.

Il a ensuite créé, sur la rive gauche, à Miandrivazo, un poste sur lequel les approvisionnements concentrés à Inanatonana doivent être dirigés, en vue de prochaines opérations.

Sur la côte Ouest, M. le capitaine Parent de Curzon s'est installé à Maintirano, le 9 juin, avec trois sections de la 8ᵉ compagnie de tirailleurs haoussas et une pièce de 80 de montagne; quelques jours plus tard, un poste était installé à Andemba, gros centre de population, distant de Maintirano de 8 à 10 kilomètres, et communiquant avec lui par deux bras de mer que peuvent remonter en toute saison des boutres de 10 à 15 tonneaux.

Pendant que le capitaine de Curzon procédait ainsi à l'occupation de cette partie de la côte, le lieutenant Bellier, de la même compagnie, installait à Morondava un poste d'une dizaine de tirailleurs, puis se portait avec le reste de sa section sur Mahabo, à 60 kilomètres à l'Est, où le gouverneur hova, Raliaviaka, lui remettait une mitrailleuse Gardner, un hotchkiss, dix canons se chargeant par la bouche, des fusils, des munitions et enfin des approvisionnements considérables de poudre.

### Territoire civil.

La 7ᵉ compagnie du 1ᵉʳ régiment de tirailleurs malgaches a été embarquée, le 19 juin, à Tamatave, pour aller renforcer sur la côte nord-ouest le détachement dont dispose M. le capitaine Toquenne, commandant du cercle-annexe d'Analalava.

Le 9 juin, après une série d'engagements dans lesquels la 5ᵉ compagnie du 1ᵉʳ régiment malgache, commandée par le lieutenant Bastard, avait fait subir des pertes assez sérieuses à l'ennemi, le capitaine Toquenne enlevait Tsiafabazaha, forte position occupée par une bande nombreuse, sous les ordres du chef rebelle Rakotovao-Moramanga.

### JUILLET

**Cercle d'Ambatondrazaka.** — Le détachement de la 9ᵉ compagnie du 1ᵉʳ régiment de tirailleurs malgaches qui occupait le poste de Sahatavy, sur la route d'Imerimandroso à Fénerive, en territoire civil, a été relevé, à la fin de juillet, par un détachement de la milice de Tamatave.

Un peloton de la 4ᵉ compagnie malgache a été envoyé à la même époque au commandant Rouland, auquel ce renfort a permis de progresser vers le Nord et de créer plusieurs postes qui assurent l'occupation complète du pays marofotsy et la liaison définitive avec les provinces de Maroantsetra et de Majunga.

**Cercle d'Ankazobé.** — L'ancien chef d'Ambohimanjaka a fait sa soumission dans les premiers jours de juillet, ramenant avec lui deux cent neuf de ses partisans et rendant cinquante-huit fusils de divers modèles. Aucun événement militaire important n'est survenu dans le cercle d'Ankazobé pendant ce mois.

**Cercle d'Anjozorobé.** — Le 4 juillet, avant le jour, le capitaine Staup, ayant retrouvé la trace de la bande chassée d'Antsahambavy, le 28 juin, la surprenait dans un nouveau campement et lui infligeait de nouvelles pertes. Cependant Rabozaka réussit encore à s'échapper et reprit la direction du Nord à travers la forêt.

Le 15 juillet, une battue organisée dans la région de Mampikony semble avoir achevé la dislocation de sa bande, dont plusieurs chefs ont fait leur soumission, les jours suivants, au commandant du cercle d'Ankazobé.

A la tête d'un détachement de 25 hommes, dont 18 tirailleurs malgaches et 7 miliciens, le lieutenant Aupetit-Durand, officier de renseignements de M. le commandant Pourrat, a fouillé, du 22 au 24 juillet, la portion de forêt située entre Anjozorobé et Merimitatatra; son avant-garde a surpris, le 24 au matin, un campement d'une soixantaine de cases installé à Andranofotaka.

Les tirailleurs ont fait plusieurs prisonniers et se sont emparés, en outre, de 12 fusils, 3 tonnelets de poudre, 250 cartouches et, enfin, d'un grand nombre d'objets divers.

Ce succès a été suivi, quelques jours plus tard, de la remise de 10 fusils et de la soumission de 116 indigènes, provenant des environs du camp d'Andranofotoka.

## 2$^e$ Territoire militaire.

Dans l'Ankaratra, une nouvelle battue méthodique a été exécutée, du 6 au 11 juillet, sous les ordres du capitaine Flayelle; elle a permis de constater, une fois de plus, qu'il n'y a pas de bandes organisées dans le massif qui sert simplement de rendez-vous aux malfaiteurs de toute la contrée, quand ils se sont signalés les uns aux autres quelques coups à tenter.

Un poste a été, toutefois, installé à Andrarakitely pour mieux surveiller les gorges du versant Est.

Dans le cercle de Miarinarivo, il s'est produit une recrudescence dans les attaques des pillards sakalaves contre les villages situés à la frontière de l'Emyrne, près de la ligne extérieure de nos postes permanents. Le 15 juillet, un groupe de Sakalaves faisait irruption dans le village d'Ankisoabé, secteur du Mandridrano, et réussissait à s'emparer de deux femmes et de plusieurs bœufs, sans que les habitants, armés cependant de 7 fusils Snider, fissent la moindre tentative de résistance. Les postes de Tomponala et de Bezezika, prévenus par des fuyards, se portaient aussitôt vers Ankisabé et obligeaient les bandits à abandonner leur butin. A la même date, le sergent de milice Rabé, à la tête de 6 miliciens, surprenait à Ramasoandro, près de Fenoarivo, une bande de pillards à laquelle il prenait 11 prisonniers et 8 fusils.

## Territoire civil.

Sur la côte nord-ouest, le capitaine Toquenne, poursuivant sa marche vers l'intérieur, a réussi à enlever Bealana, le 6 juillet, après avoir mis en pleine déroute la bande hova qui terrorisait toute la région d'Ankaiziny.

Dans le Sud, le capitaine Lacarrière, parti de Fianarantsoa le 4 juillet avec un détachement de 150 tirailleurs de la 15$^e$ compagnie du 1$^{er}$ régiment malgache, est arrivé, le 16, à Betroky, à environ 350 kilomètres au Sud, sur la route de Fort-Dauphin. Les habitants ayant voulu lui barrer la route, après avoir refusé de faire leur soumission, le village de Betroky a dû être enlevé d'assaut. Les indigènes n'ont opposé d'ailleurs qu'une assez faible résistance et, terrorisés par les effets meurtriers du fusil modèle 1886, ils sont venus faire leur soumission dès le lendemain, rendant une assez grande quantité de fusils qui ont tous été détruits sur place, ainsi que les munitions.

Poursuivant sa marche vers le Sud, le capitaine Lacarrière est arrivé, le 22 juillet, à Tamotamo, chef-lieu de la région très peuplée des Manambias, où il a reçu la soumission d'un grand nombre de chefs de villages. Le lendemain, il visitait Tsivory, abandonné récemment par la milice de Fort-Dauphin; mais, trouvant cette position défectueuse à plusieurs points de vue, il retournait à Tamotamo, le 24, et y commençait la construction d'un poste fortifié destiné à marquer notre prise de possession et à asseoir définitivement notre autorité sur ces régions encore à peu près inexplorées. Pour assurer la liaison entre Tamotamo et Fianarantsoa, le lieutenant Mouveaux, chancelier du district d'Ihosy, a installé un poste de milice à Betroky. Cet officier en a ensuite installé un deuxième à Ranohira, afin de préparer sa liaison ultérieure avec la province de Tulléar.

### AOUT

**Cercle d'Ambatondrazaka.** — Après avoir installé des postes à Antsevakely et à Miarinarivo, sur le plateau du Tampoketsa, le capitaine Chieusse s'est mis à la poursuite de la bande que le chef Rainitavy a réussi à former en réunissant les débris de tous les groupes rebelles. Le 23 août, une partie de cette bande a cherché à lui barrer la route à Maitsokely et n'a été délogée de ses positions qu'après un vif engagement, dans lequel les tirailleurs malgaches ont eu un tué et un blessé.

Les rebelles, ayant subi de fortes pertes, sont allés se réfugier dans le massif rocheux de Masokoamena, déjà occupé par le gros de la bande et devant lequel le capitaine de Bouvié venait d'arriver.

Le 24 août, le capitaine Chieusse a fait sa jonction avec cet officier et a pris, de concert avec lui, les mesures nécessaires à l'investissement des insurgés.

**Cercles d'Anjozorobé, d'Ankazobé et de Moramanga.** — Aucun événement à signaler dans ces trois cercles, où les opérations militaires proprement dites peuvent être considérées comme terminées.

### 2ᵉ Territoire militaire.

Un engagement assez sérieux avec une bande de pillards sakalaves a eu lieu, le 9 août, sur la route de Miarinarivo à Ankavandra.

Un convoi de 30 bourjanes, portant 15 000 francs et 12 caisses de cartouches modèle 1886 à destination d'Ankavandra, avait quitté, le 8 août au matin, le poste de Tsiroanomandidy sous l'escorte d'un caporal et de six tirailleurs sénégalais commandés par le sergent Bruneau, de la 3e compagnie du régiment colonial.

Le 9 août, vers onze heures du matin, au passage d'un cours d'eau, le petit détachement se trouva tout à coup en présence d'un fort parti de Sakalaves qui, embusqués derrière des arbres et dans les hautes herbes, ouvrirent le feu sur l'escorte pour chercher à s'emparer du convoi. Le sergent Bruneau rassembla aussitôt les bourjanes et disposa sa petite troupe pour répondre au feu nourri des Sakalaves, mais, au deuxième feu de salve, il tomba frappé d'une balle à la tête. Le caporal indigène Allah Dimont Sizoko, qui le remplaça, ne tarda pas à tomber à son tour, la cuisse fracassée par une balle; il n'en continua pas moins à diriger le feu et à tirer assis, jusqu'à ce qu'il succombât à une nouvelle blessure à la tête.

Le tirailleur de 1re classe Samba-Denfako, bien que blessé lui-même, prit alors le commandement de ses camarades, agenouillés autour des caisses de munitions et d'argent, abandonnées de leurs porteurs et confiées à leur honneur militaire. Les Sakalaves, ayant subi des pertes très sérieuses et intimidés par la crâne attitude de cette poignée de braves, n'osèrent prendre l'offensive et finirent par s'éloigner au moment où un groupe de partisans du Mandridrano, accouru au bruit de la fusillade, apparaissait sur la hauteur voisine. Le convoi, dont l'escorte fut renforcée peu après par le lieutenant commandant le poste de Tsiroanomandidy, put reprendre sa marche et arriver à destination sans nouveaux incidents.

**Betsiriry et Menabé.** — M. le chef de bataillon Gérard qui a été chargé de la direction des opérations dans le Betsiriry et le Menabé, a quitté Tananarive, le 31 juillet, et est arrivé, le 10 août, à Miandrivazo, où se trouvaient concentrés trois compagnies de tirailleurs sénégalais, un peloton de tirailleurs algériens, une section d'artillerie et un détachement de conducteurs.

Les chefs sakalaves avaient déjà été invités à accueillir pacifiquement nos détachements et à faire leur soumission, sous la promesse qu'ils resteraient indépendants des Hovas et que leurs coutumes traditionnelles seraient respectées.

Le 12 août, M. le commandant Gérard était informé par ses émissaires que Toera, l'un des rois du Menabé, loin de répondre à ces avances, avait fait rassembler, près du confluent de la Mania et du Mahajilo, sous le commandement de Mahatanty, son meilleur lieutenant, une troupe nombreuse disposant d'un millier de fusils. Cette bande s'était retranchée dans une presqu'île du Mahajilo, appelée Anosimena, à 30 kilomètres en aval de Miandrivazo. D'autres groupements de rebelles étaient signalés, l'un au sud de la Mania, l'autre au nord de la Tsiribihina. M. le commandant Gérard résolut d'attaquer immédiatement ce détachement pour l'empêcher de faire sa jonction avec les autres dissidents. L'attaque fut exécutée le 14, au point du jour.

Une longue marche de nuit, exécutée en plusieurs groupes dans un terrain marécageux et couvert de roseaux, permit d'entourer à peu près complètement et de surprendre les Sakalaves qui se croyaient inexpugnables dans le domaine de Mahatanty et qui, terrorisés par quelques obus à la mélinite et par une attaque vigoureuse à la baïonnette, furent dispersés rapidement en essuyant de grosses pertes.

La rapidité avec laquelle ces résultats décisifs ont été obtenus tient surtout à la vigueur de l'attaque principale, dirigée par M. le capitaine Mazillier, commandant la 4ᵉ compagnie sénégalaise. Le grand retentissement du succès d'Anosimena eut pour conséquence, le 19 août, la soumission solennelle d'une notable partie des Sakalaves du Betsiriry, qui remirent 162 fusils en excellent état, ainsi qu'un grand nombre d'armes diverses.

Le 20 août, le commandant Gérard a repris son mouvement de progression vers la côte.

Le Bemaraha, chaîne calcaire qui sépare le Betsiriry du Menabé, a été franchi en même temps sur la rive droite et sur la rive gauche de la Tsiribihina. Le groupe principal, sous les ordres directs de M. le commandant Gérard, est arrivé, le 12 août, à Bemena, centre de groupe de villages importants, dont les habitants ne lui opposèrent pas de résistance. Sur l'autre rive de la Tsiribihina, M. le capitaine Mazillier, après avoir parcouru dans la vallée de la Mania une région dont les chefs avaient refusé de se rendre au kabary d'Anosimena et après les avoir obligés à lui remettre 250 fusils, en signe de soumission, a atteint Begidro, en face de Bemena. Le 25 août, tous les villages des environs de Bemena et de Begidro, impressionnés par la marche rapide de ces détachements convergents, firent leur soumission à M. le commandant Gérard et acceptèrent le chef qu'il leur choisit, après s'être assuré de ses bonnes dispositions.

Le 25 et le 26 août, cet officier supérieur, prenant alors pour nouvelle base le poste qu'il venait d'installer à Bemena, a formé trois petites colonnes pour pénétrer au cœur même du Menabé, où le roi Toera persistait dans son attitude hostile et restait sourd aux tentatives faites pour le décider à se soumettre.

La colonne de gauche, sous les ordres du capitaine Mazillier, a suivi la rive gauche du fleuve jusque vers Tsiama, où elle l'a franchi pour marcher vers Ambiky, capitale de Toera. Au Centre, le capitaine Robin a descendu la Tsiribihina en pirogue. Au Nord enfin, le commandant Gérard, suivant une piste à environ 30 kilomètres de la rive droite du fleuve, s'est dirigé directement sur Ambiky, tandis que le lieutenant Martin, de l'infanterie de marine, couvrait sa droite en se dirigeant directement de Bemena vers la vallée du Manambolo, dont la 3ᵉ compagnie sénégalaise (capitaine Orlanducci) était chargée d'assurer l'occupation.

Le 29 août, les divers groupes étaient réunis à proximité d'Ambiky, qui, le 30 au matin, fut enlevé après une courte préparation par l'artillerie.

Pendant que les troupes du commandant Gérard procédaient ainsi à l'occupation du Betsiriry et de la vallée de la Tsiribihina, le capitaine Orlanducci, parti d'Ankavandra avec un peloton de la 3ᵉ compagnie de tirailleurs sénégalais, alla établir un poste à Bekopaka, point important situé sur le Manambolo, à la sortie occidentale des gorges du Bemaraha.

## Territoire civil.

**Bouéni.** — A la suite des colonnes exécutées depuis plusieurs mois dans le Bouéni, sur la Mahajamba et la haute Sofia, un grand nombre de rebelles, pourchassés de tous côtés par nos troupes, se sont réfugiés dans la région encore très peu connue qui est limitée au Nord par la Sofia, à l'Est par la province de Maroantsetra, au Sud par le cercle d'Ambatondrazaka, à l'Ouest par la Mahajamba et le Bemarivo.

Ces rebelles se sont peu à peu groupés en une bande d'environ 1 200 hommes bien armés, dont le chef Rainitavy a pris le commandement.

Afin de permettre une action vigoureuse, la 7ᵉ compagnie du 1ᵉʳ régiment malgache, disponible par suite de la fin des opérations dans le cercle-annexe d'Analalava, a été mise provisoirement à la disposition de M. le capitaine de Bouvié, chargé de la direction des opérations dans le Bouéni.

Avec cette compagnie et la fraction de sa compagnie haoussa (7ᵉ du régiment colonial) dont il pouvait disposer, le capitaine de Bouvié s'est aussitôt dirigé vers le haut Bemarivo. Arrivé, le 24, en face des positions occupées par Rainitavy sur une crête rocheuse et escarpée, presque inaccessible, il n'a pas hésité à prendre immédiatement l'offensive, afin de mettre un terme le plus tôt possible à l'influence grandissante de ce chef rebelle.

A la suite d'un premier assaut, Rainitavy a été délogé d'une partie de ses positions et est allé occuper, en arrière, d'autres ouvrages défensifs qu'il avait fait aménager d'avance pour pouvoir s'y retirer en cas d'échec. La lutte a été des plus vives; pendant l'attaque, les hommes de Rainitavy faisaient rouler des quartiers de roche sur la colonne d'assaut.

L'ennemi a subi de très grosses pertes, mais les détachements engagés ont eu 1 officier mortellement blessé, 3 tirailleurs haoussas et 1 tirailleur malgache tués, 7 tirailleurs haoussas et 11 tirailleurs malgaches blessés.

En présence des obstacles qui restaient encore à surmonter, M. le capitaine de Bouvié a dû se résoudre à organiser un étroit blocus autour du massif rocheux où l'ennemi était réfugié et à attendre les détachements qui lui étaient envoyés de Majunga.

Ces détachements, comprenant 100 miliciens, 50 tirailleurs haoussas, 70 conducteurs soudanais et une pièce de canon avec 8 canonniers, ont été mis en route, le 28 août, pour Maroadabo, sous le commandement de M. le lieutenant d'artillerie de marine Giraud.

## Provinces du Sud.

La 4ᵉ compagnie de légion étrangère, à l'effectif de 4 officiers et 118 hommes de troupe, s'est embarquée, le 26 août, sur le vapeur *Cordoba*, à destination de Fort-Dauphin.

La 11ᵉ compagnie du 13ᵉ régiment d'infanterie de marine, reconstituée à Tamatave avec un détachement arrivant de France, s'est embarquée le même our à destination de Mananjary, d'où elle doit rallier Fianarantsoa, sa nouvelle garnison.

A part quelques reconnaissances exécutées dans les environs immédiats des postes d'Ivohibé, de Midongy et de Ranohira, il n'y a eu aucune opération militaire à signaler dans l'ouest de la province de Fianarantsoa.

Dans le district d'Ihosy, le poste de Ranohira a été attaqué, le 16 août, par plusieurs centaines de Baras armés. En l'absence du garde principal, chef de détachement, qui venait d'être évacué comme malade, le soldat Fauquembergue, du 13ᵉ régiment d'infanterie de marine, a pris le commandement des miliciens et a réussi, grâce à une sortie vigoureusement conduite, à repousser les assaillants.

Le lieutenant Mouveaux, commandant le poste d'Ihosy, prévenu de cette attaque, s'est mis en route avec 80 miliciens et est arrivé à Ranohira, le 26 août. Le 25, il a rencontré dans le Nord et à 10 kilomètres environ du poste une bande de 7 à 800 Baras qu'il a dispersée, après lui avoir fait subir d'assez grosses pertes; nous avons eu nous-mêmes un sergent de milice blessé à la jambe.

Bien que la situation ne se soit pas aggravée, un détachement de 50 tirailleurs malgaches, sous le commandement du lieutenant Garenne, est parti de Fianarantsoa, le 2 septembre, à destination de Ranohira.

A Ivohibé, le lieutenant Baudrand a dû châtier les Baras Iantsantsas, qui menaçaient son poste. Il s'est emparé, le 24 août, des villages d'Andranoseha et de Mandarano; le lendemain, il a délogé des grottes d'Ambatomaro, au sommet du pic Ivohibé, un nombreux parti de guerriers Iantsantsas, commandé par le roi Isambo. Le 27 août, la position d'Isesotra, occupée par Ramieba, roi des Bara-Bé, a été également enlevée.

Les rebelles ont subi des pertes très importantes dans ces petits engagements, qui nous ont coûté 1 auxiliaire tué, 1 tirailleur malgache blessé, 1 soldat européen contusionné.

**Tulléar.** — Une colonne sous les ordres de M. le capitaine Génin, composée de 75 tirailleurs malgaches, 20 disciplinaires, 50 miliciens, a quitté Tulléar le 17 août pour marcher contre les Rongovolas, tribu alliée de ce roi rebelle. Après avoir traversé le Fiherenaña, la colonne est arrivée, le 20, au village d'Andakato, dont elle s'est emparée et où Manjoaka, le principal chef des Rongovolas, a été tué; elle a ensuite atteint Manera, à 114 kilomètres de la mer, où les Baras Imamonos ont fait leur soumission.

M. le capitaine Génin, rentré à Manombo, le 26 août, en est reparti, le 29, pour Mandevy, où les rois Tompomanana, Retivoka et Sanabo avaient concentré leurs guerriers.

Le village a été enlevé après une résistance assez énergique; les Sakalaves ont laissé 6 morts dans un bois situé immédiatement en arrière. 1 caporal indigène de la 6ᵉ compagnie du 1ᵉʳ malgache a été tué, 2 disciplinaires ont été blessés.

Après le combat de Mandevy, le capitaine Génin s'est porté sur Tsiloakarivo, résidence du roi Retivoka, dont il s'est emparé, Le lendemain, il occupait également la résidence du roi Sanabo.

### SEPTEMBRE

**Cercle d'Ambatondrazaka.** — De nombreux indigènes provenant des bandes disloquées de Rainitavy sont venus faire leur soumission dans les principaux centres; 195 se sont rendus à Morarano, 248 à Sakoamadinika et 365 à Antsevakely et à Maitsokely.

Près de Tsaratanana, le lieutenant Brüncher a remporté un succès important sur une bande qui cherchait à pénétrer vers le Sud, après la prise de Masokoamena.

Prévenu par ses émissaires, cet officier a tendu, le 28 septembre, une embuscade qui a eu pour résultat la prise de 30 fusils et de 120 prisonniers, dont une partie était de la famille de Rainitavy.

**Cercles d'Anjozorobé et de Maevatanana.** — Le lieutenant Claude, de la 4ᵉ compagnie de tirailleurs algériens, a quitté Maevatanana, le 19 septembre, avec un détachement de 60 hommes.

Après s'être porté sur Ankiritra, Larobé et Ampasimpasimbé, où des postes ont été installés, cet officier s'est dirigé sur Antsohabé, afin d'assurer sa liaison avec le Valalafotsy et la frontière Nord-Ouest du 2ᵉ territoire.

Du côté de la Betsiboka, une reconnaissance de 38 fusils, partie d'Antsatrana, le 7 septembre, sous le commandement du capitaine Rémond, est arrivée huit jours plus tard à Maevatanana, après avoir rencontré sur sa route plusieurs groupes de villages qui l'ont accueillie pacifiquement. Deux postes ont été également créés dans cette région; l'un à Antongodrahoja, dans le secteur d'Antsatrana, l'autre à Antanimbaribé, dans le cercle annexe de Maevatanana. L'ancienne route de Vohilena à Marovoay a été ainsi réouverte et la liaison entre les deux rives de la Betsiboka définitivement assurée.

### 2ᵉ Territoire militaire.

Dans le cercle de Miarinarivo, une colonne destinée à occuper Makarainga et les pays sakalaves de la haute vallée du Mahavavy, s'est mise en route, le 26 septembre, en deux groupes :

1° De Fenoarivo (Valalafotsy), 142 fusils sous le commandement de M. le capitaine Philippe, de la 3ᵉ compagnie du 2ᵉ régiment malgache;

2° De Tsiroanomandidy, 70 fusils sous le commandement de M. le capitaine Vuillemin, de la 3ᵉ compagnie du bataillon de tirailleurs algériens.

Une petite bande de pillards ayant attaqué le village de Filambolo, dans la nuit du 9 septembre, un poste a été installé à Imerinavaratra et les villages d'Amparaky, d'Ambatomainty, de Soavimanjaka et d'Ambohitsokina ont été armés pour la surveillance du massif de Tampoketsa ; enfin, de petits postes de sentinelles malgaches ont été placés en des points judicieusement choisis, pour prévenir toute tentative suspecte et compléter le service de surveillance.

### Territoire sakalave.

Après avoir procédé à l'occupation de la vallée de la Tsiribihina, le commandant Gérard s'est rendu à Morondava et à Mahabo, où il a installé le capitaine Dulin, commandant la 2ᵉ compagnie sénégalaise. Il s'est embarqué ensuite à destination de Benjavilo, à l'embouchure du Manambolo, où il est arrivé, le 14 septembre.

Pendant ce temps, le lieutenant Gaudaire procédait, de concert avec le commandant de la canonnière *la Surprise*, à l'occupation du petit port de Sahoany, à l'embouchure de la rivière Beboka.

En quittant Benjavilo, M. le commandant Gérard s'est dirigé sur Maintirano, où il est arrivé, le 20 septembre. Toute la région, jusqu'au cap Saint-André, était livrée à l'anarchie la plus complète et nous était franchement hostile ; 17 princes ou princesses s'y disputaient le pouvoir, tout en s'entendant parfaitement pour résister à notre occupation.

La reine Bibiasa ayant fait évacuer les villages voisins de Demoka, chef-lieu de sa résidence, ce point a été occupé militairement et Bibiasa elle-même a été arrêtée.

La reine Fatoma, suivant son exemple, s'est réfugiée dans les montagnes, après avoir fait évacuer Belalitsa.

Les rois Montrozo et Vazo s'étant mis, de leur côté, à prêcher la guerre contre nous, à l'instigation des marchands indiens de la côte, le commandant Gérard s'est porté sur Mahajaimby, ville sainte où sont réunis tous les tombeaux des rois sakalaves. Il a fait respecter le village qu'il a trouvé évacué, mais le Rova a été détruit.

Poursuivant sa marche, il s'est emparé ensuite d'Anjia, résidence de Montrozo, à 65 kilomètres au nord-est de Maintirano, et y a laissé le lieutenant Bellier avec 30 tirailleurs et une pièce de canon.

D'Anjia, le capitaine Détrie et le lieutenant Conrad ont été envoyés, avec 85 fusils, pour créer un poste dans la haute vallée du Manambao, à l'est du Bemaraha, de manière à établir la liaison d'Ankavandra avec celle de Makarainga. Le commandant Gérard, avec 50 tirailleurs sénégalais et haoussas, s'est dirigé lui-même vers la côte, par la basse vallée du Manambao, pour reprendre le contact avec la division navale et organiser, après entente avec M. le résident de Majunga, la pénétration dans l'Ambongo, dont les populations ont toujours été particulièrement hostiles à toute influence européenne.

A environ 35 kilomètres de la mer, la petite colonne a rencontré un groupe important de villages dépendant du roi Zabely; un émissaire a été envoyé aussitôt en avant pour inviter les habitants à venir au-devant du détachement et à rendre leurs armes.

Peu après, un groupe important d'indigènes ayant été signalé, le lieutenant Martin s'est avancé vers eux, suivi seulement du sergent et des six tirailleurs de la tête d'avant-garde. Pendant qu'il leur renouvelait ses assurances pacifiques, qu'ils semblaient écouter, ils lui envoyèrent soudain, presque à bout portant, une décharge qui tua le sergent indigène et blessa quatre tirailleurs sur six.

A partir de ce moment et pendant les deux jours qu'a mis la petite colonne à atteindre Tamboharana, les Sakalaves l'ont attaquée onze fois.

La marche, quoique pénible, à travers bois et marais, a pu se poursuivre sans arrêt, grâce à l'énergie déployée par les cadres et à la bravoure exceptionnelle des Sénégalais. Les Sakalaves ont subi des pertes importantes; mais le petit détachement de M. le commandant Gérard a eu 3 tués et 5 blessés, dont M. le capitaine Mourin, commandant la 8ᵉ compagnie du régiment colonial qui a été atteint légèrement.

Avant de gagner Majunga, M. le commandant Gérard s'est rendu de Tamboharana à Beravina, port important situé à l'embouchure de l'Andranobé, entre Maintirano et le cap Saint-André. Ce point était occupé depuis cinq jours par une section du régiment colonial, sous les ordres du lieutenant Thomassin qui, la nuit précédente, avait surpris le roi Tsimantra et fait sauter son approvisionnement de poudre; 3 tirailleurs avaient été blessés dans cet engagement.

Pendant que ces événements se passaient dans la région de Maintirano, les Sakalaves du Menabé ne montraient pas moins d'hostilité contre nos troupes.

Le 21 septembre, un convoi de vivres et de munitions, parti de Benjavilo dans la soirée du 18 et composé de 22 pirogues, remontait le Manambolo à destination de Bekopaka; il était escorté d'un détachement de 14 tirailleurs de la 3ᵉ compagnie sénégalaise, sous le commandement de M. le capitaine Orlanducci. Dès son entrée dans la partie du fleuve contiguë au territoire du chef sakalave Havana, quelques coups de fusils sont tirés sur le convoi du haut d'une berge élevée et à pic par des individus qui restent invisibles. Les tirailleurs ripostent et l'incident n'a pas d'autre suite.

Vers dix heures du matin, le convoi atteint une partie du cours du fleuve où deux points apparaissent comme particulièrement propres à des embuscades. Le capitaine Orlanducci prend ses dispositions en conséquence et détache une patrouille sur chaque rive. Celle de la rive droite ne tarde pas à rencontrer une embuscade sakalave, qu'elle déloge aussitôt; celle de la rive gauche se heurte, de son côté, à un groupe nombreux qui ouvre le feu immédiatement. Deux tirailleurs sont tués, mais les autres ripostent vivement et les Sakalaves sont obligés de se retirer; le convoi peut arriver intact à Bekopaka.

Le 28 septembre, avant le jour, le poste de Bekopaka était attaqué, à son tour, par une bande d'environ 150 Sakalaves qui, sachant les travaux de défense encore inachevés et une partie de la garnison en reconnaissance à grande distance avec M. le capitaine Orlanducci, espéraient avoir aisément raison des 26 tirailleurs sénégalais restés au poste sous les ordres de M. le lieutenant Rocheron, de la 3ᵉ compagnie du régiment colonial.

La sentinelle placée sur la face Ouest ayant donné l'alarme, les tirailleurs se portent aussitôt à leur poste de combat et répondent par un feu nourri aux premières décharges des Sakalaves, qui se ruent à l'assaut du retranchement encore inachevé et parviennent, grâce à l'obscurité profonde qui règne encore, à pénétrer dans l'intérieur de l'enceinte. Malgré la vivacité de cette attaque, M. le lieutenant Rocheron, habilement secondé par M. le docteur Rapuc, réussit, avec les quelques tirailleurs dont il dispose et après une lutte acharnée qui ne dure pas moins d'une heure, à rejeter les Sakalaves hors de l'enceinte et à les disperser.

Ils s'enfuient dans toutes les directions en laissant sur le terrain 32 cadavres, 31 fusils et de nombreuses armes blanches; mais la petite garnison avait 2 tirailleurs tués et 4 blessés, dont 2 très grièvement.

Bouéni. — Le 4 septembre, une reconnaissance, exécutée par un détachement de la milice de Majunga aux environs de Masokoamena, a surpris une bande de 60 rebelles, armés de sniders ou de remingtons, qui escortaient un fort convoi de riz et cherchaient à pénétrer dans la position; un combat très vif s'est aussitôt engagé. Les rebelles ont résisté avec énergie et soutenu le feu des miliciens jusqu'à 20 mètres; ils n'ont pris la fuite que devant une charge à la baïonnette, abandonnant 4 morts, 6 fusils, quelques charges de riz et enfin un troupeau de 150 bœufs; le détachement de milice a eu 1 tué et 1 blessé.

Le commandant Rouland, arrivé à Masokoamena, le 7 septembre au soir, avec une pièce de canon et quelques détachements prélevés sur les garnisons de son cercle, a pris aussitôt la direction des opérations.

Le 8, arrivaient la pièce de 80 de montagne et les renforts envoyés de Majunga sous la conduite du lieutenant Giraud.

Le 9 au matin, l'artillerie est chargée de préparer l'attaque et deux colonnes d'assaut reçoivent pour mission d'enlever la position à la fois par le Sud et par l'Est. Démoralisé par les pertes énormes subies depuis le commencement des opérations, effrayé par le canon et par le mouvement des colonnes d'assaut, l'ennemi s'enfuit précipitamment à travers bois et rochers, abandonnant des blessés, des enfants, un canon, plusieurs barils de poudre et de nombreux troupeaux.

Le capitaine Boëry a reçu l'ordre d'occuper Masokoamena avec 105 tirailleurs, et la poursuite des rebelles a commencé aussitôt dans toutes les directions, et, en quelques jours, les bandes de Rainitavy et de Rainibaizafa ont été complètement disloquées.

## Provinces du Sud.

Dans la province de Fianarantsoa, les Tanalas, qui avaient d'abord semblé accepter l'installation d'un poste dans leur pays, se sont soulevés en partie,

Pl. IV. — 1. PORTE D'UN ANCIEN VILLAGE DE L'IMERINA. — 2. ENTERREMENT D'UNE SŒUR MALGACHE (LES FEMMES EN DEUIL ONT LES CHEVEUX FLOTTANTS).

déclarant vouloir conserver leur indépendance et s'opposer à la construction de la route à péage entre Fianarantsoa et la mer. Ils se sont groupés presque aussitôt sur la montagne sacrée et à peu près inaccessible d'Ikongo, du haut de laquelle ils ont toujours repoussé victorieusement les attaques des Hovas.

Plusieurs détachements ont été aussitôt dirigés sur Ikongo, et le chef de bataillon Cléret est parti lui-même de Fianarantsoa, le 28 septembre, pour aller prendre la direction des opérations.

**Fort-Dauphin.** — Le 16 septembre, un détachement composé de 40 légionnaires et 30 miliciens a quitté Fort-Dauphin, sous le commandement de M. le lieutenant Prévôt.

Ce détachement est arrivé, le 20, à Tsilama, où les travaux d'installation ont été immédiatement commencés. Le lieutenant Prévôt s'est ensuite dirigé sur Tamotamo, où il est arrivé le 23 septembre.

Du 27 au 30, les forces réunies du capitaine Lacarrière et du lieutenant Prévôt ont opéré dans la région de Betay, où les Antandroys ont subi un échec des plus sérieux.

### OCTOBRE

A part la capture du chef rebelle Rainizanaka, pris, le 22 octobre, aux environs d'Antsevakely, par le sergent Valarché, il n'y a eu aucun événement à signaler dans les cercles du Nord.

Dans le deuxième territoire militaire, les détachements des capitaines Philippe et Vuillemin ont fait leur jonction, le 5 octobre, et ont occupé Makarainga le lendemain sans coup férir. Le chef Laikita, après s'être enfui avec sa famille et tous les Sakalaves de la région, est venu faire sa soumission quelques jours plus tard, amenant avec lui un grand nombre de partisans.

### Territoire sakalave.

Après avoir paru se soumettre docilement à notre domination, les Sakalaves du Menabé se sont tout à coup révoltés.

Le 5 octobre, au matin, le poste d'Ambiky, situé à quelques kilomètres de la rive droite de la Tsiribihina, a été attaqué par une bande nombreuse qui s'est ruée à l'assaut à plusieurs reprises. A la tête de 40 tirailleurs sénégalais composant la garnison, le capitaine Mazillier a réussi à repousser les rebelles et à leur faire subir des pertes importantes. Mais, indépendamment des blessés, nous avons eu plusieurs tués, notamment le lieutenant du génie Turquois et l'adjudant Renault, de la légion étrangère.

Le 7 octobre, le petit poste d'Ankalalobé a été assailli, à son tour, par un gros parti de rebelles ; le lieutenant Chambaud, de la 4ᵉ compagnie sénégalaise, et quatre de ses tirailleurs ont été tués.

Le 10, le poste d'Andemba, situé à quelques kilomètres de Maintirano, a été lui-même attaqué par des bandes très supérieures en nombre. Les Sakalaves ont encore été repoussés; mais nous avons eu de nouveau à déplorer la mort d'un officier, le lieutenant Randey, de la 2ᵉ compagnie de tirailleurs algériens.

Aux premières nouvelles de l'attaque d'Ambiky, plusieurs détachements se sont mis en marche pour aller renforcer les postes de la Tsiribihina. Le capitaine Robin et le lieutenant Marchat sont partis de Mahabo avec des détachements de tirailleurs et de conducteurs sénégalais. Le capitaine Durand, commandant le cercle-annexe de Betafo, s'est dirigé de même sur Miandrivazo, avec toutes les troupes qu'il a pu réunir. Les 24, 25 et 26 octobre, cette dernière colonne a eu des engagements très vifs avec les Sakalaves, entre Bemena et Ambiky. Ces combats nous ont coûté la perte du lieutenant d'infanterie de marine Dejoux, mortellement atteint, le 26 octobre, ainsi que d'un sergent français et de quelques tirailleurs indigènes de la 4ᵉ compagnie du 2ᵉ régiment malgache ; le 27 octobre, un canot à vapeur et une goélette blindée, montés par 10 tirailleurs, commandés par le lieutenant Beaudoin, de la 5ᵉ compagnie sénégalaise, ont essayé de remonter la Tsiribihina jusque vers Bemena; mais les eaux étant encore trop basses, la reconnaissance a dû rebrousser chemin. Pendant tout le trajet, les Sakalaves, embusqués sur les deux rives du fleuve, ont tiraillé constamment contre ces deux embarcations.

Le 28, une nouvelle reconnaissance a été faite de concert par la compagnie Robin et une section de la compagnie Mazillier. Elle a surpris le village de Belo, situé sur la rive droite de la Tsiribihina, à mi-chemin entre Ambiky et l'embouchure du fleuve. Les Sakalaves ont été mis en fuite et un troupeau de 40 bœufs est tombé entre nos mains.

## Province du Sud.

Le 1ᵉʳ octobre, le commandant Cléret, venant de Fianarantsoa, est arrivé devant Ikongo avec un détachement de 70 hommes, dont 20 tirailleurs malgaches et 50 soldats d'infanterie de marine; M. l'administrateur en chef Besson, le lieutenant Gaubert et l'inspecteur de milice Huet, se trouvaient déjà sur les lieux avec un groupe d'environ 150 tirailleurs ou miliciens.

Le 2, le village d'Andrainarivo fut occupé sans coup férir par le lieutenant Gaubert, avec un détachement de 80 hommes.

Le 4, cet officier, secondé par le sous-lieutenant Lestel, s'établit au village d'Ivohibesotroka et sur le mamelon de Tsiazonomby.

Le même jour, le lieutenant Banal, à la tête d'un détachement de 85 hommes, a enlevé le village de Maromaniry, situé au nord du massif; le commandant Cléret, établi à environ 1 500 mètres de ce point, a soutenu l'attaque par des feux de salve et par le tir de deux canons Hotchkiss.

Le 6, au matin, le lieutenant Banal s'est emparé, après un vif combat, des deux retranchements installés par les Tanalas à Andrafo ; sur treize Européens que comprenait son détachement, un a été tué et six blessés.

Le lendemain, le capitaine Tahon et le sous-lieutenant Périn arrivèrent devant Ikongo avec 200 hommes de renfort (50 tirailleurs algériens et 150 tirailleurs malgaches).

Le 9 octobre, 200 bûcherons, protégés par 50 tirailleurs algériens et 40 tirailleurs malgaches, ont été conduits vers Tamboneky pour y frayer un large sentier d'accès, destiné à faciliter l'attaque dans cette direction; M. Besson a accompagné le détachement. Malgré une pluie battante, le travail a été poussé avec la plus grande activité et, le soir, vers cinq heures, le sentier atteignait le premier retranchement ennemi.

Le 10, à cinq heures et demie du matin, toutes les troupes se mirent en mouvement pour donner l'assaut.

Du côté de Tamboneky, le groupe du lieutenant Goubeau s'empara d'un retranchement solidement défendu, après un engagement qui nous a coûté un tirailleur tué et un blessé.

Du côté du Nord, les miliciens de M. Besson, soutenus par l'infanterie de marine, gravirent, à la faveur d'un épais brouillard, la rude pente qui mène au dernier retranchement. Arrivés au sommet, ils n'y trouvèrent qu'une vingtaine de défenseurs, dont six se firent tuer sur place, tandis que les autres s'enfuirent en répandant la panique sur tout le plateau. La lutte ne dura que quelques minutes, pendant lesquelles un milicien fut tué et dix blessés légèrement. Les Tanalas évacuèrent leurs villages en abandonnant d'immenses approvisionnements. L'enlèvement du plateau d'Ikongo, réputé jusqu'alors inexpugnable, fait le plus grand honneur à l'officier supérieur qui a dirigé les opérations et aux troupes qui y ont pris part. Avant de partir pour Fianarantsoa, le commandant Cléret a choisi, à proximité de l'Ilavaohina, un village où s'établirent provisoirement les 40 hommes (dont 15 Européens) destinés au poste créé sur le plateau.

## RÉSUMÉ.

A la fin de l'année 1897, grâce aux mesures politiques prises à Tananarive et aux opérations incessantes des troupes du corps d'occupation, l'insurrection a été complètement étouffée, non seulement en Imerina, mais encore dans le Bouéni, dans les pays des Sihanakas et des Marofotsy et sur la côte Nord-Ouest, c'est-à-dire dans toute la partie Nord de l'île.

A part la côte Sud-Ouest, le littoral a été entièrement occupé, tant par des postes de troupes régulières que par des postes de milice ou de douane. Les seules provinces qui échappaient encore à notre domination sont les pays sakalaves de l'Ouest, les territoires des Mahafaly et de l'Androy. La pénétration de ces régions est d'ailleurs entamée, et de nombreux postes couvrent déjà le Menabé et le Mailaka.

### NOVEMBRE

Dans la région du Nord, le lieutenant-colonel Lyautey a poursuivi avec activité l'organisation administrative du cercle d'Ankazobé et celle du cercle-annexe de Maevatanana, créé le mois précédent.

Aucun événement militaire important n'est à signaler dans les régions centrales; la situation générale y reste excellente et les troupes n'y exercent plus qu'un rôle de surveillance.

La situation s'est beaucoup améliorée dans le territoire sakalave. Le lieutenant-colonel Septans, qui a pris le commandement de cette région, a maintenu, d'accord avec le commandant de la division navale, les mesures qui avaient été prises antérieurement à son arrivée pour l'organisation et l'occupation du pays.

Tous les postes de la vallée de la Tsiribihina ont été solidement renforcés et organisés, de façon à repousser les attaques des bandes sakalaves qui parcourent encore la contrée entre la Tsiribihina et le Manambolo.

Dans la région de Maintirano, le calme paraît s'être rétabli depuis un mois et les rassemblements hostiles semblent avoir quitté le littoral.

D'autre part, le capitaine Durand, commandant le cercle annexe de Betafo, a pu établir la liaison entre les détachements qu'il a amenés et ceux dont le lieutenant-colonel Septans dispose sur le cours inférieur de la Tsiribihina.

Une fois cette jonction achevée, le capitaine Durand, laissant au lieutenant-colonel Septans la plus grande partie des renforts qu'il avait amenés, a regagné Betafo, après avoir parcouru le Betsiriry et en avoir renforcé les postes.

Dans la province de Fort-Dauphin, des résultats très importants ont été obtenus. Plusieurs tribus, naguère hostiles, ont reconnu notre autorité et se sont placées d'elles-mêmes sous la protection de nos postes. Seuls, les Antandroys du Sud-Ouest ont refusé de se soumettre, et, malgré les échecs qui leur ont été infligés depuis peu, on peut prévoir que cette résistance se prolongera encore quelque temps; néanmoins, le prestige dont ils jouissaient chez les peuplades du Sud a été fortement entamé, et de nombreuses défections se sont produites chez leurs partisans.

Les travaux d'utilité publique ont été poussés activement dans toute l'île. A Tananarive, les constructions d'égouts ont été achevées. A Tamatave, on a commencé à exécuter divers projets très importants : percement des pangalanes, desséchement des marais de Ranoandriana, installation des maisons démontables, etc.

A Diego-Suarez, le capitaine Vernier a fait une première étude d'un projet de canal maritime, qui mettrait la rade de Diego en communication avec la côte Ouest de Madagascar.

Les routes de Tananarive à Tamatave et à Majunga ont beaucoup avancé.

Pour activer l'exécution de ces travaux, le gouverneur général a envoyé en France le commandant Roques, directeur du génie et des travaux publics, qui doit présenter à M. le ministre des colonies les projets élaborés depuis plusieurs mois sous sa direction.

Les études relatives à la colonisation se sont poursuivies dans toutes les provinces civiles et militaires. La reconnaissance des lots de colonisation a été terminée dans le deuxième territoire militaire et est fort avancée dans le troisième.

Les écoles sont devenues florissantes partout et leur nombre a considérablement augmenté. A Tananarive, des conférences publiques en langue malgache ont été faites aux indigènes, en vue de les initier à certaines con naissances et de dissiper leurs croyances superstitieuses.

Les luttes religieuses se sont apaisées et l'attitude des ministres des différents cultes témoigne d'un désir sincère de seconder franchement l'action administrative et de contribuer ainsi à affermir l'influence française à Madagascar.

### DÉCEMBRE

Les événements qui se sont déroulés pendant le mois de décembre ont couronné dignement l'année 1897.

Les symptômes qui font pressentir l'établissement incontesté et définitif de notre autorité dans toutes les régions de l'île apparaissent chaque jour plus nombreux, plus nets et plus caractéristiques.

D'ailleurs, l'indice le plus décisif à ce point de vue consiste moins, à l'heure présente, dans les succès remportés par nos troupes contre les derniers rebelles de l'Ouest et du Sud, que dans le mouvement actif d'immigration qui pousse vers Madagascar nos compatriotes de la métropole et des colonies voisines, dans les grands travaux projetés par les Sociétés ou les particuliers, et, en un mot, dans la prise de possession de la Grande île par les entreprises agricoles, industrielles et commerciales.

Une chose est dès à présent certaine, c'est que l'impulsion communiquée aux affaires et à l'ensemble des services a donné aujourd'hui à la colonie l'existence administrative, la personnalité et l'étiquette réellement française qui lui faisaient complètement défaut il y a quinze mois. L'ère de la colonisation active est ouverte et trop d'intérêts sont en jeu, trop de projets sont en voie de réussite, pour que le courant d'affaires établi entre la métropole et Madagascar ne continue pas à se généraliser et à s'étendre. D'autre part, des liens étroits et des intérêts communs unissent déjà la population indigène à l'élément colonisateur et contribueront, mieux que toute contrainte administrative, à enlever aux Malgaches l'idée de renouer des intrigues sans issue et sans portée.

Aussi peut-on dire que, si la force des armes a été nécessaire pour assurer aux entreprises de colonisation la sécurité qui leur est indispensable, celles-ci contribuent, par une sorte de réciprocité, en développant les transactions et les affaires, à affermir les résultats des opérations militaires.

Depuis un mois, la situation dans l'Ouest s'est considérablement améliorée. La ligne de communication entre le plateau central et le canal de Mozambique est complètement réorganisée et solidement tenue par nos troupes. Une sorte d'accalmie paraît même s'être produite chez les tribus sakalaves, dont les démonstrations hostiles sont devenues beaucoup moins fréquentes. Il est vrai de reconnaître que l'arrivée des pluies, qui sont particulièrement abondantes dans cette région, rend le terrain absolument impraticable, aussi bien pour nos troupes que pour les adversaires qu'elles ont en leur présence.

La trêve forcée qui sera imposée par l'hivernage sera, d'ailleurs, employée de la façon la plus utile par le commandant du territoire sakalave, pour entreprendre de nouvelles négociations et tenter encore de résoudre pacifiquement la question de l'Ouest.

Il serait prématuré de compter sur une réussite complète; mais, en tout cas, les pourparlers engagés détruiront peut-être l'effet de certaines influences qui se sont exercées contre nous dans ces derniers temps et qui ont contribué, dans une large mesure, à provoquer la tentative de révolte du mois d'octobre.

Il résulte, en effet, de renseignements très précis qui ont été recueillis tout dernièrement par le commandant du territoire sakalave, que les Indiens de la côte se sont livrés et se livrent encore à une propagande active pour dénaturer nos intentions et nous représenter, auprès des indigènes, comme des envahisseurs résolus à réduire le pays en esclavage et à les dépouiller de leurs biens et de leurs troupeaux. Il est possible, sans cependant qu'on puisse trop l'espérer, que, détrompés par l'attitude pacifique de nos troupes vis-à-vis des populations qui environnent les postes, les Sakalaves viennent à résipiscence et se décident enfin à nous laisser occuper pacifiquement le pays.

Le programme de la campagne prochaine n'est pas encore définitivement arrêté. Il dépendra évidemment des circonstances; mais il est probable, dès à présent, que nos troupes s'assureront d'abord la possession des grandes vallées qui forment des voies naturelles de pénétration et qui sont plus particulièrement propices aux entreprises agricoles et minières.

Une des meilleures preuves de l'apaisement relatif qui s'est produit dans les régions de l'Ouest est un avis publié au *Journal officiel* du 11 décembre, par lequel le gouverneur général informe les colons que les voyages de prospection dans ces contrées peuvent être commencés, dès à présent, moyennant certaines précautions.

Enfin, pour faciliter le mouvement de pénétration, aussi bien sur la Tsiribihina que dans les vallées des principaux fleuves de l'île, des canonnières doivent être prochainement demandées en France. Cet appoint donné à la navigation fluviale renforcera considérablement l'action de nos troupes et exercera sur les populations indigènes une influence morale dont l'importance n'est pas négligeable.

Les reconnaissances exécutées au cours des marches de pénétration ont montré que la Tsiribihina pouvait, au moment des hautes eaux, être facilement remontée jusqu'à Miandrivazo et que, par conséquent, l'envoi d'une canonnière sur la Tsiribihina rendrait, dès à présent, les plus grands services.

Voici maintenant quelques renseignements de détail sur la situation militaire du territoire sakalave.

Les régions de Maintirano et du Manambolo sont occupées par les compagnies Mourin, Orlanducci et Landeroin.

Dans les postes de la Tsiribihina, les postes sont tenus par la compagnie Mazillier, dont la portion principale est à Ambiky, et par le peloton Baudouin, installé à Tsimanandrafozana.

La région de Morondava est occupée par la compagnie Tahon et par les pelotons Goehring et Banal. La compagnie Dulin est à Mahabo.

La compagnie Robin a pu être envoyée plus au Sud, pour créer un poste à Ambohibé, à l'embouchure du Mangoky.

Enfin, la compagnie Flayelle, primitivement envoyée dans l'Ouest, a pu être dirigée sur la province de Tulléar, pour permettre d'accentuer, dans cette région, le mouvement de pénétration vers l'intérieur.

Le chef sakalave Ingereza, qui a organisé le mouvement insurrectionnel du commencement d'octobre, s'est réfugié avec ses partisans dans la région du lac Kamanomby, situé au sud de la Tsiribihina.

Une reconnaissance exécutée de ce côté par M. le commandant Ditte, dans les derniers jours de novembre, a montré que les Sakalaves d'Ingereza ne forment pas de rassemblement important, mais sont fractionnés en petits groupes qui ont dû se répartir sur une grande étendue, pour assurer leur subsistance. Les principaux centres de culture étant, en effet, occupés par nos troupes, les bandes rebelles éprouvent les plus grandes difficultés pour se ravitailler. Cette situation a produit un certain découragement chez les principaux chefs et, d'après les renseignements recueillis par les émissaires, plusieurs d'entre eux seraient disposés à déposer les armes.

Une deuxième reconnaissance a été exécutée sur la rive droite de la Tsiribihina, dans la direction de la Tsikalasy et du Kibony. Elle n'a rencontré, nulle part, de résistance sérieuse. Comme sur la rive gauche, les groupes hostiles semblent souffrir de l'absence des vivres. Le fils de Toera s'est réfugié dans la région comprise entre Ambiky et le Manambolo. Des émissaires lui ont été envoyés pour l'engager à cesser la lutte et à faire sa soumission.

Ces négociations pacifiques avec les Sakalaves des deux rives de la Tsiribihina sont facilitées par le concours de M. Samat, qui est connu personnellement de la plupart des chefs et qui dispose d'émissaires sûrs et dévoués Toutefois, malgré ces conditions favorables, on ne peut encore faire que des présomptions à ce sujet et il n'est pas douteux que c'est surtout le manque de ressources qui amènera les Sakalaves à composition.

A la suite de la reconnaissance qu'il a exécutée au sud de la Tsiribihina, M. le commandant Ditte s'est embarqué à bord du *Pourvoyeur*, à destination de Maintirano où il est arrivé le 13 décembre. D'après les premiers renseignements qu'il a recueillis, la situation dans cette région continue à s'améliorer. Toutefois la bande du chef rebelle Zabely tient encore la forêt située au nord du Manambao et dont la lisière se trouve à environ quinze kilomètres à l'est du petit port de Tamboharana.

M. le commandant Ditte se propose d'occuper ce point important du littoral qui a déjà été visité au mois de septembre et qui est l'un des principaux points de ravitaillement des Sakalaves en armes et en munitions. Mais, l'arrivée des pluies rendant le terrain particulièrement difficile, il n'est pas certain que cette opération puisse être exécutée avant la fin de l'hivernage.

Le *Pourvoyeur*, qui a transporté M. le commandant Ditte à Maintirano, venait directement du Sud.

Par une dépêche expédiée de Majunga, le commandant de ce bâtiment a fait connaître que le village d'Ambohibé, situé sur une des bouches du Mangoky, a été occupé pacifiquement par M. le capitaine Robin.

Les progrès de la pénétration dans l'Ouest ont amené le gouverneur général à créer, dans les régions du Betsiriry et d'Ankavandra, une organisation plus précise que celle que peuvent assurer les détachements d'occupation.

Pour achever de soumettre et d'assimiler les populations indigènes de ces contrées, il était indispensable de leur appliquer un régime administratif régulier, fonctionnant d'après les règles établies depuis longtemps dans les régions pacifiées du plateau central.

D'après ces considérations, le gouverneur général a pris un arrêté, publié par le *Journal officiel* du 23 décembre, qui réorganise le deuxième territoire militaire et en transporte le chef-lieu à Soavinandriana.

Voici les principales dispositions de cet arrêté :

Le deuxième territoire militaire diminué du cercle de Tsiafahy et dont le chef-lieu est transféré à Soavinandriana, comprend désormais les cercles de Miarinarivo et de Betafo, ainsi que les cercles annexes d'Ankavandra et du Betsiriry.

Les cercles d'Anjozorobé, de Moramanga et de Tsiafahy sont groupés en un territoire militaire dénommé « premier territoire militaire », dont le chef-lieu est à Ankeramadinika.

Le secteur de l'Ankaratra est détaché du cercle annexe de Betafo, qui devient « cercle de Betafo ».

Le secteur d'Arivonimamo constitue le cercle annexe d'Arivonimamo, qui est rattaché au troisième territoire militaire.

Le secteur du Betsiriry, augmenté de la province de Manandaza, constitue un cercle-annexe relevant du cercle de Betafo et dénommé « cercle-annexe du Betsiriry ».

Les régions du haut Manambao et du Manambolo, entre le Bemaraha et le Bongolava, limitées au Sud par la ligne de partage des eaux entre les bassins du Manambolo et de la Manandaza, sont détachés du territoire sakalave et constituent un cercle annexe dénommé « cercle annexe d'Ankavandra », relevant du cercle de Miarinarivo.

Dans le deuxième territoire militaire (ancienne organisation), aucune opération militaire proprement dite n'a été faite pendant le mois de décembre et le service s'est borné à quelques reconnaissances, qui ont suffi pour assurer la police et la tranquillité du pays.

Des progrès assez notables ont été réalisés dans la région de Makaraïnga ; le Betsiriry, un instant menacé de l'incursion d'une petite bande sakalave, n'a point été troublé, ce rassemblement s'étant dispersé et ayant disparu presque aussitôt qu'il a été signalé.

Dans le cercle annexe d'Arivonimamo, les patrouilles de liaison pour la surveillance de l'Ankaratra se sont effectuées sans incident.

Dans le cercle de Tsiafahy, le service de reconnaissance à travers la forêt, entre l'Imerina et le Mangoro, s'est accompli normalement.

La liaison entre la région de Makarainga, d'une part, et le secteur d'Ankavandra et les postes du haut Manambao, d'autre part, a été obtenue dans le cercle de Miarinarivo. Le lieutenant Aymard, commandant le poste de Makarainga, s'est relié par des émissaires avec le poste de Marololo et, le 18 novembre, avec le lieutenant Desaulty, commandant le poste de Morafenobé (haut Manambao.)

Un des chefs sakalaves influents, Imamo, de Sahasarotra (chef-lieu d'une tribu qui habite au pied du Bongolava, à l'ouest de Makarainga), a fait sa soumission au lieutenant Aymard, auquel il a rendu quelques fusils en bon état. Cet officier l'a immédiatement chargé de s'employer à faire rentrer les nombreux mécontents qui se seraient, paraît-il, groupés autour du chef Tandraso, vers Ambaramahataka.

L'occupation d'Ankilahila, au nord de Makarainga, sera effectuée sous peu par le dédoublement de la garnison de ce dernier poste. Ce mouvement en avant aura certainement une influence sur les bandes de Tandraso, dont il pourrait bien amener, sinon la soumission, du moins la dispersion. Il n'engagera, d'ailleurs, aucune nouvelle opération et aura l'avantage, en rendant plus effective notre occupation de la région du Bongolava, d'assurer une protection efficace aux populations d'Ampiankarandrafito, qui se sont soumises dès le premier jour.

L'extension future de cette ligne de postes vers Ambalika et le Nord-Est, en jalonnant la ligne de Bongolava, permettra aussi la liaison complète avec les postes du cercle d'Ankazobé (secteur du Menavava, au delà de la région déserte). C'est pour ces motifs que le poste d'Ankilahila aura une mission toute d'expectative, dont le but est de préparer notre occupation future des régions situées au Nord et à l'Ouest.

Dans le secteur du Betsiriry (ancienne organisation), le chef indigène Namela avait signalé, au commencement du mois, qu'une centaine de Sakalaves avaient passé la Mania en aval de Marotongona.

Dès que cette nouvelle fut connue, les postes ont redoublé de surveillance, mais, jusqu'à ce jour, aucune manifestation hostile n'a été signalée ; d'après certains renseignements, cette bande se serait dirigée vers l'Ouest (rive gauche du Sakeny).

Il est d'ailleurs probable que la rive gauche de la Mania doit encore être sillonnée par quelques groupes provenant des rassemblements de la basse Tsiribihina.

Un détachement occupera certainement Manandaza, où il est nécessaire d'établir une garnison.

M. le capitaine Lucciardi, ancien chef du bureau des affaires civiles et politiques, a été désigné pour prendre le commandement du cercle-annexe du Betsiriry (nouvelle organisation).

Appelé à administrer une région que ses richesses minières rendent susceptible d'un prochain et rapide développement, il pourra, en raison même des fonctions qu'il a exercées, seconder de la façon la plus utile les efforts de nos colons et faciliter, dans une large mesure, leur installation et leurs entreprises dans le Betsiriry.

Dans le cercle de Moramanga, la situation générale a peu varié depuis un mois ; elle est toujours très satisfaisante.

Les battues en forêt, exécutées fréquemment avec le concours de quelques habitants, ont amené l'arrestation de plusieurs voleurs de bœufs ; ces faits, assez isolés du reste, n'ont aucun caractère insurrectionnel et doivent être surtout attribués à la crise agricole qui sévit encore actuellement.

Pour garantir les habitants contre toute tentative de pillage à la suite de la récolte prochaine, des distributions d'armes seront faites dans les villages les plus éloignés des centres militaires ; deux nouveaux postes seront établis à Andainga et à Ambohimanjaka.

Les travaux d'installation et de réfection des postes se poursuivent malgré la mauvaise saison, qui est préjudiciable surtout à la fabrication des briques et du pisé.

Le poste de Sabotsy et les blockhaus de la ligne d'étapes ont été reconstruits.

Une brigade de trois gendarmes a été établie à Andakana.

Toutes les mesures nécessaires ont été prises pour combattre la disette, qui menace plus particulièrement les secteurs situés au nord de la ligne d'étapes, et venir en aide aux populations de ces régions.

Des distributions de riz et de paddy ont été faites dans les secteurs de Mandialaza et de Merimitatatra, plus particulièrement pauvres, et permettront d'y assurer largement la nourriture des habitants.

L'exécution des ordres se fait assez régulièrement; toutefois, par suite de l'éloignement des villages et du peu de densité des populations, les chefs bezanozanos apportent dans les communications avec le chef-lieu une certaine lenteur, qui disparaîtra peu à peu au fur et à mesure que les communications s'amélioreront et que l'instruction se répandra davantage.

La création, dans les chefs-lieux des secteurs, d'écoles officielles à la charge des populations, contribuera à remédier à cet état de choses; elle procurera, en outre, aux officiers des secteurs, de bons interprètes qui seront pour eux d'excellents agents de civilisation et de renseignements.

On a délivré aux populations, à titre de prêt remboursable à la récolte, tout le paddy de semence qui a été demandé. L'ensemencement a été fait sous la surveillance des postes. Les plantations de manioc, patates, haricots, maïs, etc., ont été poussées aussi avec activité, et la culture de la pomme de terre, assez limitée jusqu'à ce jour, a été mise en faveur auprès des indigènes, qui ne tarderont pas à la généraliser.

Les graines de légumes européens sont très demandées.

Le café est en grains en ce moment, mais la grêle qui s'est produite pendant la floraison a porté quelque préjudice à cette récolte.

La reconstitution des troupeaux de bœufs se poursuit avec succès.

Sur la ligne d'étapes, les marchés sont des plus prospères; le riz et le manioc qui s'y débitent sont apportés de l'Imerina par les bourjanes qui descendent vers la côte. Les tissus, pour la plupart de provenance étrangère.

y trouvent un écoulement facile; il en est de même des divers outils de charpente et de menuiserie et, en général, de tous les objets de quincaillerie et de coutellerie.

Les villages ont pris un grand développement et leur population augmente de jour en jour; les passagers y trouvent actuellement des ressources de toute nature.

Des ordres rigoureux ont été donnés aux chefs de village pour que les charges de bourjane abandonnées en cours de route soient portées sans retard aux postes militaires les plus voisins.

Les impôts continuent à entrer régulièrement; les monnaies françaises sont acceptées sans difficulté et le centime, qui, au début de sa mise en circulation, était reçu avec hésitation, est très en faveur à l'heure actuelle.

Comme il fallait s'y attendre, les pluies ont occasionné quelques dégâts, sans grande importance toutefois, aux routes et aux ponts. Les réparations ont été faites immédiatement sans que la circulation ait été interrompue.

Les cours des écoles sont suivis assidûment par les enfants des deux sexes et tous montrent un grand désir de s'instruire.

Des instituteurs sont attendus prochainement pour organiser les trois écoles officielles qui viennent d'être créées à Sabotsy, à Beparasy à et Merimitatatra. Une nouvelle école a été également organisée à Andakana pour les villages environnants.

Il est procédé actuellement à un nouveau recensement des populations, motivé par les fluctuations assez sensibles qui se sont produites depuis l'établissement de la dernière statistique.

Le recensement des rizières est aussi en cours d'exécution.

Les voies de communication en dehors de la ligne d'étapes, sont assez bonnes, sauf aux traversées des marais et des rivières, où les bourjanes ont quelquefois de l'eau jusqu'à la hauteur de la ceinture. Le passage des cours d'eau est, d'ailleurs, partout difficile à cause des crues qui sont fréquentes en cette saison. Pour remédier à cet inconvénient, des pirogues ont été placées aux principaux points de passage des cours d'eau.

La plus grande tranquillité n'a cessé de régner pendant le mois dans le cercle annexe d'Anosibé, et les Européens y circulent aujourd'hui en toute sécurité.

Les quelques rares villages situés au sud du secteur d'Ambohimilanja, qui avaient été abandonnés pendant la période insurrectionnelle, voient chaque jour revenir leurs anciens habitants. Ces derniers ont acquitté, sans difficulté, dans le courant du mois, la totalité de l'impôt de capitation pour 1897.

L'administration indigène rend de réels services et les fonctionnaires malgaches remplissent leurs devoirs avec beaucoup de zèle et de dévouement.

Un grand nombre de permis de circulation ont été délivrés dans les villages d'Anosibé et d'Ambohimilanja, où résident plus particulièrement les commerçants indigènes. Le rendement des impôts a donné, pour le mois de décembre, une somme totale de 1 723 fr. 90, dont 1 575 francs pour la taxe personnelle; on peut prévoir, dès à présent, que, le repeuplement des villages étant achevé, ces chiffres s'élèveront sensiblement dans les premiers mois de 1898. Il a été procédé pour la première fois, à la vente d'un terrain domanial; cette acquisition a été faite par un marchand hova établi à Anosibé. Cet exemple paraît devoir être suivi et ne saurait être trop encouragé.

L'emploi des poids et mesures français n'est pas encore généralisé, principalement pour la vente des tissus qui, étant presque tous de provenance étrangère, sont pliés et débités en yards.

La monnaie française, argent ou billon, est partout très recherchée; la monnaie coupée tend à disparaître et n'est plus guère répandue que dans les villages situés en dehors des centres de commerce et des routes de Mahanoro, Vatomandry et Tananarive.

La récolte, qui se fera vers la fin de février, pour les rizières ensemencées en septembre, s'annonce fort bien et il y a tout lieu de prévoir une réduction sensible dans le prix du riz, qui est actuellement assez élevé. La mesure vaut 15 francs à Anosibé et 12 francs dans les villages éloignés.

Les écoles, quoique encore peu nombreuses, sont très fréquentées à Anosibé et à Ambohimilanja en particulier, où les élèves des deux sexes sont en grand nombre et montrent une grande assiduité aux cours.

Les voies de communication ont quelque peu souffert des grandes pluies des derniers jours de décembre. Plusieurs ponts ont été emportés; le passage est assuré provisoirement au moyen de pirogues, en attendant que l'arrivée de la saison sèche permette de procéder aux réparations.

Toute la région est favorable à l'élevage; les pâturages sont abondants et de bonne qualité; un grand nombre de terrains sont propices à la culture du café et du coton; enfin, l'exploitation des essences forestières donnerait, sans aucun doute, de beaux bénéfices.

La délimitation Sud de la province, confiée au lieutenant Braconnier, est terminée depuis quelques jours.

Dans le cercle d'Anjozorobé qui est aujourd'hui complètement pacifié, de nombreuses reconnaissances ont été exécutées au nord-est de la forêt, en vue d'amener l'arrestation ou la soumission de Rabozaka.

Le fameux chef rebelle n'a pu être encore appréhendé, mais la rentrée successive de la plupart de ses fidèles donne lieu d'espérer qu'il ne tardera pas à suivre leur exemple et à venir se rendre aux autorités françaises.

La population indigène du cercle semble très désireuse que ce résultat puisse être obtenu à bref délai, et que la suppression de cette dernière cause de trouble achève de ramener la confiance et la tranquillité dans la région.

D'importants travaux publics ont été exécutés ou sont en cours d'exécution dans le cercle d'Anjozorobé. Il faut signaler, en particulier, un pont carrossable, établi sur la Mananara à Anjozorobé même, et qui a été inauguré le 25 décembre en présence des autorités militaires du cercle, des fonctionnaires indigènes et d'un grand concours de population.

En raison de la mauvaise saison, les travaux de route sont en partie suspendus et on se borne à entretenir les digues et à réparer les dégâts occasionnés par les pluies.

Dans tous les postes, des précautions ont été prises pour mettre les bâtiments en état de résister à la saison des pluies.

Dans le secteur d'Ankazondandy, toutes les garnisons européennes sont logées dans des maisons en briques ou en pisé.

Les derniers versements de la taxe personnelle effectués dans les districts du Nord et dans la circonscription d'Anjozorobé ont produit les recettes prévues. L'impôt des rizières est aujourd'hui presque complètement recouvré. Les recettes provenant de la délivrance des cartes et livrets, des passeports, des taxes des marchés, du rachat des prestations, de l'enregistrement et des amendes rentrent également avec régularité.

Les tribunaux du cercle fonctionnent au chef-lieu de chaque sous-gouvernement et tiennent une audience par semaine. Au chef-lieu du cercle, le tribunal du gouverneur général indigène fonctionne dans les mêmes conditions. Enfin, le tribunal criminel se réunit chaque fois qu'il est nécessaire, pour juger les affaires relevant de sa juridiction.

De grands travaux ont été exécutés au marché de Talata, dans le secteur d'Ambohitrolomahitsy. Un parc a été ménagé pour les bœufs, à 500 mètres du marché.

L'emploi des tickets sur les différents marchés du cercle a amené une augmentation notable dans les recettes des droits de place. Le marché quotidien d'Anjozorobé et les marchés hebdomadaires d'Alakamisy et de Sabotsy sont très fréquentés; les deux marchés tenus autrefois dans le secteur de Betatao se reconstituent rapidement et on y trouve déjà des articles de tous genres, toiles, lambas, objets d'alimentation et ustensiles de ménage.

Depuis longtemps aucun différend ne s'est élevé entre les représentants indigènes des divers cultes.

L'arrêté supprimant les masoivohos a été communiqué dans tous les districts du cercle. Les mpiadidys, chargés de les remplacer dans leurs fonctions, seront désignés avant le 1$^{er}$ janvier.

Le mouvement commercial entre l'Émyrne et le Nord s'accentue de plus en plus. La route d'Anjozorobé est fréquentée par de nombreux voyageurs se rendant, soit dans l'Antsihanaka pour y acheter des bœufs, soit sur les marchés de l'Imerina. Pendant le mois de novembre, 2 000 bœufs venant du Nord sont passés à Anjozorobé. Malgré ce mouvement important le prix du bétail reste très élevé.

Dans le secteur d'Ambohitrolomahitsy, les rizières ont une belle apparence et promettent une récolte abondante. Dans certains districts, de nouvelles rizières ont été cultivées; les habitants ont planté, en outre, des haricots, des pommes de terre et du maïs.

Dans le secteur d'Ankazondandy, la culture des rizières est poussée avec activité dans tous les districts. Lorsque les travaux seront complètement terminés, on pourra faire des prévisions sur la récolte prochaine et sur les approvisionnements qui en résulteront.

L'aspect du pays cultivé change de jour et on peut compter pour l'année prochaine, sinon sur l'abondance, du moins sur une récolte largement suffisante.

Dans la circonscription d'Anjozorobé, les habitants apportent la même activité à la culture des rizières et aux cultures accessoires. Toutefois, cette année encore, beaucoup de terrains resteront en friche.

Dans toute l'étendue du cercle, les jardins potagers donnent d'excellents résultats.

Les différentes pépinières installées près des postes comprennent des plantations de caféiers.

C'est surtout à Analabé et à Alakamisy que les essais ont été tentés en grand par M. le sous-lieutenant Forestier; les premiers résultats donnent lieu d'espérer une réussite complète.

La culture du tabac est pratiquée dans le secteur d'Ankazondandy, ainsi que dans celui de Betatao, où elle a pris un assez grand développement. Le nombre de pieds qui existent dans ce secteur peut être évalué à 6 ou 7 000.

La récolte du blé dans la vallée de la Mananara n'est pas encore terminée. Toutefois, il est acquis, dès à présent, que les essais ont eu un entier succès.

Il existe deux champs d'avoine à Ambohidratrimo et la récolte est de belle venue.

Une école de scieurs de long a été établie à Alakamisy; quatre ouvriers de profession y ont été envoyés et instruisent actuellement huit élèves.

Plusieurs demandes de terrains de colonisation ont été adressées au commandant du cercle. Les futurs concessionnaires portent surtout leur choix sur les lots situés dans la vallée de la Mananara.

Depuis la soumission de Rainitavy, la presque totalité des villages du nord du cercle d'Ambatondrazaka est aujourd'hui entièrement repeuplée.

Une grande activité règne actuellement dans toutes les parties de cette riche province, où la colonisation semble appelée au plus grand avenir.

Dans la province de Fianarantsoa, les institutions nouvelles sont de plus en plus appréciées par la population betsileo, qui est reconnaissante à la France du service qu'elle lui a rendu en la délivrant de la tyrannique et ruineuse administration des Hovas.

Il n'est pas exagéré d'affirmer que la richesse publique a presque doublé depuis quinze mois, et que jamais la province n'avait été aussi bien mise en valeur au point de vue agricole.

Non seulement les anciennes rizières sont entièrement cultivées, mais encore, en bien des endroits, des marais stériles et malsains ont été convertis en rizières par des drainages laborieux et d'autres travaux d'aménagement. Dans certains cantons on commence à pratiquer l'élevage du porc qui, jusqu'alors, n'était pas encore entré dans les mœurs des habitants, par suite de préjugés superstitieux. Cet élevage est appelé à donner de sérieux bénéfices à ceux qui l'entreprendront. Enfin, des mesures ont été prises pour mettre un terme aux incendies de forêts et en punir sévèrement les auteurs.

Quelques Hovas qui vivaient autrefois d'usure au détriment des Betsileos et qui n'ont pas encore complètement disparu du pays, reprennent de temps à autre des campagnes de fausses nouvelles. Mais la confiance de la population dans l'administration française et son sincère attachement au nouvel état de choses rendront vaines ces manœuvres, pour la plupart dues à d'anciens tompomenakely qui nous gardent rancune de la perte de leurs privilèges. D'ailleurs, ces fauteurs de désordres sont activement surveillés.

La situation de la province est donc des plus satisfaisantes au point de vue des tendances et de l'état d'esprit des populations. D'autre part, les entreprises agricoles ou commerciales de nos colons, malgré les difficultés inévitables du début, sont partout en voie de réussite. La main-d'œuvre leur est assurée par les prestations et surtout par des engagements volontaires, dont le nombre augmente chaque jour depuis le kabary qui a été tenu par l'administrateur en chef Besson.

La plus grande difficulté que rencontre le développement de la colonisation provient de la lenteur des transports entre Mananjary et Fianarantsoa ; cette difficulté pourra être aplanie en mettant un certain nombre de bourjanes prestataires à la disposition des colons et commerçants français.

A Fianarantsoa, le nombre d'habitations confortables est encore insuffisant ; mais les principaux colons se proposent, pendant l'année 1898, de construire de nouveaux immeubles plus spacieux et mieux aménagés que ceux qu'ils occupent aujourd'hui.

La situation financière se chiffrait, au 30 novembre dernier, par un excédent de recettes de 191 378 francs. Il est à remarquer, à ce sujet, que le budget de la province a acquitté, jusqu'à ce jour, les dépenses de la route carrossable (55 000 francs), et toutes celles nécessitées par la pénétration dans le Sud, par les opérations contre Ikongo et par la création de plus de quinze postes de milice ou de tirailleurs, soit dans le territoire confié au commandant Cléret, soit dans le district de Midongy.

Dans ce dernier district, le lieutenant Hondschoëte a exécuté récemment, dans la région des Tanalas de Volambita, une reconnaissance qui avait pour objet de désarmer cette tribu et de lui imposer la libération de ses esclaves.

A diverses reprises, les chefs de Volambita avaient été prévenus qu'ils devaient se conformer à la loi d'affranchissement ; au lieu de tenir compte de ces avis, ils avaient commencé à évacuer leurs esclaves vers le Sud et cherchaient, en outre, à pousser les populations à la révolte. Ils avaient empêché, en particulier, plusieurs villages d'entrer en relations avec les deux postes nouvellement créés d'Ambodirano et de Mandronarivo.

Pour ces diverses raisons, il était indispensable de faire rentrer dans le devoir les Tanalas de Volambita et de rendre ainsi confiance aux populations déjà soumises des régions environnantes.

La reconnaissance, qui comprenait 50 miliciens et 50 partisans, a complètement atteint son but ; elle a rapporté 12 fusils des villages baras, 89 des villages tanalas et a délivré 183 esclaves. Ce résultat a produit la plus heureuse impression dans la contrée, où les Tanalas étaient très redoutés. En même temps, la libération des esclaves nous a concilié les sympathies d'une grande partie des habitants de la région.

Les Volambitas sont peu nombreux, peu redoutables, mal armés. Les chefs bara-bé se sont franchement compromis dans cette affaire, en marchant avec nos troupes.

A la suite de sa reconnaissance, le lieutenant Hondschoëte a interdit aux marchands hovas de s'avancer à l'ouest de Mandronarivo. Acheteurs de bœufs volés, ils répandaient partout de faux bruits et affirmaient aux habitants que nous voulions supprimer toutes les coutumes du pays et, en particulier, interdire le culte des ancêtres. Enfin, par leurs intrigues, les Hovas entretenaient l'agitation dans toute la contrée et suscitaient de fréquentes querelles entre les villages.

L'extension sans cesse croissante de notre zone d'influence dans les régions situées au sud de la province de Fianarantsoa a déterminé la création d'une nouvelle circonscription administrative qui a pris le nom de « cercle des Baras et des Tanalas ».

Le chef de bataillon Cléret, désigné pour commander le nouveau cercle, a installé son chef-lieu à Ivohibé, l'ancienne capitale des Baras Iantsantsas.

Le calme règne actuellement dans cette province, et le commencement de révolte qui s'était déclaré au début de notre occupation a pris fin à la suite de la soumission de l'ancien roi Isambo.

On se souvient que ce chef, après avoir d'abord accepté notre autorité, avait tenté, par la suite, de fomenter une insurrection et avait même réussi à entraîner avec lui les principaux chefs de la région d'Ivohibé. Poursuivis très énergiquement par nos troupes, Isambo et ses partisans avaient subi une série d'échecs à la suite desquels les habitants du pays s'étaient peu à peu détachés d'eux et avaient fait leur soumission au lieutenant Boin, chancelier d'Ivohibé.

Tout dernièrement, à la suite d'une vigoureuse battue dirigée par cet officier, la bande d'Isambo avait été définitivement dispersée, et celui-ci, accompagné seulement de quelques parents et réduit au plus complet dénuement, avait été contraint de chercher un refuge dans un des coins les plus reculés de la forêt. Après quelques jours de réflexion, Isambo s'est décidé à se rendre à Farafangana avec les fidèles qui lui restaient, pour faire sa soumission au représentant de la France et implorer son pardon.

En présence des regrets qu'il a manifestés, l'administrateur Cardeneau a promis la vie sauve à l'ancien roi des Baras et aux chefs qui l'accompagnaient, parmi lesquels se trouvaient Anfondranto, son frère; Rekidy, son beau-frère, et Inamerena, son oncle.

M. Cardeneau a chargé le garde principal de la milice Gallion d'emmener Isambo et ses compagnons à Tananarive, où ils sont arrivés, le 16 décembre dans la matinée.

Conduits aussitôt au quartier général, les chefs baras ont renouvelé au gouverneur général l'assurance de leur repentir.

Le chef de la colonie a confirmé la mesure de clémence qui avait été prise par l'administrateur Cardeneau; mais il y a mis cette condition, qu'Isambo retournerait dans la région d'Ivohibé et s'emploierait, avec zèle, à la pacification du pays, sous la surveillance du lieutenant-chancelier.

Isambo a promis au général de se montrer reconnaissant de la mansuétude dont il était l'objet, de servir désormais la France avec fidélité et d'aider de toutes ses forces à rétablir l'ordre dans les régions qu'il avait momentanément troublées. Les chefs baras sont retournés dans leur pays pour se mettre à la disposition du lieutenant-chancelier d'Ivohibé.

Dans la circonscription de Tulléar, l'administrateur Estèbe a commencé à jeter les bases de l'organisation administrative qui sera prochainement établie dans la province, dès que les opérations en cours auront permis d'achever la pacification du pays.

Voici, d'ailleurs, quelques renseignements sur la situation actuelle de cette contrée, sur les opérations récentes, les tendances des populations et les groupements administratifs qui sont projetés.

La partie Ouest de la province de Tulléar est habitée par les Sakalaves, la partie Est par les Baras Imamonos. Ces deux régions sont séparées par un territoire assez vaste, qu'occupe une tribu turbulente et pillarde, connue sous le nom de Rongovolas, et formée d'un mélange de Sakalaves Masikoros, de Baras et de Makoas, et qui, depuis longtemps installée dans le pays, y vit de vols et de déprédations et rend les communications très difficiles entre Tulléar et Ihosy.

Les Sakalaves Andrivolas, établis au Nord, obéissent au roi Andriamananga, dont le domaine s'étend sur la rive gauche du bas Mangoky. Les deux rois Retivoka et Sanabo occupent la moyenne Fiherenana. Plus au Sud, vers l'Onilahy, on rencontre les Mahafalys et les Sakalaves masikoros, autres tribus insoumises, et les Tanosys émigrés, dont les chefs ont reconnu récemment notre autorité.

Toute la partie Est de la province est habitée par les Baras Imamonos, une des cinq branches de la grande tribu des Baras, qui ne présente pas de caractère ethnique particulier. Les Imamonos n'en constituent pas moins un groupement spécial qui a pour limites, à l'Est, la rivière Malio et les monts Isalo. Vers le Sud, ils occupent les vallées supérieures du Sakondry et du Taheza, où ils sont voisins des Tanosys ; au Nord, ils se prolongent vers la vallée du Mangoka ; à l'Ouest, une zone presque déserte, précédemment parcourue par les Rongovolas, les sépare des Sakalaves Andrivolas.

A la suite de l'échec infligé récemment aux Rongovolas et de la cession de territoire qui a été faite aux Baras Imamonos, en récompense de leur fidélité, ceux-ci sont descendus presque aux portes de Tulléar et ils occupent aujourd'hui la vallée de la Fiherenana, jusqu'à Marohala (à 25 kilomètres Est du littoral). C'est, d'ailleurs, dans cette dernière localité qu'ils ont depuis longtemps l'habitude de s'approvisionner.

Vers la fin d'août, le capitaine Génin a dispersé les Rongovolas et, du 2 au 6 septembre, les bandes des rois sakalaves Retivoka et Sanabo. Il a reçu ensuite, à Ambohibé, la soumission du roi Andriamananga.

Tompomanana et les quelques chefs qui le suivent sont encore en fuite et errent dans les bois situés au nord-est de Manombo. Leurs ressources sont sur le point d'être épuisées et l'on peut espérer que, n'étant plus secourus par les indigènes de cette région, ils ne tarderont pas à se soumettre ou à tomber entre nos mains.

Pour organiser le pays et atteindre les résultats financiers et politiques sur lesquels on peut compter, la soumission des chefs andrivolas doit être assurée par l'établissement de postes de milices dont le nombre importe moins que leur effectif et leur solidité.

Un poste sera prochainement créé à Tanandava, point qui a été proposé à l'administrateur Estèbe par le capitaine Génin.

Le poste d'Ankéliloaka sera sous peu porté plus au Nord, à Betsioka. Il assurera la tranquillité dans la région de Manombo, chez Retivoka et Sanabo, et sera relié le plus tôt possible par une route à celui de Tanandava.

Le roi Bereta a promis d'ouvrir, entre Betsioka et Mamirano, un chemin qui séparera son territoire de ceux de Retivoka et de Sanabo.

La région sakalave de Saint-Augustin est tranquille; les chefs se montrent obéissants et zélés.

Du 17 au 27 octobre, l'administrateur de Tulléar et le capitaine Génin ont remonté l'Onilahy jusqu'au confluent du Sakondry et châtié les pillards mahafalys. De nombreux et vifs engagements ont eu lieu, au cours desquels les Mahafalys ont opposé une sérieuse résistance.

La principale rencontre s'est produite, le 24 octobre, à Elabondro, sur l'Onilahy. Les Mahafalys ont été dispersés, après avoir subi de nombreuses pertes; nous avons eu, de notre côté, 1 tué et 4 blessés parmi les miliciens.

A la suite de cet échec, de nombreux chefs mahafalys sont venus se soumettre au poste d'Ankotofotsy, situé à l'embouchure de l'Onilahy.

Le détachement a atteint ensuite la région des Antanosys, où, à la suite des kabarys qui ont été tenus, le 27, à Kiliarivo et, le 29, à Manantsoa, les rois antanosys, au nombre de 34, ont arboré notre pavillon et ont accepté de payer un impôt annuel.

Les parents de Manjoaka, ancien lieutenant de Tompomanana, qui habitent au nord-ouest des Antanosys, ont demandé à faire leur soumission sur les bases habituelles : reconnaissance de notre autorité et payement de l'impôt.

Le détachement a remonté ensuite la vallée de la Taheza et du Sakondry et ont atteint la haute Fiherenana. De là, il s'est engagé dans les vallées de l'Iseheno et du Volotaray. Il est arrivé, le 11 novembre, à Ankazoabo, capitale d'Impoinimerina, roi des Baras Imamonos.

Celui-ci s'était porté au-devant du représentant de la France jusqu'à Antevamena, sur l'Ikoro (à 40 kilomètres Sud-Sud-Ouest d'Ankazoabo et à environ 40 kilomètres Nord-Est de Manera).

Un poste de miliciens a été établi à Ankazoabo et se reliera à celui de Ranohira, qui dépend du territoire d'Ihosy. On y a préparé, en outre, l'installation du chancelier Marcoz, qui prendra prochainement la direction du secteur des Baras Imamonos.

Impoinimerina paraît devoir mériter la confiance qu'on lui a accordée et peut devenir pour le chancelier un précieux auxiliaire; intelligent et énergique, ce chef est très obéi des indigènes et plein de déférence pour les autorités françaises. En attendant l'arrivée de M. Marcoz, Impoinimerina s'occupe dès à présent de grouper rapidement sous son autorité toute la région comprise entre le Malio et le Mangoky.

La province de Tulléar sera divisée en deux secteurs :

Pl. V. — TANANARIVE : 1. CONSTRUCTION D'UNE ROUTE. — 2. UNE RUE DANS LA VILLE.

1° Secteur des Sakalaves Andrivolas. — Limité : au Nord, par le Mangoka; à l'Ouest, par le canal de Mozambique; au Sud, par l'Onilahy; à l'Est, par la rivière Sikily et les monts Analavelona. Le secteur sera divisé en deux circonscriptions, celle de la Fiherenana et celle du bas Mangoka.

2° Secteur des Baras Imamonos. — Chef-lieu : Ankazoabo. Ce secteur sera limité : au Nord, par le Mangoka; à l'Est, par la rivière Malio et les monts Isalo; au Sud, par les Antanosys du Sakondry; à l'Ouest, par le secteur des Sakalaves Andrivolas.

Les impôts suivants seront établis :

1° Un impôt annuel de 5 francs par case indigène et par individu du sexe masculin âgé de seize ans révolus, non propriétaire de case.

2° Une taxe annuelle de 5 francs par pirogue à balancier; cette taxe s'appliquera à tout le littoral, même chez les Mahafalys.

3° Une taxe annuelle de 10 francs par goélette ou chaloupe indigène.

En résumé, la situation, depuis la région du Mangoka jusqu'à l'Onilahy et dans l'intérieur, est très satisfaisante.

Si l'attitude actuelle d'Impoinimerina se maintient, le pays bara sera le plus facile à gouverner. Les Mahafalys sont encore peu soumis; mais, à la suite de la leçon qu'ils ont reçue, ils paraissent résolus à abandonner la lutte. Au Nord, Andriamananga, qui semble également franchement rallié, contre-balance la campagne menée contre nous par quelques chefs mécontents, qui abriteraient, paraît-il, Tompomanana en fuite.

Le climat des régions de l'intérieur est très supportable pour les Européens. Ces contrées offrent de fertiles terrains et des vallées propres à la colonisation. Le pays nourrit des bœufs superbes et des moutons; en outre, on y récolte beaucoup de riz, et les principaux centres de production ne sont pas à plus de 100 kilomètres de la côte.

Par suite du développement considérable de la côte orientale d'Afrique, de nombreuses entreprises d'élevage et d'exportation de bétail se créeront probablement d'ici peu à Madagascar. Le pays des Baras Imamonos offrira, à ce point de vue, de précieuses ressources et méritera d'attirer tout particulièrement l'attention et les efforts des colons.

Dans la province de Fort-Dauphin, la pénétration vers l'intérieur, bien que rendue laborieuse par la résistance et la ténacité des tribus antandroys, se poursuit néanmoins méthodiquement et sans incident. Le capitaine Brulard, commandant le cercle annexe, a progressé dans toutes les directions et établi un front d'action solide, jalonné par de nombreux postes, qui interdit aux rebelles l'accès de la zone pacifiée. Enfin, la ligne de communication, entre Fianarantsoa et Fort-Dauphin par Tamotamo, est également solidement tenue par nos troupes. Dans les autres provinces côtières, la situation est excellente, l'administration indigène se perfectionne de jour en jour et les différents chefs exécutent avec ponctualité tous les ordres qui leur sont donnés.

D'une manière générale, le marché des importations s'est ressenti de l'application des tarifs de protection, principalement en ce qui concerne la **vente des toiles.**

Les maisons étrangères ont accumulé, dans leurs magasins de la colonie, de grandes quantités de toile de provenance anglaise, américaine ou allemande, en transférant sur la Grande terre les dépôts qu'elles avaient à Maurice pour l'approvisionnement de la côte ou de l'intérieur de Madagascar. Ces marchandises, entrées en franchise dans la colonie, leur permettront pendant quelque temps encore de conserver, pour la vente de ces articles, la prépondérance sur nos marchés.

Des approvisionnements de sel ont été constitués dans des conditions analogues, principalement à Farafangana, et ont été vendus avec une hausse considérable.

Le commerce du caoutchouc paraît en bonne voie de reprise dans les provinces de Fort-Dauphin et de Farafangana; il en est de même de celui du crin végétal, du rafia, de la cire, des cornes et des peaux.

Enfin, les terrains de rizières de la région du littoral sont suffisants pour permettre de doubler et même de tripler les cultures et de créer ainsi un fructueux commerce d'exportation.

Dans la province de Maroantsetra, la liaison de frontière avec les circonscriptions voisines est aujourd'hui un fait accompli et, d'autre part, la tranquillité du pays permet à l'administrateur de consacrer tous ses efforts à l'organisation intérieure.

Au cours des reconnaissances nombreuses qu'il a faites dans la contrée, il a réuni de nombreux kabarys pour l'élection des chefs indigènes. Les habitants des régions qu'il a parcourues ont fait preuve d'une soumission parfaite et paraissent ne demander désormais qu'à vivre en paix, sous la protection de la France.

De nombreuses routes ont été tracées ou projetées pour mettre en communication les principaux centres; Maroantsetra, chef-lieu de la province, a été considérablement assaini par des endiguements de marais.

Dans la province de Nossi-Bé, les pluies abondantes tombées dans ces derniers temps ont été le signal d'une reprise active des travaux de culture, et toutes les rizières ont été rapidement ensemencées.

Un jardin d'essais a été récemment créé à Hellville dans des conditions particulièrement favorables; l'eau y est abondante, même pendant les plus fortes chaleurs. L'ensemencement de ce jardin est commencé et l'on mettra à profit la bonne saison pour y planter un certain nombre de pieds de café et de boutures de vanille, ainsi que des arbres et arbustes demandés par l'administrateur en chef dans les îles voisines.

Un travail de reboisement a été entrepris sur certaines pentes de ce jardin, qui avaient été mises à nu par les incendies que les indigènes ont l'habitude d'allumer dans le but de se procurer des terrains de culture.

Un jardin d'essais sera également installé, par les soins de M. le lieutenant Chanaron, dans la province de Tsialana.

Les écoles sont très fréquentées par les jeunes indigènes; il en existe une par province. En outre, une sorte d'école supérieure, dont les cours seront suivis par tous les fils de chefs, a été ouverte à Nossi-Bé et compte de nombreux élèves.

L'île de Nossi-Bé est particulièrement favorable à l'élevage du bétail. Les provinces de Vohémar et de Diego, qui font l'exportation directe, achètent dans l'île un grand nombre d'animaux. Les arrêtés interdisant l'exportation des animaux reproducteurs auront une grande efficacité au point de vue de la conservation de la race. Des mesures ont été prises pour les faire observer dans la province et particulièrement dans les ports.

Un nouveau poste de douane a été créé à Nosy Mitsio, petit port où les boutres venant de Bombay apportent fréquemment des marchandises de contrebande.

La nouvelle taxe sur les individus d'origine asiatique et africaine a été appliquée sans difficulté.

Par un arrêté en date du 20 novembre 1897, le gouverneur général a distrait les affaires civiles de l'état-major et les a fait ressortir à un bureau spécial relevant directement de son autorité.

Par un autre arrêté procédant du même ordre d'idées et publié par le *Journal officiel* du 8 décembre, le gouverneur général a levé en Imerina et dans le pays betsiléo l'état de siège qui avait été établi dès son arrivée, au mois de septembre 1896.

Cette mesure montre, mieux qu'aucun raisonnement ne pourrait le faire, l'état de calme et de tranquillité du pays. Il convient, d'ailleurs, de remarquer, au moment où le régime du droit commun vient d'être établi, que pendant les quinze mois qu'il a duré, l'état de siège n'a jamais été l'occasion de mesures de rigueur vis-à-vis des Européens, mais est resté uniquement un moyen d'agir efficacement contre les fauteurs de troubles et d'atteindre les chefs de l'insurrection. D'ailleurs, l'organisation des territoires et des cercles militaires, qui a été maintenue, permettra de continuer les mesures de surveillance qui s'imposeront, pendant quelque temps encore, dans les régions du plateau central.

Pendant le mois de décembre, les travaux de la route carrossable de Tananarive à Tamatave ont été, malgré les pluies, très activement poussés. Sur le tronçon exploité de Mahatsara à Santaravy, le pont du village de Mahela, sur la Maromby, a été livré à la circulation, et l'élargissement de la route à cinq mètres a été commencé; il sera poursuivi ultérieurement sur tout le parcours.

Entre Santaravy et Antongombato, la chaussée est terminée en ce qui concerne le terrassement et l'empierrement, mais le manque de sable a obligé à différer encore la livraison de ce tronçon à la circulation des voitures. Les mesures qui ont été prises permettront, d'ailleurs, d'achever rapidement les travaux qui restent à exécuter sur ce tronçon.

Vers l'Ouest, la tête du chantier de terrassement est arrivée à 2 kil. 500 de la Mahela.

Les préparatifs de construction et de lancement du grand pont d'Ampasimbola sur cette rivière sont continués avec activité.

En attendant l'ouverture de la route carrossable, l'ancienne piste des bourjanes est soigneusement entretenue et maintenue en bon état.

Les pluies n'ont pas causé de dégradations appréciables sur la partie de la route livrée à la circulation; la chaussée est bien assise et l'on peut espérer qu'elle se maintiendra.

Dans les parties nouvellement construites, il a fallu se défendre chaque jour contre l'action des eaux. A la montée du Camp des Vents, on a dû établir, au milieu du trajet, un ponceau de 10 mètres de longueur. Les aqueducs qui ont été construits de distance en distance ont, d'ailleurs, efficacement protégé la chaussée.

En résumé, la route résiste parfaitement à l'action des pluies partout où elle est parachevée; elle est sujette à des dégradations assez sérieuses dans les parties en construction, mais toutes les mesures sont prises pour faire aussitôt les réparations et éviter ainsi de compromettre les travaux exécutés.

En Émyrne, la route charretière qui relie Tananarive à Ankeramadinika, et qui a été construite par les troupes de l'infanterie de marine, a été complètement terminée et livrée à la circulation, le 15 décembre.

Ces travaux, dirigés par le capitaine Ruellan dans le tronçon Est et par le lieutenant Forestier dans le voisinage de Tananarive, ont été conduits, au milieu de difficultés de toute nature, avec une activité et une compétence techniques qui font le plus grand honneur à ces deux officiers.

Le tracé et le profil ont été établis d'après les données générales suivantes :

> Pente maxima : 7 mètres pour 100;
> Courbes intérieures : 10 mètres de rayon;
> Plate-forme : 5 mètres de largeur.

La route a été livrée à la circulation, le 15 décembre, sur tout le parcours entre Tananarive et Ankeramadinika. Les voitures y circulent sans difficulté et y sont employées au ravitaillement.

Le résultat remarquable qui a été obtenu avec des moyens limités, et dans des conditions d'économie qu'on pouvait à peine espérer, contribuera, pendant la saison des pluies, à faciliter considérablement tous les transports de la côte et rendra ainsi les plus utiles services au corps d'occupation et à la colonie européenne de Tananarive.

Les travaux de réfection de la ligne télégraphique de Majunga se poursuivent sans interruption et sont aujourd'hui très avancés. Une équipe partie d'Ambato, le 26 novembre, a procédé à la revision de la ligne entre ce dernier point et Marovoay, où elle est arrivée le 17 décembre. Les réparations de la section Marovoay-Majunga sont également terminées.

Un poste de coupure a été installé à Ambato, de façon à pouvoir vérifier l'état de la ligne du côté de Marovoay et du côté de Marololo.

Une équipe visite actuellement les sections Marololo-Maevatanana et Maevatanana-Andriba, où les derniers orages ont causé quelques dégâts.

En outre, la partie de la ligne qui suivait les crêtes du Mamokomita ayant été dans ces derniers temps fréquemment dégradée par les orages a été reportée plus à l'Ouest et établie à flanc de coteau, où elle est beaucoup mieux abritée.

Les colons français de Madagascar ont accueilli avec une satisfaction unanime la nouvelle du traité passé entre le ministre des colonies et la Compagnie française de Madagascar pour la construction du canal des Pangalanes qui doit être établi entre Tamatave et Andévorante et prolongé ensuite vers le Nord et vers le Sud. La création de cette nouvelle voie de communication réduira considérablement tous les frais de transport dans la région côtière et donnera, par conséquent, un vif essor au commerce et à l'industrie de la colonie.

Les études de colonisation se continuent dans toutes les provinces et permettent de constituer peu à peu sur chacune d'elles des dossiers de renseignements économiques qui pourront être consultés avec le plus grand fruit par les colons et qui, déjà, suffiront pendant plusieurs années à guider les recherches dans les principales parties de l'île.

Parmi les reconnaissances les plus récentes, il faut signaler celles qui ont été exécutées tout dernièrement par M. le secrétaire général François dans la province de Tamatave, par M. l'interprète Berthier dans la province de Fénérive et par M. le chancelier Durand dans la circonscription d'Ambohimanga du Sud.

Ces études ont permis de déterminer de nouveaux et importants périmètres qui pourront, en connaissance de cause, être ouverts à l'activité de nos colons; elles ont fourni également de précieuses et utiles indications sur l'ethnologie et la topographie des pays parcourus.

La situation financière de la colonie, déjà prospère aujourd'hui, s'améliore de jour en jour, au fur et à mesure que notre sphère d'influence s'étend, que la population indigène s'assimile davantage nos mœurs et nos coutumes et que notre autorité pousse des racines plus profondes dans le pays. Dès à présent, sans obérer les indigènes, en n'exigeant d'eux que des taxes proportionnées à leurs ressources, enfin, réduisant à sa plus simple expression pour les Européens la charge de l'impôt, on peut prévoir presque à coup sûr que les recettes du budget local atteindront et dépasseront même 10 millions en 1898. Des indices certains donnent lieu, d'autre part, d'espérer que, loin de se ralentir, cette progression ne fera que croître, et que, d'ici quelques années, l'application continue des mêmes règles administratives permettra à la colonie de suffire à ses dépenses de toutes natures.

A la fin de cette année 1897, malgré l'insurrection et les misères qui en sont résultées, l'impôt indigène a été entièrement recouvré dans toutes les régions où il a pu être régulièrement établi. Son assiette et sa répartition s'améliorent progressivement, au fur et à mesure des renseignements qui parviennent sur la situation et les ressources des diverses contrées. Le mécanisme de perception est à la fois simple et peu coûteux. Les agents de recouvrement ne sont autres que les gouverneurs indigènes, qui, depuis la pacification, s'acquittent, avec un zèle auquel il faut rendre hommage, des multiples services dont ils sont chargés. Au début, il a fallu lutter contre leurs anciennes habitudes de prévarication; mais un contrôle rigoureusement exercé et aussi quelques exemples ont suffi pour mettre un terme aux concussions. Les fonctionnaires malgaches sont aujourd'hui probes par nécessité, en attendant qu'ils le deviennent par devoir.

En résumé, ce qui, il y a quinze mois, paraissait, sinon une chimère, du moins une entreprise presque irréalisable, est devenu aujourd'hui un fait accompli.

Les hostilités ont pris fin dans la plus grande partie de l'île ; les haines semblent avoir désarmé, les populations indigènes paraissent vouloir s'attacher à nous et, peu à peu, s'assouplissant à notre contact, elles nous fournissent leur concours pour l'œuvre commerciale et civilisatrice inaugurée par la France à Madagascar. Bientôt, et c'est à cela que, depuis près d'un siècle, tendait notre politique dans la Grande île, il faut espérer qu'elles nous aideront sans arrière-pensée à faire une France australe grande, riche et prospère.

Ce résultat est dû au concours et au dévouement de tous. Militaires, fonctionnaires et colons, unis dans un sentiment de haute et patriotique discipline, ont, avec une louable persévérance, groupé et dirigé leurs efforts vers le but à atteindre.

C'est grâce à cette union de toutes les volontés que le chef de la colonie a pu accomplir le programme qu'il s'était tracé ; c'est grâce à cette union, enfin, qu'a pu se manifester, à Madagascar, notre *vis gallica*, qui sait, quand elle le veut, exercer toutes les reprises et triompher de tous les obstacles.

# CHAPITRE II

## Géographie.

**Généralités.**
**Orographie.** — Les pentes orientales. — Hauts plateaux. — Le bas pays de l'Ouest.
**Géologie.** — Roches métamorphiques, terrains sédimentaires; fossiles, minéraux.
**Hydrographie.** — *Versant Est.* — Le Rodo. — Le Bemarivo. — Le Lokoho. — L'Antanambalana. — Le Mananara. — La Manompa. — Le Maningory. — L'Ivondrona. — L'Iharoka. — Le Mangoro. — Le Mananjara. — La Namorona. — Le Faraony. — La Matitanana. — La Mananara. — La Menabaraka. — Le Manambondro. — Le Manantena. — Le Mandrary.
*Versant Ouest.* — L'Onilahy. — Le Fiherenana. — Le Mangoka et ses affluents : (à droite) le Boaka, l'Ankona, le Fanindrona, le Manandriana, le Manantsahala; (à gauche) le Mahaditra, le Mandranofotsy, le Mandranomavo, l'Ambatorondro, le Mananatanana, le Moralina, l'Ambalalava, le Manambolo, l'Ihosy, le Malio. — Le Maitampaka. — Le Manarivo. — La Morondava. — La Tsiribihina. — La Mania et ses affluents : (à droite) le Miatiaty, le Saharevo, la Manandona, le Sahatsio, le Sahalambo, le Sahatany, le Sahanivotry, la Ranomainty, l'Andrantsay, le Lohalambo, le Fitamalama, l'Ipongy; (à gauche) le Sandrandahy, le Mady, le Saha, le Vato, le Sahasarotra, le Tsindro, le Sambalahy, le Sakeny. — Le Mahajilo et ses affluents : le Kitsamby, l'Ankazotsipihina, l'Ampitambé et les cours d'eaux du lac Itasy. — Le Manambolo. — La Sahoany. — La Demoka. — Le Manambao. — La Mahavavy. — La Betsiboka, formée de la Mananara et du Jabo, et ses affluents : la Mananta, le Tsimaloto, le Kamory, l'Isopy. — L'Ikopa et ses affluents. — Autres cours d'eau de la côte Ouest : la Mahajamba, etc., etc.

*Ports, estuaires, marées et courants de Madagascar.* — Généralités.
**Côte Est.** — Traversées. — Cyclones. — Pluies. — Marées et courants. — Diego-Suarez. — Port-Louquez. — Port-Leven. — Baie d'Andravina. — Vohémar. — Sahambavany. — Angontsy. — Baie d'Antongil. — Ile Marosy. — Rivière de Tanjona. — Sainte-Marie de Madagascar. — Fénerive et Foulepointe. — Tamatave. — Andévorante. — Vatomandry. — Mahanoro. — Déviation de l'aiguille aimantée. — Mangoro. — Mahela. — Mananjary. — Le Faraony. — Rivière Matitanana. — Ranambo. — Farafangana. — Rochers d'Ambatobé. — Sainte-Luce. — Baie de Fort-Dauphin. — Ranofotsy. — Andrahomanana.
**Côte Ouest.** — Renseignements généraux. — Aspect général. — Rivières. — Mouillages. — Climat. — Marées. — Courants. — Ports Robinson, Jenkinson, Liverpool. — Baie de Befotaka. — Cap Saint-Sébastien. — Nossi-Bé. — Baies d'Ampasindava, de Rafala et d'Anorontsangana. — Port-Radama. — Rivière Loza. — Baies de Narendry, Mahajamba, Bombetoke et Betsiboka. — Mayotte, les Comores. — Baie de Boina. — Rivière de la Mahavavy. — Baies de Maroambitsy, Baly. — Rivière Ranomavo ou Andranomavo. — Banc de Pracel. — Ile Juan de Nova. — Rivière Beravina. — Nosy-Vao. — Tamboharana. — Maintirano. — Sahoany. — Manambolo. — Tsiribihina. — Bosy. — Morondava. — Belo. — Baie d'Ampasilava. — Mangoka. — Baie de Tsingilofilo. — Climat. — Vents. — Récif. — Baie de Ranobé. — Tulléar. — Nosy-Vé. — Androka. — Rivière Ilinta.
**Les Forêts.** — Aperçu général. — Distribution des forêts. — Principales essences. — La forêt de Moramanga. — Produits forestiers de l'Est. — Arbres, arbustes, arbrisseaux de la région exploitée ou exploitables pour le bois. — Arbres, arbustes, arbrisseaux, palmiers ou lianes exploités ou exploitables pour les fruits, fleurs, écorces, latex, etc. — Régions exploitées ou exploitables pour le bois. — Régions exploitées ou exploitables pour les fruits, fleurs, écorces, latex, etc. — Cryptogames. — Fougères. — Lichens. — Fleurs des bois. — Orchidées. — Faune. — Oiseaux. — Reptiles. — Insectes. — Produits forestiers du Bouéni. — Bois d'exportation et de construc-

tion. — Forêts du Sud-Est : Répartition des forêts. — Nature et emploi des produits des forêts, a) arbres isolés, b) arbres bordant les cours d'eau, c) arbustes et arbrisseaux. — Exploitation et commerce des produits des forêts.

**Les Pangalanes** entre Tamatave et Andévorante.

**Climat.** — Climatologie. — Côte orientale : Diego-Suarez, Tamatave, Fort-Dauphin. — Ligne d'étapes ou de ravitaillement : Andévorante, Beforona, Moramanga. — Climat des Hauts Plateaux. — Climat de l'Imerina. — Saison des pluies. — Températures moyennes mensuelles. — Moyennes des pressions barométriques mensuelles. — Saison sèche ou froide. — Calendrier pour 1898. — Observations faites à la mission catholique de Tananarive. — Côte occidentale ; climat de Majunga, Morondava, Nosy-Vé.

**Races.** — *Race hova.* — Caractères physiques. — Qualités de la race. — Tableau généalogique des souverains de l'Émyrne. — *Race betsileo.* — Limites du territoire. — Émigration. — Routes les plus fréquentées. — Caractères distinctifs. — Nature du sol et culture. — Le climat. — Habitations. — Monnaie. — Les arts divers. — Chants et danses. — Productions du sol. — Main-d'œuvre. — La propriété. — Justice. — Traditions locales. — Physionomie et constitution des habitants. — Races mixtes. — Maladies locales. — Natalité. — Alimentation.

*Betsimisarakas.* — Historique. — Habitations. — Costumes. — Mobilier. — Alimentation. — Maladies locales. — Agriculture. — Commerce. — Industrie. — Coutumes.

*Sakalaves* du Menabé. — Sakalaves du Mailaka. — Sakalaves du Bouéni. — Habitations. — Villages. — Ustensiles. — Nourriture. — Coutumes, religions, superstitions. — Langage : Différence de prononciation, différence de vocabulaire, différence grammaticale. — Hiérarchie : les rois sakalaves. — Liste généalogique des rois sakalaves du Bouéni. — Noms des rois du Bouéni encore vivants et des royaumes qu'ils gouvernent. — Familles déclassées ou bâtardes. — Mort des rois. — Cérémonies des funérailles. — Cérémonies. — Jeux, chants et danses. — Famille.

*Sihanakas.* — Histoire. Étude ethnologique. Races. Limites du pays des Sihanakas. — Caractère. Mœurs. Coutumes. Accouchement. Circoncision. — Mariage. — Mort. — Coutumes funéraires. — Religion. — Morale. — Croyances particulières. — Moyens d'existence. — Commerce.

*Bezanozanos.* — Limites. Esquisse historique. — Description succincte de la vallée du Mangoro. — Aperçu ethnologique. — Climat. — Voies de communication. — Habitations. — Ressources naturelles. — Cultures. — Mœurs. — Coutumes. — Occupations. — Vêtements. — Fêtes. — Religion.

*Tsimihetys.* — Mœurs et coutumes.

*Antanalas* d'Ambohimanga du Sud. — Communications, orographie et hydrographie. — Climatologie. — Température. — Ethnographie. — Pathologie.

*Baras.* — Subdivision en plusieurs peuplades.

*Antaimoros.*

*Antambahoakas.*

*Antandroys.*

*Antanosys.*

*Mahafalys.*

*Masikoros.*

# GÉNÉRALITÉS

L'île de Madagascar, à environ 3 000 lieues de France, est située dans l'océan Indien, hémisphère Sud ; elle occupe comme grandeur le troisième rang parmi les îles du globe. Elle est comprise entre $11°57'17''$ et $25°38'55''$ de latitude Sud et entre $40°51'50''$ et $48°7'40''$ de longitude Est.

Sa plus grande longueur du cap d'Ambre au cap Sainte-Marie est de 1 580 kilomètres.

Sa largeur moyenne est d'environ 430 kilomètres.

Sa superficie totale est d'environ 600 000 kilomètres carrés, plus grande par conséquent que celle de la France (529 000 kilomètres carrés), de la

Belgique (29 457 kilomètres carrés) et de la Hollande (33 000 kilomètres carrés) réunies.

Elle est séparée du continent africain par le canal de Mozambique, dont la largeur est d'environ 400 kilomètres.

La population de l'île est d'environ 5 000 000 d'habitants, soit un peu plus de 8 habitants par kilomètre carré. La population spécifique de la France étant de 71 habitants par kilomètre carré, Madagascar se trouve ainsi neuf fois moins peuplée que la France.

La direction générale du grand axe de l'île est sensiblement parallèle à celle de la côte orientale d'Afrique.

On peut comparer la forme générale de l'île à celle d'un pied gauche dont le gros orteil se terminerait au cap d'Ambre, pointe la plus septentrionale de l'île, et le talon vers le cap Sainte-Marie, pointe la plus méridionale.

Les côtes présentent un développement de 5 000 kilomètres environ. Ce chiffre est relativement faible et indique qu'elles ne sont pas très découpées. La côte orientale surtout l'est très peu ; elle est même presque rectiligne de Fort-Dauphin à Fénerive.

La plus grande partie de l'île est située sous la zone torride ; l'Extrême Sud seul appartient à la zone tempérée.

## II

## OROGRAPHIE[1]

On sait que Madagascar est un pays de hauts plateaux qui se terminent à l'Est sur l'océan Indien par des pentes très rapides, tandis qu'à l'Ouest ils sont séparés du canal de Mozambique par des plaines étendues.

1° **Les pentes orientales.** — De Port-Lokia à Fort-Dauphin, la côte est bordée de hautes montagnes de traversée difficile. Elles sont la plupart du temps unilatérales, c'est-à-dire qu'elles sont les gradins par lesquels on accède aux hauts pâturages. Dans le Sud cependant, et sur une centaine de kilomètres (au sud du parallèle de Tsivory), elles constituent une véritable chaîne surplombant d'un millier de mètres à l'Ouest le pays des Antandroy.

Ces montagnes sont creusées de profondes vallées longitudinales, dont le système est encore mal connu et dans l'une desquelles se trouve le lac Alaotra.

2° **Hauts plateaux.** — On sait aujourd'hui que les hauts plateaux sont au nombre de deux. L'un est celui d'Imerina et de Betsileo, de beaucoup le plus étendu. L'autre, connu seulement depuis les voyages récents des lieutenants Boucabeille et Duruy, constitue la pointe septentrionale de l'île.

Ces deux plateaux sont séparés à la hauteur de la baie d'Antongil et de Mandritsara par un col de 600 mètres seulement (voyage de Catat, *Bulletin*

---

1. Notice due à M. Gautier, directeur de l'enseignement.

*de la Société de géographie*). Ce col a joué du temps de Benyowski et a dû jouer de tout temps un rôle historique; ç'a été le point de contact naturel entre les Sakalaves du Bouéni et les Betsimisarakas.

Le plateau septentrional se termine vers le Sud à Mandritsara, vers l'Ouest à Befandriana, vers le Nord à la rivière Lokia (itinéraire de M. Meurs).

Au centre se trouve la cuvette de Bealanana, dans le voisinage de laquelle prennent leurs sources tous les fleuves du Nord.

Le plateau d'Imerina-Betsileo est incomparablement plus étendu; ses limites orientales sont une ligne à peu près droite passant par Ankeramadinika, Tsinjoarivo, etc., qui est indiquée sur toutes les cartes.

Ses autres limites sont :

Au Nord, l'Ambiniviny, le Tampoketsa, autrement dit une ligne passant par Marotandrano, Tsaratanana et Mevatanana.

A l'Ouest, le Bongolava, échelonné par les villages d'Ankavandra, de Manandaza, de Miandrivazo et de Janjina, puis les pentes occidentales de l'Isalo formant bastion.

Dans le Sud, la limite est le parallèle de Tsivory-Tamotamo.

Rien de moins arbitraire que ces limites; elles sont marquées dans la nature avec une rigueur paradoxale et comme à l'emporte-pièce. L'Ambiniviny et le Tampoketsa, qui forment la limite Nord, sont d'admirables murailles à pic de roc vif, dominant de près de 800 mètres le bas pays de Marotandrano et de Tsaratanana. A Ankavandra, à Janjina, le coup d'œil est moins pittoresque, mais une pente de 45 degrés n'en conduit pas moins en deux heures d'ascension de 100 à 1 000 et 1 200 mètres.

Il en est de même à Tsivory, dans le voisinage duquel l'Analalaory forme l'angle Sud-Ouest du plateau; de son sommet (1 400 mètres), on aperçoit à perte de vue la plaine Mahafaly à 5 ou 600 mètres d'altitude.

Le plateau ainsi délimité a, dans son ensemble, une pente d'Est-Ouest; son rebord oriental s'élève fréquemment à 1 600 mètres; le rebord occidental ne dépasse 1 200 mètres qu'exceptionnellement.

**3° Le bas pays de l'Ouest.** — Dans l'Ouest s'étend au pied de la muraille terminale du haut plateau un pays de plaines et de collines médiocrement élevées.

Ces collines, qui ne dépassent pas 400 ou 500 mètres, ont généralement la forme de plateaux allongés; on y reconnaît aisément d'anciens récifs de coraux que leur émersion a modifiés à peine. A cette catégorie appartiennent le Bemaraha, dans les districts du Menabé et du Mailaka, le petit Bongolava et le Manasamody, au Bouéni.

4° Il faut ranger dans une catégorie à part les massifs d'origine volcanique épars sur toute la surface de l'île.

Le plus connu est celui de l'Ankaratra. Se dressant au centre de l'île sur les roches que l'éruption a traversées, l'Ankaratra atteint près de 2 700 mètres. Ses dimensions en surface sont énormes. Il s'étend de Tsinjoarivo jusqu'auprès d'Inanatonana et de Madera à Betafo.

Le massif de l'Ankaratra (littéralement : *où il y a un rocher qui est rasé*) se trouve dans le cercle annexe d'Arivonimamo. Ce massif, qui forme pour ainsi dire le centre orographique de l'île, marquait autrefois la limite entre l'Imerina et le pays betsileo. Il forme une masse imposante, mais sur laquelle les sommets ne se détachent pas très nettement, dominant peu l'altitude générale de la masse. Les principaux sommets de cette masse basaltique sont les suivants :

Le Tsiafajavona (*jamais dégagé des nuages*), altitude 2 680 mètres[1]. C'est le point culminant de toute l'île ;

L'Ankavitra (*qui est pointu*), altitude 2 645 mètres ;

Le Tsiafakafo (*jamais libre du feu, ou qui n'est pas atteint par le feu*), altitude 2 630 mètres ;

L'Ambohimirandrana (*la montagne plissée*), altitude 2 475 mètres.

Dans le Nord-Ouest, sur les bords de l'Itasy, ont eu lieu des éruptions plus récentes ; elles ont laissé des cônes volcaniques très bien conservés qui donnent au paysage un caractère inaccoutumé.

Dans l'extrême-nord de l'île, auprès de Diego-Suarez, se dresse la montagne d'Ambre, de même origine et de même allure que l'Ankaratra.

Dans l'Extrême Sud, et comme pour lui faire pendant, à 15 kilomètres au sud de Tsivory à peu près, se dresse un autre accident éruptif (800 mètres d'altitude sur un socle de 400). C'est l'Ivohitsomby, et le système de crêtes qui l'entoure forme un énorme fer à cheval qui semble le squelette de la gueule d'un ancien cratère crevé de tous côtés par les affluents du Mandrary.

En résumé, des hauts pâturages, variant de 1 000 à 1 200 mètres et descendant à la côte par des échelons rapides du côté de l'Est, prolongés au contraire du côté de l'Ouest par des plaines étendues, que coupent des plateaux calcaires aisément reconnaissables pour d'anciens récifs de coraux ; des accidents éruptifs isolés, à forme caractéristique ou bizarre, dispersés indifféremment sur toutes les parties de l'île. Voilà, en quelques mots, l'orographie de Madagascar telle que nous la connaissons aujourd'hui.

III

## GÉOLOGIE

Les roches qui composent le sol de Madagascar se divisent en deux grandes catégories ; celles de l'Ouest d'une part et celles de l'Est et du Centre d'autre part. Les premières sont sédimentaires, les secondes sont métamorphiques (gneiss, micaschistes, etc.) A cette différence radicale des roches correspond une différence de paysage, d'allure générale. Les deux régions sont nettement distinctes.

La limite est aujourd'hui assez bien connue ; c'est une ligne assez peu

---

[1]. Il y a lieu de remarquer que ce point culminant de la Grande île est moins élevé que les sommets de la Réunion (3 150 mètres) et de la Grande Comore (2 800 mètres).

infléchie, très simple, qui part de l'embouchure de la rivière Lokia pour aboutir quelque part entre le cap Sainte-Marie et l'embouchure du Mandrary. Entre ces deux extrêmes, elle passe par Mevatanana, Ankavandra, Manandaza, Miandrivazo, Janjina et Ranohira.

Les roches métamorphiques sont le plus souvent des gneiss, souvent difficiles à distinguer des granits qui les percent en tous sens. Assez souvent ils cèdent la place à des micaschistes. Sur plusieurs points apparaissent des cipolins et des phyllades, surtout les premiers. C'est le cas, par exemple, du côté d'Ambatofangehana, sur les bords du Dabolava et du Kiranomena, aux confins du Betsiriry, au col de Sahandela et sur le haut Mandrary dans l'Extrême Sud.

Ces vieilles roches ont des strates toujours redressées et plissées; leur présence donne au paysage, dans la plus grande partie de Madagascar, un aspect bouleversé chaotique.

Elles sont très profondément décomposées, transformées en une argile rouge dont l'utilisation agricole est encore à trouver.

Les terrains sédimentaires ont une remarquable uniformité d'un bout à l'autre de l'île. Ce sont toujours des grès généralement rougeâtres, parfois entremêlés de schistes, ou des calcaires. Grès et calcaires se suivent toujours dans le même ordre. A la base, immédiatement superposés aux gneiss, est la couche de grès, épaisse de plusieurs centaines de mètres; au-dessus, toujours, sont les calcaires qui semblent d'une épaisseur beaucoup moindre. Sur certains points, dans les vallées, sont des argiles qui semblent des dépôts lacustres.

Des fossiles assez nombreux ont été trouvés dans les terrains sédimentaires, qui tous appartiennent à l'époque secondaire ou tertiaire. Il n'a encore été rencontré aucun fossile de l'époque primaire.

Les couches sédimentaires sont toujours d'allures tranquilles, elles sont généralement horizontales; même dans l'Isalo, où des sommets gréseux atteignent 1 200 mètres, il ne semble pas y avoir une seule couche plissée.

Les lignes du paysage sont planes, les chaînes ont une forme tabulaire; à la seule inspection de l'horizon, le voyageur reconnaît qu'il n'est plus dans les terrains métamorphiques.

Dans toutes les parties de l'île, aussi bien sédimentaires que métamorphiques, les roches éruptives jouent un grand rôle.

Les granits sont confinés dans la région métamorphique; dénudés par l'érosion, ils y affectent souvent la forme de ballons arrondis; le roc qui surplombe Ambatomanga en est un bon exemple.

Les roches éruptives des terrains sédimentaires n'ont pas en général la texture granitique ou porphyroïde. On ne connaît qu'une seule exception ; il existe sur les bords du Manambao une coulée porphyroïde.

Les roches basaltiques ou trachytiques sont extrêmement communes dans tout Madagascar. Citons par exemple le massif de l'Ankaratra, celui de l'Ivohitsomby en terrain métamorphique, le massif de la montagne d'Ambre et les coulées du Mailaka en terrain sédimentaire.

Les laves tout à fait récentes et les volcans éteints, mais ayant conservé intacte leur forme caractéristique, se trouvent en abondance à l'ouest de l'Itasy et près d'Antsirabé.

Madagascar est d'ailleurs encore secoué par de fréquents tremblements de terre.

Les seuls minéraux dont l'existence à Madagascar ait été prouvée jusqu'ici par leur exploitation sont l'or et le fer.

Le fer se trouve en abondance sur un grand nombre de points; les indigènes l'exploitent suivant le principe de la forge catalane.

L'or se trouve exclusivement dans les terrains métamorphiques. Jusqu'ici les placers seuls ont été réellement exploités et par des procédés rudimentaires; ce sont les régions de Tsaratanana, de Mevatanana, du Betsiriry, de Tsinjoarivo et du Betsileo qui ont surtout attiré l'attention.

Il est certain que le cuivre existe; il a été exploité pendant un laps de temps très court dans la région d'Ambatofangehana. Des échantillons intéressants ont été rapportés de la région du Mahavavy au sud de Majunga.

Une source de bitume existe à Ambohitsalika au nord-ouest d'Ankavandra; d'autres, peut-être plus importantes, sont signalées par les indigènes dans la même région, elles n'ont pas encore été vues par un Européen.

On a signalé du mercure au Betsiriry et au Mailaka, mais les renseignements manquent de précision.

Quant au charbon d'Ambavatoby, près de Nossi-Bé, il a été l'objet de nombreuses polémiques. Comme nous le verrons au chapitre des produits minéraux, on n'est pas encore fixé sur la valeur de ce gisement.

## IV

## HYDROGRAPHIE

Il est naturel qu'un pays aussi montagneux que Madagascar soit très arrosé; l'île entière est en effet sillonnée par une multitude de cours d'eau. On y trouve également un certain nombre de lacs. Cours d'eau et lacs sont, en général, assez poissonneux. Sur le plateau central, la plupart des rivières sont abondamment peuplées d'écrevisses dont la chair est excellente, quoiqu'elles atteignent des dimensions énormes. On trouve souvent des anguilles de la grosseur d'une bouteille de bière. Un hôte moins agréable et moins comestible des grands cours d'eau est le crocodile; de tous les animaux de la Grande île, il est le seul redoutable pour l'homme, mais malheureusement il est très commun. En raison de la configuration de l'île en gradins, il faut s'attendre à ce que le lit des différents cours d'eau se présente sous la forme d'une succession de biefs séparés par des rapides et par conséquent à ce que ces rivières ne soient navigables que sur une partie restreinte de leur parcours. Les grands cours d'eau dont la profondeur pourrait faire croire à la navigabilité présentent tous des chutes qui arrêtent toute espèce de navigation. C'est ce qui explique comment les communications avec la côte sont encore aujourd'hui si précaires, si difficiles, malgré des rivières, qui, comme le **Mangoro**, la **Betsiboka** et surtout l'**Ikopa**, sont profondes et conduisent à proximité et même jusqu'au cœur de l'Imerina.

La dorsale de l'île étant beaucoup plus rapprochée de la côte Est que de la côte Ouest, le versant oriental présente une superficie moindre, le quart ou le tiers de la totalité, et les cours d'eau de ce versant ont un parcours bien moins étendu. A part deux ou trois exceptions, tous les grands fleuves appartiennent au versant Ouest, tandis que les rivières du versant Est ne présentent généralement pas grande importance. Nous allons passer rapidement en revue les principaux cours d'eau des deux versants.

## Versant Est.

Nous allons énumérer les principales rivières de ce versant, du Nord au Sud :

1° Le **Rodo** (*qui bondit*) sépare la province de Diego-Suarez de la province de Vohémar. Il prend sa source près du lac Falamboly, au sud de la montagne d'Ambre sous le nom de Damalo, laisse à l'Ouest Ambodimadiro, passe près d'Irodo (rive gauche) et arrive à la mer en formant une baie, la baie de Rodo. C'est un cours d'eau assez large et peu profond pendant la saison sèche, mais son débit doit naturellement augmenter beaucoup pendant l'hivernage.

Le Rodo a, près du village de Rodo, un gué qui est accessible en toute saison; la rivière a une largeur d'environ 100 mètres à hauteur de ce gué dont le fond est vaseux et en somme peu praticable.

2° La rivière de **Lokia**[1] (*la baie*), qui passe près de Mangily (rive gauche) et d'Anamborano, se jette dans l'Océan en formant un estuaire allongé, orienté sud-nord, qui baigne le village de Lokia (rive gauche).

3° Le **Bemarivo** (*grand, mais peu profond*) forme dans la province de Vohémar la délimitation entre les Sakalaves au Nord et les Betsimisarakas au Sud. Le Bemarivo sort du Tampoketsa, à hauteur de Masokoamena; il n'est pas navigable; son cours est encombré presque partout de pierres et de rochers entre de nombreux îlots boisés. Cette rivière n'est pas guéable pendant l'hivernage, et il est nécessaire d'y établir des postes de pirogues; dans l'état actuel des ressources du pays, sa largeur, qui atteint 60 mètres, ne permet pas d'y établir des ponts.

4° Le **Lokoho** prend sa source près d'Ankavia, au nord de Bengoala, et a son embouchure à quelques kilomètres au sud de Sahambavany (*Sambava*). Les rapides près de sa source sont difficilement franchissables; mais vers Maromby, au moment où il s'infléchit vers l'Ouest, il devient navigable et on le traverse en radeau. L'embouchure de ce fleuve est malheureusement obstruée par les sables et impraticable aux embarcations.

1. On trouve sur bien des cartes ce nom écrit *Loky*. Cette orthographe est défectueuse, le mot *loky* n'a aucun sens en malgache.

5° **L'Antanambalana**, après s'être grossi à gauche du Tambato, lequel passe près de Bengoala, se jette dans la baie d'Antongil[1] à Maroantsetra (*où il y a beaucoup de harpons*), chef-lieu de la province des Sakalaves et des Betsimisarakas de la baie d'Antongil.

6° **La Mananara** (*qui a des rochers*). Ce nom est commun à plusieurs rivières; la Mananara de la baie d'Antongil est formée de plusieurs cours d'eau qui prennent leur source dans le pays entre Anosimboahangy et Mandritsara. Elle se jette dans la mer dans la baie de Mananara, après avoir laissé sur sa droite le village de ce nom et l'ancien fort de Soavinarivo (*que mille hommes favorisent*).

7° **La Manompa** (*qui renverse*) prend sa source dans le pays des Sihanakas, près d'Anosimboahangy et se jette dans le port de Tintingue (*Taintaina, littoral qui a été brûlé*).

8° **Le Maningory** sort du lac Alaotra et se jette dans l'Océan à 18 kilomètres au nord de Fénerive.

9° **L'Onibé** (*la grande rivière*) se jette dans l'Océan à quelque distance de Foulepointe[2] qu'il laisse à sa droite.

10° **L'Ivolina** (*qui est tortueuse*) a son embouchure à 16 kilomètres au nord de Tamatave.

11° **L'Ivondrona** (*qui a des joncs, grands marais*) prend sa source dans les environs de Didy, laisse sur sa droite Fito, Ambodivato, et se jette dans l'Océan par une bouche assez large qui sert aussi d'écoulement au lac Nosy-Vé et que l'on traverse en pirogue entre Ivondrona et Ambodisiny (route de Tamatave à Andévorante). Le lit de l'Ivondrona est parsemé de hauts fonds sablonneux qui, aux basses eaux, gênent la navigation. Après Mahasoa, il coule entre des marais formés d'alluvion; sa largeur et sa profondeur augmentent au point de faire de son embouchure un bras de mer. La navigation est très praticable jusqu'à Mahasoa. A 2 kilomètres en aval de ce point se trouve le premier rapide, qu'on peut franchir. Tous les villages des rives ont des pirogues, souvent très petites. En amont de Mahasoa, à moins de 300 mètres, des barres rocheuses se multiplient, créant de nombreuses îles et formant des rapides infranchissables; la largeur du fleuve diminue et son lit se resserre entre des berges rocheuses.

En amont d'Ambodilaza, le fleuve devient navigable pendant quelques kilomètres. Enfin, il faut remarquer qu'en aval de Mahasoa, dans le secteur navigable, les crues n'atteignent pas moins de 7 à 8 mètres de hauteur.

---

1. On n'est pas fixé sur l'étymologie de ce nom. On l'a fait venir d'Antonio Gillo, capitaine portugais qui aurait découvert la baie, mais ce n'est pas probable.
2. Ce nom Foulepointe a été donné au port de Marofototra par les marins anglais; « Foul point », c'est-à-dire « sale pointe », parce que l'entrée du port est entourée de coraux et est dangereuse.

12° La **Manambolo** (*qui a des bambous*) se jette dans le lac de Nosy-Vé.

13° L'**Iharoka** (*qui est creux*) reçoit à gauche le Ranolahy, formé de plusieurs cours d'eau, et se jette dans la mer à Andévorante, chef-lieu de la province de ce nom. On le remonte en pirogue jusqu'à Mahatsara (route d'Andévorante à Tananarive). A l'embouchure, sur la rive droite, en face d'Andévorante, se remarque l'ancien fort de Tanimandry (*la terre qui dort*).

14° Le **Sakarivo** (*la rivière au gingembre*) se termine à Vatomandry.

15° Le **Mangoro** (*qui dévaste ou qui roule beaucoup d'eau*) est le plus grand cours d'eau de tout le versant oriental. Son cours est d'environ 300 kilomètres. Il prend sa source près d'Ambohimanjaka. Il coule d'abord du Nord au Sud pendant 200 kilomètres. Jusqu'à Andakana, il est obligé de se frayer un passage au travers des roches éruptives et forme un véritable torrent dont la chute est arrêtée à chaque instant par des barrages naturels. Au sud d'Andakana, le fleuve n'est pas flottable. On rencontre là, entre le cours supérieur et le cours moyen de ce fleuve, que délimite franchement la route d'étapes, un contraste frappant; le régime du fleuve devient très capricieux pendant l'hivernage : en une nuit la crue du fleuve peut atteindre 6 mètres de hauteur (*crue de fin janvier* 1897 *à Andakana*). Sur tout ce parcours, il n'existe qu'un seul gué praticable, celui de d'Ambodinandrano. Pendant la saison sèche, il n'y a que $1^m,10$ de profondeur; le fond est sablonneux. La partie du cours du Mangoro comprise entre le poste de Vohitromby-Andakana et son embouchure mesure une longueur d'environ 140 kilomètres. Sa direction est Nord-Sud jusqu'au confluent du Ranomainty, puis Sud-Est et, enfin, franchement Est à 60 kilomètres environ de son embouchure. Sur une centaine de kilomètres environ, les rochers, les blocs énormes de pierres qui encombrent le lit du fleuve et les rapides qui se succèdent à des intervalles très rapprochés, rendent toute navigation à peu près impossible. Les pirogues elles-mêmes ne peuvent être utilisées qu'en certains points et toujours pendant un parcours relativement restreint. En général, le fleuve coule entre des falaises à pic qui dominent parfois son cours d'une centaine de mètres.

En se plaçant au point de vue spécial de sa navigabilité, on peut partager le fleuve en trois sections :

1° De Vohitromby au confluent de la Ranomainty. — Le fleuve coule Nord-Sud; sa largeur, très variable, varie de 30 à 150 mètres; le courant est très rapide et la profondeur est en moyenne de $1^m,50$. Sur un parcours de 17 kilomètres à partir de Vohitromby, les rapides se succèdent à intervalles rapprochés, et il est impossible de descendre le fleuve en pirogue.

Les quelques pirogues que l'on rencontre dans les villages ne sont utilisées que pour la traversée d'une rive à l'autre. A partir d'Andakana (17 kilomètres au sud d'Andakana-Vohitromby) et jusqu'au confluent de la Ranomainty, on peut descendre en pirogue et la profondeur de la rivière permettrait même l'usage d'embarcations d'un certain tonnage.

2° De l'embouchure de la Ranomainty à Belandemy. — En aval du confluent de la Ranomainty, de nouveaux rapides obstruent le lit du fleuve qui cesse d'être navigable, même pour des pirogues, au delà de Sahasatra.

3° De Belandemy à la mer. — On peut voyager en pirogue, le fleuve s'étale en une immense nappe dont la largeur atteint parfois 1 kilomètre, mais dont la profondeur ne dépasse guère 2 mètres ; les rapides sont moins nombreux, plus faciles à franchir, et le courant est moins violent. Le fleuve reçoit le Nosivolo et, à quelques kilomètres en aval, forme une chute remarquable, la cascade de l'Imprévu. A partir de ce point jusqu'à la mer, il n'y a plus de rapides, le fleuve est parfaitement navigable.

En résumé, d'Andakana à Ambohitromby, le fleuve est navigable pour les pirogues pendant 40 kilomètres et pour les autres embarcations pendant les 20 derniers kilomètres de son cours.

Son principal affluent est l'Onivé, grande rivière qui prend sa source un peu à l'est de Votovorona et coule d'abord dans une direction Sud-Nord, jusqu'à Iravoandriana (altitude 1 500 mètres) ; il s'infléchit alors vers l'Est-Sud-Est, direction qu'il garde jusqu'à son confluent avec le Mangoro. Il passe à Soandrarina (sur la route de Tananarive à Fianarantsoa), Antanifotsy (rive gauche), Begoaka (rive gauche), Ankisatra (rive gauche), Tsinjoarivo ; il reçoit comme principaux affluents : 1° sur sa rive droite, la Sahanamalona, en amont de Tsinjoarivo, et, en aval la Sahatoarendrika, qui longe la grande forêt ; 2° sur sa gauche, la Rangaina qui traverse la route de Tananarive à Fianarantsoa, l'Ambatolampy qui prend sa source à quelques kilomètres à l'est du Tsiafajavona (Ankaratra), passe près du village d'Ambatolampy et conflue à l'est de l'Iravoandriana.

La haute vallée de l'Onivé, qui longe les derniers contreforts Sud de l'Ankaratra, est fertile, riante, malheureusement insuffisamment peuplée. Elle paraît appelée à un certain avenir.

16° Le **Sakaleony** (*où les gens de Saka ont été vaincus*) passe près de Fanivelona (*ancien fort*).

17° Le **Mananjara** (*qui a des arbres zaras*) prend sa source près du précédent, coule d'abord du Nord au Sud et jusqu'au pic d'Ivatovavy, et tourne alors à l'Est, direction qu'il suit jusqu'à son embouchure à Masindrano (*l'eau salée*). Il faut remarquer que les Européens ont peu à peu substitué le nom de la rivière Mananjara ou Mananjary à celui de la localité, de sorte que, aujourd'hui, la ville est généralement appelée non plus Masindrano, mais bien Mananjary. Mananjary, centre important, où aboutissent les routes de Fianarantsoa et de Tananarive par Ambositra, est le chef-lieu de la province.

Le courant du fleuve, étant très rapide, ne peut être remonté facilement que par des pirogues munies de 8 rameurs ; on peut, dans ces conditions, faire le trajet jusqu'à Tsarahafatra en trois heures et demie. Le fleuve, partout flottable, est certainement la meilleure voie à employer pour les transports de matériel.

18° La **Namorona** (*qui a rendu prospère*) prend sa source près du Mandalahy, traverse la forêt et coule ensuite dans une vallée fertile, jusqu'à son embouchure, au village de Namorona. La route de Mananjary à Fianarantsoa franchit cette rivière à gué, à un endroit où elle a 40 mètres de largeur et 50 centimètres de profondeur; le courant est violent et de nombreux rapides rendent la traversée laborieuse. Un passage de mulets présenterait quelques difficultés. Un affluent de gauche très important aboutit à 100 mètres en amont du gué (près du hameau de Morarano); entre ce cours d'eau et le fleuve s'élève un énorme pic isolé, le Mahalahy. Près de Ranomafana, la Namorona présente des chutes; du reste, sur la plus grande partie de son cours, elle présente des cascades et des rapides.

19° Le **Faraony** (*le dernier fleuve*) prend sa source au sud d'Alakamisy et, après avoir franchi la forêt, coule dans une vallée riche et peuplée. Il arrose Sasihanaka, village où se fait un important commerce; Vatomasina, ancien fort hova, et Vohimasina près de son embouchure.

20° La **Matitanana** (*la main morte*[1]) a son origine dans la forêt au sud du massif d'Ikongo, coule dans une direction générale Nord-Ouest Sud-Est et arrose peu avant son embouchure Ambohipeno (*la ville pleine*), où se trouve un ancien fort (rive gauche). Il reçoit à gauche la Sandrananta qui prend sa source au nord de l'Ambondrombé, contourne au Nord et à l'Est le massif d'Ikongo et se grossit à droite du Sandranto qui descend aussi de l'Ambondrombé et passe au sud de l'Ikongo. La Matitanana forme une très belle cascade. Du village du Mangatsiotra, qui se trouve près de son embouchure, part un chemin qui va à Fianarantsoa.

21° La **Mananara**, le fleuve le plus important du versant oriental après le Mangoro, est formé par la réunion de l'Itomampy, de l'Inaivo et de la Menaharaka; les trois rivières se réunissent à peu près au même point, à une dizaine de kilomètres en amont des chutes de l'Ikiala.

L'**Itomampy** est formé de la Manana à droite et du Ranofotsy à gauche, qui descendent des montagnes d'Isandry, au nord-ouest de Fenoarivo, coulent parallèlement vers le Nord-Ouest, séparés par une chaîne de hauteurs, et se réunissent au pied de Midongy (rive droite), rova pointu sur un piton qui domine de 200 mètres la vallée et sert de résidence au chef antaivato Realy. De Midongy à Tsitariry, la vallée de l'Itomampy est large, fertile, riche en pâturages et très peuplée. On n'y compte pas moins de 30 villages dont les plus importants sont : Nosy Feno (rive droite) et Beraina (*poste militaire à l'est de la rivière*). De Midongy à Tsitariry, la rivière est côtoyée par une bonne route se dirigeant sur Soarano et qu'il sera facile de transformer en route car-

---

1. D'après la légende, Darafify, l'homme aux joues jaunes comme les fruits du dara, personnification des premiers colons arabes venus de la côte orientale d'Afrique, y aurait perdu une main dans un combat singulier avec un autre géant Fatrapaitanana (dont la main frappe dur), lequel personnifie les indigènes (d'après Grandidier).

rossable. Jusqu'à Tsitariry, l'Itomampy est presque partout guéable pendant la saison sèche. Jusque-là, la direction de cette rivière est sensiblement Sud-Nord.

De Tsitariry jusqu'à son confluent avec l'Inaivo et la Menaharaka, elle décrit un grand arc de cercle dont la concavité est tournée vers l'est, et même cette partie du cours de l'Itomampy, prolongée par le cours supérieur de la Mananara, forme presque une circonférence, ouverte seulement au Sud-Est et ayant pour centre Soarano, à quatre jours de marche d'Ihosy, poste militaire et résidence de la reine Antaivondro Raolesy. Cette dernière partie de l'Itomampy est encore peu connue.

L'**Inaivo** prend sa source au nord du mont Vakoana et coule parallèlement à l'Itomampy, à une distance de cette rivière d'un jour à un jour et demi de marche. Sa vallée est très peuplée et très riche, mais les renseignements manquent encore sur les principales localités qu'elle arrose.

La **Menaharaka** descend du plateau de Lamboany, coupe la route de Fianarantsoa à Ihosy, longe à l'Ouest la chaîne d'Andringitra, se grossit à droite de la Sambaina, grossie elle-même à gauche de la Fandramanana qui, descendant aussi du plateau de Lamboany, coupe la route de Fianarantsoa à Ihosy, à Zazafotsy, premier village bara. La Menaharaka arrose ensuite Analavokatra, où elle reçoit à gauche la Belemoka. Elle reçoit ensuite, toujours à gauche, la Ranomena qui prend sa source au nord du pic d'Ivohibé et passe au pied du poste de ce nom à Vohimarina (rive droite). La Menaharaka rejoint après cela l'Inaivo, puis l'Itomampy pour former la Mananara.

La **Mananara** ainsi formée arrose Ikiala (rive droite) où elle présente de belles chutes, se dirigeant vers le Sud-Est à travers une région encore peu connue jusqu'à la route d'Ambango à Farafangana. Elle coupe cette route entre Vohimalaza (rive droite) et Anonibé (rive gauche), laisse à gauche Vohitromby, Iaborano, et traverse jusqu'à la mer une région très peuplée passant au pied de l'ancien fort hova et du village de Vangaindrano (*où le commerce se fait par eau*), chef-lieu du secteur (rive droite). Elle se jette dans la mer près de Benanoremana (*où l'on a beaucoup construit*), poste militaire (rive gauche).

22° Le **Manambondro** prend sa source à quelques kilomètres au nord-ouest du village de Masisovolo, passe au pied septentrional du piton sur lequel est bâti ce village, contourne au Nord Ambakoa, puis coule dans une direction générale Sud-Est, en arrosant Tsirazafana (rive droite), Fenoarivo (rive droite), Ambalarona (rive gauche), passe au pied d'Ambongo (poste militaire, rive droite), arrose Ambatomby (rive droite), Mahalevona (rive gauche), Ambalakondro (rive droite), Antsirahabo (rive droite), Ambohimalaza (poste militaire), Manambondro (rive droite, poste militaire) et se jette dans la mer un peu en aval de cette dernière ville.

Le Manambondro se grossit à gauche de l'Ikatara, qui descend de la colline absolument à pic de Mangivato et conflue un peu en amont de Tsirazafana.

La vallée du Mahambondro, à partir de Manjovolo, est suivie jusqu'à la mer par une bonne route muletière.

23° Le **Manantena** (*où il y a de l'herbe tena*), aussi appelé Manampanihy (*où il y a des roussettes*), remonte le couloir formé par la vallée d'Ambolo et se jette dans la mer par deux branches que sépare une île, où se trouve le village de Marohao (*où il y a beaucoup de poux*).

24° L'**Ony** (*la rivière*) a son embouchure à l'ouest du cap Andavaka (*où il y a des cavernes*), où elle forme une sorte de lac.

25° Le **Mandrary** (*qui a un cours régulier*) prend sa source au col d'Andranolafiana (*où l'eau s'étend*), à 1 270 mètres, entre la chaîne de Beampingaratra (*où il y a beaucoup de fusils*) et celle d'Isira, remonte vers le Nord en décrivant un arc de cercle, passe au nord du mont Sahamasina, puis pique droit au Sud après avoir reçu à droite le Vorokasa, qui descend du mont Vakoana, et l'Anakomby, qui descend du Tsimbivositra. Ce dernier cours d'eau arrose Tamotamo (*au safran*) (rive droite) et se grossit à droite du Maniliborona (*qui éloigne les oiseaux*), lequel passe à Tsivory (rive gauche).

26° Le **Manambovo** (*où l'on met des paniers pour prendre les poissons*) traverse une plaine déserte dans le pays androy (*où il y a des roy, buissons épineux*) et vient finir au nord-est du cap des Karimboly.

## Versant Ouest.

Nous avons dit plus haut que les plus grands cours d'eau de Madagascar appartiennent à ce versant.

L'Onilahy, le Mangoka, la Tsiribihina, le Manambolo, la Betsiboka, la Mahajamba, la Sofia, sont en effet tributaires du canal de Mozambique. Nous allons passer en revue les principales rivières du versant Ouest en allant du Sud au Nord.

Si, après avoir doublé le cap Sainte-Marie, nous remontons la côte vers le Nord-Ouest, nous trouvons le Manambahy (*qui a des lianes*), le Menarandra (*les mollets rouges, parce que les eaux de cette rivière, très argileuses, colorent en rouge les jambes des gens qui la traversent*), et la Linta, dont l'embouchure forme la baie d'Androka ou baie des Masikoro au sud du village de Lanirano (*dont l'eau a disparu*). Ces trois cours d'eau sont sans importance auprès de la mer.

1° L'**Onilahy**[1] (*le fleuve mâle*) porte dans son cours supérieur le nom de Mangoky et quelquefois, dans son cours inférieur, celui de Saint-Augustin. Le Mangoky a sa source auprès de celle du Mandrary. Il coule

---

1. Les Sakalaves l'appellent aussi Angolahana (d'*olaka*, qui serpente) ou Angoloka (de *holoka*, qui est encaissé), d'après Grandidier.

Pl. VI. — TANANARIVE : LE FORT VOYRON (AMBOHIJANAHARY).

d'abord du Sud au Nord et, après avoir arrosé Betroky (*qui a gros ventre*) (rive droite), rencontre le mont Ambohitrakoholahy (*la montagne des coqs*). Il décrit alors une courbe vers l'Ouest, direction qu'il conserve jusqu'à son embouchure, prend le nom de Mangoky, traverse le plateau presque complètement désert d'Ihorombé, arrive à Imantora (*qui est dépourvu d'arbres*) où aboutit une route venant de Tsivory, laisse à droite Salobé (*le grand Salo*[1]), résidence de l'un des principaux chefs antanosy.

Dans cette partie de son cours, il arrose de nombreux villages peuplés par des Antanosy émigrés, territoire abandonné à ces derniers par les Mahafaly, puis il traverse la chaîne de Belomotra pour rentrer dans le pays mahafaly. Il décrit une série de courbes et, après avoir buté contre la chaîne de la Table, descend au Sud et se jette dans la mer en formant la baie de Saint-Augustin. L'Onilahy n'est pas navigable. Ses affluents principaux sont : la **Lalalana**, affluent de droite, qui prend sa source au sud-est de Betroky, coule parallèlement à l'Onilahy, décrivant le même arc de cercle sur le plateau désert d'Ihorombé, et conflue à environ 45 kilomètres en amont d'Imantora après avoir reçu à droite l'Hazofotsy, qui descend du pays de Tsitony ; le Sakamaré, le Taheza, le Sakondry (tous sur la rive droite).

2° Le **Fiherenana** (*où l'on revient toujours au point de départ*[2]) a son origine dans les montagnes, à l'ouest de Ranohira, arrose Tsimonina, franchit la chaîne de Bemaraha et se jette dans la mer, au nord de Tulléar, près du village d'Andonaka (rive gauche).

3° Le **Manombo** (*qui fait prospérer*) se jette à la mer à Tony, entre la pointe Tony et la pointe Milikoka, au sud du village de Fiherenamasay, aujourd'hui abandonné.

4° Le **Mangoka** est l'un des plus grands fleuves de Madagacar. Le haut Mangoka porte le nom de Matsiatra et conserve cette dénomination jusqu'à son confluent avec l'Ihosy ; le bas Mangoka est aussi appelé Onimainty. Recueillant les eaux d'un bassin considérable, il présente un débit énorme ; néanmoins il ne donne lieu à aucune navigation, parce que, d'une part, les Bara, ses riverains, s'adonnent uniquement aux travaux des champs et à l'élevage du bétail et que, d'autre part, dans la seconde moitié de son cours, il coule dans des gorges profondes, fréquemment coupées par des rapides. Ce fleuve prend sa source sous le nom de Matsiatra dans le pays tanala, au nord du massif de l'Ambondrombé, près de Vinanitelo[3], et pénètre dans la province des Betsileos (district de Lalangina), laissant

---

1. Où les vaincus ont été dépouillés. D'après Grandidier, ce nom de Salobé aurait été donné à cette ville en souvenir de celle où résidaient jadis les ancêtres de Razomanery, sur le bord du Matitanana, et qui existe encore au nord et à côté du fort d'Ambohipeno.
2. Parce que les habitants de cette région, obligés à diverses reprises de s'expatrier à la suite de guerres civiles, y sont toujours revenus dès qu'ils l'ont pu (Grandidier). — Cette rivière tire son nom du royaume sakalave qu'elle traverse.
3. Vinanitelo, littéralement les trois confluents, parce que c'est près de ce village que se réunissent les trois sources du Matsiatra.

à gauche la petite ville aujourd'hui abandonnée de Vohitrafeno (*ville où l'on se cache*), qui était située au sommet d'une montagne. Il laisse ensuite à 3 kilomètres à l'Est la petite ville de Mahasoabé, contourne à l'Est l'Itongoa (1 450 mètres), montagne qui le sépare de son petit affluent de gauche le Tsiandanitra, laisse à gauche Tsietena (*qui n'est pas limité*), petite ville au sommet d'une montagne, et arrive à Ialananindro, qui se trouve à environ 5 kilomètres en amont du point où la route de Fianarantsoa à Tananarive franchit la Matsiatra. Ialananindro était autrefois une ville royale. Elle a été notamment la résidence d'Andriambavizanaka, reine de cette partie du pays avant la première invasion d'Andrianampoinimerina.

Puis la Matsiatra laisse sur la droite (6 kilomètres) le village d'Ambohidalangina, bâti au sommet d'une montagne; elle est franchie, à l'altitude de 1 040 mètres, sur un pont de chevalets par la grande route de Tananarive, laisse sur sa gauche Vinaninoro (*le confluent heureux*), village bâti au sommet (1 250 mètres) d'une chaîne qui sépare la Matsiatra du Mandranofotsy, son affluent de gauche. La Matsiatra passe ensuite au pied du Makavitra (rive droite) (1 175 mètres) et, après s'être grossi du Boaka (rive droite), laisse à 2 ou 4 kilomètres sur sa droite le grand village de Vohitromby (*la ville aux bœufs*), bâti au sommet d'une montagne, arrose Ambasibory (rive gauche) au pied du mont Ikija (1 280 mètres), contournant au Sud et à l'Ouest l'Ambatofiazanana, laisse à droite le grand marché d'Alarobia-Befeta, arrose Makandry (rive gauche), entre les montagnes d'Andrainjato et de Vohimerana (1 270 mètres), laisse sur sa droite la petite ville de Fiehana, puis le hameau de Tomboarivo (1 440 mètres) et vient se heurter contre le mont Ambatomenaloha, qui le force à changer de direction.

Il s'infléchit alors vers le Sud-Ouest, formant un angle droit avec sa direction précédente, arrosant Andakanikalamavony (*où il y a des pirogues pour aller à Ikalamavony*) (rive gauche), à l'est de la plaine d'Ampatrana. Le Mangoka traverse ensuite la grande plaine d'Ampatrana (*où il y a une plaine au milieu des montagnes*) et arrose Soaseranana.

Nombreux sont les affluents de la Matsiatra ou Mangoka qui méritent d'être cités. Notons, sur la rive droite, le Boaka, le Mango, l'Ankona, la Manantsahala; sur la rive gauche, le Mahaditra, le Tsiandanitra, le Mandranofotsy, le Sandra, l'Ambatorondro, le Manantanana, l'Ihosy et le Malio. Il y a lieu de remarquer qu'à partir du point où le Mangoka se dégage du massif central (Andakanikalamavony) pour entrer dans la plaine d'Ampatrana (750 mètres), ses affluents ou sous-affluents de gauche sont plus nombreux et plus importants que ceux de droite. La ligne de séparation entre le bassin du Mangoka et le bassin de la Morondava, jalonnée par les hauteurs de Bemangarahara, est, en effet, très près du Mangoka.

### *Affluents de droite du Mangoka.*

Le **Boaka** (*qui va dehors*) descend du Mandalahy. Une de ses sources vient d'Ambohinamboarina, hameau où la route de Fianarantsoa à Mananjary franchit la ligne de partage des eaux de la Matsiatra et du Namorona.

Cette source passe à Ambohimaha, habituellement désigné aujourd'hui par le nom de son marché : Alakamisy, qui est un gros bourg très important, sur la route de Fianarantsoa à Tananarive, où se détache la route de Mananjary. Le Boaka conflue à 3 500 mètres au sud-ouest de Vohitromby.

Le **Mango** (*la rivière aux mango, arbres*) descend de l'Iharamitokana, contourne au Nord le Vohimerana (1 270 mètres) et se jette dans la Matsiatra en aval de Makandry.

L'**Ankona** (*qui coule à travers des marais*) prend sa source près du hameau d'Iharanina à 1 500 mètres à peine d'un affluent du Namorona, cours d'eau du versant Est, passe près d'Andraina, grand village de forgerons (rive droite), laisse sur sa droite Ialamalaza, Kambahoaka, village situé sur un plateau à 1 360 mètres d'altitude, et à gauche Lanjana, où fut tué, sous Radama I$^{er}$, le roi betsileo Rahonamanalina ; après cela, l'Ankona longe au nord les hauteurs de Vohijavona et d'Andranogaga (1 520 mètres), laissant à droite, sur un plateau, la petite ville de Vohiposa et la montagne d'Ambatomanana, au pied de laquelle il arrose Ambatonakanga, et il se jette dans la Matsiatra un peu avant le changement de direction de cette rivière. L'Ankona a, pour affluents, à droite le Fanindrona et le Manandriana ; ses affluents de gauche sont des cours d'eau insignifiants.

Le **Fanindrona** (*qui a l'habitude de percer*) a ses sources dans le Vohonala (1 800 mètres) et dans l'Ambohitrakoholahy, en pleine forêt ; il passe au pied du Mahavitra, rive droite (1 545 mètres), arrose Ambatomanana, rive droite, reçoit à droite le Sahatona, arrose Ambohinamboarina, chef-lieu de district près duquel se trouve un marché d'Alatsinainy et rejoint l'Ankona.

Le **Sahatona** (*la rivière aux grosses anguilles*) descend du Mahadilolo (1 600 mètres), baigne le pied du Vohimaranitra, rive gauche (1 500 mètres), du Tomboarivo, rive gauche (1 440 mètres), du Mahorikamboty, rive gauche (1 360 mètres), arrosant Kiangara, Fenoarivo et Anjahanakely.

Le **Manandriana** (*qui a des cascades*) a un cours plus important que l'Ankona lui-même, mais traverse une région peu peuplée. Il prend sa source au nord de la montagne Mahanoro, arrose Ambohimahazoroa, laisse à quelques kilomètres à gauche le grand marché de Zoma-Nandihizana, puis traverse la route de Tananarive à Fianarantsoa, près de Fihasinana, rive gauche, ancienne résidence d'un des grands chefs betsileos, et se jette dans l'Ankona à quelques kilomètres avant le confluent de cette rivière avec la Matsiatra. Son cours est embarrassé d'énormes blocs de pierre.

Le **Manantsahala** (*qui a assez d'eau*) prend sa source au pied des monts Maroharona, passe près d'Ambatomitely, au pied de Midongy, ancien fort hova, sur un rocher haut de 350 mètres, et actuellement chef-lieu d'un poste et d'un district dépendant de la province de Fianarantsoa, et se dirige vers le Sud-Ouest en se grossissant, à droite, de trois ou quatre petits cours d'eau sans importance. Il se jette dans le Mangoka près du Bemangarahara, rive gauche.

*Affluents de gauche du Mangoka.*

Le **Mahaditra** (*qui rend dur*) est formé de deux sources principales, qui descendent l'une du Tsitondroina, l'autre, sous le nom de Fotodava ou Tsimandremana, de la montagne d'Itrimo (1 810 mètres). Ainsi formé, il passe au pied de l'Anjanomanana (1 750 mètres), montagne escarpée comme son nom l'indique (*où l'on s'arrête souvent en montant*), au pied de Midongy, rive gauche, petite ville aujourd'hui abandonnée, et rejoint le Matsiatra un peu avant Mahasoabé. Il est à remarquer que son cours est aussi important que celui du Matsiatra.

Le **Tsiandanitra** (*qui n'est pas au ciel*) descend de l'Itongoa, coule dans une large vallée qui domine Fianarantsoa à l'Ouest et conflue à Hananindro.

Le **Mandranofotsy** (*qui a de l'eau blanche*) prend sa source dans l'Ambozotany (1 375 mètres), laisse à gauche un marché de Zoma, à droite Ankaretsakanana, puis un marché de Talata près d'un passage en pirogues (Andakana), passe au pied du Hiaranany (1 480 mètres), rive droite, et arrive à Fianarantsoa. Il passe au pied de cette grande ville, qui est située sur une hauteur (1 200 mètres d'altitude) sur la rive droite, et qui a été fondée par Ranavalona I$^{er}$ vers 1830, passe de même au pied de la ville militaire de Kianjasoa (rive droite), qui domine Fianarantsoa de 150 mètres, et se jette dans la Matsiatra entre Vohitromby et Kija. La route de Fianarantsoa à Ambohimandroso et Ihosy emprunte la vallée du Mandranofotsy, qu'elle suit constamment. De même, l'ancienne route de Fianarantsoa à Tananarive formait le prolongement de la précédente, en descendant le Mandranofotsy jusqu'à son confluent.

La route actuelle, nous l'avons vu, fait à partir de Fianarantsoa un crochet vers le Nord-Est, se dirigeant sur Alakamisy. Le chemin de Fianarantsoa à Fanjakana franchit cette rivière à gué (0$^m$50) sur fond de sable.

Les affluents du Mandranofotsy sont peu importants. Il reçoit, à droite, le Manandriana (*qui a des rapides*), qui descend de la montagne d'Itrimo, laisse sur sa droite le village d'Ambohibolamena (*le village de l'or*) et conflue en amont du marché de Talata.

Le **Mandranomavo** (*qui a de l'eau brune*), qui descend de l'Ampamakiandalana (1 300 mètres), laisse à gauche le village de Maneva et rejoint le Mandranofotsy au pied et à l'ouest du mont Hiaranany (1 480 mètres). Un chemin conduisant d'Ambohimandroso à Fianarantsoa et rejoignant la route du Mandranofotsy, au nord du Hiaranany, emprunte, pendant un certain temps, la vallée du Mandranomavo; à gauche, le **Manankaronga** *qui a des harongo*, sorte d'arbustes), qui prend sa source au nord de l'Ambohitrinimanjaka (1 620 mètres), passe près d'Ambohijanakova et conflue en face du Hiaranany, un peu en amont du Mandranomavo.

Après le Mandranofotsy, la Matsiatra reçoit à gauche :

Le **Vinaninony** (*la bouche du fleuve*), qui longe le versant Ouest de l'Ambanialana.

Le **Sandra** (*où s'est noyé Isandra*), qui passe près de Masombaboaka (rive droite), d'un marché de Sabotsy (rive droite) et d'Ambohimandroso (rive droite), et se jette dans la Matsiatra au sud de Makandry.

L'**Ambatorondro** (*où les pierres sont polies*), grossi à droite du Ranomena (*l'eau rouge*), près duquel se trouve, sur la rive gauche, la ville de Fanjakana, qui était avant la conquête des Hovas et est encore aujourd'hui la résidence d'un des principaux chefs betsileos (Grandidier). L'Ambatorondro rejoint la Matsiatra en face de Fiehana.

Le **Mananantanana** (*qui tient dans ses bras*) prend sa source sur le versant Est du Tsitondroina à quelques centaines de mètres de celles de la Matsiatra, entre le Tsitondroina et l'Ambondrombé[1], coule du Nord au Sud en longeant la forêt jusqu'à Taolana, puis fait un coude à angle droit pour prendre la direction Ouest-Nord-Ouest, qu'il conserve jusqu'à son confluent. Il passe près de Vohidroa, rive droite, arrose Andrainarivo, ancienne ville royale (rive droite), Vinanimalaza au sommet d'une boucle que fait vers le Nord le Mananantanana et qui forme une sorte de presqu'île, à l'isthme de laquelle se trouve Ambohimandroso (*la ville qui est placée en face de l'ennemi*) (1 010 mètres).

Ambohimandroso est un ancien fort hova, qui avait d'abord été établi, sous le règne de Ranavalona I$^{er}$, au pied Nord du pic d'Ivohibé, en plein pays bara; il fut transporté à Ambohimandroso par ordre de Radama II, en 1862 (Grandidier). A 1 500 mètres au Sud, se trouve un marché de Sabotsy. A Ambohimandroso se rejoignent les deux routes de Fianarantsoa, celle du Mandranofotsy et celle du Mandranomavo. Le Mananantanana arrose ensuite le grand village d'Iaritsena (*marché placé au loin*), rive gauche, passe au pied du Vohitafia, laissant à un certaine distance, au Nord, la montagne de Vohibé, arrose Imarohirana et rejoint le Mangoka sur le plateau bara.

Les principaux affluents du Mananantanana sont, à droite, l'Ivalala, le Moralina, l'Ambalalava, la rivière d'Ambohitrinimanjaka; à gauche, l'Isihanaka, le Manandriana, le Lananindro et le Manambolo.

L'**Ivalala** (*la rivière aux criquets*) descend du Tsitondroina et conflue entre Vohidroa et Andrainarivo.

---

[1]. La région boisée Ambondrombé-Ikongo donne naissance à une foule de cours d'eau, s'écoulant les uns sur le versant Ouest, les autres sur le versant Est. Au versant Ouest appartiennent les trois sources de la Matsiatra et le Mananantanana. Au versant Est le Ditsaka, l'Ambakora, l'Amporomboalavo, la Sahalava, le Taikoho, la Sandrananta, le ruisseau d'Ilavaolina, le Sandranto, le Sahatavy, etc.

Le **Moralina** est formé par deux rivières entre lesquelles se trouve le grand village d'Iarinomby, au sud duquel se trouve un marché de Zoma. A l'est de ce marché, entre l'Ivalala et le Moralina, est perché à 1 400 mètres d'altitude le village d'Avomalaza (*qui est grand et fameux*). Le Moralina conflue dans la boucle d'Ambohimandroso.

L'**Ambalalava** (*où il y a une longue bordure*) descend de l'Ambozotany (1 375 mètres), où ses sources sont opposées à celles du Mandranofotsy, passe entre les grands villages de Maroparasy (rive droite) (*où il y a beaucoup de puces*) et d'Ambalavao (*où il y a de nouvelles fermes*). A l'ouest d'Ambalavao (rive gauche), se tient un marché d'Alarobia. L'Ambalalava se jette dans le Mananantana, un peu en amont d'Iaritsena.

La rivière d'**Ambohitrinimanjaka** descend de la montagne de ce nom et conflue en amont d'Imarohirana. Le Mananantanana reçoit encore à droite un affluent qui passe à Ankalamavony (*où s'est cachée une femme, Kalamavo*) (rive gauche), ancien fort hova, à la limite des Betsileos et des Sakalaves (880 mètres).

L'**Isihanaka** descend de l'Itomaka, passe près de Vohitravo (rive gauche) et conflue en face de Vohidroa.

Le **Manandriana** (*qui a des rapides*) passe au pied de Mahazony, ancien fort hova construit sur un contrefort du Kiranga (1 675 mètres). Mahazony est relié à Ambohimandroso par un chemin.

Le **Lananindro** (*la rivière aux bambous brûlés*) descend de la montagne de Kiranga, laisse sur une hauteur, à droite, le grand village de Beanana, passe au pied de l'Andraitonga (1 485 mètres), dont les dernières pentes forment la boucle d'Ambohimandroso, et conflue en amont de l'Ambalalava.

Le **Manambolo** (*qui a des bambous*) prend sa source au nord de l'Andringitra, coule entre l'Aody (rive droite) et le Lalangina (*où le chemin est silencieux*) (rive gauche), passe au pied de l'Antsangy (1 540 mètres) qui le sépare du Lananindro, laisse à gauche le grand village de Manampy, sur la montagne de ce nom, et conflue un peu en amont de l'Ambalalava. La route de Fianarantsoa à Ihosy passe à Manampy. Le Mangoka reçoit encore deux affluents de gauche importants : l'Ihosy et le Malio.

L'**Ihosy** (*qui prépare le terrain pour les rizières*) prend sa source dans les hauteurs qui, au nord-est de Betroky, séparent le bassin du Mangoka de celui de l'Inaivo, traverse le pays des Tivonjy, le pays des Bara-Antsantsa, avant de pénétrer dans la province des Bara-Bé. Il entre dans cette province un peu en amont d'Ivondrona, traverse le canton de Tsimody où il arrose Ivondrona, Ambararata, Ampapamena, Besakoa ; puis il pénètre dans le canton d'Ihosy, passe au pied d'Ihosy (870 mètres), ou plutôt de Tompoananandrariny (*qu'on a soumis avec justice*), où existait un fort hova construit vers 1862, par ordre de Radama II. On voit que là, comme à Mananjary, le nom de la rivière a fini par être appliqué à la localité elle-même.

Ihosy, chef-lieu de la province des Bara-Bé, est en outre, aujourd'hui, un poste militaire important. A égale distance de Fort-Dauphin et de Tulléar, il se trouve au point où la route de Fianarantsoa se bifurque sur ces deux villes. La route d'Ihosy à Fort-Dauphin remonte la vallée de l'Ihosy jusqu'à Ivondrona. Il y a même, d'Ihosy à ce point, deux routes, une sur chaque rive. Ihosy est également relié à Ivohibé par une route passant par Marovato et Kibory. L'Ihosy continue ensuite de couler dans la direction Sud-Nord, en passant entre les monts Alananandro à l'Est, et l'escarpe du plateau d'Ihorombé à l'Ouest. Il arrose Bezavona, Morarano, Androtsa, Betanimena, traverse le canton de Laitafika, en passant à Imahasoa, puis coule dans une région très peu habitée, canton de Baitsanga, jusqu'à son confluent, chez les Bara-Manamaty. Il reçoit, à droite, un affluent :

Le **Tsimandao** (*qui ne s'en va pas par dégoût*) prend sa source au nord de l'Andringitra, entre les hauteurs de Tsitongambalala et de Varavarana. Le Tsimandao forme la limite Nord-Est du pays des Bara et se jette dans l'Ihosy, au nord d'Amboloka.

Le **Malio** prend sa source au sud-ouest de Ranohira, longe, à l'Ouest, le massif de l'Isalo, en arrosant Mandabé, sur la route d'Ihosy à Tulléar, Andranomanga, Analalava, et se jette dans le Mangoka, en amont de la chaîne du Bemaraha, au sud du mont Bemarivo. Il se grossit à droite du **Manamaty**, qui prend sa source au sud de Ranohira, dans le massif de l'Isalo, dont il longe le versant Est pendant une partie de son cours. Le Manamaty arrose Bevato, laisse à gauche Ranohira, village et poste militaire, passe à Zanaboty, Ampamaka, Andriamanero et rejoint le Malio dans le canton d'Inapaka.

5° Le **Maitampaka** (*qui est à moitié sec*), dont les eaux, d'après Grandidier, disparaissent d'ordinaire dans les sables et n'arrivent jusqu'à la mer que pendant la saison des pluies, reçoit à gauche le Manja (*de couleur noirâtre*), qui passe près d'un ancien fort hova de ce nom. A l'embouchure du Maitampaka, se trouve le petit village de Matseroka (*qui est parfumé*).

6° Le **Manarivo** (*qui a mille bonnes choses*) prend sa source au sud-ouest du Bemarivo, près de celle du Fanikaha, affluent de gauche de la Morondava, coule dans la direction du Nord-Ouest, en traversant le Menabé. Il arrose ainsi Belitsaka, résidence du chef sakalave Rafify (rive gauche), et vient se jeter dans la baie de Taolampia, près de l'Anakabatomena, bras Sud de la Morondava.

7° La **Morondava** (*qui a une longue berge*) prend sa source au nord du Bemarivo, coule d'abord du Sud au Nord, en longeant le versant Est du

Betsaboniry, puis auprès d'Ambodifiakarana (rive droite), tourne à angle droit vers l'Ouest, direction qu'elle conserve jusqu'à la mer. Après Ambodifiakarana, la Morondava traverse la chaîne de Tsiandava (altitude moyenne, 300 mètres), arrose Tsizehy, Mahabo, ancien fort hova construit à l'altitude de 100 mètres, à 42 kilomètres de la côte, actuellement occupé par un poste militaire (rive droite), laisse à gauche Benato, à l'entrée Est de la forêt.

Autrefois, la Morondava se jetait dans la mer, en passant au sud d'Andakabé, puis ensuite au nord de ce même village, et maintenant elle se jette plus au Nord encore, à Ambato, à 15 kilomètres.

Au nord de Morondava, qui est situé à l'embouchure de la branche du milieu, des travaux ont été essayés pour faire reprendre à la Morondava le cours Andakabé Morondava. Au centre de ces différentes bouches et sur le littoral, se trouve Nosy Miandroka (*l'île où s'amassent des débris*), ou plutôt Morondava, car là encore le nom du cours d'eau s'est peu à peu substitué au nom de la localité elle-même.

La Morondava reçoit, à gauche, la Fanikaha et l'Andranoboka, cours d'eau sans grande importance.

L'Andranomena coule parallèlement à la Morondava. Le Mandrotra a son embouchure au port de Bosy.

8° La **Tsiribihina**[1] (*où l'on ne se plonge pas*) est formée de la réunion de la Mania et du Mahajilo, réunion qui a lieu au 43° de longitude Est, à environ 80 kilomètres de la côte. Le bassin de la Tsiribihina est assez étendu, mais c'est surtout en raison de la région qu'il dessert, le Betsiriry, qu'elle paraît devoir acquérir une importance considérable. Le Betsiriry est le pays compris dans la boucle formée par la Mania et le Mahajilo, au moment où ils se réunissent pour former la Tsiribihina. Les rivières qui forment la Tsiribihina sont franchissables à gué dans leur haut bassin; plus en aval, leur volume devient assez considérable pour les rendre impossibles à franchir à gué pendant la saison des pluies. La Tsiribihina, large parfois de plus de 2 kilomètres pendant la saison sèche, est navigable jusqu'à Miandrivazo, sur le Mahajilo, pendant la saison des pluies, et seulement jusqu'à Bemena pendant la saison sèche. Au moment de son passage dans le Bemaraha, elle est encaissée d'environ 300 mètres entre des montagnes à pic, boisées, remplies de macs, talus du plateau de Bemaraha, du côté du fleuve. Elle décrit alors une grande courbe et pénètre enfin en plaine. Cette plaine du Menabé est parsemée de marais et de collines boisées. A la saison des pluies, le fleuve s'étend, recouvre ces plaines; il atteint alors jusqu'à 4 et 5 kilomètres de largeur. Les eaux en se retirant laissent sur le sol un humus fécond, mais sont aussi le germe de maladies pestilentielles qui sévissent dans cette contrée. Elle arrose successivement Bemena (poste), sur la rive droite, laisse sur cette même rive le lac Andranomena, sur les bords duquel avait été construit le poste d'Ankalalobé; sur la rive gauche, elle laisse le lac Hima, avec le village d'Androngony, puis passe entre les deux villages de Betakilotra et de Tsi-

---

1. On lui donnait autrefois le nom de Tsitsobohina (où l'on n'entre pas).

mangoana (rive droite); un peu plus loin, encore sur la rive droite, se dresse Ambiky, sur un petit piton. Elle finit enfin par un delta à plusieurs branches, sur lesquelles sont les ports de Soarano, Tsimanandrafozana qui a deux passes fréquentées par les navires, et Namangoa, sur la rive gauche. Cette embouchure est obstruée par une barre assez difficile, que ne peuvent franchir les boutres qui naviguent sur la côte. Les marchandises sont déchargées sur des bâtiments qui ne font que la navigation du fleuve.

Ce fleuve est formé par le Mania et le Mahajilo.

La **Mania** (*qui va de travers*) a un cours plus long que le Mahajilo ; son cours supérieur, jusqu'au confluent de l'Andrantsay, forme un arc de cercle dont la concavité est tournée vers le Nord et dont le centre est au mont Tokotanitsara. Elle recueille toutes les eaux de la partie Sud de l'Ankaratra (cercle de Betafo) et du nord du pays betsileo (district d'Ambositra). Ces deux régions sont très montagneuses et traversées par un très grand nombre de cours d'eau dont les vallées sont fertiles et bien peuplées. La Mania prend ses sources à la lisière de la forêt, dans les environs du mont Ikora. Les deux principales se réunissent au sud-ouest de Sahamadio. Ainsi formée, elle arrose Moronarivo (rive gauche), laissant à gauche le pic d'Ambohimahatsara et le village de ce nom, Iharana (rive droite), Avomalaza (rive droite), petite ville où passe la route de Tananarive à Fianarantsoa, à quelques centaines de mètres du Miatiaty. Cette partie du district d'Ambositra, située à l'est de la ligne brisée Famoizamaso, Mahazina, Fitonianomby, Ampoharanandriana, Fandanana, forme le Fisakana, du nom de la rivière qui l'arrose et dont nous parlerons un peu plus loin. Après avoir dépassé Avomalaza, la grande route de Fianarantsoa franchit la Mania sur un pont et gagne Ankafotra (rive gauche) et Alarobia-Sandrandahy (rive gauche), marché très important situé au confluent du Sandrandahy avec la Mania. Puis, butant contre l'Ampoharanandriana (1 630 mètres), la Mania fait un coude à l'Ouest pour redescendre ensuite jusqu'au confluent du Mady (rive gauche), passe au pied du grand village d'Ambohiperavohana (rive droite), sur la route d'Ambositra à Betafo, en face du Vohidahy (1460 mètres), laisse à droite le sommet d'Andribé (1 600 mètres), reçoit à droite la Savana, forme une boucle vers le Nord, baigne le pied du Vohitratsihody (*la montagne qui ne reviendra plus ce qu'elle était*), reçoit à gauche le Vato, en face de l'Ambatotelo, arrose Ambondromisotry, village situé sur la rive gauche, au confluent du Tsindro (*vallée de Bemahazembina*). La Mania reçoit ensuite, à droite, la Manandona, puis remonte vers le Nord-Ouest jusqu'au confluent de l'Andrantsay. A partir de ce point, elle suit jusqu'à la mer la direction Est-Ouest, en arrosant Ankazondringitra (rive gauche), Ankofotsy (rive gauche), Matsotonga (rive gauche), Berano (rive gauche), Andipaka (rive gauche), dernier village avant son confluent avec le Mahajilo.

Les principaux affluents de la Mania sont, à droite : le Miatiaty, la Savana, la Manandona, l'Andrantsay, le Rakalatsa l'Ankazotoaka, l'Anjenja; à gauche : le Sandrandahy, le Mady, le Vato, le Tsindro, la Sambalahy, le Tsiniady et le Sakeny.

(M. Gautier prétend n'avoir jamais entendu raconter qu'il y ait des rapides sur la Mania, qu'on pourrait ainsi remonter très loin.)

Le **Miatiaty** (*qui gonfle*) est formé de la réunion de trois cours d'eau, l'Ambatomanana, le Vatambé et le Fisakana. Ces deux derniers se réunissent à Fandriana. Le cours d'eau résultant est grossi en aval de l'Ambatomanana, qui descend du mont Famohizamaso (1 960 mètres). Ce sommet appartient à la ligne de partage des eaux entre les bassins de l'Onivé et de la Manandona, d'une part, et celui de la Mania, d'autre part. Le Miatiaty, ainsi formé, passe à Ambohimiatiaty, près du confluent de la Behena, laisse à droite le sommet d'Avonomby et se jette dans la Mania, près d'Avomalaza. Le Miatiaty se grossit, à droite, de la Behena (*où il y a beaucoup de viande*), qui descend les hauteurs formant la ligne de partage des eaux, au sud du Ranomainty, arrose Mahazina (rive gauche), Ambodifiakarana (rive droite), gros bourg au fond d'un beau cirque couvert de rizières, laisse sur sa gauche Ambohidravaka, village près duquel se trouve un marché d'Alakamisy, puis continue à couler au Sud, en longeant le versant Ouest du Fitamianomby (1 500 mètres), jusqu'à son confluent. La grand'route de Tananarive à Fianarantsoa emprunte, à partir de Mahazina, la vallée de la Behena, puis celle du Miatiaty, jusqu'à son confluent avec la Mania.

La **Savana** (*la rivière qu'on fouille*) descend de Vatomitombo, laisse à gauche l'Ampoharampananina, arrose Ambohimenakely et rejoint la Mania, au sud-ouest du mont Andribé. Elle se grossit, à droite, du Saharevo.

Le **Saharevo** (*la rivière bourbeuse*) a ses sources opposées à celles du Sahatsio, affluent de gauche de la Manandona. Ces trois cours d'eau, Manandona supérieure, Sahatsio, Saharevo, se prolongent en ligne droite, forment un long couloir, particulièrement étroit et sauvage dans les vallées du Sahatsio et du Saharevo, pays qui fut pendant longtemps le théâtre des exploits du fameux rebelle et brigand Rainibetsimisaraka, qui, tour à tour voleur de bœufs, fabricant d'amulettes, gardien des bœufs du premier ministre Rainilaiarivony, assassin, chef d'insurgés, après avoir suivi jusqu'à Manarintsoa les trois Français Duret de Bric, Jean Graud et Théophile Michaud, les assassina. A la suite de tous ces forfaits, sa tête avait été mise à prix par M. Laroche. Il y avait quinze mois qu'il inspirait la terreur dans la région, quand, rejeté de canton en canton, traqué de tous côtés, abandonné de la plupart des siens, exténué par la lutte et les privations, il vint, le 9 juin 1897, à Ambohimirary se rendre à un sous-officier d'infanterie de marine, le sergent Molinié.

Le couloir Manandona, Sahatsio, Saharevo est suivi par la route d'Ambositra à Antsirabé-Betafo, actuellement bon chemin muletier.

Le flanc Ouest de la haute vallée du Saharevo est couvert par un bois de tapia, essence très estimée pour la sériciculture locale. Jusqu'à Andraina le pays présente un aspect particulièrement sauvage, la vallée est resserrée, les montagnes de la rive droite s'abaissent en pente douce vers la rivière.

Le Saharevo qui, après avoir laissé sur sa gauche la petite ville d'Ambatoharanana, passe au pied d'Andraina, village perché sur un contrefort (rive gauche), arrose Alakamisy d'Ilaka, village situé au pied de l'Ilaka (1 690 mètres) et où se font des briques sèches, et rejoint la Savana.

La **Manandona** (*qui mouille*) a ses sources sur le versant Est du Famoizankova[1] (2 380 mètres), pic culminant de la chaîne d'Irifatra, coule du Nord au Sud sur l'Angavo (1 860 mètres), fait un coude vers l'Ouest pour passer au nord de l'Ambatovory (1 665 mètres), et, après avoir reçu le Sahatsio, reprend sa direction vers le Sud, en passant au pied du Sahitrano (1 960 mètres), rive gauche. La Manandona[2] passe ensuite près d'Ambohiponana, village bâti sur une hauteur (rive droite) et que couronne un bouquet d'eucalyptus. A 800 mètres au nord-est d'Ambohiponana, tout près de la rivière, se tient un marché d'Alakamisy. Sur la rive gauche, en face d'Ambohiponana, on aperçoit la maison de Rainibetsimisaraka à demi démolie par les indigènes. Un peu plus loin en aval, on découvre le village d'Ambohimirary, rive gauche, où le fameux brigand vint, le 9 juin 1897, faire sa soumission. La Manandona arrose ensuite Ambohimanarivo, coquet village situé au pied du massif de Bity (2 260 mètres) et entouré d'arbres fruitiers et de rosiers. Cette partie de la vallée de la Manandona est bien cultivée; on y trouve des champs de cannes à sucre, de manioc, de belles rizières, des arbres fruitiers. Les parties en friche sont couvertes de *vero*, plante fourragère assez estimée. Sur la rive gauche, les flancs de la montagne sont garnis de tapias. La bonne route muletière d'Ambositra à Antsirabé-Betafo, après avoir descendu le Sahatsio (du Sud), franchit la Manandona à gué, au confluent du Sahatsio. Pendant la saison sèche, la Manandona n'a guère, en cet endroit, qu'une quarantaine de mètres de large avec une profondeur qui n'atteint pas un mètre. Puis la route remonte la rive droite de la Manandona[3] en traversant Ambohimanarivo, Ambohiponana, et franchit le Sahatsio (du Nord) pour s'élever sur le plateau d'Antsirabé.

En aval d'Ambohimanarivo, après avoir reçu le Sahatsio (du Sud), la Manandona s'infléchit à angle droit pour couler vers le Sud-Ouest jusqu'à son confluent avec la Mania. Dans cette partie de son cours elle sert de limite entre le deuxième territoire militaire et la province de Fianarantsoa. Après son confluent la limite est formée par la Mania elle-même. D'Ambohimanarivo à son confluent, la Manandona, longeant le versant septentrional du Vovonantrano et Volamandoatra, n'arrose aucune localité importante. Cette partie de sa vallée est d'ailleurs peu peuplée. Les principaux affluents de la Manandona sont, à droite, le Sahatsio du Nord, le Sahalambo, le Sahatany, le Sandra; à gauche l'Akoka, le Sahanivotry, le Sahatsio du Sud.

---

1. Ce nom de Famoizankova, qui signifie « où les Hovas sont au désespoir », a été donné à ce pic, d'après Grandidier, parce que c'est de là que les Hovas emmenés en esclavage dans le Sud jetaient un dernier regard sur leur pays.
2. La Manandona jusqu'à son confluent avec le Sahatsio porte sur quelques cartes le nom d'Andranotobaka.
3. L'ancienne route remontait, au contraire, la rive gauche.

Le **Sahatsio** (du Nord) (*la rivière qui se divise en deux branches*) prend sa source sur le versant Sud du Famoizankova, et coule du Nord au Sud en arrosant Mahatsinjo (rive droite), Sambaina (rive droite), Ambano (rive droite), un marché d'Alarobia, Ambohibary (rive droite), Sahatsio (rive gauche), puis laisse sur sa droite un marché d'Alakamisy, Soamalaza, Antsirabé, ville importante connue surtout par ses eaux thermales, chef-lieu d'un secteur, et rejoint la Manandona entre le village de Vatotsara (sur le Sahalambo) et le pic d'Ambatovory (1 665 mètres).

Le **Sahalambo** (*la rivière aux sangliers*) prend sa source dans l'Andrakodava et coule dans une direction générale Nord-Sud. Il arrose Ambodirano (rive droite), entre les monts Maharirana et Ambohitrolona, Voajanahary (rive gauche), Antanamanjaka (rive droite), village en face duquel se tient, sur la rive gauche, un marché de Sabotsy, laisse sur sa gauche Mahazoarivo, grand village entre le Sahalambo et le Sahatsio, sur sa droite la petite ville d'Ambohijafy au nord-est du lac Andraikiba. Le Sahalambo passe ensuite à Vinaninony (rive droite), au pied du mont Itavo (1 880 mètres), ancien volcan dont le cratère forme un lac; puis la rivière fait un coude à l'Est, arrose le grand village de Vatotsara et pique ensuite sur le Sud, en longeant, à l'Est, le pied du Tsofombato et de l'Izafingidina. Le Sahalambo se jette dans la Manandona près de Maharivo, au pied du Lahitrano (1 960 mètres), rive gauche de la Manandona.

Le **Sahatany** (*la rivière des pluies*) a ses sources dans le Tsofombato et dans l'Izafingidina, montagnes à l'ouest du Sahalambo, et coule dans une direction générale Nord-Sud en longeant à l'Ouest le massif de Bity (2 260 mètres); il n'arrose aucune localité importante. Il en est de même du **Sandra** (*qui a des arbres sandra*) qui prend sa source dans l'Inamarinana et coule vers le Sud entre les monts Marososona et Tandrombato à l'Est, et la chaîne de Laniharana à l'Ouest. A gauche, la Manandona reçoit l'Akoka, le Sahanivotsy, le Sahatsio.

L'**Akoka** (*rivière aux oiseaux-akokas*) descend vers le Sud-Ouest, en longeant, à droite, le Manafadahy, et conflue près d'Ambohimirary (rive droite), ancien poste militaire.

La **Sahanivotry** (*la rivière aux nids de termites*) prend sa source sur le versant Sud de l'Iankiana (2 130 mètres) et coule dans une direction générale Nord-Ouest Sud-Ouest, Il laisse à gauche le village de Sahanivotry, où passe la grande route de Fianarantsoa; après l'avoir franchie, la rivière passe au pied du Vorondolo (2 045 mètres) et se jette dans la Manandona en face d'Ambohimanarivo. Le Sahanivotry se grossit à droite de :

La **Sakalina**, qui coule parallèlement à l'Akoka, vient du Nord-Ouest, à un jour du village d'Antobaka, et forme, paraît-il, une cascade de 200 mètres de haut. Son lit est parsemé de rochers basaltiques et de nombreux îlots. Ses affluents sont l'Andranomanjaka et la Sahanana.

La **Ranomainty** (*eau noire*) qui a ses sources au sud-est du Famoizamaso (1 960 mètres) (*où les yeux abandonnent, perdent la vue de l'Imerina*), sur le versant Ouest de l'arête faîtière de l'île, opposées à celles du Sahatoarendrika. La grande route de Tananarive à Fianarantsoa franchit la Ranomainty au nord du village de ce nom (1 711 mètres), poste militaire important, construit presque au sommet de la ligne de partage des eaux de la Manandona et de la Mania.

Le **Sahatsio** (du Sud) (*la rivière qui se divise en deux branches*) a ses sources opposées à celles du Saharevo, affluent de droite de la Savana, et coule du Sud au Nord dans le prolongement de la Manandona au Nord, du Saharevo au Sud, formant avec ces cours d'eau un long couloir qu'emprunte la route d'Ambositra à Antsirabé. La vallée du Sahatsio est sauvage, ses flancs, surtout le flanc Ouest, sont couverts de tapias jusqu'à la Talaviana (affluent de droite), point à partir duquel la vallée, d'abord resserrée, va s'élargissant jusqu'à la Manandona. Cette dernière partie présente de nombreuses et riches rizières. Le Sahatsio arrose Ambavatapia (rive droite), Ambohimanoa (rive gauche), Ambohipo (rive gauche), Ambohimanjaka, village accroché aux flancs de la montagne, véritable forteresse qu'entoure un immense fossé et dans laquelle on pénètre par une triple porte. Près de ce village, le Sahatsio a 100 mètres de largeur, Il longe ensuite le pied du Vovonantrano (1 515 mètres) (rive gauche), arrosant Androhimainty et Amboniriana au confluent de la Talaviana, affluent de droite qui descend du Vorondolo, et rejoint la Manandona. C'est au confluent même du Sahatsio que la route d'Antsirabé franchit, à gué, la Manandona.

Après la Manandona, la Mania reçoit à droite :

L'**Andrantsay** (*où habitait le chef Rantsay*), qui prend sa source au nord du mont Maharirana, coule d'abord dans une direction générale Nord-Est Sud-Ouest, puis se tourne à angle droit vers le Nord-Ouest, se dirigeant sur Inanatonana; au Sud de cette ville, il reprend sa direction Sud-Ouest, qu'il conserve jusqu'à son confluent avec la Mania.

L'Andrantsay arrose Ambohitsarabé (rive droite), Mandrosoa (rive gauche), Filaohana (rive droite), laisse sur sa gauche un important marché d'Alakamisy, passe à Sahanangy (rive gauche), Mahamavo (rive gauche), Ampilanonana (rive gauche), Masoandrombahoaka (rive droite), Ihadilanana (rive droite), Ambohimarina (rive gauche), village à un kilomètre duquel se tient un marché de Sabotsy, à Anjozoro (rive droite), à Ambohimasinakely (rive droite), laisse à droite Inanatonana, Andrantsaimahaimasina, puis vient buter contre le Vohibé qui le force à s'infléchir vers le Sud, et rejoint la Mania au coude que fait cette rivière pour se diriger vers l'Ouest. L'Andrantsay reçoit comme affluents, à droite le Lohalambo, le Fitamalama, le Sakaovy; à gauche l'Andranotobaka, l'Ipongy, le Ndaiony.

Le **Lohalambo** (*la tête du sanglier*) prend sa source dans l'Andrakodava au pic d'Ampantsifantsy près du Tokotanitsara, au nord de celle du Sahalambo, affluent de droite de la Manandona. Il coule parallèlement à l'Andrantsay (Sud-Ouest), dont il est séparé par le Fasina (2 160 mètres), arrose Amboanjobé, rive droite, et laisse un peu à sa gauche la grande ville de Betafo, non loin de son confluent avec l'Andrantsay. Betafo, chef-lieu de cercle annexe, est une ville importante, au milieu d'une vallée fertile et peuplée. Au pied de la colline sur laquelle elle est bâtie s'étend le lac Tataro. Cette colline, entourée d'eaux fraîches et jaillissantes, forme une véritable île. A 1 100 mètres environ au sud-ouest, se tient un marché d'Alatsinainy. Le Lohalambo se jette dans l'Andrantsay à l'ouest de Betafo.

Le **Fitamalama** (*où les gués sont glissants*) prend sa source sur le versant Sud de la chaîne du Vavavato ; comme l'Andrantsay, dans son cours supérieur, et tous ses affluents, il coule dans la direction Sud-Ouest, séparé du Lohalambo par l'Ingina (1 775 mètres). Il arrose Vadivahoaka (rive gauche), ancien poste militaire, et Ihadilanana, petite ville (rive gauche), près de son confluent avec l'Andrantsay.

Le **Sakaovy** (*le saka aux ignames*) prend sa source dans le Bodona, laisse sur sa droite Faravato et conflue à Anjozoro, rive droite.

L'**Anjakalava** qui arrose Ambohikazo et conflue un peu en amont d'Ipongy.

L'**Ipongy** (*qui court vite*) prend sa source au mont Tongafeno et coule dans une direction générale Ouest-Nord-Ouest. Il arrose Ialamalaza (rive droite), Andraina (rive gauche), Vinaninony (rive droite) (au confluent d'un petit affluent de droite), et se jette dans l'Andrantsay à Mahanoro.

La Mania reçoit encore à droite le Rakalatsa qui descend du mont Bevitsika ; l'Ankazotoaka et l'Anjenja. Cette dernière rivière conflue un peu en amont d'Ankazondringitra.

*Affluents de gauche de la Mania.*

Le **Sandrandahy** (*la charge d'hommes*) prend sa source dans la forêt, coule dans une direction générale Nord-Ouest entre l'Ambohimahatsara au Nord et l'Ampoharanandriana au Sud (1 630 mètres), laisse à gauche le village d'Ambohimanjakarafy et rejoint la Mania à Alarobia Sandrandahy, gros village où passe la route de Tananarive à Fianarantsoa, avec un marché très important du mercredi, au Sud.

Le **Mady** (*la rivière sauvage*) prend sa source au sud de l'Ambodivolamena, non loin de celle du Maintinandry, affluent du Mananjara, coule dans une direction générale Sud-Nord, contourne au Nord le plateau du Fandanana (1 477 mètres) et reprend sa direction primitive. Il arrose Mady (rive droite), Ambohivolamena (*le village de l'or*) (rive gauche), Iary (rive droite), où passe la route de Tananarive à Fianarantsoa, la ville de Tsinjony (rive droite), en face du Vonizongo (1 425 mètres), laisse à gauche le village d'Ambohitrampody, sur la hauteur, et conflue à quelque distance au nord de Voainana, village sur la route d'Ambositra à Antsirabé, où existent plusieurs briqueteries. Le Mady reçoit à gauche :

Le **Saha** (*la rivière*) qui prend sa source entre l'Ambohimanarivo (1 760 mètres) et l'Andriamanalina (1 680 mètres), à quelques centaines de mètres à peine du Vato. Le Saha coule parallèlement au Mady. La route de Tananarive à Fianarantsoa emprunte constamment sa vallée, du Mady au Vato. Cette vallée est dénudée, peu cultivée, les fonds seuls présentent quelques belles rizières. Le Saha arrose Ambositra (rive gauche), gros bourg très important, chef-lieu de district, centre commercial déjà actif, mais appelé à un grand avenir, en raison de sa situation au point de rencontre des routes de Tananarive, de Mananjary, de Fianarantsoa et d'Antsirabé; Ambositra qui émerge d'un bouquet d'arbres fruitiers est entouré de fort belles rizières et jouit d'un climat excellent. Le Saha laisse ensuite à droite le village d'Andrana, celui d'Ambohiponana, à gauche, et se jette dans le Mady en face de Tsinjony.

Le **Vato** (*la rivière aux roches*) prend sa source entre l'Ambodivolamena et l'Ambohitrakoholahy, dans le massif boisé qui appartient à la ligne générale de partage des eaux et d'où divergent encore le Maintinandry, affluent du Mananjary, et le Mady et le Fanindrona, affluents de l'Ankona (Matsiatra). Le Vato passe à Miarina, village situé sur la rive droite, à 4 kilomètres du confluent du Sahasarotra. La route de Fianarantsoa le franchit entre Miarina et ce dernier cours d'eau. Le Vato coule ensuite entre l'Ambohimanarivo (1 760 mètres), à l'Est, et Analanoro (1 830 mètres), à l'Ouest, contourne l'Ambatomarirana, sur le versant Ouest duquel sont de grandes ardoisières, laisse à droite l'Antety (1 895 mètres), à gauche le village d'Ambohibary, sur la route d'Ambositra à Ambatofangehana, et se jette dans la Mania au nord-ouest du Mandrailanitra.

Le Vato reçoit à gauche le Sahasarotra et l'Ankona.

Le **Sahasarotra** (*la rivière dangereuse*) seul présente quelque importance. Il prend sa source dans les pentes boisées entre l'Ankarandava (1 815 mètres) et le Vohonala (1 800 mètres), longe le versant Est de l'Analamiankina, où se termine la forêt, et conflue à 2 kilomètres au sud-est de l'Analanoro (1 830 mètres). Il se grossit, à droite, de l'Ankotsaka (*qui coule dans un pays marécageux*) qui descend de l'Ankarandava et arrose Antanambao (rive gauche).

Le **Tsindro** (*qui perce*) prend sa source dans une chaîne de montagnes à l'est de Mandrovia, laquelle renferme des carrières de marbre blanc à l'ouest des forêts de tapias. Il coule du Sud au Nord, laissant sur sa gauche le village d'Ambohitrambony, sur une colline, et conflue à Ambondromitsetsa, (rive gauche). La vallée du Tsindro porte le nom de Bemahazembina; elle est fertile et paraît se prêter particulièrement à la culture du caféier et du cotonnier ; pendant la mauvaise saison, le climat y est chaud et fiévreux.

Le **Sambalahy** (*la rivière des Sambalahy, arbrisseaux*) prend sa source au sud de la vallée de Bemahazembina, tout près de celle d'un affluent de droite du Matsiatra. Il laisse à droite, entre son cours et celui du Tsindro, la petite ville d'Ambatofinandrahana, où les Norvégiens ont établi une mission, et à gauche le village de Sambalahy, au sommet d'une colline. Le Sambalahy n'arrose aucune localité importante et ne reçoit aucun affluent qui mérite d'être signalé.

Le **Tsiniady** prend sa source au sud de Tremo, ancien fort hova, qu'il arrose, et conflue en aval du Sambalahy.

Le **Sakeny** (*qui coupe de grands marécages*) prend sa source à l'est d'Ankiriky et coule du Sud au Nord. Sa vallée supérieure est resserrée entre la chaîne du Bongolava, à l'Est, et celle du Bemangarahara, à l'Ouest. Il arrose Maroravina (rive droite), Vinanitelo (rive droite), au pied du Bongolava, laisse à gauche Malaimbandy, ancien fort hova, à 15 kilomètres à l'ouest du Bongolava, à droite, Ambody, et se jette dans la Mania à Ankazondringitra. Le Sakeny reçoit comme affluents : à droite l'Ankazondrano et son affluent l'Andranomena qui passe à Janjina, à gauche le Manampanda, le Tsiandoa et le Lohahazo. Le Sakeny arrose Tsinjorano.

Le **Manampanda** (*qui a des taches*) a ses sources opposées à celles de l'Ankeriky (affluent du Mangoka), dans les monts Bemangarahara, arrose Andaka et conflue à quelques kilomètres au nord du Malaimbandy.

Le **Lohahazo** arrose Bosabory sur la route de Malaimbandy à Morondava.

Le **Tsiandoa** arrose Beronono, sur la même route, et se jette dans le Sakeny à 15 kilomètres environ de son confluent.
Passons maintenant au Mahajilo.

Le **Mahajilo** porte, dans son cours supérieur, le nom de **Kitsamby** (*qui est jaunâtre*) et est formé de deux cours d'eau, le Kitsamby du Nord et le Kitsamby du Sud. Le Kitsamby du Nord prend sa source dans le versant Ouest de l'Ankaratra, au pied du Tsiafajavona ; ses deux principales sources sont l'Ampivalanana et l'Andranomiely ; il coule d'abord dans la direction du Nord-Ouest jusqu'à ce qu'il vienne buter contre l'Ivatové (1 880 mètres), qui le force à s'infléchir vers le Sud-Ouest, direction qu'il conserve jusqu'à son confluent avec le Kitsamby du Sud. Le Kitsamby du Nord arrose la ville de Manalalondo (rive gauche), à l'est de laquelle se trouve un marché d'Alatsinainy, Antenimbé (rive gauche), Malakialina (rive droite), laisse à gauche Amberokely et rejoint le Kitsamby du Sud. Le Kitsamby du Nord, quoiqu'il n'ait guère que 40 centimètres de profondeur à la saison sèche, a un débit

Pl. VII. — CHUTE DU KITSAMBY A RAMAINANDRO.

plus considérable et un cours plus rapide que celui du Sud. Les eaux sont constamment troubles, non seulement à cause de la nature de son lit, mais surtout par suite du traitement que subissent les alluvions aurifères de son thalweg, principalement dans la région d'Antsiriry. La route de Ramainandro à Soavinandriana franchit le Kitsamby du Nord à gué, à environ 100 mètres de son confluent avec celui du Sud. Près de Ramainandro se trouvent de belles chutes et, à côté, un pont sur lequel passe la route de Tananarive à Inanatonana. Le Kitsamby du Nord reçoit, à droite, l'Ankazotsipihina et, à gauche, l'Ampitambé.

L'**Ankazotsipihina** (*où les arbres sont rayés*) prend sa source au pied de l'Ankaratra, versant Ouest, arrose Farahery, grand village sur la rive gauche qui, comme son nom l'indique, était un des postes militaires hovas les plus avancés vers l'Ouest. L'Ankazotsipihina laisse ensuite à droite sur un petit affluent le village d'Ambatolaifotsy, se heurte à l'Ambohidravanony (1 710 mètres), et rejoint le Kitsamby.

L'**Ampitambé** (*où il y a beaucoup de gués*) prend sa source sur le versant ouest de l'Ankaratra, au pied du Vohimena (2 305 mètres), au Sud-Est du village d'Ambohitrandriamanitra, arrose Antsonjorano (rive droite), Ambatofotsy (rive droite), village près duquel se tient un marché de Sabotsy, la petite ville d'Ambohitrandriana (rive droite), laisse à droite Ambohitraivo, sur la route de Ramainandro à Tananarive, et se jette dans le Kitsamby du Nord à 400 mètres environ du confluent des deux Kitsamby. L'Ampitambé est remarquable par son cours souterrain de près de 2 kilomètres. Un très beau pont a été construit près d'Ambohitraivo, où la route de Tananarive à Ramainandro franchit cette rivière.

Le **Kitsamby** du Sud prend sa source au sud-ouest de l'Inanobé (2 356 mètres), laisse à droite Ambodiriana, Analamitia, à gauche le grand village d'Antapiafady, arrose Manjakanandriana (rive gauche), Avaratramarovitsika (rive droite), Andranonanahary (rive droite), petite ville à 2 kilomètres de laquelle se tient un marché d'Alakamisy. Puis il forme, à 3 kilomètres environ en amont de Ramainandro, trois belles cascades. Dans la deuxième, la plus belle, les eaux se précipitent dans un superbe bassin en deux jets, du haut d'une falaise volcanique haute de 17 mètres environ. Le Kitsamby passe ensuite au pied de Ramainandro (1 535 mètres), petite ville et chef-lieu de secteur (cercle annexe d'Arivonimamo), à vingt minutes de laquelle se trouvent des eaux ferrugineuses, alcalines, gazeuses, d'une saveur analogue à celle de la source Badoit. Puis, il laisse à environ 1 kilomètre dans l'Est la petite ville d'Isaha, non loin de laquelle on remarque une chapelle catholique, et il se réunit ensuite au Kitsamby du Nord. La vallée du Kitsamby du Sud est assez pittoresque, étroite, fraîche, avec des eaux jaillissantes, quelque verdure, de nombreux bouquets de tapias, des villages propres, entourés d'arbres fruitiers et de cultures. La route de Betafo à Tananarive, par Ramainandro, suit, à flanc de coteau, la rive droite de la rivière jusqu'au Kitsamby du Nord

Les trois chutes représentent une force vive puissante qui pourrait être utilisée pour fournir de l'électricité, actionner des moulins, etc.

Le Kitsamby du Sud, qui traverse le sud de l'Imamo[1], reçoit à droite :

La **Kelilalina** (*la [rivière] petite mais profonde*) prend sa source au mont Kitroka (2 180 mètres), au nord-est de l'Inanobé, arrose le grand village de Kelilalina (rive gauche), Imamolahy (rive droite), et conflue un peu en amont de Manjakanandriana.

Le **Kitsamby**, une fois formé par la réunion des deux cours d'eau que nous venons d'étudier, arrose Ambohitsarabé, Ambohimangakely et Sahaomby Bezezika (rive droite), au confluent du Sahamitaha, Ampasindramahelo (rive droite), Tamponala (rive droite), au confluent du Sakay, Mandrivazo (rive droite), Antanamona (rive droite), Tsinjorano (rive droite), Maraholahy (rive droite), Ankilomaka, Tsianala (rive gauche), Anosimena (rive gauche), Ankazomanga (rive droite), Maroampinga (rive droite), Mbengilo (rive gauche).

Le **Kitsamby**, ou **Mahajilo**, reçoit une quantité d'affluents ou de sous-affluents, dont l'étude détaillée serait fastidieuse. Nous nous bornerons à passer rapidement en revue les plus importants.

Ceux de droite sont : le Beandoma, le Sahamitaha, l'Andranomavo, le Sakay, le Mandalo, le Kelimahery, le Kirano, l'Andranomavomavo, le Manandazaratsy, et le Manandaza ; à gauche : la Manerana, le Sahaomby, l'Andranomanariana, le Makoa, le Mandalokely, l'Ampasikely, la Bevava, l'Antambiazina, la Ranomainty, le Lavaratsy, l'Analadirano, l'Ambatomainty, le Kiranomena, l'Ampandrona, la Telomita et l'Atapa.

Le **Beandoma** a sa source dans l'Ambohitrinimanjaka (1 820 mètres) au sud du lac Itasy. Il passe près de Miadamanjaka (rive droite), laisse à droite Andrainarivo, village au nord duquel se tient un marché d'Alatsinainy, Miantsoarivo, laisse à gauche l'Ambohipisaka (1 525 mètres), le grand village d'Ambohidanerana et d'Andalapianala.

Le **Sahamitaha** (*la rivière à laquelle on fait des offrandes*) passe près d'Ankisabé (rive gauche), et conflue non loin de loin de l'Ankafaro, à Bezezika (rive gauche). Le Sahamitaha reçoit à droite l'Ankarahara et le Mangadona.

L'**Ankarahara** (*où il y a des harahara*) prend sa source au sud-ouest du lac Itasy, passe au pied de la grande ville de Mahatsinjo, à l'est de laquelle se tient un marché de Zoma. Dans les environs de Mahatsinjo se trouvent des eaux minérales très appréciées.

Le **Mangadona** (*la rivière bleue aux serpents*) prend sa source dans le Vinany (1 705 mètres), au sud-ouest du lac Itasy, laisse à droite le village de Nanja, sur le plateau du Nanjabé qui le sépare de l'Ankarahara.

---

1. Imamo était l'un des petits États dont la réunion a formé, au commencement de ce siècle, le royaume d'Imerina ; il s'étendait autour du lac Itasy et avait, pour limite, à l'Est l'Ombifotsy ; sa capitale était Menazary, à 1 500 mètres à l'est du lac (Grandidier).

## GÉOGRAPHIE.

L'**Andranomavomavo** n'arrose aucune localité importante.

Le **Sakay** prend sa source dans le massif d'Ambohimiangara; il coule du Nord-Est au Sud-Ouest et va se réunir au Kitsamby pour former le Mahajilo. Le Mazy, le Saroboy et le Lily sont ses trois principaux affluents. Dans le cercle de Miarinarivo, la route de Tananarive à Ankavandra franchit le Sakay. L'été, il y a un gué, mais, pendant l'hivernage, il faut avoir recours à une pirogue. Il se jette dans le Kitsamby à l'ouest du mont Iakasy.

Le **Mazy** prend ses sources dans la région entre Vovotany et l'Ankazomirohitra; auprès de ces sources se trouve la ville d'Ambohimahiratra avec un marché de Talata au Sud. Il laisse sur sa gauche Miarinarivo, grand village et chef-lieu du cercle de ce nom, un marché d'Alakamisy, rive gauche, près du confluent de la Sahora, sur sa droite Ambohitrimitombo, arrose Ambohitrina (rive gauche), Ankairoka (rive droite), et rejoint le Sakay. Le Mazy reçoit sur sa gauche :

La **Sahora**, qui prend sa source sur le versant Sud de l'Ambohimiangara (1840 mètres), coule au nord du lac Itasy et conflue, après avoir laissé sur sa droite Ambololondrano.

Le Mazy est guéable en temps normal; à la saison des pluies on le traverse en pirogue. Il existe un gué aux environs du village de Mahatsinjo.

Le **Lily** (*qui coupe le pays*) sert de déversoir au lac Itasy d'où il sort au Nord-Ouest par le petit lac Tarazo, passe près d'un marché de Sabotsy Ampefy (rive gauche), où aboutit la route de Soavinandriana à Miarinarivo par le nord du lac. Le passage de la rivière s'effectue en pirogue, près des ruines d'un ancien pont de pierres qui a été emporté, il y a bien des années, par le courant et dont il ne reste qu'une arche d'un assez beau travail. Le Lily passe à Ambohipolo, rive gauche.

D'une façon générale, sa vallée est étroite et encaissée. Sa rive gauche est bordée de montagnes abruptes tandis que sa rive droite est formée par un plateau peu élevé et d'un parcours facile. A sa sortie du lac, le Lily présente des rapides de 8 à 10 mètres de hauteur. Sa largeur est de 50 mètres environ et sa profondeur de $1^m70$ à la saison des pluies. Il est difficilement guéable en raison de son lit de rochers et de l'escarpement de ses berges. Il reçoit à gauche deux affluents, le Zanakolona et le Fotopé qui coulent de part et d'autre du Kasigé (1660 mètres), ancien volcan.

Le **Zanakolona** ([*la rivière de*] *l'enfant de l'homme*) prend sa source entre Soavinandriana et Miadamanjaka, au sud de l'Ambohitrinimanjaka (1820 mètres), laisse à gauche Imerinandrefana, à droite Fidasiana et conflue en aval d'Ambohipolo au sud de l'Andranonatoa.

Le **Fotopé** ([*rivière du*] *haut de la cuisse*) prend sa source au sud du Kasigé et passe près d'Ierana (rive gauche), et d'Ambovo (rive droite).

I. — 10

Le **Lac Itasy** (*cuvette, bas fond*) est situé dans le cercle de Miarinarivo, entre le Mandridrano à l'Ouest et au Sud, l'Ambodirano à l'Est, le Mamolakazo au Nord; il n'a pas moins de 15 kilomètres dans sa plus grande longueur; c'est très probablement le cratère d'un ancien volcan, d'autant plus qu'à l'Ouest il y en a beaucoup, Kopy, Kasigé, etc.; l'un d'eux est d'une régularité parfaite, Altitude du lac, 1 220 mètres, profondeur maximum 6 mètres; il est à 2 jours de Tananarive en filanjane.

Il est très poissonneux et renferme de nombreux crocodiles. Ses bords, recouverts de joncs en certains endroits, sont peuplés de canards, de tourterelles, d'aigrettes, etc.... Malgré les pâturages qui l'entourent, on y remarque peu de villages, et sans grande importance. Les principaux sont en contournant le lac en sens inverse des aiguilles d'une montre, à partir du Lily, Ampefy, route, Ambatomborona, Mandriankeniheny, route, Moratsiazo, route, Ambohimasoandro, Ambatomitsangana, Menazary, l'ancienne capitale de l'Imamo ou province à l'est du lac, Ambonitavy, poste militaire sur un piton, et Ambohitrakanga, village récemment reconstruit au pied du piton et près de la route.

Tous ces villages ne comprennent qu'un très petit nombre de cases. Il faut y ajouter les villages d'Ambohiniazy et de Loholoka, qui sont construits sur des îlots au sud-est et au nord-est du lac. Un certain nombre de cours d'eau se déversent dans le lac Itasy, tous sur le bord oriental. Ce sont, en suivant le même ordre que pour les villages : la Varana, le Matiandrano et le Loholoka.

La **Varana** (*dont l'eau est basse*) prend ses sources au nord-ouest de l'Ambohitsokina (1 890 mètres) entre celles de l'Irihitra et celles de l'Ankazotsipihina, passe à Ambohidriangory (rive droite), à 1 600 mètres au Nord-Ouest d'un marché d'Alakamisy, remonte jusqu'au massif de Tampoketsa qui la sépare de l'Irihitra, et où la Kalariana prend ses sources. La Varana laisse ensuite à 500 mètres à gauche la ville d'Antanamalaza, à sa droite le village de Soavinandriana, au pied de l'Ambatolampy, à gauche le grand village d'Amboniriana, celui d'Ambohibary, un important marché d'Alarobia à 500 mètres au nord-est du village de Mahabo, le village de Tsarahavana (rive gauche), celui d'Anosivola sur une hauteur à 1 kilomètre au Sud et rejoint le lac dans une sorte de baie, en donnant naissance, sur ses bords, aux marais de Fitandambo.

Aucun affluent de droite de la Varana ne vaut la peine d'être cité. Elle reçoit à gauche l'Andranomaitso, le Mananovolo, le Manotopihatra et l'Ampitandambo.

L'**Andranomaitso** (*dont l'eau est verte*) prend sa source dans l'Ivatovekely (1 850 mètres), un peu au nord du Kitsamby du Nord et conflue à petite distance de Soavinarivo.

Le **Mananovolo** prend sa source au sud du Manjavy (1 625 mètres), passe près de la petite ville d'Antantely (rive gauche), au pied du mont Iasy (rive droite (1 575 mètres), arrose Maroboka (rive gauche), longe au Sud l'Ambohitrolona (1 630 mètres), qui forme une véritable presqu'île, et rejoint la Varana au sud de Tianana.

Le **Manotopihatra** prend sa source près d'Ambodifiakarana au sud du Manjavy (1 625 mètres), coule de l'Est à l'Ouest dans une région peu peuplée, au sud du massif montagneux du Nanjabé (1 720 mètres), et conflue au nord-ouest d'Anosivola.

L'**Ampitandambo**, qui prend sa source dans le Taikovato (1 625 mètres), au sud de Mandrosoa, laisse à gauche le marché de Talata Mandondona, à droite Marokobabo, à gauche Ambohitraina sur un piton et rejoint la Varana dans les marais de Fitandambo.

Dans le lac Itasy se jettent encore le Matiandrano et le Loholoka.

Le **Matiandrano** (*la rivière du Noyé*) est formé de deux sources principales, qui descendent l'une de l'Ambohimiangara (1 840 mètres), l'autre de l'Ankazomirohitra (1 560 mètres), à l'ouest de Moratsiazo. Le Matiandrano forme pendant une bonne partie de son cours la limite entre le cercle de Miarinarivo et le cercle annexe d'Arivonimamo. Il laisse sur sa droite la ville d'Ierana, sur sa gauche le grand village d'Ambohitrandriamanitra, Marovoay, Ambohimarina sur une hauteur et se jette dans le lac près de la bouche de la Varana, dans les marais de Fitandambo. Il y a lieu de remarquer que, sur sa rive droite, le Matiandrano baigne le pied même des montagnes, tandis que, sur sa rive gauche, la vallée présente une certaine largeur et les montagnes s'abaissent en pente plus douce. Les affluents de droite sont par suite très courts ; beaucoup sortent de petits lacs.

Le Matiandrano reçoit à gauche :

L'**Andriambola** (*où il y a des cascades d'argent*) est formé de deux sources, entre lesquelles se tient un marché d'Alakamisy, au nord-ouest du grand village d'Amparibohitra, et qui se réunissent près de Manjaka. L'Andriambola conflue en face d'Ierana.

Le **Loholoka** (*creux pourri*) descend de l'Ambohimiangara (1 840 mètres), laisse à gauche un marché d'Alakamisy, plus bas un marché de Zoma, et a son embouchure dans les marais au nord-ouest de Menazary.

9° Le **Manambolo** prend sa source près de Tompomanandrarina. Il franchit la limite occidentale du soulèvement granitique par un passage étroit, semé de rapides et de chutes, qui est situé au sommet de l'angle saillant au nord-est du village de Miadanarivo.

Le cours du fleuve présente un développement total de 500 kilomètres environ. Il est formé de plusieurs branches, environnées de marais, dont le plus important est le lac Tserika. Son cours est torrentueux, semé de rapides, au milieu d'un bassin convulsé par les bouleversements géologiques et les érosions fluviales qui leur ont succédé ; il n'est par conséquent pas navigable.

A partir d'Ankavandra, il a une largeur moyenne de 150 mètres et une profondeur maximum de 1ᵐ50 sur fond de sable et de gravier, profondeur qui n'existe que dans le chenal continu situé du côté droit. Dans les tournants, il s'élargit et est barré par des bancs de sable dont le niveau est à 0ᵐ30 ou 0ᵐ40 au-dessous de celui de l'eau. Il est par conséquent guéable sur presque tous les points de son parcours. Les crues de la saison des pluies le rendent infranchissable, car sa profondeur atteint alors 2 mètres et sa largeur 200 mètres. Il traverse une vallée ravinée, coupée de falaises et de marécages, qui est peu inclinée ; la vitesse du courant ne dépasse pas 0ᵐ50 à la seconde ; la pente n'est pas continue, il y a quelques rapides. Ceux de Bekopaka, au débouché du Bemaraha, à 100 kilomètres d'Ankavandra, sont néanmoins franchissables ; il est navigable ainsi pendant 60 à 70 kilomètres pour toute embarcation fluviale.

En amont de ces rapides, les pirogues, calant peu et portant 8 à 12 hommes, remontent en saison sèche jusqu'à Ankavandra. Dans ce genre de navigation, il y a lieu de se préoccuper des tournants, où les ensablements se produisent avec facilité. Les pirogues mettent, dit-on, 7 jours pour aller de Bekopaka à Ankavandra (probablement chargées) et 1 jour pour descendre (probablement à vide).

Pendant la saison des pluies, la navigabilité est arrêtée, probablement à cause de l'instabilité des pirogues. Le Manambolo est beaucoup moins important que le Tsiribihina. A son embouchure, il se divise en plusieurs branches, sur l'une desquelles se trouve le poste de Benjavilo qui est en même temps un port d'une certaine valeur. Sur la rive gauche, et à son embouchure, se trouve le port de Mafaindrano.

Ses affluents de la rive droite sont :

L'**Ankarakely**, dont l'embouchure se trouve près de Bevato ;

Le **Sahony**, qui se jette dans le Manambolo au nord de Tsiroanomandidy ;

Le **Bekopa**, qui a pour affluent le Tsibolabola, au nord-ouest du mont Zozonomby ;

Le **Bebao**, qui sort de la forêt d'Analabé, grossi de l'Ambelala ;

Le **Manambolo maty** (*ancien Manambolo*) qui passe près du poste de Maroabo et se jette près d'Ankavandra dans le Manambolo proprement dit.

Ses affluents de la rive gauche sont :

L'**Ampasindava** qui passe près de Bevato ;

L'**Amparana** qui laisse Tsiroanomandidy à l'Ouest ;

L'**Ankavandra** qui se jette à Ankavandra ;

10° La **Sahoany**, qui prend sa source dans le Bemaraha ; elle coule d'abord du Nord au Sud en longeant le pied du Bemaraha et laisse à gauche le village de Besangosango, village entièrement habité par des Antanosy venus du Sud pour y exploiter des bois. Un peu après, elle s'infléchit à l'Ouest et coule assez doucement dans une vallée marécageuse, accidentée de collines boisées. Elle laisse à gauche les villages de Kiangy et de Soatanana ; à droite, sur un petit affluent, le village d'Ambaralahy, résidence de Tsimizezika. A son embouchure, se trouvent les petits ports d'Ankelivaky et de Sahoany.

La rivière est navigable pendant 20 kilomètres, depuis Ankibofotsy jusqu'à son embouchure, pour les boutres du canal de Mozambique.

La Sahoany est une rivière importante à cause de son commerce de bois. Dans tout son cours supérieur, en effet, elle longe le Bemaraha sur les flancs duquel se trouve la belle forêt d'Antsingy qui, autrefois, a fourni à l'exportation une grande quantité d'ébène.

11° Le **Tondrolo**, dont le cours conduit du pied du Bemaraha à la mer, n'a pas d'importance.

12° L'**Ampandikoarana** finit dans la baie du même nom, en face des îles Stériles. Le port est d'un accès difficile.

13° La **Demoka**, dont les sources nombreuses, qui viennent d'un contrefort du Bemahara, se réunissent à l'est de Maintirano, coule directement vers l'Ouest en laissant à droite le village d'Antranovory, passe entre les villages d'Andemoka et d'Ankatoka, ancienne résidence de la reine Bibiasa, et finit à quelques kilomètres au sud de Maintirano.

14° Le **Kiranorano** prend sa source dans l'épanouissement du Bemaraha et coule de l'Est à l'Ouest, de Maintirano au **Namela** qui vient du Nord. La réunion de ces deux rivières a lieu au milieu de marais. Le lit commun se déverse dans la mer par un delta sur les branches duquel se trouve le port de Maintirano. Le delta est navigable jusqu'à Andemba.

15° Le **Manambao** est formé de la réunion du Kiromby et de la Sahasarotra qui prennent leurs sources près de Makarainga, à côté de celles du Mahavavy. Il coule au Nord-Ouest dans une vallée fort habitée, passe près de Morafeno, laisse à gauche le village d'Ambalarano, reçoit, venant du Sud, le Bemarivo qui traverse un terrain jonché d'arbres silicifiés. En face d'Ambalarano se dresse le massif boisé du Fongia. Il traverse ensuite le Bemaraha, qui n'est plus qu'une arête calcaire, et se jette dans la mer par deux embouchures, entre lesquelles se trouve le port de Tamboharana.

16° L'**Andranobé** a été exploré par Rutemberg, qui y a été assassiné en 1878.

17° Le **Ranomavo** descend du Bongolava, coule du Sud au Nord, passe près d'Andranomavo (rive gauche), traverse l'Ambao et se jette dans la baie de Baly à Soalala. Cette rivière, plus importante qu'on ne l'avait cru d'abord, traverse la région de l'Ambongo.

18° Le **Mahavavy** (*qui rend femelle*) porte dans la partie supérieure de son cours le nom de Zangoa. Il prend sa source près de Tompomanandrarina, ancien fort hova, traverse la chaîne du Bongalava, le Menavava, arrose Tsitampitsy, forme le grand lac Kinkony à gauche, passe à Ambalabongo (rive droite), à Boboky, à Antsoha, à Namakia, et a son embouchure à l'est du cap Tanjo. Le Mahavavy permet le transport par pirogues sur une grande partie de son cours, en aval des chutes de Laizony. Quoique débitant beaucoup d'eau, il n'est pas navigable à cause de ses nombreux rapides.

19° La **Betsiboka** (*la grande* [*rivière*] *qui n'est pas saumâtre*) est formée de la Mananara et du Jabo, qui tous deux prennent leur source entre Ambohidrabiby et Manjakandriana.

La **Mananara**[1] (*où il y a des roches*) est formée de deux sources : la Mananara orientale, qui a son origine à l'est de Soavinandriana, et la Mananara occidentale, qui vient du sud d'Anosimanjaka. Ces deux sources se rejoignent à 2 kilomètres au nord d'Ambatomena. La Mananara passe près d'Ankazondandy (rive droite), chef-lieu de secteur, avec un marché d'Alarobia au Sud-Ouest, arrose Anjohy (rive droite), Analatsara (rive gauche), Nosifito (rive droite), Amboniakondro (rive droite), laisse à droite Vodivato (*blockhaus*), à gauche Andranomadio, avec un marché d'Alakamisy à l'Est.

La Mananara, après avoir ainsi côtoyé la forêt, coule vers le Nord-Ouest en longeant la chaîne d'Ambohimarimbé (rive droite). Dans cette partie de son cours, elle arrose Nosimianarivo (rive gauche), Maringibato (rive gauche), laisse à droite un marché de Talata où passe la route de Tananarive à Antsatrana, laisse à droite Vohilena, bâti sur une hauteur, chef-lieu de secteur, et rejoint le Jabo un peu en aval de Miarinkifeno.

Un pont est établi sur la Mananara près du massif de Vohilena.

La haute vallée de la Mananara est fertile et saine. Elle est particulièrement fertile jusqu'à Anjohy. Les pâturages y sont excellents, les terres bonnes. La plupart des cultures y réussissent très bien, riz, pommes de terre, manioc, patates, haricots, ainsi que les mûriers, le tabac, etc.... Les rizières cultivées près des sources mêmes sont nombreuses et particulièrement belles.

En outre, les premières expériences qui ont été faites permettent d'espérer que le blé viendra aussi dans cette région, qui était d'ailleurs peu peuplée avant l'insurrection. Jusqu'à Analatsara la rivière est guéable de distance en distance, avec une profondeur maximum aux gués de $0^m60$ et une largeur maximum d'environ 15 mètres à la saison sèche.

1. La Mananara est la véritable source de la Betsiboka, et même, suivant Grandidier, Mananara est le nom sous lequel ce fleuve aurait été désigné jusqu'au commencement de ce siècle. A cette époque, le nom de Mananara aurait été taboué par les Sakalaves qui lui auraient substitué celui de Betsiboka.

## GÉOGRAPHIE.

D'Anjohy à sa sortie du cercle d'Anjozorobé, les chutes alternent avec les gués.

Le principal affluent de la Mananara est :

Le **Soavinaky** (*la bonne [rivière] qui s'est écoulée*) qui est formé de deux sources, lesquelles viennent de la région d'Ampetsapetsa, près d'Ambalazanakomby où passe la route carrossable de Tananarive à Anjozorobé. Le Soavinaky passe près de Soavinarivo (rive gauche), près d'Ambohibary (rive gauche), laisse sur sa droite le village de Manohilahy (poste au Nord, blockhaus au Sud), et conflue à quelques kilomètres de la limite du cercle d'Anjozorobé.

Le **Jabo** (*jabo*, nom d'arbre) prend sa source, comme la Mananara, près du village d'Ambohidrabiby, passe à Ambatomenaloha, coule entre le Papango et l'Angavo, communique avec le Kelimantsina (rive droite), arrose les lacs Andranofotsy et Karakaraka, arrose Tikoderaina, village et poste au confluent de l'Amparibé sur la rive gauche, Miarinkifeno (rive gauche), et se joint à la Mananara.

La vallée du Jabo, d'abord très encaissée, s'élargit brusquement à partir du confluent du Sahasarotra et forme, surtout près des deux lacs, une grande plaine marécageuse, bordée par des hauteurs tourmentées dont les sommets dominent parfois de 400 mètres le niveau de la vallée. Ces hauteurs sont inhabitées, dénudées, couvertes seulement de hautes herbes ; vingt et un villages bordent la plaine marécageuse de la rive droite du Jabo, dix-sept sont établis entre le Jabo et l'Amparibé.

Les villages situés au nord des lacs sont les plus prospères. Les indigènes y exploitent de vastes rizières et pratiquent en grand l'élevage des bœufs. Presque partout ils cultivent le tabac, la canne à sucre, le manioc, les patates, etc..., car les basses vallées sont fertiles. En outre, les poules abondent dans tous les villages ; les lacs et les marais sont poissonneux ; on trouve aussi du gibier : perdrix, canards sauvages, pintades sauvages.

En résumé, la région se prête à la culture de tous les légumes d'Europe et à l'élevage de la volaille et des bœufs.

Le Jabo n'est pas navigable ; le fond est sablonneux et les pirogues y sont peu nombreuses.

Les principaux affluents du Jabo sont : à droite l'Andranobé, la Sahasarotra, le Kelimantsina ; à gauche, l'Amparibé, le Lahimena et la Tsibaina.

L'**Andranobé** (*où il y a beaucoup d'eau*) est formé de trois sources de ce nom qui ont leur origine entre le massif de Langana et la Mananara occidentale ; elles se réunissent au sud-ouest du village d'Ambohitrolomahitsy (cheflieu du secteur du cercle d'Anjozorobé), auprès duquel se tient un marché d'Alakamisy.

L'Andranobé, ainsi formé, quitte ce cercle pour entrer dans celui d'Ankazobé, au nord de la chaîne de Baka. Il y arrose Ambohibao (rive gauche), laisse Kalohy à droite et se jette dans le Jabo à Ambatomenaloha.

A Ankazobé même, l'Andranobé est franchi par un magnifique pont de 60 mètres où passe la route Tananarive-Majunga.

La **Sahasarotra** (*la rivière difficile*) prend sa source au nord du Mahatsinjo (1 510 mètres), passe près de Mangatany (rive gauche), Ambatomainty (rive gauche), la route carrossable de Tananarive à Anjozorobé, avec un marché d'Alatsinainy, laisse à gauche Beloha, à droite Mangaray Tsarasaotra, poste militaire.

A Ambatomainty, la force du courant et la largeur de la rivière ont forcé à construire un pont à deux arches.

Le **Kelimantsina** (*petit qui sent mauvais*) déverse lentement les eaux des lacs Andranofotsy et Karakaraka, en serpentant à travers un vaste marécage. Il n'est pas navigable, c'est plutôt un vaste marais.

L'**Amparibé** (*où il y a beaucoup de cannes à sucre*) prend sa source dans le Langana, à environ 4 kilomètres au nord de l'Ambohimanga, passe près de Soamanandray (rive gauche), Imerinavaratra (rive droite), laisse Ambato à sa droite, Manankasina à sa gauche et conflue à Tikoderaina, poste militaire. On trouve très peu de villages sur la rive gauche de l'Amparibé. Cette rivière coule sur un fond de sable et n'est nulle part navigable.

Le **Lahimena** (*la rivière rouge*) coule parallèlement à l'Amparibé et se grossit à gauche d'un affluent qui vient d'Ampakarandra.

La **Tsibaina**, dont l'une des sources sort de la forêt d'Ambohitantely, arrose Ankerana, passe près d'Ambohimangakely (rive gauche), et conflue un peu en amont de Miarinkifeno.

La **Betsiboka** (*la grande [rivière] qui n'est pas saumâtre*) passe à Moraféno (rive droite), Vombohitra, Moratsiazo, Manankerana, Manadabo, Antsatrana, chef-lieu de secteur, Antanimaribé (rive droite), Amparihibé (rive droite), Kamory (rive gauche), conflue avec l'Ikopa, arrose Besarondroha (rive droite), Ankarambily et laisse à droite Marovoay, tête du delta. A partir de ce point, la Betsiboka se divise en deux grands bras; le bras occidental ne tardant pas lui-même à se subdiviser en deux branches, il en résulte que la Betsiboka se jette par quatre branches dans la baie de Bombetoke. Le plus important est le bras oriental sur lequel se trouvent Mahatsinjo (rive droite), Mevarano (rive droite), Ambohitrombikely (rive droite), où commence la baie de Bombetoke à laquelle succède la baie de Majunga avec la ville de Majunga (rive droite), et Anorombato à la pointe Est. Les quatre bras portent les noms suivants, allant de l'Est à l'Ouest : grand bras, ou bras oriental, celui qu'emprunte la navigation, Manana ou Ambatokely, un bras sans nom, Morakary, Mahabo ou Kandranikely. La Betsiboka est, après le Mangoro, le plus grand et le plus important des fleuves de Madagascar; son cours est d'environ 320 kilomètres; son lit, malheureusement, s'ensable très facilement et, dans la partie inférieure de son cours, son débit est très inégal; pendant la saison des pluies son lit est assez profond pour permettre à une chaloupe à vapeur de faire le service entre Majunga et les mines de Maevatanana-Suberbieville (238 kilomètres), tandis que, pendant la saison sèche, ce service ne se fait plus qu'entre Majunga et Marovoay (71 kilomètres).

Le cours supérieur de la Betsiboka présente des chutes, notamment entre Bemarivo et Ambodiroka. Après son confluent avec l'Ikopa, il n'y a plus de rapides, mais un grand nombre d'îlots ou de bancs de sable.

On ne rencontre guère de hauteurs que sur la rive droite, au coude d'Antanampasy, qui présente une sorte de rempart de 100 mètres d'altitude environ, et à l'entrée de la bouche de Manana, bras Est. Les bords du fleuve sont généralement formés de berges basses, sablonneuses, dénudées. Çà et là, on rencontre quelques touffes de roseaux, des palétuviers, des bananiers.

Les principaux affluents de la Betsiboka sont: à droite, la Mananta, le Tsimaloto, le Kamory, la rivière de Marovoay; à gauche l'Isopy, la Manandona, la Roandriantoavina, l'Ikopa, le Mariarano et le Laboharo.

*Affluents de droite de la Betsiboka.*

La **Mananta** (*à laquelle on offre un ex-voto*) est formée de deux Manantakely qui viennent de la forêt : celle du Nord a sa source au nord d'Ambaravarambato, celle du Sud au nord-ouest de Merimitatatra; elles se réunissent à 800 mètres au nord de Tanifotsy. La Mananta laisse à droite Ambohimpanompo avec un marché d'Alarobia à l'Ouest, arrose Ambohimandrosoa (rive droite), Mamomisona (rive droite), où elle reçoit à droite l'Andriamiamba, Andranomiantra (rive gauche), Tsarahafatra (rive droite), ancien fort hova, et conflue en amont de Morafeno.

La Mananta reçoit à droite la Lakazaina.

La **Lakazaina** (*que l'on est obligé de traverser en pirogue*) est formée d'un certain nombre de sources : Antsirabé, Ambakoana, Antsiranampotsy, qui viennent des environs d'Androva, à l'extrémité Nord du cercle d'Ambatondrazaka, sur les confins de la forêt. Elle arrose Androva (*blockhaus*), Manankasina (rive gauche), Ankazomena (rive gauche), Ambohimanja (rive droite), et Ambohibahoaka (rive gauche). Elle reçoit à gauche l'Andranomavo. Près d'Ambohimanjaka le passage de la rivière s'effectue en pirogues; un peu en aval, il existe un gué qui ne correspond à aucun chemin tracé.

L'**Antsanjy** (*où il y a des sanjy* [*arbres*]) arrose Betatao, rive gauche, avec un marché de Zoma à l'Est, près d'un blockhaus, Ambohimalaza (rive droite), et conflue en face d'Ambohimanjaka.

Le **Tsimaloto** (*qui n'est pas salé*) passe près d'Ambodiamontana (rive droite), ancien fort hova; il y a des gisements d'or riches.

Le **Kamory** (*[qui forme] des flaques d'eau*), qui contourne une haute montagne sur laquelle est bâti Antongodrahoja, ancien fort hova (1 225 mètres), arrose Ambohitromby et se jette dans la Betsiboka un peu en amont d'Ambato.

La **rivière de Marovoay** (*où il y a beaucoup de crocodiles*) passe à Angoribary, Marovoay et se jette dans la Betsiboka à Mahatsinjo. Comme son nom l'indique, elle est infestée de crocodiles.

*Affluents de gauche.*

L'**Isopy** (*nom d'arbuste*) prend sa source près de la forêt d'Ambohitantely et arrose Madiomby (rive gauche). Vient ensuite la Manandona.

Après la Manandona, la Betsiboka reçoit, à gauche :

Le **Roandriantoavina** (*le noble qui est obéi*), qui n'arrose lui-même aucune localité importante, est formé de la réunion à Anjiajia du Marokolohy et de l'Ampasiry.

Le **Marokolohy** (*beaucoup de petits moustiques [kolohy]*) prend sa source près du camp de la Cascade, au nord de Soavinandriana et passe près de Marokolohy à Antsiafabositra (rive gauche). Le Marokolohy a, à la saison sèche, 10 mètres de large et 15 centimètres de profondeur ; il coule sur un lit de galets et de sable ; ses deux rives, à berges plates, sont couvertes d'arbres épais. Sa vallée renferme des rizières et des pâturages, elle se relie, sur la rive droite, par des pentes douces aux monts Ambohitsimizozana qui dominent la plaine d'environ 200 mètres.

L'**Ampasiry** (*au tombeau d'Iry*) prend sa source au sud-ouest du village de ce nom, qui est bâti sur un mamelon et où il y avait autrefois une garnison hova, passe au pied (rive gauche), et rejoint le Marokolohy à Anjiajia. L'Ampasiry a environ 10 mètres de largeur sur 15 centimètres de profondeur à la saison sèche ; il coule sur un lit de galets et de sable entre des berges argileuses de 2 mètres de hauteur plantées d'arbres. Sa vallée renferme des pâturages et des troupeaux.

L'**Ikopa** (*qui coule avec bruit*) prend sa source au nord du rocher de l'Angavokely (1 810 mètres), entre l'Angavokely (1 810 mètres) et l'Ambatodravony (1 662 mètres), au sud-est de Maharidaza.

Cette source est opposée par le sommet à celle de la Mananara orientale, dont elle n'est séparée que par le plateau, à l'est de Maharidaza. Jusqu'à son confluent avec la Varahina, elle n'arrose aucune localité importante. Elle rejoint ce cours d'eau après avoir laissé sur sa droite Ambohimanambola (l'une des trois villes saintes de l'Imerina).

Les deux cours d'eau forment un marais à leur confluent et, sur la plupart des cartes, ce n'est qu'à partir de leur jonction que le nom d'Ikopa leur est donné.

L'Ikopa remonte alors au Nord vers Ambohipeno, puis longe le lac d'Ambohipo, dont elle reçoit les eaux. D'Ambohipo à Andohatapenaka, elle forme un demi-cercle qui entoure Tananarive au Sud-Ouest.

Le sommet de la ville, le palais de Manjakamiadana, domine d'environ 200 mètres la vallée de l'Ikopa[1]. A Tananarive, l'Ikopa n'est pas guéable à la saison sèche. Les digues qui constituent les berges sont à pic. Le fleuve a environ 1$^m$80 de profondeur. Un bac a été installé à Nosizato par le génie militaire.

Dans cette partie de son cours, l'Ikopa laisse sur sa gauche la ville d'Ialasora, passe à Antanjombato, Nosizato, Nosipatrana (rive droite), Ambaniala (rive gauche); laisse sur sa gauche Ambohidrapeto, sur une hauteur; arrose Marobiby (rive gauche), Vohinolona (rive gauche), Betafo (rive droite), Fiakarana (rive gauche), Ambohitrimanjaka (rive gauche), Nosimanjaka (rive gauche), Soavinimerina (rive droite), au nord de laquelle se tient un marché de Talata, Andramatoakapila (rive gauche), laisse à droite Ambohitriniandriana, Soavimanjaka, Manankasina (rive gauche), Tsarahonenana (rive droite), Tsinjorano (rive droite), Tsarasaotra (rive droite), Ambodiroka (rive droite), Mevatanana (rive droite), ancien fort hova sur une hauteur au pied de laquelle se trouve Suberbieville, centre des exploitations aurifères de M. Suberbie[2]. L'Ikopa arrose encore Marololo, rive droite, et se jette dans la Betsiboka à Ankomotro.

De Tananarive à Ambohitriniandrana, la vallée de l'Ikopa est large, fertile, très peuplée. Ses bords sont couverts de rizières; ils sont particulièrement riches autour de Tananarive dans la plaine de Betsimitatatra qui est vraisemblablement un ancien lac.

Au delà d'Ambohitriniandriana, la vallée de l'Ikopa est très peu peuplée et par suite très peu cultivée.

Sa rive gauche se présente sous la forme d'un vaste plateau inculte et désert, riche en mines, faiblement ondulé jusqu'à Suberbieville. La longueur du cours de l'Ikopa est d'un peu moins de 400 kilomètres.

A noter sur le cours de l'Ikopa le point d'Ambatonakanga où existe un rocher placé au milieu du courant qui pourrait servir de pile naturelle à un pont.

En raison des nombreux rapides qu'elle présente, cette rivière n'est pas navigable. Les chutes les plus remarquables qu'elle forme sont celles de

---

1. La vallée est à 1 240 mètres et le faucon du palais à 1 448 mètres.

2. *Exploitation Suberbie*. — Le 3 décembre 1886, M. Suberbie, ancien représentant à Madagascar de la maison marseillaise Roux et Fraissinet, obtenait du gouvernement malgache la « concession des mines d'or de la côte Ouest de Madagascar ». Cette concession comprenait un vaste terrain situé dans la région de Mevatanana.

Ce terrain renferme de l'or en plus ou moins grande quantité, soit à l'état de poudre dans les alluvions anciennes et récentes, soit à l'état de pépites dans les quartz. D'où deux procédés d'exploitation, le lavage et le broyage. A Ampasiry, des chutes hydrauliques permettent de procéder au lavage en grand des alluvions d'après le système californien. A Suberbieville, deux decauvilles amènent, des filons au concasseur, les quartz aurifères dont l'or, après le broyage, est isolé à l'aide du mercure. L'or est ensuite fondu à l'usine de Suberbieville et expédié tous les mois en France sous forme de lingots. Avant la campagne, la production était, dit-on, d'environ 100 000 francs par mois; mais on admettait que pendant le même laps de temps 100 kilos environ d'or étaient détournés.

Farahantsana, à la descente du plateau de l'Imerina, en aval de Soavinimerina.

On peut citer encore celles d'Ikalomainty, en amont d'Anjiajia, et celles d'Ambodiroka au confluent du Menavava. Ces chutes semblent pouvoir être utilisées pour la production de l'énergie motrice nécessaire aux industries à créer.

Les principaux affluents de l'Ikopa sont, à droite : le Mamba, le Mariarano, l'Andohanga, l'Andranobé, l'Antoby, le Manankazo, le Firingalava, le Kamolandy, la Nandrojia ; et à gauche : la Varahina, le Sisaony, l'Andromba, la Toarendrika, l'Anorana, le Kotoratsy, la Manandriana, le Masiaka, la Tsihitabehiany, le Mandraratsy, le Menavava, le Jabohazo.

Le **Mamba** ( [*la rivière aux*] *crocodiles*) descend du plateau Sud-Est de l'Ambatomalaza, laisse à gauche Ilafy, chef-lieu de secteur sur une hauteur à droite d'Ambatofotsy, Namehana avec un marché de Sabotsy à l'Est, traverse de vastes rizières et coule parallèlement à l'Ikopa qu'il rejoint entre Nosimanjaka et Soavinimerina. Le Mamba se grossit, à droite, de trois affluents ; le premier passe près d'Ambohidrabiby, grande ville avec le tombeau du roi Ralambo (rive droite), et d'Ambatofotsy (rive droite) ; le second, qui prend sa source près d'Ankadivoribé (rive gauche), laisse à gauche Ambohimanga, la ville sainte, construite sur une hauteur, et renfermant les tombeaux de trois rois ou reines (Andrianampoinimerina, Ranavalona I$^{re}$ et Ranavalona II), arrose Imerimandroso (rive droite), avec un marché d'Alatsinainy à 1 500 mètres au Nord-Ouest. Le troisième affluent prend sa source près de Fiakarana, laisse à gauche Ambohidratrimo, à droite Maroloha et Antanantanana, et rejoint le précédent un peu en amont du confluent du Mamba avec l'Ikopa.

Le **Mariarano** (*l'eau coule violemment*) prend sa source au sud-ouest de Manankasina, laisse à gauche Ambohimanjaka avec un marché de Zoma à l'Est, Nandihizana à droite, Ambohimirimo avec un marché de Sabotsy à 1 300 mètres au Nord-Ouest, passe près du marché de Talata de Soavinimerina et conflue un peu en aval de cette dernière ville. Le cours inférieur du Mariarano est marécageux. Il reçoit à gauche un affluent qui passe près d'Ambohitsimeloka (rive gauche).

L'**Andokanga** (*où il y a un lokanga* [*instrument de musique*]) coule parallèlement à l'Ikopa, en laissant à droite Ampanokely, à gauche Ambohitrinilahy et conflue presque en face d'Andramatoakapila.

L'**Anjomoka** (*qui est plein de poussière*) prend sa source dans l'Ambatolava (1 550 mètres), près du Lohavohitra (1 740 mètres), arrose Anjomoka (rive droite), Soavina (rive gauche), Amboditavo (rive droite), et conflue au pied des monts Ankarahara (1 740 mètres). Son cours est marécageux jusqu'auprès de ces montagnes. Affluents de droite : la Kelilalina, la Mananara et le Mangidy ; il n'y a qu'un affluent de gauche. L'Anjomoka a 6 mètres de large et 30 centimètres de profondeur, pendant la saison sèche, et coule sur un fond de sable et de galets.

La **Kelilalina** (*petit, mais profond*) prend sa source dans l'Ankarahara (1 740 mètres), passe au pied Est du Lohavohitra, arrose Ambatomainty et se jette dans l'Anjomoka un peu en amont de Soavina.

La **Mananara** (*qui a des roches*) a sa source dans l'Ankarahara, près du village de ce nom, passe près de Fihaonana, rive gauche, et conflue un peu en aval de Soavina.

Le **Mangidy** (*dont l'eau est amère*) prend sa source près de Sambaina, au sud du Mandrarahody (1 625 mètres), passe près d'Ambohitsimanoto (rive droite), à 1 800 mètres au nord d'un marché de Sabotsy, et conflue au sud de l'Ambohimifonozaka; l'affluent de gauche passe près de Babay, ancien chef-lieu de cercle militaire (rive gauche).

L'**Andranobé** (*qui a beaucoup d'eau*) prend sa source dans l'Ampasimavo (1 524 mètres), arrose Sarobaratra (rive gauche), Antoby (rive droite), sur une crête (1 195 mètres), Ambohitromby, Ankazobé, chef-lieu de cercle militaire avec un grand marché d'Alatsinainy. A partir de ce point, l'Andranobé quitte sa direction primitive Sud-Est Nord-Ouest pour couler de l'Est à l'Ouest. Il se jette dans l'Ikopa au pied des monts Ambatomalaza. Sa vallée est marécageuse jusqu'à ce coude. A Antoby, il traverse une crête rocheuse, monts Ankarahara (rive gauche), et monts Tsiafabalala (rive droite), qui domine la plaine de 100 mètres environ. Rizières bien cultivées. A Ankazobé, l'Andranobé a 35 mètres de largeur, 40 centimètres de profondeur, pendant la saison sèche; fond de sable, guéable partout, berges de 2 mètres. Il est traversé en ce point par un magnifique pont de 60 mètres (route de Tananarive à Majunga).

L'Andranobé n'a qu'un affluent important à gauche :

La **Kelilanosina** (*petit, mais qu'on ne peut traverser qu'à la nage*) qui passe près de Sambaina (rive gauche), et conflue en aval d'Ankazobé.

L'**Antoby** (*au camp*) descend des monts Tsiafabalala, près de Maharidaza, et passe à Lazaina (rive gauche), avec un marché de Talata au Sud, à Tandrokomby (rive droite), et coule au pied de l'Angavo (rive gauche), bloc basaltique de 4 à 5 kilomètres et de 1 200 mètres d'altitude; à Tandrokomby, l'Antoby a de 10 à 15 mètres de large et 20 centimètres de profondeur (gué), et les berges sont argileuses.

Le **Manankazo** (*où il y a des arbres*) prend sa source au sud de la forêt d'Ambohitantely, arrose Manankazo, laisse à droite Kiangara, chef-lieu de secteur, et conflue à Tsarahamena (rive droite); à Kiangara, le Manankazo est guéable avec 40 mètres de large et 40 centimètres de profondeur. Il coule sur un fond de sable et de galets.

Le **Firingalava** (*fumier sans interruption, humus*) prend sa source à l'Est et près de Kiangara et arrose Tsiafindramaso (rive droite), Ambohinoro (rive droite), passe à Ampotaka, ancien fort hova (rive droite), forme la cascade d'Andriambato, arrose Fanjavarivo (rive gauche), point près duquel il reçoit le Mamokomita, puis s'infléchit brusquement vers l'Ouest pour aller confluer à l'Ikopa. Entre Ambohinoro et Ampotaka, le Firingalava a 20 mètres de large sur 20 centimètres de profondeur, à la saison sèche. Dans la partie supérieure de son cours, il porte le nom de Behanararesina jusqu'au défilé de ce nom. Il reçoit à droite :

Le **Mamokomita** (*où l'on s'abreuve avant de traverser à gué*) arrose Antafofotra (rive gauche), forme des cascades, passe à Maroharona et se jette dans le Firingalava entre Fanjavarivo (rive gauche), et Mangasoavina (rive droite). A Maroharona, le Mamokomita a 60 mètres de large et 40 centimètres de profondeur. Belles chutes.

Le **Kamolandy** (*paresseux et propre*) passe à Tsimahafotsy (rive droite), à Ambodiamontana (rive gauche), à Malatsy (rive droite), au pied du mont Andriba, 900 mètres (rive gauche).

Le Kamolandy a une largeur de 30 mètres et est guéable partout; fond de sable, berges plates; sa vallée est couverte de rizières, de prairies et de nombreux troupeaux de bœufs.

La **Nandrojia** (*qui a déplacé le sable*) descend du mont Iberitsa (360 mètres), passe à Nandrojia (rive gauche), et laisse Mevatanana à 4 kilomètres à gauche. Elle conflue à Manganoro dans une région boisée.

*Affluents de gauche de l'Ikopa.*

La **Varahina** ([*la rivière au*] *cuivre*) est formée de deux cours d'eau, la Varahina du Nord et la Varahina du Sud.

I. **Varahina du Nord** prend sa source au mont Ambohibé (1 603 mètres), un peu à l'Ouest de la forêt, coule d'abord du Sud au Nord jusqu'à l'Antanambo et, à partir de ce point, coule de l'Est à l'Ouest en laissant à gauche Lazaina, poste près duquel elle forme de petites chutes qui avaient été utilisées par Laborde, à droite, Ambohidahy. Puis elle arrose Ambohipaniry et rejoint, près d'Ankarona (rive droite), la Varahina Sud.

La Varahina Nord reçoit, à droite, l'Anjozoro et le Mady; à gauche, la rivière d'Imerinarivo.

**L'Anjozoro** (*où il y a des joncs*) prend sa source dans l'Ambohidraondriana (1.601 mètres), au nord du tronçon de la ligne d'étapes, entre Manjakandriana et Ankeramadinika, coule du Nord au Sud, en arrosant Anjozoro, (rive droite), Mantasoa et Soatsimanampiovana (rive gauche), centre des anciens établissements de Jean Laborde[1].

Le **Mady** (*courant violent*) descend de l'Antsokina (1 525 mètres), passe près de Manjakandriana (rive gauche), et conflue un peu en amont d'Ambohidahy.

La **rivière d'Imerinarivo** (*où il y a mille habitants d'Imerina*) passe près d'Imerinarivo (rive gauche), qui est situé dans l'angle formé par les deux Varahina et à égale distance de ces deux rivières (3 500 mètres). A 600 mètres, à l'ouest-nord-ouest de ce chef-lieu de secteur, se tient un marché de Talata. Cette rivière se jette dans la Varahina Nord un peu en amont d'Ambohipaniry.

II. La **Varahina Sud** prend sa source dans l'Ambohitily près des sommets de Maharikanina au sud-est de Kelimafana, à la lisière de la forêt, laisse à gauche Nosivola (blockhaus), Andravololona (blockhaus), à droite Tsiazompaniry (poste), à gauche Nosibé avec un marché de Sabotsy à l'Ouest, à droite Ambohitrandriamanitra, passe à Mahatsara (rive droite), et rejoint la Varahina Nord en face d'Ankarona. La Varahina ne reçoit aucun affluent important à droite; à gauche, l'Ankobakobaka.

L'**Ankobakobaka** (*dont l'eau est agitée*) descend de l'Ambohitrinibé (1 625 mètres), laisse à gauche Masindray près d'une autre petite rivière et contourne au Sud le Bevahy, au sommet duquel est établi un blockhaus. Un affluent qu'il reçoit à droite passe près du village d'Amberobé.

La **Varahina** ainsi formée des deux branches Nord et Sud passe près d'Ambohidray (rive gauche), Mokajy (rive gauche), où il y a des chutes, Antelomita, où il y a encore des chutes; laisse à gauche, à 2 kilomètres, Masomboay (carrières de chaux), l'ancien centre d'une immigration d'Européens venus, il y a deux cents ans, et dont les descendants ont été appelés Zafimbazaha (petits-fils des blancs), Ambohimirakitra; passe près d'Ambohitrandriananahary, grande ville sur la rive gauche, et se jette dans l'Ikopa à Ambohimarina.

La Varahina présente dans son cours moyen deux chutes importantes, celles de Mokajy et d'Antelomita, dans le secteur d'Imerinarivo.

Les chutes de Mokajy atteignent, par l'échelonnement de biefs successifs,

---

[1]. Ces établissements sont presque tous situés dans l'angle formé par la Varahina Nord et l'Anjozoro, à l'est de cette dernière rivière. Ils tombent aujourd'hui en ruines. On y trouve une haute cheminée, des fours à briques et à poteries, un peu plus loin les débris d'une maison ayant appartenu à Ranavalona Ire et des constructions affectées à sa suite et aux ouvriers de Jean Laborde, un bassin à jet d'eau, puis l'habitation même de Jean Laborde, grande maison en bois très bien construite, avec un escalier intérieur et d'excellents plafonds et planchers. La propriété était close de murs et son enceinte renferme encore beaucoup d'arbres de France, pommiers, pruniers, chênes, ainsi que des fraisiers. Sur une petite hauteur se trouve le tombeau de notre compatriote. Tout est aujourd'hui abandonné.

une hauteur totale de 14 mètres, largement suffisante pour fournir une force motrice utilisable. Les chutes d'Antelomita sont situées à environ 3 kilomètres en aval et à 300 mètres du point où la Varahina commence à être navigable en pirogue. Leur hauteur est d'environ 12 mètres; leur utilisation comme force motrice ne présente aucune difficulté. En amont de ces dernières, la rivière se divise en deux bras dont un seul, celui du Nord, est flottable : le bras du Sud est encombré par les rochers et n'a que très peu de fond. En aval, la rivière se divise de nouveau en trois bras dont deux flottables.

La Varahina reçoit : à droite, l'Hiadiana; à gauche, l'Ambohijatokely.

L'**Hiadiana** (*qui est en litige*) a sa source opposée à celles de Sambaina, arrose cette ville ainsi qu'Antanetibé (rive droite), Baka (rive gauche), et conflue à Vinany, à 800 mètres de Mojaky.

La **rivière d'Ambohijatokely** prend sa source au Faitranambo (1 810 mètres), arrose Ambohijatokely (rive droite), Fiasinana (rive droite), et se jette dans la Varahina, en aval d'Antelomita; un affluent qu'il reçoit à gauche passe à Volahoandriana (rive gauche), et Ambohijato (rive gauche).

Après la Varahina, l'Ikopa reçoit le Sisaony.

Le **Sisaony** (*la moitié du fleuve*)[1] a ses sources au sud-est de Bemasoandro, Antamotamo, à la même hauteur et à 7 kilomètres Ouest de la Varahina Sud. Il est formé de deux bras principaux : celui de droite passant entre Manarintsoa (rive gauche), et Ambohibemanjaka (rive droite); celui de gauche, le plus important, arrosant Ambohitromby (rive gauche), Ambatomainty (rive gauche), et Andramasina, chef-lieu du secteur de Maroandriana, peuplé, comme son nom l'indique, en majeure partie d'Andriana (*nobles*). La réunion de ces deux bras a lieu à 800 mètres au nord-est d'Andramasina.

Le Sisaony arrose Ambohitrandraina (rive gauche), laisse à droite Tsiafahy, chef-lieu du deuxième territoire militaire (où il y a plusieurs étangs très poissonneux). Un peu en aval de Tsiafahy, la grande route de Tananarive à Fianarantsoa traverse à gué le Sisaony. De ce point jusqu'à son confluent, cette rivière est bordée de rizières; elle laisse à droite, sur la hauteur, Antsahamaina; à gauche, Amboasary, Antsahadinta, Androhibé, Ambohimahitsy, Ambohimangidy, en face duquel se trouve Soavina de l'autre côté d'un petit affluent de gauche de l'Ikopa, lequel coule parallèlement au Sisaony. Le Sisaony passe ensuite tout près (500 mètres) de Nosivato, qui est sur l'Ikopa.

De sorte que le terrain compris à partir de ce point entre le Sisaony et l'Ikopa, terrain marqué par les deux collines d'Ambohidrapeto (1 315 mètres) et d'Ambohitrinimanjaka (1 377 mètres), forme presque une véritable île. Dans cette partie de son cours, le Sisaony passe près d'Ambohimamory (rive droite); laisse à gauche Fenoarivo, arrose Nosikely (rive droite), Nosimanjaka,

---

1. Parce que c'est l'une des deux rivières qui forment l'Ikopa. — Grandidier.

(rive droite), en face d'Ampangabé (rive gauche), et rejoint l'Ikopa au sud d'Antanantanana. Le Sisaony n'est ni navigable ni flottable. Pendant la saison des pluies, il pourrait être utilisé pour la navigation, si son cours ne présentait pas tant d'obstacles.

Un pont a pu être établi sur le Sisaony au sud d'Ambohimanjaka, et des stations de pirogues ont été établies en permanence en plusieurs points, notamment à Ambohitromby.

L'**Antenina** (*rivière moyenne*), affluent de gauche, qui prend sa source dans les hauteurs entre Andromba et Sisaony, au sud-ouest d'Ambohimahitsy, près d'un marché d'Alatsinainy, arrose Antanifotsy, passe entre Fenoarivo et le Sisaony à Ambohinaorina et rejoint le Sisaony un peu en amont d'Anosimanjaka.

L'Ikopa reçoit ensuite :

L'**Andromba** (*où il y a des romba*) qui prend sa source dans le massif de l'Ankaratra, sur le versant Est : une de ses sources ou affluents est l'Andriambilany formé lui-même par deux sources qui descendent du Tsiafakafo (Ankaratra), passe près de Behenjy (rive gauche), au pied de l'Hiaranandriana (*le rocher du Seigneur*, 1 700 mètres), montagne qui domine de 400 mètres l'étroite vallée et au sommet de laquelle est perché un hameau presque inaccessible, plusieurs fois visité par la reine Ranavalona III. L'Andromba passe ensuite près d'Ambohijoky, qui est également sur une hauteur ; laisse à gauche Miadanimerina, point à partir duquel son cours, moins encaissé, forme de nombreuses rizières, et, à droite, Ambohimarina, village au nord-est duquel se tient un marché d'Alakamisy. Près d'Ambohimarina, la route de Tananarive franchit l'Andromba à un gué dont la profondeur est $1^m,40$, largeur 60 mètres. Les berges sont facilement accessibles, le fond de sable est solide. Un pont vient d'être jeté au-dessus des chutes de l'Andromba, à Amboasary, sur la route de Fianarantsoa.

L'Andromba arrose ensuite Andrainarivo au sud-est duquel se tient un marché de Sabotsy, Marianina ; se divise en plusieurs branches dont l'une arrose Miakotsorano (rive gauche). Il passe ensuite à Ambohitrinilahy (rive droite), à Ambilany (rive droite). Entre ces deux points, la rivière s'étend en larges marécages. Puis elle passe près d'Antambolo (rive gauche), avec un marché d'Alarobia au Nord-Est. Enfin elle conflue près du petit village d'Ambohiboanjo. L'Andromba n'est ni navigable, ni flottable. Comme le Sisaony, il pourrait être utilisé pendant la saison des pluies pour la navigation, si son cours ne présentait pas tant d'obstacles.

L'Andromba ne reçoit, à droite, aucun affluent qui mérite d'être cité ; à gauche, il reçoit la Katsoaka et le Maherisambo.

La **Katsoaka** (*[qui est bordé de] katsaoka, roseaux*) a ses sources près de Miantsoarivo et de Miadamanjaka, et se réunissent à Manerinerina.

La Katsaoka, ainsi formée, laisse à gauche Ambohimandry avec un marché de Sabotsy à l'Est, Miantsoarivo (marché de Talata au Sud-Ouest), Imerimandroso, Tsiefafarano (*que l'eau ne balaye pas*), et conflue à 3 kilomètres au Nord-Ouest de cette dernière ville. C'est à l'est de Tsiefafarano que la route carrossable de Tananarive à Miarinarivo franchit la Katsaoka sur un beau pont.

Les principaux affluents de la Katsaoka sont : à droite, l'Ampihadiambato et la Bobaka; à gauche, l'Anoramena et le Mariarano.

L'**Ampihadiambato** (*à la carrière de pierre*) passe entre Ambohibato (rive droite), et Ampitanomby (rive gauche), et conflue au nord-ouest de cette dernière localité.

La **Bobaka** (*rivière grossie*), grossie à gauche de l'Andranolava, passe près d'Antanifotsy (rive droite).

L'**Anoramena** (*où il y a des écrevisses rougeâtres*) passe au petit village d'Anoramena (rive droite), près de Bemananony (rive gauche), grand village au confluent de l'Andriamanarana (affluent de gauche), près de Mandrosoa (rive droite), près de Manankasina (rive gauche), et rejoint la Katsaoka à l'Est du Sabotsy d'Ambohimandry. L'Anoramena se grossit à gauche de l'Andriamanarana et d'un autre affluent sans importance.

Le **Mariarano** (*l'eau qui coule doucement*) descend de l'Ambatotsaralaza (1 810 mètres), laisse à droite le Talata de Miantsoarivo, à gauche Fiantsonana (près d'un affluent de gauche qui traverse une région très peuplée), passe à Ambohingory (rive droite), près d'Ambohibololona (rive gauche), près de Miadampahaonina (rive gauche), puis vient buter contre l'Antangombato (1 320 mètres), qui le force à s'infléchir vers le Sud-Est, et rejoint la Katsaoka.

La Katsaoka reçoit ensuite :

Le **Maherisambo** (*la rivière qui détruit souvent*) descend de l'Iakambo et passe près d'Antambolo (rive gauche), avec un marché d'Alarobia près duquel il conflue.

L'Ikopa reçoit ensuite :

La **Toarendrika** (*qui se révolte*) prend sa source près d'Ambohidramijay, laisse à droite Antongombato, à gauche, Ambohimahavelona et se jette dans l'Ikopa près d'Ambalahivato.

L'**Anorana** (*où il y a des écrevisses*) prend sa source à l'est d'Ambatonondrilahy, passe à Ambohidrano (rive droite), à Manandona (rive gauche), laisse à droite un marché d'Alakamisy et arrose Ambohijanahary (rive droite).

Le **Kotoratsy** (*le méchant gars*) est formé de l'Ombifotsy et de l'Onibé.

L'**Ombifotsy**[1] (*bœuf blanc*) prend sa source dans l'Ambodirano, cercle

---

1. (Bœuf blanc) : d'après Grandidier, ce nom viendrait de ce que le chef de l'Imerina, Andriamasi-

d'Arivonimamo; il coule d'abord parallèlement à l'Onibé, continue dans la direction Nord-Ouest, se redresse au Nord en décrivant des sinuosités jusque vers le Kipatso. A partir de ce point, il prend la direction Nord-Ouest, se rapprochant ainsi de l'Onibé, qu'il rejoint au sortir du cercle d'Arivonimamo, à l'ouest du Mahitsy.

L'Ombifotsy arrose Ambohimandroso (rive gauche), Imerimandroso (rive droite, laisse à gauche Soavinandriana, Iraka, passe à Ambohidraisola (rive droite), et près de Manjaka (rive gauche). C'est un peu en aval de cette ville que la route carrossable de Tananarive à Miarinarivo franchit l'Ombifotsy, passe ensuite près d'Antanetibé (rive droite), près de Mangabé (rive droite), et d'Ambatomitsangana sur le Kipatso (rive gauche), laisse Amby à sa droite, passe entre Tsimatahodoza (rive gauche), et Mananjara (rive droite), entre Masoandro (rive gauche), et Lazaina (rive droite), près d'Ambohimangakely (rive droite), laisse à gauche Ambohibeloma, à droite Manjakandriana, Ambohidray, forme à Andohariana (rive gauche) une cascade et rejoint l'Onibé.

Les affluents de l'Ombifotsy sont, à droite : l'Ambaralamba, la Masiakamalona, l'Andriambato, le Kelymahery, et à gauche le Maharefo.

L'**Ambaralamba** (*où l'on a retrouvé un vêtement*) coule parallèlement à l'Ombifotsy dont il est séparé par les hauteurs du Fitazanana et de l'Ambohikely, en passant près de Masindray (rive droite), de Soanierana (rive droite), et conflue à l'ouest d'Ankerana.

La **Masiakamalona** ([*la rivière aux*] *méchantes aiguilles*) prend sa source sur le versant Ouest du Rantoandro (1590 mètres) et rejoint l'Ombifotsy près d'Imerimandroso.

L'**Andriambato** (*où il y a des cascades sur des pierres*) prend sa source dans l'Ambohipaniry, passe à Ambohitrantenaina (rive droite), Kelilalina (rive gauche), où il se grossit de l'Ambatohaty, affluent de gauche qui passe à Ampangabé (rive droite). L'Andriambato passe ensuite près d'Anonokomby (rive droite), marché d'Alakamisy au Nord, laisse à l'Est le rocher boisé d'Antongona, au sommet duquel est perché un hameau, et conflue au nord-ouest de Mangabé.

Le **Kelimahery** (*rivière petite, mais violente*) prend sa source dans l'Ambohimanahy, passe près d'Andranofotsy (rive gauche), à Fieferamanga (rive droite), reçoit, à droite, un affluent qui arrose Manankasina, passe lui-même près d'Amboatao et rejoint l'Ombifotsy à l'est de cette localité.

L'**Onibé** (*la grande rivière*) prend sa source au nord de l'Ankavitra (massif de l'Ankaratra), longe le versant Est du Mahatsinjonimamo, puis coule à l'ouest du plateau de Maharemana ou plateau d'Arivonimamo, dont les points extrêmes d'Ambohimahavony et d'Ialamalaza ont formé les extré-

navalona, et celui de l'Imamo, Andriambahoaka, auraient tué sur le bord de cette rivière, limite de leurs États, un bœuf blanc, en gage d'amitié, vers le milieu du xviie siècle.

mités de la base qui a servi aux RR. PP. Roblet et Colin pour leur triangulation de l'Imerina.

L'Onibé arrose Tsaraonenana, grand village sur la rive gauche, à l'ouest duquel se trouve Manarintsoa, laisse à gauche Antanety, Masoandro, à droite Fiadanana, passe à Mandaheloka (rive gauche), Ambatolaivy avec un marché d'Alatsinainy au Nord-Ouest, Mandrosoa (rive gauche), Manjato (rive droite), puis vient buter contre l'Ambatoratsy qu'il longe de l'Ouest à l'Est jusqu'à son confluent avec l'Ombifotsy.

Les principaux affluents de l'Onibé sont : à droite, l'Anosikely et la Kelinanosina; à gauche, l'Irihitra, la Kalariana, l'Ankerondrano.

L'**Anosikely** (*à la petite île*) prend sa source à Antsahavery, au sud-est de Betafo, passe près de Fiadanana, rive gauche, reçoit à droite un petit affluent qui passe à Betafo, laisse à droite Amberobé et rejoint l'Onibé en aval de Mandrosoa.

La **Kelinanosina** (*petite, mais qu'on ne peut traverser qu'à la nage*) descend de l'Ambohidraidimby, passe à Miarinarivo, laisse à gauche Ambohitrambo, un marché d'Alarobia sur la rive gauche, au nord d'Ambohipoloarivo; à droite, Ambohibé, Manarintsoa, et se jette dans l'Onibé en face de Kamo. Elle reçoit à gauche un petit affluent qui passe près d'Antsahamaina (rive gauche), et d'Ambohitrantenaina (rive gauche).

L'**Irihitra** (*trouble*) a ses sources à l'est de l'Ambohitsokina (1 890 mètres), à proximité du cours de l'Onibé; passe près d'un marché de Sabotsy au nord-ouest d'Ambatolokanga (1 725 mètres) (rive droite), près de Mamoeramanjaka (rive droite), laisse à droite Manarintsoa, Antanety, passe à Antanetibé (rive droite), Mananety (rive droite), et se jette dans l'Onibé à Ambatolaivy (rive gauche). La vallée supérieure de l'Irihitra, du marché de Sabotsy à Manarintsoa, est encaissée entre deux chaînes de montagnes parallèles à la rivière, qui en suivent toutes les inflexions et dominent son cours de 100 à 150 mètres. Dans cette partie de son cours, elle n'a donc aucun affluent qui mérite d'être cité. Elle ne reçoit, du reste, en tout et pour tout, qu'un petit affluent de gauche, le Marotsingala, sans grande importance.

La **Kalariana** (*qui a des rapides*) prend sa source dans le Tampoketsa, passe à Ankarintsoa (rive droite), Benimamo (rive droite), Ambohimanarivo (rive droite), près de Soamahamanina. C'est à 800 mètres au nord-est de ce village que la route carrossable de Tananarive à Miarinarivo franchit cette rivière sur un beau pont. La Kalariana laisse ensuite à gauche Ankitsikitsika, passe à Nosibé (rive droite), laisse à droite Masintampona, passe à Nosimanarivo (rive droite), et conflue presque au sortir de ce village.

La Kalariana reçoit à droite deux petits affluents : le premier (Sud) qui arrose Ambohifohitrimo et Mandrosoa et coule au sud du Rango, le deuxième (Nord) qui descend du Sarobaratra et passe près de Mandrosoa et d'Antana-

Pl. VIII. — TANANARIVE : 1. LA CATHÉDRALE. — 2. LE TEMPLE ANGLICAN ET LA MAISON DE L'ÉTAT-MAJOR (SUR LA PLACE JEAN LABORDE OU D'ANDOHALO).

manjaka. Elle reçoit à gauche la Mandriandava, l'Anorana, l'Andranolahy, et le Mandrevo.

La **Mandriandava** (*où il y a des rapides étendus*) descend d'un plateau à l'est du Vodivohitra, passe près d'un marché de Sabotsy, arrose Ambatomitsangana et Imamotsihoaiza.
Sa vallée est suivie par la route d'Arivonimamo à Soavinandriana.

L'**Anorana** (*où il y a des écrevisses*) descend du Vodivohitra, arrose Ambohitsara et Merikoarivo et conflue à l'ouest de l'Ambohibé.

L'**Andranolahy** (*l'eau mâle*) est formée de deux sources : l'Andriadriatra, à l'Ouest et l'Ambakiriana à l'Est, qui ont leur origine près de Moratsiazo, au nord du Mariampona, comprenant entre elles la ville de Miadanimamo, et se réunissent à 2 kilomètres au nord de cette ville.
L'Andranolahy rejoint la Kalariana un peu en amont de Nosibé.

Le **Mandrevo** (*boueux*) passe à Tsiazompaniry (rive droite), et se jette dans la Kalariana à environ 2 kilomètres avant son confluent avec l'Onibé, qui reçoit encore l'Ankerondrano.

L'**Ankerondrano** (*dont l'eau est noircie par les immondices*) passe près d'Ambohitratankady (rive gauche) (marché de Zoma à 1 800 mètres à l'Ouest), Antoby (rive gauche), et rejoint l'Onibé entre l'Ambohitrovy à l'Ouest et l'Ambohibato à l'Est. Sa vallée est très peu peuplée.

Après la réunion de l'Onibé et de l'Ombifotsy, le **Kotoratsy** coule dans le prolongement de l'Ombifotsy en traversant une région peu peuplée, et rejoint l'Ikopa en formant à son confluent un vaste marécage.
Dans cette partie de son cours, le Kotoratsy reçoit à gauche le Forohana.

Le **Forohana** ([*la rivière du*] *tison*) descend de l'Ampahimanga et décrit un vaste arc de cercle autour du massif de l'Ambohitrondrana ; il passe près d'un marché d'Alatsinainy, à Soarano, où il reçoit à gauche le Nanasana (*où l'on a lavé*) et rejoint le Kotoratsy, région très peu peuplée. Après le Kotoratsy, l'Ikopa reçoit à gauche :

La **Manandriana** (*qui possède des nobles*) qui descend des monts Manerinerina, coule dans une région très peu habitée, passe près de Tsimahaka (rive droite), et se jette dans l'Ikopa en amont de Tafaina. Elle est très encaissée et son cours est embarrassé d'énormes blocs de pierre.

Le **Masiaka** (*qui est méchant*) descend, lui aussi, des monts Manerinerina, passe près de Fenoarivo (rive gauche), laisse à gauche Imerimandroso et se jette dans l'Ikopa en aval d'Ambatomanga. Sa vallée supérieure seule renferme quelque population groupée sur les bords de nombreux affluents de gauche (Tsongoana, Ibomay, Isandrano).

La **Tsihitabehiany** (*où l'on n'y comprend rien*) et le **Mandraratsy** (*qui empêche le mal*) coulent parallèlement au Masiaka, séparés par les monts Tsihitabehana. Tous deux descendent de plateaux dénudés et n'arrosent aucune localité importante.

Le **Menavava** (*la bouche rouge*) prend ses sources au nord du Manambolo, à l'est du Bongolava, coule dans une direction générale Sud-Nord en longeant à l'Est le plateau d'Ankara. Sa vallée inférieure seule présente quelque population. En effet, dans cette partie de son cours, le Menavava arrose Maroakanga (rive droite), Belavenona (rive droite), Maroaba (rive droite), Bemongy (rive droite), Manolosoa (rive droite), Ankadibé (rive droite), Belambo. Il se jette dans l'Ikopa à Ambodiroka (chutes de l'Ikopa). Sa vallée inférieure est très marécageuse; il y a de nombreux affluents de droite, dont le plus important est le Mabetsamena.

Le **Jabohazo** (*où il y a des arbres jabo*) descend du plateau d'Ankara, coule sur un sol de grès et de calcaire et se grossit à gauche de l'Amberibé qui vient du Tsitondroina et arrose Amberibé (rive droite).

Après la Betsiboka, nous trouvons sur la côte Ouest :

20° La **Mahajamba** (*qui aveugle*) prend sa source dans un petit lac à hauteur d'Ambohimanjaka, poste militaire, dans les montagnes au sud-ouest du lac Alaotra, à la lisière de la forêt, et coule dans une direction générale Sud-Nord. Elle arrose Marotsipoy, poste militaire (rive droite), Mahatsinjo (rive gauche), Maromaniry (rive droite), en face d'Antsampandrano (rive gauche), laisse à droite Antanambao, Ampandrana, à gauche Ambolomborona, à droite Tsaratanana, Anosikely, poste militaire, à gauche Andranolava, poste militaire, Maroadabo, poste militaire, passe près d'Antsinjomitonda (rive gauche), poste militaire, et se jette dans la baie qui porte son nom, sur la rive droite de laquelle se trouvent Ampasindava et Langany.

Le cours de la Mahajamba a une longueur d'environ 360 kilomètres. Jusqu'à Tsaratanana, sa vallée est resserrée entre les montagnes : à partir de ce point, elle se dégage des montagnes. Sa largeur à Tsaratanana est d'environ 250 mètres. Sa vallée est semée de bouquets d'arbres, son cours est comme celui de la Betsiboka. Son lit est sablonneux avec des gués qui changent constamment. Vallée peu peuplée, inhabitée dans son cours inférieur.

Le cours de la Mahajamba est presque aussi important que celui de la Betsiboka, mais elle n'offre pas les mêmes ressources pour la navigation ; car des rapides que les pirogues ne peuvent franchir s'étendent, à environ 40 kilomètres de son embouchure, entre Andohamboay et Antanivaky ; toutefois les produits de la région trouvent une route assurée par le Bemarivo. La Mahajamba reçoit à droite : le Bemahia, le Sahaparasy, le Manasaomby et le Kamangoro ; à gauche, le Bemavo.

Le **Bemahia** (*où il y a beaucoup de maigres*).

Le **Sahaparasy** (*champ de puces*) arrose Ankarefo, poste militaire (rive droite), passe près d'Ambavasambo, poste militaire (rive gauche), à Ambakireny (rive droite), poste militaire, et se jette dans la Mahajamba près d'Antanambao (rive droite).

Le **Manasaomby** (*où se lavent les bœufs*) descend du plateau de Tampoketsa et arrose Bedaboka et Maropapango; il a environ 20 mètres de largeur.

Le courant n'est pas rapide, aucun rocher n'obstrue le lit de la rivière; mais la profondeur en saison sèche n'est pas suffisante pour faire du Manasaomby une voie navigable.

Le **Kamangoro** (*qui a des tourbillons*) est formé de deux bras, le Kamangorobé au Nord et le Kamangorokely au Sud, qui descendent du plateau de Tampoketsa. Il se grossit à droite d'un petit affluent (le Belambo) qui passe près de Maromoka (rive gauche). Il se jette lui-même dans la Mahajamba un peu en aval d'Andranolava.

21° La **Sofia** (*la belle* en Kisouaheli) prend sa source au nord-est de Bealanana, à côté de celle du Maivarano, au pied de l'Ambalamnonotra, à l'Est, dans un marais près de Marotaolana. Elle coule d'abord du Nord au Sud, puis s'infléchit vers le Sud-Ouest pour aller tomber dans la baie de Mahajamba. A partir du Tsirahaka, son cours est franchement Est-Ouest. Elle arrose Ankasina (rive gauche), Bevory (rive droite), Andraoboka (rive droite), Ambatomandriva (rive droite). Le gué de la Sofia est à 2 kilomètres en aval de ce dernier village. Le fleuve, à la saison sèche, est divisé en deux bras d'une largeur totale de 400 mètres. Dans le bras du Sud, l'eau arrive à mi-jambe; dans celui du Nord, elle vient à la ceinture. Au Sud, la Sofia est navigable; le cours libre commence à 6 kilomètres plus haut, au-dessous des rapides de Tsiafapandrakotra et, au dire des indigènes, se continue jusqu'à la mer sans obstacles. Les obstacles commencent à Tsiafapandrakotra et finissent en amont, à Bevory. A partir de ce point jusqu'au confluent de la Mazava, le cours est libre; plus en amont, la Sofia est encore coupée de rapides. Il y a donc deux portions de voies navigables et deux portions de rapides. Les deux rapides de Tsiafapandrakotra sont à 200 mètres, le chenal n'a que 40 mètres de largeur, mais au-dessus le lit s'élargit et atteint 1 kilomètre aux grandes crues. A 4 kilomètres des rapides, se trouvent les véritables chutes de la Sofia, qui traverse une dénivellation de 35 mètres pour 500 mètres. En saison sèche, les murailles à pic ne laissent au fleuve qu'un lit de 200 mètres; à la saison des pluies, l'eau couvrant tous les rochers franchit cette chute avec une violence inouïe; une pirogue ne peut y passer. La Sofia vient se jeter dans la baie de la Mahajamba au nord de ce fleuve. Son cours est d'environ 400 kilomètres. De sa source à Bevory, elle est navigable, mais, de Bevory à Ambatomandrivo, elle est coupée de nombreux rapides et de chutes qui rendent toute navigation impossible. A remarquer les deux îles d'Ambary et d'Ambalamianampondra. D'Ambatomandrivo à son embouchure, elle est de nouveau navigable. Elle est peuplée de crocodiles, même en amont des rapides ; ses bords sont boisés. Sa vallée supérieure ou pays de Bealanana, est bien peuplée, très riche, avec de nombreuses rizières et d'importants troupeaux de bœufs. Il en est de même de la région de Befandriana jusqu'à l'Anjingo, laquelle est très peuplée, très riche, nourrit de nombreux troupeaux de bœufs, a de vastes rizières et d'importantes cultures de canne à sucre, de manioc, etc. Par contre, la région des rapides, de Bevory à Ambatomandrivo, ne présente presque aucune population. Les principaux affluents de la Sofia sont à gauche :

Le **Bemarivo** (*large et peu profond*) qui prend sa source au nord d'Anosimboahangy (pays Antsihanaka) et coule dans une direction générale Sud-Est-Nord-Ouest en traversant le plateau de Tampoketsa. Sa vallée est presque inhabitée; la région environnante ne l'est pas du tout. Il passe près de Masokoamena (rive droite) (sur une hauteur de 1 040 mètres, où il y a eu des combats en 1897) ; ses rives boisées sont incultes. Presque aussi large que la Mahajamba, il a un cours rapide et un lit semé de très nombreuses roches qui rendent toute navigation impossible.

Après avoir quitté le Tampoketsa, il se grossit, à droite, de nombreux cours d'eau peu importants sauf l'Ampasaniantera et l'Anjobony ; à gauche, il reçoit l'Ambatomainty et le Mampikony. Son cours est encombré presque partout de pierres et de rochers.

L'**Ampasaniantera** (*au tombeau d'Antera*) passe à Ampasaniantera (rive droite), près de Marovoatazo (rive droite), près des étangs de Singo (rive droite), et de la plaine de Motety (rive droite), laissant à droite au milieu des bois le poste militaire d'Amparihy.

L'**Anjobony** (*bien choisi*) passe entre les marais d'Ampapo et l'étang de Maitsipandava, entre lesquels se trouvent plusieurs villages abandonnés. Il traverse une vallée encaissée, large de plus de 3 kilomètres. Le courant est rapide et la largeur du gué de 70 mètres ; en octobre, l'eau arrive à la ceinture.

L'**Ambatomainty** (*aux roches noires*), formé de l'Ankorangana, du Tsimandropiry, de l'Andampy et du Komajibé qui descendent du Tampoketsa, traverse la forêt, coule parallèlement au Bemarivo et conflue un peu en amont du **Mampikony** (*qui fait se révolter*). Le Mampikony descend, lui aussi, du Tampoketsa, à l'ouest d'Antsevakely, laisse à gauche Maromoka, passe près des anciens villages d'Amboatavo et de Bekibany, aujourd'hui abandonnés ; traverse la zone boisée et rejoint le Bemarivo au village de Mampikony. Le gué où on le franchit est en certains endroits profond de 50 centimètres ; pendant la saison des pluies, il est impraticable, les eaux atteignant 2 mètres. La largeur du gué est de 25 à 30 mètres.

Aucun cours d'eau important ne se jette dans la baie de Narendry. Par contre, la baie de la Loza reçoit l'Antsinjomorona, l'Anjingo et le Maivarano.

22° L'Antsinjomorona (*où on voit les berges ou le littoral*) prend sa source un peu à l'est de Befandriana (rive droite), arrose Ampombilava (rive droite), Anjalazala (rive droite), Maroadabo (rive droite), Antsohihy (rive droite), et se jette dans la baie de la Loza en formant dans cette dernière partie de son cours un bras très large sous le nom de Manankasiny.

L'Antsinjomorona reçoit, à droite, l'Ambodrovodroka qui passe au village de ce nom (rive gauche), à gauche, l'Ankajabo qui passe au village de ce nom (rive droite), et à Ambodinivary (rive droite), et le Doroa qui conflue en face d'Antsohihy. Les indigènes assurent qu'elle est encore navigable au sud d'Antsohihy et que les boutres ont remonté plusieurs fois jusque vers Ampombilava, c'est-à-dire à environ 60 kilomètres de Befandriana.

23° L'Anjingo (*coupé de rapides*) prend sa source un peu au sud de Maevasamba, passe à Marirano (rive droite), à Antsirandrano (rive gauche).

Il reçoit à droite l'Andahona et à gauche le Morofototra, qui passe à Marofotoa (rive droite), se grossit à droite du Maivaranokely, qui passe au village de ce nom.

C'est une rivière d'environ 200 mètres de large, dont le courant est assez fort et dont le passage est assez compliqué. Lorsque les eaux sont basses, on peut à la rigueur traverser à gué, à condition toutefois de faire attention aux crocodiles qui pullulent dans la rivière; mais il est plus prudent de recourir à la pirogue à deux places qui stationne sur la rive.

24° La Maivarano (*bonne eau*) prend sa source au nord-est de Bealanana, passe à Maintindrano (rive gauche), près de sa source à Berohitra, près de Tsambola (rive gauche), près d'Ambohidiampana (rive droite), à Ambalabé (rive gauche), près d'Anjanahary (rive droite), à Amboay (rive droite), à Befotaka (rive droite), à Ambodimadiro (rive gauche), et se jette dans la baie de la Loza au nord de l'Anjingo.

D'Anjanahary à l'Ambatomainty, affluent de droite, le cours du Maivarano est semé de rochers et présente de nombreux rapides; par suite il n'est pas navigable, excepté pour les pirogues jusqu'à son confluent avec la Bealanana. Il reçoit à droite la Bealanana, l'Ambatomainty, la Bedinta, la Sahandrakoto; à gauche, il n'y a aucun affluent important.

La **Bealanana** (*où il y a beaucoup de sable*) passe à Bealanana (rive gauche), et à Anaborano (rive droite), traversant le pays d'Ankaizinana, riche en riz et en bœufs et bien peuplé.

L'**Ambatomainty** (*aux roches noires*) coule au pied du Tanimarina (rive droite), et longe le versant Sud-Est du plateau en partie boisé du Marangaka. Ce plateau qui s'étend entre le Sahandrakoto au Nord et l'Ambatomainty au Sud ne présente aucune espèce de ressources; il est inhabité. Il renferme beaucoup de fer.

La **Bedinta** (*beaucoup de sangsues*) prend sa source au nord-est d'un sommet qui atteint 2310 mètres et coule parallèlement à l'Ambatomainty.

Le **Sahandrakoto** (*au champ de Rakoto*) longe au Nord le pied du plateau du Marangaka et coule vers le Sud-Ouest pour rejoindre la Maivarano. Il se grossit à droite de l'Antsahabé qui longe au Sud le massif de l'Analabé, très élevé, boisé et inhabité, à gauche de l'Ampatika, qui passe à Manirenja et de l'Andampimangotroka qui descend du Marangaka et a sa source près de celle de la Bedinta.

25° Le **Sambirano** (*qui a deux eaux*) coule d'abord du Sud-Est au Nord-Ouest et, à partir du confluent de l'Andranovato, coule sensiblement dans la direction Sud-Nord. Dans cette dernière partie de son cours, la vallée du Sambirano est riche et extrêmement peuplée. Ce cours d'eau présente à la saison sèche une largeur de 150 mètres environ avec une profondeur de 30 centimètres. Il coule sur un fond de sable et est navigable en tout temps de la côte à son confluent avec le Ramena (2 journées); ses rives sont boisées. Le chemin, qui du col de Maneriomby suit, à quelque distance, sa rive gauche jusqu'à Antsirasira, pour longer encore sa rive droite, traverse une suite ininterrompue de petits villages jusqu'à Ambolobozo. A partir de ce point, le Sambirano traverse une forêt, puis longe les collines d'Ambohidava (rive droite), pour se jeter enfin dans la baie d'Ampasindava. Il reçoit à droite l'Antorotoro, qui conflue près de Marokoa, et le Ramena, qui a son confluent à Ambolobozo, à gauche l'Andranovato. Ces deux derniers cours d'eau, séparés par le Menamionga, descendent du massif d'Analabé.

26° Le **Mahavavy** (*qui rend femelle*).

27° Le **Mananjomba** (*qui aveugle*) prend sa source au sud-ouest des Deux-Mamelles, coule vers le Nord-Ouest jusqu'au confluent de la Bobasoa et, à partir de ce point, se dirige franchement vers l'Ouest en laissant sur sa rive gauche Tsiesy (20 cases). Le Mananjamba reçoit à droite le Ranomaloto, près d'Andranomaloto, et la Bobasoa qui coule à travers des marais jusqu'à Ankatongo (10 cases), sur la rive gauche.

# PORTS, ESTUAIRES, MARÉES ET COURANTS SUR LES CÔTES DE MADAGASCAR

### GÉNÉRALITÉS

Les côtes de Madagascar présentent un développement d'environ 5 000 kilomètres, supérieur par conséquent à celui des côtes de la péninsule italienne (3 657). Leur caractère est très différent, suivant qu'il s'agit de la côte Est ou de la côte Ouest, de la partie Nord ou de la partie Sud de l'île.

Le grand courant de l'océan Indien vient battre la côte Est vers son milieu, se sépare en deux branches longeant et érodant le rivage vers le Sud et vers le Nord, produisant ainsi des barres à l'embouchure de presque toutes les rivières de la côte Est et des bancs de sable qui courent le long de la côte. Beaucoup plus exposée à l'action des grosses mers que la côte Ouest, la côte Est possède une étendue bien moins considérable de bancs de coraux; il y en a cependant un certain nombre vers Tamatave et dans les environs. Au Sud, ils n'existent pour ainsi dire pas, tandis que sur la côte Ouest ils forment une ligne presque continue depuis le $24^e$ jusqu'au $16^e$ et même $17^e$ parallèle Sud.

Sous la double action des dépôts apportés par les rivières à leur embouchure et des amas de sable amenés du large par le contre-courant du canal de Mozambique, la côte Ouest s'étend insensiblement vers l'Afrique. De vastes deltas se forment à l'embouchure des rivières, malgré la force du courant, pendant la période des crues, en même temps que les barres de corail longeant la côte se trouvent peu à peu ensevelies sous les amas de sable apportés par ce contre-courant.

Si l'on considère, d'un autre côté, l'orographie de Madagascar, on constate que la chaîne principale est plus rapprochée de la côte Est que de la côte Ouest. Ses ramifications à l'Est s'étendent jusqu'à la mer, laissant une côte basse de 10 à 20 kilomètres de largeur moyenne, côte basse qui disparaît même complètement au nord de la baie d'Antongil, tandis qu'elle s'étend jusqu'à 150 kilomètres environ sur la côte Ouest.

La côte Nord, très accidentée, est très rapprochée de la région des plateaux qui plongent parfois dans la mer; le rivage est généralement profond. La côte Sud se compose de hautes dunes et falaises. Le caractère le plus saillant de ces dunes, c'est leur sommet rectiligne qui ferait croire à des constructions faites de main d'homme, quand il n'est que l'œuvre des vents.

Les côtes de Madagascar diffèrent encore par leurs saillies et échancrures qui forment une multitude de caps, de presqu'îles, de golfes, de baies, d'abris plus ou moins bons, au nord d'une ligne tirée du cap Saint-André au cap Masoala (baie d'Antongil).

Au sud de cette ligne, autant à l'Est qu'à l'Ouest, et sur une longueur de plus de 300 kilomètres, la côte s'étend rectiligne, offrant très peu de mouillages, quelquefois de simples rades foraines, souvent intenables par les mers agitées de ces parages.

## CÔTE EST DE MADAGASCAR

La côte Est de Madagascar est dominée dans toute son étendue par de hautes montagnes escarpées. Entre le cap d'Ambre et Tamatave, un récif de corail longe la côte à des distances variables, avec des coupures qui forment avec la terre des ports ou mouillages : tels sont Diego-Suarez, Vohémar,

Tamatave. D'autres ports, comme la baie de Mangerivy ou Port-Leven, sont compris entre le récif et des îles du large.

Les bons ports sont rares. Exposée aux vents frais et réguliers qui soufflent presque toute l'année, la côte Est n'offre généralement que des rades foraines où les navires roulent beaucoup. Pourtant elle a été jusqu'ici préférée par le commerce à cause du voisinage de la Réunion et de Maurice et des facilités de communication avec l'Inde.

Les rivières y sont peu importantes et leur embouchure, souvent peu profonde, est obstruée par des bancs de sable qui forment des barres dangereuses.

**Traversées.** — Suivant qu'on va du cap d'Ambre à Tamatave en mousson de Sud-Est (avril à novembre) ou en mousson de Nord-Est (le reste de l'année), les traversées sont bien différentes.

Dans le premier cas, un navire à vapeur venant de l'Ouest, de Zanzibar ou des Comores, aura de la difficulté à doubler le cap d'Ambre, surtout à cause du vent, de la mer et du courant; il sera un peu gêné jusqu'à Vohémar, puis il aura beau temps jusqu'à Tamatave. Pendant la traversée, le ciel sera clair.

En mousson de Nord-Est, la mer est belle, le courant au Nord bien diminué et même favorable près de Tamatave; le ciel est toujours couvert avec de forts grains de pluie.

**Cyclones.** — De décembre à avril on est dans la saison des cyclones. En 1893, Diego-Suarez a été éprouvé par un de ces phénomènes météorologiques. Cependant le fait est rare et ce n'est guère qu'au sud de Vohémar qu'il y a lieu d'avoir des craintes; on peut alors se réfugier à Antongil, à Tintingue et au grand mouillage de Tamatave.

**Pluies.** — Il ne pleut pas d'avril à novembre, du cap d'Ambre à Vohémar; c'est tout le contraire pendant le reste de l'année.

De Vohémar à Tamatave, il pleut en toute saison, en juillet et en août.

**Marées et courants.** — Sur la côte Est, le marnage ne dépasse jamais $2^m,50$ et les courants de marée sont assez faibles à Diego-Suarez et Vohémar ainsi qu'à Sainte-Marie; ils atteignent, quand la mer baisse, une vitesse de 2 nœuds, sans la dépasser; à Tamatave, ils sont moins forts. L'établissement du port, c'est-à-dire l'heure de la pleine mer, le jour de la pleine lune d'équinoxe, varie beaucoup; il est :

> à Diego-Suarez, de quatre heures;
> à Vohémar, de trois heures et demie;
> à Sainte-Marie, de deux heures et quart;
> à Tamatave, de une heure et demie.

**Diego-Suarez.** — La rade de Diego-Suarez, formée par la presqu'île du cap d'Ambre, est l'une des plus belles du monde. Très profonde jusque près de la côte, elle présente un véritable port naturel divisé en sept petites baies parfaitement sûres et accessibles à tous les navires. Elle ne communique avec la mer que par un étroit chenal, coupé en son milieu par l'île de la Lune (Nosy Volana).

L'entrée est toujours facile quand on a doublé le cap d'Ambre. En mousson de Sud-Est, la sortie est un peu plus difficile, à cause de la grosse brise, et les voiliers attendent souvent longtemps avant d'avoir des conditions favorables.

L'entrée et la sortie de nuit sont favorisées par les deux feux de Moronjia et des Aigrettes.

Le mouillage principal de Diego-Suarez est dans la baie de la Nièvre : c'est là qu'est située la ville d'Antsirane, centre de nos anciens établissements militaires. Le fond, de vase demi-molle, y est excellent et la sécurité absolue.

En mousson de Sud-Est, il y a quelquefois des brises très fraîches ; mais, le courant n'étant jamais très fort, les embarcations peuvent toujours accoster la terre. Le déchargement des marchandises et l'accostage des passagers se font au moyen d'appontements accessibles à toute heure de la marée. En face d'Antsirane, au cap Diego, est installé un bel hôpital militaire.

Dans la baie de la Nièvre débouchent plusieurs rivières ; sur l'une d'elles, la rivière des Maques, on a établi une fabrique de conserves de bœuf.

Diego-Suarez est un des plus beaux points stratégiques du monde, malheureusement disproportionné jusqu'ici avec la faible importance des différentes forces navales dans la mer des Indes. On pourrait y créer, aussi bien qu'à Brest et au Ferrol, avec lesquels il a beaucoup d'analogie, un arsenal maritime inexpugnable. Pour l'instant, il suffit de le défendre, d'y créer un entrepôt de charbon et des bassins de radoub, absolument indispensables pour la guerre de course et pour le commerce.

Il faut avant tout éviter que, dans la prochaine guerre, cette position admirable ne soit enlevée par surprise et ne devienne un autre Gibraltar aux mains de l'ennemi.

Diego-Suarez, malgré son importance militaire, est malheureusement menacé, même s'il était port franc, de ne jamais devenir un centre commercial important, à cause de sa situation excentrique et des difficultés de communication que lui impose sa configuration orographique.

Il est déjà abandonné pour Majunga, depuis la conquête de Madagascar.

De Diego-Suarez à Vohémar la côte est élevée, bordée de nombreux îlots et bancs de sable. On y rencontre quelques mouillages assez sûrs : la baie de Rigny, Port-Louquez ou Lokia, Port-Leven ou Mangerivy et baie d'Andravina.

**Port-Louquez** (Lokia). — Le chenal de Port-Louquez est très profond, la sonde y donne des profondeurs de 32 à 64 mètres près du rivage ; malheureusement, outre qu'il est resserré (entre 500 et 1 800 mètres), il est de plus très difficile, par suite des nombreux bancs de corail qui le bordent.

**Port-Leven** (Mongerivy). — Port-Leven est un mouillage d'occasion ; on y est relativement à l'abri de tous les vents ; mais les deux entrées qui y donnent accès sont difficiles; il y règne des courants très violents et les îles, qui la protègent du côté du large, sont souvent enveloppées de brume.

**Baie d'Andravina.** — La baie d'Andravina, à environ 110 kilomètres au sud du cap d'Ambre et à 30 kilomètres au sud de Port-Louquez, présente une forme circulaire; elle est fermée par une petite île, qui ne laisse de chaque côté qu'un étroit passage pour les navires.

On trouve au sud de cette baie un bon mouillage, par 8 et 9 mètres de fond, à proximité de la côte.

Toute cette partie de la côte est d'ailleurs très découpée. On y rencontre successivement la baie d'Ambodivahibé, l'île Nosy Antendro, en face l'île de Rigny, la baie de Rodo et la baie de Port-Louquez (Lokia) entre lesquelles on trouve l'île Nosy Falazana; les îles Nosy Komba et Nosy Hao, au sud de la baie de Port-Louquez; la côte moins accidentée, au sud de la baie d'Andravina, est longée par un banc de sable jusqu'à l'embouchure du Manambato.

**Vohémar.** — La baie de Vohémar, au nord de la ville du même nom, était depuis 1841 la limite de notre protectorat nominal sur la côte Nord, et fut occupée par les Français en 1885. Le gouvernement de la République voulait en faire d'abord la limite de nos possessions au nord de Madagascar.

Un vaste banc de corail, sur lequel s'élèvent les Chats-Noirs et l'île Verte, laisse au Sud, entre la terre et lui, un petit chenal qui conduit à un mouillage forain assez bon pour les petits navires devant la ville.

Ce mouillage est sûr par n'importe quel temps, malheureusement étroit et encombré de petits fonds. L'entrée en est balisée, mais on ne doit pas compter sur les bornes, qui sont souvent emportées par la mer; on n'a alors, pour entrer dans le chenal de 200 mètres de large, que les points remarquables à terre, et la manœuvre n'est pas toujours facile.

Autrefois, Vohémar était un centre commercial avec la Réunion et Maurice; c'était le centre principal d'exportation pour les bœufs et les cuirs de l'Ankarana. Depuis l'établissement des Hovas, ce mouvement a été sensiblement ralenti. Aujourd'hui le commerce avec le nord et le sud de la côte ne peut se faire en tout temps à cause de la violence du vent du Sud-Est, qui souffle presque constamment. Du mois d'avril au mois de novembre, ce vent empêche le cabotage au nord du cap Est (Angontsy) et, pendant le reste de l'année, le cabotage, entre ce même point et Diego, est subordonné aux variations du vent, qui retient souvent les caboteurs des semaines entières avant qu'ils n'aient un vent favorable pour le retour.

Toutefois, Vohémar est encore fréquenté par des voiliers qui y chargent du caoutchouc et surtout des bœufs pour les Mascareignes. Les courants y sont faibles, la communication avec la terre facile; mais l'eau douce manque presque constamment.

**Sahambavany.** — Dans le sud de Vohémar, à l'extrémité de la rivière Sahambavany, est un mauvais mouillage exposé à la houle du large; quelques goélettes de Maurice y viennent assez souvent; la rivière n'est pas navigable.

**Antalaha.** — (14° 55′ Sud) à l'embouchure de la rivière Mananarabé, est un mauvais mouillage comme Sahambavany.

**Angontsy.** — Angontsy est un mouillage difficile où l'on roule énormément. C'est néanmoins le centre d'une grande exploitation forestière faite par des Européens.

Au sud du cap Est (Angontsy) la côte change de direction jusqu'au cap Masoala, extrémité est de la baie d'Antongil. Cette côte, bordée de récifs, est une bonne voie de communication, la seule en réalité qui desserve la presqu'île au sud du cap Vert; c'est par cette voie que l'exploitation Maigrot centralisait tous ses produits à Angontsy pour, de là, les expédier à Tamatave.

De Vohémar à la baie d'Antongil, il y a environ 250 kilomètres de côte, généralement rocheuse, élevée au-dessus de la mer; pas de baies propices pour un mouillage; les embouchures des petites rivières qui se jettent à la mer, sont libres, mais néanmoins pas navigables.

**Baie d'Antongil.** — La baie d'Antongil a 30 milles de longueur dans le sens Nord-Sud et 22 milles de largeur dans le sens Est-Ouest. On y entre et on en sort facilement, en se défiant pourtant des courants qui portent sur la pointe de l'entrée.

Il y a partout bon mouillage. On y est à l'abri de presque tous les vents et la mer n'y est jamais forte. Le meilleur mouillage est dans le nord de l'île Marosy où l'on peut résister à tout cyclone. A l'ouest de Marosy, se trouve la rivière Antanambalana, navigable pour de grosses embarcations, et, dans l'intervalle, le Port-Choiseul, un de nos premiers établissements à Madagascar.

*Ile Marosy.* — L'île Marosy, située au fond de la baie d'Antongil, à environ 5 milles de la côte, présente une superficie d'environ 1 500 hectares et jouit d'un climat d'une salubrité exceptionnelle.

Le terrain, très mouvementé, est couvert de beaux arbres dont les ombrages contribuent, avec la brise de mer, à égaliser la température. On y trouve de nombreuses sources, dont quelques-unes paraissent, dit-on, présenter de précieuses propriétés curatives.

La réputation de l'île Marosy ne date pas d'hier, et, suivant une tradition du pays, elle fut autrefois fréquentée par Benyowski, l'un des explorateurs qui, au siècle dernier, ont contribué à établir l'influence française à Madagascar.

La baie d'Antongil est de tous côtés entourée de grandes forêts qui lui forment une ceinture admirable et qui, il y a un siècle et demi, ont fourni le bois nécessaire à La Bourdonnais pour réparer sa flottille des Indes.

La baie d'Antongil a longtemps appartenu à la France.

**Rivière de Tanjona.** — La rivière de Tanjona se jette sur le bord ouest de la baie d'Antongil, auprès du village du même nom, qui a été visité, en 1894, par le *Hugon*.

Cet endroit, inconnu jusqu'à cette date, a quelque importance.

Sur la rivière, une Compagnie française a installé une scierie à vapeur et débite du bois pour l'Europe et pour Maurice; les expéditions se font par voiliers réguliers de 400 à 500 tonneaux.

On accoste très facilement à un warf, malheureusement les navires doivent mouiller un peu au large et sont exposés à la houle du large.

De Tanjona (15° 50′) à la Pointe-à-Larrée (16° 50′), le récif longe la côte à petite distance; il faut signaler la rivière Mananara qui a une barre à l'entrée.

La Pointe-à-Larrée fournit un bon refuge par temps de cyclone. Le port de Tintingue, qui est au Nord, n'a jamais été complètement exploré; on dit qu'il est bon; le fait demande à être contrôlé.

**Sainte-Marie de Madagascar.** — A 90 kilomètres au sud de la baie d'Antongil, s'étend, parallèlement à la côte, l'île Sainte-Marie, entre les pointes Albrand et Blevec qui la terminent au Nord et au Sud; le milieu de l'île correspondant à peu près à la Pointe-à-Larrée.

Sainte-Marie nous fut cédée, en 1750, par la reine Béty, femme du caporal Labigorne, et depuis, malgré la malveillance anglaise, elle nous a presque constamment appartenu.

Dépendance d'abord de Maurice, puis de la Réunion, elle dépend aujourd'hui du gouvernement de Madagascar.

L'île de Sainte-Marie, très boisée, s'étend sur une longueur de 44 km. 500 et une largeur de 3 à 4 kilomètres. Les paquebots des Messageries maritimes y font escale à Ambodifototra, sur la côte Sud-Ouest, en face de la Grande île.

Ce port est protégé par deux îles, l'île aux Forbans et l'île Madame, cette dernière reliée par un pont magnifique à la terre ferme.

Ce mouillage est bon et facile à prendre, abrité et sûr, par 8 à 9 mètres, à 300 mètres de l'îlot Madame.

Le récent naufrage du *La Bourdonnais* semblerait pourtant diminuer la confiance qu'on doit avoir dans la qualité de ce port; les courants y sont faibles, les vents rarement frais; il y pleut toute l'année.

A l'îlot Madame, les navires de 500 tonneaux peuvent s'accoster à quai pour faire du charbon.

Les paquebots passent dans le chenal, de 6 à 10 kilomètres, qui sépare Sainte-Marie de la Grande île et dont l'entrée est éclairée au Sud par un feu à la pointe Blevec, feu qu'on doit améliorer, en même temps qu'on doit en installer un autre au Nord, à la pointe Albrand.

**Fénerive et Foulepointe.** — De Sainte-Marie à Tamatave, la côte, dirigée Nord-Est Sud-Ouest, ne présente que deux rades où accostent les navires de commerce, Fénerive et Foulepointe.

Fénerive a une rade ouverte, à l'est du fort hova de Vohimasina, rade peu sûre, quoique fréquentée par de nombreux bateaux de commerce. On y apportait autrefois beaucoup de riz, qui vient en abondance dans ces régions et qui était réputé le meilleur de Madagascar.

La côte, basse et marécageuse entre Fénerive et Tamatave, est insalubre.

De nombreux roseaux, des herbes aquatiques, poussant le long des rives des différents cours d'eau, contribuent beaucoup à son insalubrité.

Les divers fleuves coulent très lentement sur cette côte sablonneuse; leur estuaire est barré par des bancs de sable et est divisé en un grand nombre de bras sablonneux; la navigation y est impossible. Fénerive est à 100 kilomètres de Tamatave.

A 40 kilomètres au Sud, se trouve Foulepointe, autrefois notre principal établissement à l'île de Madagascar et où nous avions un petit fort appelé la Palissade.

Foulepointe, ville de 1500 âmes, est entourée de marais et d'eau stagnante qui en rendent le climat insalubre. Elle est habitée par des Hovas, des Betsimisarakas et quelques étrangers. Son commerce est actif, son port relativement sûr, quoique peu profond. Pendant la belle saison, quand les ouragans sont rares, les navires peuvent mouiller devant la douane. Un grand récif, découvert à marée basse, s'étend à un mille au large, parallèlement à la côte, et c'est au nord de ce récif que mouillent les grands navires.

Fénerive et Foulepointe ne sont fréquentables qu'en mousson de Sud-Est et on y roule énormément. En mousson de Nord-Est, on y est trop exposé aux cyclones qui infailliblement jetteraient le navire à la côte.

Entre Foulepointe et Tamatave, la côte se continue, basse et marécageuse.

**Tamatave.** — Tamatave est le seul bon port avec Diego-Suarez, on y trouve deux mouillages: celui du Nord ou de Tanio, abrité de la houle du large et de la mer par le grand récif qui découvre à mer basse, fond excellent par 19 mètres de vase, permettant de résister aux cyclones; peu de courants. Malheureusement la grande distance de Tamatave, 1 mille et demi, fait que les navires de commerce ne peuvent y séjourner. Ils vont à l'autre mouillage, dit petit mouillage, par 15 mètres de vase beaucoup trop molle, où les ancres tiennent très mal; la houle du large est énorme et, en temps de cyclones, les navires chassent et vont se jeter à la côte.

L'accès de Tamatave est facile ainsi que la sortie. Pourtant, il est nécessaire, pour entrer de nuit, d'y installer un système de feux de direction,

Il est question de creuser des bassins près du mouillage Nord de Tamatave. Ce serait là une spéculation des plus hasardeuses à cause de la nature sablonneuse et mobile du sol.

Il semble que les bassins de Diego, beaucoup mieux placés, seraient largement suffisants pour les besoins de la navigation.

Aujourd'hui Tamatave est de beaucoup le port le plus important de Madagascar; il ne peut manquer de se développer encore, grâce à sa proximité des Mascareignes et à sa belle position géographique, au centre de la côte Est, sur la route du Cap aux Indes.

On pourrait améliorer considérablement le port, en construisant sur pilotis des débarcadères et des appontements.

Au sud de Tamatave, la côte se dirige presque en ligne droite au Sud-Sud-Ouest, généralement basse et boisée; elle sépare de la mer une suite de lagunes dans lesquelles débouchent plusieurs cours d'eau ; le premier plan de collines se trouve à une quinzaine de milles dans les terres.

De Tamatave à la baie de Sainte-Luce, située à 540 milles environ dans le Sud, la côte est inhospitalière ; les navires sont réduits à mouiller au large ou sur des rades foraines peu sûres, à 2 ou 3 milles de la terre.

Un courant de 1/2 à 1 nœud longe la côte vers le Sud ; il augmente peu à peu de Mananjary à Fort-Dauphin, où il atteint 2 nœuds 50.

Les vents régnants influent peu sur les courants. La mousson souffle d'une façon régulière de Tamatave à Matitanana. Elle souffle Nord-Est de novembre à avril, Sud-Est d'avril à novembre.

Il pleut sur la côte pendant toute l'année ; les cyclones ne sont pas à craindre d'avril à septembre. Sur la côte Sud-Est, les vents de Nord-Est soufflent de mars à septembre, alors qu'ils sont Sud-Est au nord du 22° parallèle Sud. La brise, venant de terre le matin, se fixe habituellement entre le Nord-Est et l'Est, en passant par le Nord vers dix ou onze heures du matin, souffle bon frais dans l'après-midi et tombe dans la nuit. Vers la fin de septembre, la brise passe au Sud, elle souffle avec violence pendant les mois de février et de mars.

Pendant l'hivernage, la mousson souffle du Sud au Sud-Ouest, sur la côte Sud, du Fort-Dauphin au cap Sainte-Marie.

Les instructions nautiques donnent peu de renseignements sur la côte Est, au Sud de Tamatave. Les rapport des bâtiments de la division navale, qui ont visité ces parages, permettent d'ajouter quelques détails présentant de sérieuses garanties d'exactitude ; mais bien des lacunes subsisteront jusqu'au jour où l'hydrographie de cette côte sera achevée.

Les mouillages que l'on rencontre en allant de Tamatave au cap Sainte-Marie sont :

**Andévorante.** — Andévorante, à 50 milles dans le Sud de Tamatave et à 164 kilomètres de Tananarive à vol d'oiseau, est un grand village bâti sur la rive gauche et près de l'embouchure de la rivière Iharoka. Sur la rive droite, et à 9 milles dans l'intérieur, se trouve le village de Maromandia.

Trois rivières d'un débit considérable se rejoignent dans les environs d'Andévorante et forment un vaste estuaire d'une profondeur moyenne de 4 mètres. Ce large réservoir se déverse à la mer par un chenal d'environ 60 mètres de largeur et de 6 à 7 mètres de profondeur. L'immense quantité d'eau apportée par les trois rivières forme, dans cet étroit chenal, un courant parfois très violent, à la suite des grandes pluies de l'hivernage. Ce courant refoule l'eau de la mer et le sable, à environ 200 mètres de l'embouchure, et forme, à cet endroit, par sa rencontre avec la longue houle du large, une barre en demi-cercle dont la violence dépend de la force du courant et de la grosseur de la houle. Dans les plus basses mers, il reste toujours au moins $1^m,80$ d'eau sur la barre. Cette profondeur peut atteindre 6 mètres. Quoiqu'il existe, paraît-il, dans la partie Sud de la barre, un pâté de corail, celle-ci reste néanmoins très suffisamment large (80 à 100 mètres). Le chenal est profond de 5 à 6 mètres, en temps ordinaire ; après les grandes pluies, il n'est pas assez large pour le débit de la rivière. Le courant est alors extrêmement violent et, seule, une embarcation à vapeur, munie d'une puissante machine, pourrait le remonter.

La barre est praticable environ 20 jours par mois, excepté pendant les mois de juin, juillet et août, où les brises du Sud, soufflant avec violence, soulèvent une grosse mer sur la barre et la rendent dangereuse. Il ne faudrait pas, pendant cette saison, compter franchir la barre plus de 10 à 12 jours par mois. Le grand matin est le moment le plus favorable au passage.

La rivière est navigable pour un navire calant 2 mètres jusqu'à Maromandia (1 mètre de marnage).

Plusieurs bâtiments ont place à mouiller dans l'estuaire, par 5 mètres de fond.

**Vatomandry.** — Vatomandry, à l'embouchure de la rivière de ce nom, est un mouillage d'un accès facile. En venant du large, on aperçoit derrière Vatomandry une montagne située à 14 milles dans l'intérieur, affectant la forme d'une table quand on la voit du Nord et d'une selle quand on la voit de l'Est ou du Sud,

Faisant route en tenant la selle au Nord 47° Ouest, on accède à la passe du Sud, située entre le récif du large et des roches à terre.

La direction de la passe, large de 3/4 de mille, est le Nord 15° Ouest. Les navires mouillent devant la barre par des fonds de 11 à 22 mètres, de tenue médiocre (sable fin). Tous les mouillages de cette zone se valent. La barre de Vatomandry est réputée la plus mauvaise de la côte.

L'entrée de la rivière est quelquefois obstruée par les sables et l'embouchure se déplace. En juin, juillet et août, les vents frais du Sud-Est rendent la barre très dangereuse et les goélettes attendent souvent pendant huit et même quinze jours une embellie qui leur permette d'effectuer leur déchargement. Le courant porte au Sud avec une vitesse moyenne de 0 nœud 8. La rivière Vatomandry s'étend parallèlement à la côte vers le Nord, pendant 6 ou 8 milles, avec 2 ou 3 mètres de profondeur au moins. On pourrait probablement éviter aux porteurs huit à dix heures de marche en faisant remonter les chalands jusqu'à Matavina.

L'importance de Vatomandry est considérable, et jusqu'ici c'est un des ports les plus importants de la côte Est, après Tamatave.

C'est là en effet qu'aboutit la route la plus courte de Tananarive à un port, car, si médiocre que soit la rade de Vatomandry, il y a encore un semblant d'abri, tandis qu'à Andévorante il n'y en a aucun; enfin le commerce y est considérable et la colonie européenne nombreuse. Les paquebots de la Compagnie havraise péninsulaire, se rendant du Havre à Tamatave, font escale à Vatomandry.

**Mahanoro.** — Mahanoro est un port à environ 35 milles de Vatomandry. Le village s'élève sur une presqu'île boisée dont le point culminant, situé à l'Ouest, à environ 40 mètres d'altitude, est un excellent repère pour atterrir.

Les établissements européens sont sur la plage.

Une chaîne de récifs s'étend de la pointe Est de la presqu'île vers le Nord-Nord Est, à 4 milles environ.

En dedans de l'entrée, se trouve une lagune où débouchent deux rivières : à l'Ouest la Tantamo, au Nord la Sahasaka. Après avoir doublé le récif, par le Nord si l'on vient du Sud, ou bien en suivant la côte d'assez près, si l'on vient du Nord, on amène le mât de pavillon du rova par le point le plus élevé de la presqu'île au Sud 20° Ouest et l'on suit ce relèvement sur lequel on mouille par 9 mètres de fond.

L'embouchure de la rivière change souvent de place.

**Déviation de l'aiguille aimantée.** — Au Nord et près de Mahanoro, une influence locale détermine une déviation notable de l'aiguille aimantée.

La déclinaison Nord-Ouest paraît plus forte qu'au large de 3 à 4 degrés. Au Sud de Mahanoro, la côte se poursuit jusqu'à Mananjary, basse et sablonneuse, remplie d'étangs et de marécages dont l'eau est stagnante.

**Mangoro.** — Le Mangoro, une des plus grandes rivières de la côte Est, se jette à la mer à 5 milles environ au Sud de Mahanoro.

Jusqu'à l'embouchure, son lit est coupé de rapides et semé de roches et de brisants.

**Mahela.** — Située à l'embouchure de la lagune de Rangazava, Mahela est une rade foraine impraticable pendant la mousson de Sud-Est ; mouillage par 22 ou 24 mètres (sable et corail), par le travers du village. Les opérations se font à l'aide des chalands pontés que les maisons européennes possèdent partout où elles ont des comptoirs ; malgré le voisinage de Mananjary, Mahela a un certain mouvement d'affaires.

**Mananjary.** — Mananjary ou Masindrano, à 15 milles au sud de Mahela, est un village bâti sur une pointe de sable, sur la rive gauche de la rivière Mananjary. Les maisons européennes y sont nombreuses, car ce port, où aboutit la route du Betsileo, est l'un des plus commerçants de la côte Est.

La rivière est assez profonde pour permettre à des bateaux d'un certain tonnage de remonter à 15 milles en amont, au village de Tsiatosika, où les traitants ont établi leurs magasins. Elle est navigable pour des pirogues pendant une soixantaine de kilomètres. De ce point extrême il faut 5 ou 6 jours de marche pour se rendre à Fianarantsoa, la capitale du pays betsileo.

Si le mouillage de Mananjary était suffisamment sûr, comme il est relié par la rivière à un centre de production important, les transactions commerciales y prendraient un grand développement. Il n'y a malheureusement qu'une rade foraine, dépourvue d'abri. Les vents du Nord au Sud, en passant à l'Est, la battent en plein. Le fond est de sable gris, de tenue médiocre. La rade est caractérisée par une grande régularité dans le brassiage ; il y a encore 12 mètres d'eau à 600 mètres de la plage, qui est accore et où le ressac est violent. La plage est défendue, sur une longueur de 2 milles, par

Pl. IX. — 1. MANANJARY : ENTRÉE DE LA RIVIÈRE. — 2. VILLE D'ANTSIRANE (DIEGO SUAREZ).

un récif de corail qui s'amorce à la côte à 1 mille environ du sud de l'embouchure de la rivière et qui se termine au Nord par un chapelet de petits fonds, de 9 à 10 mètres, sur lesquels la mer est toujours grosse.

L'embouchure est fermée par une barre qui, légèrement protégée par le récif, est praticable pour les chalands pontés du pays. Il y a de 4 à 600 mètres entre la plage et le récif, et la mer y est toujours grosse. On ne peut songer à accoster à la plage, il faut franchir la barre et courir entre le récif et la terre jusqu'à la fin du brisant. La barre est presque toujours accessible; elle devient impraticable avec les vents d'Ouest à Sud-Ouest.

On aperçoit à l'intérieur, derrière Mananjary, une montagne isolée qui rend l'atterrissage facile. La *Meurthe* a mouillé par 17 mètres de fond (sable gris), en prenant le mât de pavillon du Comptoir d'escompte par la montagne isolée, au Sud 60° Ouest, à un peu plus de 1 200 mètres du récif. Il est préférable de ne pas mouiller plus près de terre, où la houle est dure et forte.

Au delà de Mananjary, la côte se continue toujours basse et marécageuse.

Le **Faraony**. — Le Faraony se trouve à environ 35 milles plus au Sud, et quelques personnes ont cru trouver à son embouchure une rade plus propice aux transactions que celle de Mananjary, dont l'insécurité, jointe à la difficulté des communications avec la terre, est une grande entrave pour le commerce, qui ne peut s'y faire qu'à l'aide de chalands pontés. A la suite d'accidents survenus dans des tentatives faites pour franchir la barre, le Faraony reste très discrédité auprès des patrons indigènes. Le *Fabert* a eu, l'an passé, l'occasion de faire une reconnaissance rapide de la rade et de la barre. Il était mouillé à environ 1 000 mètres des brisants par 18 mètres de fond (sable vaseux), dans les relèvements suivants :

| | |
|---|---|
| Piton du Sud. . . . . . . . . . . | Nord 88° Ouest |
| Village. . . . . . . . . . . . . | Nord 70° Ouest |
| Arbre parasol. . . . . . . . . . | Nord 66° Ouest |
| Piton du Nord. . . . . . . . . . | Nord 47° Ouest |

Il résulte des sondages effectués par les officiers de ce navire que les deux passes extérieures du Faraony ont environ 5 mètres de profondeur et ne sont praticables, par beau temps, qu'aux chalands pontés et bien manœuvrés. Le cours de la rivière est encombré de bancs qui en rendent la navigation difficile, même pour les pirogues.

La rade intérieure formée par une longue ligne de récifs n'a pas plus de 5 à 6 mètres de profondeur.

La rade extérieure ne possède aucun abri et la tenue y est médiocre, sur un fond de sable vaseux et de corail. En somme, ce point paraît inférieur à Mananjary pour les besoins du commerce et de la navigation.

**Rivière Matitanana.** — Par 22°25′ Sud, la Matitanana forme un large estuaire où aboutissent deux cours d'eau, l'Anolaka au Nord, le Mainty au Sud. Les points importants que baigne la Matitanana sont à 5 ou 6 milles dans l'intérieur; sur la rive gauche, la ville d'Ambatomasina et le fort d'Ambohipeno. A 1 mille 1/4 de terre, la sonde accuse de 23 à 24 mètres, mais les brisants semblent barrer entièrement l'embouchure à 1/2 mille au large.

**Ranambo.** — A 5 milles au sud de la Matitanana, à Ranambo, un récif de 7 milles de long, parallèle à la côte et soudé à elle au Nord, presque accore au large, forme avec la côte une rade intérieure de 1 000 mètres de large environ ; s'il existait dans le récif une passe en tout temps praticable, on aurait là un abri sûr et précieux. Il se faisait autrefois à Ranambo un trafic de bœufs assez considérable : il existe, paraît-il, deux passes dans le récif.

Ce point est aujourd'hui abandonné par le commerce.

**Farafangana.** — Large estuaire à l'embouchure commune de plusieurs rivières : Manambavana, Manampatrana, Manambato. Sur la rive droite, près de l'embouchure, se trouve le village de Farafangana, plus connu des Malgaches sous le nom d'Ambahy. Mouillage par 38 mètres, fond de sable vaseux, en tenant la rivière à l'Ouest. Les communications avec la terre sont difficiles quand on ne peut pas pénétrer dans la rivière, car il n'y a pas de point de débarquement accessible sur la côte.

Le service de transbordement ou de débarquement est effectué par une dizaine de chalands de 4 à 5 tonnes.

Farafangana concentre tout le commerce de cette région. Un de ses principaux centres de transit est Vangaindrano, à une journée de marche au Sud, sur la rive droite de la rivière Mananara, à 2 heures de la mer.

Considérée comme l'une des villes les plus malsaines de la côte Est, à cause de sa position au milieu des marais, et possédant néanmoins des succursales de quelques grandes maisons de commerce, Vangaindrano verra se développer son trafic lorsque les voies de communication intérieures seront ouvertes.

La côte, de très basse qu'elle était depuis Foulepointe, commence à s'accidenter des contreforts extrêmes du grand plateau betsileo. Les marécages tendent à disparaître ; mais la côte est dépourvue de baies ou de rades où l'on puisse s'abriter. Pour trouver un bon mouillage, il faut aller jusqu'à Ambatobé.

**Roches d'Ambatobé.** — Ces roches, par 24°23' Sud, sont devant une rivière dont l'embouchure est facilement reconnaissable, défendue par des brisants.

Tout auprès, dans le Sud, il y a un bon débarcadère formé par un contour de la plage avec des roches qui s'étendent au large.

Pour se rendre au mouillage, gouverner au Nord 28° Ouest sur une montagne en forme de pouce qui est située à 10 milles à l'intérieur.

Mouiller par 38 mètres devant le débarcadère. La tenue est bonne, le fond est de sable et de roches.

**Sainte-Luce.** — Sainte-Luce ou Manafiafy, à 40 kilomètres Sud-Ouest, offre un très bon abri aux petits bâtiments dans l'ouest des îles Sainte-Luce. Cette baie est formée par la côte et par quatre iles principales, entourées de roches et de brisants, qui s'étendent vers le Nord; elle a 1 mille de longueur à l'entrée, sur 1 mille 1/2 de profondeur. Les vents de Nord-Est donnent en plein dans la baie, mais n'y soulèvent pas de grosse mer. Les vents de Sud-Est, au contraire, malgré l'abri des îles, rendent la mer très clapoteuse.

Le débarcadère est au fond de la baie.

Pour entrer dans la baie de Sainte-Luce, en venant du Nord, il faut gouverner au Sud-Sud-Ouest sur l'île du Nord (île Souillac), en passant à une encâblure au moins, et, dès que l'on aperçoit au fond de la baie une pointe saillante près de laquelle gît une petite ville, gouverner dessus pour aller au mouillage que l'on prend par 15 mètres (sable et corail), en relevant l'île du Nord au Sud-Est.

C'est à Sainte-Luce que Pronis fonda le premier établissement français, en 1644.

**Baie de Fort-Dauphin.** — La baie de Fort-Dauphin s'étend entre la pointe d'Itaperina et une presqu'île rattachée à la terre par un isthme étroit. Le fond est bordé d'une plage de sable, devant laquelle il y a quelques roches.

Fort-Dauphin est le port le plus Sud de la côte Est de Madagascar.

C'est un de nos premiers comptoirs, avec Sainte-Luce, et la ville elle-même a été fondée par Pronis, premier explorateur français à Madagascar. Cet établissement fut abandonné à cause de son insalubrité, et le fort que les Français avaient construit dans la partie Nord de la presqu'île est maintenant en ruines; il n'en reste qu'une muraille semi-circulaire qui sert d'amers pour gagner le mouillage.

Depuis quelques années, Fort-Dauphin a repris une grande importance, par suite de la découverte et de l'exploitation du caoutchouc dans la région australe.

La presqu'île forme avec la côte Ouest l'anse Dauphine, dans laquelle on mouille par 10 mètres en relevant la pointe de la presqu'île du fort entre l'Est et l'Est-Sud-Est, à une encâblure et demie environ; la tenue est bonne à ce mouillage; mais, si l'on doit y séjourner, il faut affourcher Nord-Est, Nord-Ouest, atterrir à 30 ou 35 milles au nord de Fort-Dauphin à cause des fortes brises de Nord-Est qui soufflent souvent dans ces parages et produisent de violents courants portant au Sud, ranger la côte à 10 milles, passer à 1 mille de la roche d'Itaperina, gouverner sur la pointe du fort, la doubler à deux encâblures au moins, mettre le cap sur le fond de la baie et mouiller comme il est dit ci-dessus.

**Ranofotsy.** — Ranofotsy ou baie des Galions est à 15 milles de Fort-Dauphin. La baie, de forme ovale, de 1 mille 1/2 sur 2, est fermée par un banc de corail qui laisse une passe de chaque côté. Mouiller, soit à l'Est, soit à l'Ouest, près du récif, par 7 mètres de fond.

**Andrahomanana.** — Petite anse accessible aux bâtiments d'un faible onnage par des temps maniables et belle mer.

Bon abri, mais beaucoup de ressac.

Au sud d'Andrahomanana, et jusqu'au cap Sainte-Marie, il n'y a plus de mouillage qui mérite d'être mentionné. La côte est accore et on trouve en général une profondeur de 70 à 90 mètres, à 4 ou 5 milles au large sur un banc de sondes qui entoure la partie Sud de Madagascar.

## COTE OUEST, RENSEIGNEMENTS GÉNÉRAUX

**Aspect général.** — La côte Ouest de Madagascar est montagneuse, volcanique et fortement découpée, depuis le cap d'Ambre jusqu'à la baie de Mahajamba; puis elle s'abaisse très rapidement et devient tout à fait plate et nue. A partir du cap Saint-André jusqu'au Sud, la côte est basse, uniforme et généralement couverte d'arbres, qui s'aperçoivent d'environ 8 ou 10 milles.

**Rivières.** — Cette côte est coupée de nombreuses rivières que ne peuvent guère remonter que les embarcations légères.

Cependant quelques-unes, telles que la Loza, la Betsiboka, le Manambolo, la Tsiribihina, la Morondava, le Mangoka, l'Onilahy, etc., dont le cours n'est pas encore très bien connu, sont navigables sur un plus ou moins long parcours pour les embarcations et même pour des bâtiments de faible tonnage. Quelle que soit leur importance, il faut profiter du flot et le plus souvent de la pleine mer pour franchir la barre sablonneuse qui obstrue toujours leur embouchure. De plus, dès que la houle se fait sentir, il faut se défier de ces barres dont l'apparence, par beau temps, est souvent trompeuse et dont la configuration se modifie avec les saisons et les crues de l'hivernage.

**Mouillages.** — On peut mouiller en pleine côte, à des distances des différents estuaires variant de 1 à 2 milles, par des fonds de 8 à 12 mètres, généralement de bonne tenue; mais rien n'y abrite de la houle ni du vent qui, d'ailleurs, n'est pas très fort en dehors de quelques rares périodes de mauvais temps.

**Climat.** — Le régime climatérique change très nettement à partir de la baie de Fanemotra, un peu au nord du tropique du Capricorne, et la côte Ouest se divise, à ce point de vue, en deux zones assez bien délimitées.

Du cap d'Ambre à la baie de Fanemotra, chaleur humide; brises généralement faibles du Nord-Ouest au Sud-Ouest, surtout dans le nord du cap Saint-André; mer belle, petite houle.

De la baie de Fanemotra au cap Sainte-Marie, régime des moussons, brises fraîches de la partie Sud, dépendant de l'Est pendant la saison sèche, et de l'Ouest pendant l'hivernage; mer souvent assez grosse. Les orages sont fréquents à l'intérieur, comme au bord de la mer, pendant toute l'année, mais particulièrement dans la saison des pluies.

**Marées.** — Les marées sont très nettement accentuées sur la côte Ouest : il y en a deux par jour. La mer marne de 4$^m$,50 à 5 mètres aux sizygies et de 2 mètres aux mortes eaux depuis Nossi-Bé jusqu'au Mangoka.

De part et d'autre de ces points, le marnage diminue progressivement; il n'est plus que de 3$^m$,20 à 2$^m$,20 dans la baie de Saint-Augustin, de 3 mètres dans le nord de la baie de Befotaka et de 2$^m$,50 au cap Sainte-Marie. L'établissement du port varie de quatre heures et demie à cinq heures de Nossi-Bé au cap Saint-Vincent.

**Courants.** — Les courants de marée, assez faibles au large, prennent une grande importance à l'embouchure des rivières, où ils atteignent souvent 2 nœuds en flot et 3 nœuds en jusant. Ces vitesses sont très rarement dépassées, en jusant, lors des grandes crues de l'hivernage.

Du cap d'Ambre à la baie de Bombétoke on rencontre de beaux ports, dont les principaux sont : port Radama, l'embouchure de la Loza, les baies de Narendry, de Mahajamba et de Bombétoke.

Dans ces baies débouchent des rivières plus ou moins navigables; en saison des pluies, naturellement plus qu'en saison sèche, malgré la violence des courants qui y règnent alors, la Loza et la Betsiboka sont profondes et d'accès facile. Les ports et mouillages naturels sont nombreux. Aussi cette côte devrait-elle être prospère et commerçante; malheureusement, elle est pauvre et peu peuplée et ne regarde que l'Afrique orientale, dont l'évolution commerciale commence à peine.

**Ports Robinson, Jenkinson, Liverpool.** — Après le cap d'Ambre, on trouve les ports Robinson ou Lotsoina, Jenkinson ou Ampanasina, Liverpool ou Ambavanibé. Ce sont des enfoncements perpendiculaires à la côte, d'entrée et de sortie difficiles, à cause des roches; fonds de 15 à 16 mètres; ce ne sont que des mouillages pour réparation, car les bords en sont déserts

**Baie de Befotaka.** — La baie de Befotaka a 26 milles d'ouverture jusqu'au cap Saint-Sébastien; elle est encombrée d'îlots et de récifs. Aussi y va-t-on peu, d'autant qu'elle est en dehors de la route des navires. Elle renferme une anse appelée baie du Courrier, où l'on peut mouiller près de terre. De ce point de débarquement au fond de la baie de Diego-Suarez, la distance est petite; aussi avait-on, au début de l'occupation de Diego-Suarez, lorsque les navires à vapeur de faible puissance doublaient difficilement le cap d'Ambre, l'intention de faire porter par là le courrier de France, d'où le nom de cette anse.

Plusieurs projets avaient du reste été proposés pour faire communiquer la côte occidentale avec la baie de Diego-Suarez, et éviter ainsi aux navires de doubler le cap d'Ambre; trois ont été mis à l'étude :

1° Canal réunissant la baie du Courrier à la baie des Cailloux blancs en coupant un récif de 35 mètres de hauteur; il devait avoir 7 kilomètres de longueur;

2° Canal réunissant la baie du Chancelier à la baie des Cailloux blancs, de 5 kilomètres de longueur, et coupant un récif de 54 mètres de hauteur;

3° Enfin, canal de 4 kilomètres 1/2 réunissant la baie d'Ambavanibé à la baie des Cailloux blancs et coupant un récif assez épais de 54 mètres d'altitude.

Dans la baie des Cailloux blancs, on a des profondeurs de 10 mètres très près de la côte; il en est de même dans les baies de la côte Ouest, du Courrier, du Chancelier et d'Ambavanibé.

**Cap Saint-Sébastien.** — Du cap Saint-Sébastien à Nosy Faly, la côte s'enfonce dans l'Est, formant une grande baie, où l'on peut mouiller partout. Elle est sans importance à cause de la pauvreté de ses bords; il y débouche de nombreuses rivières; une seule, le Fasy, a été remontée assez facilement, à 7 milles, par une baleinière du *Sagittaire*.

**Rivière Fasy, Nosy Mitsio.** — Devant le milieu de cette baie se trouvent les îles Mitsio ou Minow, avec quelques bons mouillages, mais peu fréquentés. Il n'y a que de faibles courants.

**Nossi-Bé.** — Nossi-Bé, ou mieux Nosy Bé, est une île volcanique de 22 kilomètres de longueur sur 15 de largeur, séparée de la grande terre par un détroit de 10 kilomètres. Fertile et autrefois florissante, grâce aux plantations de café et de canne à sucre, elle est aujourd'hui bien déchue. Pourtant les mouillages faciles y sont nombreux : autrefois les voiliers qui emportaient le sucre de l'île mouillaient devant chaque usine.

Le seul endroit fréquenté actuellement est Hell-Ville, chef-lieu et centre administratif; la rade est superbe, d'accès extrêmement commode. C'est un point de ravitaillement naturel pour les bâtiments de guerre et une rade admirable où pourrait tenir la flotte la plus puissante.

La mer y est toujours belle et les courants ne dépassent pas 2 nœuds, bien que les marées y atteignent 4 mètres. On accoste à toute heure de marée, grâce à une jetée terminée par un petit feu rouge. L'entrée et la sortie de nuit, à Hell-Ville, sont facilitées par les deux feux de Nosy Vorona et de Tanikely.

**Baie d'Ampasindava.** — Dans le sud de Nossi-Bé, s'ouvre une très grande baie, appelée baie d'Ampasindava, extrêmement facile comme navigation, avec de bons mouillages partout. Les courants, aux embouchures des rivières qui y débouchent, ne dépassent guère 2 nœuds 1/2 et les vents n'y développent pas de grosse mer. Les principaux mouillages sont ceux d'Ambodimadiro et des îles Mamoko. Il y débouche deux rivières : le Sambirano, qu'on ne peut remonter facilement, même avec une baleinière, à cause des bancs qui obstruent l'entrée. On remonte, au contraire, avec de grosses embarcations la rivière Jangoa.

Les rives de cette baie sont très riches et la navigation dans la baie est relativement active; on transporte des bois, du riz, des cotonnades.

**Baie d'Ambavatoby.** — La baie d'Ambavatoby est très commode, calme et peu soumise aux courants; elle était autrefois fréquentée par les voiliers, qui y faisaient de l'eau, du bois et s'y réparaient même.

**Baie de Rafala ou Rafaralahy; Anorontsangana.** — D'Ambavatoby, la côte descend dans le Sud et va former par 14° Sud une baie dans laquelle il y a de nombreux récifs, mais pourtant accessible, étant donné que l'hydrographie de la région est bien faite. On y trouve le mouillage d'Anorontsangana, accessible aux navires tirant 5 mètres. Ce point a joué un grand rôle dans la révolte des Sakalaves, en 1897; on y était en sécurité, malgré le courant et le clapotis gênant qui se manifestaient quand le vent Nord-Ouest ou *talio* soufflait fort. Au fond de la baie Rafala débouchent deux rivières, malheureusement obstruées : la Sahabé et la Beampongy.

**Port-Radama** — Port-Radama est un bras de mer extrêmement important, de 25 milles de profondeur; il s'enfonce d'abord dans l'Est, puis descend sous la forme d'une grande rivière, dans le Sud, se terminant par un cul-de-sac, où arrive un cours d'eau qui, dit-on, irait dans le Sud rejoindre la grande rivière Loza.

On y entre assez facilement par plusieurs passes, entre les îles Radama, qui sont très fertiles.

Les très gros navires, tirant 7 mètres, peuvent remonter le port Radama jusqu'à 16 milles de l'entrée; le *Météore*, qui tire 3$^m$,20, a été jusqu'à 20 milles, et aurait pu aller plus loin, grâce à la marée, mais au risque de s'échouer. On peut mouiller presque partout, en toute sécurité; les courants, tout à fait au fond du port, ne dépassent jamais 4 nœuds. La rivière citée plus haut, qui va, dit-on, jusqu'à la Loza, laisse dans l'Est le village d'Andranosamonta, jusqu'où la vedette du *Météore* a pu remonter. La partie Est de Port-Radama reçoit une autre rivière impraticable : la Berondra.

**Rivière Loza.** — On peut considérer que la rivière Loza débouche dans la grande baie de Narendry; elle a été explorée par le *Météore* qui déclare que c'est une voie de communication excellente. Quand on a franchi la passe comprise entre la terre et Nosy Lava, on entre dans la rivière simplement en se tenant au milieu des deux rives; on peut mouiller à l'embouchure, à Analalava, à 800 mètres de terre, entre la pointe de la rive gauche et le village hova; on y a un fond de 26 mètres (vase), très bon; le seul inconvénient résulte du gros courant qui, arrivant avec jusant contre le vent, crée un clapotis gênant pour les embarcations. Analalava est très fréquenté par les boutres arabes venant des Comores ou d'Afrique; s'il devient un centre administratif et commercial, les navires y pourront facilement accéder. Le *La Pérouse* qui tire 6 mètres y a mouillé deux fois sans la moindre difficulté.

Les navires de 7 mètres de tirant d'eau remontent la Loza, à toute heure de marée, jusqu'à 14 milles de l'entrée. Les courants ne dépassent pas 3 nœuds, et on se trouve là dans une espèce de mer intérieure, large de 1 mille, qui forme un magnifique port. Dans le nord de cette mer intérieure arrive la petite rivière qui rejoint Port-Radama, laissant dans l'Est, à une heure de marche, le village d'Andranosamonta, tandis que, dans le Sud-Est, on trouve le village de Mevarano, avec l'importante rivière de même nom, malheureusement peu connue, mais sans doute navigable sur un assez long parcours. Le régime des vents dans la Loza est toujours Nord-Ouest dans la journée, quelquefois frais, Sud-Ouest ou calme la nuit.

**Nosy Lava.** — Devant l'embouchure de la Loza est Nosy Lava, île d'un accès facile et présentant un bon mouillage fréquenté par les boutres qui s'y échouent sur la plage.

**Baie de Narendry.** — La baie de Narendry a 18 milles d'ouverture et 26 milles de profondeur, dans le sens Nord-Est Sud-Ouest ; ses côtes Ouest sont très saines et on peut y mouiller partout sans avoir de gros courants. La côte Est est moins bonne ; on ne peut y mouiller qu'à 2 à 3 milles de terre.

**Baie de Mahajamba.** — La baie de Mahajamba est divisée en deux parties par un goulet assez étroit. Elle n'a pas une très grande importance pour de gros navires, les rives n'offrant que peu de ressources ; elle est cependant assez fréquentée par les boutres arabes.

La partie située au nord du goulet est très saine, offre de bons mouillages avec des courants modérés ; pourtant le vent du Nord-Ouest y cause parfois de forts clapotis.

La partie Sud est peu praticable, encombrée de hauts fonds vaseux ou sablonneux qui augmentent et s'avancent continuellement dans le Nord. Il n'y pourrait pas entrer de navires de plus de 400 tonneaux. Plusieurs rivières y débouchent : la Mahajamba, qui a donné son nom à la baie et dont l'embouchure, masquée par des palétuviers, est peu visible, quoique les embarcations du *Météore* l'aient remontée, non sans quelques difficultés, jusqu'à 15 milles, au village de Antsinjomitondraka, situé à 35 milles de la côte, et quelques autres cours d'eau qui, excepté la Sofia, paraissent n'avoir aucune importance.

**Baie de Bombétoke et Betsiboka.** — La baie de Bombétoke est, comme celle de la Mahajamba, divisée en deux parties par un grand goulet assez large et praticable. Mais la deuxième partie de cette baie, la partie Sud où se jette la Betsiboka est autrement importante que celle de la Mahajamba. La partie Nord va de la mer aux pointes d'Ampirimpirina et de Maroloha. Elle est d'un accès facile, grâce aux bouées qui signalent les bancs de l'entrée et sont bien placées.

Quand on aura installé le bateau-feu, sur le banc du Marinier, qui se trouve à 21 milles dans le Nord, un autre feu sur la pointe de Majunga, on pourra entrer et mouiller de nuit sans difficulté.

Dans le Nord de la baie, se trouve le port de Majunga, d'un grand avenir commercial; il est vaste et commode avec des fonds (de vase) de 9 mètres pour les grands navires, de 5 mètres pour les petits, respectivement à 800 et à 300 mètres de l'appontement construit sur la pointe de sable.

Les courants à Majunga sont violents; ils atteignent 3 nœuds dans les fonds de 8 mètres, mais sont bien moindres dans les fonds de 5 mètres. On peut toujours communiquer avec la terre. Le régime des vents est celui de la côte Nord-Ouest, plus ou moins frais dans l'après-midi, Sud-Ouest ou orage, et Sud-Est le soir et pendant la nuit.

**Betsiboka.** — La seconde partie de la baie, au sud de la pointe Ampirimpirina, peut être considérée comme le delta formé par la Betsiboka, qui reçoit un grand affluent, l'Ikopa. Un chenal accessible à toute marée aux navires de $2^m,50$ laisse dans l'Ouest tout ce delta, composé de nombreuses îles basses et sablonneuses, et arrive jusque devant l'arroyo de Marovoay (71 kilomètres de Majunga), qui est très praticable; en se tenant au milieu des deux rives, il permet, à condition de s'échouer aux basses mers, aux navires de $2^m,50$ d'aller mouiller devant Marovoay même. C'est l'entrepôt où les boutres de 50 à 60 tonneaux viennent déposer les marchandises, que viennent prendre les pirogues pour les transporter dans le haut de la rivière. Le courant de l'arroyo ne dépasse jamais 4 nœuds; il gêne assez peu la navigation. La rivière est encore navigable, sans grosses difficultés, jusqu'à Bevory (147 kilomètres de Majunga), point accessible en toute saison aux navires tirant 1 mètre d'eau.

Mais ensuite, jusqu'au confluent de l'Ikopa, et plus loin jusqu'à Maevatanana, un navire de 1 mètre de tirant d'eau ne peut naviguer que pendant la saison des pluies; on a alors à lutter contre de gros courants qui, à certaines époques, après les orages et en certains endroits resserrés, atteignent de 8 à 9 nœuds. On a vu, avant l'installation d'un service à vapeur, des pirogues mettre deux mois pour faire le trajet de Marovoay à Suberbieville (250 kilomètres de Majunga).

Dans la saison sèche, au moment des basses eaux, un navire de $0^m,60$ de tirant d'eau peut atteindre Marovoalavo (220 kilomètres de Majunga) et, pour arriver sûrement jusqu'à l'importante station de Suberbieville, un navire ne doit pas tirer plus de $0^m,40$.

A 211 kilomètres de Majunga, l'Ikopa, qui prend sa source sur le plateau de l'Imerina, se jette dans la Betsiboka après avoir passé par Suberbieville; au delà de ce point, il n'est plus navigable. En somme, de Majunga à Suberbieville, on a une belle route fluviale qui pourrait être améliorée, approfondie en certains endroits et élargie en d'autres.

M. Suberbie a installé, entre Majunga et Suberbieville, un service de bateaux à vapeur qui assure la traversée en 25 heures en moyenne, arrêts compris.

Tôt ou tard, Majunga deviendra, à cause de la facilité des communications, le grand port de Tananarive.

**Mayotte, les Comores.** — Quoique Mayotte et les Comores aient été administrativement détachées de Madagascar, on ne doit pas perdre de vue que ces îles constituent, surtout à l'époque actuelle, un point stratégique de premier ordre. Jetées au milieu du canal de Mozambique comme les sentinelles avancées de la Grande île, à égale distance de Nossi-Bé, station navale, et de Majunga, grand centre commercial, elles commandent le passage et protègent la côte Ouest.

C'est, en cas de guerre, un point d'observation incomparable et une base d'opérations pour les éclaireurs. Il y a mouillage dans toutes les Comores ; mais le seul bon port est celui de Dzaoudzi à Mayotte.

Les divers mouillages au sud de Majunga sont énumérés ci-dessous.

**Baie de Boina.** — La baie de Boina est accessible aux petits bâtiments ; on y rencontre une double barre sur laquelle il reste $3^m,50$ à mer basse. Il faut atterrir sur l'îlot Makamby qu'on laisse dans le Sud pour faire route au Sud-Est, sur la pointe Est de l'entrée de la baie, que l'on doit ranger de près.

**Rivière de la Mahavavy.** — A cinq milles environ de la pointe Ouest de la baie, on rencontre la rivière Mahavavy, avec les bras d'Andamoty ; elle paraît avoir une certaine importance, alimente le lac de Kinkony, mais n'a pas été explorée. Un peu plus loin, la rivière de Namakia avec le bras de Vonilahy se déverse dans le même lac : ces rivières ne sont accessibles qu'aux embarcations. Bon mouillage.

**Baie de Maroambitsy.** — Cette baie est l'estuaire de la rivière de même nom, à 6 milles au large de laquelle s'étendent des bancs de sable, formant une barre qui change aux diverses époques de l'année.

Un grand navire doit mouiller au large, à 1 mille 1/2 dans le Nord du sommet Boteler, par 9 ou 10 mètres de fond.

Un petit bâtiment peut pénétrer dans la baie et mouiller par 5 à 7 mètres de fond, après avoir reconnu la passe qui est coudée presque à angle droit : mais il est préférable, comme l'a fait le *Météore*, de franchir la barre de la rivière, sur laquelle on ne trouve pas moins de $2^m,70$, à mer basse, et de mouiller à l'intérieur, à Maroambitsy, par 11 mètres de fond. Ce dernier mouillage est excellent et des mieux abrités.

**Baie de Baly.** — La baie de Baly est accessible aux navires de tous tonnages. La passe est invariable et bien repérée. Bon mouillage par 8 mètres de fond, à égale distance et à 3 milles de Baly et de Soalala. Les petits bâtiments peuvent mouiller à 1 mille 1/2 de l'un ou l'autre de ces points. L'accostage en embarcation y est facile, à marée haute, et pénible à basse mer.

**Rivière Ranomavo ou Andranomavo.** — La rivière de Ranomavo est accessible aux embarcations en dehors de la mer basse ; elle est navigable pendant 15 milles pour les canots à vapeur.

Les rivières de Marokafiry, Kimanjy, Behara, Fola, Manombo, Belobaka, Kasenjy, Vilamatsana ne sont accessibles qu'aux embarcations et à haute mer.

Les grands bâtiments peuvent mouiller, en face de ces rivières, à 1 mille au moins au large, par des fonds de 7 mètres environ. Le mouillage choisi sera toujours facile à reconnaître à l'aide des sommets remarquables, dont la position est suffisamment déterminée sur la carte.

**Banc de Pracel.** — A partir du cap Saint-André, entouré lui-même de récifs, jusqu'au 19ᵉ parallèle Sud, s'étend un immense banc de corail à fonds très variables, connu sous le nom de banc de Pracel. Il a été exploré tout juste assez pour permettre aux navires de naviguer en sécurité, sans s'éloigner des routes connues.

**Ile Juan de Nova.** — Au large du banc de Pracel, en face de sa partie médiane, se trouve l'île Juan de Nova, qui, vue du large, se présente sous l'aspect d'une île basse, de 4 à 5 mètres de hauteur environ.

Cette île présente de légères ondulations et est loin d'être aussi dépourvue d'arbres et de verdure que l'indiquent les anciens rapports. Les bouquets d'arbres y paraissent nombreux ; la pointe Ouest semble même très boisée. En venant du Nord-Ouest, on aperçoit, du côté de la pointe Est, deux cocotiers, l'un assez élevé, dont la tête domine les arbres voisins, l'autre très bas qui ne se voit que lorsqu'on est très près ; ce sont les deux seuls cocotiers de l'île.

La côte Nord de Juan de Nova, entre les deux pointes extrêmes, montre une ligne blanche de dunes de sable, couronnées de verdure. Dans le Sud, les bords de l'île, de couleur sombre, sont coupés à pic et couverts de broussailles.

Un récif de corail, découvert à mer basse, entoure l'île du côté Sud et se prolonge d'une façon très apparente au Nord-Est et au Nord-Ouest.

Entre ces prolongements Nord-Est et Nord-Ouest, qui sont en partie recouverts d'un sable légèrement ondulé, le récif, formant cuvette, s'abaisse en pente douce depuis le rivage jusqu'au large, ainsi que l'indiquent les sondes. C'est là que se trouve le meilleur mouillage, à 1 mille ou 1 mille 1/2 environ des cases des pêcheurs, par 13 à 18 mètres. Le fond est assez inégal et il faut veiller à ne pas laisser toucher l'ancre sur les petits plateaux de corail qui émergent au-dessus du sable dont ce fond est généralement formé et qui sont d'ailleurs faciles à reconnaître, au moins par beau temps, car ils forment des taches plus sombres, qui se voient parfaitement au fond de la mer.

Au mouillage un navire est bien abrité des vents de la partie Sud, mais la tenue doit être médiocre. La mer marne plutôt de 2 mètres que de 1ᵐ,50, comme on l'a cru jusqu'à présent.

Dans le Sud-Ouest, l'île offre une petite crique, où les embarcations pourraient peut-être pénétrer à marée haute. Par mer très belle, elles peuvent accoster la plage Nord ; mais il faut être très prudent et, en général, il sera préférable de se servir des pirogues des pêcheurs.

Juan de Nova est en effet habitée pendant six mois de l'année par des pêcheurs de tortues. Ce sont des sujets du chef Alidy, de Maintirano, hommes libres et esclaves ; ils sont amenés par un boutre dans le courant de juillet, au nombre d'une trentaine environ, y compris des femmes et des enfants. Vingt hommes, montant dix pirogues, se livrent à la pêche, qui se poursuit usque vers la fin de la saison pluvieuse (jusqu'à l'époque du Ramadam) ; un peu avant cette fête musulmane (qui commence ces années-ci vers la mi-février), un boutre vient prendre le personnel et les produits et les ramène à Maintirano. L'écaille est ordinairement vendue aux marchands arabes d'Ambanoro (Nossi-Bé). Les belles tortues à écaille sont très rares ; la tortue comestible, au contraire, est très abondante. Au dire des pêcheurs, chaque pirogue prendrait en moyenne par jour deux ou trois tortues. A toute occasion, et environ tous les deux mois, un certain nombre de tortues comestibles sont envoyées à Maintirano, où elles sont vendues en moyenne 10 francs.

Le maïs vient parfaitement dans l'île ; on en fait deux récoltes par an ; l'herbe pousse presque partout épaisse et drue et l'on pourrait certainement y élever un certain nombre de bœufs, si l'eau douce y était en quantité suffisante. Il y a dans l'intérieur, vers le milieu de l'île, deux puits creusés dans le corail qui donnent une eau qui n'a rien de saumâtre ; mais elle est d'un goût médiocre et peu abondante, au moins pendant la saison sèche. Les arbres sont assez nombreux ; une essence appelée « befangana » par les indigènes, domine toutes les autres ; c'est avec le bois très sec provenant de cet arbre que les pêcheurs d'Alidy font du feu, à la façon des peuplades sauvages de l'Océanie.

Il y a aussi quelques « famata » (euphorbe arborescente) et divers arbrisseaux, notamment le cotonnier sauvage ; aucun arbre n'est propre à la construction. L'île est couverte d'une terre sablonneuse, d'une couleur légèrement rougeâtre. Le sous-sol est du corail aggloméré, qui a fréquemment l'aspect d'un calcaire tendre ; cette pierre pourrait être utilisée pour la fabrication de la chaux, mais non pour bâtir, car elle est trop friable.

Les oiseaux de mer ne sont pas en aussi grand nombre que le faisaient croire les anciennes relations de voyages ; peut être faut-il attribuer ce dépeuplement à une épidémie qui en a détruit beaucoup, car la partie Est de l'île était couverte, tout dernièrement, de cadavres de ces oiseaux.

Quelques courlis, quelques corbeaux, une espèce de perroquet et quelques chats sauvages complètent la faune de Juan de Nova.

**Nosy Voalavo.** — Au Sud des récifs dangereux du cap Saint-André, s'ouvre, à l'embouchure de deux rivières inexplorées, l'anse de Nosy Voalavo, où un poste militaire sera prochainement installé.

**Rivière Beravina.** — Sur la rive gauche de la rivière Beravina, est installé un poste militaire. On mouille en côte à 2 milles du poste et à 1 mille des brisants, par 8 mètres de fond (sable et vase). Pour connaître le mouillage, les amers sont deux touffes de cocotiers au Nord et au Sud du village de Beravina et les collines de Tsibala.

**Nosy Vao.** — A 10 milles de la côte, sur le banc de Pracel, on voit Nosy Vao, île petite, basse, noirâtre, entourée par un récif de 1 mille à 1 mille 1/2 de large. Il est dangereux de s'en approcher du côté du Nord-Ouest et du Sud-Ouest, à cause des bancs de corail qui s'en détachent; on n'y connaît aucun mouillage; mais on peut jeter l'ancre en face, à 2 milles de la côte, devant Tomboharana, à l'embouchure de la rivière inexplorée de Manambao.

**Tomboharana, Rivière de Manambao.** — Tomboharana est un poste militaire sur la rive droite du Manambao, à 1 200 mètres de l'estuaire ; on mouille à 2 milles au large de la côte et à 1 400 mètres des brisants et d'une passe étroite dans les récifs, par 7 mètres de fond (vase).

Les amers du mouillage sont : une petite dune dans le nord de l'estuaire, des touffes d'arbres, dont une, rousse, est en face de la passe et dont l'autre est dans le sud de l'estuaire, et le village indigène.

**Maintirano.** — Maintirano est un centre de la côte sakalave assez important, comme population et commerce. C'est de là qu'on exporte les produits du Menabé, consistant principalement en ébène et en bœufs.

La rivière de Maintirano s'épanouit près de la côte en une vaste lagune qui communique avec la mer par trois passes principales, précédées chacune d'une barre : ce sont les passes de Kirarondrano au Nord, de Demoka au Sud, et de Maintirano au Centre.

A pleine mer, et de préférence le matin, la barre du Maintirano est praticable pour les embarcations et pour les boutres qui vont s'échouer de chaque côté de l'îlot de Maintirano, dans l'Ouest, en face des maisons des traitants et, dans l'Est, en face des comptoirs indiens.

Par beau temps, les grands navires mouillent à 2 milles et les petits à 1 mille de la côte, respectivement par 10 mètres et 6 mètres de fond (vase).

**Nosy Lava, Nosy Maroantaly** (îles Stériles). — Avec la brise fraîche de la partie Ouest, comme on n'a pas la ressource de dérader la nuit, si le temps se gâte, à cause des îles et des récifs, il est prudent de se mettre à l'abri en face, au mouillage de Nosy Lava ou de Nosy Maroantaly.

**Sahoany.** — On atterrit sur la rivière et le poste de Sahoany, en gouvernant sur une sorte de promontoire de couleur foncée, assez facile à distinguer et situé au nord de l'embouchure.

En 1897, il n'y avait là aucun village. On aperçoit seulement une dune de sable presque ininterrompue, doublée au second plan d'une haie élevée et épaisse de palétuviers, dans laquelle l'embouchure est marquée par une petite coupure et par des rochers noirâtres.

La barre ne marque pas toujours et semble devenir assez facilement impraticable; on y trouve, à pleine mer, de 4 à 5 mètres d'eau et, lorsqu'elle est franchie, on rencontre un chenal de 3 à 4 mètres au moins, à mer basse, navigable jusqu'à 10 milles dans l'intérieur.

Mouillage à 3 milles au large de la barre par 7 à 8 mètres de fond (vase molle).

**Manambolo.** — Le Manambolo est une rivière profonde dont le delta, assez peu exploré jusqu'ici, a deux bras importants : ceux de Mafaindrano et de Benjavilo. On atterrit sur des cocotiers situés près de la bouche de Mafaindrano, puis sur la maison à toit rouge du poste, qui est située sur une dune, entre les deux bouches, un peu plus près de celle du Nord. Dans le Nord, on aperçoit le cap Kimby avec des taches blanches très remarquables.

On distingue aussi dans l'Est, au-dessus de la barre, au deuxième plan, une colline à crête allongée, surmontée d'une sorte de dôme peu accentué. Bon mouillage par 8 mètres d'eau à 2 milles des brisants en relevant :

Cocotiers . . . . . . . . . . . . . . Sud 31 Est
Poste . . . . . . . . . . . . . . . Sud 66 Est
Milieu de la passe . . . . . . . . . . Nord 55 Est

La barre de Benjavilo, située à 3 milles au Nord du poste, est praticable aux embarcations à toute heure de marée, sauf aux basses mers de syzygies. Un canal qui longe la côte à l'intérieur permet aux boutres de communiquer par là avec Benjavilo, à mer haute, et de rejoindre le Manambolo à 4 milles au-dessous du poste.

La bouche de Benjavilo se trouve ainsi reliée à celle de Mafaindrano ; mais cette dernière, d'après les renseignements du *Pourvoyeur* (1897), paraît préférable.

**Tsiribihina.** — La Tsiribihina est un des fleuves les plus importants de Madagascar et remonte, comme nous l'avons vu, profondément dans l'intérieur, où elle prend sa source non loin du plateau de l'Imerina.

Elle forme un delta large de 10 milles, dont les bras aboutissent au milieu de brisants, au Nord à Vakivao et Soarano, au centre à Tsimanandrafoza et Mandelikia, au Sud à Namangoa. Les bras extrêmes sont à peine accessibles aux embarcations et leur approche est dangereuse à cause de la houle continuelle qui déferle sur la barre.

Le *Boursaint*, en 1888, a trouvé une passe où il n'y avait pas moins de 6 mètres d'eau à mer basse, conduisant au bras de Mandelikia, qu'il croit franchissable pour les petits navires.

Le *Pourvoyeur*, chargé, en 1897, de la même reconnaissance, n'a pas retrouvé cette passe, mais a donné des renseignements précis sur l'entrée du bras le plus important et le plus facile à aborder : celui de Tsimanandrafozana, qui se reconnaît de loin à une touffe de cocotiers qu'on doit relever au Nord 60° Est. Il y a mouillage dans cette direction à 1 200 mètres des brisants, par 7 à 8 mètres de fond : le toit rouge d'une maison appartenant à un Indien constitue aussi un bon amer.

On trouve sur la barre 1 mètre d'eau environ, en deçà et au delà, des fonds de 3$^m$,50 à 4$^m$,50 à mer basse. L'entrée est presque complètement barrée par une île de sable couverte de palétuviers ; deux passes permettent l'accès de la rivière : l'une au Nord, avec 1 à 2 mètres d'eau, à mer basse, conduit jusqu'à Tsimanandrafozana, mais assèche devant le village; l'autre au Sud, beaucoup plus directe, avec 1 à 3 mètres d'eau à mer basse, doit être prise de préférence. La houle est généralement forte dans ces parages et constitue un danger sur la barre. Néanmoins, dans des circonstances favorables de temps et de marée, un bâtiment de 4 mètres de tirant d'eau, comme le *Pourvoyeur*, peut franchir la barre à 3/4 de flot et mouiller dans la rivière. Le courant y est violent et peut dépasser 3 nœuds dans les fortes crues de l'hivernage.

La rivière est navigable jusqu'à Ambiky pour un petit bâtiment. On y trouve des fonds de 3 à 4 mètres; mais il y a un chenal qui n'a pas encore été balisé et dont il ne faut pas trop s'écarter. Les fonds, à certains endroits, dépassent 15 mètres. Au delà d'Ambiky, les grosses embarcations peuvent remonter jusqu'à Bevily et probablement beaucoup plus loin.

**Heures des marées.** — Les heures des pleines mers sont les mêmes à Majunga, à Maintirano et à Morondava. La mer marne de $4^m,50$ aux grandes marées.

**Bosy.** — A 10 milles environ au Sud de l'embouchure de la Tsiribihina se trouve le village de Bosy et, à petite distance dans le Nord du mouillage, l'entrée de la rivière.

Bon mouillage par 7 mètres de fond (sable) à 1 mille dans l'Ouest du village.

A 2 milles au sud de Bosy, on rencontre le village sans importance de Belengo, un peu dans le Nord d'une rivière non explorée.

**Morondava.** — La rivière Morondava est un cours d'eau important qui traverse le Menabé Sud, en le fertilisant. Elle a donné son nom au port de Nosy Miandroka, où elle se jette à la mer. C'est un centre commercial où les Messageries maritimes ont créé une station.

A 10 kilomètres de la mer, au poste d'Andakabé, qu'on appelle aussi quelquefois Morondava, la rivière se partage en plusieurs bras, formant un delta fertile, peuplé et bien cultivé. Entre Nosy Miandroka et Andakabé, se trouve la mission luthérienne de Betelina, desservie par des Norvégiens.

Les bras principaux de la Morondava sont ceux d'Ambato ou d'Andranofotsy au Nord, de Lovobé au Sud, d'Ambondro et de Nosy Miandroka au centre. Il se produit, entre ces trois derniers bras, une oscillation par laquelle chacune des embouchures l'emporte successivement sur l'autre pendant un temps plus ou moins long. Autrefois la plus importante était Ambondro, puis Lovobé, aujourd'hui c'est Nosy Miandroka : il paraît d'ailleurs que cette embouchure est menacée à son tour.

La Morondava est arrêtée à son embouchure par un banc de sable long et étroit, qui l'endigue dans la direction du Nord-Est. L'extrémité Nord-Est de ce banc est séparée de Nosy Miandroka par un îlot de sable qui forme deux passes. La passe principale est située entre le banc et l'îlot : il y reste 30 centimètres d'eau à mer basse ; l'autre n'est accessible qu'à haute mer.

La barre peut être franchie par des embarcations en prenant les précautions ordinaires.

Il y a bon mouillage pour les petits navires, à 1 mille 1/2 au large, par 6 mètres de fond (vase), dans l'alignement du mât des Messageries maritimes par le mât français (maison Samat), et pour les grands bâtiments dans la même direction, à 2 milles, par 10 mètres de fond (vase).

Les courants sont assez faibles et inférieurs à un nœud.

La côte, aux environs de Morondava, est très plate et présente de nombreux bancs à une distance de terre de 2, 3 et 4 milles, notamment le banc d'Ankaramay, découvert par M. Grandidier en 1867, à 9 milles de terre, par le travers de Taolampia. En général le mouillage (sable et vase), aux embouchures des rivières, n'est pas mauvais. Il est rare que les navires chassent. Les plus mauvais mois de l'année sont, dans la bonne saison, juillet, août et septembre, à cause des grands vents du Sud-Ouest qui font grossir la mer, mais la barre est toujours praticable pour les pirogues. A ce sujet on ne saurait trop engager les voyageurs et les marins à se servir, par tous les temps, plutôt de pirogues que de baleinières pour le va-et-vient du bord au rivage, et mieux encore de goélettes ou de boutres. Pendant l'hivernage, janvier et février sont les plus mauvais mois et amènent de fréquentes bourrasques.

**Belo.** — La baie de Belo n'est qu'un estuaire, encombré de bancs et impraticable même pour un bâtiment de faible tirant d'eau. On peut, à mer basse, en franchir la barre avec 4 à 5 mètres d'eau et mouiller dans une fosse intérieure où il reste 4$^m$,50 à mer basse, mais on a tout juste la place de l'évitage.

Bon mouillage par 13 mètres de fond (sable et vase), à 2 milles 1/2 au Nord 20° Ouest de l'îlot de Belo et, par beau temps, par 7$^m$,50 à 500 mètres des bancs et à 1 mille 1/2 au Nord du village sur une lagune de sable à l'extrémité de laquelle se trouve l'épave de la goélette *Solitaire* de Boston.

**Rivière Ambararata.** — A 3 milles au Nord-Est du village, la rivière Ambararata, obstruée par de nombreux bancs, coupe la ligne continue de la côte sablonneuse. Une touffe de filaos, située à 3/4 de mille dans le Sud-Ouest de cette embouchure, est un bon amer pour le mouillage.

**Baie d'Ampasilava.** — Au sud de Belo, on rencontre, après le bras de mer d'Antanga, la petite baie de Mitchina dans laquelle se jette la rivière Lampaolo, encore inexplorée. Là commence la baie d'Ampasilava, qui offre dans le Sud plusieurs mouillages :

1° Sous l'île d'Amdriamitaroka, à 3/4 de mille dans l'Est, par 10 mètres de fond (sable et vase).

2° A Angoba, à 1 mille 1/2 de la côte, par 7 mètres de profondeur (sable et vase).

3° A Ampasilava, à 3 milles au Nord de la côte, au large de laquelle s'étend jusqu'à 1 mille 1/2 une série de bancs.

Bon mouillage par 10 à 15 mètres de fond (vase).

Le bras Est du Mangoka aboutit à Ampasilava.

**Mangoka.** — D'après les récits des explorateurs, le Mangoka est un fleuve très important, dont le bassin supérieur serait profond, tandis que le cours inférieur, au contraire, se déverse en plaine, par des sauts et des cascades, en s'élargissant au point qu'à 30 milles de son embouchure on pourrait, pendant la saison sèche, le traverser avec de l'eau jusqu'à mi-corps seulement.

A l'embouchure il est praticable, à mer haute, pour les bâtiments de faible tirant d'eau.

On y trouve un bon mouillage pour les grands navires, à 1 mille 1/2, et pour les petits à 1 300 mètres au Nord de l'îlot de l'entrée.

L'atterrissage de l'embouchure du Mangoka se fait, aisément en venant du Nord, sur la mission norvégienne, la dune jaune indiquée dans l'Est avant d'arriver à la bouche d'Andalanda, enfin la case Gaston et la case Pépin.

Le delta du Mangoka se compose de quatre bras d'inégale importance dont les plus intéressants sont le Mangoka proprement dit et la rivière d'Antony ou bras d'Andalanda.

Un troisième bras, le Marohata, quitte le Mangoka en face du village de Tamboholava, et se jette à la mer à 5 milles dans l'Est. Il est, dit-on, praticable aux embarcations. Les branches du delta se modifient suivant les saisons, de sorte qu'il est important de vérifier fréquemment le chenal.

La principale embouchure se trouve à 2 milles dans le nord-est du village d'Andalanda. Elle a été explorée en canot à vapeur jusqu'au village d'Ankazoabo, à 17 milles de la mer; on y a trouvé un chenal sinueux et étroit, où la profondeur a toujours été supérieure à 2 mètres.

La barre du Mangoka, sur laquelle on trouve seulement de 20 à 40 centimètres aux plus basses mers, est protégée des vents du Sud et du Sud-Ouest et offre un passage plus facile que celle de la Tsiribihina.

La rivière d'Antony, ou bras d'Andalanda, quitte le Mangoka au-dessous d'Ankazoabo; elle est très étroite en cet endroit (20 mètres) et traverse pendant 10 kilomètres un pays cultivé, puis elle s'élargit progressivement au milieu de palétuviers. Elle a 10 milles de long. Un bras, aujourd'hui desséché, se séparait autrefois du Mangoka au-dessous d'Ankazoabo, près du bras d'Antony, et remontait à Ambohibé.

Actuellement le Mangoka ne communique plus avec Ambohibé que par un petit canal très étroit, praticable aux pirogues, qui se sépare de la rivière d'Antony à 1 mille de son embouchure, près de Sampantelo.

L'estuaire du Mangoka a 2 milles de large de l'Est à l'Ouest, dans sa plus grande dimension.

Il se termine au Nord-Est par la pointe d'Ankotakotaka et est bordé de palétuviers : seuls, les sables de la barre sont dénudés. Une langue de sable partage l'estuaire en deux cuvettes ; celle du Sud est marécageuse et impraticable, celle du Nord n'a pas de grands fonds. Le chenal du grand bras, où l'on trouve 3 mètres au delà de la barre, suit la partie Nord-Est de l'estuaire (rive droite), du côté d'Ankotakotaka. Les goélettes trouvent là un bon mouillage.

**Baie de Tsingilofilo.** — La baie de Tsingilofilo s'étend de la pointe Andefitra au cap Tsingilofilo. Elle est très vaste, limitée par la Grande terre à l'Est, et à l'Ouest par une série de récifs, d'îlots et de roches qui l'abritent contre la mer du large. Elle se divise en deux parties distinctes : l'une au nord de la ligne de Nosy Trozona-Cap Morombé, dont le régime paraît être purement marin, et la deuxième au Sud, où des apports considérables de vase et d'alluvion décèlent l'ancienne existence de la grande rivière Saint-Vincent ou Mangoka qui se jette maintenant beaucoup plus au Nord (Grandidier).

On y trouve deux mouillages :

Un bon pour les grands navires à 3/4 de mille à l'Ouest du village, par 9 mètres de fond (vase) ; l'autre excellent, un peu plus au Sud, appelé mouillage du Cap, formé par presque toute la partie de la baie au Sud de la ligne Nosy Trozona-Cap Morombé (fond de vase).

**Nosy Hao.** — On trouve à l'est de Nosy Hao un bon mouillage, par 12 à 15 mètres de fond (sable et coquilles) ; mais on n'y a aucun abri contre les vents du Sud.

**Nosy Andrahombava.** — Nosy Andrahombava, ou l'île du Tombeau, offre un mouillage plus sûr, à 1/3 de mille dans l'Est, par 17 mètres de fond (sable et coquilles).

**Baie de Fanemotra ou des Assassins.** — La baie de Fanemotra a 6 milles de profondeur, mais plusieurs bancs réduisent à 1/2 mille seulement la largeur de l'entrée. Bon mouillage au nord et en dedans de l'entrée, par 8 mètres de fond (vase), à 600 mètres en dedans de la pointe Nord.

**Climat, Vents.** — A partir de ce point les conditions climatériques paraissent être les mêmes que dans la baie de Saint-Augustin. Les vents du Sud et du Sud-Ouest sont souvent frais et soulèvent une grosse mer. Ceux du Nord, annoncés par l'humidité et une tendance à la baisse du baromètre, amènent la chaleur et le beau temps. La brise de terre souffle la nuit, très rarement forte. Il y a quelquefois des coups de vent d'Ouest pendant l'hivernage.

**Récif.** — De Fanemotra à Tulléar, la côte est défendue par un large récif, distant de 1 à 4 ou 5 milles. Plusieurs coupures donnent accès à des embarcations et même à de petits navires et leur permettent de naviguer à l'abri de la mer entre la côte et le récif.

Pl. X. — TANANARIVE : LA CASERNE DU 13ᵉ D'INFANTERIE DE MARINE (ANCIEN PALAIS DU PREMIER MINISTRE).

**Rivière Manombo, Baie de Ranobé.** — La baie de Ranobé, longue de 7 milles et large de 4, est le premier mouillage qu'on rencontre après Fanemotra. Il est très sûr, mais on n'y trouve malheureusement ni ressources, ni centre de population.

La baie renferme un certain nombre de bancs de coraux, faciles à distinguer avec un bon éclairage. La passe d'entrée, appelée Fanandomotra, est très nette; sa largeur est de 750 mètres de récif à récif; mais sa partie véritablement saine n'a que 350 mètres; on la franchit en tenant la coupée de Manombo au Nord 40° 30′ Est. Les fonds passent de 25 à 13, puis à 9 et à 10 mètres. Bon mouillage par 10 mètres de fond (sable); courants violents dans la passe, à cause de son exiguité, faibles dans la baie.

**Tulléar, Rivière Fiherenana, Baie de Saint-Augustin.** — De tous les mouillages connus entre le cap Saint-André et le cap Sainte-Marie, le meilleur et le plus sûr est celui de Tulléar, dans le delta de la Fiherenana. Bien protégée par le récif du large, la baie est très spacieuse, accessible à toute heure de marée aux navires du plus fort tonnage et son fond de vase assure une tenue excellente.

A l'entrée d'une immense plaine, dont les terrains sont réputés riches, sous un climat sain, Tulléar ne tardera pas à devenir un port de premier ordre, si l'on utilise les ressources dont la nature l'a favorisé.

En face de la côte d'Afrique, dans une admirable situation géographique, Tulléar est appelé à devenir le centre commercial, l'entrepôt et le grand marché de la côte Sud-Ouest de Madagascar avec le Sud de l'Afrique. C'est, en outre, un excellent point de ravitaillement pour la guerre de croisière.

Deux passes, repérées par le relèvement de la montagne de la Table, conduisent au mouillage de Tulléar, par $8^m,70$ (sable et vase) : Table au Sud 72° Est; Toit Jacquelin au Nord 48° Est.

La passe Nord a 500 mètres de large; courir sur la Table au Sud 68° Est jusqu'à ce que la pointe Anosy soit au Nord 77° Est, puis faire route au Sud 46° Est, en se tenant de préférence du côté du grand récif qui est sain.

La passe Sud ou de Sarodrano a 1 300 mètres; courir sur la Table au Nord 39° Est, jusqu'à ce que la pointe Sarodrano soit au Sud 8° Est, puis gouverner au Nord 2° Ouest.

Tulléar est un des points dont l'éclairage de nuit s'impose à bref délai.

**Salara, Rivière Onilahy.** — On peut mouiller à 1/2 mille de Salara, dans l'Ouest de l'embouchure de la rivière Onilahy, par 17 mètres de fond (vase noire). Ce mouillage n'est pas abrité des vents du Nord et de l'Ouest et doit être évité pendant l'hivernage, où l'on ne peut mouiller à moins de 1 mille 1/2 de terre.

**Nosy Vé.** — Nosy Vé, îlot distant de 2 milles de la Grande terre, a 1 300 mètres de long et 300 mètres de large. Il est bas, formé de sable et de corail très blanc, sans arbres, sans eau et recouvert, du côté Ouest, de brousses peu élevées. C'était, dans les derniers temps, avant la conquête de

Madagascar, un entrepôt important, parce que les traitants y trouvaient une sécurité qui n'existe pas sur la Grande terre. Aujourd'hui les établissements de Nosy Vé n'ont plus de raison d'être et se transportent à Tulléar.

L'îlot est prolongé par un récif, orienté comme lui au Nord 3° Ouest. On peut mouiller par 10 mètres de fond (sable et corail), dans le Nord-Est de l'île.

A partir de Nosy Vé la côte est peu connue et toujours bordée par des récifs jusqu'à Androka. La nuit, on peut mouiller en pleine côte de façon à attendre le jour pour atterrir.

**Itampolo.** — On trouve à Itampolo, petite baie insignifiante, un mauvais mouillage.

**Androka ou baie des Masikoro, Rivière Ilinta.** — Au centre du cap Andriamanao on trouve l'embouchure de la rivière Ilinta, qui débouche dans un petit port, appelé Androka ou Lanirano, en face d'un îlot Nosimborona ou Baracouta. On y trouve un assez médiocre mouillage, par 9 à 11 mètres de fond (sable vaseux), au milieu de récifs encore mal délimités. Un peu plus au Sud la côte forme une entrée qu'on appelle le port Cruizer ou Ambohibola. Du port Cruizer à la pointe Fenambosy, où l'on trouve Nosy Manitsa ou l'île Leven, s'étend la baie d'Ampalaza. C'est un mauvais mouillage, dangereux par les vents du Nord et de l'Ouest.

De la pointe Fenambosy au cap, s'étend le banc de l'Étoile, qui suit la côte en se prolongeant jusqu'à 15 et 28 milles au large.

On trouve sur ce banc de 25 à 33 mètres de fond, près de la côte, et de 48 à 57 mètres, sur la limite extérieure. On peut mouiller, au cap Sainte-Marie et sur cette côte, par beau temps; mais on n'y trouve aucun abri des vents du Sud et de l'Ouest; il faut être toujours prêt à dérader.

En résumé, de la baie d'Androka à Fort-Dauphin (tous deux sous le même parallèle), on ne rencontre qu'une côte désolée, sauvage, très dangereuse et très peu fréquentée.

« Beaucoup de navires faisant route pour Natal ou pour le cap de Bonne-Espérance s'approchent du sud de Madagascar afin de reconnaître leur position; mais aucun, que je sache, n'a, avant 1886, osé s'aventurer sur cette côte aride et inhospitalière. Une ligne de dunes dénuées de végétaux, des bancs de rochers qui s'étendent à fleur d'eau, à une grande distance du rivage, et qui sont continuellement battus par les flots d'une mer furieuse, nulle trace d'habitation, rien ne semble en effet attirer les navires dans un pays aussi déshérité » (Grandidier).

## V

## LES FORÊTS

### APERÇU GÉNÉRAL SUR LES FORÊTS[1]

Le sol de l'Imerina, actuellement sans bois, et que d'aucuns prétendent rebelle à toute végétation supérieure, n'est pas plus mauvais que dans beaucoup d'autres régions, qui sont cependant encore couvertes d'un puissant manteau de verdure. Ici, comme ailleurs, on trouve les mêmes éléments organiques du sol, et ce qui manque, c'est l'humus. Mais l'humus est la conséquence de la forêt.

La ruine des forêts ou bois est consommée sur certains points de l'île : dans l'Imerina, dans le Bouéni, dans le Betsileo, dans certaines régions de l'Est.

Actuellement les grandes masses forestières sont confinées dans l'Est de l'île et plus particulièrement dans le Nord-Est, la baie d'Antongil restant le centre d'un pays essentiellement forestier. L'Ouest comporte aussi d'assez vastes étendues de forêts, encore mal connues d'ailleurs et qui, au dire des explorateurs, seraient surtout confinées au Nord entre les 13$^e$ et 15$^e$ parallèles, au Sud entre les 17$^e$ et 19$^e$.

Il est constant d'ailleurs que, dans toute la longueur de l'île, évidemment avec de nombreuses trouées, une série de forêts concentriques courent le long des divers chaînons montagneux qui constituent l'ossature générale de l'île. Dans les parties très épanouies, ces couronnes de végétation constituent les grandes masses forestières.

En l'état actuel des connaissances de l'île, il est permis d'évaluer à 10 ou 13 millions d'hectares la superficie de son domaine boisé ; ce qui donnerait à Madagascar un coefficient de boisement variant entre 19 et 20 pour 100 de la superficie totale.

Ce coefficient est insuffisant ; pour être normal, il devrait atteindre environ 30 pour 100. C'est pour cette raison et aussi parce que les forêts existantes sont très inégalement réparties à la surface de l'île qu'on a été conduit à créer un service de boisement.

Bien que très entamées, les forêts de Madagascar possèdent encore de réelles richesses dont il serait désastreux de tarir la source prématurément.

Dès que les voies de communication auront été établies, les bois acquerront une plus-value considérable dont la colonie tirera profit si elle ne concède qu'à bon escient les produits forestiers qui lui seront demandés.

Les forêts des régions moyennes et inférieures sont généralement plus riches que les forêts des régions élevées centrales. Dans les premières, on trouve surtout les bois dits précieux, ou d'ébénisterie, tels que le bois de

---

[1]. Voir dans l'Atlas la carte forestière.

rose, les acajous, les palissandres, les ébènes, dont il existe encore de nombreux et remarquables échantillons.

Puis des bois de construction de premier choix, comme l'hintsina, les nato, les lalo, le ramy, le bois de fer, le takamaka, etc., des bois à sécrétions gommifères, comme les lianes ou arbres à caoutchouc des genres Vahea et Landolphia, et le barabanja, variété d'*Alstonia*, les copaliers, dont le produit mieux récolté pourrait donner lieu à un commerce lucratif. Enfin, dans les parties basses et voisines de la mer, les forêts de filaos, en bordure, qui pourront fournir de bon chauffage, et les forêts de palétuviers, qui donnent, outre du bois de chauffage, des écorces à tan très appréciées et une teinture qu'on pourrait employer. L'étude raisonnée des produits forestiers de l'île est commencée. Leur classification méthodique sera bien accueillie sans aucun doute par le commerce; mais il paraît puéril de donner ici une liste par trop incomplète, et toutes celles qui ont vu le jour jusqu'ici comportent des erreurs trop regrettables pour qu'elles trouvent une place utile dans un court exposé.

Le service des forêts a entrepris cette étude qui sera poursuivie avec soin dans le courant des années suivantes.

## DISTRIBUTION DES FORÊTS

Sur la foi de quelques incendies qui causent des dommages assez sérieux dans certains coins forestiers, on a prétendu parfois que le manque de bois au centre de Madagascar était le fait de l'homme. En réalité, les causes qui ont présidé à la distribution des forêts sautent aux yeux si, au lieu de considérer des points isolés, on s'élève à un coup d'œil d'ensemble. Madagascar porte à son centre une immense tonsure dont les limites *coïncident avec celles des hauts plateaux*. Tous les Européens de Tananarive ont vu à Ankeramadinika la forêt disparaître à la dernière grande côte. De même dans l'Ouest, en venant de l'intérieur, c'est à Ankavandra, au pied de la falaise du Bongolava, qu'on entre sinon dans une région boisée, au moins dans une région où il y a des arbres.

En dehors des limites du haut plateau, c'est-à-dire dans la région qui d'une façon générale peut être considérée comme boisée, encore faut-il dire que la forêt se raréfie ou disparaît tout à fait dans les vallées abritées du vent de mer. Par exemple, la plaine d'Alaotra-Moramanga est aussi nue que l'Imerina, malgré son sol fertile.

Dans l'Ouest, au Bemaraha, à l'Isalo, partout enfin on voit que, seules, sont boisées les pentes tournées vers la mer, c'est-à-dire précisément celles où la précipitation fluviale est vraisemblablement la plus abondante.

L'humidité qui est nécessaire à la vie de la forêt lui vient d'ailleurs tout aussi bien d'un fleuve ou de marais voisins. C'est ainsi qu'au Menabé les bords de la Tsiribihina et de ses affluents sont de beaucoup les parties les mieux boisées.

Il n'en est pas moins vrai qu'on peut poser cet axiome : à Madagascar, la forêt s'est fixée sur les pentes accessibles aux vents de mer et, par conséquent, aux pluies.

Mais la forêt malgache est très différente suivant les points où on la considère.

1° La forêt de l'Est est la vraie forêt tropicale, grâce aux pluies abondantes qui arrosent pendant toute l'année cette région.

2° La forêt de l'Ouest est tout autre. Sauf peut-être dans le Nord-Ouest, dans les parages de la baie d'Ampasindava où elle participe déjà des caractères de la forêt orientale, celle de l'Ouest est très grêle aux endroits les plus touffus; dans le Menabé ou le Mailaka, c'est plutôt une brousse parfois inextricable.

En même temps, les espèces des deux régions sont différentes : aux ravinala qui caractérisent les paysages de l'Est, succèdent les lataniers, les baobabs ; la plupart des arbres ont un feuillage caduc, ce qui pendant six mois de l'année donne l'impression d'un paysage d'hiver sous un ciel d'été. C'est que la saison sèche dure sept ou huit mois, davantage même ; certaines espèces seulement résistent à une aussi longue sécheresse et celles qui peuvent y résister ne laissent pas d'en souffrir.

3° Dans le Sud, enfin, pousse non pas une forêt, — il serait erroné de l'appeler ainsi, — mais une végétation arborescente toute particulière : c'est le pays des arbres complètement dépourvus de feuilles, des plantes cactiformes, des arbres corail, de l'euphorbiacée qui donne le caoutchouc.

A l'Est, les limites de cette végétation sont très nettes ; elle commence à Elakelaka, c'est-à-dire exactement au pied du versant occidental des montagnes de Fort-Dauphin.

A l'Ouest, on voit l'arbre corail (*Euphorbia stenoclada*) apparaître dès Belo (près de Morondava), tandis que l'euphorbiacée à caoutchouc ne se rencontre pas avant la montagne de la Table (Tulléar).

C'est que l'humidité et les pluies diminuent sur la côte Ouest à mesure qu'on descend vers le Sud. A Nosy Vé, il ne tombe que $0^m,35$ de pluie par an.

La distribution des forêts s'explique donc tout naturellement par l'orographie et le climat de Madagascar. Il est très légitime d'empêcher les indigènes de les détruire ; on peut même peut-être espérer, avec des efforts systématiques, boiser artificiellement certaines parties des hauts plateaux. Mais il serait illusoire de croire que c'est l'homme qui les a déboisés en s'arrêtant juste à leurs limites.

## PRINCIPALES ESSENCES

Voici, d'après M. Jully, les principales essences que l'on rencontre à Madagascar et le parti que l'on en peut tirer au point de vue industriel. Ce n'est qu'un résumé sommaire ; aucune étude d'ensemble un peu complète n'a encore été faite sur les produits de la Grande île. Nous ferons suivre cet article d'une nomenclature détaillée des essences pour chacune des principales régions forestières de l'île.

L'île de Madagascar peut se partager en un certain nombre de zones, dans lesquelles la végétation diffère complètement ou qui, tout en contenant des essences semblables, en présentent d'autres absolument différentes. Le voyageur qui monte de Tamatave à Tananarive voit chaque jour le paysage se modifier; celui qui vient de Majunga subit également la même impression, bien que de ce côté la grande forêt n'existe pas; or, les arbres de la côte Est, correspondant à ceux de la côte Ouest, à la même altitude, sont absolument différents. D'où il résulte que, pour faire une étude complète de la végétation, il faudrait supposer une section transversale de l'île et déterminer sur cette section les zones de séparation, bien que jamais la transition entre ces différentes végétations ne soit brusque. Voici ces zones :

1° Bordure immédiate de la mer peuplée de **Faho** (*Cycas*), de **Pandanus**, de **Vakoa**, de **Viha**, de **Voavontaka**, de **Voasary** (citronniers), etc., arbrisseaux sans grande utilité pratique au point de vue industriel par suite de leur faible taille. C'est dans cette région que poussent le cocotier et le filao.

2° Forêts bordant les lacs dans les altitudes de 50 à 60 mètres et comprenant les **Nato**, dont l'écorce sert pour la teinture, donnant un cachou brun rouge, et dont l'arbre fournit un beau bois ressemblant au teck; le **Tamarin** ou **Kily**, bois jaune susceptible d'être tourné; le **Ravintsara**, dont la feuille remplace le laurier comme épice et dont le bois est sans utilisation spéciale; l'ébène qui atteint de fortes dimensions sur la côte et dont le diamètre diminue au fur et à mesure qu'on gagne l'intérieur et qui disparaît vers l'altitude de 1 000 mètres; le **Sandra**, bois noir, très beau, de faible diamètre; le **Haramy** ou tamaka, utilisable pour la construction des embarcations; le **Tandroroho** ou santalier (*Hymenœa verrucosa*), connu aussi sous le nom d'**Andrakadraka**; le bois de rose ou **Volombodimpona**.

3° La région des **Rafia**, qui poussent dans les cuvettes au milieu de ces forêts et constituent même dans certaines parties marécageuses la seule végétation.

4° La région des **Ravinala** ou arbres du Voyageur, qui commence à 50 mètres et continue jusqu'à 200 mètres. Quelques plants isolés existent même aux environs d'Analamazaotra, c'est-à-dire à 900 mètres; mais ils sont rares et de mauvaise venue.

5° La région de la grande forêt, d'Ampasimbé à Moramanga, qui contient les mêmes essences que les forêts des hauts plateaux, plus quelques autres spéciales, et moins quelques-unes qui ne croissent qu'aux altitudes de 1 200 mètres. On y trouve notamment :

Le **Hetatra** (*Podocarpus madagascariensis*), excellent bois de charronnage, blanc, léger, facile à travailler; c'est le bois dont on fait les brancards de filanjana.

Les **Ambora** (*Tambourissa*), qui sont de plusieurs sortes et doivent appartenir à la famille des santaliers. On remarque notamment l'Amboramangidy, l'Amboratsievoka, l'Amboraberavina, l'Amboramenalaingo. C'est un excellent bois de menuiserie, prenant bien la moulure, léger et se conservant bien. Il était réservé aux cercueils des anciens rois de l'Imerina; on en a trouvé des planches datant de deux cents ans et encore en bon état; toutes les espèces cependant n'ont pas la même valeur : l'amboratsievoka et l'amboraberavina semblent jusqu'à présent devoir être préférés. Il exige un long séchage : la sève, légèrement résineuse, ressort longtemps après la coupe. Sa veine marron foncé donne suivant les cas un coloris intéressant.

Le **Lalona** (*Weinmannia*), bois de charpente très bon, nerveux, teinté rouge, qui dans le séchage travaille énormément; il faut toujours le laisser en grandes pièces de fort équarrissage et il doit être surtout employé dans les solivages.

Le **Merana**, bois blanc, veiné bleu, imputrescible, semble convenir particulièrement aux travaux dans l'eau; il fournit de bons pilotis. Se méfier des espèces similaires.

L'**Angavodiana**, bois de menuiserie jaune maillé rouge, spécialement bon pour l'ébénisterie, donne de beaux effets sous le vernis ou l'huile.

Le **Varongy** (*Calophyllum inophyllum*), beau bois de menuiserie, comprend trois espèces : varongy fotsy, varongy voara, varongy mainty. Cette dernière est de beaucoup la plus belle, elle peut servir notamment pour les parquets et les lambris.

L'**Hazondrano**, bon bois de menuiserie, léger, facile à travailler, ressemble un peu au hetatra.

L'**Havozo**, bois plutôt mauvais comme emploi : sert d'aromate aux indigènes (semble être le ramitsara de la côte).

Le **Zahana** (*Phyllarthrum Bojeri*) : connu sous le nom d'arbre à écrire, est très dur, semble pouvoir remplacer le buis, est par conséquent un bois de tournage, ainsi que le goyavier et le bibassier; il produit un petit fruit comestible.

L'**Hazomena**, bois rouge, bon pour la charpente, résistant et durable; il peut servir à l'ébénisterie.

Le **Sary**, très abondant, fournit un bois de charpente relativement léger et facile à travailler.

Le **Famelona**, bois de menuiserie, blanc, très léger, doit être coupé en bonne saison, c'est-à-dire de mai en août : autrement, il pourrit avec une grande facilité.

Le **Mahasaizany**, bois blanc jaunâtre, très bon pour le charronnage; il peut aussi servir à la menuiserie.

Le **Vandrika**, bois jaune, bon pour l'ébénisterie, garde la moulure et l'arête vive; il passe par tous les tons, du jaune clair au jaune orange.

Le **Voamboana** ou palissandre, bois d'ébénisterie, comprend plusieurs espèces dont l'une, connue sous le nom de soro, est la plus remarquable. Les autres, voamboamena mainty et manga, présentent des différences de coloris qui les caractérisent.

L'**Hazomainty**, ou ébène, est moins beau que le hazomafana de la côte, dont il existe plusieurs variétés, dont l'une est connue en France sous le d'ébène vert.

Le **Vivaona** (*Dilobeia Thouarsii*), bois d'ébénisterie maillé, se rapproche du palissandre comme teinte.

Le **Rangy**, joli bois veiné noir sur jaune et parfois rougeâtre, n'existe pas en grandes dimensions; il peut servir à la petite ébénisterie et surtout à la marquetterie, ainsi que le **Harahara** (*fam. des Phylloclades*), avec lequel sont faits les manches des bêches des indigènes de l'Imerina, arbre étrange, sans feuilles et dont les branches sont aplaties.

L'**Hitsikitsika**, bel arbre élancé, à bois dur, semble convenir particulièrement à la charpente.

Telles sont les principales espèces de la grande forêt que nous retrouverons, moins belles en général, dans la 6ᵉ région qui comprend en plus les espèces suivantes :

| Sans emploi ou mauvais. | Charpente. |
|---|---|
| Kaleva | Valanirana |
| Variha | Voanana |
| Malambovony | Maroando |
| Alakamisy | Marantana |
| Kana | Hazomby |
| Keva | Mankarany |
| Ramanjarina | Ambasy |
| Anjananjana | Hazotokana |
| Anivo (palmier) | Kairatika |
| Farihazo (palmier) | Ambiatibé |
| Hazotoho | Tambintsy |
| Kovary | Hafotsokina |
| Amontana | Manavodrevo |
| Landemy | |

| Menuiserie. | Ebénisterie. | Charronnage. |
|---|---|---|
| Dontonana | Hazofiana? | Valomena |
| Mitanina | Harongana (sang dragon) | Senasena |
| Rotra | Mango | Montafara |
| Sana | Tomenjy | Lambinana |
| Dintinina | Felamborona | Nonoka |
| Tavolohazo | | |
| Lambinana | | |
| Nantsilana? | | |
| Bodomaso | | |

Et enfin la 7ᵉ région comprenant les vallées de l'Ankaratra, qui renferment les essences ci-dessous avec quelques-unes en plus, telles que le fotona, arbre d'essence dure semblant convenir au charronnage. Ces essences de la 7ᵉ région sont à l'étude en ce moment pour leur utilisation.

Si maintenant, partant de la côte Ouest, nous nous élevons vers le plateau central, nous trouvons les deux premières régions pourvues d'une végétation différente de celle de la côte Est et la forêt reportée à la 3ᵉ région. La 1ʳᵉ région en effet, qui longe le rivage de la mer, n'existe pas par suite de la constitution géologique de la côte Ouest ; elle est remplacée par les palétuviers qui bordent tous les estuaires des fleuves et s'étendent assez loin dans l'intérieur (jusqu'à 60 kilomètres dans la Betsiboka). Ces palétuviers comprennent plusieurs espèces, dont quelques-unes fournissent d'excellents bois de charpente, en particulier le palétuvier rouge : la plupart sont également très intéressants à cause de la quantité de tanin que renferme leur écorce. La 2ᵉ région, celle des falaises alternant avec les grandes plaines riveraines des fleuves, comprend le latanier ou satra employé par les indigènes pour la construction de leurs cases, le baobab inutilisable à cause de la nature spongieuse de son bois, le rafia dans les fonds et quelques ravinala sur les hauteurs, puis une série d'arbrisseaux parmi lesquels le voavontaka de la côte Est, le mahabiba, dont le fruit (noix d'acajou) est comestible, le voara produisant un latex non utilisé encore, etc., tous de faibles dimensions et inutilisables comme bois, puis le tamarin qui fournit un bois jaune pouvant être d'un bon emploi dans la menuiserie.

La 3ᵉ région commence à la première ligne de hauteurs : elle est caractérisée sur la Betsiboka par la chaîne d'Ankarafantsika. Nous y retrouvons les arbres de la côte Est déjà décrits : lalona, hazomena, hintsina, zahana, merana, ambora, hazomainty, volombodimpona appelé dans l'Ouest tsiandala. En plus, quelques espèces telles que le sohihy pour la menuiserie, le vakakonanga et le taipapango pour la charpente, le tohiravina pour l'ébénisterie, l'antafano pour la charpente, le voapaka pour la menuiserie, le manondia et le tsimahely pour la grosse charpente, l'andrintsohitsy pour le charronnage, le kindro et le borona pour la charpente.

De cette 3ᵉ région nous passons à la 4ᵉ, malheureusement encore inconnue jusqu'à ce jour, et qui à notre avis doit participer de la végétation de la 3ᵉ et de celle de la 5ᵉ. C'est celle qui se trouverait limitée par la forêt de Manerinerina, non encore visitée et dont l'existence même est contestée. Elle s'étend par bouquets d'arbres, du reste, jusqu'aux confins du lac Itasy pour rejoindre la 6ᵉ région qui, elle, du côté Ouest, ne comprend que quelques arbres isolés ou par petits groupes, rencontrés dans les fonds de vallées, et qui représentent les essences de la 6ᵉ région du côté Est avec prédominance des arbres que les coutumes superstitieuses malgaches ont laissé subsister de préférence aux autres. Aussi, afin d'éclairer l'opinion du botaniste qui pourrait trouver étrange de voir certaines espèces ayant résisté à l'œuvre de destruction plutôt que certaines autres, nous donnerons la liste des bois avec leurs vertus dans la sorcellerie malgache.

| Noms des essences. | Propriétés prétendues. |
| --- | --- |
| Vintanina | attire la foudre. |
| Valimpangady | réservé aux morts. |
| Hazomafana | écrase les porteurs. |
| Tambintsy | interdit la postérité. |

| Noms des essences. | Propriétés prétendues. |
|---|---|
| Hazotokana | casse la vaisselle dans la maison, n'y en aurait-il qu'un morceau. |
| Aviavy | porte malheur. |
| | (A noter que ce mauvais sort est conjuré sans doute par ses fruits, très estimés par les indigènes, qui par suite en ont planté près de leurs cases.) |
| Amontana | attire la foudre. |
| | (Tous les anciens villages en sont garnis.) |
| Voara | porte malheur. |
| Lambinana | réservé aux morts. |
| Havozo (ravintsara) | rend le maître paresseux. |

Nous n'avons pas parlé dans cette étude, avec intention, des arbres à caoutchouc dont quelques espèces ont été déjà spécialement étudiées (voir notamment l'étude du docteur Levrier). Il est nécessaire cependant de noter la région spéciale que M. Gautier a trouvée dans le Sud et qu'on pourrait appeler forêt d'euphorbiacées, qui existe dans les pays Androy, Mahafaly et l'extrémité sud du Fiherenana. Le manque d'échantillons n'a pas permis jusqu'à présent de dresser une liste de ces espèces.

## LA FORÊT DE MORAMANGA

Les variétés d'essences sont très nombreuses dans la grande forêt de l'est de Madagascar; on n'en compte pas moins d'une soixantaine.

Les arbres feuillus, durs, pesants et noueux, semblent être en plus grande quantité.

On y trouve plusieurs bois d'ébénisterie, auxquels leur grain permet de donner un beau poli; les rares meubles du pays, en bois de vandrika ou de voamboana, etc., sont remarquables par la beauté et le luisant du bois et par le capricieux entrelacement des veines, qui y sont naturellement dessinées.

Certains bois (vandrika, hazodomohina) sont d'un jaune plus ou moins foncé; d'autres, tels que le hazomena, le menahiby, etc., sont d'un rouge sombre et doivent probablement renfermer une matière colorante, comme le bois de Bahia ou de Pernambouc ou le bois du « Brésil ».

Cependant, les indigènes bezanonanos, peu industrieux, ne s'en sont encore jamais servis comme bois tinctoriaux. Ils les utilisent soit pour la construction, soit pour le chauffage, et tirent aussi partie de quelques essences pour la fabrication des ustensiles de ménage, des meubles et des portes de leurs habitations.

Les bois durs ont une densité considérable et peuvent être, sans aucune préparation, assimilés au chêne qu'a rendu inaltérable un long séjour dans l'eau. Comme cet arbre, plusieurs essences prennent au contact de l'air une teinte plus foncée; d'autres changent de teinte avec leur développement, c'est ainsi que le tambitsy, qui a une couleur tirant sur le brun dans sa première période de croissance, devient d'une couleur rouge orange qui se fonce à mesure que l'arbre se développe.

Les bois blancs sont généralement mous, fibreux et faciles à travailler.

La forêt contient peu d'essences résineuses; mais le caoutchouc y est assez abondant.

Le tableau des pages 210 à 215 indique la nature des bois, leur hauteur, leur diamètre moyen, l'emploi que l'on en fait dans le pays et l'endroit de la forêt où ils se trouvent en plus grand nombre et se développent le plus vigoureusement. Bien que succinct, il montre que les essences forestières sont aussi nombreuses que précieuses.

## PRODUITS FORESTIERS DE L'EST

Les forêts de la région orientale se répartissent en deux zones bien distinctes :

On y trouve d'abord une portion de cette bande de bois tropicaux, d'une largeur moyenne de trois à quatre kilomètres, qui court du Nord au Sud de Madagascar, du cap d'Ambre au cap Sainte-Marie : très clairsemée, entrecoupée de clairières ou de marais souvent immenses, peu fournie en essences précieuses, cette forêt est relativement pauvre. On n'y rencontre point de lianes à caoutchouc, presque pas d'arbres à résines, et les seuls végétaux utilisables qui s'y trouvent sont les bois de construction, tels que le nato, le takamaka, le hintsy, etc., employés à l'édification des maisons de Tamatave.

La seconde zone forestière occupe la montagne, depuis les premiers contreforts d'une altitude de 400 ou 500 mètres, où elle se révèle par quelques bouquets d'arbres isolés dont le nombre et l'étendue augmentent à mesure qu'on s'élève, pour constituer bientôt la vaste forêt impénétrable, aux arbres puissants entrelacés de lianes qui ne s'arrêtera que sur la lisière du plateau central.

Si cette forêt est moins belle que celle du pays des Antankaranas, elle renferme néanmoins des sources de richesses considérables, que l'absence de moyens de transport rend malheureusement inexploitables. Les essences précieuses, les lianes à caoutchouc, y croissent en grand nombre, à côté des géants au tronc mesurant jusqu'à 2 et 3 mètres de circonférence.

C'est surtout dans cette seconde zone forestière que se trouvent les végétaux énumérés aux tableaux des pages 217 à 228, qui se rapportent plus particulièrement à la région avoisinant la baie d'Antongil :

## Différentes essences de bois (forêt de Moramanga).

| ESSENCES. | NATURE DU BOIS. | COULEUR DU BOIS. | EMPLOI HABITUEL DANS LE PAYS. | VILLAGES OU PAYS où ils se sont particulièrement multipliés. | HAUTEUR. | DIAMÈTRE. | OBSERVATIONS. |
|---|---|---|---|---|---|---|---|
| **Bois blancs.** | | | | | | | |
| Valanirana. | Dur. | Blanc. | Poteaux de maisons ne pourrissant pas. | Ampasimpotsy. | 10 mètres. | 0m60 | Vallée. |
| Tavolohazo. | Mou, s'en allant par éclats. | » | Constructions. (Se fendille au soleil.) | Dans toute la forêt. | 20 mètres. | 0m70 | Id. |
| Kijy. | Mou. | » | Moulures. | Ampasimpotsy, Sahamarivasa. | 8 mètres. | 0m50 | Vallées, hauteurs, coteaux. |
| Fatora. | Id. | » | Tambours, cuillères. | Ampasimpotsy. | 10 mètres. | 0m60 | Id. |
| Ramy. | Id. | » | Manches de couteaux. | Ampasimpotsy, Tsimatahobolana, Fody. | 8 mètres. | 0m80 | Vallée. |
| Mongy. | Odoriférant. | » | Chauffage. | Id. | 8 mètres. | 0m50 | Vallées et plateaux. |
| Fantsikahitra. | Mou et cassant. | » | Faîtage. | Id. | 20 mètres. | 0m20 | Id. |
| Kombary. | Dur, mais cassant. | » | Chevrons. | Id. | 10 mètres. | 0m30 | Id. |
| Varongy. | Mou. | » | Pirogues. | Fiesina, Tsarntampony, Tsarafasina. | 25 mètres. | 1 mètre. | Vallée. |
| Harongana. | Précieux, dur, noueux, difficile à travailler. | » | Faîtage. | Ambodirano, Ambohitrony, Tsimatahobolana. | 10 mètres. | 0m70 | Id. |
| Hazondrano. | Mou, résineux. | » | Filanjans. | Ampasimpotsy, Analamazaotra. | 5 mètres. | 0m50 | Id. |
| Tanantananala. | Mou. | » | Faîtage. | Ampasimpotsy, Tsimatahobolana, Fody. | 10 mètres. | 0m50 | Plateaux. |
| Famelona. | Id. | » | Meuble. | Ambohimarina. | 20 mètres. | 0m60 | Id. |
| Ambora. | Mou et fin. | » | Parois des maisons. | Fody, Ampasimpotsy. | 10 mètres. | 0m60 | Id. |
| Marahoditra. | Dur et facile à travailler. | » | Manches de haches et fléaux à battre. | Id. | 6 mètres. | 0m30 | Id. |
| Voantsilana. | Dur. | » | Chauffage et parquet. | Ampasimpotsy, Tsimatahobolana. | 20 mètres. | 0m60 | Id. |
| Fotsimavo. | Mou. | » | Chauffage et faîtage. | Id. | 10 mètres. | 0m80 | Id. |
| Voarankoaka. | Id. | » | Mortier. | Moramanga. | 20 mètres. | 1 mètre. | Id. |
| Voara. | Id. | » | N'a aucune utilité. (Les fruits sont comestibles.) | Id. | 10 mètres. | 0m90 | Id. |
| Mokarana. | Id. | » | Chauffage. | Ampasimpotsy. | 10 mètres. | 0m20 | Vallée. |
| Zahana. | Id. | » | Manches d'angady. | Id. | 10 mètres. | 0m20 | Fonds humides. |
| Molompangady. | Id. | » | Ponts. | Id. | 20 mètres. | 0m80 | Vallée. |
| **Bois de couleur.** | | | | | | | |
| Vandrika. | Dur, grain fin. | Jaune. | Meubles et principalement lits. | Fody, Ambohitrombo, Ampasimpotsy. | 10 mètres. | 0m60 | Sur la vallée, dans la montagne. |
| Vamboana (palissandre). | Id. | Brun. | Meubles et portes. | Ambohitrombo, Lakata, Ampasimpotsy. | 15 mètres. | 0m60 | Id. |
| Tambintsy. | Dur et donnant des éclats. | Rouge. | Meubles. | Ambohimarina, Ambohitrony, Ampasimpotsy. | 5 à 6 m. | 0m60 | Id. |
| Hazomena. | Dur et résistant. | Rouge vif. | Constructions, faîtage, angles, montants de portes. | Tsarafasina, Ampasimpotsy, Analamazaotra. | 20 mètres. | 0m60 | Id. |

*Bois de couleur* (Suite).

| ESSENCES. | NATURE DU BOIS. | COULEUR DU BOIS. | EMPLOI HABITUEL DANS LE PAYS. | VILLAGES OU PAYS OÙ ILS SE SONT PARTICULIÈREMENT MULTIPLIÉS. | HAUTEUR. | DIAMÈTRE. | OBSERVATIONS. |
|---|---|---|---|---|---|---|---|
| Mohara. | Dur, pourrit difficilement. | Rouge vif. | Constructions, poteaux. | Ampasimpotsy, Analamazaotra. | 10 mètres. | 0m45 | Sur la vallée, dans la montagne. |
| Menahiby. | Dur. | » | Constructions, petits poteaux. | Id. | 20 mètres. | 0m60 | Vallée. |
| Fanjavalo. | Id. | » | Constructions, chevrons. | Id. | 8 mètres. | 0m50 | Id. |
| Hazoambo. | Id. | » | Constructions, manches de sagaies, bâtons. | Id. | 20 mètres. | 0m60 | Hauteurs et vallées. |
| Hazodomohina. | Mou. | Jaunâtre. | On en fait des cuillères. (Devient jaune au contact de l'air.) | Tsimatahobolana, Ambohibary, Ampasimpotsy. | 10 mètres. | 0m50 | Id. |
| Maitsoririnina. | Id. | Verdâtre. | Faîtage. | Id. | 10 mètres. | 0m60 | Id. |
| Fangavoana. | Dur, mais facile à travailler. | Id. | Angles des maisons. | Ampasimpotsy, Analamazaotra. | 10 mètres. | 0m50 | Id. |
| Hazomby (bois de fer). | Dur. | Gris. | Faîtage. | Ampasimpotsy, Tsimatahobolana, Analamazaotra. | 20 mètres. | 0m60 | Id. |
| Hetatra. | Id. | Brun. | Constructions. | Ampasimpotsy. | 20 mètres. | 0m70 | Id. |
| Monty. | Dur, facile à travailler. | Jaunâtre. | Poteaux. | Fody, Ampasimpotsy, Analamazaotra. | 10 mètres. | 0m60 | Id. |
| Sevalahy. | Id. | Verdâtre. | Id. | Ambohitrony, Fody. | 20 mètres. | 0m70 | Id. |
| Merana. | Très dur, noueux, difficile à travailler. | Brun. | Angles des maisons. | Ampasimpotsy, Tsimatahobolana. | 10 mètres. | 0m70 | Id. |
| Tavolohazo. | Mou, s'en allant par éclats. | Gris rougeâtre. | Chauffage. | Id. | 20 mètres. | 0m70 | Vallées et plateaux. |
| Taolanana. | Mou. | Jaunâtre. | Faîte. | Ampasimpotsy, Ficsina. | 20 mètres. | 0m55 | Coteaux. |
| Nato. | Id. | Jaune. | Écorce pour rougir la soie. | Ampasimpotsy, Analamazaotra. | 10 mètres. | 0m80 | Vallée. |
| Riona. | Dur, noueux. | Brun. | Arbres à fruits, chauffage. | Tsimatahobolana, Fody. | 20 mètres. | 0m60 | Coteaux et vallées. |
| Rotra. | Résineux, noir. | Id. | Constructions et faîtage. | Tsimatahobolana, Ampasimpotsy, Fody. | 10 mètres. | 0m70 | Coteaux et plateaux. |
| Nonoka. | Dur, facile à travailler. | Jaunâtre. | Angles des maisons. | Ambohitrony, Ampasimpotsy. | 10 mètres. | 0m60 | Id. |
| Hazoinona. | Très dur, noueux, difficile à travailler. | Gris. | Constructions. | Ampasimpotsy, Ambohitrony, Fody. | 20 mètres. | 0m50 | Vallées, coteaux, plateaux. |
| Vohindrozana. | Dur et putrescible. | Rougeâtre. | Charbon de bois. | Dans toute la forêt. | 8 mètres. | 0m70 | Id. |
| Fotona. | Id. | Grisâtre. | Id. | Id. | 8 mètres. | 0m60 | Id. |
| Vintanina. | Dur. | Rougeâtre. | Faîtage. | Id. | 8 mètres. | 0m40 | Id. |
| Bonana. | Mou. | Rouge orange. | Charbon. | Ampasimpotsy. | 8 à 10 m. | 0m50 | Montagne. |
| Fotsinanahary. | Id. | Gris. | Faîtage. | Dans toute la forêt. | 5 à 6 m. | 0m50 | Plateaux. |
| Laitrazo. | Dur. | Jaunâtre. | Manches de sagaies. | Id. | 4 à 5 m. | 0m20 | Montagne. |
| Tsimahamazasokina. | Dur, putrescible. | Brun. | Faîtage. | Tsimatahobolana, Ampasimpotsy. | 5 à 6 m. | 0m20 | Plateaux. |
| Vevy. | Dur. | Jaunâtre. | Poteaux. | Ambohimarina. | 20 mètres. | 0m70 | Plateaux. |
| Harahara. | Très dur. | Brun. | Manches d'angady. | Tsimatahobolana, Ampasimpotsy. | 6 mètres. | 0m45 | Vallées et côteaux. |
| Bongo. | Id. | Rougeâtre. | Récipients à miel. | Ambohitrony, Ampasimpotsy. | 7 mètres. | 0m80 | Coteaux. |
| Fandramanana. | Dur. | Id. | Chauffage. | Id. | 5 mètres. | 0m15 | Plateaux et vallées. |
| Arivona. | Mou. | Blanc. | Écorce d'arbre servant aux cloisons et aux parquets. | Ampasimpotsy, Tsimatahobolana. | 20 mètres. | 1 mètre. | Id. |

## I. Arbres, arbustes, arbrisseaux de la région exploités ou exploitables pour le bois (forêt de Moramanga).

| NOMS DES VÉGÉTAUX | | CIRCONFÉRENCE DES PLUS BEAUX SPÉCIMENS à 1 mètre du sol. | COULEUR DU BOIS PARFAIT ET SES EMPLOIS. | L'écorce est-elle employée? USAGES. | L'arbre contient-il des gommes résines? USAGES. | Observations diverses sur la forme des arbres, fruits, etc. |
|---|---|---|---|---|---|---|
| en MALGACHE. | en LATIN OU FRANÇAIS. | | | | | |
| Nato. | Natte. | 1m50 à 1m80 | Rouge, plusieurs variétés. Ébénisterie, constructions, excellent charbon. | Tanin. | Glue pour attraper les oiseaux. | Tronc cylindrique. |
| Langotra. | Variété de natte. | Id. | Rouge clair ou blond rosé. Constructions, bois pour pirogues. Charbon. | | | Id. |
| Lalona. | Id. | Id. | Rouge foncé. Constructions, membrures et bordés de bateaux, charbon. | | | Id. |
| Maina. | Id. | Id. | Brun foncé. Constructions et bois pour pirogues. | | | Id. |
| Hintsy. | Teck de Madagascar ou faux gaïac. | 1m80 à 2 m. | Gris jaunâtre et gris rouge. Constructions, plus spécialement bardeaux. Excellent charbon. | Teinture. | | |
| Hazotsiriana. | Capucin. | 1m20 à 1m50 | Brun rouge. Constructions et charronnage. | | | Tronc cylindrique. |
| Hasa. | » | 0m80 à 0m90 | Rouge gris. Palissades et pilotis. (Incorruptible.) | | | Id. |
| Mahambondiny. | » | 1m50 | Jaune clair. Constructions. | | | Id. |
| Ropasa. | Clou. | 1 mètre. | Jaune clair. Constructions, manches d'outils, sagaies. | | | » |
| Mahasakoa. | Canne. | 0m60 à 0m80 | Blanc. Constructions, brancards de charrettes. | | | » |
| Menahay. | » | 1m20 à 1m60 | Rouge. Constructions. (Peu employé parce qu'il se fendille beaucoup.) | | | Tronc cylindrique. |
| Rotra. | Gomme. | 1m50 à 2 m. | Gris. Constructions. | | | Id. |
| Tambarika. | » | 1 mètre. | Marron foncé. Constructions, pilotis, charbon. | | | Id. |
| Hazino. | » | 1m50 à 2 m. | Jaune. Constructions. | | | Id. |
| Hazondrano. | La rivière. | 1m50 | Blanc jaunâtre. Constructions. | | | Id. |
| Tsara. | » | 2 mètres. | Gris, ressemble au lilas de Singapore. Planches. (Se détériore facilement à l'humidité.) | | | Id. |
| Ramy. | Colophane. | 2 à 3 m. | Gris. Bois pour pirogues, jantes de roues. | | Résine. | » |
| Varonga. | Cannelier. | 1m50 | Gris rougeâtre. Constructions, membrures de navires. | | Id. | » |
| Foraha. | » | 1 mètre. | Variété de Colophyllum. Membrures des navires. | | Résine, sorte de glue. | » |
| » | Santal. | 1m50 | Gris blanc. Constructions, moyeux de charrettes et voitures, ébénisterie. (Le santal odoriférant est très rare.) | | | » |
| Vintano. | Takamaka. | 2 à 3 m. | Gris. Bois léger pour navires. | | | » |
| Andravola. | Buis de Madagascar. | 0m80 à 0m90 | Jaune clair. Incorruptible, ébénisterie. | | | Tronc cylindrique. |
| Andranomena. | Rose ou magenta. | 1m50 à 2 m. | Magenta strié et veiné. Ébénisterie. (Les indigènes s'en servent comme de flambeaux.) | Teinture. | | Id. |
| Hazomainty. | Ébène. | 1m50 à 3 m. | Noir. Ébénisterie. | | | Id. |
| Hazovola ou Savoka ou Voamboana. | Palissandre. | 2 mètres. | Gris violet ou rouge noir. | | | Id. |

*Nota. — En sus des bois mentionnés ci-dessus, il existe une grande quantité d'essences de bois blanc, pour la plupart impropres à un usage sérieux.*

## II. Arbres, arbustes, arbrisseaux, palmiers ou lianes exploités ou exploitables pour les fruits, fleurs, écorces, latex, etc....

| NOMS DES VÉGÉTAUX | | CIRCONFÉRENCE DES PLUS BEAUX SPÉCIMENS à 1 mètre du sol. | INDICATION DÉTAILLÉE |
|---|---|---|---|
| en MALGACHE. | en LATIN OU FRANÇAIS. | | DES PRODUITS UTILISABLES ET DE LA FORME SOUS LAQUELLE ILS PEUVENT ÊTRE PRÉSENTÉS. |
| | | | **1° Arbres.** |
| Hazondrano. | La rivière. | 1m50 | Latex, caoutchouc légèrement inférieur à celui produit par la liane. |
| Hasinandrano. | » | 0m50 à 0m60 | Produit une fleur blanche et rouge à aspect de cire et donne une graine oléagineuse dont les sangliers sont très friands. (N'a jamais été l'objet d'aucune exploitation.) |
| Nato. | Natte. | 1m50 à 1m80 | Écorce pour tannage. |
| Hintsy ou Intsy. | Teck de Madagascar. | 1m80 à 2 m. | Écorce pour teinture en brun foncé. |
| Andranomena. | Rose. | 1m50 à 2 m. | Teinture en rose foncé avec les déchets. |
| Filaotra. | Filaos. | 1m80 à 2 m. | Écorce pour teinture en noir. Excellent pour la fabrication du charbon. |
| Tandroroho. | Copalier. | 1m50 à 2 m. | Résine. Gomme copale. |
| Lorana Mafitra. | Bigaradier. | 0m50 à 0m60 | Écorce, feuilles, fruits employés en pharmacie. |
| Afahena. | | » | Écorce. Très astringent. |
| Tahara. | | 1 mètre. | Variété de *Collophyllum*. Résine sirupeuse. |
| Voangirofly. | Giroflier. | 0m60 | Épices. |
| Mandrakovy. | | | |
| Ravintsara. | *Agatophyllum aromaticum.* | 0m80 | Épices. |
| Raharaha. | | 0m80 | Produit une graine dont les indigènes extrayent une pommade. |
| | | | **2° Arbustes.** |
| Barabanja. | | | Latex, caoutchouc ordinaire. |
| Harongana. | | | Gomme ressemblant à la gomme. Teinture. |
| Voalonoka. | Prunier de Madagascar. | | Écorce pour teinture. Fruit comestible. |
| Salabo. | Pignon d'Inde. | | Graines oléagineuses. |
| | Ricin. | | Id. |
| | Palétuvier. | | Écorce pour teinture en rouge. |
| | | | **3° Lianes.** |
| Fingotra. | Liane à caoutchouc. | | Latex. Donne le meilleur caoutchouc de Madagascar dit « Rose » ou « Pinky ». |
| Robanga. | | | Latex qui, coagulé, donne un produit ressemblant beaucoup à la gutta-percha. |
| Vahy, Mandranjambo, etc..., etc.... | | | Donne des latex coagulables mais sans valeur que les indigènes emploient seulement pour falsifier le caoutchouc de qualité supérieure afin d'augmenter son poids. |
| | | | **4° Palmiers.** |
| Rafia. | Rafia. | | Fibres très appréciées en Europe. Par incision au tronc, on obtient un liquide promptement fermentescible et enivrant. |
| Sira. | | | Produit par l'incinération du tronc une cendre contenant de la potasse. |
| Dara. | Dattier. | | Fruits et chou comestibles. Les feuilles, très souples, servent à fabriquer des chapeaux. |
| Ravinala. | Arbre du voyageur. | | Feuilles pour couvertures des cases, nervures de ces feuilles pour cloisons, tronc pour plancher. (Les indigènes se servent de la feuille comme d'une assiette.) |
| | Palmiers. | | Diverses variétés employées comme plantes d'agrément ou d'ornementation. |
| Iloka. | Vacoa sauvage. | | Feuilles pour couvertures de cases et emballage de colis. |
| Akondrolahy, Vioka. | Musa textile. | | Fibres. Fibres. Les graines séchées servent de nourriture aux indigènes. |

*Nota.* — *Ces essences sont essentiellement forestières; on peut y ajouter pour mémoire les arbres à fruits qui croissent dans les jardins, tels que le manguier, l'avocat, l'oranger, le mandarinier, le citronnier, le letchi, le goyavier, etc.*

## Tableau relatif aux produits forestiers (forêt d'Antongil).

### I. — Arbres, arbustes, arbrisseaux de la région exploités ou exploitables pour le bois.

| NOMS DES VÉGÉTAUX | | CIRCONFÉRENCE DES PLUS BEAUX SPÉCIMENS À 1 MÈTRE AU-DESSUS DU SOL | HAUTEUR MOYENNE DES PLUS BEAUX SPÉCIMENS AU-DESSUS DU SOL | Couleur du bois parfait et ses emplois. (Débit usuel.) | L'écorce est-elle employée? USAGES. | L'arbre contient-il des gommes, résines? USAGES. | Observations diverses sur la forme des arbres (tronc cylindrique ou sinué), fruits, etc. |
|---|---|---|---|---|---|---|---|
| EN MALGACHE | EN LATIN OU FRANÇAIS | | | | | | |
| Nato. | Natie. | 5 à 6 m. | 18 à 20 m. | Bois dur : rougeâtre, employé dans les constructions et la confection des meubles; se débite généralement en traverses de 0m10 à 0m12 de côté, ou en planches de 0m18 de large sur 0m02 d'épaisseur; sert aussi à faire des manches d'outils. | L'écorce broyée avec de l'eau sert à durcir et à rendre plus solide le fil dont on se sert pour coudre les voiles de pirogues. L'écorce pilée et bouillie sert à rougir les parquets faits en bois blanc. La teinture ainsi obtenue est très riche en tanin. | L'arbre ne contient ni gomme ni résine. | Tronc cylindrique. Très commun dans la région. |
| Hazovola. | Palissandre. Derris religiosa. | 3 m. | 10 à 12 m. | Bois dur, mais moins cependant que le natte; couleur d'un beau rouge, veiné de noir. Employé principalement dans la confection des meubles; se débite en planches de 15 à 18 centimètres de large sur 0m015 d'épaisseur. | Écorce sans emploi. | Sans gomme ni résine. | Tronc sinué. Assez commun dans la région, surtout loin des côtes, dans le voisinage des rivières. |
| Hintsy. | Galac. Afzelia bijuga. | 6 à 7 m. | 20 à 25 m. | Bois dur, mais moins que le palissandre; de couleur rouge. Employé dans les constructions et la confection des meubles; se débite généralement en traverses carrées de 0m10 à 0m12 de côté; en planches de 0m18 de large sur 0m02 d'épaisseur et en madriers de 0m18 à 0m20 de large sur 0m03 d'épaisseur. Très employé dans la région pour la confection des pirogues et des bardeaux, sert aussi à faire du charbon de bois pour le chauffage. | L'écorce fournit, comme celle du natte, une teinture d'une belle couleur rouge. | Sans gomme ni résine. | Tronc sinué. Le plus élevé des arbres que l'on rencontre dans la région. Le plus commun de tous les bois de la région. |
| Lalona. | ? | 8 à 10 m. | 12 à 15 m. | Le bois, de couleur rouge, n'est pas très dur, mais résiste très longtemps à l'eau; le plus apprécié par les indigènes pour la construction des planches. | Écorce sans emploi. | Sans gomme ni résine. | Tronc sinué. Cet arbre atteint dans la région des dimensions considérables comme grosseur. Il n'est pas rare d'en rencontrer qui ont jusqu'à 8 ou 10 mètres de tour à 1 mètre au dessus du sol. Mais à partir de 4 ou 5 mètres l'arbre se creuse généralement à l'intérieur. |
| Merana. | Bois de fer. | 3 à 4 m. | 15 à 16 m. | Le bois est de couleur jaunâtre. Comme dureté il vient immédiatement après le copalier qui fournit le bois le plus dur que l'on trouve dans la région. Les indigènes s'en servent quelquefois pour la fabrication des pirogues. Serait excellent pour faire des traverses de voie ferrée. | Écorce sans emploi. | Sans gomme ni résine. | Tronc cylindrique. Se rencontre rarement dans la région. |
| Tavolohazo. | ? | 2 à 3 m. | 18 à 20 m. | Bois tendre, de couleur blanche; s'emploie surtout pour la partie de la charpente à l'intérieur des cases qui est protégée contre la pluie et le soleil : pannes, sablières, tirants, etc. | Écorce sans emploi. | Sans gomme ni résine. | Tronc cylindrique. Très commun. Se rencontre partout sur le bord de la mer aussi bien que dans l'intérieur de la grande forêt. |

| NOMS DES VÉGÉTAUX | | CIRCONFÉRENCE DES PLUS BEAUX SPÉCIMENS A 1 MÈTRE AU-DESSUS DU SOL. | HAUTEUR MAXIMUM DES PLUS BEAUX SPÉCIMENS AU-DESSUS DU SOL. | Couleur du bois parfait et ses emplois. (Débit usuel.) | L'écorce est-elle employée? USAGES. | L'arbre contient-il des gommes, résines? USAGES. | Observations diverses sur la forme des arbres (tronc cylindrique ou sinué), fruits, etc. |
|---|---|---|---|---|---|---|---|
| EN MALGACHE | EN LATIN OU FRANÇAIS | | | | | | |
| Tolonaomby. | ? | 1 mètre. | 10 à 12 m. | Bois très dur, de couleur jaunâtre; s'emploie principalement pour faire des traverses carrées et des manches d'outils. | Écorce sans emploi. | Sans gomme ni résine. | Tronc cylindrique. Assez rare. |
| Voapaka. | Homoelium mobile. | 3 à 4 m. | 8 à 10 m. | Bois tendre, de couleur rouge; est employé surtout pour faire du charbon de forge et aussi du charbon pour le chauffage. | Écorce sans emploi. | Sans gomme ni résine. | Tronc cylindrique. Cet arbre a des racines excessivement longues et dont beaucoup paraissent hors de terre. Produit un fruit de la forme et de la couleur d'une cerise, mais un peu plus gros, de saveur douce, que les indigènes mangent. Très commun, se rencontre partout. |
| Vintano. | ? | 6 mètres. | 14 à 15 m. | Bois tendre et léger, assez flexible de couleur jaunâtre. Le bois du vintano est très utilisé par les indigènes pour la mâture des bateaux et pour la membrure et le bordage des pirogues. | Écorce sans emploi. | En faisant des incisions dans l'arbre on obtient une résine qui mélangée avec du suif donne un brai employé pour calfater des pirogues. | Tronc cylindrique. Porte des gousses qui en tombant prennent racine dans l'eau et donnent naissance à de nouveaux arbres. Très abondant en certains points de la région. |
| Vahona. | Palétuvier. | 2 mètres. | 8 à 10 m. | Bois rouge, tendre; employé pour faire les poteaux ronds et carrés des cases malgaches. | L'écorce bouillie avec de l'eau est employée pour rougir les planchers et les meubles. | Sans gomme ni résine. | Tronc sinué. Porte des gousses qui en tombant prennent racine dans l'eau et donnent naissance à de nouveaux arbres. Très abondant en certains points de la région. |
| Voataimbody. | | 2 à 2m50. | 8 mètres. | Bois jaune, tendre, mais résistant à cause de l'entre-croisement des fibres; employé pour le charbon de la forge. | Écorce sans emploi. | Sans gomme ni résine. | Porte des fruits en forme de pêche de couleur noire, percés d'un trou au milieu. Très abondant surtout sur la côte et particulièrement aux environs de Maroantsetra et de Mananara. |
| Vahazinina. | ? | 2 à 3 m. | 20 à 25 m. | Bois jaunâtre, tendre; employé pour faire des pagaies, des avirons, des traverses; assez résistant quoique tendre à cause des fibres entre-croisées. | Écorce sans emploi. | La résine mélangée avec du suif donne un brai employé pour le calfatage. | Tronc sinué. Produit un fruit de la forme du pamplemousse, dont les graines, qui ressemblent à celles de la pastèque, se mangent pilées avec du riz, ou qui donnent de l'huile comestible. Très abondant partout, surtout dans les marais. |
| Haramy. | Arbre à gomme. | 10 à 11 m. | 15 à 16 m. | Bois blanc, tendre et mauvais; n'est employé que pour faire des manches d'« antsy » (hache malgache). | Écorce sans emploi. | La résine est recueillie sur le sol près des racines, où elle forme souvent de grosses boules. Cette résine mêlée avec du suif forme le meilleur brai pour les pirogues. | Tronc sinué. Porte des fruits verts à côte qui renferment un noyau contenant une amande que les indigènes mangent. Très abondant dans toute la région. |
| Foraha ou Takamaka. | ? | 2 à 3 m. | 8 à 10 m. | Bois jaune clair, tendre, à fibres entre-croisées, solide et résistant; sert à faire des membrures de pirogues et des manches d'« antsy ». | Écorce sans emploi. | Donne par incision une résine qui est employée quelquefois pour faire du brai, mais moins que celui obtenu avec le « diliharamy ». | Tronc sinué. Produit des fruits ronds de la grosseur d'une petite bille d'agathe, de couleur verte, qu'on fait fondre après les avoir pilés pour obtenir une huile dont les femmes se servent pour enduire leurs cheveux. Assez commun dans la région, mais ne pousse que sur les bords de la mer. |

| NOMS DES VÉGÉTAUX | | CIRCONFÉRENCE DES PLUS BEAUX SPÉCIMENS A 1 MÈTRE AU-DESSUS DU SOL. | HAUTEUR MAXIMUM DES PLUS BEAUX SPÉCIMENS AU-DESSUS DU SOL. | Couleur du bois parfait et ses emplois. (Débit usuel.) |
|---|---|---|---|---|
| EN MALGACHE | EN LATIN OU FRANÇAIS | | | |
| Tafonona. | Bois de canelle. | 2 à 3 m. | 8 à 10 m. | Bois tendre, mais solide, de couleur jaune foncé, le plus apprécié des indigènes pour les bordages de bateaux; sert aussi à faire des mortiers pour piler le riz. |
| Sazy. | ? | 2 à 3 m. | 10 à 12 m. | Bois tendre, léger, de couleur blanche; est employé, à défaut d'autres, pour faire les bordages des bateaux. |
| Manga. | Manguier. | 3 à 4 m. | 12 à 13 m. | Bois tendre, peu solide, de couleur jaune clair; est employé, à défaut de bois de Tafonona, pour faire des mortiers pour piler le riz; sert aussi à faire du charbon pour le chauffage. |
| Mandrirofo. | Copalier. (Bois de fer.) | 7 à 8 m. | 10 à 12 m. | Le plus dur de tous les bois de la région, de couleur rouge violacé; sert à faire des poulies et quelquefois des membrures de bateaux et des manches d'outils. |
| Harongana. | ? | 1 mètre. | 8 à 10 m. | Bois blanc, tendre et léger; sert uniquement à faire du charbon pour le chauffage. |
| Hafopotsy. | ? | 0m50 à 0m60 | 10 mètres. | Bois blanc, très léger et cassant; sans emploi. |
| Vanona. | ? | 0m60 à 0m70 | 14 à 15 m. | Bois blanc, léger et cassant; sans emploi. |
| Lafaha. | ? | 1m50. | 8 à 10 m. | Bois blanc, lourd et cassant. |
| Barabanja et Andravoky. | ? | 0m60 à 0m80 | 10 à 12 m. | Bois blanc, léger, peu résistant. Deux espèces : l'un de marais, l'autre de forêts (andravoky); servent à faire des fivey (avirons) et des hondraka (cuillères à riz). |

Pl. XI. — TANANARIVE : LE TRIBUNAL.

| L'écorce est-elle employée? USAGES. | L'arbre contient-il des gommes, résines? USAGES. | Observations diverses sur la forme des arbres (tronc cylindrique ou sinué), fruits, etc. |
|---|---|---|
| Écorce sans emploi. | Sans gomme ni résine. | Tronc cylindrique. Produit des fruits pareils, comme forme et comme couleur, à un petit citron, mais qui ne se mangent pas. Pas très abondant, affectionne les parties accidentées de la forêt. |
| Écorce sans emploi. | Sans gomme ni résine. | Tronc sinué. Assez rare. |
| L'écorce broyée et bouillie avec de l'écorce de filao donne une teinture noire très résistante et qui est très employée par les indigènes. | Sans gomme ni résine. | Tronc cylindrique. Tous les fruits produits par les manguiers de la région sont d'espèce commune ; c'est à peine si l'on trouve à Maroantsetra deux ou trois manguiers donnant des mangues « Auguste » ; il n'y a nulle part de de mangues « Collard ». Très communs, se rencontrent partout. |
| Écorce sans emploi. | Les racines de cet arbre donnent naissance à une gomme appelée « gomme copal » qui se ramasse en boules plus ou moins irrégulières pesant jusqu'à une livre. Faute d'acheteur, les indigènes ont cessé depuis longtemps de recueillir ce produit qui existe en grande quantité dans la région. | Produit un fruit qui a à peu près la forme du letchi, mais un peu plus petit et d'une couleur jaunâtre ; ce fruit ne se mange pas. Très commun aux environs de Maroantsetra, il est plutôt rare dans les autres parties de la province. |
| Écorce sans emploi | Donne par incision une résine, couleur rouge de sang, qui est employée par les indigènes en application sur ce qu'ils appellent la lèpre blanche et ce qui n'est en réalité qu'une espèce d'eczéma. | Tronc arrondi. Porte des fruits vert foncé, ronds, de la grosseur d'un gros grain de plomb. Les fleurs, séchées au soleil et bouillies avec des fleurs de « manarana » (petit palmier nain), donnent une teinture rouge brique qui sert à teindre les rabannes. Cette teinture s'appelle « pelakarongana ». Très abondant dans la région où on le trouve dans l'intérieur de la forêt. |
| L'écorce sert à faire de bonnes cordes. | Sans gomme ni résine. | Tronc arrondi. Très abondant partout dans la région. |
| L'écorce sert à faire des cordes. | Sans gomme ni résine. | Tronc arrondi. Très abondant à l'intérieur. |
| Écorce sans emploi. | Sans gomme ni résine. | Tronc arrondi. Les indigènes utilisent les branches après avoir coupé les feuilles et en tirent des fils de soie qui servent à accrocher les hameçons. Très abondant partout. |
| Écorce sans emploi | Sécrète du caoutchouc. | Tronc arrondi. Très abondant. |

| NOMS DES VÉGÉTAUX | | CIRCONFÉRENCE DES PIEDS MESURÉS À 1 MÈTRE AU-DESSUS DU SOL. | HAUTEUR MOYENNE DES PIEDS MESURÉS AU-DESSUS DU SOL. | Couleur du bois parfait et ses emplois. (Débit usuel.) | L'écorce est-elle employée? USAGES. | L'arbre contient-il des gommes, résines? USAGES. | Observations diverses sur la forme des arbres (tronc cylindrique ou sinué), fruits, etc. |
| EN MALGACHE | EN LATIN OU FRANÇAIS | | | | | | |
|---|---|---|---|---|---|---|---|
| Tangena. | Tanguin. | 2 à 3 m. | 7 à 8 m. | Bois blanc, tendre, léger et peu résistant; sert à faire des fivey et des hondraka. | Écorce sans emploi. | Sans gomme ni résine. | Tronc arrondi. Produit des fruits semblables à de petites poires, dont l'amande est un poison violent; le lait sert à guérir les blessures et les piqûres d'insectes. Très abondant dans la région. |
| Raharaha. | ? | 3 mètres. | 14 à 15 m. | Bois blanc, tendre, mais solide et résistant; les indigènes s'en servent pour faire de longs avirons pour les grandes embarcations. | Écorce sans emploi. | Sans gomme ni résine. | Tronc cylindrique. L'arbre « raharaha » produit des fruits en forme de citron aplati, de couleur verte, qui renferment une amande dont les indigènes tirent de l'huile qu'ils appellent « monadraharaka » et qui sert pour l'entretien de la chevelure des femmes et pour le traitement externe de la gale. Très abondant partout, mais surtout aux environs des marais. |
| Fanondamba. | ? | 0m60 à 0m70 | 16 à 18 m. | Bois rouge, dur, très solide; employé pour faire des manches de famaky (haches) et pour faire des pilons (halo). | Écorce sans emploi. | Sans gomme ni résine. | Tronc cylindrique. Se trouve par-ci par-là dans la forêt, mais est en somme assez rare dans la région. |
| Halampona. | ? | 1 mètre. | 8 à 10 m. | Bois blanc, tendre et léger; employé pour faire des tubes pour soufflet de forge, des vata (mesures de riz) et des tambours. | Écorce sans emploi. | Sans gomme ni résine. | Tronc cylindrique. Assez abondant dans l'intérieur de la forêt, mais se trouve rarement sur la côte. |
| Antohoravina. | ? | 2 à 3 m. | 10 à 12 m. | Bois jaune clair, très dur; employé pour faire des traverses de métiers à rabannes (fanatana), des manches de sagaies et des flambeaux. | Écorce sans emploi. | Le bois est résineux, mais ne laisse pas couler la résine. | Tronc sinué. Assez rare dans la région. |
| Sirakakazo. | ? | 0m90 à 1 m. | 10 à 12 m. | Espèce de palmiers; bois pareil à celui du cocotier. | Écorce sans emploi. | Sans gomme ni résine. | Tronc cylindrique. Le bois du sirakakazo, coupé en morceaux et brûlé, donne une cendre que les indigènes recueillent, dissolvent dans de l'eau qu'ils font évaporer; le produit est un sel blanc (probablement un sel de potasse) dont ils se servent pour la préparation des aliments et qu'ils préfèrent au sel marin. Les indigènes emploient encore la dissolution chaude de ce sel comme traitement interne pour les contusions. Très abondant dans la région surtout sur les bords de la mer. |
| Farafotra. | ? | » | » | Racines vivant dans l'eau; très léger dont on se sert pour faire des bouchons, des toupies et des flotteurs pour les filets. | | | Assez rare dans la région, n'existe guère que sur la côte. |
| Longotra. | ? | 3 à 4 m. | 10 à 12 m. | Bois rouge, dur, solide; les indigènes s'en servent pour faire des pirogues. | Écorce sans emploi. | Sans gomme ni résine. | Tronc sinué. Très abondant à l'intérieur de la forêt. |
| Vandroza. | ? | 3 à 4 m. | 8 à 10 m. | Bois jaune, dur, noux, très solide; sert à faire du charbon de forge. | Écorce sans emploi. | Sans gomme ni résine. | Tronc sinué. Très abondant à l'intérieur de la forêt, n'existe pas sur la côte. |
| Varongy. | ? | 2 mètres. | 7 à 8 m. | Bois rouge, tendre, solide; sert à faire des membrures de pirogues. | Écorce sans emploi. | Sans gomme ni résine. | Tronc sinué. Très abondant surtout sur la côte. |
| Famelona. | ? | 0m60 à 0m70 | 8 à 10 m. | Bois jaune clair, tendre mais solide; sans emploi. | Écorce sans emploi. | Sans gomme ni résine. | Tronc cylindrique. Très rare dans la région. |

| NOMS DES VÉGÉTAUX | | CIRCONFÉRENCE (des plus grands spécimens à 1 mètre au-dessus du sol). | HAUTEUR (maxima des plus grands spécimens au-dessus du sol). | Couleur du bois parfait et ses emplois. (Débit usuel.) | L'écorce est-elle employée? USAGES. | L'arbre contient-il des gommes, résines? USAGES. | Observations diverses sur la forme des arbres (tronc cylindrique ou sinué), fruits, etc. |
|---|---|---|---|---|---|---|---|
| EN MALGACHE | EN LATIN OU FRANÇAIS | | | | | | |
| Ambora. | ? | 3 à 4 m. | 10 à 12 m. | Bois jaune clair, tendre mais solide; est employé pour faire des pirogues. Le bois contient beaucoup d'eau, ce qui permet de le travailler sans le tremper au préalable. | Écorce sans emploi. | Sans gomme ni résine. | Tronc cylindrique; existe en assez grande quantité dans l'intérieur de la forêt. |
| Marahoditra. | ? | 0m50 à 0m60 | 14 à 15 m. | Bois jaune clair, très dur, solide et résistant; servait anciennement à faire des chevilles pour border les pirogues; ne sert plus maintenant qu'à faire des manches de « fouines » pour la pêche. | Écorce sans emploi. | Sans gomme ni résine. | Tronc cylindrique; assez abondant dans la région. |
| Vara. | ? | 0m50 à 0m60 | 7 à 8 m. | Bois blanc, tendre et léger, assez solide; sans emploi. | Écorce sans emploi. | Sans gomme ni résine. | Tronc cylindrique. Produit des fruits en forme de figues, mais un peu plus petits, que les indigènes mangent. Assez rare sur les bords de la mer, il ne se trouve guère qu'à l'intérieur de la forêt. |
| Molompangady. | ? | 0m50 à 0m80 | 8 à 9 m. | Bois rougeâtre, dur et très lourd; très employé pour faire des poteaux de cases (rondins). | Écorce sans emploi. | Sans gomme ni résine. | Tronc cylindrique. Ne se rencontre guère qu'à l'intérieur de la forêt. |
| Hazoambo. | ? | 0m70 à 0m80 | 15 à 16 m. | Bois blanc, tendre, léger, mais solide. Très employé dans les constructions pour faire des faîtages, sablières, tirants. | Écorce sans emploi. | Sans gomme ni résine. | Tronc cylindrique. Assez abondant, tant sur la côte que dans l'intérieur de la forêt. |
| Hazodomohina. | ? | 0m70 à 0m80 | 9 à 10 m. | Bois rouge, moyennement dur, mais très lourd, car il contient beaucoup d'eau; sans emploi. | Écorce sans emploi. | Sans gomme ni résine. | Tronc sinué. Assez rare, il pousse principalement dans les marais. |
| Tratra. | ? | 1m40 à 1m50 | 11 à 12 m. | Bois blanc, tendre, mais solide et assez lourd; sans emploi. | Écorce sans emploi. | Sans gomme ni résine. | Tronc cylindrique. La surface de l'arbre est couverte d'épines depuis le bas jusqu'en haut. Assez rare, il ne vient guère que sur le bord des grandes rivières. |
| Rotra. | ? | 3 mètres. | 15 mètres. | Bois jaune, rougeâtre, moyennement dur, solide; est très employé pour faire des planches, des madriers, des traverses, des pirogues. | Écorce sans emploi. | Sans gomme ni résine. | Tronc cylindrique. Produit de petits fruits ronds de saveur douce que les indigènes mangent. |
| Tsimahamazaokina. | ? | 0m50 à 0m60 | 6 à 7 m. | Bois jaune clair, dur, très lourd; sert à faire des poteaux de case. | Écorce sans emploi. | Sans gomme ni résine. | Tronc cylindrique. Assez abondant dans la région, surtout près des marais. |
| Vongo. | ? | 0m70 à 0m80 | 10 à 12 m. | Bois jaune clair, tendre, mais solide; sans emploi. | Écorce sans emploi. | Donne par incision une résine qui sert à faire un brai très employé, mais moins bon que celui provenant du « ditiharamy ». | Produit des fruits ronds, de couleur verte et de saveur acide, que les indigènes mangent. Très abondant sur la côte. |
| Anivona. | ? | 0m50. | 20 mètres. | Espèce de palmier. Les indigènes se servent du bois pour faire des planches pour leurs cases. | Écorce sans emploi. | Sans gomme ni résine. | Tronc cylindrique. Assez rare dans la région. |
| Indramena. | Bois de rose. | 3 à 4 m. | 15 à 16 m. | Bois de couleur rosé, dur et très lourd; est employé en ébénisterie; les indigènes s'en servent aussi pour faire des flambeaux. | Écorce sans emploi. | Le bois est résineux, mais la résine n'est pas recueillie. | Tronc sinué. Très abondant sur la côte près de Ranisbé. |

I. — 15

| NOMS DES VÉGÉTAUX | | CIRCONFÉRENCE des plus gros spécimens à 1 mètre au-dessus du sol | HAUTEUR moyenne des plus gros spécimens au-dessus du sol | Couleur du bois parfait et ses emplois. (Débit usuel.) | L'écorce est-elle employée? USAGES. | L'arbre contient-il des gommes, résines? USAGES. | Observations diverses sur la forme des arbres (tronc cylindrique ou sinué), fruits, etc. |
| EN MALGACHE | EN LATIN OU FRANÇAIS | | | | | | |
|---|---|---|---|---|---|---|---|
| Hazo-arina. | Ébène | 2 à 3 m. | 11 à 12 m. | Deux espèces : la première (hazomafana), la deuxième (hazomainty) qui se distinguent par leurs feuilles. L'hazomafana a de longues feuilles; l'hazomainty a des feuilles beaucoup moins longues mais plus larges. Le bois de l'hazomainty est très noir, très dur et très lourd. Le bois de l'hazomafana est aussi dur, aussi lourd, mais beaucoup moins noir. L'ébène est employée en ébénisterie. | Écorce sans emploi. | Sans gomme ni résine. | Très cylindrique. Assez abondant dans la région surtout aux environs de Mananara et d'Ilantabé. |
| Filao. | ? | 0m50 à 0m60 | 20 mètres. | Bois jaune clair, dur, mais peu solide. Employé comme bois de chauffage. | Écorce sans emploi. | Sans gomme ni résine. | Tronc cylindrique. Très abondant sur côte, aux environs de Maroantsetra. |
| Ravinala. | Arbre des voyageurs. | » | » | Il y a trois espèces de « Ravinala ». 1° Malabavola; 2° Honkodambo; 3° Ravina. Ces espèces se distinguent entre elles par la forme du tronc et des branches. Le « malabovola » est celui qui atteint les plus grandes dimensions en grosseur et le « honkodambo » en hauteur. Les indigènes se servent des trois espèces pour faire les planchers de leurs cases (rapaka). Avec les feuilles du « ravina », ils unit les parois (fatafa) et les couvertures. On se sert aussi des branches du « honkodambo » pour faire des vans pour le riz. | ? | » | Tronc cylindrique. Les indigènes détruisent un grand nombre de ravinala pour en manger le cœur; mais cet arbre est heureusement très abondant dans toute la région croît excessivement vite. |
| Voaranto. | ? | 1 mètre. | 12 à 13 m. | Bois rouge, tendre, lourd; sert à faire des membrures de pirogues. | Écorce sans emploi. | Bois résineux, mais la résine n'est pas recueillie. | Tronc cylindrique. Produit des fruits, de forme d'une petite pomme, ayant une chair farineuse, que les indigènes mangent. Est très abondant dans la région et surtout sur les bords de la mer. |
| Atafa. | Badamier. | 1m80. | 11 à 12 m. | Bois jaune clair, tendre, mais solide; sert quelquefois à faire des planches pour le bordage des pirogues. | Écorce sans emploi. | Bois résineux, mais on ne recueille pas la résine. | Tronc cylindrique. Assez abondant dans la région. Produit un petit fruit dont les indigènes mangent l'amande. |

II. — *Arbres, arbustes, arbrisseaux, palmiers ou lianes exploités ou exploitables pour les fruits, fleurs, écorces, latex, etc.*

| NOMS DES VÉGÉTAUX | | CIRCONFÉRENCE DES PLUS BEAUX SPÉCIMENS A 1 MÈTRE DU SOL. | HAUTEUR MAXIMUM DES PLUS BEAUX SPÉCIMENS AU-DESSUS DU SOL. | *Indication détaillée des produits utilisables et de la forme sous laquelle ils peuvent être présentés.* |
|---|---|---|---|---|
| EN MALGACHE | EN LATIN OU FRANÇAIS | | | |
| Rofia. Deux espèces : 1° Kotrovato. 2° Fombanala. | » | 3 mètres. | 15 à 25 m. | Espèce de palmier. Deux espèces : 1° Kotrovato ; 2° Fombanala, qui se distinguent par la forme du tronc et des branches. L'espèce appelée « kotrovato » est la plus estimée. Les indigènes se servent des jeunes branches pour faire du fil, qui est employé pour la confection des rabannes et qui sert aussi à garnir des matelas. Le rafia produit un fruit de couleur rouge de la forme d'un œuf et de saveur âcre, que les indigènes mangent. Ils sont aussi friands du cœur du rafia et en détruisent malheureusement beaucoup, soit en coupant le cœur, soit en l'entaillant, pour en extraire un liquide sucré, dont ils font le « bomena », boisson alcoolique se rapprochant assez du rhum malgache (toaka). |
| Fary. | Canne à sucre | 0m25 à 0m30. | 3 mètres. | Quatre espèces : 1° Farimbazaha ; 2° Farivolo ; 3° Barikavany ; 4° Farimainty. — Ces quatre espèces diffèrent par la couleur. Le « farimbazaha » est de couleur claire ; le « farivolo » est de couleur jaune clair ; le « barikavany » est de couleur jaune claire, comme le précédent, mais en diffère parce que, entre deux nœuds consécutifs, se trouve un gonflement ; le « farimainty » est de couleur noire. La plus estimée est le farimbazaha. La plus abondante est le farivolo. Les indigènes écrasent ces cannes à sucre avec un moulin en bois tout à fait rudimentaire et en tirent une liqueur alcoolique qu'ils laissent fermenter, et à laquelle ils donnent le nom de « betsabetsa ». La canne est excessivement abondante dans la région, en particulier dans la vallée de l'Antanambalana ; l'exploitation en serait très facile et peu coûteuse. |
| Honitrimakoa. | Indigo sauvage. | » | » | Espèce de liane que les indigènes cultivent près de leurs villages et qui est excessivement répandue dans la région. Donne une teinture bleue très forte ; à faible dose, on obtient une teinture jaune clair qu'on peut faire arriver jusqu'au rouge foncé. |
| Ravinala, Hafopotsy, Vanona, Lafaha, Sirakakazo, Mandrirofo, Manga, Vabazinina, Foraha, Vahona, Nato, Intisy, Vintano. | | | | Déjà décrits dans le tableau n° 1. |

**III.** — *Y a-t-il dans la région des arbres de dimensions exceptionnelles? Leur nom, leur circonférence.*

L'arbre le plus gros qui se trouve dans la région est le **Haramy**, qui est très commun dans la grande forêt et même aux environs immédiats de Maroantsetra. On en rencontre qui atteignent jusqu'à 10 ou 11 mètres de circonférence, à 1 mètre au-dessus du sol.

Viennent après : le **Lalona**, dont quelques échantillons atteignent 8 à 10 mètres; enfin l'**Hintsy** et le **Vintano**, qui vont jusqu'à 6 et 7 mètres.

**IV.** — *Pourra-t-on se procurer une collection de graines forestières? Quelles essences? A quelle époque de l'année?*

Presque tous ces arbres se reproduisent par graines, sauf peut-être le palissandre et le lalona, et il sera facile, par le moyen des autorités indigènes, de se procurer une collection de graines forestières.

En particulier l'époque de l'année où il convient de les ramasser sont :

| | | |
|---|---|---|
| Pour le voapaka, | les mois de | février et mars |
| Pour le manguier, | — | décembre et janvier. |
| Pour le copalier, | — | décembre et janvier. |
| Pour l'haramy, | — | avril et mai. |
| Pour le foraha, | — | juin et juillet. |
| Pour l'harongana, | — | mars. |

**V.** — *Fabrique-t-on des outils, ustensiles, cannus pagaies, manches divers, jouets, etc., avec le bois? Quels sont-ils? Quel est le bois?*

Les indigènes fabriquent avec certains bois des pagaies, des avirons, des outils et quelques ustensiles de ménage.

Les pagaies ou « fivey » se fabriquent avec le voatsilo, le tangena et l'andravoky et se vendent environ 1 sikajy (12 sous 1/2) pièce. Ces bois servent également à faire de grands avirons. Pour ces derniers, les indigènes emploient également le raharaha et le barabanja. Le prix d'une paire d'avirons est d'environ 2 francs.

Les manches d'outils sont généralement faits de manguier et de tafonona, sauf les manches des « antsy » (petites haches malgaches), pour lesquelles les indigènes emploient de préférence le bois de l'haramy ou du foraha. Comme ustensiles de ménage, on peut citer :

Le « hondraka » (cuillère malgache), qui sert à retirer le riz quand il est cuit et qui se fait en bois de voatsilo, de tangena ou d'andravoky. Un hondraka se paye de 0 fr. 20 à 0 fr. 40, suivant la grandeur.

Le « lempona » (mortier à piler le riz) se fabrique en bois de manguier ou mieux en tafonona qui est bien plus résistant. Prix : 1 kirobo (1 fr 25).

L' « halo » (pilon pour le mortier à riz) se fait en bois de fanondamba et se vend environ 0 fr. 60.

Le « lotsero » (van pour le riz) est tressé avec les branches du sirakakazo et coûte 0 fr. 40.

La « vata » (mesure de riz) se fait en bois d'halampona, qui sert également à confectionner les tubes des soufflets à forge « famoforana ». Une vata coûte environ 1 fr.; un famoforana 1 piastre (ariary).

Il convient encore de signaler les diverses pièces de bois qui forment l'outillage pour fabriquer les rabannes et qui comprennent :

Les « tandraza » (piquets qu'on enfonce en terre), qui se font en n'importe quel bois.

Le « mohonko » (traverse), qui se fait en bois d'harongana ou de tangena.

Le « fanantana » (bois mobile pour serrer le tissu), qui se fait en bois d'antohoravina.

Le « sohoana » (navette), qui se fait en bois de palissandre ou d'hintsy.

Un outillage complet revient à environ 3 fr. 75.

Enfin, on voit souvent entre les mains des enfants indigènes une espèce de toupie appelée « sangodina » qui ne porte pas de clou à sa partie inférieure et qui se fabrique avec le « farafotra », espèce de racine qui pousse dans l'eau et qui n'a pas de feuilles.

VI. — *Fabrique-t-on des pirogues? Avec quel bois? Leurs dimensions maxima? Le prix?*

Il se fabrique dans la province beaucoup de pirogues, et quelques indigènes sont devenus très habiles dans ce genre d'industrie.

Les bois propres à la fabrication des pirogues sont : le lalona, le vintano, l'hintsy, le longotra, le merana; mais les meilleurs et les plus solides incontestablement sont celles faites en bois de lalona ou de longotra.

Ces pirogues atteignent quelquefois des dimensions assez considérables; il en est qui ont jusqu'à 15 mètres de long et 3 mètres de large.

Leur prix varie beaucoup suivant la grandeur. Les plus petites se payent environ 2 piastres. Les plus grosses vont jusqu'à 30 piastres. On aura une bonne pirogue de 7 à 8 mètres de long sur $1^m,50$ de large pour 7 à 8 piastres.

VII. — *Fabrique-t-on du charbon de bois? Avec quelles essences? Prix des 100 kilos.*

On fabrique du charbon pour la forge ou pour la cuisine. Les bois dont on se sert pour l'obtenir sont différents suivant l'usage auquel on le destine.

Pour la forge, on emploie de préférence le vandroza, le voantaimbody, le voapaka.

Pour la cuisine, l'hintsy, le manguier, le palétuvier.

Le bois étant très abondant, le charbon n'a pas de prix et ne se vend pas. Chacun en fabrique pour ses besoins.

VIII. — *Quels sont les instruments indigènes employés par les différents ouvriers de la forêt? Leur prix?*

Les principaux outils employés par les indigènes qui travaillent dans la forêt sont l'antsy (petite hache), dont la forme se rapproche assez de la hache de licteur; prix : 1 fr. 25.

Le famaky ou vilahy (espèce de ciseau emmanché comme une hache dans le sens du tranchant) qui se fait en deux grandeurs. Les plus gros coûtent 1 piastre; ceux de dimensions moindres, 2 fr. 50.

L'angady (pelle malgache), espèce de louchet long et peu large; prix : 3 francs.

Le sotro (cuillère en acier), qui sert à creuser les pirogues. Les plus gros coûtent 2 fr. 50; les plus petits, 1 fr. 25.

Enfin le fandraka (ciseau à bois), qui sert aux indigènes à percer des mortaises dans les poteaux ou les traverses qu'ils emploient pour construire leurs cases; le prix varie de 0 fr. 80 à 1 fr. 25 suivant la grandeur.

IX. — *Donner les noms des arbres ou lianes producteurs de caoutchouc. S'expliquer sur la qualité relative de chacun d'eux; sous quelle forme pourra-t-on se procurer des échantillons?*

La principale liane à caoutchouc de la région est la *Landolphia madagascariensis*, que les indigènes appellent « ravinengitra ». Cette liane est encore très abondante partout; mais les procédés barbares qu'emploient les indigènes pour récolter le caoutchouc finiraient à la longue par la faire disparaître complètement. Ils arrachent la liane entière avec la racine et l'emportent ainsi au village ou au lieu de campement voisin, et là ils la coupent en menus morceaux qui laissent couler le lait, qu'on recueille dans des récipients en bois et qu'on coagule par l'acide sulfurique.

Deux autres lianes donnent aussi un caoutchouc de première qualité : l'une se nomme vahitaolandoha, l'autre ravimbatsikopika; mais celui que fournit les lianes appelées mandrianambo, didivahy et robanga est de qualité inférieure.

Outre les lianes, on trouve aussi fréquemment dans la région une espèce d'arbre producteur de caoutchouc qui porte le nom de barabanja et qui se rencontre soit en marais, soit dans la forêt.

Le barabanja de marais a l'écorce mince, d'un blanc gris sale, assez riche en lait; le barabanja de montagne ou de forêt a l'écorce rougeâtre, épaisse, et contient plus de lait que le précédent.

Le caoutchouc que l'on tire du barabanja est considéré comme ayant beaucoup moins de valeur que les autres; mais il est possible que si l'on arrive à trouver une méthode spéciale pour le coaguler, on obtienne un produit égal aux caoutchoucs de première qualité.

Il sera très facile de se procurer dans la région des échantillons de caoutchouc des différentes espèces, car un grand nombre d'indigènes sont adonnés à cette exploitation.

X. — *Donner les noms des arbres producteurs de gommes, résines, etc. Récolte-t-on ces produits? Pourra-t-on s'en procurer? Le prix?*

Comme arbres producteurs de résines, on peut citer :

Le vintano,
Le vahazinina,
Le foraha,
Le vongo,
} qui par incision donnent une résine qui, mélangée avec du suif, sert aux indigènes à fabriquer du brai pour calfater leurs pirogues.

Le meilleur de ces brais s'obtient avec la résine fournie par l' « haramy », que l'on trouve en grande quantité, en forme de boules, au pied de cet arbre. Cette résine de couleur blanchâtre, odoriférante, rappelle la gomme « élémi ».

Il convient de citer aussi la résine, couleur rouge de sang, que l'on extrait de l'harongana, et que les indigènes emploient en application sur la peau comme traitement des eczémas.

Comme gommes, on ne trouve guère dans la région que la gomme copal, que l'on ramasse en terre au pied du « mandrirofo » (copalier). Ce produit est très abondant, principalement aux environs de Maroantsetra ; mais, faute d'acheteurs, les indigènes ne le recueillent pas.

Il sera très facile, sans dépense aucune, de se procurer des échantillons de tous ces produits.

XI. — *La gutta-percha existe-t-elle dans la région? Quel est l'arbre producteur?*

On n'a pas encore trouvé trace dans la région d' « Isonandra gutta-percha » ni d'aucun arbre producteur de gutta-percha.

XII. — *Quelles sont les écorces employées? 1° Comme matière tannante?*

L'écorce qui renferme le plus de tanin est incontestablement celle du « nato » (natte) qui en contient même infiniment plus que celle du chêne. Viennent après : l'hintsy et le manguier. Les indigènes ne font d'ailleurs aucun usage de ces écorces considérées comme matière tannante ; ils ne les emploient que comme matière tinctoriale.

2° *Comme matière tinctoriale? Les couleurs obtenues?*

Avec l'écorce pilée et bouillie du nato, de l'hintsy et du vahona on obtient de très belles couleurs rouges.

L'écorce du manguier broyée et bouillie avec de l'écorce de filao donne une teinture noire très résistante et très employée par les indigènes.

3° *Comme matières textiles?*

On ne peut guère citer que l'écorce de l'hafopotsy et du vanona, avec lesquelles les indigènes font des cordes assez solides.

XIII. — *Existe-il dans la région des végétaux produisant des essences spéciales? Leurs noms? Usage des extraits?*

Il n'existe pas dans la région de végétaux qu'on ait utilisés jusqu'à présent pour en tirer une essence quelconque.

XIV. — *Extrait-on de certains végétaux des sels comme la potasse, des acides pyroligneux, etc.? Que fait-on des produits? Leur prix?*

On ne peut guère citer que le sirakakazo. Les indigènes coupent ce bois en morceaux pour le brûler facilement; la cendre qu'ils recueillent est dissoute dans de l'eau, et la dissolution, une fois évaporée, laisse déposer un sel amorphe, blanc, ayant toutes les apparences d'un sel de potasse, dont les indigènes se servent pour la préparation des aliments et qu'ils préfèrent de beaucoup au sel marin.

Cette propriété caractéristique du bois du sirakakazo a donné naissance, chez certaines populations de la province, à une coutume assez bizarre. Quand un indigène meurt et que la famille ne peut l'enterrer tout de suite, faute d'argent, elle décide d'attendre la récolte pour pouvoir faire au défunt des funérailles pompeuses. A cet effet on creuse une fosse provisoire, on habille le mort avec plusieurs lambas, et on l'introduit dans la fosse préalablement bourrée de feuilles et de bois pilé de sirakakazo ; quand le corps en est complètement entouré, on recouvre le tout de terre, qu'on tasse consciencieusement, et, lorsque, quelques mois après, on le déterre pour procéder à l'inhumation définitive, le corps est salé et parfaitement conservé.

Le sel de sirakakazo est fabriqué par les indigènes au fur et à mesure de leurs besoins et n'a jusqu'à présent donné lieu à aucune transaction ; il n'est donc guère possible de fixer un prix pour ce produit.

Peut-être pourrait-on tirer aussi quelque chose du « filao » qui appartient à la famille des conifères et qui pousse en grande quantité sur le bord de la mer.

XV. — *L'industrie de la pâte à papier existe-t-elle dans la région ? Si oui, quel bois emploie-t-on ?*

Aucune industrie de ce genre n'a jamais existé jusqu'à présent dans la région.

XVI. — *Y a-t-il des végétaux producteurs de liège utilisable ? Leurs noms ?*

Les écorces des différents arbres existant dans la région sont toutes excessivement minces et lourdes et ne sauraient en aucune façon être utilisées pour remplacer le liège.

Pour faire des bouchons et leurs flotteurs de filets, les indigènes se servent fréquemment des racines du farafotra qui donne un bois très léger, mais n'ayant aucune analogie avec notre liège de France.

XVII. — *Indiquer les végétaux ligneux employés dans la médecine indigène, quelles parties du végétal on emploie, les affections traitées, les résultats obtenus.*

Les médicaments en usage chez les indigènes, tirés presque tous des végétaux, sont excessivement simples et se réduisent à peu de chose ; quelques vomitifs et purgatifs ; les Malgaches traitent les blessures, les abcès et les maux de ventre auxquels les Betsimisarakas sont très sujets.

Les vomitifs dont ils se servent sont obtenus, en faisant bouillir soit le bois et les feuilles du « lingozakely », soit l'écorce du « mongifoniakoho » ; les purgatifs, en faisant bouillir l'écorce du « dandemo » ou la liane « famehifary » ou les racines de la liane « takotako ». Il faut encore citer le lait de l'andravoky, purgatif très énergique que les indigènes ne prennent qu'en petite quantité, en y trempant des morceaux de canne à sucre qu'ils sucent ensuite.

Pour guérir les maux de ventre, on se sert, soit des racines d'amborasaha qu'on râpe et qu'on fait bouillir, soit de décoctions de morceaux de liane « tsira-bahatra » ou de feuilles de « valanirana ».

Le remède employé tout spécialement pour guérir les coliques chez les enfants est une décoction de feuilles de « faudramanana ».

A cette liste on peut ajouter : un fébrifuge, décoction et bain chaud de feuilles d'andrarezo, et deux ou trois remèdes pour les blessures.

Application sur la plaie de feuilles pilées de « bemaimbo », de « romba » ou de « rombatsahona ». Un remède pour les maladies vénériennes : décoction d'écorce de « mongy » pour l'usage interne. Un autre pour les hémorroïdes : décoction et bain chaud d'écorce pilée et de feuilles d'harongana, et application sur la partie malade du suc rouge qui découle du tronc par incisions.

Enfin, les abcès malgaches se guérissent très rapidement en laissant tremper la partie affectée dans une décoction bien chaude d'écorce de manguier, puis en grattant à vif pour enlever toute trace de pus ou de peau morte, sous laquelle la plaie continuerait à s'étendre. La guérison est parfaite en quatre jours.

XVIII. — **Cryptogames.** *Indiquer les principaux champignons des forêts. Les emploie-t-on ? Y a-t-il des truffes ou autres tubercules comestibles ?*

Les principales espèces de champignons comestibles que l'on trouve en forêt, sont :

L' « holatafana », blanchâtre, très gros, d'une hauteur de 40 centimètres ;

Le « komidy », blanchâtre, ouvert, d'une hauteur de 15 centimètres ;

L' « holapanantarana », blanchâtre, ouvert, d'une hauteur moyenne de 10 à 12 centimètres ;

L' « holadingoza », très petit ;

Le « tadin-nivalavo », petit, un peu huileux ;

L' « holajinga », petit, noir, qui pousse ordinairement sur les bois morts ;

Le « voanjoala », très petit, qui pousse aussi sur les bois morts.

Tous ces champignons existent en très grande quantité au moment de la saison des pluies, soit dans la forêt, soit même sur les haies qui entourent les habitations ; mais le plus abondant et en même temps le meilleur et le plus apprécié est le voanjoala.

A côté de ces champignons comestibles, il faut citer aussi quelques espèces de champignons vénéneux : le « tongobositra », très gros, qui pousse en terre et a jusqu'à 35 centimètres de hauteur ;

L' « holabé »  
L' « holamena »  } qui poussent sur le bois.  
L' « holamanja »

Aucune espèce de truffe; mais il y a des tubercules, les « kambary », ou oyy, dont il existe un grand nombre de variétés, les unes comestibles, les autres vénéneuses.

Les espèces comestibles sont :

L' « oviandrotra », de la grosseur d'une tête d'homme et de 50 à 60 centimètres de hauteur; l' « ovimena », d'une longueur de 30 centimètres; l' « ovihazo », d'une longueur de 20 centimètres; l' « ovikofeky, rond, d'une grosseur moyenne; le « mavondry », petit, d'une longueur de 15 centimètres; l' « hofimamy », rond, de grosseur moyenne. Ces six espèces sont cultivées par les indigènes qui les plantent dans leurs jardins.

L' « ovifotsy », grosseur moyenne; 1 mètre de long au maximum ;

L' « ovirozy » ;

Le « tonondanto », mince, et d'une longueur maximum de 60 centimètres. Ces trois espèces sont également comestibles et poussent en forêt.

Les espèces vénéneuses sont :

L' « hofika », rond, de la grosseur d'une orange;

L' « haranara », rond et plat ;

Le « tavolo », en forme de pomme de terre;

Le « voadaka », gros, d'une longueur de 50 à 60 centimètres ;

Le « voalambo », de couleur rouge, gros, d'une longueur de 60 centimètres.

XIX. — **Fougères.** *Les espèces, leur emploi?*

Les fougères, soit terrestres, soit épiphytes, soit arborescentes, pullulent dans la grande forêt. Une espèce de scolopendre, très grande, appelée ici langue de bœuf, est utilisée comme légume ; on prend les feuilles les plus tendres qu'on réunit en petits paquets et qu'on mange, cuites à l'eau, ou bien à la vinaigrette. Saveur douce ; un peu mucilagineux.

XX. — **Lichens.** *Leurs noms vulgaires, quels végétaux en sont recouverts.*

Le palétuvier et le filao ont quelquefois le tronc et les branches recouverts d'une espèce de lichen blanchâtre, ayant un peu l'aspect de l'herbe après une gelée blanche, et que les indigènes appellent « fitsibolomanina ». C'est la seule espèce de lichen que l'on rencontre dans la région.

XIX. — **Fleurs des bois. Orchidées.** *Donner le nom des espèces connues. En fait-on le commerce? Pourrait-on le tenter?*

Les orchidées sont représentées par de bien jolies espèces. La famille la plus répandue, et celle qui en renferme le plus, est le genre *Angræcum*. La plus jolie est l'*Angræcum sesquipedale*, dont l'éperon de la fleur atteint jusqu'à un pied et demi de longueur, et qui est excessivement commun ; puis viennent l'*Angræcum superbum*, avec une variété nommée l'*Angræcum burneum caudatum*, espèce rare et très difficile à transporter ; l'*A. citratum*, excessivement élégant, très commun ; l'*A. articulatum*, commun ; l'*A. Humbloti*, sans valeur.

Deux espèces de *Phajus*. 1° *Phajus Humbloti* ; 2° *Phajus articulatus, Cymbidium-Loïse, Chauvierci*, très rare et de grande valeur ; un seul exemplaire a fleuri en Europe.

Dans le genre *Eulophia*, on trouve beaucoup d'*Eulophiella Elisabethæ*, plante importée il y a quelques années seulement et dédiée à S. M. la reine de Roumanie.

Il faut signaler encore l'*Eulophia Petersi*, dont M. Mocquery, naturaliste, a expédié l'année dernière plusieurs spécimens en Europe. C'est une grande et superbe plante, dont la tige florale, qui porte une douzaine de grandes fleurs marengo, atteint $1^m,50$.

En somme, beaucoup de belles orchidées, mais dont le commerce est à peu près impossible à tenter à cause des frais nécessités par leur envoi, et aussi à cause du peu de soins que les agents des Messageries maritimes prennent des caisses de plantes qui leur sont spécialement recommandées, ce qui est cause d'une mortalité d'au moins 50 pour 100 dans les envois.

XXII. — **Faune.** *Donner le nom des animaux à poil et à plume de la région d'Antongil (en distinguant les oiseaux aquatiques). Pourra-t-on se procurer des spécimens ? Y a-t-il dans la région un homme capable d'empailler les animaux ? Pourra-t-on réunir quelques nids d'oiseaux ? Lesquels ? Nom des principaux reptiles ?*

L'animal le plus grand et le plus répandu ici est le sanglier (*Potamochœrus Edwardsii*), qui semble être assez voisin de l'espèce africaine, avec ses longues oreilles pointues et terminées par une touffe de longs poils ; il habite les forêts, mais se tient de préférence aux alentours des champs de riz qu'il saccage ; sa couleur générale est brun rouge.

Les forêts renferment plusieurs espèces de lémuriens ou makis ; le plus commun est le maki à tête noire (*Lemur mongoz, var. nigrifrons*), puis une espèce qui ne se trouve guère que dans cette partie de l'île, le maki rouge (*Lemur varius ruber*) et le maki à tête blanche (*Lemur albifrons*) ; le plus répandu dans la forêt est une belle espèce à tête et pattes noires, à queue noire, à favoris, bras et jambes d'un blanc pur, avec un cercle blanc au milieu du corps (*Lemur varius typicus*).

La plus grande espèce est le babakoto (*Indris brevicaudatus*), grand maki, à queue très courte, qui forme un genre excessivement remarquable par la longueur de ses jambes (80 centimètres environ).

Un autre animal, beaucoup plus rare, l'aye-aye (*Cheyromys madagascariensis*) se rencontre quelquefois dans les grandes forêts ; il est nocturne et, comme les précédents, particulier à l'île.

En outre, beaucoup d'autres animaux, parmi lesquels je citerai au hasard : le fosa, le zabady (*Viverra*), espèce de civette ; le vontsira (*Galidia*), sorte de mangouste ; un joli et grand chat sauvage, nommé ici « kary », et qui est le *Felis cafra* ; le trandraka (*Centetes*), dont il y a deux espèces ; deux sortes de hérissons, l'un (*Ericulus*) assez semblable à celui d'Europe, mais ayant à peine la moitié de la taille du nôtre (soky) et un autre plus petit, nommé « sora » (*Echinops*).

**Oiseaux.** — Les plus grands oiseaux sont représentés ici par quatre belles espèces de rapaces diurnes : il y en a, en outre, six ou huit espèces moyennes et petites, entre autres, une crécerelle assez voisine de celle de France, mais beaucoup plus petite.

Trois espèces de pigeons, le pigeon vert, le pigeon bleu, et une belle tourterelle voisine de l'espèce française ; en outre, un tout petit pigeon à queue noire très longue.

Deux espèces de perroquets noirs :

*Coracopsis obscura* et *Coracopsis nigra*, puis la petite perruche verte à tête grise (*Psittacula madagascariensis*).

La pintade, un mets exquis (*Numida tiarata*). Un oiseau bien remarquable est le Kirombo (*Leptosomus discolor*) ; le mâle est gris avec ailes et queue d'un vert métallique, alors que la femelle est brun rouge avec des macules noires et blanches.

Trois espèces de souis : le plus joli, noir, à tête, poitrine et dos vert-métallique (*Nectarinia notata*).

Puis le moineau ignicolore (*Ploceus madagascariensis*), lequel cause de grands dégâts au riz, qu'il mange sur tige avant maturité.

Plusieurs espèces de coucous : le coucal brun (*Centropus madagascariensis*), la mariha (*Coua cærulea*), et de nombreuses autres espèces.

Un martin-pêcheur : le *Corythornis cristatus*, bleu à ventre brun clair, et un martin-chasseur : l'*Ispidina madagascariensis*, rouge mat, bec rouge, très rare.

En outre, le guêpier (*Merops madagascariensis*), l'un des oiseaux qui rendent les plus grands services avec le merle moqueur, la veuve (*Dicrurus*) : tous deux détruisent des quantités prodigieuses d'insectes et de chenilles.

Les rivières et les marais sont peuplés de râles, hérons (huit espèces), poules d'eau (cinq espèces), parmi lesquelles la grande poule sultane (*Porphyrio smaragnotus*), et une autre également bleue à caroncule rouge, plus petite (*Porphyrio Alleni*) ; une quinzaine d'espèces de sarcelles, canards ; une petite oie fort jolie appelée ici « tsaravanga », etc....

**Reptiles.** — Deux espèces de crocodiles : le plus répandu est le *Crocodilus madagascariensis* ; l'autre espèce, à tête plus grosse, est le *Crocodilus robustus*, tous deux particuliers à l'île.

Le plus grand serpent est l'ankoma ; puis viennent, en grande quantité, des couleuvres, dont plusieurs espèces absolument remarquables par leur tête qui se termine chez les unes par de longues pointes, chez d'autres par des membranes ressemblant à une feuille dentelée.

A mentionner aussi le serpent de nuit, le mandry, grand mangeur d'œufs et de poussins.

Environ vingt espèces de lézards, dont le plus curieux se tient en forêt sur les grands arbres et a tout le corps, de la tête à la queue (qui a la forme d'une feuille), garni de membranes, le tout formant ventouse de sorte qu'il est difficile de le capturer sans l'abîmer. Sept espèces de caméléons, trois espèces de tortues terrestres, etc.

Rien ne sera plus facile que de faire faire sur place une collection complète des animaux de toute espèce, oiseaux et reptiles, qui foisonnent sur les côtes de la baie d'Antongil.

M. Mocquery, naturaliste, étudie en effet depuis un an la région et a déjà ramassé ou expédié en France des collections de toute sorte.

XXIII. — **Insectes.** *Donner sommairement le nom des insectes connus dans la région d'Antongil. Insister surtout sur ceux qui causent des dégâts aux bois.*

Sous ce rapport, toute la province est d'une richesse exceptionnelle, et M. Mocquery qui explore le pays y a découvert beaucoup d'espèces nouvelles.

Une espèce bien remarquable appartient à la famille des Cicindélides, genre *Peridixia*. Ce coléoptère, armé de fortes mandibules et de pattes longues, fait aux insectes destructeurs des bois une chasse sans pitié. On a observé à plusieurs reprises qu'il tue souvent, sans les manger, les larves qu'il peut attraper. Il circule autour des troncs d'arbres avec une grande vitesse, et aucun insecte ne peut lui échapper à la course. C'est certes l'un de ceux qui rendent le plus de services aux forêts, car les femelles pondent à l'orifice des trous dans lesquels sont installées des larves d'insectes qui détruisent le bois, et dès leur éclosion les nouveau-nés commencent à manger toutes les larves qu'ils peuvent rencontrer dans les galeries et sauvent ainsi des quantités d'arbres qui sans cela seraient infailliblement perdus.

Comme autres coléoptères utiles, à citer bon nombre de Carabides, qui font aux larves, aux limaces, une chasse sans relâche. Les Sylphes, les Staphylinides et les Géotrupes sont représentés par des espèces fort remarquables.

Les Buprestides, dont M. Mocquery a plus de cent espèces, vivent entre l'écorce et le bois des arbres.

Les Longicornes sont, avec les Charançons et les Scolytes, les coléoptères qui causent le plus de dégâts dans les bois ; mais ils ont des ennemis terribles, surtout une vingtaine d'espèces d'Ichneumons (Hyménoptères) dont les femelles, pourvues de tarières qui atteignent jusqu'à cinq centimètres de longueur, pondent dans le corps même des larves installées au fond des galeries creusées dans les arbres. Les larves de ces Hyménoptères se développent dans la larve nourricière, qui meurt juste au moment où les parasites se transforment en insectes parfaits.

Il y a beaucoup d'espèces de coccinelles qui font une guerre acharnée aux pucerons et aux cochenilles.

Dans les Lépidoptères, il y a beaucoup d'espèces intéressantes, moins cependant que dans les Coléoptères. On n'a pas trouvé de fabricants de soie ; *Bombyx, Attacus, Orgya, Liparis*, aucune de ces espèces n'est répandue dans le pays.

En Orthoptères, il existe des représentants absolument extraordinaires, surtout dans les phasmes, dont quelques-uns atteignent de 25 à 30 centimètres de longueur. On a signalé plusieurs formes de sauterelles nouvelles, que décrit en ce moment M. Finot, le grand orthoptériste français.

FORÊTS.

Dans les Névroptères, les termites, fort heureusement, sont rares dans le pays ; il n'y a que de petites tribus établies dans de vieux bois ou de vieux arbres.

XXIV. — *Étendue approximative des forêts de la région d'Antongil.*
La forêt, telle qu'elle est, couvre encore une bonne moitié du territoire de la province. Elle s'étend, de la rivière d'Anové, limite de la province de Fénérife, jusqu'à l'Ifamolahana, près du cap Masoala, sur une longueur d'environ 160 à 180 kilomètres et une largeur moyenne de 80 à 90 kilomètres.

Le incendies allumés volontairement par les indigènes pour semer du riz y ont fait par-ci par-là de vastes brèches ; mais ces ravages sont relativement peu graves, étant donnée son étendue considérable. L'ensemble des mesures prises depuis l'occupation française pour la protection des forêts permet d'ailleurs d'espérer qu'elles seront dorénavant complètement à l'abri du feu.

## PRODUITS FORESTIERS DU BOUÉNI

Nous donnons aux pages 240 à 245 la liste des principales essences ; la nomenclature présentée dans ces tableaux est loin de contenir tous les arbres du Bouéni. Quelques catégories restent encore à signaler.

1° *Arbres sans autre emploi que le chauffage :*

**Afiafy**, qui pousse plutôt dans les marais.
**Andrarezina.**
**Tapiaka** et, d'une façon générale, tous les petits bois qui salissent les forêts du Bouéni par leur manque de poussée.

2° *Essences employées par les Sakalaves comme médicaments, dont les plus connues sont :*

**Tsitiamoty**, sert en infusion pour les maladies des yeux.
**Katra,**
**Andriambavifohy,** } employés en infusion pour les maladies du ventre.
**Vakokoa**, employé un peu à tort et à travers pour toutes les maladies.
**Lambohenjana**, employé en infusion pour la blennorragie et les maladies de la vessie.
**Raisonjo,**
**Sarisehaka,** } employés en infusion contre les maladies des intestins.
**Hazomby,**
**Hazondringitra**, dont la racine, séchée et pulvérisée, guérit les plaies et les blessures.
**Tsilaitra**, bois jaune et dur dont les sorciers se servent pour faire des préservatifs contre les balles.
**Hazontambitsika** ; on s'en frotte les parties malades pour guérir la gale.
**Fakifoka**, en infusion, guérit les plaies syphilitiques.
**Fiofiofio**, sert à faire des amulettes contre les balles.

## PROVINCE D'ANALALAVA

### 1° Arbres, arbustes, arbrisseaux de la région, exploités ou exploitables pour le bois.

| NOMS DES VÉGÉTAUX | | CIRCONFÉRENCE DES PLUS BEAUX SPÉCIMENS A 1 MÈTRE DU SOL. | COULEUR DU BOIS PARFAIT ET SES EMPLOIS. (DÉBIT USUEL.) | L'écorce est-elle employée? USAGES. | L'arbre contient-il des gommes résines? USAGES. | Observations diverses sur la forme des arbres (tronc cylindrique ou sinué), fruits, etc. |
|---|---|---|---|---|---|---|
| EN MALGACHE. | EN LATIN OU FRANÇAIS. | | | | | |
| kamaka. | | 2 à 3 mètres. | Gris fauve. Planches, mâts, pirogues. | Non. | Résine peu abondante, non employée. | Cylindrique ou ovale. |
| anary. | Palissandre. | 1 mètre. | Particulière. | Non. | | Diverse. |
| nara. | Bois noir. | 1=50 | Jaune sale. Moyeux de charrettes. | Non. | | Cylindrique, peu droit. |
| anampony. | | 2 mètres. | Rougeâtre. Pirogues et planches. | Non. | Non. | Cylindrique, droit. |
| afonona. | | 2 mètres. | Jaune paille. Pirogues et planches. | | Non. | » |
| amy. | | 4 mètres. | Jaune clair. Pirogues et planches. | Non. | Résine à calfater. | Ronde, ovale ou aplatie. |
| ato. | Natte. | 2 mètres. | Rouge foncé. Bordeaux, planches et meubles. | Non. | La graine contient de la glu. | Cylindrique, bien droite. |
| antoro. | | 2 mètres. | Terre de sienne brûlée. | Non. | Non. | Cylindrique, irrégulier. |
| antaly. | | 2 mètres. | Jaune paille. Pirogues. | Non. | Non. | Cylindrique. |
| ahabiba. | Faux acajou | 1 mètre. | Jaune. Meubles. | Non. | Non. | » |
| aro. | | 1 mètre. | Jaune, aubier blanc. Membrures de bateaux. | Cordes. | Non. | » |
| oraha. | | 1 mètre. | Blanc sale. Membrures de bateaux. | Non. | Gomme qui colle très fortement. | » |
| alétuvier. | | 1 mètre. | Rougeâtre. Maisons. | Teinture. | Non. | » |

### 2° Arbres, arbustes, arbrisseaux, palmiers ou lianes exploités ou exploitables pour les fruits, fleurs, écorces, latex, etc.

| NOMS DES VÉGÉTAUX | | CIRCONFÉRENCE DES PLUS BEAUX SPÉCIMENS A 1 MÈTRE DU SOL. | Indications détaillées des produits utilisables et de la forme sous laquelle ils peuvent être présentés. |
|---|---|---|---|
| EN MALGACHE. | EN LATIN OU FRANÇAIS. | | |
| Manga. | Manguier. | 1 mètre. | Fruit. |
| Coaniho. | Cocotier. | 0=60 | Fruit. |
| ofia. | Rafia. | 0=60 | Fibres retirées des feuilles. |
| | Orchidées. | | N'ont pas de nom; existent dans les forêts, on n'en fait rien. |
| arefo. | Roseau de marais; est creux. | | Sert à faire des nattes. |
| Satra. | Satra. | 0=30 | Petit palmier. La feuille sert à faire des nattes. |
| Zavy. | Zavy. | 0=,60. Pousse dans les marais. | On enlève l'écorce des petites branches de 3 à 4 mètres de long pour faire des cordes de pirogues très résistantes. |
| Mohondro. | | 0=,50. | |
| Varo. | | 1 mètre. Pousse au bord de la mer. | L'écorce fait des cordes solides. |
| Paka. | | Roseau. | Cordes solides et nattes. |
| Sakoa. | | 3 mètres. | Écorce tannante et tinctoriale. |
| Palétuvier. | | 1 mètre. | Écorce tinctoriale. |

I. — 16

## PROVINCE DU BOUÉNI

### 1° Arbres, arbustes, arbrisseaux de la région exploités ou exploitables pour le bois.

| NOMS DES VÉGÉTAUX | | CIRCONFÉRENCE DES PLUS BEAUX SPÉCIMENS A 1 MÈTRE DU SOL. | COULEUR DU BOIS PARFAIT ET SES EMPLOIS. (DÉBIT USUEL.) | L'écorce est-elle employée? USAGES. | L'arbre contient-il des gommes résines? USAGES. | Observations diverses sur la forme des arbres (tronc cylindrique ou sinué), fruits, etc. |
|---|---|---|---|---|---|---|
| EN MALGACHE. | EN LATIN OU FRANÇAIS. | | | | | |
| Manary. | Palissandre. | 2 mètres. | Blanc, cœur rouge sombre. | » | » | Droit, cylindrique. |
| Kitata. | » | 2 mètres. | Blanc. | » | » | » |
| Hazoambo. | » | 3 mètres. | » | » | » | Cylindrique. On peut en manger les fruits. |
| Sely. | » | 2 mètres. | » | Bonne corde dont se servent les bourjanes pour leurs paquetages. | » | » |
| Honko. | Palétuvier. | 1 mètre. | Rouge. | Riche en tannin. | » | Droit, cylindrique. Nourrit le ver à soie du palétuvier. |
| Varo. | » | 1m,50 | Blanc. | » | » | Droit, cylindrique. |
| Maniaty. | » | 3 mètres. | » | » | » | Sert à la construction des cases malgaches. |
| Maivalañka. | » | 3 mètres. | » | » | » | » |
| Koropoka. | » | 2 mètres. | » | » | » | Pousse bien droit. |
| Amainomby. | Anthérotomanudioi. | Arbuste. | » | » | » | Pousse droit et cylindrique. |
| Sofinkomba. | » | 2 mètres. | Blanc. Constructions de cases. | » | » | » |
| Selivato. | » | 3 mètres. | Blanc. Bois équarris. | » | » | Cylindrique. |
| Lohavato. | » | 1 mètre. | Blanc. | » | » | Pousse très facilement et sert à faire des entourages. |
| Ambay. | » | 1 mètre. | Blanc. Sert aux manches d'outils. | » | » | Droit. |
| Tamidalitra. | Sateria glauca. | Arbuste. | Blanc. Chevrons. | » | » | Bons piquets pour cases. |
| Nato. | Natte. | 2 mètres. | Rouge sombre. | Sert à faire une teinture rouge. | » | L'écorce se roule facilement et sert quelquefois à faire des conduites d'eau. |
| Mandoka. | » | » | » | » | » | » |
| Fanelambo. | » | 2 mètres. | Blanc. | » | » | Piliers pour cases et chevrons. |
| Vakakoa. | » | » | » | » | » | » |
| Sohihy. | Sorte de grand laurier. | 3 mètres. | Blanc rougeâtre. Bonnes planches pirogues. | » | » | Pousse quelquefois droit et cylindrique, quelquefois tortu. |
| Rotra. | » | 4 mètres. | Blanc rougeâtre. Grandes pirogues. | » | » | Cylindrique, absolument droit. |
| Robontsy. | » | 3 mètres. | Blanc. Planches et pirogues. | » | » | Droit, cylindrique. |
| Hazomena. | Weinmannia Rutenbergii, faux natte. | 3 mètres. | Rouge et très dur. Bois équarris. | » | » | Droit. |
| Mafay. | » | 2 mètres. | Blanc. Pirogues. | » | » | » |
| Aboringa. | » | 2 mètres. | Blanc. Planches et pirogues. | » | » | » |
| Ramy. | Encens d'Afrique. | 4 à 5 mètres. | Blanc. Donne les plus grandes pirogues. | » | Gomme d'encens employée par les Sakalaves pour coaltarer les embarcations. | Droit pour le tronc, branches tortues. |
| Vakivoho. | » | 2 mètres. | Blanc. Pirogues. | » | » | Droit. |
| Faralotsa. | » | 2 mètres. | » | » | » | Cylindrique. |
| Tokoujo. | » | 2m,50 | » | » | » | Droit. |
| Arofy. | » | 2 mètres. | Blanc. Petites pirogues. | » | » | » |
| Sambalahy. | » | 2 mètres. | Blanc. Sert à faire des planches et des petites pirogues. | » | » | Droit, cylindrique. |
| Kitsankitsanala. | » | 2 mètres. | Blanc. Petites pirogues. | » | » | Droit. |
| Adabo. | Nom donné à plusieurs ficus. | 3 mètres. | Blanc et filandreux. Facile à creuser, léger. | » | Donne une gomme qui n'a pas d'emploi. | Quelquefois droit et cylindrique, souvent sinué |
| Tsikombakomba. | » | 2 mètres. | Blanc. Bois pour pirogues. | » | » | Droit. |
| Monongo ou Mongo. | Dyonichia Bojeri. | 1 mètre. | Blanc. | » | Oui. On en tire un mordant pour la teinture. | Arbuste. |
| Tsiandala ou Voamboany. | » | 3 mètres. | Blanc. Planches et bois équarris. | » | » | Droit. |

## 2° Arbres, arbustes, arbrisseaux, palmiers ou lianes exploités ou exploitables pour les fruits, fleurs, écorces, latex, etc.

| NOMS DES VÉGÉTAUX | | CIRCONFÉRENCE DES PLUS BEAUX SPÉCIMENS A 1 MÈTRE DU SOL. | Indication détaillée des produits utilisables et de la forme sous laquelle ils peuvent être présentés. |
|---|---|---|---|
| EN MALGACHE. | EN LATIN OU FRANÇAIS. | | |
| Manga. | Manguier. | 4 mètres. | Produit un fruit bien connu. |
| Zambarao. | Jamrose (mot créole). | 3 mètres. | Fruit comestible ressemblant comme aspect extérieur à la prune. |
| Lamoty. | Prunier de Madagascar, *Flacourtia ramontchi*. | 2 mètres. | Espèce de prune comestible. |
| Toboro. | » | 2 mètres. | Fruit comestible. |
| Sakoa. | Faux Évi ou *Spondias cytherea*. | 2m,50 | Le faux Évi donne un fruit aigrelet à gros noyaux, ressemblant extérieurement à une grosse prune. Le vrai Évi ou fruit de Cythère existe également dans les jardins. |
| Madiro. | Tamarinier. | 4 mètres. | La gousse du tamarinier est comestible et d'un goût aigrelet; on peut en faire de bonnes confitures après cuisson. |
| Rofia. | Rafia. | Palmier. | Cet arbre absolument précieux donne une sorte de noix dont l'enveloppe peut être mangée. Le cœur de l'arbre donne le chou de rafia. Enfin la tige du milieu, la plus jeune, donne un produit textile qui fait l'objet d'un commerce important. Les Malgaches utilisent ce produit pour leurs cabanes. |
| Rotrala. | » | 4 mètres. | Cet arbre fournit une espèce de petite pomme d'un goût aigrelet et agréable. |
| Goavy. | Goyavier. | Arbuste. | Produit la goyave. |
| Mokonazy. | » | Arbuste épineux. | Produit un fruit rouge de la dimension d'une cerise, agréable au goût. |
| Konokono. | Attier. | Arbuste. | Donne le fruit appelé pomme cannelle. |
| Nonoka. | *Ficus melleri*. | 1 mètre. | Les feuilles sont prises en décoction dans la diarrhée et dans le travail de l'enfantement. Les fruits sont comestibles. |
| Matsitso ou Voasary. | Citronnier. | 1 mètre. | Citrons. |
| Aviavy. | Nom générique des *ficus*. | 1 mètre. | Les arbres de cette famille produisent une sorte de figue sauvage que l'on peut manger. |
| Ampongabendanitra. | Grenadier. | Arbuste. | Grenade comestible. |
| Boravy. | » | 1 mètre. | Donne un fruit absolument sphérique, à écorce très dure, peu comestible. Le fruit présente de loin l'aspect d'une grosse orange. |

Pl. XII. — TANANARIVE : LE TRÉSOR.

3° *Les essences dont les racines sont comestibles sont :*

**Bemandry**, liane de tige très faible, mais dont les racines, très fortes sont aqueuses, nourrissent et désaltèrent ; la racine ressemble, comme forme, à celle du manioc, mais est beaucoup plus blanche.

**Antaly**, liane de tige très faible, ayant des racines jaunâtres comestibles.

**Kabija** ou *tavolo*, plantes produisant un tubercule très amer, mais qui, préparé et pulvérisé, fournit un bon aliment ; la forme extérieure du tubercule est celle de la pomme de terre.

**Mality**, liane à racines comestibles.

4° *Essences que travaillent les indigènes :*

**Sifatrozo,**
**Mavoravina,** } servent à faire des cuillers.

**Lopingo**, sert à confectionner des manches d'angady, des boîtes, des pilons, des cuillers, etc.

**Harahara**, pour les manches de sagaies et d'angady.

**Voandelaka**, lilas de Perse, sert à faire des bois de fusil.

**Motrondro**, bois dur et flexible pour les mâts de boutre.

**Mamoloma**, montants de portes et de fenêtres.

**Harongana**, bois contenant un suc jaune qui est combustible et qui permet au bois de brûler avant d'être sec.

**Sakoa.** Les Sakalaves taillent leurs pilons à riz dans cet arbre, dont il a été parlé plus haut,

**Zaila**, bois de fer servant à faire des chevilles pour les constructions de lakafiara.

**Tanterakala,**
**Tsimifily,**
**Hazopiky,**
**Tsianihimposa,** } petits bois de forêt poussant très droit et servant à faire des manches de sagaie.

5° *Essences à caoutchouc :*

**Vahy**, ou liane ordinaire du caoutchouc.

**Kidroa**, arbre à caoutchouc.

**Voahehy**, arbre à caoutchouc.

6° *Essences à emplois divers :*

**Hazomorengy**, ou *ouatier*, dont les Sakalaves se servent pour faire des matelas.

**Masonjany**, dont on extrait une sorte de teinture avec laquelle les femmes se barbouillent le visage.

**Katrafay,**
**Marofatika,**
**Mantahora,** } fournissant un parfum qui sert à augmenter le goût du rhum.

**Moina**, dont les fleurs fournissent un lait qui teint les ongles en rouge.

**Ampaly**, arbuste dont les feuilles rugueuses sont employées à polir comme le papier de verre.

**Fandrakidrakitra**, arbuste qui produit des fleurs dont les petits enfants font des colliers.

**Bonara**, ou *bois noir*, dont les feuilles servent à faire mûrir les mangues encore vertes.

**Bozo**, baobab, dont les fruits peuvent servir à faire des gobelets pour puiser l'eau.

**Voafotsy**, dont les feuilles en décoction fournissent une liqueur qui ressemble au thé.

**Mangarahara**, dont l'écorce est indispensable pour établir fermement la liaison par le sang (*fatidra*).

**Ramy**, grand arbre qui fournit un encens, une gomme servant à parfumer les tisanes et les amulettes.

**Embodraza**, qui donne, comme le précédent, une gomme qui sert à parfumer les tisanes et les amulettes.

**Haboka**, produit un lait blanc, gluant, dont les enfants se servent pour prendre les petits oiseaux.

**Mahatambelo**, sert pour les entourages, car il prend facilement racine.

**Satrana**, ou *latanier*
**Takifoka**,
**Mahabiba**,
} donnent des fruits dont les Sakalaves extrayent de l'alcool.

## BOIS D'EXPORTATION ET DE CONSTRUCTION

Le **lopingo**, ébénier, est très abondant dans toutes les forêts du Betsiriry et du Menabé. L'ébène du commerce est fournie par le cœur d'un **dyospyros**. Il est probable que plusieurs **dyospyros** fournissent ce bois d'exportation, dont le plus estimé viendrait des monts Andranobé, Vatovaky, Pikazo, situés au sud du Manambolo.

L'**hazomalany**, faux camphrier, est un bois très agréablement odorant, qui sert à faire les balanciers des pirogues de mer, les poutres des maisons, les malles inusables. L'eau ne le gonfle pas, il ne rétrécit pas par la sécheresse. Imputrescible, c'est un excellent bois de construction très apprécié des connaisseurs de la côte Ouest. Peu connu en France et en Europe, il n'a pas encore acquis la réputation qu'il mérite et qu'il ne tardera pas à gagner.

Le **nato-hazomena**, ou *Weinmannia Rutenbergii*, a un bois rouge très dur et très fin. L'écorce est employée par les indigènes pour le tannage des peaux et pour la teinture. Les Indiens[1] exportent beaucoup de **nato**: les ports de Morondava, Maintirano, Bosy en reçoivent une grande quantité de l'intérieur.

---

1. Les Indiens, qui connaissent admirablement les richesses du Menabé, comme celles de toute la côte Ouest, et savent encore mieux les exploiter, entourent souvent de mystère leurs opérations commerciales. Beaucoup s'enrichissent en peu de temps. Les fortunes de plusieurs centaines de

Le **katrafay**, dont le bois jaunâtre est employé à la construction des pirogues, et dont l'écorce donne du goût au rhum indigène, est exporté surtout à Bombay.

Il existe plusieurs sortes de santal à Madagascar, le **masonjana** du Menabé est le santal citrin.

Le **reniala** (*Andansonia Grandidieri*) est le plus grand des baobabs de Madagascar; il atteint jusqu'à 9 mètres de circonférence et 10 à 12 de hauteur. Son écorce textile sert surtout à couvrir les maisons et donne d'excellentes cordes. Le bois est très tendre. Les graines sont exportées en Europe pour l'extraction de l'huile; on en fabrique aussi sur la côte; à Morondava, elle vaut 1 franc le litre.

L'**hazomainty**, l'**hazomby**, ou l'**hazombiby** (*Erythroxylon myrtoides*), le **rotra** (*Eugenia*), le **lalona** (*Weinmannia Bojeriana*), l'**adabo**, le **vintanina** (*Calophyllum spurium*), le **mafoy**, le **tongero** sur le littoral, le **ramy**, d'où suinte une gomme odoriférante, le **sefo** ou **vonoa**, le **farafata**, le **mokarana** (*Macaranga echinocarpa*) servent aux Sakalaves à faire leurs pirogues.

Les boutres sont faits avec le **tainakanga**, grand arbre des forêts; l'**hazomafonty** et l'**akao** ou **filao** pour la mâture; l'**alimboro**, le **nato**, le **tondrolo**, le **katrafay** et le **rino**, sorte de palétuvier, pour la membrure.

Le **tanga**, sorte de palétuvier, est exporté à Natal. **Ambora** est un nom commun à plusieurs arbustes ou arbres; une espèce, le *Tambourissa parvifolia*, sert à la construction des maisons royales et des cercueils.

Le **voamboana** ou **manary** (*Dalbergia Baroni*) sorte de palissandre, le **fatora** (*Rhodolæna altivola*), le **sohihy**, le **hazokitsikitsika**, le **soaravina** (*Cephalantus spathelliferus*), le **vondrona** (*Typha angustifolia*), le **katrafay**, le **bozaka** (*Andropogon gryllus*), le **kitata** fournissent des matériaux de construction pour les cases sakalaves.

L'**arofy** ou **hetatra** (*Podocarpus Thunbergii*) est usité pour la charpenterie et l'un des meilleurs bois d'exportation.

Le **tsilaitra**, arbre qui a un bois très dur, sert à faire des cannes et des manches d'outils.

Le **vandrika** (*Craspidospermum verticellatum*) est un bois jaunâtre employé dans les travaux d'ornement.

Le **zozoro** (*Cyperus æqualis*) fait les fenêtres des huttes sakalaves. On fait des instruments de musique avec le **fano** (*Piptadenia chrysostachys*), des manches de pioches avec le **harahara**, bois très dur.

On couvre les maisons avec les feuilles de **satrana**, de bananier, de **satrambé**.

Les tiges de l'**ampemby**, ou **sorgho**, font des clôtures.

mille francs, réalisées par eux en cinq ou six ans ne sont pas rares, et, bien que contrastant avec la pauvreté de la plupart des créoles, constituent le meilleur argument aux personnes qui nieraient l'avenir commercial du Menabé. Deux grosses maisons allemandes se partagent avec les Indiens presque tout le commerce de la côte Ouest.

*Emploi de quelques arbres ou plantes :*

Le **talafotsy** sert à faire des lambas.

Le **voampanory**, fruit du **fanory** (*Gomphocaprus fructicosus*), contient des aigrettes employées pour rembourrer les matelas.

Du **fandrana** (*Pandanus*), et du **vondrona**, on retire une sorte de potasse.

Avec l'écorce de l'**hafopotsy** (*Abutilon angulatum*), on fait des vêtements.

De très bonnes cordes sont retirées des écorces du **misalenjy**, du **talamena**, du **talafotsy** et du **reniala**.

On exprime de l'huile du **reniala**, **tanantanamposty**, du **tanantanamanga**, du **voanjo** et du **katoka**.

Le **papay** est une plante usitée pour les tatouages.

Le bois du **rabotsy** et celui du **tainakanga** font des ustensiles de ménage.

Les feuilles de l'**ampaly** sont employées en guise de papier de verre.

Le **tamborotsiloza** sert à faire du savon.

Près du Manambolo, les femmes savent fabriquer des corbeilles et des paniers en feuilles de **satra** ou de **mokoty** (pâlmiers en éventail).

## FORÊTS DU SUD-EST[1]

**Répartition des forêts.** — Tout le long de la route de Tananarive à Fianarantsoa, on constate le manque presque absolu de forêts.

On peut citer cependant les exceptions suivantes :

*a*) Le massif très élevé de l'Ankaratra, dont les premières rampes se trouvent à trois heures à l'ouest du village d'Ambatolampy, est quelque peu boisé.

*b*) Entre Ambohimanjaka et Ilaka, se trouvent par place des arbres de petite taille, les tapias, qui forment des massifs clairs et irréguliers.

*c*) Entre Ambositra et Fiadanana, sur le plateau de 1 700 mètres qui sépare les vallées de l'Ivato et de la Mania, on rencontre les vestiges d'une forêt assez étendue, mais dont les débris sont attaqués de tous côtés par la hache et le feu.

Enfin quelques taches de broussailles se remarquent assez fréquemment le long du chemin entre Ambohimaha et Alakamisy.

Des régions boisées plus importantes se dessinent, il est vrai, à l'Est, aux confins du Betsiléo, sur les montagnes formant la limite des bassins de l'océan Indien et du canal de Mozambique.

Quant à la partie Ouest du Betsiléo, elle semble privée, à peu près complètement, de végétation ligneuse ; aussi loin que la vue peut s'étendre des plus

---

1. Extrait du rapport de M. Chapotte, gouverneur général des forêts.

hauts sommets de l'intérieur, l'on ne distingue aucune forêt de ce côté.

De Fianarantsoa à la haute vallée du Mandraré, pendant dix-huit jours de marche, on ne rencontre nulle part de forêt importante, mais seulement quelques taches de broussailles sur des versants rocheux et arides, des rubans d'arbres le long des cours d'eau, enfin des arbres épars dans les vallées du Tsimandao, du Fandramanana, du Mangoka et du Mandraré.

A partir de Tamotamo cependant, des massifs assez vastes apparaissent à l'Ouest et se rattachent par leur nature, à la zone boisée du Sud et du Sud-Ouest.

Ce n'est qu'après avoir traversé la haute vallée du Mandraré que l'on trouve les véritables forêts, occupant les deux chaînes de montagnes parallèles à la vallée d'Ambolo.

La première chaîne, celle qui sépare les vallées d'Ambolo et du Mandraré, commence à être boisée sur le versant Nord-Ouest dès l'altitude de 600 mètres, en moyenne, et, sur l'autre versant, la forêt descend jusque vers 400 mètres; la traversée complète dure six heures (cette traversée est beaucoup plus longue que ne le comporte la distance, en raison du mauvais état des chemins) en passant par l'altitude de 1 300 mètres.

La deuxième chaîne, moins élevée et plus étroite, ne dépasse guère 800 mètres, au point du moins où elle a été franchie; la forêt, dont la traversée demande trois heures, descend jusqu'à 250 mètres d'altitude environ, sur les deux versants.

En dehors de ces deux chaînes principales, il existe aux abords du chemin suivi, du côté de Fort-Dauphin, plusieurs massifs détachés, présentant tous les intermédiaires entre la forêt et la brousse.

La région située à l'ouest et au nord-ouest de Fort-Dauphin est très boisée, mais ce sont des forêts d'une nature spéciale présentant partout le même aspect, sorte de brousse compacte et impénétrable dans laquelle existe l'arbuste à caoutchouc.

Ce genre de végétation ligneuse a été rencontré partout dans une excursion circulaire de treize jours consacrée à visiter la vallée du Mandraré.

On admet généralement, bien que ces contrées soient encore très peu connues, que le genre de brousse dont il s'agit occupe toute la région habitée par les Antandroy et les Mahafaly, ne dépassant pas une zone basse dont la limite au Nord est le 24° degré le latitude et à l'Est le 44° degré et demi de longitude.

De Fort-Dauphin à Farafangana, le long du chemin qui suit de très près le littoral, il n'existe pas de forêts étendues; les défrichements, plus nombreux dans cette région que partout ailleurs, les font reculer chaque jour. Il reste cependant, entre Fort-Dauphin et Sainte-Luce, quelques bosquets renfermant de petites pièces de charpente. Plus à l'intérieur et jusqu'à l'embouchure de la Manantena, des massifs encore assez importants, situés à une faible altitude, se trouvent interposés entre le littoral et les chaînes boisées de l'Ouest.

De Farafangana à Ikongo, la région, très accidentée, mais dont l'altitude ne dépasse pas 300 mètres, est un mélange de pâturages et de débris de forêts, celles-ci occupant, généralement, les sommets des mamelons.

A mesure que l'on s'avance dans l'intérieur, la proportion des parties boisées augmente; mais il n'y a nulle part de grand massif. Les défrichements ont entamé partout l'immense zone forestière qui devait exister primitivement.

Enfin, entre Ikongo et Fianarantsoa on franchit la chaîne boisée qui forme la ligne de partage des versants Est et Ouest de l'île. Après avoir traversé des massifs boisés importants, quoique aussi fortement entamés par les défrichements, on entre dans la forêt proprement dite à 800 mètres d'altitude pour monter à 1 200 mètres et franchir ensuite un plateau où les clairières sont fréquentes. La traversée complète de la région boisée dure à peine trois heures.

**Nature et emploi des produits des forêts.** — Ces forêts peuvent se classer en quatre types principaux au point de vue des ressources qui les composent, savoir :

*a)* Celles qui occupent les hautes régions de l'intérieur;

*b)* Celles qui couronnent les chaînes de montagnes séparant le versant de l'océan Indien de celui du canal de Mozambique;

*c)* Les forêts du littoral de la côte Est et des terrains d'une altitude inférieure à 300 mètres;

*d)* Celles réparties dans les plaines basses et sèches de la région du Sud et du Sud-Ouest.

*a)* Les forêts du premier type sont peu nombreuses. Elles comprennent les quelques bois de tapia et les quelques massifs situés entre Antsirabé et Fianarantsoa.

Le tapia (*Chrysopia*), petit arbre à l'aspect tourmenté, ne dépasse guère 8 à 10 mètres de hauteur maxima, sur 1 mètre de circonférence. La cime, arrondie et très développée, atteint, lorsque le sujet est isolé, un diamètre égal à la hauteur de l'arbre. Le feuillage, d'un vert sombre, est abondant, il sert de nourriture à un ver à soie indigène, le *Landintapia*. Le fruit, de la grosseur d'une cerise, est comestible; le bois, par suite de la torsion du tronc, ne peut guère servir qu'au chauffage.

L'essence repousse de souche, résiste assez bien aux incendies et prospère dans les sols rocheux et arides. Elles peut donc être précieuse, tant au point de vue du boisement qu'au point de vue industriel.

Les petits massifs isolés que l'on rencontre entre Ambositra et Fiadanana sont peuplés d'essences mélangées, bois communs pour la plupart. On y retrouve notamment le lalona (*Weinmannia bojerania*), l'hazondrano (*Elæodendron*), le varongy (*Ocotea tricophlebia*), l'angavodiana (*Agauria salicifolia*), le falamborona, l'ambora, le ranjo (*Dracæna reflexa*), l'harongana (*Haronga madagascariensis*), le ramanjavona, qui surmontent un sous-bois fourré dans lequel le petit bambou domine.

Les beaux et gros arbres sont peu nombreux; mais, tels quels, ils peuvent servir néanmoins aux usages locaux, charpente, planches et chauffage et, à ce titre, la conservation de ce qui reste s'impose dans une région complètement déboisée, abstraction faite de toute autre considération.

*b*) Dans cette catégorie, se rangent les zones forestières qui limitent la vallée d'Ambolo et se prolongent au Nord-Est, en se rattachant à la ligne de partage des eaux de l'île.

Le sol est partout granitique et assez fertile; on y rencontre de nombreux ruisseaux et une humidité constante, grâce à la fréquence des pluies.

La première chaîne boisée, qui sépare les vallées du Mandraré et d'Ambolo, présente une belle végétation, mais, d'une façon générale, le sous-bois y est très développé.

Dans plusieurs parties, les fourrés de bambous occupent une très large place, surmontés par de vieux arbres assez clairsemés, et qui atteignent $3^m,50$ de tour.

Les jeunes bois et surtout les bois moyens semblent faire défaut; les essences précieuses, l'ébène et le palissandre, ne sont pas très répandues, et l'on trouve principalement des bois communs : le lalona, le rotra ou faux-acajou (*Eugenia*), le ramy, le kimba ou kijy, le varongy, l'hazomena (*Weinmannia Rutenbergii*), le voanana (*Elæocarpus*), l'hafopotsy, l'halampona (*Dombeya*), etc.

Depuis la disparition à peu près complète du caoutchouc dans les régions soumises, le commerce de la province, particulièrement celui de Fort-Dauphin, périclite malgré les efforts faits par l'administration pour amener les indigènes à cultiver les terres et à soigner, dans leur intérêt même, les végétaux précieux des forêts. Cette dernière recommandation, qu'ils ont fini par comprendre, commence cependant à être mise en pratique par eux.

La deuxième chaîne, située à l'est de la vallée d'Ambolo, est mieux constituée, et la forêt, moins encombrée de sous-bois, est plus pénétrable; les arbres, dont la plupart sont jeunes, sont serrés, élancés, à fût rectiligne; les plus gros sujets atteignent $2^m,50$ de tour. Comme essences, ce sont les mêmes que celles de la zone précédente avec une proportion plus grande, mais toujours assez faible, de palissandre et surtout d'ébène.

Les mêmes caractères généraux se retrouvent au sommet de l'arête faîtière entre Ikongo et Vinanitelo. C'est dans cette partie que se rencontrent les plus beaux et les plus gros arbres.

Parmi les bois communs, le lalona, le varongy, l'hazondrano, le nato (*Imbricaria madagascariensis*), l'hazomena, le vintanina (*Calophyllum spurium*), qui atteignent et même dépassent 3 mètres de tour, le kaboka, le sana (*Elæocarpus*), l'harongana, l'hafopotsy, le vantsilana, plus petits. Enfin, comme bois d'ébénisterie, des palissandres assez nombreux et élancés, de $2^m,50$ à 3 mètres de tour, des ébéniers et des bois de rose, moins répandus et de plus faibles dimensions.

Dès qu'on atteint le plateau de 1 200 mètres qui fait suite au versant Est de la chaîne, la végétation devient beaucoup moins vigoureuse : ce ne sont plus guère que des perchis situés en sol argileux, compact et facilement envahi par les bruyères et les fougères dès qu'on vient à le découvrir.

Les forêts du type considéré renferment aussi différentes espèces de lianes à caoutchouc, très peu exploitées jusqu'ici, au moins dans les régions de Fort-Dauphin et d'Ikongo.

Il semble permis de conclure des faits qui précédent, quoique résultant d'observations incomplètes, que la région forestière de l'est de l'île présente, sur de vastes étendues, une grande uniformité d'aspect et de consistance. Les mêmes essences, reconnues sur la route de Tamatave à Tananarive, dans les régions d'Analamazaotra et d'Ankeramadinika, se retrouvent à l'Extrême Sud aux altitudes correspondantes.

Nulle part on ne rencontre de massifs purs, mais partout, au contraire, un mélange confus d'espèces aussi variées dans leurs qualités que dans leurs emplois, sans qu'il soit possible de remarquer, en un seul point, la prédominance accentuée d'aucune d'elles.

*c)* Il y a peu de choses à dire des forêts du littoral, sinon qu'elles sont en voie complète de destruction. Il en est de même pour celles qui peuvent encore exister dans les parties basses qui précèdent la chaîne faîtière.

Au bord immédiat du rivage, on trouve quelques essences spéciales : le nato de la côte (*Imbricaria*), au port généralement tourmenté et d'une faible hauteur, l'atafana ou badamier (*Terminalia Catappa*), le fotatra, arbre assez rare, aux gros fruits en forme de trièdre, le varikandra, aux fruits comestibles, le ravinala, le vakoa et le fandrana (*Pandanus*), aux nombreuses racines adventives, qui existent surtout au bord des rivières et des lagunes; enfin quelques très rares bouquets de filaos (*Casuarina equisitifolia*).

Au delà, assez loin dans l'intérieur, les quelques massifs détachés qui se rencontrent, surtout au sud du Manantena, renferment d'assez beaux arbres pouvant atteindre trois mètres de tour. C'est là que l'on trouve quelques bois durs spéciaux tels que l'indranindrana ou hintsina (*Afzelia madagascariensis*), le zambé ou zahana (*Phyllartron bojerianum*). A ces essences, il faut ajouter le takamahaka (*Calophyllum inophyllum*), très voisin du vintanina, et dont on se sert pour la confection des pirogues, le nato, à grandes feuilles (*Imbricaria*), le fotona, aux feuilles petites et au bois jaune, très répandu, le voapaka, aux fruits comestibles, le voatalana, aux fruits à coque allongée, pointue, creusée de sillons et renfermant de nombreuses graines, plusieurs variétés d'ébéniers, le palissandre, l'hazondrano, exploité comme arbre à caoutchouc et qui diffère un peu de celui connu sous le même nom à Tananarive, aux feuilles opposées et aux fleurs analogues à celles de la famille des Solanées, enfin plusieurs espèces de lianes à caoutchouc, pouvant être rangées dans les deux genres voisins des *Vahea* et des *Landolphia* qui appartiennent à la même famille des Apocynacées. Parmi deux espèces reconnues à Vohitokana, l'une est très certainement le *Landolphia madagascariensis*, pouvant atteindre 0$^m$,30 de tour, et l'autre probablement le *Landolphia comoriensis*.

Les vestiges d'anciennes forêts, que l'on voit surtout entre Mahamanina et Ikongo, sont peu intéressants comme ressources. Le lalona y domine; mais les gros sujets y sont très rares, fortement mélangés aux ravinala et aux bambous. Le ravinala est excessivement répandu dans toute la zone comprise entre Fort-Dauphin et Ikongo; il va du bord de la mer à la chaîne faîtière, formant parfois de véritables forêts. Le rafia, par contre, est beaucoup plus rare.

Il convient de signaler enfin, dans cette même région de Farafangana à Ikongo, l'aviavindrano (*Ficus trichopoda*), qui se rencontre assez fréquemment à l'état isolé dans les parties basses et humides, et qui paraît avoir été exploité, sur quelques points, comme arbre à caoutchouc. Comme cette première espèce, le nonoka (*Ficus Melleri*), arbre du même genre, existe également, à l'état isolé, dans la même zone, mais il est beaucoup plus rare.

*d*) Les forêts de ce type, qui occupent tout l'ouest et le nord-ouest de Fort-Dauphin, ne renferment aucun arbre au sens propre du mot, sauf ceux qui bordent les cours d'eau; ce sont partout des arbustes et des arbrisseaux.

Les végétaux ligneux y revêtent, pour la plupart, des formes particulières. On y trouve tout d'abord les nopals, qui ne manquent nulle part et sont très abondants sur certains points, de nombreux buissons épineux du genre *Mimosa*, des euphorbiacées, d'aspects variables, toutes caractérisées par l'absence de feuilles et par la présence de vaisseaux laticifères sécrétant un suc blanchâtre.

L'une des plus grandes espèces (*Euphorbia tirucalli*), qui atteint 3 à 4 mètres de haut, présente une écorce unie, s'exfoliant en larges plaques minces, comme celle du bouleau, laissant apparaître en dessous l'enveloppe cellulaire verte; les ramifications du tronc sont terminées par des touffes serrées de petits rameaux verts cylindriques, analogues, comme aspect, à ceux du gui ; le latex, âcre et très caustique, poisse entre les doigts sans se coaguler.

Une autre espèce (*Euphorbia stenoclada*) a un tronc droit, nu et non ramifié, couvert d'un rhytidome gerçuré rappelant celui du sapin. Tous les rameaux plus ou moins arrondis et subdivisés sont rassemblés au sommet du tronc, formant ainsi une grosse couronne vert blanchâtre, très touffue et épineuse. Le latex, épais et jaunâtre, se coagule à l'air, donnant ainsi une sorte de résine qui acquiert, en se solidifiant, une certaine dureté.

La troisième espèce d'euphorbiacées est celle qui donne le caoutchouc; elle est connue sous le nom local d'intisy. De moindres dimensions que les espèces déjà citées, l'intisy ne dépasse pas 60 centimètres de circonférence sur $3^m,50$ de hauteur maxima. Il se maintient droit dans sa jeunesse, mais contracte en vieillissant la forme légèrement pleureuse. Les ramifications, très grêles, passent par gradations insensibles, de la tige aux plus menues branches, celles-ci cylindriques et d'un vert accentué. A défaut de feuilles véritables, il convient de mentionner cependant quelques stipules herbacées, linéaires, allongées de 5 à 6 centimètres, qui ont été remarquées aux nœuds, près des bourgeons latéraux. La ramification n'est ni nettement opposée, ni nettement alterne, mais assez irrégulièrement verticillée, chaque bourgeon terminal donnant naissance à trois pousses au plus.

Il semblerait résulter de l'examen de la section de certaines tiges que l'accroissement du diamètre est très lent (5 millimètres par année). Le fruit examiné en état imparfait de maturité est une capsule ovoïde de la grosseur d'une cerise, atténuée à la base, étranglée vers le milieu suivant la cloison qui la divise en deux loges, à péricarpe lisse et mince. Chaque loge contient une graine à épisperme également mince et paraissant peu résistant.

L'intisy, lorsqu'il est jeune, a l'écorce verdâtre, assez luisante; elle tire sur le gris jaunâtre avec l'âge. L'arbuste, assez peu groupé, est d'autant moins apparent qu'il a une ramification grêle et se trouve en sous-étage dominé par les autres végétaux de la brousse et qu'il forme à peine le dixième du peuplement dans les parties où il est le plus abondant.

Il y a encore, dans cette brousse, certaines autres espèces d'euphorbiacées, petites et moins abondantes que celles qui viennent d'être décrites.

Enfin, il convient de citer, pour clore la série de ces végétaux particuliers, une essence, peut-être la plus répandue, désignée sous les noms de fatsiholitra et de raotsy (c'est sans doute un *Didierea*, genre très curieux, découvert par M. Grandidier, et classé par Baillon dans la famille des Sapindacées). Elle se signale de loin tant par son aspect dominant que par sa forme étrange.

Le tronc se divise, une fois pour toutes, à une hauteur variable, en plusieurs grosses branches qui s'écartent plus ou moins de la verticale et se recourbent au dehors vers leur extrémité. Il n'y a aucune ramification secondaire ; les branches et le tronc sont garnis circulairement de très petites feuilles sessiles et de nombreuses épines, de telle sorte que l'ensemble imite assez bien un gigantesque lycopode. Certains sujets atteignent 8 mètres de hauteur sur 40 centimètres de diamètre, mais la plupart ne dépassent pas 4 mètres. A Tsilamatsa, les plus gros sont débités en planches d'un grain blanc et tendre.

Dans les parties de la brousse un peu plus claires, il existe quelques essences, toujours très rares, atteignant la taille de petits arbres, notamment le fingotra aux grandes feuilles décomposées et l'halomborona, aux fleurs en ombelle et aux feuilles découpées en très petites folioles, enfin, comme arbuste, le mandrika, aux fleurs jaunes et aux feuilles composées.

En dehors des catégories de forêts ci-dessus décrites, il convient de signaler les essences qui, sans former de massifs propres, se rencontrent en diverses régions, soit à l'état isolé, soit en bordure des cours d'eau.

*a*) **Arbres isolés**. — Parmi ceux-ci, l'**amontana** (*Ficus Baroni*) se trouve, à la fois, dans le Betsiléo, dans l'intérieur et aussi, quoique plus rarement, sur le littoral.

On rencontre dans tout l'intérieur, depuis la vallée du Tsimandao, ainsi qu'au Sud et au Sud-Ouest, aux altitudes inférieures à 800 mètres, savoir :

L'**ara** (*Ficus*), aux fruits comestibles, plus petits que la figue ordinaire ;

Le **fano**, espèce d'acacia aux feuilles décomposées ;

Le **sakoa** ou *arbre de Cythère* (*Spondias cytherea*), très commun dans toutes les plaines ;

Le **vandrika** (*Craspidospermum verticillatum*), qui reste partout à l'état de grand buisson ;

Le **volomborona** (*Albizzia fastigiata*), ordinairement en compagnie du sakoa et aussi très abondant ;

L'**harongana**, très commun à mesure que l'on descend au Sud, etc.

D'autres espèces plus rares n'existent qu'en des points déterminés savoir :

Le **fatora** (plaine du Tsimandao), aux feuilles composées, trifoliolées, aux jeunes pousses, bourgeons et feuilles velus, jaunâtres ;

Le **mandoavata** (en avant d'Ihosy), aux feuilles composées à folioles très acuminées ;

Le **mangarahara** (vallée de Fandramanana), aux feuilles composées et aux fleurs blanches odorantes ;

Le **taratana** (vallée du Tsimandao), aux fleurs petites en panicules et aux feuilles allongées, à long pétiole et groupées aux extrémités des pousses ;

L'**aviavy** (*Ficus*), aux fruits de la grosseur d'un pois, rencontré dans la plaine d'Ihosy, et dans la haute vallée d'Ambolo ;

L'**hafopotsy** (*Abutilon angulatum*, Mast.) et le **fopohana** (*Ficus*), aux fruits comestibles, reconnu sur le plateau de l'Horombé ;

Le **tsaramadina** (*Ficus*), dont un sujet superbe et unique a été vu dans la haute vallée du Mandraré.

Les **baobabs**, spéciaux au Sud-Ouest, sont représentés par deux espèces :

1° Les **bontona** ou **renibeala** (*Adansonia madagascariensis* et *A. Grandidieri*), qui apparaissent dès la haute vallée du Mandraré à l'altitude de 300 mètres et se trouvent ordinairement isolés en compagnie du sakoa ; ils atteignent jusqu'à 8 mètres de tour sur une hauteur restreinte (20 mètres au maximum) ;

2° L'**hazomalemy** (*Adansonia Za?*), de beaucoup plus petite taille et sécrétant une sorte de gomme, n'a été vu qu'en un seul endroit, à Ranofotsy.

*b*) **Arbres bordant les cours d'eau.** — Parmi ceux qui se rencontrent, tant à l'intérieur qu'au Sud-Ouest, on peut citer :

Le **lalona** et le **rotsa**, dans le Sud (*Eugenia*), qui apparaissent dès le Betsiléo et descendent jusqu'à la mer ;

L'**adabo** (*Ficus*), aux fruits gros comme une orange, non comestibles ;

Le **soaravina**, bel arbre aux feuilles allongées et verticillées, très répandu ;

Le **sohihy**, aux feuilles simples, alternes, et aux fleurs en grappes ;

Le **vakoa**, qui existe seulement dans les bas-fonds marécageux.

Dans la basse vallée du Mandraré, ces essences, en bordure du fleuve, s'accompagnent du **kily** ou tamarin (*Tamarinus indica*) qui se rencontre dès la basse vallée du Fanjahira et dont plusieurs sujets atteignent une très belle taille, et du **sovika**, à feuilles composées petites.

*c*) **Arbustes et arbrisseaux.** — Les arbustes et arbrisseaux rencontrés en cours de tournée sont très variés. Il y en a qui existent partout, il y en a qui sont plus localisés ; les uns isolés, ou par taches exclusives ; les autres, mélangés et constituant les broussailles de l'intérieur et du littoral.

Sans pouvoir les nommer tous, d'autant plus que pour beaucoup aucun nom indigène n'a pu être recueilli, on peut citer cependant les suivants, en les classant, autant que possible, par habitat, savoir :

1° *Ceux employés concurremment avec les cactus ou nopals, aux clôtures des villages, aussi bien dans le Betsiléo que dans le Sud :*

Le **dingadingana** (*Psiadia dodonæœfolia*), le **kinapotsy** ou **sayoa**, pignon d'Inde (*Jatropha curcas, L.*) qui reprend facilement par plançons et boutures, le **tsiafakomby** (*Cæsalpinia sepiaria*) et le **roimemy** (*Mimosa latispinosa*), ces deux derniers épineux.

2° *Ceux plus spéciaux au plateau central, savoir :*

Le **tsiho** (*Salix madagascariensis*), reconnu sur les bords du Kelilalina ;

Le **borona**, qui existe près du pic Vohibé, sur le chemin de Fianarantsoa à Ambohimandroso ;

Le **fanory** (*Gomphocarpus fructicosus*), aux fleurs jaunes en ombelles et dont les baies cotonneuses servent aux indigènes pour la confection des matelas ;

Le **kandafotsy** et le **rambiazina**, deux arbrisseaux.

3° *Ceux des vallées du Tsimandao et du Fandramanana :*

Le **fandrio**, aux fleurs roses ;

Le **fandevo**, arbrisseau euphorbiacé aux fruits à piquants ;

Le **fanerana**, bel arbuste aux fleurs en ombelles, avec des feuilles opposées vert sombre et de petits fruits cylindriques ;

Le **fatsimainty**, abondant par taches, aux feuilles très petites, aux rameaux épineux, grêles et pleureurs, ressemblant de loin au tamarix ;

L'**hazombato**, aux feuilles composées et à pétiole ailé ;

L'**hazopapango**, aux feuilles petites, dressées ;

L'**hosandahy** (*Xerophyta sessiliflora*), petite plante des roches, à fleurs bleues ;

Le **kivozo** (*Ficus claoxyloides*), à fruits amers ;

Le **limena**, aux feuilles opposées dressées et aux fleurs roses ;

Le **mananotsa** (*Vernonia sp.*), aux feuilles composées, groupées en bouquets très denses ;

Le **rafy** (*Mæsa trichophlebia, Baker*), aux fleurs petites en panicules ;

Le **salotsa**, aux fleurs jaunes papilionacées ;

Le **somana**, petite plante des rochers, à épines et à feuilles en couronne à la base, et aux fleurs jaunes groupées au sommet d'une longue tige nue ;

Le **somotsohy**, à grandes feuilles composées ;

Le **tandrokosy**, à fleurs roses très petites ;

Le **vovona**, à fleurs petites, en chatons lâches, et le **torovoka**, qui donne un suc blanc laiteux et poissant les mains, et à petits fruits cylindriques.

4° *Ceux des environs d'Ihosy :*

L'**aimboambo**, aux feuilles composées, petites et blanchâtres et à l'inflorescence en chatons ;

L'**hazotana**, aux fleurs roses, petites, en grappes ;

Le **kipoapoaka**, papilionacée aux fleurs jaune rose en grappes ;

Le **rabonanondry**, mimosée aux feuilles surdécomposées, à folioles linéaires, ne dépassant pas deux millimètres de long ;

Le **talio**, grand arbuste épineux ;

Le **pisopiso** ;

Le **tsingilofilo**, arbrisseau épineux, aux feuilles petites ;

Le **tohiravina** ;

Le mandravasarotra ;
Le fanalalahy, aux feuilles petites ;
Le dara et l'anaketona.

5° *Quelques espèces reconnues entre Ihosy et Fort-Dauphin :*

Le **sanadriaka**, arbrisseau à fleurs jaune rougeâtre, rencontré en quittant le plateau de l'Horombé ;

L'**ahipotsy**, à écorce gerçurée, épaisse, résistant assez bien aux incendies, trouvé dans la vallée du Mangoka, au delà de Bétroky ;

Le **kimaotsa**, arbrisseau, dans la même vallée ;

Le **sofinondry**, aux feuilles petites, fasciculées, reconnu dans la vallée du Tamotamo.

6° *Les espèces communes à la fois à l'intérieur et à la côte, savoir :*

Le **lamoty** ou prunier de Madagascar (*Flacourtia ramontchi*), commun dans la région basse du littoral, tant à l'Ouest qu'au Nord-Est de Fort-Dauphin, et remontant jusqu'à Ihosy ;

Le **kidroa**, à fleur de caprifoliacée et à silique cylindrique de cinq centimètres contenant d'assez nombreuses graines à aigrette ; il existe depuis Mafaitra jusque dans la vallée du Fənjahira, toujours abondant dans les terrains médiocres ;

Enfin, le **voafotsy** ou **fandramanana** (*Aphloia theæformis*), arbuste à thé malgache, qui se trouve depuis le plateau central jusqu'à la côte.

7° *Les espèces de la région basse du littoral :*

Le **citronnier** et le **voavontaka** (*Brehmia spinosa*), qui apparaissent dès la vallée d'Ambolo, à 200 mètres d'altitude, et sont partout abondants au Nord, au Nord-Est et à l'Ouest de Fort-Dauphin ;

Le **tokambahatra**, arbuste à feuilles composées et à fruits rouges en grappes, assez commun dans les mêmes régions ;

Le **satrana** ou **latanier** (*Hyphæne madagascariensis*), qui existe seulement à l'Ouest de Fort-Dauphin, dans une partie de la vallée du Ranofotsy.

En remontant de Fort-Dauphin à Farafangana, on rencontre sur cette partie du littoral, savoir :

Le **tangena** ou **tanguin** (*Tanghinia venenifera*), assez commun sur le bord du rivage ;

Le **tamenaka**, le **falafa**, palmier dont l'écorce sert à la confection des parois et du plancher des cases.

Au delà de Farafangana, toujours dans la région côtière, on trouve :

Le **noto**, ressemblant au lamoty, mais plus petit ; il a les feuilles presque orbiculaires : ses fruits, jaunâtres, à deux noyaux, sont comestibles ; leur goût rappelle celui des mangues ;

Enfin l'**ambia**, arbuste qui présente une écorce subéreuse assez développée, mais paraissant inutilisable dans l'industrie.

Sans vouloir tirer de conclusions trop absolues de la répartition des arbres et arbustes qui vient d'être esquissée, on est amené à faire cette remarque très naturelle, qu'à des zones différentes par le climat, l'altitude ou le sol, correspondent des flores forestières spéciales, et que celles-ci peuvent à leur tour servir à fixer les limites de ces zones.

La région élevée de l'intérieur, comprise entre Fianarantsoa et le 24ᵉ degré de latitude Sud, tout en restant assez voisine de celle du Betsileo, s'en différencie, aux altitudes inférieures à 800 mètres par l'abondance du sakoa.

Au delà du 24ᵉ degré, les différences deviennent absolument tranchées, et, sauf en ce qui concerne les hautes chaînes de la vallée d'Ambolo qui se prolongent assez loin au Sud-Ouest, le 44ᵉ degré et demi de longitude partagerait assez bien le Sud en deux régions complètement dissemblables, celle de l'Ouest basse et sèche où apparaît le calcaire en même temps que les baobabs, les euphorbiacées, les lataniers, les didiereas, les tamariniers, etc.; celles de l'Est, plus élevée, plus humide, essentiellement granitique, où les mêmes essences font absolument défaut. Cette dernière région pourrait se subdiviser à son tour en trois zones : la première, celle du littoral, qui est sablonneuse, caractérisée par le citronnier et le voavontaka; la seconde, intermédiaire, où le ravinala est particulièrement abondant; enfin la troisième, celle de la chaîne faîtière, où aucune de ces essences n'est représentée.

3° *Exploitation et commerce des produits des forêts.*

Il convient de distinguer, sous ce rapport, les produits ligneux proprement dits et ceux autres que le bois.

**Bois.** — Toutes les forêts reconnues ont été jusqu'ici plutôt détruites que réellement exploitées. Les besoins de la consommation locale sont, en effet, insignifiants et le commerce d'exportation n'existe nulle part.

Une seule exploitation sérieuse a été tentée dans le Sud par M. Marchal, qui avait obtenu de l'ancien premier ministre hova, Rainilaiarivony, à la date du 1ᵉʳ novembre 1889 et pour une durée de dix années, une concession territoriale d'environ 205 000 hectares s'étendant depuis la baie d'Iavibola, au Nord, jusqu'à Fort-Dauphin.

Le concessionnaire, qui avait installé ses chantiers de façonnage et ses magasins de dépôt à Sainte-Luce, a fait de très mauvaises affaires. Après une seule année du commerce des bois et une perte d'argent assez considérable, il a dû abandonner complètement l'exploitation qu'il n'a pas reprise depuis 1890, et qu'il ne songe nullement à reprendre.

Le concessionnaire, aux termes de son contrat, versait 20 pour 100 des produits bruts ou façonnés au gouvernement malgache et subissait une nouvelle retenue de 10 pour 100 sur le reste comme taxe douanière d'exportation.

L'ébène, expédié en Europe, généralement de trop faibles dimensions, n'a pu être placé à des prix rémunérateurs; il en a été de même du palissandre, peu coloré, et dont les plus grosses billes ne dépassaient pas 1ᵐ,20 de tour. Certains chargements ont à peine payé le fret.

Outre les bois d'ébénisterie, M. Marchal a aussi exploité quelques bois communs : lalona, teza, faux-gaïac, avec lesquels il a confectionné des traverses de chemin de fer expédiées à la Réunion. Les résultats de ce côté, sans être négatifs, n'ont donné que des bénéfices médiocres, en raison du bas prix des traverses à cette époque (2 fr. 50 l'unité).

On peut tirer de cette expérience d'exploitation des forêts à Madagascar un premier enseignement : c'est qu'il ne suffit pas d'exporter des bois sans discernement, avant de s'être assuré des préférences du marché pour telle ou telle essence présentée sous telle ou telle forme. Les bois peu connus ne doivent guère être expédiés, au début, qu'à titre d'échantillon, de façon à en développer progressivement l'usage, qui tient souvent plus aux caprices de la mode qu'aux qualités spéciales des bois.

Il faut bien reconnaître, d'autre part, que M. Marchal, en raison de sa concession de courte durée, n'a fait aucune grosse dépense de première installation ; il n'a construit ni scieries, ni chemins, et a exploité ainsi dans des conditions très défavorables. Il se faisait simplement livrer des bois bruts à Sainte-Luce, laissant la coupe et les transports aux soins des indigènes et se réservant seulement le façonnage et le débit.

Le transport des pièces en grume était très pénible en raison des marécages et des lagunes qui coupent cette partie du littoral ; il devenait de plus fort dispendieux dès qu'on allait à l'Ouest, dans les forêts mieux constituées sous le rapport de la grosseur et de la qualité des bois.

Le principe de l'exploitation des forêts basses, comme a tenté de le mettre en pratique M. Marchal, est évidemment aussi naturel que séduisant, puisqu'il économise la main-d'œuvre des transports ; mais il perd tous ses avantages, du moment que les forêts de cette catégorie, en partie détruites, ne renferment plus que des produits de qualité secondaire.

Toute exploitation dans ces régions devra débuter forcément par des installations en plein massif encore vierge notamment par la création de scieries hydrauliques, qui devront être rattachées au point d'embarquement, soit par des chemins propres au transport des bois, soit par des moyens de traction mécanique.

On continue à exploiter, aux environs de Fort-Dauphin et de Farafangana, les quelques arbres nécessaires aux besoins locaux, surtout à ceux des Européens qui se fixent dans ces régions. A Fort-Dauphin, la main-d'œuvre indigène est si chère et si difficile à recruter que les bois du pays reviennent à des prix élevés. Du reste, bien que l'usage de la scie de long y soit connu, beaucoup de planches sont encore fabriquées à la hache et leur mise en œuvre ultérieure demande beaucoup de temps, tant à cause des profondes rugosités des planches qu'à cause de leur grande dureté. Aussi, pour les bâtiments de l'administration récemment édifiés à Fort-Dauphin et construits entièrement en bois, a-t-on surtout employé des bois étrangers : le lilas de Singapour et le sapin.

A Farafangana, au contraire, on a construit plusieurs maisons entièrement en bois du pays et qui reviennent à des prix modérés, grâce à la population laborieuse qui habite cette région.

## V

## LES PANGALANES ENTRE TAMATAVE ET ANDÉVORANTE

Toute la partie de la côte Est de Madagascar, comprise entre le petit port de Fénerive (au Nord-Est de Tamatave) et Mananjary (au Sud-Ouest), est sillonnée de fleuves, de rivières et de ruisseaux qui, descendus des montagnes et collines parallèles à la côte, vont se jeter à la mer en formant, dans la zone basse des terrains, des épaulements marécageux et des rizières. En certains endroits, ces cours d'eau sont navigables et les indigènes les utilisent pour les communications entre villages. Ils sont généralement très rapprochés les uns des autres et les marais qu'ils alimentent forment, à la saison des pluies principalement, comme une immense nappe d'eau coupée de loin en loin par des monticules sablonneux et quelquefois boisés.

Ce sont ces monticules que la langue malgache appelle pangalanes [1].

Ce système lagunaire, qui est commun sur les côtes de l'île, doit provenir des différents soulèvements coralliens enserrant la côte primitive. Le corail, cessant de croître dès qu'il a atteint la surface de la mer, était tout destiné à endiguer et à arrêter, d'une part, le produit des érosions provenant des hauts plateaux de l'intérieur et, d'autre part, à faciliter l'ensablement du rivage en retenant les sables déposés par les mouvements de flux et de reflux de l'Océan.

L'absence totale de routes, non pas seulement carrossables, mais même charretières, et les difficultés considérables qu'éprouvent les voyageurs à marcher dans le sable épais des grèves, à pénétrer dans les halliers, à traverser les terrains marécageux, ont depuis longtemps fait naître, dans tous les esprits, l'idée d'utiliser la voie d'eau si curieusement préparée par la nature. Comme les pangalanes constituent, à première vue, le seul obstacle réel à une navigation ininterrompue le long de la côte et que, d'autre part, l'abaissement du sol au niveau de la mer paraît être le même partout, le projet de couper ces pangalanes, de créer un canal de navigation à travers les marais et les sables, en passant par les lacs et les fleuves, est entré peu à peu dans l'opinion publique.

En raison de la formation géologique exposée ci-dessus, il était à craindre que le percement des pangalanes ne se fît qu'avec de grandes difficultés, si l'on devait rencontrer des seuils de coraux. Mais le travail agencé par la nature remontant à de longs siècles, on peut supposer que, pour atteindre la profondeur nécessaire à la navigation, une fois le canal bien déterminé, il sera facile de draguer sur ces seuils la quantité de sable qui s'y est déposée, le corail devant être enfoui dans les couches profondes du sol.

---

1. Ou plutôt ampanalana (litt. : où il faut enlever [les pirogues de l'eau et les traîner sur le sable]).

Pl. XIII. — TANANARIVE : L'HOTEL DES POSTES ET TÉLÉGRAPHES SUR LA PLACE JEAN LABORDE (OU D'ANDOHALO.)

La route de Tamatave à Andévorante, sur une longueur de 102 kilomètres, suit constamment une langue de terrain sablonneux qui sépare comme une vaste digue naturelle, l'Océan et le système de lacs et de marais qui lui est parrallèle. Dans cette région, le travail de canalisation apparaît à première vue si facile qu'on s'étonne qu'il n'ait pas été fait lentement dans la suite des années par la main-d'œuvre indigène, agissant d'elle-même et pour sa propre commodité. En effet, du village d'Ivondrona, situé à 12 kilomètres au Sud de Tamatave, jusqu'à Andévorante, la nappe d'eau n'est coupée que par cinq langues de terre, dont la plus étroite mesure 100 mètres de largeur et la plus importante ne dépasse pas 1 020 mètres. De plus, sauf la section marécageuse de 8 à 10 kilomètres d'étendue qui précède Andévorante et que traverse d'ailleurs, comme un canal naturel, la petite rivière Ranomainty, toutes les autres parties de cette nappe d'eau sont formées par des lacs vastes et profonds, dont quelques-uns rappellent les dimensions de ceux d'Annecy ou du Bourget.

Bien avant l'occupation de Madagascar par la France, les Hovas, comprenant les avantages considérables qu'ils retireraient de ce canal, avaient commencé des travaux au pangalane de Tanifotsy, près du village de ce nom. Avec les moyens très primitifs dont ils disposaient, ils avaient ouvert dans le coteau de Tanifotsy une saignée de plusieurs milliers de mètres cubes. Quels motifs les ont arrêtés dans leurs travaux? La légende prétend que les travailleurs, d'abord ravis d'enfoncer l'angady dans le sable blanc, s'enfuirent épouvantés quand ils atteignirent les roches argileuses rouges et bleues qui forment le sous-sol du coteau. Ils crurent que le sang des ancêtres jaillissait de la terre pour leur reprocher leur sacrilège.

Il est plus probable, si l'on observe le caractère défiant des Hovas, que ceux-ci hésitèrent à poursuivre un travail dont le résultat eût été de faciliter aux étrangers la route de la capitale.

Après l'expédition de 1884-85 et le traité signé avec le gouvernement hova, autorisant les Français à s'établir dans l'île, à construire des maisons et à devenir propriétaires de terrains sous le titre de locataires par baux emphytéotiques, un mouvement important de décentralisation se produisit parmi les colons de Tamatave au point de vue commercial et au point de vue agricole. Les plus importantes des maisons de commerce installées à Tamatave créèrent, le long de la côte, des comptoirs de traite destinés à l'écoulement des marchandises fabriquées et à la recherche des produits indigènes : cire, caoutchouc, rafia, etc. Ces comptoirs furent naturellement placés aux têtes de ligne des routes se dirigeant sur Tamatave, c'est-à-dire à Andévorante, Vatomandry, Mahanoro et Mananjary, qui est le port naturel de Fianarantsoa. Ce mouvement fit naître en peu de temps un trafic considérable de marchandises.

C'est alors que les Tamataviens fixèrent leur attention sur la possibilité d'utiliser, pour les transports, la voie des lacs et des lagunes, et, en 1889, une Société se forma pour l'exploitation des transports par eau de Tamatave à Andévorante; l'hostilité du gouvernement hova l'obligea bientôt à se dissoudre.

Il ne fut plus question officiellement du canal des pangalanes jusqu'après la guerre de 1895. Mais plusieurs colons de Tamatave s'occupaient en secret de cette affaire et, tout en s'en défendant, l'étudiaient pour l'avenir. Au nombre de ceux-ci, il convient de citer M. Deloute, qui, dès le mois de mai 1894, se rendait en France auprès de certains capitalistes, réussissait à réunir la somme nécessaire à l'entreprise et formulait au gouvernement français une demande de concession.

Après l'occupation, la nécessité de ravitailler rapidement les troupes réparties dans l'intérieur de l'île ou casernées à Tananarive, attira de suite l'attention sur l'urgence d'ouvrir à la colonisation la portion du canal des pangalanes comprise entre Tamatave et Andévorante. M. Palu, conducteur des travaux publics à Tamatave, fut chargé, dès son arrivée dans cette ville, de faire les études définitives. M. Wiart, inspecteur des travaux publics, envoyé en mission par le ministère, conclut à l'urgence de l'exécution des plans de M. Palu, et les travaux de percement furent commencés le 30 mai 1896 par des entrepreneurs soumissionnaires, MM. Dalan et Guiraud, sous la surveillance d'agents des ponts et chaussées. Malheureusement, le budget de la colonie, grevé de trop nombreuses charges, ne permit pas de continuer les travaux commencés.

Le général Gallieni, dès son arrivée à Madagascar, visita les travaux en cours et fit même en pirogue une partie du trajet sur les lacs. Convaincu que le canal des pangalanes serait très utile pour les transports militaires et administratifs, certain aussi de l'immense développement que cette voie navigable donnerait au commerce et à l'agriculture dans la province riche et peuplée d'Andévorante, il étudia sans retard la possibilité d'assurer l'exécution immédiate de ce travail; en présence des charges qui pesaient lourdement sur le budget de la colonie, il résolut de s'adresser à l'entreprise particulière. Les lettres qu'il envoya en ce sens au ministère des colonies y parvinrent au moment même où la Compagnie de Madagascar présentait sa demande de concession. L'accord entre le ministère et la Compagnie se trouvait donc préparé en quelque sorte par l'avis même du Gouverneur général, et, le 6 octobre 1897, fut signée la convention que les lecteurs trouveront dans la *Revue mensuelle* n° 14 du mois de février 1898 (*la Route de Tamatave à Tananarive*, article qui fournit tout au long les données concernant ces voies de communication et qui a servi à établir les renseignements ci-dessus[1]).

---

1. Voir dans l'Atlas la carte des pangalanes entre Tamatave et Andévorante.

## VII

## CLIMAT. — CLIMATOLOGIE

En ne tenant compte que de la situation géographique de Madagascar, et si nous exceptons, d'une part, son extrémité Nord qui fait partie de la zone équatoriale, d'autre part, son extrémité Sud, qui est en dehors de la zone torride, le climat de la grande île africaine doit être compris dans la catégorie des climats tropicaux.

Or, ceux-ci sont caractérisés par deux saisons bien tranchées, l'une sèche et en général fraîche, l'autre chaude et humide, par l'écart quelquefois considérable de la température des deux saisons, par des variations nocturnes très sensibles, par des différences et le manque de corrélation entre la tension de la vapeur d'eau et l'état de saturation de l'atmosphère, suivant que l'on est dans la saison sèche ou dans l'hivernage, par une hauteur barométrique généralement supérieure à 760 millimètres, par des écarts dans les hauteurs normales du baromètre et des dépressions dues aux tempêtes tournantes, par le peu d'amplitude des oscillations diurnes, enfin par une tension électrique considérable.

Ces différents caractères se rencontrent dans la plupart des régions littorales de la colonie; mais ils sont loin de se retrouver en entier dans les parties intermédiaires aux côtes orientale et occidentale.

Selon l'altitude très variable des chaînes de montagnes, on les voit se modifier plus ou moins, si bien que sur le plateau central, et pour ne parler que de la température, le climat est caractérisé par deux saisons : l'une relativement chaude, l'autre presque froide durant deux ou trois mois de l'année.

Il existe d'ailleurs des différences très sensibles au point de vue en question, non seulement entre les côtes Est et Ouest; mais encore entre les diverses zones de la côte.

Grâce aux observations qui ont été faites par des savants aussi consciencieux que modestes, parmi lesquels le R. P. Colin est le premier à citer, on a des données de haute valeur sur la climatologie de plusieurs régions de Madagascar; mais il faudra encore de nombreuses années pour arriver à une connaissance complète des météores et des autres facteurs climatériques de l'île.

## COTE ORIENTALE

Le climat de la côte orientale diffère notablement suivant les zones qu'on y considère. Du cap d'Ambre au Nord de la baie d'Antongil, il est chaud et sec pendant la plus grande partie de l'année; du 15° au 20° de latitude Sud, il est très humide; du 20° à l'extrême Sud de l'île, il est relativement sec et chaud.

Le climat de chacune de ces trois zones est sensiblement le même que celui de Diego-Suarez, de Tamatave, ou de Fort-Dauphin.

*a*) **Diego-Suarez.** — Longitude : 46°57′36″ Est de Paris. Latitude Sud : 12°16′26″.

Des observations y ont été faites, durant les années 1890, 1891 et 1892, par M. Murville, à l'hôpital militaire.

A Diego-Suarez, la pression barométrique maximum a lieu en juillet et en août (770$^{mm}$,7 en moyenne), et la pression minimum en février (764$^{mm}$,5 en 1891, et 755$^{mm}$,4 en 1892).

La température est beaucoup plus élevée que dans toute autre station météorologique de l'île ; elle est de 27° environ. Cela provient surtout de la configuration de Diego-Suarez, qui est enfermé dans la grande baie de ce nom. Le maximum y atteint une moyenne de 31°, le minimum de 23°. Cette chaleur rend l'air plus sec et l'on constate à peu près 70 pour 100 d'humidité relative.

Diego reçoit beaucoup moins de pluie que Tamatave et Fort-Dauphin, environ 700 millimètres par an.

Les vents dominants sont ceux du Sud-Est ; ils y soufflent d'une manière presque continue, souvent avec une violence extrême, soulevant pendant une grande partie de l'année, à Antsirane, les flots d'une poussière rougeâtre qui pénètre partout.

A Diego-Suarez existent deux saisons bien tranchées, la saison sèche qui va de mai ou juin à décembre, durant laquelle le pays offre un aspect désolé.

Pendant la saison des pluies, ou hivernage, les arbres et les prairies sont verdoyants, ce qui change complètement l'aspect du pays. Les Malgaches ne se rappellent pas avoir jamais eu un hivernage moins pluvieux que le dernier.

*b*) **Tamatave.** — La ville de Tamatave, est située par 18°9′36″ de latitude Sud, et 47°5′15″ de longitude Est de Paris (positions géographiques du clocher de la Mission catholique) ; son altitude est de 3$^m$,25. Elle s'élève à l'extrémité d'une langue de sable, que des récifs de coraux protègent au Sud-Est et au Sud contre les grosses mers de l'océan Indien.

Malgré cela, lorsque soufflent les cyclones, si dangereux dans ces parages, la mer vient parfois inonder plus des deux tiers des parties Est et Sud de la ville.

Tamatave est bâtie sur une couche de sable qui a 4 ou 5 mètres de profondeur et qui repose sur un lit de madrépores ou de coraux, de 30 à 50 centimètres d'épaisseur. La nappe d'eau souterraine est située à peu de profondeur.

La pression barométrique moyenne y est de 763$^{mm}$,27 ; durant les mois de novembre, décembre, janvier, février, mars et parfois avril, le baromètre descend au-dessous de sa moyenne ; il est en général au minimum en février. Le maximum s'observe au mois d'août, quelquefois au mois de septembre, comme cela a eu lieu en 1892.

Les maxima barométriques coïncident souvent avec de forts raz de marée et par vent du Sud. Les forts minima ont lieu durant les perturbations atmosphériques causées par les cyclones.

A l'ombre, abrité de la radiation et exposé au vent, le thermomètre donne à Tamatave 24° de température moyenne.

Les plus fortes chaleurs sont de 33° au mois de février, les minima de température de 16° en juillet. Quelle que soit la saison, les variations y sont de peu d'importance et n'affectent pas le caractère brusque et rapide que l'on constate dans certaines colonies. Peut-être est-ce à cela qu'il faut attribuer le peu de fréquence et de gravité des affections intestinales qu'on y observe. En revanche, l'anémie et l'étiolement de l'Européen sont la conséquence d'une température presque toujours élevée et à rémission nocturne faible, associée à une vapeur d'eau considérable. Offrant moins de résistance à l'action nocive du miasme palustre, il en subit dès lors les atteintes et peut arriver à la cachexie.

L'état hygrométrique de l'air y donne un chiffre assez élevé, environ 85 pour 100 d'humidité relative, ce qui se conçoit facilement; car la pluie qui tombe en toute saison à Tamatave est absorbée par le sable, puis s'évapore dans l'atmosphère par l'effet de la chaleur. Il tombe, tous les ans, une moyenne de 3 mètres d'eau. Le maximum de pluie a lieu au mois de mars ou d'avril.

Les vents régnants sont, pendant la saison la moins pluvieuse, les vents du Sud-Est, du Sud et du Sud-Ouest et, pendant la grande saison pluvieuse, ceux du Nord et du Nord-Est.

Si les premiers amènent des pluies torrentielles, par contre ils donnent une fraîcheur agréable. Il n'en est pas de même des seconds, qui, surchauffés par les sables de l'Afrique septentrionale et n'ayant pas eu le temps de se rafraîchir dans l'océan Indien, où ils se chargent, au contraire, d'humidité, déterminent cette chaleur humide si désagréable et si pernicieuse à l'Européen. De plus, en passant sur la côte orientale depuis l'extrême pointe Nord de l'île jusqu'à Tamatave, les vents du Nord et du Nord-Est balayent vers la ville les miasmes palustres que dégagent les marais qui s'étendent entre la mer et les premières collines.

Aussi lorsqu'ils soufflent pendant plusieurs jours d'une façon régulière, peut-on constater chez les créoles, les métis et les Européens, une recrudescence de paludisme. Les accès sont plus fréquents et les malades en cours de traitement présentent, à ces moments-là, une exacerbation notable de la température. C'est l'époque à laquelle se produisent le plus fréquemment les accès pernicieux et à laquelle ils prennent un caractère d'exceptionnelle gravité.

Le voisinage de la mer n'influe que fort peu sur le climat insalubre de Tamatave. Les équipages des navires qui sont mouillés sur la rade n'y sont pas à l'abri du paludisme. Ils sont plus exposés qu'à terre à l'action nocive des vents du Nord et du Nord-Est et, à marée basse, aux miasmes que dégagent les récifs coralliens qui abritent la rade, si bien que les manifestations de la malaria sont tout aussi fréquentes et tout aussi graves parmi les marins que parmi les troupes stationnées à terre.

En résumé, le climat de Tamatave doit être rangé dans la catégorie des climats chauds et humides par excellence. Les deux saisons, sèche et humide, qu'on rencontre nettement à la côte Ouest, à Diego-Suarez, et sur beaucoup d'autres points, ne sont pas tranchées sur cette partie de la côte orientale, où l'année peut se diviser en deux périodes : l'une moins pluvieuse, saison des petites pluies irrégulières, allant de mars ou avril à novembre, et l'autre, très pluvieuse ou d'hivernage, qui règne pendant les autres mois.

La grande abondance des pluies à Tamatave et dans la région correspondante y favorise puissamment la végétation. Les grands arbres appartenant aux familles des palmiers, des sapotées, des légumineuses, etc., s'y développent rapidement et en peu de temps, et acquièrent de belles dimensions. On connaît l'influence heureuse des végétaux sur la salubrité d'une contrée ; en propageant d'une façon méthodique et raisonnée les essences, telles que l'*Eucalyptus*, dans la banlieue et dans la ville même de Tamatave, on contribuera certainement à son assainissement.

*c*) **Fort-Dauphin.** — Longitude Est 44°38'48"; latitude Sud 25°1'36".
Comme à Tamatave, la pression barométrique minimum a lieu ordinairement en février, et le maximum en juillet.

La température moyenne y est un peu inférieure à celle de Tamatave, elle égale environ 23°,8. Le maximum atteint une moyenne de 27° et le minimum de 18°.

Les vents régnants y viennent surtout du Nord-Est et y sont beaucoup plus secs qu'à Tamatave.

L'état hygrométrique de l'air est de 78 pour 100. Comme sur presque tout le littoral de Madagascar, la pluie y a lieu en toutes saisons. Le maximum de pluie n'y est point fixe comme dans les autres stations météorologiques, mais varie : tantôt en octobre, tantôt en janvier ou en mars. Il semble que, durant les années 1890, 1891, 1892, la quantité de pluie tombée soit allée en diminuant; la première de ces années a donné 1 039 millimètres, durant dix mois seulement d'observation, la deuxième 1 631 millimètres et la troisième 920 millimètres,

**Ligne d'étapes ou de ravitaillement.** — Entre la côte Est et le centre de l'île, s'étend le versant oriental, que le P. Piolet divise en six zones principales :

1° La plaine avec ses nombreux marais, ses lagunes, les larges estuaires qui la coupent, les mamelons bas et boisés qui la recouvrent;

2° La zone des ravinala ou « arbres du Voyageur », caractérisée par sa surface mamelonnée, ses nombreux cours d'eau et ses cuvettes intermédiaires aux mamelons; cette zone s'arrête à 400 mètres d'altitude;

3° La grande forêt qui s'étend le long de la côte orientale de Madagascar, depuis le nord de la baie d'Antongil, où elle vient toucher au rivage jusque vers Fort-Dauphin, et dont la largeur très irrégulière peut atteindre 50 kilomètres en certains endroits;

4° La région comprise entre les deux chaînes faîtières, allant de la précédente au plateau central et s'arrêtant à Ankeramadinika, sur la ligne de ravitaillement;

5° Enfin la zone des hauts plateaux qui comprend surtout les pays d'Imerina et du Betsileo.

Il est facile de concevoir que le climat doit essentiellement varier suivant la latitude, l'altitude, la configuration du terrain, l'abondance plus ou moins grande des cours d'eau, la constitution géologique du sol, la plus ou moins grande étendue des forêts, et une foule de circonstances particulières aux diverses régions du versant oriental, régions qui ont chacune leur climat partiel.

Les renseignements que nous possédons sur la climatologie de quelques points de la ligne d'étapes entre Tamatave et Tananarive n'ont aucune rigueur scientifique, le manque de bons instruments de météorologie leur enlevant la précision voulue pour en faire des données bien établies; ce ne sont donc que des indications approximatives.

*a*) **Andévorante**. — Les 50 milles qui séparent en latitude cette localité de Tamatave ne changent pas d'une façon appréciable la climatologie de ces deux points. Ici comme au port principal de la côte Est, on a surtout un climat humide et chaud.

La différence au psychromètre, entre le thermomètre sec et le thermomètre mouillé, y est souvent presque nulle; l'atmosphère est donc saturée d'eau et les deux saisons sont aussi humides l'une que l'autre.

Deux mois semblent cependant faire exception : ce sont ceux d'avril et d'octobre, qui constituent des périodes de transition et pendant lesquels règne une sécheresse relative.

La température n'y est d'ailleurs jamais excessive de mai à octobre; les nuits sont souvent fraîches; il en est de même des matinées et de la fin du jour. Pendant cette période, le thermomètre descend assez fréquemment au-dessous de 20 degrés centigrades et le maximum de température est de 26 degrés environ.

En octobre, les nuits sont déjà plus chaudes; le minimum de température varie de 23 à 25°, le maximum n'atteint pas encore 30°. Dans la saison vraiment chaude (janvier, février, mars), la température s'élève sans dépasser 34° et encore ce chiffre n'est, paraît-il, atteint que très rarement, le thermomètre se maintenant dans les environs de 30°.

Le baromètre n'y varie pas beaucoup, sauf, bien entendu, lors des dépressions précédant les cyclones, qui sont d'ailleurs assez rares. Il n'y en a pas eu depuis plus de trois ans, et on les observe surtout en janvier ou février. La pression ordinaire oscille entre 763 et 768 millimètres.

La pluie y tombe en abondance pendant toute l'année, excepté, comme nous l'avons déjà dit, en avril et en octobre, qui ne sont cependant pas complètement à l'abri. Il y a tout lieu de supposer que la colonne d'eau atteint, comme à Tamatave, 3 mètres et même davantage chaque année.

Les vents qui y prédominent sont ceux du Sud-Est, de fin avril à novembre, et du Nord-Ouest, de novembre à avril. La direction des premières chaînes de montagnes change peu, pour Andévorante, la direction de la mousson du Nord-Ouest qui est plutôt Nord et même Nord-Est.

Les orages, inconnus de mai à septembre, commencent dès le mois d'octobre, et, bien que d'une fréquence très variable suivant les années, ils sont assez communs jusqu'en mars.

Andévorante s'étend le long d'un arroyo (le Ranomainty, eau noire), sorte de lagune ou de déversoir recevant le trop-plein de l'Iharoka; il est entouré au Sud-Ouest, à l'Ouest et au Nord-Ouest de marais qui ne peuvent que nuire à sa salubrité. Le village n'est distant de la mer que d'environ 300 mètres.

Il n'y existe pas d'autre endémie que le paludisme, qui frappe, il est vrai, indistinctement les populations indigène, créole et blanche. On n'y a pas signalé d'épidémie. La dysenterie y est très rare, et les maladies du foie y sont presque inconnues.

*b)* **Beforona.** — Village important de la ligne d'étapes, à 520 mètres d'altitude, situé à 85 kilomètres d'Andévorante; une ceinture de montagnes l'enserre comme dans un cirque, et empêche la brise de mer de se faire sentir jusque-là. Des marais s'étendent de tous côtés.

On y peut partager l'année en deux saisons : une saison pluvieuse qui va de décembre à août et pendant laquelle la pluie tombe presque quotidiennement, et une saison sèche de septembre à décembre, pendant laquelle le beau temps est interrompu par des orages éclatant dans la soirée. La quantité d'eau qui y tombe annuellement peut être estimée à 3 mètres, comme à Andévorante et à Tamatave.

A pareilles altitudes, la chaleur est déjà moins forte que sur la côte; en temps sec, le thermomètre peut descendre à 7° et monter à 18°. Pendant toute cette saison, les vêtements de drap sont indispensables. En temps humide, la température oscille entre 15 et 28°. Bien que ces températures ne soient pas très élevées, elles sont cependant pénibles à supporter en raison de l'état hygrométrique de l'atmosphère qui est presque saturée de vapeur d'eau.

Les vents qu'on y observe sont ceux du Sud-Est et Nord-Ouest, le premier soufflant d'avril à septembre, le second d'octobre à mars.

Au point de vue sanitaire, Beforona n'est pas mieux partagé que les localités de la côte Est. Les marais, l'humidité et la chaleur sont les trois facteurs qui rendent ce poste insalubre.

Les formes les plus habituelles de la malaria sont : la fièvre intermittente (type tierce), les névralgies palustres, l'anémie et la cachexie; les accès pernicieux n'y sont pas rares.

La dysenterie y serait assez fréquente, bien que l'eau soit de bonne qualité; les refroidissements brusques paraissent devoir être incriminés en cette circonstance.

Plusieurs cas de rhumatismes ont été observés à l'infirmerie-ambulance et leur fréquence coïncidait avec le maximum d'humidité atmosphérique.

En somme, la caractéristique du climat de Beforona réside dans son altitude, qui tempère la chaleur qu'on observe sur la côte et rend moins rapides les effets de l'anémie.

*c*) **Moramanga.** — Village situé à 930 mètres d'altitude sur la route de Tananarive, à l'Est d'une plaine immense qui s'étend jusqu'au Mangoro.

La région qui l'environne est assez fertile, mais mal cultivée; elle produit beaucoup de riz; on y plante le manioc, la patate, la canne à sucre et le café.

Les vents d'Est et de Sud-Est y prédominent pendant toute l'année.

Les mois de janvier et de février sont les plus chauds : maximum, 33° et même 34°; minimum, 20°. La moyenne des températures, à trois heures du soir, est de 30°; à sept heures du matin, de 22°.

Les mois de mai, juin, juillet sont les plus froids. Le thermomètre a marqué, à plusieurs reprises, comme température minima + 5° à six heures du matin, au mois de juin.

La température moyenne ne dépasse guère 24° (à trois heures du soir, 19°; à sept heures du matin, 14°).

La saison pluvieuse correspond à l'époque la plus chaude de l'année. Des pluies abondantes sont tombées d'une façon continue par période de huit et même de quinze jours, séparées par des périodes de sécheresse de six à dix jours, pendant les mois de janvier, février et mars. Cette saison des pluies est précédée, pendant les mois d'octobre, novembre et décembre, d'une série d'orages passagers, fréquents, suivis de grains et quelquefois de grêle, et souvent accompagnés de tempêtes violentes.

On trouve, à Moramanga, de l'eau de source excellente, fraîche, limpide, cuisant bien les légumes. Malgré cette condition heureuse, toute la région est sillonnée de rizières et de marais qui en font un foyer intense d'infection palustre. Toutes les phases de la malaria y sont observées. Les Hovas qui y séjournent sont fortement éprouvés par la fièvre, et les Européens, qui s'y fatiguent, arrivent rapidement à la cachexie.

## CLIMAT DES HAUTS PLATEAUX

### CLIMAT DE L'IMERINA

La région des hauts plateaux, le Betsileo et l'Imerina, jouit d'un climat relativement tempéré par rapport aux autres régions de l'île, qui se rapproche beaucoup de celui de Tananarive. Ce dernier peut donc servir de type pour toute la région dite des hauts plateaux.

L'observatoire de Tananarive se trouve par 45° 11′ 30″ de longitude Est (méridien de Paris) et par 18° 55′ 2″ de latitude Sud; son altitude est de 1 400 mètres. Il est donc pris dans la région dite tropicale; mais, grâce à son altitude, il jouit d'un climat tempéré, fort différent de celui des régions de même latitude, mais moins élevées.

A Tananarive, les Européens distinguent généralement deux saisons : la saison sèche, caractéristique d'un abaissement de température, et la saison des pluies, caractérisée non seulement par les pluies très fréquentes, mais aussi par une élévation de la température.

**Saison des pluies.** — La saison des pluies dure à peu près du mois de novembre au mois d'avril, soit six mois de l'année.

Vers le milieu ou la fin de novembre commencent d'ordinaire les premières pluies mêlées d'orage.

La constatation de la quantité de pluie qui tombe à Tananarive et dans l'Imerina donne un résultat bien inférieur à celui qu'on suppose souvent. On est porté à croire que, parce que Madagascar est située en grande partie sous les tropiques, la quantité de pluie qui y tombe annuellement doit avoir un caractère tropical. Cette croyance semble d'ailleurs confirmée par quelques pluies torrentielles, une douzaine au plus dans chaque saison, qui durent parfois neuf ou dix heures, et cependant ces pluies sont l'exception. Les pluies sont très violentes pendant un petit orage, et il n'est pas rare de les voir tomber, chaque après-midi, pendant des semaines entières. Mais, en général, la pluie tombera plus abondamment pendant la première heure que pendant les autres.

La plus grande quantité d'eau tombée en une journée qui ait été enregistrée pendant toute une année ($1^{er}$ juillet 1877 au $1^{er}$ juillet 1878) a été de $0^m,26$, alors que le pluviomètre n'accuse d'ordinaire, à cette époque, pas plus de 2 à 3 centimètres.

Les matinées sont généralement belles; du reste, après un certain temps où la pluie tombe régulièrement chaque nuit, il survient presque toujours un intervalle de beau temps, qui peut durer une semaine et plus et pendant lequel il ne pleut plus. On peut dire que la pluie ne tombe que pendant les deux tiers environ du total des jours de la saison des pluies, et, pendant ce temps, la quantité d'eau recueillie est relativement faible en comparaison du nombre de jours.

Par exception cependant, la pluie qui succède au tonnerre tombe parfois pendant plusieurs heures avec violence; mais, dans ce cas comme dans les autres, le paroxysme de la pluie ne va guère au delà de la première heure.

Si l'on consulte le tableau I, on voit que la quantité totale de pluie tombant annuellement n'est pas très élevée, que le nombre de jours pendant lesquels elle tombe ne dépasse guère 100, et qu'il est peu de jours où la quantité tombée excède 8 millimètres.

Les mois les plus humides sont la dernière moitié de décembre, janvier, février. Pendant ces mois, on a souvent une semaine ou une quinzaine de pluie avec de très courtes éclaircies pendant lesquelles le soleil brille.

La quantité d'eau recueillie annuellement en Imerina est très faible comparativement à ce que l'on observe sur la côte et dans d'autres colonies également situées sous les tropiques. Cette différence est due à l'élévation de la région centrale.

Pendant toute l'année, hormis la saison chaude, l'air, fortement saturé d'humidité en traversant les froides collines pour gagner le plateau central, perd une grande quantité de sa chaleur et sème toute son humidité avant d'arriver en Imerina.

C'est seulement pendant les mois les plus chauds de l'année que l'humidité de l'air est suffisante pour parvenir aux portions les plus hautes du pays et occasionner des pluies torrentielles.

Mais même alors les vents du Sud-Est et du Sud-Sud-Est, qui sont les plus froids, sont invariablement secs. Il peut se faire néanmoins qu'un vent du Sud-Est souffle en permanence et que la pluie tombe à verse, c'est qu'alors, il y a invariablement un courant supérieur venant de l'Ouest ou du Nord. Quand les courants inférieurs et supérieurs soufflent tous deux du Sud-Est, il ne pleut jamais.

Un signe précurseur à peu près infaillible consiste surtout dans les bandes de « strato-cirrus » ou de « cirro-cumulus » qui, dès le matin, flottent

### Tableau I.

*Chute des pluies mensuelles pendant 5 années.*

| ANNÉES | JANVIER | FÉVRIER | MARS | AVRIL | MAI | JUIN | JUILLET | AOUT | SEPTEMBRE | OCTOBRE | NOVEMBRE | DÉCEMBRE | TOTAL |
|---|---|---|---|---|---|---|---|---|---|---|---|---|---|
| | mm. | mm. | mm. | mm. | mm. | mm. | mm. | mm. | mm. | mm. | mm. | mm. | mm. |
| 1890 | 180.8 | 152.7 | 123.8 | 131.0 | 0.0 | 13.02 | 2.40 | 0.58 | 0.58 | 150.03 | 239.01 | 299.55 | 1297.52 |
| 1891 | 117.0 | 208.43 | 351.33 | 45.28 | 4.69 | 2.24 | 5.57 | 5.34 | 19.82 | 281.73 | 36.35 | 183.89 | 1291.76 |
| 1892 | 363.74 | 339.96 | 30.07 | 50.64 | 5.74 | 6.65 | 4.42 | 11.75 | 4.25 | 56.41 | 75.17 | 281.13 | 1229.62 |
| 1893 | 258.53 | 241.82 | 186.07 | 100.01 | 41.31 | 14.12 | 14.60 | 8.97 | 2.37 | 82.10 | 16.16 | 503.43 | 1469.48 |
| 1894 | 473.0 | 218.11 | 229.57 | 18.44 | 34.96 | 5.97 | 8.49 | 35.07 | 62.44 | 19.02 | 103.27 | 401.32 | 1607.72 |

dans les hautes couches de l'atmosphère et se déplacent lentement dans la direction du Nord-Ouest au Sud-Est. L'alizé faiblit, souvent le calme est complet. Puis, vers une heure du soir, le baromètre baisse rapidement, l'orage se forme. S'il doit traverser rapidement la région, l'allure de la courbe décrite est brusque et la hausse succède vite à la baisse.

Si l'orage ou plusieurs orages successifs sont sur le point d'éclater dans la région, la baisse est lente et la hausse n'arrive que fort tard, vers les cinq ou six heures.

Déjà le vent a tourné vers le Nord-Ouest, et il souffle par légères bouffées. Sur les flancs du massif montagneux de l'Ankaratra ou vers les régions du Sud-Ouest, le temps est sombre, menaçant; au bout d'une heure ou même moins, le vent souffle avec violence du Nord-Ouest ou du Sud-Ouest, la pluie tombe à torrents, la tempête se déchaîne pendant une heure environ et se déplace lentement dans le sens direct, c'est-à-dire des aiguilles d'une montre[1].

---

[1]. P. Colin. Extrait d'une conférence du P. Colin de la Société de géographie commerciale de Paris.

Beaucoup d'Européens prétendent qu'il survient des trombes à l'époque des plus fortes pluies, et ce témoignage semble confirmé par les indigènes qui donnent le nom de « rambon-danitra » (littéralement : queue du ciel) à ces phénomènes. Sous le gouvernement malgache, pendant la saison où l'on s'attendait à les voir paraître, une garde était établie, et dès son apparition, on tirait un coup de canon pour la dissiper. D'ailleurs, si ces trombes existent, elles doivent être très rares ; mais, en revanche, on est exposé à de furieuses tempêtes de vents, avant-coureurs de violents orages, accompagnés de fortes pluies et quelquefois de grêle.

Ces tempêtes de vents, ces cyclones, car ce sont de vrais cyclones, ne durent guère plus de dix minutes, mais pendant ce temps on peut croire qu'elles emportent tout avec elles. Parfois elles dissipent la pluie menaçante ; mais souvent elles sont accompagnées de nuages bas, rasant les collines et inondant le sol d'un déluge d'eau ; très peu de maisons malgaches y résistent sans faire eau par le toit.

L'approche de ces orages offre un spectacle imposant. Sur leur front se déploie une longue ligne de nuages moutonneux, et derrière eux un fond bleu sombre. La foudre jette des lueurs éblouissantes, suivies de coups de tonnerre secs et roulants ; l'orage s'avance et la première ligne de nuages change d'aspect ; de petits nuages se déchirent et se tordent sous le souffle du vent, puis se dispersent en lambeaux floconneux. L'ouragan dense et rapide atteint une colline, il plane au-dessus du chaume, le soulevant ou l'arrachant et menaçant de tout détruire sur son passage.

Ces tourmentes, ou plutôt ces forts ouragans, d'un caractère local et de courte durée, semblent occasionnées par la chute violente et subite de grêle et de pluie refroidissant brusquement l'atmosphère chaude. Cet air, passant sans transition d'une température élevée au froid, se condense rapidement et se précipite vers les couches plus chaudes et plus légères. Il avance par la puissante pression de l'orage qui le suit avec une furie croissante, et anéantissant tout ce qui s'oppose à son passage et qui n'est pas assez fort pour résister à sa pression. De tels ouragans durant quelques heures amèneraient des désastres incalculables.

On a parlé dernièrement d'une relation qui existerait entre l'apparence des taches solaires et les variations de température sur notre planète. Les astronomes ne sont pas d'accord sur cette question. On peut dire qu'en ce qui concerne Madagascar, on n'a pas observé qu'à l'augmentation ou à la diminution du nombre ou de la surface de ces taches correspondent des variations de température ou de climat. Or, s'il existait réellement une connexion entre les phénomènes, cette connexion s'appliquerait vraisemblablement à toute la surface de la terre ; il semble donc que l'exception signalée pour Madagascar autorise à révoquer en doute l'existence de la relation précitée.

La température moyenne, déduite de treize années d'observations en deux endroits de la capitale, et dans des conditions évidemment défectueuses d'installation, donne pour résultat 18°.

Un thermomètre, placé sous l'abri réglementaire et exposé à tous les vents, a donné 16° 2′ comme moyenne de trois autres années. Ce chiffre prouve qu'à l'altitude des hauts plateaux on jouit d'une température douce, uniforme, exempte des grandes oscillations thermiques qu'on éprouve même dans les meilleurs climats d'Europe.

Pendant un espace de 17 années, la température moyenne a donné 17°,9. On peut voir la progression des températures mensuelles pendant ces 17 années dans le tableau II ci-dessous.

## Tableau II.

*Températures moyennes mensuelles durant 17 ans.*

| JANVIER | FÉVRIER | MARS | AVRIL | MAI | JUIN | JUILLET | AOUT | SEPTEMBRE | OCTOBRE | NOVEMBRE | DÉCEMBRE | MOYENNE |
|---|---|---|---|---|---|---|---|---|---|---|---|---|
| 20°,3 | 20°,6 | 20°,0 | 19°,1 | 17°,5 | 14°,6 | 14°,0 | 14°,6 | 16°,5 | 18°,6 | 19°,7 | 20°,0 | 17°,9 |

A 30 centimètres de profondeur, le terrain primitif composé d'argile rouge, subit les variations de l'air extérieur. Sa température moyenne est un peu supérieure à 18°; elle est de 19°,4 à la profondeur de 50 centimètres; 19°,7 à 1 mètre, et 20°,5 à 4 mètres.

Ces données ont de l'importance pour l'étude de la végétation et du calorique de la couche terrestre.

Signalons aussi, au point de vue climatologique, une remarque intéressante qui ressort des relevés enregistrés par le R. P. Colin, à l'Observatoire de Tananarive.

En 1890, le soleil a brillé sur l'horizon pendant 2 337 h. 30ᵐ; durant deux jours seulement, il a été couvert par les nuages. L'année suivante, la clarté solaire augmente, et l'héliographe photographique indique 2 683 heures, soit une différence de 346 h. 20ᵐ avec 1890. En 1892, il atteint le chiffre plus considérable encore de 2 705 h. 45ᵐ, soit 22 h. 15ᵐ de différence avec l'année précédente.

Cette intensité progressive de la clarté solaire produit une hausse dans la température de l'air; 1890 donne pour chaleur moyenne 17°,1; 1891, 17°,7; 1892, 18°,0. Le sol éprouve cette gradation, mais seulement à la couche de 1 mètre de profondeur, où les variations extérieures de la température se font peu sentir; en 1890, nous avons eu 18°,9; en 1891, 19°,4; en 1892, 20°,9. La vitesse du vent croît également durant ces trois années : du 23 février 1890, jour où l'instrument a été installé, l'anémomètre indique jusqu'à la fin de l'année un total de 135 350 kil. 850; en 1891, nous relevons 147 813 kilomètres; en 1892, 163 525 kil. 500. On comprend tout le parti que l'industrie pourra tirer à peu de frais de cet élément à peu près constant. L'humidité relative suit naturellement une marche inverse de la chaleur; elle était de 75 pour 100 en 1890, de 72 pour 100 en 1891, et de 70 pour 100 en 1892.

L'évaporation qui, à son tour, dépend de la chaleur de l'air, de son degré d'humidité et de la vitesse du vent suit une marche analogue à celle de la température. En 1890, l'évaporomètre Piche, placé sous l'abri, donne un total

**Tableau III.**
*Moyennes des pressions barométriques mensuelles durant 17 ans.*
*Altitude : 1400 mètres.*

| JANVIER | FÉVRIER | MARS | AVRIL | MAI | JUIN | JUILLET | AOUT | SEPTEMBRE | OCTOBRE | NOVEMBRE | DÉCEMBRE | MOYENNE |
|---|---|---|---|---|---|---|---|---|---|---|---|---|
| 647.98 | 648.41 | 648 08 | 650.04 | 650.87 | 652.13 | 652.45 | 652.22 | 651.77 | 650.68 | 649.91 | 649.03 | 650.58 |

de 712 millimètres; l'année suivante, de 717 millimètres; en 1892, de 752 millimètres. Tandis que la chaleur de l'air et du sol augmente, en revanche la pluie semble diminuer pendant ces trois mêmes années : on a recueilli successivement, au pluviomètre, 1 291 millimètres et 1 229 millimètres.

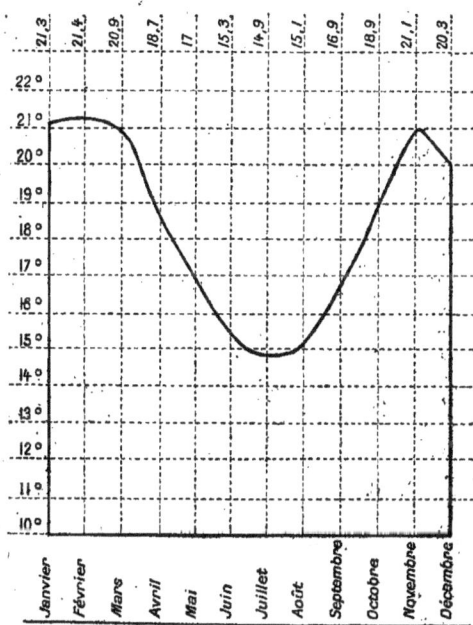

A quoi faut-il attribuer cette variation graduelle, dans quelques phénomènes météorologiques? demande le savant directeur de l'Observatoire. Sommes-nous en présence d'une période générale? Est-ce un échauffement progressif et partiel de l'île ou des plateaux du Centre? Est-ce l'effet du déboisement continu des forêts de l'Est par les indigènes? Est-ce une simple coïncidence de chiffres? Nous avons trop peu d'observations pour donner une réponse à cette question. Mais je suis intimement convaincu que la solution de ce problème, ainsi que celle des grandes lois qui régissent les phénomènes atmosphériques, ne peut être résolue que par l'étude des éléments météorologiques observés sur place dans les climats tropicaux.

# CLIMAT.

Si nous prenons enfin les moyennes des pressions barométriques mensuelles pendant cette même période de 17 ans (tableau III), on trouve que la pression moyenne ne varie guère et se rapproche de 650 millimètres.

On voit que pendant la période des pluies cette moyenne est inférieure de 2 ou 3 millimètres à la moyenne pendant la saison sèche.

La saison des pluies diffère enfin de la saison sèche, en ce qu'elle amène

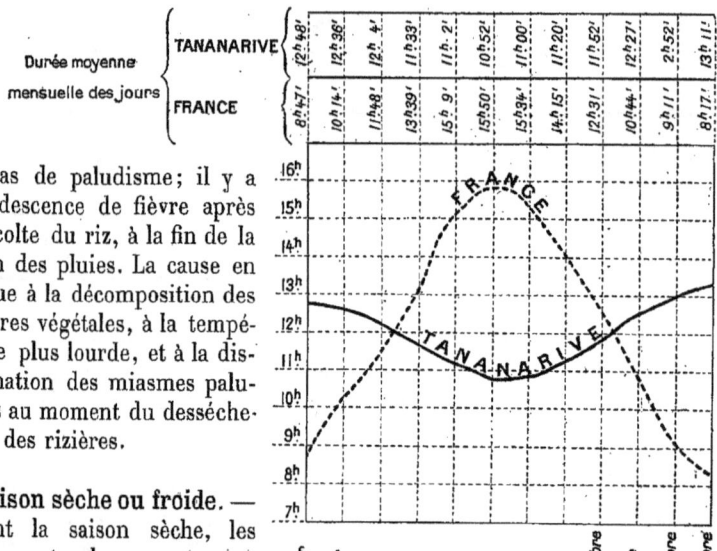

des cas de paludisme; il y a recrudescence de fièvre après la récolte du riz, à la fin de la saison des pluies. La cause en est due à la décomposition des matières végétales, à la température plus lourde, et à la dissémination des miasmes paludéens au moment du dessèchement des rizières.

**Saison sèche ou froide.** — Durant la saison sèche, les jours sont plus courts que les nuits; ils ne durent que 11 heures, tandis qu'ils durent 13 heures en moyenne pendant la saison des pluies. Les différences extrêmes du jour le plus court au jour le plus long de la même année ne dépassent guère 2 heures; en 1897, elle était de 2 h. 11 (Observatoire de Tananarive).

Nous donnons ci-contre un graphique de la durée comparée des jours en France et à Tananarive pendant l'année 1897.

D'autre part, nous reproduisons ci-après le calendrier établi par les Pères Jésuites, donnant les heures du lever et du coucher du soleil pour les jours de l'année 1898 à Tananarive.

On remarquera que les jours les plus longs sont les 9, 10 et 11 décembre qui présentent une durée de 13 h. 8 et les jours les plus courts, tous ceux de la période s'étendant du 10 juin au 1er juillet inclusivement, période pendant laquelle leur durée demeure constante et égale à 10 h. 52.

## CALENDRIER POUR 1898

| JANVIER | | | FÉVRIER | | | MARS | | | AVRIL | | | MAI | | | JUIN | | |
|---|---|---|---|---|---|---|---|---|---|---|---|---|---|---|---|---|---|
| JOURS DU MOIS | LEVER DU SOLEIL | COUCHER DU SOLEIL | JOURS DU MOIS | LEVER DU SOLEIL | COUCHER DU SOLEIL | JOURS DU MOIS | LEVER DU SOLEIL | COUCHER DU SOLEIL | JOURS DU MOIS | LEVER DU SOLEIL | COUCHER DU SOLEIL | JOURS DU MOIS | LEVER DU SOLEIL | COUCHER DU SOLEIL | JOURS DU MOIS | LEVER DU SOLEIL | COUCHER DU SOLEIL |
| 1 | S | 5.29 | 6.37 | 1 | M | 5.49 | 6.37 | 1 | M | 6.2 | 6.23 | 1 | V | 6.10 | 5.58 | 1 | D | 6.18 | 5.36 | 1 | M | 6.29 | 5.25 |
| 2 | D | » | » | 2 | M | » | » | 2 | M | 6.3 | 6.22 | 2 | S | 6.11 | 5.57 | 2 | L | » | 5.35 | 2 | J | » | » |
| 3 | L | 5.30 | » | 3 | J | 5.50 | » | 3 | J | » | 6.21 | 3 | D | » | 5.56 | 3 | M | 6.19 | » | 3 | V | 6.30 | » |
| 4 | M | 5.31 | » | 4 | V | » | » | 4 | V | » | » | 4 | L | » | 5.55 | 4 | M | » | » | 4 | S | » | » |
| 5 | M | 5.32 | 6.38 | 5 | S | 5.51 | 6.36 | 5 | S | » | 6.20 | 5 | M | » | 5.54 | 5 | J | » | 5.34 | 5 | D | 6.31 | » |
| 6 | J | » | » | 6 | D | » | » | 6 | D | 6.4 | » | 6 | M | » | » | 6 | V | 6.20 | » | 6 | L | » | » |
| 7 | V | » | » | 7 | L | » | » | 7 | L | » | 6.19 | 7 | J | 6.12 | 5.53 | 7 | S | » | 5.33 | 7 | M | » | » |
| 8 | S | 5.33 | » | 8 | M | 5.52 | » | 8 | M | » | 6.18 | 8 | V | » | 5.52 | 8 | D | 6.21 | 5.32 | 8 | M | 6.32 | » |
| 9 | D | 5.34 | » | 9 | M | » | 6.35 | 9 | M | » | 6.17 | 9 | S | » | 5.51 | 9 | L | » | 5.31 | 9 | J | » | » |
| 10 | L | 5.35 | 6.39 | 10 | J | 5.53 | » | 10 | J | » | 6.16 | 10 | D | » | 5.50 | 10 | M | 6.22 | 5.30 | 10 | V | 6.33 | » |
| 11 | M | 5.36 | 6.40 | 11 | V | 5.54 | 6.34 | 11 | V | 6.5 | » | 11 | L | » | 5.49 | 11 | M | » | » | 11 | S | » | » |
| 12 | M | » | » | 12 | S | » | » | 12 | S | » | 6.15 | 12 | M | 6.13 | » | 12 | J | 6.23 | 5.29 | 12 | D | » | 5.26 |
| 13 | J | 5.37 | » | 13 | D | 5.55 | 6.33 | 13 | D | » | 6.14 | 13 | M | » | 5.48 | 13 | V | » | » | 13 | L | » | » |
| 14 | V | 5.38 | » | 14 | L | » | » | 14 | L | » | 6.13 | 14 | J | » | 5.47 | 14 | S | 6.24 | 5.28 | 14 | M | » | » |
| 15 | S | 5.39 | » | 15 | M | 5.56 | 6.32 | 15 | M | » | 6.12 | 15 | V | 6.14 | 5.46 | 15 | D | » | » | 15 | M | 6.34 | » |
| 16 | D | » | 6.40 | 16 | M | 5.57 | 6.31 | 16 | M | 6.6 | 6.11 | 16 | S | » | » | 16 | L | 6.25 | 5.27 | 16 | J | » | » |
| 17 | L | 5.40 | 6.39 | 17 | J | » | » | 17 | J | » | 6.10 | 17 | D | » | 5.45 | 17 | M | » | » | 17 | V | » | » |
| 18 | M | 5.41 | » | 18 | V | 5.58 | 6.30 | 18 | V | 6.7 | 6.9 | 18 | L | » | 5.44 | 18 | M | 6.26 | 5.26 | 18 | S | » | » |
| 19 | M | 5.42 | » | 19 | S | » | » | 19 | S | » | 6.8 | 19 | M | » | 5.43 | 19 | J | » | 5.25 | 19 | D | » | » |
| 20 | J | 5.43 | » | 20 | D | 5.59 | 6.29 | 20 | D | » | 6.7 | 20 | M | 6.15 | » | 20 | V | 6.27 | 5.24 | 20 | L | 6.35 | 5.27 |
| 21 | V | » | » | 21 | L | » | » | 21 | L | » | » | 21 | J | » | 5.42 | 21 | S | » | » | 21 | M | » | » |
| 22 | S | 5.44 | » | 22 | M | 6 » | 6.28 | 22 | M | 6.8 | 6.6 | 22 | V | » | » | 22 | D | » | » | 22 | M | » | » |
| 23 | D | » | » | 23 | M | » | 6.27 | 23 | M | » | 6.5 | 23 | S | » | 5.41 | 23 | L | » | » | 23 | J | » | » |
| 24 | L | » | » | 24 | J | » | 6.26 | 24 | J | » | 6.4 | 24 | D | » | » | 24 | M | » | » | 24 | V | » | » |
| 25 | M | 5.45 | » | 25 | V | 6.1 | » | 25 | V | 6.9 | 6.3 | 25 | L | 6.16 | 5.40 | 25 | M | » | » | 25 | S | 6.36 | 5.28 |
| 26 | M | 5.46 | 6.38 | 26 | S | » | 6.25 | 26 | S | » | » | 26 | M | » | » | 26 | J | 6.28 | » | 26 | D | » | » |
| 27 | J | » | » | 27 | D | » | 6.24 | 27 | D | » | 6.2 | 27 | M | » | 5.39 | 27 | V | » | » | 27 | L | » | » |
| 28 | V | 5.47 | » | 28 | L | 6.2 | » | 28 | L | » | 6.1 | 28 | J | 6.17 | 5.38 | 28 | S | » | » | 28 | M | » | » |
| 29 | S | 5.48 | » | | | | | 29 | M | 6.10 | 6.0 | 29 | V | » | 5.37 | 29 | D | » | » | 29 | M | » | » |
| 30 | D | » | » | | | | | 30 | M | » | 5.59 | 30 | S | 6.18 | 5.36 | 30 | L | » | » | 30 | J | 6.37 | » |
| 31 | L | 5.49 | » | | | | | 31 | J | » | 5.58 | | | | | 31 | M | » | 5.25 | | | | |

## CALENDRIER POUR 1898

| JUILLET | | | AOUT | | | SEPTEMBRE | | | OCTOBRE | | | NOVEMBRE | | | DÉCEMBRE | | |
|---|---|---|---|---|---|---|---|---|---|---|---|---|---|---|---|---|---|
| JOURS DU MOIS | | LEVER DU SOLEIL | COUCHER DU SOLEIL | JOURS DU MOIS | | LEVER DU SOLEIL | COUCHER DU SOLEIL | JOURS DU MOIS | | LEVER DU SOLEIL | COUCHER DU SOLEIL | JOURS DU MOIS | | LEVER DU SOLEIL | COUCHER DU SOLEIL | JOURS DU MOIS | | LEVER DU SOLEIL | COUCHER DU SOLEIL |

| JUILLET | | | | AOUT | | | | SEPTEMBRE | | | | OCTOBRE | | | | NOVEMBRE | | | | DÉCEMBRE | | | |
|---|---|---|---|---|---|---|---|---|---|---|---|---|---|---|---|---|---|---|---|---|---|---|---|
| 1 | V | 6.37 | 5.29 | 1 | L | 6.31 | 5.40 | 1 | J | 6.12 | 5.48 | 1 | S | 5.45 | 5.53 | 1 | M | 5.23 | 6.3 | 1 | J | 5.17 | 6.19 |
| 2 | S | » | 5.30 | 2 | M | 6.30 | » | 2 | V | 6.11 | » | 2 | D | 5.44 | » | 2 | M | 5.22 | 6.4 | 2 | V | » | 6.20 |
| 3 | D | » | » | 3 | M | » | 5.41 | 3 | S | 6.10 | » | 3 | L | 5.43 | » | 3 | J | » | » | 3 | S | » | 6.21 |
| 4 | L | » | 5.31 | 4 | J | » | » | 4 | D | 6.0 | » | 4 | M | 5.42 | » | 4 | V | 5.21 | » | 4 | D | » | 6.22 |
| 5 | M | » | » | 5 | V | » | 5.42 | 5 | L | » | 5.40 | 5 | M | 5.41 | » | 5 | S | » | 6.5 | 5 | L | » | 6.23 |
| 6 | M | » | » | 6 | S | 6.29 | » | 6 | M | 6.8 | 5.50 | 6 | J | 5.40 | 5.54 | 6 | D | » | » | 6 | M | 5.18 | 6.24 |
| 7 | J | » | 5.32 | 7 | D | » | » | 7 | M | 6.7 | » | 7 | V | 5.39 | » | 7 | L | » | 6.6 | 7 | M | » | 6.25 |
| 8 | V | » | » | 8 | L | 6.28 | » | 8 | J | 6.6 | » | 8 | S | 5.37 | 5.53 | 8 | M | 5.20 | 6.7 | 8 | J | » | » |
| 9 | S | » | 5.33 | 9 | M | » | » | 9 | V | 6.5 | » | 9 | D | 5.36 | » | 9 | M | » | » | 9 | V | » | 6.26 |
| 10 | D | » | » | 10 | M | 6.27 | 5.43 | 10 | S | 6.4 | » | 10 | L | 5.35 | » | 10 | J | 5.19 | 6.8 | 10 | S | 5.19 | 6.27 |
| 11 | L | 6.56 | 5.34 | 11 | J | » | » | 11 | D | 6.3 | » | 11 | M | 5.34 | » | 11 | V | » | » | 11 | D | » | » |
| 12 | M | » | » | 12 | V | 6.26 | » | 12 | L | 6.2 | » | 12 | M | 5.33 | 5.56 | 12 | S | » | » | 12 | L | 5.20 | » |
| 13 | M | » | » | 13 | S | » | » | 13 | M | 6.1 | » | 13 | J | 5.32 | » | 13 | D | » | » | 13 | M | » | » |
| 14 | J | » | 5.35 | 14 | D | 6.25 | 5.44 | 14 | M | 6.0 | » | 14 | V | 5.31 | » | 14 | L | » | 6.9 | 14 | M | 5.21 | 6.28 |
| 15 | V | » | » | 15 | L | 6.24 | » | 15 | J | 5.59 | 5.51 | 15 | S | 5.30 | 5.57 | 15 | M | 5.18 | 6.10 | 15 | J | » | 6.29 |
| 16 | S | » | » | 16 | M | » | » | 16 | V | 5.58 | » | 16 | D | » | » | 16 | M | » | » | 16 | V | » | 6.30 |
| 17 | D | 6.55 | » | 17 | M | 6.23 | » | 17 | S | 5.57 | » | 17 | L | » | » | 17 | J | » | 6.11 | 17 | S | 5.22 | 6.31 |
| 18 | L | » | » | 18 | J | 6.22 | 5.45 | 18 | D | 5.56 | » | 18 | M | » | » | 18 | V | » | » | 18 | D | » | 6.32 |
| 19 | M | » | » | 19 | V | 6.21 | » | 19 | L | 5.55 | » | 19 | M | » | » | 19 | S | » | 6.12 | 19 | L | 5.23 | » |
| 20 | M | » | 5.36 | 20 | S | 6.20 | » | 20 | M | 5.54 | 5.52 | 20 | J | » | 5.58 | 20 | D | 5.17 | 6.13 | 20 | M | » | » |
| 21 | J | » | » | 21 | D | » | » | 21 | M | 5.53 | » | 21 | V | 5.29 | » | 21 | L | » | » | 21 | M | » | 6.33 |
| 22 | V | » | » | 22 | L | 6.19 | 5.46 | 22 | J | 5.52 | » | 22 | S | » | 5.59 | 22 | M | » | 6.14 | 22 | J | 5.24 | » |
| 23 | S | 6.34 | » | 23 | M | » | » | 23 | V | » | » | 23 | D | 5.28 | » | 23 | M | » | » | 23 | V | » | » |
| 24 | D | » | 5.37 | 24 | M | 6.18 | » | 24 | S | 5.51 | » | 24 | L | » | 6.0 | 24 | J | 5.16 | 6.15 | 24 | S | 5.25 | 6.34 |
| 25 | L | » | » | 25 | J | » | » | 25 | D | » | » | 25 | M | » | 6.1 | 25 | V | » | 6.16 | 25 | D | 5.26 | 6.35 |
| 26 | M | 6.33 | 5.38 | 26 | V | 6.17 | 5.47 | 26 | L | 5.50 | 5.53 | 26 | M | 5.26 | » | 26 | S | » | » | 26 | L | » | » |
| 27 | M | » | » | 27 | S | 6.16 | » | 27 | M | 5.49 | » | 27 | J | 5.27 | » | 27 | D | » | 6.17 | 27 | M | 5.27 | » |
| 28 | J | 6.32 | 5.39 | 28 | D | 6.15 | » | 28 | M | 5.48 | » | 28 | V | 5.25 | 6.2 | 28 | L | » | » | 28 | M | » | » |
| 29 | V | » | » | 29 | L | 6.14 | » | 29 | J | 5.47 | » | 29 | S | 5.24 | » | 29 | M | » | 6.18 | 29 | J | » | 6.36 |
| 30 | S | » | » | 30 | M | 6.13 | 5.48 | 30 | V | 5.46 | » | 30 | D | » | 6.3 | 30 | M | » | » | 30 | V | 5.28 | » |
| 31 | D | 6.31 | 5.40 | 31 | M | 6.12 | » | | | | | 31 | L | 5.23 | » | | | | | 31 | S | 5.29 | 6.37 |

# OBSERVATIONS

faites à la Mission catholique de Tananarive

*(Altitude 1 360 mètres)*

1897

## Observations faites à la Mission catholique de Tananarive en 1897 (alt. 1360 m.)

| MOIS ET DATES | 9 heures du matin | | | | 3 heures du soir | | | | MAXIMA | MINIMA | MOYENNE | PLUIE en millimètres | MOIS ET DATES | 9 heures du matin | | | | 3 heures du soir | | | | MAXIMA | MINIMA | MOYENNE | PLUIE en millimètres |
|---|---|---|---|---|---|---|---|---|---|---|---|---|---|---|---|---|---|---|---|---|---|---|---|---|---|
| | BAROMÈTRE | THERMOMÈTRE sec | THERMOMÈTRE mouillé | HUMIDITÉ | BAROMÈTRE | THERMOMÈTRE sec | THERMOMÈTRE mouillé | HUMIDITÉ | | | | | | BAROMÈTRE | THERMOMÈTRE sec | THERMOMÈTRE mouillé | HUMIDITÉ | BAROMÈTRE | THERMOMÈTRE sec | THERMOMÈTRE mouillé | HUMIDITÉ | | | | |
| | Millim. | | | | Millim. | | | | | | | | | Millim. | | | | Millim. | | | | | | | |
| 1 janvier | 654.43 | 21°.4 | 18°.7 | 76 | 651.58 | 24°.4 | 20°.3 | 67 | 25°.7 | 17°.2 | 21°.4 | 11.0 | 1 février | 652.31 | 18°.0 | 17°.8 | 98 | 650.06 | 20°.5 | 19°.5 | 94 | 20°.8 | 16°.7 | 18°.7 | 3.9 |
| 2 — | 651.62 | 19.4 | 18.2 | 88 | 649.29 | 20.4 | 18.5 | 82 | 25.3 | 17.5 | 21.4 | 31.2 | 2 — | 652.92 | 16.4 | 16.2 | 98 | 651.31 | 19.0 | 18.3 | 95 | 19.2 | 15.0 | 17.1 | 18.1 |
| 3 — | 651.13 | 18.5 | 17.7 | 92 | 648.19 | 21.2 | 19.8 | 87 | 25.4 | 17.5 | 21.4 | 1.2 | 3 — | 651.86 | 17.5 | 17.1 | 98 | 650.12 | 20.4 | 19.5 | 90 | 20.5 | 16.0 | 18.2 | 0.8 |
| 4 — | 650.12 | 19.5 | 19.0 | 95 | 648.45 | 20.4 | 19.7 | 93 | 21.8 | 18.0 | 19.9 | 17.2 | 4 — | 652.29 | 18.8 | 18.2 | 94 | 650.07 | 23.2 | 21.2 | 83 | 23.9 | 17.0 | 20.4 | 0.3 |
| 5 — | 650.58 | 19.8 | 19.2 | 94 | 648.95 | 23.6 | 21.4 | 84 | 24.7 | 17.9 | 21.3 | 9.7 | 5 — | 652.30 | 19.3 | 18 | 85 | 650.36 | 20.0 | 19.3 | 95 | 22.1 | 17.5 | 19.8 | 1.55 |
| 6 — | 651.47 | 20.0 | 19.6 | 96 | 649.22 | 25.2 | 22.2 | 76 | 27.0 | 18.2 | 22.6 | 18.2 | 6 — | 652.25 | 18.4 | 17.9 | 95 | 650.24 | 21.2 | 20.4 | 92 | 22.5 | 17.2 | 19.8 | 2.1 |
| 7 — | 652.46 | 20.3 | 19.0 | 88 | 650.16 | 25.0 | 20.8 | 66 | 23.5 | 17.7 | 21.5 | | 7 — | 650.94 | 18.2 | 18.0 | 98 | 649.19 | 21.6 | 20.2 | 87 | 22.5 | 16.6 | 19.5 | 0.3 |
| 8 — | 652.15 | 19.6 | 19.1 | 95 | 649.55 | 24.6 | 21.0 | 71 | 25.4 | 17.5 | 21.4 | | 8 — | 650.89 | 17.8 | 17.8 | 100 | 648.31 | 22.5 | 21.0 | 87 | 23.9 | 16.1 | 20.0 | 7.7 |
| 9 — | 650.86 | 20.2 | 19.6 | 94 | 647.70 | 22.4 | 20.7 | 85 | 26.4 | 18.0 | 22.2 | 17.6 | 9 — | 651.26 | 18.6 | 18.5 | 99 | 648.57 | 24.4 | 21.8 | 78 | 25.2 | 17.1 | 21.1 | 26.8 |
| 10 — | 650.74 | 21.6 | 21.0 | 94 | 648.87 | 26.2 | 22.6 | 71 | 27.3 | 18.8 | 23.0 | 14.4 | 10 — | 651.65 | 18.8 | 18.6 | 100 | 648.52 | 25.1 | 21.3 | 84 | 25.8 | 17.9 | 20.8 | 17.6 |
| 11 — | 652.72 | 20.8 | 20.0 | 94 | 649.66 | 26.8 | 23.2 | 72 | 27.7 | 19.2 | 23.4 | 2.2 | 11 — | 649.98 | 19.8 | 19.4 | 96 | 647.55 | 21.8 | 20.8 | 94 | 24.4 | 18.4 | 21.4 | 1.3 |
| 12 — | 651.96 | 20.3 | 19.5 | 92 | 648.33 | 23.7 | 20.4 | 75 | 25.8 | 18.8 | 22.3 | 16.4 | 12 — | 648.52 | 19.4 | 19.2 | 98 | 646.19 | 21.8 | 21.2 | 94 | 24.1 | 17.7 | 20.9 | 4.4 |
| 13 — | 640.03 | 20.0 | 18.9 | 89 | 646.81 | 21.2 | 17.6 | 61 | 25.5 | 18.1 | 21.7 | | 13 — | 648.38 | 18.8 | 18.0 | 92 | 646.27 | 21.4 | 21.4 | 100 | 24.3 | 17.2 | 20.7 | 53.0 |
| 14 — | 650.26 | 19.4 | 19.3 | 99 | 648.05 | 22.2 | 21.4 | 90 | 24.9 | 18.3 | 21.6 | 11.2 | 14 — | 648.56 | 19.9 | 19 | 100 | 646.00 | 24.4 | 21.4 | 75 | 25.8 | 18.1 | 21.9 | 7.9 |
| 15 — | 651.20 | 20.0 | 19.6 | 96 | 648.49 | 23.4 | 20.4 | 74 | 24.3 | 18.2 | 21.2 | 3.6 | 15 — | 648.85 | 20.0 | 19.9 | 99 | 646.46 | 24 | 22.4 | 85 | 24.7 | 18.5 | 21.6 | 15.5 |
| 16 — | 650.12 | 20.6 | 19.8 | 92 | 648.82 | 21.2 | 20.9 | 91 | 22.4 | 18.2 | 20.3 | 6.7 | 16 — | 649.23 | 18.6 | 18.6 | 100 | 648.15 | 22.5 | 20.3 | 81 | 23.6 | 16.8 | 20.2 | 0.2 |
| 17 — | 658.07 | 19.6 | 19.3 | 97 | 648.85 | 24.2 | 22.0 | 82 | 24.6 | 17.9 | 21.2 | 12.1 | 17 — | 649.49 | 18.6 | 17.6 | 90 | 647.23 | 21.7 | 20.2 | 87 | 22.6 | 16.8 | 19.7 | |
| 18 — | 651.22 | 20.3 | 19.6 | 95 | 640.40 | 21.1 | 20.7 | 96 | 24.0 | 18.4 | 21.2 | 0.8 | 18 — | 648.84 | 18.6 | 17.6 | 90 | 647.28 | 22.5 | 21.4 | 88 | 23.2 | 17.2 | 20.2 | 1.1 |
| 19 — | 652.95 | 19.0 | 18.8 | 98 | 650.57 | 20.8 | 20.2 | 94 | 25.4 | 17.2 | 20.3 | 60.6 | 19 — | 647.85 | 19.2 | 18.4 | 92 | 646.16 | 23.6 | 21.0 | 80 | 23.2 | 17.3 | 20.3 | |
| 20 — | 651.65 | 19.2 | 18.6 | 94 | 650.09 | 22.2 | 20.0 | 98 | 25.4 | 17.4 | 20.4 | 9.6 | 20 — | 646.47 | 19.8 | 19.5 | 95 | 644.26 | 22.7 | 21.3 | 88 | 24.0 | 17.3 | 20.6 | 0.3 |
| 21 — | 651.45 | 19.6 | 19.1 | 95 | 649.06 | 22.5 | 21.4 | 90 | 24.3 | 17.5 | 20.9 | 6.0 | 21 — | 646.54 | 18.1 | 17.4 | 95 | 645.58 | 23.4 | 22.0 | 88 | 26.6 | 16.2 | 20.9 | |
| 22 — | 651.48 | 19.2 | 18 | 95 | 649.59 | 22.9 | 21.3 | 93 | 25.2 | 17.7 | 21.4 | 2.1 | 22 — | 649.32 | 18.1 | 18.0 | 100 | 647.45 | 25.0 | 22.4 | 79 | 26.1 | 16.2 | 21.2 | 0.2 |
| 23 — | 651.41 | 18.3 | 18.2 | 99 | 649.42 | 23.4 | 21.2 | 85 | 25.9 | 17.2 | 20.3 | 97.5 | 23 — | 650.84 | 19.6 | 19.1 | 95 | 648.99 | 25.0 | 21.4 | 71 | 26.2 | 16.0 | 21.1 | |
| 24 — | 646.95 | 19.2 | 19.0 | 98 | 646.81 | 22.9 | 21.6 | 84 | 25.4 | 18.1 | 20.7 | 3.4 | 24 — | 652.03 | 18.8 | 18.1 | 98 | 650.46 | 25.1 | 20.0 | 72 | 25.4 | 17.3 | 20.5 | 3.0 |
| 25 — | 648.37 | 19.2 | 19.1 | 99 | 646.48 | 22.6 | 20.8 | 82 | 25.7 | 17.7 | 20.6 | 47.5 | 25 — | 653.20 | 17.5 | 16.7 | 87 | 651.02 | 22.0 | 18.8 | 72 | 23.2 | 15.8 | 19.5 | |
| 26 — | 649.62 | 17.6 | 16.9 | 93 | 647.15 | 22.0 | 20.4 | 78 | 23.0 | 16.2 | 19.6 | 20.2 | 26 — | 653.48 | 17.2 | 16.8 | 95 | 651.79 | 22.5 | 19.5 | 73 | 23.5 | 15.9 | 19.5 | 0.4 |
| 27 — | 649.75 | 16.5 | 15.9 | 93 | 647.59 | 20.5 | 22 | 93 | 25.6 | 15.0 | 19.3 | 2.1 | 27 — | 652.64 | 16.0 | 14.8 | 87 | 650.79 | 22.6 | 20.9 | 83 | 23.2 | 14.3 | 18.8 | |
| 28 — | 647.46 | 16.8 | 16.1 | 95 | 648.13 | 21.2 | 19.1 | 87 | 20.8 | 17.0 | 19.0 | | 28 — | 650.88 | 18.5 | 18.0 | 95 | 647.58 | 25.8 | 21 | 64 | 26.8 | 16.0 | 21.4 | |
| 29 — | 650.10 | 16.0 | 15 | 98 | 648.46 | 21.2 | 19.4 | 83 | 22.3 | 14.7 | 18.5 | 3.8 | | | | | | | | | | | | | |
| 30 — | 651.31 | 16.8 | 16.6 | 98 | 649.62 | 24.6 | 19.6 | 82 | 22.9 | 16.2 | 18.5 | 0.45 | | | | | | | | | | | | | |
| 31 — | 651.12 | 17 | 17.4 | 96 | 649.87 | 21.6 | 19.8 | 83 | 22.7 | 16.3 | 19.5 | | | | | | | | | | | | | | |
| Moyenne | 652.0 | 19.2 | 18.5 | 94 | 648.47 | 22.7 | 20.6 | 82 | 24.4 | 17.5 | 20.9 | 442.84 | Moyenne | 650.45 | 18.5 | 18.0 | 95 | 648.43 | 22.5 | 20.7 | 88 | 23.6 | 16.8 | 20.2 | 166.45 |

## Observations faites à la Mission catholique de Tananarive (suite)

| MOIS ET DATES | 9 heures du matin | | | | 3 heures du soir | | | | MAXIMA | MINIMA | MOYENNE | PLUIE en millimètres | MOIS ET DATES | BAROMÈTRE | THERMOMÈTRE sec | THERMOMÈTRE humide | HUMIDITÉ | MAXIMA | MINIMA | MOYENNE | PLUIE en millimètres |
|---|---|---|---|---|---|---|---|---|---|---|---|---|---|---|---|---|---|---|---|---|---|
| | BAROMÈTRE | THERMOMÈTRE sec | THERMOMÈTRE humide | HUMIDITÉ | BAROMÈTRE | THERMOMÈTRE sec | THERMOMÈTRE humide | HUMIDITÉ | | | | | | | | | | | | | |
| | Millim. | | | | Millim. | | | | | | | | | Millim. | | | | | | | |
| 1 mars | 649.50 | 19°4 | 18°8 | 94 | 646.94 | 26°6 | 24°6 | 84 | 27°6 | 16°6 | 22°1 | | 1 avril | 651.72 | 19°5 | 18°0 | 86 | 22°9 | 15°3 | 19.1 | 0.50 |
| 2 — | 650.23 | 19.6 | 19.0 | 94 | 648.52 | 26.1 | 21.3 | 63 | 26.8 | 18.2 | 22.5 | | 2 — | 651.87 | 20.6 | 19.5 | 90 | 23.5 | 16.8 | 20.0 | 1.10 |
| 3 — | 650.20 | 20.2 | 19.6 | 94 | 647.57 | 25.0 | 22.2 | 77 | 26.8 | 18.6 | 22.7 | | 3 — | 651 23 | 20.6 | 19.8 | 92 | 24.8 | 17.4 | 21.1 | 10.60 |
| 4 — | 649.09 | 19.4 | 18.7 | 95 | 647.63 | 24.5 | 21.7 | 77 | 26.2 | 18.0 | 22.1 | | 4 — | 651.41 | 20.4 | 19.0 | 87 | 23.4 | 17.5 | 20.5 | 19.60 |
| 5 — | 650.41 | 19.6 | 18.5 | 89 | 648.86 | 25.0 | 20.5 | 62 | 27.0 | 18.0 | 22.5 | | 5 — | 652.26 | 19.3 | 18.0 | 80 | 22.7 | 15.8 | 19.3 | 3.20 |
| 6 — | 651.46 | 19.2 | 18.1 | 89 | 649 60 | 26.4 | 20.1 | 54 | 27.4 | 17.7 | 22.5 | | 6 — | 652.91 | 19.0 | 17.2 | 85 | 22.2 | 15.3 | 18.8 | |
| 7 — | 650.50 | 20.0 | 18.9 | 89 | 648.62 | 26.0 | 19.7 | 52 | 27.3 | 18.5 | 22.9 | | 7 — | 653.50 | 17.7 | 16.3 | 86 | 22 0 | 14.6 | 18.3 | |
| 8 — | 650.16 | 20.2 | 18.6 | 85 | 648.55 | 26.0 | 19.0 | 47 | 27.0 | 17.3 | 22.1 | | 8 — | 653.91 | 18.6 | 16.9 | 84 | 22.6 | 14.4 | 18.5 | 0.40 |
| 9 — | 650.44 | 19.5 | 17.9 | 84 | 648.72 | 26.8 | 19 4 | 46 | 27.3 | 18.2 | 22.7 | | 9 — | 653.50 | 18.6 | 17.6 | 90 | 22.2 | 14.0 | 18.1 | 0.25 |
| 10 — | 650.12 | 20.8 | 18.3 | 77 | 648.84 | 25.6 | 21.3 | 66 | 26.8 | 19.4 | 23.1 | | 10 — | 652.70 | 17.9 | 15.9 | 81 | 21.2 | 15.3 | 17.5 | 1.10 |
| 11 — | 651.25 | 20.0 | 18.8 | 88 | 649.06 | 24.9 | 21.6 | 75 | 25.8 | 17.9 | 21.8 | 11.0 | 11 — | 652.23 | 17.9 | 15.5 | 76 | 21.5 | 12.8 | 17.2 | |
| 12 — | 652.52 | 19.8 | 19.2 | 94 | 650 10 | 24.1 | 22.2 | 84 | 26 1 | 18.8 | 22.4 | 31.1 | 12 — | 652.17 | 17.8 | 15.5 | 78 | 21.5 | 13.6 | 17.6 | |
| 13 — | 653.15 | 19.8 | 18.8 | 90 | 649.88 | 23.6 | 20.4 | 75 | 24.3 | 19.0 | 21.6 | 33.1 | 13 — | 651.73 | 18.9 | 16 0 | 75 | 24.0 | 12.8 | 18.4 | |
| 14 — | 653 05 | 18.0 | 17.8 | 89 | 650.74 | 25.8 | 21.1 | 78 | 24.1 | 17.6 | 20.8 | 5.8 | 14 — | 651.91 | 19.2 | 16.8 | 76 | 23.9 | 14.7 | 19.5 | |
| 15 — | 654.23 | 17.5 | 17.4 | 96 | 652.59 | 21.5 | 19.6 | 83 | 23.1 | 15.8 | 19.4 | 33.8 | 15 — | 652.25 | 19.4 | 17.1 | 78 | 22.0 | 14.7 | 18.8 | |
| 16 — | 654.54 | 17.6 | 17.4 | 98 | 651.59 | 23.5 | 19.8 | 69 | 25.4 | 16.0 | 20.5 | 1.65 | 16 — | 651.98 | 19.8 | 17.0 | 76 | 24.4 | 14.3 | 19.4 | 0.25 |
| 17 — | 655.23 | 18.0 | 17.2 | 92 | 650.66 | 21.6 | 19.4 | 80 | 23.6 | 15.2 | 19.4 | 1.63 | 17 — | 652.28 | 18.8 | 15.9 | 73 | 22.7 | 14.3 | 18.5 | |
| 18 — | 652.52 | 18.2 | 17.5 | 95 | 640.91 | 24.7 | 20.7 | 67 | 25.6 | 15.3 | 20.5 | 27.8 | 18 — | 653.43 | 18.0 | 16.2 | 84 | 22.3 | 15.0 | 17.6 | |
| 19 — | 651.70 | 18.8 | 18.1 | 93 | 640 81 | 21.8 | 19.3 | 78 | 24.0 | 16.0 | 20 0 | 34.1 | 19 — | 654.13 | 18.4 | 15.2 | 70 | 23.8 | 13.3 | 18.6 | |
| 20 — | 652.55 | 18.4 | 17.7 | 95 | 650.53 | 22.7 | 19.9 | 75 | 24 8 | 15.7 | 20.2 | 14.5 | 20 — | 653 54 | 18.5 | 15.4 | 70 | 23.9 | 12.8 | 18.4 | |
| 21 — | 652.60 | 18.4 | 17.4 | 90 | 650.17 | 21.7 | 19.3 | 78 | 24.0 | 15.7 | 19.8 | 26.2 | 21 — | 653.04 | 19 0 | 16.2 | 74 | 23.7 | 14.2 | 19.0 | |
| 22 — | 651.86 | 16.4 | 14.9 | 84 | 649.82 | 21.6 | 19.1 | 78 | 22.6 | 14.0 | 18.3 | 1.0 | 22 — | 654.45 | 19.7 | 17.4 | 74 | 23.0 | 14.9 | 19.0 | |
| 23 — | 651.34 | 16.4 | 15.2 | 87 | 649.62 | 24.2 | 17.8 | 69 | 22.0 | 14.0 | 18.1 | 0.1 | 23 — | 654.26 | 18.8 | 15.8 | 75 | 23.2 | 15.0 | 18.1 | |
| 24 — | 650.79 | 17.0 | 15.6 | 85 | 649.06 | 21.0 | 17.9 | 72 | 21.0 | 14.8 | 17.9 | | 24 — | 654.59 | 19.0 | 16.8 | 78 | 23.0 | 14.6 | 18.8 | |
| 25 — | 650.89 | 17.0 | 18.4 | 88 | 648.56 | 22.8 | 19.0 | 68 | 23.5 | 14.5 | 18.9 | | 25 — | 653.55 | 18.4 | 16.4 | 81 | 21.7 | 14.4 | 18.0 | |
| 26 — | 651.48 | 18.1 | 17.4 | 93 | 648 80 | 23.5 | 20.3 | 72 | 24.2 | 15 | 19 9 | | 26 — | 652.76 | 18.8 | 16.8 | 81 | 22.2 | 14 8 | 18.5 | 0.40 |
| 27 — | 650.66 | 19.3 | 19.0 | 97 | 648.31 | 23.2 | 20.9 | 80 | 24.0 | 16.7 | 20 0 | 48.1 | 27 — | 652.20 | 20.3 | 17.0 | 71 | 25.0 | 14.2 | 19.6 | |
| 28 — | 650.69 | 19.8 | 19.2 | 94 | 648.76 | 25 2 | 21.3 | 69 | 25.8 | 17.2 | 21.3 | 3.25 | 28 — | 652.31 | 20.2 | 16.9 | 70 | 23.8 | 15.7 | 19.7 | 0.20 |
| 29 — | 651.28 | 19.5 | 18.6 | 91 | 649.48 | 24.8 | 22.5 | 82 | 25.4 | 17.2 | 21.6 | 0.6 | 29 — | 651.42 | 18.6 | 14.6 | 64 | 22.6 | 15.8 | 18.2 | |
| 30 — | 652.15 | 19.4 | 18.9 | 88 | 640.82 | 25.0 | 19.0 | 54 | 23.4 | 17.3 | 21.3 | 0.9 | 30 — | 650.15 | 16.4 | 13.1 | 61 | 23.2 | 11.3 | 17.3 | |
| 31 — | 652.76 | 18.5 | 17.2 | 87 | 650.46 | 22 3 | 19.8 | 76 | 25.0 | 16.0 | 19.9 | | | | | | | | | | |
| Moyenne... | 652.17 | 18.9 | 17.9 | 90 | 649.4 | 23.9 | 20.3 | 70 | 25.1 | 16.8 | 20.9 | 276.65 | Moyenne... | 652.67 | 18°9 | 15°7 | 81 | 23°0 | 14°4 | 18.7 | 57.30 |

## Observations faites à la Mission catholique de Tananarive (suite)

| MOIS ET DATES | BAROMÈTRE | THERMOMÈTRE SEC | THERMOMÈTRE humide | HUMIDITÉ | MAXIMA | MINIMA | MOYENNE | PLUIE en millimètres | MOIS ET DATES | BAROMÈTRE | THERMOMÈTRE SEC | THERMOMÈTRE humide | HUMIDITÉ | MAXIMA | MINIMA | MOYENNE | PLUIE en millimètres |
|---|---|---|---|---|---|---|---|---|---|---|---|---|---|---|---|---|---|
| | Millim. | | | | | | | | | Millim. | | | | | | | |
| 1 mai | 650.07 | 18°7 | 14°4 | 62 | 24°2 | 13°0 | 18°6 | | 1 juin | 650.07 | 19°5 | 18°0 | 86 | 22°0 | 15°3 | 19°2 | |
| 2 — | 652.18 | 17.7 | 15.3 | 76 | 20.8 | 12.8 | 16.8 | | 2 — | 652.18 | 20.6 | 19.5 | 90 | 23.3 | 16.8 | 20.1 | |
| 3 — | 653.29 | 18.2 | 15.7 | 76 | 22.3 | 14.2 | 18.2 | | 3 — | 653.29 | 20.6 | 19.8 | 92 | 24.8 | 17.4 | 21.1 | |
| 4 — | 652.63 | 17.9 | 15.9 | 80 | 21.2 | 13.8 | 17.5 | | 4 — | 652.63 | 20.4 | 19.0 | 87 | 23.4 | 17.5 | 20.5 | |
| 5 — | 652.82 | 19.0 | 16.3 | 75 | 23.6 | 13.8 | 18.7 | 2.75 | 5 — | 652.82 | 19.3 | 18.0 | 89 | 22.7 | 15.8 | 19.2 | |
| 6 — | 652.65 | 18.9 | 16.4 | 77 | 23.2 | 14.9 | 19.0 | 6.90 | 6 — | 652.65 | 19.0 | 17.2 | 85 | 22.2 | 15.3 | 18.8 | |
| 7 — | 653.75 | 16.6 | 14.9 | 82 | 19.1 | 14.2 | 16.6 | | 7 — | 653.75 | 17.7 | 16.3 | 86 | 22.0 | 14.6 | 18.3 | |
| 8 — | 653.83 | 15.1 | 12.5 | 71 | 18.8 | 10.9 | 14.8 | | 8 — | 653.83 | 18.6 | 16.9 | 84 | 22.6 | 14.4 | 18.5 | |
| 9 — | 653.3 | 16.2 | 13.5 | 73 | 19.5 | 12.2 | 15.8 | | 9 — | 653.59 | 18.6 | 17.6 | 90 | 22.2 | 14.0 | 18.1 | |
| 10 — | 653.31 | 15.8 | 13.2 | 73 | 18.7 | 12.0 | 15.3 | | 10 — | 653.31 | 17.9 | 15.9 | 81 | 21.2 | 13.3 | 17.3 | |
| 11 — | 654.22 | 15.3 | 13.2 | 78 | 18.3 | 11.3 | 14.8 | | 11 — | 654.22 | 17.0 | 15.5 | 76 | 21.5 | 12.8 | 17.2 | |
| 12 — | 654.26 | 14.9 | 13.2 | 81 | 18.5 | 10.2 | 14.2 | | 12 — | 654.20 | 17.8 | 15.5 | 78 | 21.5 | 13.6 | 17.6 | |
| 13 — | 652.78 | 17.3 | 14.9 | 77 | 22.0 | 13.3 | 17.6 | 0.25 | 13 — | 652.78 | 18.9 | 16.0 | 75 | 24.0 | 12.8 | 18.4 | |
| 14 — | 652.10 | 17.4 | 14.8 | 75 | 22.8 | 12.1 | 17.4 | | 14 — | 652.10 | 19.2 | 16.8 | 76 | 23.9 | 14.7 | 19.3 | |
| 15 — | 653.15 | 17.3 | 14.7 | 74 | 21.1 | 12.2 | 16.6 | 0.25 | 15 — | 653.15 | 19.4 | 17.1 | 78 | 22.9 | 14.7 | 18.8 | |
| 16 — | 653.78 | 17.0 | 15.1 | 81 | 21.8 | 12.7 | 17.2 | | 16 — | 653.78 | 19.8 | 17.0 | 76 | 24.4 | 14.3 | 19.4 | |
| 17 — | 653.53 | 17.3 | 15.3 | 81 | 21.2 | 13.3 | 16.7 | | 17 — | 653.53 | 18.8 | 15.9 | 73 | 22.7 | 14.3 | 18.5 | 1.00 |
| 18 — | 652.62 | 18.0 | 15.5 | 77 | 22.3 | 12.5 | 17.4 | | 18 — | 652.62 | 18.0 | 16.2 | 84 | 22.5 | 13.0 | 17.8 | |
| 19 — | 652.70 | 19.3 | 15.9 | 70 | 24.7 | 13.9 | 19.3 | | 19 — | 652.70 | 18.4 | 15.2 | 70 | 23.8 | 13.3 | 18.5 | |
| 20 — | 652.96 | 19.1 | 15.4 | 68 | 25.0 | 13.2 | 19.1 | | 20 — | 652.96 | 18.5 | 15.4 | 70 | 23.9 | 12.8 | 18.3 | |
| 21 — | 652.51 | 20.0 | 16.7 | 72 | 24.8 | 14.4 | 19.6 | | 21 — | 652.51 | 19.0 | 16.2 | 74 | 23.7 | 14.2 | 19.0 | |
| 22 — | 652.71 | 19.9 | 16.4 | 69 | 23.4 | 15.3 | 19.3 | | 22 — | 652.71 | 19.7 | 17.4 | 71 | 25.0 | 14.9 | 19.0 | |
| 23 — | 654.21 | 16.3 | 14.9 | 81 | 19.3 | 13.3 | 16.3 | 0.15 | 23 — | 654.21 | 18.8 | 15.8 | 73 | 23.2 | 15.0 | 18.1 | |
| 24 — | 653.64 | 16.8 | 14.2 | 73 | 19.3 | 12.7 | 16.0 | | 24 — | 653.64 | 19.0 | 16.8 | 78 | 23.0 | 14.6 | 18.8 | |
| 25 — | 653.47 | 16.6 | 14.3 | 76 | 19.2 | 13.2 | 16.2 | | 25 — | 653.47 | 18.4 | 16.4 | 81 | 21.7 | 14.4 | 18.2 | |
| 26 — | 653.53 | 16.9 | 14.6 | 77 | 19.1 | 11.0 | 15.0 | | 26 — | 653.53 | 18.8 | 16.8 | 81 | 22.2 | 14.8 | 18.5 | |
| 27 — | 654.50 | 16.2 | 13.8 | 75 | 19.4 | 12.8 | 16.1 | | 27 — | 654.50 | 20.3 | 17.0 | 71 | 25.0 | 14.2 | 19.6 | |
| 28 — | 654.31 | 16.2 | 13.6 | 74 | 19.9 | 12.8 | 16.3 | 0.80 | 28 — | 654.31 | 20.2 | 16.9 | 70 | 23.8 | 15.7 | 19.8 | |
| 29 — | 654.38 | 16.3 | 14.4 | 80 | 19.6 | 13.3 | 16.4 | | 29 — | 654.38 | 18.6 | 14.6 | 64 | 22.6 | 13.8 | 18.2 | |
| 30 — | 653.31 | 15.1 | 13.5 | 84 | 17.7 | 11.7 | 14.7 | | 30 — | 650.15 | 16.4 | 15.1 | 64 | 23.2 | 11.3 | 17.3 | |
| 31 — | 652.69 | 16.9 | 14.6 | 77 | 22.5 | 11.5 | 17.0 | | | | | | | | | | |
| Moyenne... | 653.08 | 17°1 | 14°7 | 76 | 21°3 | 12°5 | 17°0 | 11.08 | Moyenne... | 652.67 | 18°9 | 15°7 | 81 | 23°0 | 14°4 | 18°7 | 1.00 |

**Observations faites à la Mission catholique de Tananarive** (suite)

| MOIS ET DATES | BAROMÈTRE | THERMOMÈTRE sec | THERMOMÈTRE humide | HUMIDITÉ | MAXIMA | MINIMA | MOYENNE | PLUIE en millimètres | MOIS ET DATES | BAROMÈTRE | THERMOMÈTRE sec | THERMOMÈTRE humide | HUMIDITÉ | MAXIMA | MINIMA | MOYENNE | PLUIE en millimètres |
|---|---|---|---|---|---|---|---|---|---|---|---|---|---|---|---|---|---|
| 1 juillet | 655.07 | 13°2 | 12°3 | 70 | 18°9 | 10°5 | 14°7 | | 1 août | 654.02 | 15°9 | 12°6 | 70 | 22°8 | 9°8 | 16°3 | |
| 2 — | 656.24 | 14.3 | 12.9 | 83 | 16.3 | 10.3 | 13.3 | | 2 — | 654.76 | 16.1 | 12.0 | 70 | 21.8 | 10.7 | 16.2 | |
| 3 — | 656.26 | 15.4 | 14.2 | 88 | 18.8 | 12.5 | 15.6 | | 3 — | 654.65 | 15.2 | 13.7 | 80 | 18.2 | 12.5 | 15.3 | |
| 4 — | 655.48 | 14.0 | 12.6 | 85 | 17.0 | 10.8 | 13.9 | 0.20 | 4 — | 656.10 | 14.0 | 11.5 | 71 | 18.2 | 10.4 | 14.3 | |
| 5 — | 654.76 | 14.7 | 13.5 | 87 | 17.0 | 10.7 | 13.8 | | 5 — | 655.94 | 14.2 | 11.4 | 69 | 17.9 | 10.4 | 14.1 | |
| 6 — | 655.36 | 15.0 | 13.0 | 79 | 18.7 | 10.8 | 14.7 | | 6 — | 655.33 | 15.1 | 12.5 | 75 | 20.4 | 8.7 | 14.5 | |
| 7 — | 656.11 | 14.0 | 12.3 | 75 | 19.2 | 10.1 | 14.6 | | 7 — | 655.33 | 16.4 | 14.6 | 82 | 20.0 | 13.1 | 16.5 | |
| 8 — | 655.50 | 15.9 | 12.5 | 82 | 16.3 | 10.4 | 13.3 | | 8 — | 655.28 | 16.7 | 15.0 | 83 | 21.2 | 11.8 | 16.5 | |
| 9 — | 654.07 | 14.4 | 12.1 | 76 | 19.8 | 9.3 | 14.5 | | 9 — | 655.84 | 16.2 | 13.5 | 75 | 19.8 | 12.6 | 16.2 | |
| 10 — | 654.15 | 15.1 | 12.2 | 70 | 20.1 | 7.9 | 14.0 | | 10 — | 656.46 | 13.9 | 12.5 | 85 | 16.8 | 10.3 | 13.5 | |
| 11 — | 653.78 | 14.5 | 12.5 | 80 | 18.8 | 9.8 | 14.3 | | 11 — | 655.85 | 14.5 | 13.1 | 84 | 17.8 | 11.7 | 14.7 | 0.55 |
| 12 — | 653.72 | 14.0 | 12.4 | 85 | 18.2 | 7.8 | 13.0 | | 12 — | 655.60 | 15.7 | 11.6 | 76 | 17.2 | 9.9 | 13.5 | 0.20 |
| 13 — | 653.50 | 13.0 | 11.7 | 85 | 17.3 | 8.2 | 12.7 | | 13 — | 654.22 | 15.7 | 11.5 | 60 | 22.2 | 8.6 | 15.4 | |
| 14 — | 652.80 | 15.1 | 12.5 | 82 | 20.8 | 9.7 | 15.2 | | 14 — | 654.21 | 14.7 | 12.5 | 76 | 19.0 | 9.7 | 14.3 | |
| 15 — | 654.07 | 15.2 | 11.8 | 67 | 20.9 | 9.2 | 15.0 | | 15 — | 654.82 | 14.6 | 13.0 | 82 | 19.4 | 11.4 | 15.4 | |
| 16 — | 653.48 | 15.3 | 12.8 | 70 | 20.3 | 9.8 | 15.0 | | 16 — | 655.48 | 14.5 | 11.8 | 71 | 19.0 | 11.4 | 15.2 | |
| 17 — | 653.72 | 13.1 | 12.1 | 88 | 15.3 | 9.3 | 12.3 | | 17 — | 655.51 | 13.4 | 10.6 | 68 | 18.0 | 0.2 | 13.6 | |
| 18 — | 653.56 | 13.6 | 12.4 | 86 | 16.3 | 10.6 | 13.4 | 0.60 | 18 — | 654.54 | 14.1 | 12.5 | 82 | 17.6 | 9.5 | 13.5 | |
| 19 — | 654.25 | 14.8 | 12.9 | 80 | 19.3 | 10.0 | 14.6 | 0.90 | 19 — | 654.21 | 15.6 | 13.7 | 81 | 19.0 | 11.7 | 15.3 | |
| 20 — | 652.96 | 14.7 | 12.5 | 76 | 20.6 | 9.4 | 15.0 | | 20 — | 655.33 | 16.1 | 13.9 | 78 | 20.3 | 11.9 | 16.1 | |
| 21 — | 652.95 | 14.7 | 15.2 | 84 | 18.4 | 10.8 | 14.6 | | 21 — | 654.05 | 16.7 | 13.4 | 68 | 22.1 | 10.8 | 16.4 | |
| 22 — | 653.13 | 15.9 | 14.6 | 87 | 20.6 | 11.1 | 15.8 | | 22 — | 653.94 | 16.4 | 13.6 | 81 | 23.0 | 10.7 | 16.8 | |
| 23 — | 652.77 | 16.6 | 17.0 | 83 | 22.8 | 13.8 | 18.3 | | 23 — | 653.68 | 16.4 | 15.0 | 82 | 21.9 | 10.4 | 16.6 | |
| 24 — | 652.22 | 20.7 | 17.2 | 70 | 25.8 | 15.7 | 20.7 | | 24 — | 653.67 | 14.0 | 12.2 | 72 | 19.8 | 10.5 | 15.1 | |
| 25 — | 652.20 | 20.1 | 16.8 | 71 | 25.0 | 16.7 | 20.3 | | 25 — | 653.97 | 15.0 | 12.1 | 71 | 19.4 | 9.2 | 14.3 | |
| 26 — | 652.65 | 17.6 | 14.4 | 77 | 23.2 | 14.0 | 18.6 | | 26 — | 654.20 | 14.7 | 12.7 | 71 | 17.8 | 10.7 | 14.2 | |
| 27 — | 652.80 | 16.1 | 15.7 | 76 | 19.7 | 11.9 | 15.7 | | 27 — | | 14.0 | 11.9 | 79 | 18.9 | | | |
| 28 — | 653.02 | 17.5 | 14.4 | 71 | 21.8 | 13.0 | 17.4 | | 28 — | 654.49 | 15.8 | 14.2 | 85 | 20.6 | | | |
| 29 — | 654.58 | 17.2 | 14.7 | 75 | 21.3 | 13.3 | 17.5 | | 29 — | 654.40 | 15.3 | 15.1 | 77 | 19.5 | 11.0 | 15.2 | |
| 30 — | 655.68 | 16.0 | 13.0 | 78 | 18.3 | 13.0 | 15.6 | | 30 — | 654.51 | 15.1 | 12.3 | 71 | 19.3 | 10.6 | 14.9 | |
| 31 — | 653.59 | 13.5 | 12.0 | 66 | 20.7 | 9.3 | 15.0 | | 31 — | 654.69 | 15.0 | 12.8 | 77 | 19.2 | 10.4 | 14.8 | |
| Moyenne... | 653.66 | 15°5 | 13°0 | 75 | 19°8 | 10°6 | 14°9 | 1.70 | Moyenne... | 654.65 | 15°01 | 12°8 | 76 | 19°5 | 10°7 | | 0.55 |

## Observations faites à la Mission catholique de Tananarive *(suite)*

| MOIS ET DATES | BAROMÈTRE | THERMOMÈTRE SEC | THERMOMÈTRE humide | HUMIDITÉ | MAXIMA | MINIMA | MOYENNE | PLUIE en millimètres | MOIS ET DATES | BAROMÈTRE | THERMOMÈTRE SEC | THERMOMÈTRE humide | HUMIDITÉ | MAXIMA | MINIMA | MOYENNE | PLUIE en millimètres |
|---|---|---|---|---|---|---|---|---|---|---|---|---|---|---|---|---|---|
| | Millim. | | | | | | | | | Millim. | | | | | | | |
| 1 septembre | 653.74 | 16°6 | 13°2 | 79 | 19°8 | 12°2 | 16°0 | | 1 octobre | 656.60 | 14°3 | 13°3 | 88 | 17°8 | 11°3 | 14°5 | 0.95 |
| 2 — | 651.92 | 16.5 | 13.7 | 72 | 20.3 | 12.2 | 16.2 | | 2 — | 656.29 | 13.2 | 12.9 | 76 | 19.8 | 11.2 | 15.5 | 0.58 |
| 3 — | 652.02 | 18.6 | 14.5 | 65 | 25.6 | 12.1 | 18.8 | | 3 — | 656.58 | 15.8 | 14.1 | 82 | 18.7 | 11.7 | 15.2 | 0.27 |
| 4 — | 653.66 | 18.2 | 15.2 | 70 | 23.5 | 12.8 | 18.1 | | 4 — | 655.39 | 17.0 | 14.2 | 74 | 21.0 | 11.8 | 16.4 | |
| 5 — | 655.21 | 13.4 | 12.5 | 67 | 18.0 | 12.8 | 15.8 | | 5 — | 654.83 | 17.3 | 13.9 | 65 | 23.1 | 10.9 | 17.0 | |
| 6 — | 655.89 | 14.1 | 11.7 | 75 | 18.1 | 9.6 | 13.8 | | 6 — | 654.75 | 17.6 | 14.4 | 71 | 22.2 | 9.9 | 16.0 | |
| 7 — | 653.59 | 14.3 | 12.4 | 70 | 17.9 | 11.1 | 14.5 | | 7 — | 653.75 | 19.0 | 14.8 | 62 | 24.8 | 13.2 | 19.0 | |
| 8 — | 656.10 | 14.2 | 12.3 | 75 | 17.8 | 10.1 | 13.9 | | 8 — | 652.20 | 18.8 | 15.5 | 71 | 26.0 | 12.2 | 19.1 | |
| 9 — | 655.58 | 15.0 | 12.7 | 82 | 20.1 | 11.1 | 15.6 | | 9 — | 652.85 | 18.0 | 15.6 | 76 | 22.2 | 14.7 | 18.4 | 1.35 |
| 10 — | 655.69 | 15.2 | 12.5 | 72 | 19.9 | 8.9 | 14.4 | | 10 — | 654.52 | 17.6 | 15.9 | 83 | 21.0 | 13.5 | 17.2 | 6.75 |
| 11 — | 655.30 | 17.1 | 13.4 | 66 | 22.5 | 10.7 | 16.6 | | 11 — | 654.77 | 16.7 | 13.5 | 69 | 20.5 | 12.0 | 16.2 | |
| 12 — | 652.80 | 18.1 | 14.4 | 76 | 24.0 | 11.8 | 17.9 | | 12 — | 653.89 | 17.7 | 14.0 | 63 | 22.2 | 10.9 | 16.5 | |
| 13 — | 653.27 | 18.0 | 14.7 | 69 | 22.8 | 11.5 | 17.1 | | 13 — | 652.64 | 18.7 | 14.3 | 62 | 24.1 | 11.5 | 17.7 | |
| 14 — | 654.45 | 17.9 | 14.7 | 70 | 22.5 | 13.1 | 17.8 | | 14 — | 651.94 | 19.9 | 16.1 | 67 | 26.3 | 12.9 | 19.6 | |
| 15 — | 654.12 | 17.2 | 15.8 | 85 | 21.5 | 12.7 | 17.1 | | 15 — | 651.56 | 20.7 | 16.5 | 66 | 26.7 | 14.2 | 20.4 | |
| 16 — | 655.07 | 17.5 | 15.0 | 77 | 22.1 | 12.7 | 17.4 | | 16 — | 652.05 | 21.0 | 16.5 | 57 | 25.3 | 15.0 | 20.1 | |
| 17 — | 653.73 | 17.8 | 16.0 | 82 | 21.8 | 11.6 | 16.7 | | 17 — | 653.22 | 19.3 | 17.0 | 79 | 23.2 | 14.5 | 18.7 | |
| 18 — | 654.51 | 18.4 | 16.8 | 84 | 22.0 | 15.7 | 17.8 | 0.70 | 18 — | 652.56 | 20.2 | 18.2 | 82 | 24.9 | 14.8 | 19.8 | |
| 19 — | 655.16 | 18.8 | 16.8 | 81 | 22.2 | 14.5 | 18.2 | 4.00 | 19 — | 651.27 | 20.6 | 17.3 | 72 | 26.7 | 14.9 | 20.8 | 0.88 |
| 20 — | 651.92 | 19.5 | 17.6 | 85 | 23.4 | 15.5 | 19.3 | | 20 — | 650.01 | 20.8 | 18.2 | 73 | 26.2 | 16.0 | 21.1 | 0.70 |
| 21 — | 652.56 | 17.1 | 14.9 | 77 | 20.8 | 13.4 | 17.1 | 1.90 | 21 — | 649.26 | 21.2 | 17.8 | 71 | 25.8 | 15.5 | 20.6 | 0.20 |
| 22 — | 652.90 | 18.9 | 15.2 | 66 | 23.8 | 13.5 | 18.5 | | 22 — | 649.95 | 21.4 | 16.1 | 57 | 26.4 | 15.0 | 20.7 | |
| 23 — | 652.31 | 19.4 | 16.4 | 74 | 24.0 | 14.5 | 19.2 | 0.10 | 23 — | 650.20 | 21.5 | 15.9 | 56 | 27.4 | 14.5 | 20.9 | |
| 24 — | 652.67 | 17.2 | 14.8 | 76 | 21.8 | 13.2 | 17.0 | | 24 — | 650.96 | 21.6 | 18.6 | 74 | 27.2 | 16.1 | 21.0 | |
| 25 — | 653.97 | 16.1 | 14.7 | 85 | 19.2 | 12.8 | 16.0 | 0.15 | 25 — | 651.57 | 21.1 | 18.0 | 74 | 27.8 | 15.7 | 21.7 | 0.67 |
| 26 — | 654.01 | 15.7 | 15.9 | 81 | 10.8 | 10.2 | 15.0 | | 26 — | 652.41 | 21.7 | 18.0 | 69 | 26.2 | 16.5 | 21.5 | |
| 27 — | 654.70 | 16.5 | 13.6 | 71 | 20.3 | 10.8 | 15.5 | | 27 — | 653.42 | 21.9 | 18.7 | 75 | 25.7 | 16.5 | 21.4 | 20.20 |
| 28 — | 655.30 | 16.5 | 15.9 | 74 | 21.3 | 10.8 | 16.0 | | 28 — | 652.77 | 22.1 | 17.8 | 65 | 27.7 | 16.8 | 22.2 | |
| 29 — | 655.93 | 16.1 | 14.0 | 79 | 20.1 | 11.5 | 15.7 | | 29 — | 651.84 | 20.4 | 17.5 | 77 | 28.0 | 17.2 | 22.6 | 0.45 |
| 30 — | 656.49 | 15.4 | 13.6 | 81 | 19.5 | 10.8 | 15.1 | 0.05 | 30 — | 652.50 | 19.4 | 17.1 | 79 | 25.0 | 14.3 | 18.6 | 26.70 |
| | | | | | | | | | 31 — | 652.15 | 19.3 | 17.4 | 82 | 22.3 | 14.5 | 18.3 | 18.20 |
| Moyenne... | 653.95 | 16°9 | 14°3 | 75 | 20°6 | 12°0 | 16°0 | 6.00 | Moyenne... | 653.19 | 19°5 | 16°5 | 74 | 25°7 | 13°9 | 18°0 | 77.70 |

## Observations faites à la Mission catholique de Tananarive (suite)

| MOIS ET DATES | BAROMÈTRE | THERMOMÈTRE SEC | THERMOMÈTRE humide | HUMIDITÉ | MAXIMA | MINIMA | MOYENNE | PLUIE en millimètres | MOIS ET DATES | BAROMÈTRE | THERMOMÈTRE SEC | THERMOMÈTRE humide | HUMIDITÉ | MAXIMA | MINIMA | MOYENNE | PLUIE en millimètres |
|---|---|---|---|---|---|---|---|---|---|---|---|---|---|---|---|---|---|
| | Millim. | | | | | | | | | Millim. | | | | | | | |
| 1 novembre | 652.44 | 20°2 | 17°8 | 78 | 25°4 | 15°0 | 20°2 | 6.25 | 1 décembre | 650.55 | 20°9 | 19°1 | 84 | 26°8 | 17°4 | 22°1 | 6.20 |
| 2 — | 652.05 | 20.2 | 17.6 | 76 | 25.1 | 15.8 | 20.4 | 0.20 | 2 — | 650.74 | 20.0 | 18.3 | 84 | 25.8 | 16.9 | 20.5 | 9.40 |
| 3 — | 652.54 | 19.8 | 17.3 | 77 | 23.5 | 14.4 | 18.9 | 22.90 | 3 — | 650.27 | 21.0 | 18.7 | 79 | 25.0 | 17.2 | 21.1 | 3.50 |
| 4 — | 652.78 | 20.9 | 18.4 | 78 | 26.7 | 16.0 | 21.3 | | 4 — | 648.28 | 21.4 | 19.2 | 81 | 25.6 | 17.3 | 21.4 | 17.10 |
| 5 — | 652.89 | 22.5 | 18.8 | 69 | 26.8 | 16.8 | 21.8 | | 5 — | 647.78 | 20.6 | 18.4 | 80 | 24.7 | 17.7 | 21.2 | 1.70 |
| 6 — | 651.67 | 22.2 | 18.0 | 67 | 27.4 | 15.5 | 21.4 | | 6 — | 649.81 | 20.5 | 18.9 | 85 | 25.0 | 17.7 | 21.3 | 0.20 |
| 7 — | 650.42 | 22.8 | 18.9 | 68 | 27.3 | 17.4 | 22.3 | | 7 — | 651.29 | 21.5 | 19.7 | 84 | 26.0 | 17.7 | 21.8 | 0.85 |
| 8 — | 650.12 | 22.4 | 17.6 | 62 | 27.6 | 16.2 | 21.0 | | 8 — | 651.25 | 21.8 | 19.7 | 81 | 25.8 | 17.8 | 21.8 | 16.10 |
| 9 — | 651.95 | 20.0 | 17.5 | 77 | 24.0 | 16.1 | 20.0 | | 9 — | 650.55 | 22.1 | 20.0 | 85 | 27.0 | 18.4 | 22.7 | |
| 10 — | 652.81 | 20.4 | 17.2 | 71 | 25.2 | 14.5 | 19.8 | | 10 — | 650.79 | 20.7 | 18.9 | 84 | 24.7 | 17.3 | 21.0 | 2.60 |
| 11 — | 651.89 | 21.1 | 16.6 | 63 | 26.2 | 14.8 | 20.5 | | 11 — | 650.62 | 20.3 | 18.8 | 87 | 24.8 | 17.0 | 20.9 | 21.60 |
| 12 — | 651.17 | 22.5 | 18.8 | 68 | 28.0 | 17.3 | 22.6 | | 12 — | 649.72 | 20.3 | 19.1 | 89 | 23.8 | 17.2 | 20.5 | 1.10 |
| 13 — | 651.18 | 21.5 | 17.9 | 70 | 25.2 | 16.0 | 20.6 | 0.60 | 13 — | 649.22 | 20.5 | 19.0 | 86 | 24.8 | 16.9 | 20.8 | 14.50 |
| 14 — | 651.25 | 20.7 | 16.5 | 64 | 25.4 | 14.8 | 20.1 | | 14 — | 650.04 | 20.3 | 18.9 | 87 | 24.0 | 17.0 | 20.5 | 24.60 |
| 15 — | 650.73 | 21.6 | 17.0 | 69 | 27.0 | 15.2 | 21.1 | | 15 — | 650.25 | 20.9 | 19.1 | 83 | 24.8 | 17.0 | 20.9 | 4.00 |
| 16 — | 650.75 | 22.6 | 18.5 | 66 | 28.6 | 16.5 | 22.4 | | 16 — | 649.50 | 21.9 | 19.5 | 79 | 26.5 | 16.3 | 21.5 | 5.90 |
| 17 — | 651.85 | 21.0 | 18.4 | 77 | 24.8 | 17.4 | 21.1 | 3.70 | 17 — | 649.05 | 19.5 | 18.3 | 88 | 23.3 | 15.6 | 18.4 | 64.40 |
| 18 — | 652.45 | 19.5 | 17.2 | 79 | 22.6 | 15.8 | 19.2 | 0.12 | 18 — | 650.25 | 19.7 | 18.5 | 89 | 22.3 | 16.8 | 19.5 | 9.60 |
| 19 — | 652.25 | 18.6 | 16.8 | 83 | 20.8 | 14.9 | 17.8 | | 19 — | 651.53 | 19.0 | 18.3 | 94 | 21.0 | 15.8 | 18.4 | 15.60 |
| 20 — | 651.98 | 18.1 | 16.9 | 88 | 20.2 | 14.6 | 17.4 | 2.00 | 20 — | 650.50 | 19.8 | 18.7 | 89 | 25.8 | 15.7 | 19.7 | 0.55 |
| 21 — | 650.64 | 21.0 | 18.8 | 80 | 25.8 | 15.3 | 20.5 | | 21 — | 650.08 | 20.7 | 19.4 | 88 | 24.2 | 16.8 | 20.5 | 1.45 |
| 22 — | 650.56 | 22.0 | 18.1 | 68 | 26.8 | 17.0 | 21.9 | 1.55 | 22 — | 648.33 | 21.1 | 18.8 | 78 | 25.0 | 16.9 | 20.9 | |
| 23 — | 650.75 | 21.5 | 17.2 | 63 | 25.8 | 16.2 | 21.0 | | 23 — | 647.95 | 19.6 | 18.5 | 88 | 23.2 | 17.5 | 20.2 | |
| 24 — | 650.60 | 22.2 | 18.4 | 68 | 26.8 | 16.0 | 21.4 | | 24 — | 648.59 | 21.2 | 18.4 | 81 | 24.4 | 16.9 | 20.6 | 19.50 |
| 25 — | 650.76 | 21.5 | 18.4 | 74 | 28.0 | 18.8 | 23.4 | | 25 — | 648.53 | 20.3 | 19.6 | 93 | 24.2 | 17.7 | 20.9 | 0.12 |
| 26 — | 650.12 | 23.3 | 18.9 | 65 | 28.6 | 18.0 | 23.3 | 0.10 | 26 — | 648.50 | 19.1 | 18.7 | 96 | 21.6 | 17.6 | 19.6 | 44.80 |
| 27 — | 650.80 | 25.6 | 18.5 | 50 | 28.6 | 18.3 | 23.4 | 7.10 | 27 — | 648.98 | 19.2 | 18.4 | 93 | 21.8 | 16.8 | 19.3 | 13.80 |
| 28 — | 650.72 | 22.4 | 18.7 | 70 | 28.0 | 17.2 | 22.6 | 1.60 | 28 — | 649.58 | 18.4 | 18.0 | 96 | 22.2 | 15.0 | 19.3 | 45.20 |
| 29 — | 650.35 | 22.8 | 19.4 | 72 | 28.0 | 17.2 | 22.6 | 6.10 | 29 — | 650.77 | 19.0 | 18.5 | 94 | 22.7 | 15.8 | 19.2 | 94.00 |
| 30 — | 650.80 | 22.0 | 18.0 | 74 | 26.8 | 16.7 | 21.7 | 27.40 | 30 — | 652.24 | 19.1 | 18.2 | 91 | 24.0 | 15.4 | 19.7 | 12.10 |
| | | | | | | | | | 31 — | 651.84 | 19.0 | 18.3 | 93 | 22.8 | 16.3 | 19.8 | 18.60 |
| Moyenne... | 651.38 | 21°4 | 18°0 | 71 | 26°0 | 16°2 | 21°1 | 70.60 | Moyenne... | 650.34 | 20°0 | 18°7 | 88 | 25°8 | 16°8 | 20°3 | 466.47 |

*Résumé des observations à lecture directe faites à la Mission catholique de Tananarive pendant l'année 1897.*
*(Altitude de 1 360 mètres).*

| MOIS | BAROMÈTRE à 0° | THERMOMÈTRE sec | THERMOMÈTRE humide | HUMIDITÉ relative | MAXIMA | MINIMA | TEMPÉRATURE MOYENNE d'après les extrêmes | PLUVIOMÈTRE |
|---|---|---|---|---|---|---|---|---|
| Janvier...... | » | » | » | » | 24.4 | 17.5 | » | 442.85 |
| Février...... | » | » | » | » | 23.6 | 16.8 | » | 166.45 |
| Mars....... | » | » | » | » | 25.1 | 16.8 | » | 276.65 |
| Avril...... | 652.67 | 18.9 | 15.7 | 81 | 23.0 | 14.4 | » | 37.50 |
| Mai....... | 653.08 | 17.1 | 14.7 | 76 | 21.3 | 12.5 | » | 11.08 |
| Juin....... | 653.80 | 15.4 | 13.1 | 77 | 19.7 | 11.0 | » | 1.00 |
| Juillet...... | 653.66 | 15.5 | 13.0 | 75 | 19.8 | 10.6 | » | 1.70 |
| Août....... | 654.65 | 15.1 | 12.8 | 76 | 19.5 | 10.7 | » | 0.55 |
| Septembre... | 653.93 | 16.9 | 14.3 | 75 | 20.6 | 12.0 | » | 6.90 |
| Octobre..... | 653.19 | 19.3 | 16.3 | 74 | 23.7 | 13.9 | » | 77.70 |
| Novembre.... | 651.38 | 21.4 | 18.0 | 71 | 26.0 | 16.2 | » | 79.60 |
| Décembre.... | 650.34 | 20.0 | 18.7 | 88 | 23.8 | 16.8 | » | 466.47 |

## COTE OCCIDENTALE

Nous n'envisagerons ici que la climatologie de Majunga, celle de Morondava et celle de Nosy Vé, points de la côte Ouest situés, le premier, sensiblement au Nord, le deuxième au Centre, le troisième au Sud de Madagascar.

*a)* **Majunga.** — La ville de Majunga est bâtie sur une plage de sable, élevée de quelques mètres au-dessus du niveau de la mer.

La nappe d'eau souterraine est peu profonde; on la rencontre à environ $2^m,5$ au-dessous de la surface du sol. La plupart des puits creusés dans l'intérieur de la ville ne donnent qu'une eau saumâtre, impropre à la boisson.

La pression barométrique moyenne au niveau de la mer est de 763 millimètres, à 11 heures du matin, et de 761, à 5 heures du soir. Elle s'élève au-dessus de la moyenne pendant les mois de juin, juillet et août où elle atteint 766; elle descend au contraire au-dessous pendant les mois d'hivernage; le minimum 758 a été observé en décembre.

La température moyenne minima est $24°,6$, la température maxima $30°,8$. Les températures extrêmes oscillent entre $16°,6$ en juillet et $35°,7$ en novembre.

L'état hygrométrique de l'air, qui y atteint de 70 à 75 pour 100 d'humidité relative, rend la chaleur pénible à supporter pendant l'hivernage. L'air y est sec pendant les mois de juin, juillet, août, septembre et octobre et l'état hygrométrique moyen de la saison sèche est de 44 pour 100. Pendant cette période, les nuits sont fraîches. Il y tombe chaque année une moyenne de 1 145 millimètres d'eau.

A Majunga il existe deux saisons bien tranchées : 1° la saison chaude et pluvieuse, d'octobre à avril ; 2° la saison fraîche et sèche, d'avril à octobre.

Les vents changent de direction suivant la saison et même suivant l'heure de la journée. Ceux qui soufflent du Sud-Est et du Nord-Ouest sont les plus fréquents.

Les vents de l'Ouest et du Nord-Ouest viennent directement de la mer, ils sont salutaires; ceux du Sud et du Sud-Ouest qui soufflent dans la baie n'apportent pas non plus de germes paludéens.

Les vents du Nord-Est et de l'Est sont à redouter parce qu'ils arrivent dans la ville après avoir traversé des régions marécageuses qui constituent des foyers de paludisme d'autant plus intenses que les marais sont formés par un mélange d'eau douce et d'eau salée. La ville est protégée au Nord par une colline de 30 à 40 mètres de hauteur qui s'étend de l'Est à l'Ouest et est recouverte de beaux manguiers, mais elle est tout à fait exposée à l'Est. Heureusement les vents de l'Est soufflent rarement sur la ville.

La réputation d'insalubrité faite à Majunga à la suite de l'expédition est loin d'être méritée. La plupart des hommes qui sont morts à Majunga venaient de l'intérieur, et presque tous arrivaient au port d'évacuation dans un état de cachexie profonde. Assurément le paludisme sévit à Majunga.

nous pouvons même dire avec une certaine intensité; cependant la salubrité de cette ville est supérieure à celle de Tamatave, et les Européens installés dans de bonnes conditions hygiéniques peuvent y vivre facilement.

*Observations faites à Majunga par M. Stratton Knott.*
Altitude : 41 mètres au-dessus du niveau de la mer.

| DÉTAIL ANNUEL | PRESSION MOYENNE au niveau de la mer | | TEMPÉRATURE DE L'AIR | | | | HUMIDITÉ | | PLUIE | |
|---|---|---|---|---|---|---|---|---|---|---|
| | | | | | MOYENNES | EXTRÊMES | HUMIDITÉ relative | | | |
| | 11 heures du matin | 5 heures du soir | 11 heures du matin | 5 heures du soir | Minima | Maxima | 11 heures du matin | 5 heures du soir | 11 heures du matin | 5 heures du soir | TOTAL | PLUS GRANDE AVERSE |
| Avril 1892 à Mars 1893 | 763 | 761 | 29.0 | 27.8 | 22.0 | 31.4 | 15.5 | 37.0 | 54 | 61 | 1454.40 | 104.90 |
| Avril 1893 à Mars 1894 | 763 | 761 | 28.7 | 27.7 | 21.6 | 30.6 | 16.1 | 35.2 | 51 | 60 | 1318.51 | 137.92 |
| Avril 1894 à Décembre 1894 | 763 | 761 | 28.5 | 27.4 | 21.3 | 30.5 | 16.6 | 35.7 | 50 | 61 | 661.66 | 119.12 |

| DÉTAIL ANNUEL | TEMPS NOMBRE DE JOURS DE | | | | | VENT NOMBRE D'OBSERVATIONS DE | | | | | | | |
|---|---|---|---|---|---|---|---|---|---|---|---|---|---|
| | PLUIE | ORAGE | CIEL CLAIR | NUAGEUX | BOURRASQUE | N. | N.-E. | E. | S.-E. | S. | S.-O. | O. | N.-O. | CALME |
| Avril 1892 à Mars 1893 | 71 | 94 | 171 | 45 | 2 | 156 | 59 | 69 | 78 | 54 | 80 | 62 | 171 | 21 |
| Avril 1893 à Mars 1894 | 75 | 88 | 127 | 78 | 0 | 59 | 42 | 66 | 149 | 46 | 49 | 37 | 262 | 20 |
| Avril 1894 à Décembre 1894 | 45 | 43 | 119 | 54 | 2 | 20 | 23 | 23 | 158 | 33 | 51 | 28 | 201 | 12 |

*b*) **Morondava**. — Le climat de Morondava n'est ni plus ni moins insalubre que celui des autres points de la côte Ouest. Sans doute la fièvre y est fréquente; les indigènes eux-mêmes y sont sujets; mais ces fièvres sont généralement sans gravité. Le littoral constamment battu par les vents du Sud-Ouest ou du Nord-Ouest est plus sain que l'intérieur.

Le plus mauvais mois de l'année pour l'Imerina est le mois de septembre, époque de la pousse des arbres et de la floraison (Tarokazo)

De 'décembre à la fin de mars, le soleil est très chaud et oblige à de grandes précautions. Les accès provenant d'insolation sont en effet particulièrement dangereux.

Les indigènes distinguent quatre saisons: l'été (Asara) ou la saison des pluies, de décembre à fin mars; l'automne (Fararano), d'avril à juin; l'hiver (Asotry), de juin à fin août; le printemps (Fahosa), de septembre à novembre. Il fait très chaud de décembre à fin mars; d'avril à mi-juin, la température est agréable; de mi-juin à fin août, il fait relativement frais, surtout pendant la nuit.

c) **Nosy Vé.** — Latitude Sud 23°38′58″.

La pression barométrique donnée dans les annuaires météorologiques de l'Observatoire de Tananarive paraît trop élevée; cela tient probablement à ce que l'anéroïde de Nosy Vé, comparé au bureau central météorologique de Paris, a dû subir en route quelques chocs qui l'ont déréglé. Malgré l'erreur systématique de l'instrument, nous pouvons suivre la marche du baromètre dans cette île.

Deux fois l'an, la pression atmosphérique se rapproche de la moyenne annuelle, aux mois de mai et d'octobre; elle va en décroissant depuis octobre, novembre, décembre et baisse rapidement en janvier pour atteindre son minimum en février; puis elle remonte d'environ 1 millimètre par mois et atteint son maximum de hauteur en juillet.

La température moyenne de Nosy Vé égale 26°; elle est donc plus élevée que sur la côte Est de Madagascar. Le thermomètre durant le mois de février y monte jusqu'à 33° et le minimum ne descend qu'à 16° au mois d'août. Cette chaleur est tempérée par la mousson qui longe la côte et souffle le plus fréquemment du Sud d'une manière modérée. Comme sur toute la côte Ouest de Madagascar, la quantité de pluie tombée est relativement faible : 418 millimètres en 1891, 227 millimètres en 1892.

## VIII

## RACES

**Hovas.** — *Caractères physiques.* — Les Hovas ont la peau claire, les cheveux droits; les traits du visage se rapprochent plutôt de la race mongolique que de la race nègre. Ils sont de stature grêle. Au point de vue pathologique, ils sont à peine plus résistants que la race blanche et sont infectés de syphilis à un bien plus haut degré que les populations au milieu desquelles ils vivent. Les autres Malgaches sont assez différents entre eux: les populations de la côte Ouest en particulier doivent au sang nègre une physionomie assez particulière; mais, Sakalaves ou Betsimisarakas, Betsileos, Tanalas, Baras ou Antankaras, se ressemblent beaucoup plus entre eux, qu'ils ne ressemblent aux Hovas. Tous sont des négroïdes, les Hovas seuls n'en sont pas, encore qu'on soit embarrassé de dire à quelle race ils appartiennent.

*Diffusion.* — Les Hovas sont groupés autour de l'Ankaratra, le plus haut sommet de Madagascar, dans la province d'Imerina. Antaimerina ou Merina est, à proprement parler, leur véritable nom, car celui de Hova ne s'applique qu'à une caste que nous appellerions les hommes libres. Ce sont les individus au teint clair que nous appellerons les Hovas, pour nous conformer à l'usage prédominant dans l'Imerina ; mais beaucoup de Merinas ont la peau noire et les cheveux crépés ; ceux-ci constituent d'ailleurs une classe spéciale, socialement inférieure, et que les Hovas appellent la classe des *mainty*, c'est-à-dire des noirs.

Les Merinas ont essaimé sur la côte Ouest ; mais dans leur colonie du Bouéni, de l'Ambongo, du Betsiriry, les Hovas proprement dits sont rares ; les colonies merinas dans ces pays torrides et fiévreux sont presque entièrement composées de noirs. Le Hova à teint clair ne prospère réellement que dans l'air salubre des hauts plateaux.

*Histoire primitive.* — La légende a conservé le souvenir très net de la conquête des noirs par la race claire. Elle nous apprend que l'Imerina était originairement peuplée de Vazimbas (suivant toute vraisemblance, les ancêtres des mainty ou noirs).

Au milieu des Sakalaves et confondus avec eux, vivent encore, à l'embouchure du Manambolo, des tribus vazimbas. Le roi hova qui les assujettit dans l'Imerina s'appelait Andriamanelo, et il dut sa victoire à ses sagaies à pointe de fer ; les indigènes n'avaient que des épieux à pointe en terre cuite.

Il est donc évident que les Hovas sont des étrangers d'une civilisation un peu supérieure, venus en conquérants. Nous connaissons d'ailleurs la descendance, et même, dans une certaine mesure, la généalogie d'Andriamanelo ; autant qu'on peut faire d'une généalogie de souverains successifs la base d'un calcul chronologique, l'établissement des Hovas dans l'Imerina ne paraît guère remonter à plus de deux siècles. En admettant une erreur à peine vraisemblable d'une centaine d'années, les Hovas restent donc des nouveaux venus à Madagascar.

*Origine.* — Il est généralement admis qu'ils sont venus de Malaisie ; mais cette opinion, si répandue qu'elle soit, n'est pas encore scientifiquement établie d'une manière absolue.

La langue malgache est certainement très proche parente de la langue malaise ; elle fait partie de cette immense famille malayo-polynésienne qui s'étend de Formose à la Nouvelle-Zélande et de Tahiti à Madagascar.

Mais au XVII° siècle, du temps de Flacourt, elle était déjà ce qu'elle est aujourd'hui, et ce ne sont assurément pas, comme l'a fait remarquer M. Grandidier[1], les Hovas qui l'ont importée à Madagascar. Au contraire, ils ont certainement adopté la langue des vaincus au milieu desquels ils

---

1. M. Grandidier a montré dans plusieurs Mémoires que, contrairement à ce qu'on pensait et disait, le fond de la population malgache est formé de nègres océaniens (et non pas africains), ayant apporté avec eux les usages de l'Extrême Orient et la langue d'origine malayo-polynésienne qu'on parle et qu'on a parlée de tout temps à Madagascar.

Pl. XIV. — 1. RAINITARY, CHEF DE L'INSURRECTION DANS LE BOUÉNI. — 2 ET 3. RABEZAVANA ET RAINIBETSIMISARAKA, CHEFS DE L'INSURRECTION DANS L'EST. — 4. RABOZAKA, CHEF DE L'INSURRECTION DANS LE NORD.

Tous les quatre sont de race hova.)

vivaient. Par conséquent, que les Hovas soient Malais ou non, l'introduction de la langue malgache ne peut leur être attribuée, et de ce que les Hovas parlent malayo-polynésien, nous ne sommes pas autorisés à conclure qu'ils sont Malais puisque leur idiome ne leur appartient pas. Il ne faut pas, en effet, oublier que l'arrivée des Hovas à Madagascar est toute récente, qu'elle s'est produite en pleine période historique, c'est-à-dire à une époque où nous savons pertinemment que l'île était fréquemment visitée par les Arabes et les Hindous. Mais nous n'avons jamais entendu dire qu'un seul bateau malais ait jamais poussé jusque-là. En somme, la question de l'origine des Hovas n'a pas encore été résolue. Nous savons seulement qu'ils sont étrangers et nouveaux venus.

*Qualités de la race*. — Ils sont par nature supérieurs aux autres Malgaches. Mayeur, qui les a vus en 1776, a été frappé de trouver, au centre de l'île, des indigènes aussi « policés », à une époque où les Hovas n'avaient pas encore pris le contact avec les Européens.

L'existence d'une immense rizière d'un seul tenant, Betsimitatatra, chose rare dans un pays de montagnes et de vallées étroites, a permis l'agglomération, sur un petit espace et dans les villages environnants, d'une population très dense. Et cette agglomération, unique au milieu de petits royaumes et de petites tribus, a permis la constitution d'un pouvoir central fort et obéi. A partir de ce moment où tout l'Imerina fut réuni dans la main d'un seul roi Andrianampoinimerina, mort en 1810, et qui reste la plus grande figure de toute l'histoire hova, l'Imerina eut la chance d'être gouverné par une succession de souverains et de ministres énergiques et habiles, mais cruels et tyranniques : il suffit de citer Radama I, Ranavalona I, Rainilaiarivony.

Dons naturels, caractère du pays, développement historique, tout a donc contribué à faire des Hovas le premier peuple de l'île.

Quoiqu'on ait exagéré l'importance pratique de l'assistance donnée aux Hovas par le gouvernement anglais d'abord, et par les Missions anglaises ensuite, cette assistance a été réelle. N'ayant pas de passé et pas de traditions, malgré leur vanité très vive, les Hovas se sont jetés sur les nouveautés européennes, tandis que les tribus voisines sont restées profondément attachées aux coutumes de leurs ancêtres. Il est vrai, cependant, que malgré leur bonne volonté ils ont au fond peu d'aptitudes assimilatrices. On leur a reproché, avec raison, d'être fourbes, cupides, cruels et poltrons ; ils sont naturellement antipathiques. Il n'en est pas moins vrai que, seuls entre tous les Malgaches, les Hovas ont su se constituer un gouvernement et des institutions, et que leur Imerina, qui est la plus aride des provinces de l'île, n'en est pas moins la plus cultivée et, par conséquent, la plus riche. Ils semblent avoir, en eux, un germe de développement spontané qu'on chercherait vainement ailleurs.

Les Hovas sont tout au plus un million ; leur nombre semble en voie d'accroissement, autant qu'on peut en juger en l'absence de statistiques comparatives.

## TABLEAU GÉNÉALOGIQUE

### des Souverains de l'Emyrne.

Rafohy, reine à Merimanjaka. 1527?
|
Rangitra, reine à Merimanjaka, 1547?
|
Andriamanelo, roi, 1567, Alasora. — Andriamananitany, Ambohitrandriananahary.
|
Ralambo, 1587, à Alasora.
|
Andriantompokoindrindra, déshérité du trône, à Ambohimalaza.
|
Andrianjaka, 1607, à Tananarive.
|
Andriantsitakatrandriana, 1627, à Tananarive.
|
Andriantsimitoviaminandriandehibé, 1647, à Tananarive.
|
Razakatsitakatrandriana, puis son frère.
|
Andriamasinavalona, 1667?
|
L'Imerina est divisé entre les quatre fils d'Andriamasinavalona, qui régnèrent à Ambohimanga, Ambohidrabiby, Ambohidratrimo et Antonanando.
Andrianjakanavalomandimby, 1687?
|
Andriamponimerina, 1707? Tananarive.
|
Andrianavalobemihisatra, 1727?
|
Andriambalohery, 1747?
|
Andrianamboatsimarofy. 1767?

---

Dynastie d'Andrianampoinimerina, roi d'Ambohimanga et cousin du roi de Tananarive Andrianamboatsimarofy, règne à Tananarive après la conquête de l'Imerina ; est né en 1745 et règne de 1787 à 1810.
|
Radama I<sup>er</sup>, 1810-1828, né vers 1792.
|
Rabodonandrianampoinimerina ou Ranavalona I<sup>re</sup>, femme et cousine de Radama, 1828-1861.
|
Radama II, 1861-1863, né vers 1829.
|
Rasoherina, 1863-1868, femme et cousine du précédent, née vers 1817.
|
Ranavalona II, cousine de la précédente, 1868-1883, née vers 1829.
|
Ranavalona III, 1883-1897, cousine de la précédente.

---

**Betsileos.** — Les Betsileos, qui habitent la province de Fianarantsoa, ne sont connus sous ce nom que depuis moins d'un siècle. Du temps de Flacourt, vers le milieu du xvii° siècle, les Antanosy les lui désignèrent sous celui d' « Arindrano » du nom du district Sud de la province. On les appelait encore du nom d'Ambatra, c'est-à-dire habitants des hauts plateaux (*ambatra*, étage supérieur en dialecte betsileo et antanosy).

Les Betsileos sont robustes, assez grands et bien musclés; leur taille moyenne est d'environ 1<sup>m</sup>66. Les femmes sont, au contraire, petites : leur taille ne dépasse pas, en général, 1<sup>m</sup>52. Le teint est brun foncé, plutôt que noir, surtout chez les femmes et les enfants ; la peau est lisse, souvent ternie par des affections cutanées.

*Castes.* — On ne connaît, ou plutôt on ne connaissait que deux castes chez les Betsileos, les nobles ou « zanak'andriana », encore appelés Hovas et tompomenakely (possesseurs de fiefs), et les libres, appelés « vahoaka » (peuple) ou « olompotsy » (hommes libres). Nous ne parlerons que pour mémoire de la caste si mélangée des esclaves.

*Hiérarchie. Autorité. Organisation locale.* — Avant la domination hova, la province betsileo, partagée entre un grand nombre de seigneurs ou tompomenakely, vivait dans un état d'anarchie presque permanent, par suite des guerres perpétuelles que se faisaient entre eux les divers chefs du pays et dont les résultats étaient des razzias de bœufs et aussi d'habitants que le vainqueur réduisait en esclavage.

Ces tompomenakely administraient et pressuraient leurs sujets avec l'aide de chefs secondaires appelés « andevohova » mot à mot : esclaves du Hova ou prince (en dialecte betsileo). Les andevohovas étaient et sont restés la cheville ouvrière de toute l'administration. Après leur conquête, les Merinas ou Hovas s'en sont servis pour administrer le pays, transmettre partout leurs ordres et les faire exécuter.

Les seigneurs et les juges, « tompomenakely et andriambaventy », n'étaient, aux yeux des Hovas, qu'un rouage secondaire destiné à contrôler ou assurer le bon fonctionnement des andevohovas, qui exerçaient directement leur autorité sur le peuple, surtout en ce qui concernait la corvée; celle-ci, en effet, résumait autrefois toute l'administration : corvées de rizières, du service militaire, des écoles, des églises, des « Zatolahimonina » ou sédentaires, des « Voromahery », des prisons et de la police, des transports, des courriers, des ouvriers d'art, des bûcherons, etc.

Les andevohovas n'avaient pas tous une autorité égale. Ils étaient, d'ailleurs, très nombreux et leur « fanahiana » ou juridiction était parfois très restreinte; elle se comptait par « hetra ». Le hetra, ou mesure de rizière imposée, peut être approximativement évalué à un demi-hectare, et ce demi-hectare de rizière supposait une soixantaine d'hectares de terres vagues et une population de 6 à 8 habitants.

C'est ainsi que certains andevohovas comptaient à peine quelques hetras sous leur domination, tandis que d'autres en comptaient des centaines.

C'est parmi les andevohovas que l'on choisissait les « tompon'arivo » et les « andriambaventys », dont le choix, en principe, était laissé au tompomenakely et sanctionné par les « fokon'olona », ou population mâle, adulte et libre des villages. Plus tard, ces charges sont devenues pour ainsi dire héréditaires.

*Limites du territoire.* — La province des Betsileos, comprise entre le 20° et le 22°50' de latitude Sud d'une part, et les 44° et 45° de longitude Est d'autre part, revêt vaguement les formes d'un rectangle allongé du Nord au Sud et présentant une longueur d'environ 270 kilomètres sur une largeur de 110 kilomètres, ce qui fait une superficie d'environ 30 000 kilomètres carrés. Elle est limitée : au Nord, par l'Imerina, à l'Est par le pays tanala, au Sud et à l'Ouest par le pays bara.

La population totale est d'environ 280 000 ou 300 000 habitants, ce qui fait 10 habitants par kilomètre carré.

Sur les 3 millions d'hectares que comprend la province, en chiffre rond, on peut estimer à environ 2 millions d'hectares les surfaces cultivables.

Celles réellement mises en valeur n'atteignent pas le centième de ce chiffre, soit moins de 20 000 hectares sur 2 millions. Certaines vallées très fertiles sont presque entièrement cultivées : telles sont les vallées du Mandranofotsy et du Tsiandanitra, près de Fianarantsoa; celle du Mananantanana, près d'Ambohimandroso, celle du Fanindrona à Ambohinamboarina, et celles de l'Imania, du Sandrandahy, du Vazambé et du Sahamadio, près d'Ambositra. Mais les plateaux et les massifs que fouettent les vents froids de la saison sèche, sont généralement déserts et à peine utilisés comme pâturages.

Dans les vallées fertiles que nous avons citées, les villages et surtout les fermes et les hameaux sont très nombreux, mais peu peuplés. Seuls, les Hovas construisent d'importants villages; le Betsileo, au contraire, redoute et semble fuir les centres populeux; il s'isole dans son « vala » ou ferme, qu'il établit près de sa rizière et où il vit, en famille, à l'état patriarcal.

*Émigration.* — Les Betsileos sont essentiellement sédentaires et redoutent par-dessus tout l'exil ou l'éloignement de leur pays. C'est ainsi que les pires abus de l'administration hova n'ont déterminé, dans cette province, qu'un nombre relativement très restreint d'émigrations.

*Distribution de la population.* — Certaines contrées, de préférence les vallées, telles que celles déjà citées, sont très peuplées, alors que, dans l'ensemble, la densité moyenne de la population n'est, comme on l'a dit plus haut, que d'environ 10 habitants par kilomètre carré.

Les femmes sont plus nombreuses que les hommes, les vieillards sont assez rares, les enfants sont en nombre proportionné au chiffre de la population, qui ne semble pas s'accroître sensiblement, à cause du grand nombre de cas de stérilité, de syphilis, de certaines épidémies de fièvre pernicieuse et aussi de l'insécurité qui a régné longtemps sur les confins de l'Ouest et du Sud de la province. Depuis l'an dernier, le chiffre de la population paraît suivre un mouvement régulièrement ascendant qui semble dû surtout à la pacification du pays.

*Routes les plus fréquentées.* — Par suite de la nature accidentée du pays, les cours d'eau ne peuvent être utilisés comme moyens de transport ou de communication que dans des limites extrêmement restreintes (transport de bois ou de riz, par pirogue). En l'état actuel, tous les transports se font à dos d'homme par des sentiers, autrefois très difficiles et nullement entretenus, mais devenus plus larges et plus praticables depuis la prise de possession du pays par la France. Des chaussées de deux mètres de large et des ponts ou ponceaux ont été aménagés partout, excepté sur les grands cours d'eau, tels que la Matsiatra et le Mandranofotsy; tous les territoires ou cantons de la province sont actuellement reliés entre eux par ces sortes de routes muletières très praticables aux bêtes de somme, qui ont avantageuse-

Pl. XV. — TYPES DE L'IMERINA : 1. FEMME NOBLE (ANDRIANA). — 2. MUSICIEN HOVA. 3. HOVAS. — 4. FEMME HOVA EN DEUIL.

ment remplacé les anciennes pistes et les étroites chaussées des rizières et des marais.

*Caractères distinctifs.* — Le caractère distinctif du Betsileo est sa patience, sa docilité et aussi sa lenteur, son indolence, son apathie. Comme usages sociaux, le « fokon'olona », ou assemblée de la population mâle adulte, sous la présidence des vieillards de chaque localité, joue un très grand rôle dans la vie sociale de cette peuplade. Les conflits, les intérêts généraux, sont discutés devant le fokon'olona, dont les avis ou la décision sont généralement respectés.

Combien de procès ruineux sont ainsi évités! Les procès étaient, en effet, sous l'administration hova une des causes de ruine pour les Betsileos, qui sont têtus et très processifs. Certains individus, très forts en chicane, faisaient même profession de citer sans cesse en justice leurs concitoyens et de les assigner devant les autorités sans passer par l'arbitrage des fokon'olona. C'étaient les « mpitory », qui, n'ignorant pas combien vénale était la justice hova, n'hésitaient pas à rechercher la ruine d'un de leurs compatriotes, mus par le coupable espoir de glaner quelques piastres dans la curée des biens de leur victime, et les Hovas n'avaient garde de mettre un frein à cette industrie abominable, dont ils tiraient eux-mêmes le plus clair de leurs revenus. Depuis un an, les mpitory, frappés avec une juste sévérité, semblent avoir renoncé à leurs procédés habituels, et, de ce fait, le nombre des procès a considérablement diminué. Il y a quelques années, la justice était au plus offrant, et le grand juge de Fianarantsoa, qui était le fils du gouverneur de l'époque et ancien chef de cambrioleurs à Tananarive, était lui-même le chef secret et l'inspirateur des ravisseurs d'enfants et des voleurs de nuit ; ce qui n'empêchait pas ce personnage de prêcher dévotement tous les dimanches et de commenter la morale de l'Évangile à Andranobirika, le plus grand temple de Fianarantsoa! Comment les malheureux Betsileos n'auraient-ils pas tremblé devant lui et accepté sans murmure ses plus iniques décisions!

Il est une coutume pieuse chez les Betsileos, c'est le grand respect qu'ils ont pour les vieillards, les « rangahibé », et, comme suite et conséquence de ce respect, le culte qu'ils professent pour les morts, qui sont toujours ensevelis avec une grande solennité et au milieu d'une affluence considérable.

Non seulement les parents, mais encore tous les habitants du village, des bourgs et hameaux voisins, sont convoqués aux funérailles, qui se prolongeaient autrefois très longtemps, selon la fortune du défunt. Jusqu'au jour de l'ensevelissement du corps, les parents du défunt étaient tenus d'offrir d'interminables agapes aux invités, qui s'enivraient, chantaient et dansaient au son des fifres et des tambours, tandis que les proches parents veillaient le corps et sanglotaient à grand fracas, à intervalles réguliers, dans la chambre mortuaire, d'où s'exhalait, au bout de quelques jours, une odeur pestilentielle. Les orgies auxquelles donnaient lieu les enterrements se complétaient naturellement par des saturnales dont la licence dépassait toutes bornes.

Il était aussi d'usage de promener le corps du défunt dans tous les villages de son menakely (seigneurie), lorsque c'était un noble. On immolait partout beaucoup de bœufs, et ces fêtes perpétuelles ne contribuaient pas peu à propager, parmi les Betsileos, les habitudes de débauche et de paresse.

C'est ainsi que le prince Rajaoka, tompomenakely de la province d'Isandra et oncle du gouverneur général actuel, décédé en février 1892, ne fut enseveli qu'à la fin du mois d'octobre de la même année.

Grâce à des mesures sévères, ces mœurs déplorables tendent à disparaître. Les tompomenakely, dont les droits et les abus ont été supprimés, encourageaient ces coutumes dans un esprit de lucre et de cupidité. Nul, en effet, ne pouvait ensevelir ses morts sans l'autorisation du tompomenakely dont il relevait, et ces derniers n'accordaient l'autorisation qu'à prix d'or, surtout si les héritiers du défunt étaient riches; et ceux-ci, après un délai plus ou moins long, acceptaient toujours de payer une forte rançon, pour éviter la ruine complète qui devait naturellement résulter d'un interminable festin, dont la coutume voulait qu'ils fissent tous les frais. Ce droit monstrueux du tompomenakely portait le nom de « tandra lova ».

Par suite de leur culte et de leur vénération pour les morts, presque toutes les familles betsileos, même les plus humbles, ont des caveaux de famille établis un peu partout dans le pays et recouverts d'un massif en pierres sèches, de forme rectangulaire, d'environ 5 mètres de côté sur 1$^m$,50 de hauteur. La description de ces tombeaux, de leur entretien et des rites funéraires exigerait une description trop longue pour cette étude.

Les Betsileos s'adonnent volontiers à la paresse, à l'ivrognerie et à la luxure. Leur sol, généralement assez fertile, favorisé par un climat exceptionnel, leur permet de vivre presque sans travail. Quant à leurs mœurs, elles ne sont pas meilleures que dans le reste de l'île.

Le ménage n'est qu'une sorte de concubinage dont la dislocation n'embarrasse aucun des conjoints. Il est d'usage de pratiquer un essai loyal et assez prolongé de l'état conjugal avant de procéder au semblant de cérémonie qui consacre l'union, cérémonie appelée « vodiondry », sorte de repas ou festin auquel assistent les familles et les amis des deux conjoints. Il est rare que les unions soient inscrites sur les registres de l'état civil (bokimpanjakana), moins rare qu'elles soient consacrées par l'un des cultes qui se disputent le cœur ou l'âme des indigènes.

Cette facilité toute spéciale dont font preuve les Betsileos nous montre le peu de fondement de leurs prétendues croyances chrétiennes, toutes de surface, et autrefois imposées par le tout-puissant bras séculier de feu Rainilaiarivony.

Au fond, les Betsileos, comme tous les Malgaches, sont restés fétichistes et adorateurs secrets des anciens « sampy » ou idoles nationales. Ils sont le jouet d'une foule de superstitions, croient sincèrement aux devins, aux sorciers, aux jeteurs de sorts et à une foule d'ody ou amulettes. Les plus malins d'entre eux, les mpisikidy, prédisent l'avenir à l'aide des manipulations du jeu de « sikidy », emprunté aux Arabes. Ils fabriquent aussi et vendent toutes sortes d'ody, commerce très lucratif et non encore patenté.

Les enfants sont élevés à la grâce de Dieu ou plutôt... à la diable. Les

Bétsileos ignorent le beau vers du poète latin : *Maxima debetur puero reverentia*.

Dans les cases étroites où ils sont entassés, les petits assistent philosophiquement aux ébats naturels de leurs aînés ou de leurs parents. Ils se marient ou s'accouplent fort jeunes et beaucoup n'attendent pas, pour cela, d'avoir atteint l'âge de puberté. Il en résulte, entre autres inconvénients, de nombreux cas de stérilité chez les femmes et aussi, très souvent, des produits chétifs, condamnés à une mort prématurée. Les Betsileos sont, d'autre part, pleins d'indulgence pour leurs enfants, contre lesquels ils ne s'irritent ou ne sévissent jamais. Le rôle de la femme dans la peuplade est très restreint. Très bonne mère, très attachée à ses enfants, elle n'est, aux yeux du mari, qu'une sorte de concubine destinée à la joie du foyer. Le Betsileo croit ne lui devoir aucune fidélité et ne lui en demande guère en échange. C'est l'union libre, avec toutes ses conséquences les plus illimitées. En cas de dissolution de ces unions par trop éphémères, les enfants vont où il leur plaît d'aller; la loi n'a rien à y faire et n'a rien prévu à cet égard. Généralement, ils restent avec la mère, car le père qui répudie une épouse montre, par cela même, qu'il n'a plus aucune affection pour les enfants nés d'elle; sinon, il la garderait chez lui, se bornant à la tromper plus ou moins ouvertement, ou à lui imposer, s'il est riche, une seconde et une troisième épouse, car la polygamie, autrefois en honneur dans le pays, est encore pratiquée par presque tous les chefs. Les esclaves jeunes et jolies étaient aussi, pour ainsi dire de droit, les concubines du maître. Elles portaient le nom de « Tsindry fé ». La première épouse, comme les nouvelles venues, s'accommode d'ailleurs très bien de cet usage ancestral, indice de richesse et de puissance.

La femme betsileo est, en somme, peu digne de sympathie. Très paresseuse, très négligente, on ne la voit pour ainsi dire jamais se livrer aux travaux des champs. Elle passe sa journée à cueillir quelques brèdes, à piler un peu de riz et à apprêter le repas commun. Elle coud ou tisse rarement, et, si elle entreprend la confection d'un lamba, elle ne met pas moins d'une année pour le terminer. Aussi infidèle que son époux, elle le trompe pour son plaisir ou, plus volontiers, pour un peu d'argent. Très avide d'alcool, elle s'enivre quand les circonstances s'y prêtent (enterrements, naissances, mariages ou circoncision). Les hommes encouragent d'ailleurs ce vice chez leurs femmes et déclarent que le rhum les rend plus... aimables.

Un usage toujours en honneur chez les Betsileos est celui de la circoncision. Cette opération se pratique généralement en hiver ou au printemps et l'on n'y soumet que les enfants ayant atteint l'âge de quatre ou cinq ans au plus. C'est l'occasion d'une fête de famille. Parfois, un vieillard se livre à des incantations ou à des prophéties, le tout accompagné du jeu de la sagaïe et du bouclier. Un usage bizarre exige que le père ou l'oncle du petit opéré ingurgite le prépuce enroulé dans la pulpe d'une banane.

Une autre coutume des plus déplorables consiste dans la pratique de l'usure, à laquelle tous les Betsileos sont adonnés.

Les facultés intellectuelles du Betsileo sont généralement peu développées, non que cet indigène manque d'intelligence, mais simplement par suite d'une sorte de paresse, d'inertie intellectuelle, qui fait que cette faculté se développe peu ou mal. On constate, en effet, que, lorsqu'ils s'appliquent à vaincre leur paresse originelle, ils ne sont pas moins ingénieux et moins intelligents que les Hovas et qu'ils arrivent à conquérir un degré à peu près égal de culture intellectuelle et de savoir scientifique. Les cas, malheureusement, sont rares, car le Betsileo, doux, docile, mais lent et paresseux comme le bœuf, aime à somnoler comme lui et à ruminer son maigre repas ou à cuver ses libations, quand sa bourse est bien garnie.

Le dialecte des Betsileos diffère assez sensiblement de celui de l'Imerina, principalement dans les campagnes. Leur prononciation surtout est différente et affecte un ton traînard et chantant; ils tendent aussi à supprimer la dernière syllabe de certains mots, tels que : *fanjaka* pour *fanjakana*, *laka* pour *lakana*, etc. et ils prononcent *ts* pour *tr*, qui est d'une prononciation si difficile dans le dialecte hova, et disent *tsatsa*, pour *tratra*, *manambotsa* pour *manambotra*, etc.

Enfin, un certain nombre de mots diffèrent complètement d'un dialecte à l'autre :

|  |  |  |
|---|---|---|
| Mesa | pour antsy . . . . . . . . | *couteau.* |
| Kidona | — tetezana . . . . . . | *pont.* |
| Dongo | — laona. . . . . . . . | *mortier à riz.* |
| Ampela | — vehivavy . . . . . . | *femme.* |
| Panda | — momba. . . . . . . | *stérile.* |
| Troka | — kibo. . . . . . . . | *ventre.* |
| Betroka | — bekibo . . . . . . . | *enceinte, pleine.* |
| Amboa | — alika. . . . . . . . | *chien.* |
| Atoy | — aty. . . . . . . . . | *ici.* |

Pour beaucoup de mots, le dialecte betsileo se rapproche du dialecte sakalave, ce qui semblerait indiquer une communauté d'origine, fort reculée d'ailleurs.

Il diffère, au contraire, beaucoup du dialecte des Betsimisarakas, mais beaucoup moins de celui des Antanalas et des Antanosy.

*Nature du sol et culture.* — Le sol est à peu près partout fertile ou susceptible d'être fertilisé et cultivé. En estimant les surfaces fertiles à deux millions sur trois millions d'hectares, on est plutôt au-dessous de la vérité. Il est cependant des régions froides, pierreuses et dépouillées de tout humus, dont l'exploitation serait particulièrement ingrate et coûteuse, quoique non impossible. Ce sont ces régions qui peuvent être évaluées à un million d'hectares environ. Partout ailleurs, avec du travail et des fumures et des amendements, on peut obtenir d'abondantes récoltes. Un exemple suffira pour démontrer cette assertion. Un terrain ordinaire et peu humide, un hectare en manioc, même sans fumure et sans autre soin qu'un simple labour à l'angady, rapportera, au bout de 18 mois à 2 ans, de 20 à 40 kilogrammes de racines, selon la nature du sol. Ce dernier est partout très riche en potasse, en phosphore et en humus, c'est le calcaire qui y fait presque complètement défaut.

La composition du sol est argileuse avec présence de sable (un tiers environ) et de mica. Le mica en excès dénote les plus mauvaises terres. Certains gisements de chaux, récemment découverts, font espérer que la pratique du chaulage permettra d'amender le sol dès que l'ouverture des voies de communication aura permis d'améliorer les moyens de transport actuels. On pourra alors espérer beaucoup du sol et du climat de la province, où viennent également bien les produits des pays chauds et ceux des pays tempérés. Aujourd'hui, les parties cultivées en riz, manioc, patates, haricots, maïs, sorgho, canne à sucre, tabac, pistaches, arums et pommes de terre, ne représentent pas le centième des parties cultivables, soit moins de 30 000 hectares pour l'ensemble de la province. Le reste du sol est recouvert d'herbes de nature et de qualité diverses, qui servent de pâturage au bétail. Or, la province, avec ses 3 millions d'hectares, dont près de 2 millions constituent d'assez bons pâturages, ne nourrit pas plus de 100 000 bœufs et 20 à 25 000 moutons environ.

La récolte du riz, qui est la base de l'alimentation, se fait en mars, avril et mai; celle du maïs et du sorgho, en février; celle des patates et des pistaches, en juin et juillet; celle du manioc et autres produits du sol, en toute saison.

La province était probablement couverte partiellement de bois ou tout au moins de brousses, il y a un ou deux siècles. Les défrichements par l'incendie en ont eu raison et il ne reste plus que la longue bande de grande forêt, courant du Nord au Sud en bordure de la frontière Est, qui sépare les Betsileos des Tanalas. Cette bande forestière est sans cesse assaillie et dévastée par les indigènes, dont la paresse recherche la riche couche d'humus des sous-bois, qui, amendé par les cendres de l'incendie, leur donne, presque sans culture, d'abondantes récoltes de maïs et de patates.

L'épaisseur de la bande boisée n'est plus aujourd'hui que de 10 à 12 kilomètres. Des mesures sévères ont été prises pour préserver de la destruction ce précieux lot, d'où les villages tirent encore leurs bois de construction et de chauffage. Ces forêts produisent de très belles essences bien connues et bien cotées. Les principales, à l'aide desquelles il y aurait lieu de boiser une partie de la province sont : le « voamboana », ou palissandre malgache, l' « ambora », sorte de santal imputrescible, le « rotra », qui est très dur et très durable, et le « lalona », qui est de qualité encore supérieure. Ces deux derniers arbres sont très communs et d'une croissance relativement rapide, tandis que les deux premiers sont d'une venue plus lente.

*Le climat.* — Le climat du Betsileo serait d'une douceur remarquable, s'il n'était gâté par des brises souvent très froides qui soufflent de l'Est et sont souvent accompagnées de brouillards. Le thermomètre varie de 3 à 27 degrés, suivant les saisons.

Les indigènes des hauts plateaux divisent l'année en quatre saisons bien tranchées :

1° Le « loha-taona », tête de l'année, ou printemps, qui s'étend approximativement du 15 août au 15 novembre. C'est l'époque de la germination.

2° Le « fahavaratra » ou saison des grandes pluies (été), du 15 novembre au 15 février.

3° Le « fara-rano » ou arrière-saison (automne), du 15 février au 15 mai. C'est l'époque des moissons et des principales récoltes, riz, maïs, sorgho, patates, haricots, etc.

4° Le « ririnina », ou hiver, du 15 mai au 15 août, saison relativement très froide, pendant laquelle on voit le thermomètre descendre à 2 et 3 degrés, et, parfois, les feuilles se couvrir de givre. L'atmosphère est refroidie par les brises, les bruines et les brouillards glacés de l'Est. Pendant le ririnina, la végétation subit un temps d'arrêt bien marqué et la plupart des arbres se dépouillent de leur feuillage, comme en Europe pendant l'hiver.

L'Européen, n'étant jamais déprimé par la chaleur, se porte généralement bien dans le Betsileo. Le paludisme y sévit cependant avec intensité, surtout dans certains districts, tels que ceux de l'Isandra, du Manandriana, d'Ambotofinandrahana. La fièvre typhoïde et la tuberculose y sont rares ; les affections intestinales et thoraciques « a frigore » sont fréquentes chez les indigènes qui se nourrissent et se vêtissent mal.

Le pays abonde en ressources de toute nature ; les qualités du sol et l'excellence du climat se prêtent à toutes sortes de cultures. Tous les légumes et autres produits de l'Europe viennent remarquablement bien sur presque tous les points de la province, ainsi que tous nos arbres fruitiers, et l'on peut voir, dans les jardins, le pommier, le pêcher, le prunier, l'abricotier, le cerisier, le poirier, la vigne, le châtaignier, le bibassier, le jamrosa, le goyavier, etc. Le pommier et le pêcher réussissent particulièrement bien et fournissent d'excellents fruits.

L'élevage pourra donner de bons résultats, surtout le jour où la pratique de l'ensilage des fourrages verts permettra de constituer des approvisionnements pour la saison sèche. Actuellement, par suite de l'imprévoyance, de l'insouciance et de la paresse des indigènes, la grande majorité des fourrages est perdue pour le bétail, qui trouve partout une nourriture abondante pendant la saison des pluies, mais qui maigrit lorsque les herbes se dessèchent et perdent leurs sucs et leurs qualités nutritives. A présent, plus de deux millions d'hectares de terrains herbeux, ou « terrains de parcours », suffisent à peine à la nourriture de moins de 100 000 têtes de bétail, ce qui représente vingt hectares par tête ! Autrefois, les chefs du pays, tompomenakely et andevohova, s'attribuaient la possession de tous les terrains herbeux de leurs fiefs ou districts et en prohibaient le parcours aux troupeaux des simples habitants. De nombreux kabary, accompagnés d'ordres sévères, ont déclaré tous les terrains herbeux biens domaniaux et en assurent la jouissance, soit aux colons, soit aux indigènes éleveurs de bétail.

L'élevage du cheval, de l'âne et du mulet donnera certainement d'excellents résultats. Celui du mouton, du porc et de la volaille est déjà très rémunérateur.

Les Betsileos, quoique pasteurs, sont essentiellement sédentaires. Ils élèvent leurs troupeaux à proximité de leur ferme ou « vala », y trouvant toujours des pâturages assez abondants sans avoir besoin de se transporter au loin.

*Habitations*. — Les anciennes cases betsileos sont toutes construites en bois et en bambous. Les nouvelles habitations, au contraire, sont construites en terre, à l'instar de celle des Hovas. L'éloignement de la forêt et la cherté du bois ont beaucoup contribué à cette transformation.

Quels que soient les matériaux qui entrent dans sa construction, une case betsileo se compose toujours d'un rez-de-chaussée et d'un grenier; elle est orientée à l'Ouest pour éviter les vents froids et humides qui soufflent de l'Est. Une petite fenêtre, percée au Nord, et une petite porte, qu'on prendrait pour une fenêtre, tournée à l'Ouest, sont les seules ouvertures par lesquelles le Betsileo reçoit l'air et la lumière.

En face de la porte d'entrée, se trouve le foyer ou « fatana » et, en arrière, dans un coin, une énorme cruche qui sert de réservoir pour l'eau douce; cette espèce d'amphore n'est jamais déplacée et son ouverture est recouverte d'une sorte de couvercle en paille tressée. Cette cruche, ainsi que les marmites et assiettes, constitue généralement le seul apport de la femme à la communauté. Si le mari brise cette amphore ou la fait rendre aux parents de l'épouse, c'est un avis de divorce immédiat.

Dans la partie Ouest de la maison, se trouve souvent un lit en bois, très court, où l'on doit dormir les jambes repliées. Le dessous, qui ferme comme une armoire, est l'abri des poules et des canards pendant la nuit. Souvent, des planches placées autour de la case en forme d'étagères servent d'ornement ou de débarras aux habitants. Une sorte de claie est suspendue au-dessus du foyer pour le boucanage de la viande, mais c'est surtout un réceptacle pour la suie, car, les cheminées étant inconnues, au bout de quelques mois l'intérieur de la case est tout noir de suie. Le sol, à l'intérieur des cases, est toujours recouvert de nattes. Une ouverture carrée pratiquée dans le plafond permet de monter au grenier par une échelle, qui est souvent remplacée par un poteau de soutien du milieu de la case, dont le pourtour est entaillé de larges encoches qui permettent l'ascension de l'étage.

Les toitures sont toujours en chaume.

*Monnaie*. — Les indigènes se servaient uniquement de monnaie d'argent avant la conquête française. L'unité de monnaie était alors notre pièce de 5 francs, mais elle a été originairement la piastre mexicaine de 27 gr. 073. Les indigènes, pour faire de la monnaie divisionnaire, étaient arrivés à couper ou à morceler cette piastre en 720 morceaux, dont le plus petit était égal au poids d'un grain de riz, plus les deux cinquièmes d'un grain de riz non décortiqué : c'était le « variraiventy », qui servait de base à la numération indigène, car, du variraiventy dérivaient l' « eranambatry », le « sikajy » et, enfin, la piastre. Pour les besoins de cette numération monétaire, les indigènes se basaient sur les systèmes ci-dessous, qui suivent une progression arithmétique décroissante de 10 à 8.

1° Le système décimal : 10 variraiventy valent 1 eranambatry.

2° Le système nonal : 9 eranambatry valent 1 sikajy.
3° Le système octonal : 8 sikajy valent 1 piastre.
C'est sur ce système que repose toute la comptabilité indigène.
Par exemple, la somme de 5 fr. 74 ou « lasitelo sy ariary » s'écrit : « ariary sikajy eranambatry varidimiventy », ou, en abrégé : 1 a., 1 s., 1 e., 5 v.
Le sikajy équivaut aussi au demi-shilling anglais ou 0 fr. 625 ; l'eranambatry à un peu moins de 0 fr. 07, et le variraiventy à 0 fr. 00694.
Il y a 7 grains de riz dans le varifitoventy et 144 varidimiventy ou 1 008 grains de riz à la piastre. L'eranambatry représente 14 grains de riz, et, comme il est la 72$^e$ partie de la piastre, nous trouverons encore dans cette dernière 1 000 grains de riz.
Mais les Malgaches ont d'autres appellations monétaires, qui sont :

| | | | | |
|---|---|---|---|---|
| Le varidimiventy | 5 | variraiventy | . . . . fr. | 0,0347 |
| Le varifitoventy | 7 | — | . . . | 0,0485 |
| L'eranambatry | 10 | — | . . . | 0,0694 |
| L'ilavoamena | 15 | — | . . . | 0,1041 |
| Le voamena | 30 | — | . . . | 0,2082 |
| Le lasiray | 40 | — | . . . | 0,3123 |
| Le roavoamena | 60 | — | . . . | 0,4164 |
| Le lasiroa | 75 | — | . . . | 0,5205 |
| Le sikajy | 90 | — | . . . | 0,6246 |
| Le lasitelo | 105 | — | . . . | 0,7287 |
| Le venty | 120 | — | . . . | 0,8328 |
| L'iraimbilanja | 150 | — | . . . | 1,0410 |
| Le kirobo | 180 | — | . . . | 1,2492 |
| Le sasanangy | 240 | — | . . . | 1,6656 |
| Le loso | 360 | — | . . . | 2,4984 |

*Les arts divers.* — Les Betsileos sont peu artistes. Ils n'ont guère d'aptitude que pour l'agriculture ou l'élevage. Toute leur industrie se borne à la confection de vases d'argile, d'écuelles, de marmites, de cruches, de cuillères en bois, à des ouvrages de sparterie, nattes, bonnets, etc., au tissage de lambas de soie, de chanvre, de coton ou d'hafotra (sorte de fibre tirée de l'écorce de l'arbre du même nom). Ces derniers lambas portent le nom de « sarimbo » et sont essentiellement betsileos.

Par suite des tendances exclusivement pastorales ou agricoles des Betsileos, on trouve peu d'ouvriers d'art parmi eux. Les forgerons, les charpentiers et les tailleurs de pierre sont même assez rares; ces professions, dans toute la province, sont généralement l'apanage des Hovas, qui les exercent avec beaucoup de talent.

*Chants et danses.* — Les Betsileos n'ont, pour ainsi dire, pas de chants vraiment dignes de ce nom. Les plus musiciens d'entre eux ont adopté les chants de l'Imerina, si variés et si harmonieux. La plupart des Betsileos des campagnes psalmodient, sur un rythme monotone, un petit nombre de chants nationaux. C'est tantôt « Dombita », l'épouse abandonnée qui supplie son mari de la reprendre et meurt de chagrin en rentrant chez son père; tantôt « kilonga mendrika fa mongo », l'enfant au beau visage, mais aux cheveux laineux; tantôt « kilonga mangaika », le jeune enfant éloigné de ses père et mère et qui ne cesse de les appeler. Le rythme de tous ces chants est lent, traînard et larmoyant.

Les Betsileos pratiquent enfin une sorte de danse mystique accompagnée de chants. Les femmes, parées de leurs plus beaux atours, sont seulement admises à danser le « salamanga », qui se pratique pour obtenir la guérison des maux et les faveurs des esprits. Cette danse était autrefois sévèrement prohibée par les autorités hovas, à l'instigation des missionnaires qui y voient comme une sorte d'idolâtrie. Le chant en usage dans le salamanga est intitulé « Vala velo (Maudissons velo)! » Cette danse se pratique surtout à l'arrière-saison, époque des fièvres, époque aussi des moissons et des réjouissances qu'entraîne la coupe des riz.

*Productions du sol. Main-d'œuvre.* — Les produits du pays consistent surtout en riz et manioc. Les Betsileos de la forêt produisent aussi un peu de cire et de caoutchouc. Parmi les produits européens, ils ne consomment guère que les toiles de coton écru et du sel marin.

L'indigène se contente de peu; les terres abondent, et deux ou trois mois de travail par année suffisent à alimenter un Betsileo et sa famille.

La vie étant d'un bon marché extrême pour l'indigène, il s'est contenté, jusqu'à ce jour, d'un salaire infime : 20 à 25 centimes par jour. La journée de travail est ordinairement de dix heures.

Cependant, la main-d'œuvre est rare, par suite du peu de besoins des indigènes, et ce serait peut-être une erreur que d'espérer se la procurer en abondance en élevant les salaires. En effet, dès qu'un Betsileo a gagné quelques francs, il cesse de travailler et vit sans rien faire jusqu'à épuisement complet de son petit pécule.

Les transports sont plus rémunérateurs pour les Betsileos. Le voyage de Fianarantsoa à Mananjary, dont la durée est de 15 à 20 jours, aller et retour, leur est payé de 7 fr. 50 à 10 francs, et celui de Tananarive, de 12 fr. 50 à 15 francs. La charge moyenne est de 25 kilogrammes; beaucoup de porteurs acceptent cependant des charges de 40 et même de 50 kilogrammes.

*La propriété.* — Les Betsileos sont essentiellement éleveurs. Le droit de propriété n'existait pour ainsi dire pas pour eux avant la domination française, la reine étant, en principe, maîtresse de tout, jusques et y compris la vie de ses sujets. Cependant, dans l'application, les rizières et les champs cultivés par les Betsileos étaient toujours respectés. Quant aux forêts et aux terrains herbeux, dont les chefs se prétendaient propriétaires de père en fils, la loi 91 du Code malgache en attribuait la propriété absolue à la reine, n'abandonnant aux indigènes qu'une sorte de droit de jouissance; c'est ainsi qu'elle frappait de vingt années de fers ceux qui louaient ou vendaient des parcelles de forêt ou des terrains herbeux.

Le droit strict du Betsileo s'étendait donc uniquement sur son « vala » (ferme), ses champs et ses bœufs. Sa liberté était aliénée puisqu'il pouvait être appelé à faire la corvée du gouvernement, d'un bout de l'année à l'autre.

*Justice.* — En ce qui concerne les contestations de peu d'importance, surgies au sein de la famille, le chef du « vala », ou chef de famille, tranchait le différend, et ses décisions étaient presque toujours écoutées. Les procès plus importants étaient soumis aux seigneurs ou tompomenakely, aux andriambaventy ou juges et aux fokon'olona ou assemblées communales : les causes soumises à ces assemblées, que présidaient les chefs énoncés ci-dessus, étaient généralement réglées sans appel, il y a 25 ou 30 ans. Dans les dernières années, au contraire, les fonctionnaires hovas appelaient toutes les causes devant leur tribunal, afin de faire argent de leurs arrêts; les mêmes causes revenaient même plusieurs fois, après jugement, devant les mêmes juges, dans le cas où le perdant réussissait à se procurer de nouvelles ressources pécuniaires, à l'aide desquelles il espérait, non souvent sans raison, faire casser les premiers jugements. Les juges hovas n'éprouvaient aucune honte à se déjuger ainsi à quelques mois ou à quelques années d'intervalle.

Le Code édicté à Tananarive en 1881 faisait loi pour toute la province.

*Traditions locales.* — Le Betsileo manque essentiellement de traditions. Heureux d'une vie purement végétative à laquelle le convient son insouciance naturelle et la douceur du climat et la richesse du sol de son pays, il ne se préoccupe nullement de savoir ce qu'étaient ses ancêtres ni ce qu'ils ont fait. Les souvenirs du peuple ne remontent guère au delà d'un siècle au temps du règne d'Andrianamalina et des conquérants hovas, Andrianampoinimerina et Radama.

Ils savent vaguement que les princes de « l'Arindrano » ou « Vohibato » venaient du Sud et appartenaient à la race noble des « Zafimahafanandriana » ou « Zanak'iantara », ce qui semblerait indiquer que le berceau de ces princes était la vallée de l'Iantara à l'Est et d'Ivohibé. Les princes de l'Isandra, ou les « Zafimaharivo », provenaient, au contraire, des bords de la haute Imania, d'« Andohamania »; ceux de la Langina, ou les « Zafianarana », du Matitanana ou du Faraony. Les origines de cette peuplade sont donc restées très obscures jusqu'à ce jour.

*Remarques sur la physionomie et la constitution des habitants.* — Les cheveux des Betsileos sont drus, plantés droits et généralement frisés, sans être laineux; ils sont noirs ou châtain foncé; la barbe, peu fournie, est également frisée et noire.

Le front est arrondi, modérément découvert et assez étroit. Les sourcils sont droits, assez bien fournis et de même teinte que la barbe et les cheveux.

Les yeux, brun foncé, sont généralement grands, bien fendus, avec la commissure lacrymale, parfois, à demi-bridée par l'implantation de la paupière supérieure, comme chez les Hovas.

Les cils sont longs et retroussés. Le nez est droit, large sans être épaté, les narines sont largement ouvertes.

Pl. XVI. — 1, 2 ET 3. BETSIMISARAKAS. — 4. BETSILEO (DE MIDONGY).

Les extrémités sont fortes. La face interne des mains et des pieds est d'une couleur claire. Les mains sont effilées et plutôt larges que longues. Les pieds, très forts, sont rarement cambrés et s'étalent largement au niveau de l'articulation des orteils, qui sont souvent courts et semblent réaliser toutes les qualités requises pour la marche en chemin difficile et glissant.

Les muscles sont généralement proéminents, surtout les muscles du cou, des reins, de la cuisse et de la jambe; ceux des bras sont moins développés.

L'endurance de la race à la fatigue, à la faim surtout et à la soif, paraît assez grande. Toutefois les Betsileos résistent peu aux maladies et succombent assez rapidement aux affections graves, telles que les fièvres pernicieuses, fièvres typhoïdes, dysenterie ou pneumonie. Par suite de leur manque d'hygiène et de leurs vices, ils ne vivent pas très vieux; les vieillards, hommes ou femmes de quatre-vingts ans, sont rares, et ceux de soixante à quatre-vingts ans sont peu nombreux.

Les cas de stérilité sont très fréquents; ils paraissent dus à ce que, dès l'âge de onze ou douze ans, la plupart des filles se livrent à la débauche.

*Races mixtes.* — Par suite de la facilité des mœurs, il y a un fort mélange de sang hova chez les Betsileos, surtout au nord d'Ambositra, sur les confins du Vakinankaratra. Les habitants de l'Est sont métissés de Tanalas, ceux de l'Ouest et du Sud, de Baras, qui sont leurs voisins.

*Maladies locales.* — Citons, en premier lieu, les maladies vénériennes, auxquelles la grande majorité des Betsileos des deux sexes paye un cruel tribut. Viennent ensuite les affections malariennes, malignes ou légères; l'influenza, qui a fait deux apparitions dans le pays; la variole, qui fait parfois de terribles ravages; les affections abdominales et thoraciques qui sont assez fréquentes; enfin, la lèpre, qui continue à faire de nombreuses victimes.

Parmi les affections nerveuses, l'épilepsie n'est pas rare. Les cas de démence, la chorée, les paralysies, sont, au contraire, très peu fréquents.

*Natalité.* — Le chiffre des naissances ne paraît pas dépasser bien sensiblement celui des décès, de sorte que la statistique de la population reste à peu près stationnaire.

*Alimentation.* — Le riz, le manioc et la patate sont les bases de l'alimentation indigène. Les Betsileos des campagnes mangent rarement de la viande, en dehors de leurs fêtes, réservant leurs bœufs, leurs moutons, leurs porcs et leurs volailles pour le marché. Ils font du rhum un abus excessif; l'eau est leur boisson, en temps ordinaire.

Le vin, la bière, le thé et le café ne leur sont guère connus que de nom; ils apprécient cependant beaucoup ces boissons, et il n'est pas douteux qu'ils en feront usage, lorsque notre occupation prolongée leur aura créé des besoins et l'amour du bien-être.

**Betsimisarakas.** — Les pays peuplés par ces indigènes s'étendent le long de la côte orientale de Madagascar d'une part, entre la rivière Fanambakely

I. — 20

(au Nord d'Antalaha) et l'Irangy, et d'autre part entre la rivière Lohariana (au Nord de Mahanoro) et la Lohavohitra (un peu au-dessus de Mahela). La tribu des Betsimisaraka-antavaratra habite la première de ces régions; celle des Betsimisaraka-antatsimo peuple la seconde. Elles vont vers l'Ouest jusqu'à la lisière de la grande bande forestière de l'île, c'est-à-dire à 70 ou 80 kilomètres de la côte.

*Historique*[1]. — Le nom de Betsimisaraka fut donné vers 1712, par le roi Ratsimilaho, dont la capitale était Foulepointe, à l'ensemble des familles qui habitaient entre la baie d'Antongil et la rivière Irangy, et que ce prince dut réunir pour pouvoir lutter avec succès contre la tribu des Tsikoa ou Tsitambala, qui s'étendait de l'Irangy au Manampotsy, et qui, vaincue, reçut le nom de Betanimena; Andévorante en est aujourd'hui le centre le plus important. A la suite de sa victoire, Ratsimilaho fut proclamé roi des Betsimisarakas sous le nom de Ramaromanompo.

Il existe, dans la province de Tamatave, un certain nombre de familles betanimenas; mais il est difficile aujourd'hui de savoir comment ces migrations se sont produites et quelles en ont été les causes. Il est probable que, dans les guerres entre Betsimisarakas et Betanimenas, des prisonniers appartenant à cette dernière tribu ont été réduits en esclavage et retenus chez leurs vainqueurs. C'est là, d'ailleurs, un fait très commun chez presque toutes les peuplades de Madagascar.

*Aspect physique et caractère.* — Le Betsimisaraka est bien constitué, robuste, de taille moyenne. Le visage est légèrement ovale, les yeux sont un peu bridés, le nez est aplati, les lèvres sont fortes, mais non lippues; les cheveux sont crépés et le teint varie du jaune foncé au noir.

La douceur, la crainte, l'apathie, la naïveté et la crédulité sont les caractéristiques de la race. L'histoire nous montre, dès 1776, les chefs betsimisarakas de la baie d'Antongil, offrant la suzeraineté de leur pays à Benyowski et le peuple adoptant facilement cette décision.

Lorsque Radama Ier vint attaquer dans ses États Jean René, chef de Tamatave, il le soumit, lui et ses sujets, sans difficulté, et, depuis lors, les Betsimisarakas, toujours trompés et opprimés, n'ont jamais eu un mouvement de rébellion contre leurs oppresseurs.

Ils sont, en général, d'une intelligence assez obtuse et le développement de leurs qualités intellectuelles est souvent enrayé par la paresse et l'ivrognerie. Ils sont paisibles et sédentaires; ils se livrent un peu aux travaux de l'agriculture, mais juste assez pour en retirer ce qui est nécessaire à la satisfaction de leurs besoins immédiats.

*Habitations.* — Les cases betsimisarakas sont construites d'une façon uniforme. La carcasse est formée de bois non équarris, assemblés par mortaises et tenons, qui forment les poteaux d'angles, les poutres du faîtage, etc.

Les murs et les cloisons sont en falafa et la toiture en feuilles de ravinala;

---

[1]. Voir l'*Histoire de la fondation du royaume des Betsimisarakas*, par M. Guillaume Grandidier (*Bull. Comité de Madagascar*, 1898, p. 275 à 286).

## ETHNOGRAPHIE.

les lianes remplacent les clous. Le plancher, élevé de cinquante à soixante centimètres au-dessus du sol, est formé d'écorces aplaties recouvertes de nattes. La porte est quelquefois en bois, mais toujours sans serrure; elle est le plus souvent formée par une simple claie de joncs glissant entre deux bambous. Deux ou trois portes situées dans les angles tiennent lieu de fenêtres.

Les cases abritent rarement plus de quatre à cinq personnes. Auprès de l'habitation existe une petite construction sur pilotis, avec plancher en bois, qui sert de magasin à riz.

Les villages betsimisarakas sont presque toujours édifiés à proximité des rizières; ils ne possèdent qu'une seule rue; au centre, est ménagée une petite place sur laquelle est érigé un mât de pavillon. Aucun ouvrage de défense n'entoure les agglomérations de cases, ce qui serait, d'ailleurs, une précaution inutile, à cause de la tranquillité du pays.

*Costumes.* — Le costume masculin comprend le sadika, pièce de toile enroulée autour de la ceinture et passant entre les jambes, et une blouse en *rabanne*; celle-ci, qui sert pour le travail, est remplacée, les jours de fête, par un vêtement de même forme, en cotonnade. Comme le hova, le Betsimisaraka fait usage du lamba.

Le costume des femmes, un peu plus compliqué, comporte une chemise, une jupe de cotonnade, un corsage très juste s'arrêtant au-dessous des seins; à partir du corsage, la partie inférieure du corps est enveloppée dans un « simbo », espèce de sac en cotonnade ou en rabanne ouvert aux deux extrémités, et mesurant 5 ou 6 mètres de longueur, sur une hauteur (ou largeur) moyenne de $1^m,60$. Les femmes portent, de plus, depuis quelque temps, un châle d'étoffes variées et toujours de couleurs voyantes. Elles ont un penchant marqué pour les bijoux apparents, quelquefois disproportionnés, mais rarement de beaucoup de valeur.

Hommes et femmes portent des chapeaux de paille, que ces dernières agrémentent de rubans autour de la coiffe et sous les bords.

*Mobilier.* — L'intérieur d'une habitation betsimisaraka offre généralement un aspect assez propre. Sauf dans les centres importants, les lits sont rares; chez les gens riches ou aisés, on en trouve quelques-uns en fonte, de provenance anglaise, ou en bois, de fabrication locale. Ils sont recouverts d'étoffes blanches et protégés par une moustiquaire propre et décorée de rubans. Le pauvre couche sur une simple natte qu'il étend sur le plancher.

Les autres ustensiles en usage chez les indigènes sont des malles dans lesquelles ils enferment leurs objets précieux, des « tanti-sarona », des « sobika », des lampes à pétrole européennes et plus souvent de petites lampes du pays qui brûlent indifféremment le pétrole ou l'huile de coco. La marmite de fonte est très répandue et donne lieu, dans le pays, à un commerce important; par contre, les plats, assiettes, verres, etc., sont rares et sont remplacés, chez l'indigène, par la feuille du ravinala.

*Alimentation.* — Le riz, cuit à l'étouffée, est la principale nourriture des

Betsimisarakas qui consomment aussi un peu de viande de bœuf, de la volaille, du poisson, des bananes et des mangues.

*Maladies locales*. — La maladie la plus fréquente est la fièvre paludéenne qui existe à l'état endémique. Les cas de dysenterie sont assez nombreux, ainsi que les maladies vénériennes. Les affections de la peau sont rares ; la variole et la rougeole sont les seules épidémies.

*Agriculture, commerce, industrie*. — La principale culture des Betsimisarakas est le riz, qu'ils plantent dans des marais ou bien dans la brousse ou la forêt brûlées. La canne à sucre, le manioc, la patate et le voanjo (pistache malgache), sont aussi cultivés.

L'élevage des bœufs, des porcs et des volailles est peu répandu, mais suffit cependant à la consommation.

Le commerce indigène est peu important. Les transports se font soit à dos d'homme, soit surtout en pirogue.

Les produits de l'industrie betsimisaraka se réduisent aux rabannes, aux nattes, à quelques chapeaux, et enfin au betsabetsa, boisson fermentée qui est très en honneur dans le pays.

La pêche constitue une importante ressource pour les indigènes, les cours d'eau étant très poissonneux. La province de Tamatave est assez giboyeuse ; on y rencontre une sorte de perdrix, des cailles, du gibier d'eau, tel que canards, sarcelles, bécassines, et enfin le sanglier. Sauf ce dernier animal, qu'il poursuit à l'aide des chiens et qu'il tue à la sagaïe, le Betsimisaraka chasse peu.

*Coutumes*. — Le culte des ancêtres est sacré pour l'indigène et forme en quelque sorte le fond de sa religion. Il a, à ce sujet, des croyances bizarres ; certaines familles prétendent descendre du crocodile, d'autres du babakoto ou grand lémur à queue courte (*Indris brevicaudatus*), et ces animaux sont, de leur part, l'objet d'une grande vénération. Beaucoup d'autres sont fétichistes, et les « ombiasy », à la fois devins, comédiens et sorciers, exercent sur eux une grande influence. Comme dans les autres tribus de Madagascar, un décès est la cause d'interminables fêtes pendant lesquelles le betsabetsa coule à pleins bords et les bœufs sont abattus en raison directe de la fortune du défunt.

Les morts sont enfermés dans un tronc d'arbre creusé en forme de pirogue et recouvert d'une planche ; le même cercueil contient souvent les restes de plusieurs membres d'une famille, preuve significative de l'incurable paresse des indigènes. Les cercueils sont simplement déposés sur le sol, dans un endroit boisé, que recouvre une toiture primitive et qu'entoure une petite barrière de bambous.

Les autres cérémonies, comme la circoncision, le tsakafara (exécution d'un vœu, etc.), sont l'occasion de libations et d'orgies.

Les danses et les chants sont la distraction la plus goûtée des Betsimisarakas. Les premières n'offrent rien de particulier ; elles sont analogues à celles des autres peuplades de l'île. Leurs chansons sont toutes de traînantes mélopées, souvent plus que légères, et qu'ils accompagnent en battant des mains. Leur seul instrument de musique est aujourd'hui l'accordéon.

Généralement, l'indigène vit dans son intérieur, quoique restant en bonnes relations avec ses voisins. Leurs rapports avec certaines races de l'intérieur, particulièrement avec les Hovas, sont peu cordiaux.

La population semble rester stationnaire; la femme betsimisaraka est, du reste, peu féconde, par suite de l'alcoolisme et de la pratique fréquente des avortements.

**Sakalaves du Menabé**[1]. — Le Menabé est le cœur du pays sakalave. Sa capitale, Mahabo, sur les bords de la Morondava, est la ville sainte, la ville des ancêtres.

La tribu sakalave, venue du Sud et longeant la mer, a conquis toute la côte Ouest dans le courant du xviie siècle, sous la conduite d'un certain Lahifotsy, le Blanc, probablement un Arabe. Lahifotsy s'est établi à Mahabo, et c'est de là que ses descendants ont essaimé au Nord et au Sud. Tous les rois sakalaves sont des descendants de ce Lahifotsy; il n'y a d'exception que pour les rois du Fiherenana qui appartiennent à une famille différente.

Le Menabé s'étend des bords du Mangoky à ceux du Manambolo. On y distingue, ou plutôt on y distinguait encore l'année dernière, deux et même trois royaumes différents : le Menabé du Sud, plus ou moins soumis aux Hovas, dont la reine est encore Sinaotsa et dont la capitale est Mahabo; le Menabé du Nord, tout à fait indépendant, qui obéissait à Toera, tué l'an dernier par nos troupes dans sa capitale, Ambiky, sur les bords de la Tisiribihina; une petite partie du Menabé septentrional, notamment les embouchures de la Tsibihina, était soumise à Ingereza, frère de Toera, aujourd'hui insurgé contre notre autorité.

Tous les habitants du Menabé-Nord et Sud se donnent le nom de Sakalava, mais il est facile de distinguer sous cette appellation générale des différences de races assez tranchées.

Tout d'abord les populations côtières, les « Vezo », forment un groupe à part. On appelle « Vezo » tout ce qui sait conduire en mer les « lakampiara », c'est-à-dire les pirogues à balancier. Quoiqu'ils soient de même race que les autres Sakalaves, les Vezo doivent à leur genre de vie, à leurs relations constantes avec les étrangers et surtout avec les Arabes, un caractère tout parti-

---

1. Cette notice sur les Sakalaves du Menabé et du Mailaka est due à l'obligeance de M. Gautier, directeur de l'enseignement à Madagascar. Nul mieux que M. Gautier, qui a, à plusieurs reprises, visité ces peuplades et a en outre accompagné souvent nos troupes dans les opérations exécutées dans l'Ouest d'août à novembre 1892, ne pouvait en indiquer l'origine ni en décrire le caractère et les mœurs.

M. le commandant Guillain, qui a accompli une mission d'exploration dans le canal de Mozambique en 1842 et 1843, a exposé, dans les *Documents sur l'Histoire, la Géographie et le Commerce de la partie occidentale de Madagascar* (1845), d'après les traditions locales, l'histoire du peuple sakalave depuis son origine, et ses mœurs et coutumes.

M. A. Grandidier, qui a longtemps vécu chez les Sakalaves, de 1866 à 1870, a donné, dans diverses communications faites à la Société de Géographie de Paris, et publiées dans les Bulletins de février et avril 1872, un aperçu de leurs mœurs; il a en préparation une Histoire ethnographique complète de cette race.

culier. Ils sont plus maniables, plus accessibles, moins brutes; leur costume est un peu différent, c'est-à-dire qu'ils sont moins nus, et leurs têtes, qui sont assez souvent rasées à la mode arabe, témoignent d'un souci de propreté tout à fait étranger aux habitants de l'intérieur.

Ces derniers se donnent le nom de Masikoro. Ce sont eux qui venaient naguère jusqu'au cœur de l'Imerina et du Betsileo voler des bœufs et des esclaves. Constamment en maraude, à demi nomades, il ne tirent aucun parti d'un sol cependant fertile. Un village masikoro est une misérable agglomération de huttes dont la construction a dû demander deux heures de travail, et autour desquelles on trouve à peine quelques champs de manioc et de patates. Une rizière est une rareté.

Les Masikoros sont bien loin d'être une race pure; au Betsiriry, en particulier, c'est-à-dire au confluent du Mahajilo et de la Mania, l'immense majorité de la population est composée de Hovas et de Betsileos émigrés. Le vrai Sakalave se trouve plus particulièrement au voisinage des côtes, c'est-à-dire des points d'atterrissage des boutres arabes.

L'insécurité du pays est telle que le commerce n'est possible que dans les ports; les marchandises ne peuvent pas être transportées au loin dans l'intérieur.

Le Betsiriry, situé à 100 kilomètres de la mer, s'approvisionne très difficilement, malgré la grande voie commerciale de la Tsiribihina qui le met en communication avec le canal de Mozambique. Grâce à sa situation et à la proximité des pays hovas, grâce à sa population composite, où les bandes recrutent aisément des guides parmi les transfuges de l'Imerina, le Betsiriry était une sorte de bastion d'où les maraudeurs s'élançaient vers les régions peuplées de l'Est et où ils venaient vendre leur butin.

**Sakalaves du Mailaka.** — Au nord du Menabé, entre le Manambolo et le Manambao, s'étend le Mailaka, qui était gouverné par dix-sept petits souverains, tous indépendants les uns des autres et naturellement tous arrière-petits-fils de Lahifotsy.

Les Sakalaves du Mailaka sont noyés au milieu d'une population étrangère; les uns descendent des anciens maîtres du sol antérieurement à la conquête de Lahifotsy, ce sont les Vazimbas, établis au nord du Manambolo, aux environs de Benjavilo, qui sont à peu près fondus avec les Sakalaves; mais d'autres, plus nouveaux venus, s'en distinguent nettement. Ce sont d'abord les Hovas émigrés, qui se sont établis sur le haut Manambolo en 1862, époque où ils furent chassés de l'Imerina par la grande révolution qui a suivi la mort de Radama II. Ils y ont prospéré et gagnent du terrain sur les Sakalaves dont ils reconnaissent pourtant la suprématie.

Le groupe makoa est aussi très important; on appelle Makoas les esclaves africains transportés à Madagascar par les Arabes. Beaucoup moins intelligent que le Hova et même que le Sakalave, l'Africain aime la terre, il est paysan; il s'est établi dans les plaines fertiles, il a fait pousser autour de ses villages, à perte de vue, des champs de canne à sucre et de maïs, au milieu desquels leurs cases, propres et spacieuses, sont en quelque sorte ense-

Pl. XVII. — SAKALAVES DU BAMBARÉ (ENVIRONS D'ANKAVANDRA)

velies : un village makoa respire l'abondance. Malgré leur condition servile, dont ils ne sont pas sortis, les Makoas non seulement en sont arrivés à être supérieurs en nombre aux Sakalaves, mais encore certains d'entre eux se sont élevés à une haute situation politique. Les mœurs sakalaves cependant règnent dans tout le Mailaka ; c'est le Sakalave qui donne le ton ; ses habitudes de brigandage ont été adoptées par les Makoas et les Hovas émigrés, et le Mailaka était un repaire de bandits au même titre que le Menabé.

Mais nulle part on ne sent mieux que la race sakalave n'est plus viable ; ces beaux nègres musculeux, à l'allure conquérante, ne peuvent même pas soutenir la concurrence économique de leurs esclaves ; ils sont en voie de disparition.

La langue malgache elle-même tend à disparaître du Mailaka : beaucoup d'Africains y conservent leur idiome et les commerçants zanzibarites introduisent partout le « souahéli ».

**Sakalaves du Bouéni.** — Le territoire ressortissant à la résidence de Majunga est presque entièrement habité par les Sakalaves ; il serait impossible de donner à cette race d'autres limites géographiques que celles qui ont servi de base pour la détermination de la circonscription. Il faut toutefois remarquer que, sur certains points, ils se sont mélangés avec d'autres races, venues soit de l'intérieur de l'île, soit de l'extérieur. Ces mélanges ont pu modifier quelque peu les caractères du type, mais n'ont pas créé de mœurs nouvelles qui pourraient faire croire à l'existence de races différentes établies dans le Bouéni.

On peut dire, d'une façon presque absolue, que le Bouéni est habité par les Sakalaves. Comme exception à cette règle, on y trouve :

1° Des *Hovas*, venus en conquérants et ayant occupé les points stratégiques, qui habitent groupés sur des hauteurs qu'ils ont fortifiées et qu'ils appellent des « rova » ;

2° Des *Cafres* ou *Zazamangas*, importés à Madagascar comme esclaves et ayant obtenu le rang de sujets malgaches lorsqu'ils ont été affranchis.

Les Zazamangas sont répandus dans toute l'étendue du territoire sakalave ; ils se sont mélangés intimement avec les propriétaires du sol, dont ils ont pris les mœurs, les coutumes et le langage. Ils forment quelquefois des groupes assez importants et vivent sous le commandement de chefs de leur race. Les plus considérables de ces groupes sont à Marovoay et à Ambato.

3° Les *Sakalaves arabisant*, qui, complètement dominés par la colonie musulmane de la côte Ouest de Madagascar, entre la baie de Bombétoke, au Nord, et Maintirano, au Sud, habitent les provinces de l'Ambongo et du Mailaka. Ils obéissent à des rois ou à des reines qui, jaloux de leur indépendance, ont toujours refusé de reconnaître la domination hova. Poussés par leurs maîtres musulmans, ils ne consentent pas encore, aujourd'hui, à obéir au gouvernement français.

Il y a là un grand territoire indépendant, repaire de tous les bandits et centre de toute la contrebande sur la poudre, les armes, les alcools l'or, etc. ; c'est, en effet, par les ports de la côte entre la baie de Bombétoke et de

Maintirano, qu'entrent les munitions de guerre destinées aux fahavalos, et c'est de l'Ambongo et du Mailaka que sortaient chaque année, à la saison sèche, les bandes armées qui venaient terrifier le Bouéni.

Beaucoup de Sakalaves de ces régions ont pris les habitudes des Arabes de la côte; ils se rasent la tête, portent le turban et la grande robe longue; leurs chefs mettent même une grande coquetterie à s'orner de costumes que ne dédaigneraient pas les sultans des Comores ou d'Anjouan.

Ce sont ces Sakalaves semi-arabes qui, certainement, nous ouvriront leur pays les derniers.

4° Les *Sakalaves d'Andriba*. — La région d'Andriba est peuplée de Hovas et de Sakalaves; la plupart de ces derniers, improprement appelés Sakalaves d'Andriba, sont le produit de croisements multiples entre les aborigènes et les esclaves des Hovas. Aussi ne présentent-ils pas les caractères du type sakalave que nous définirons plus loin.

5° Les *Sakalaves Marofotsy*. — La région d'Ambodiamontana, rive droite de la Betsiboka, est habitée par les Sakalaves Marofotsy (*beaucoup de blancs*). Il y a, en effet, dans cette région, beaucoup de Sakalaves blancs; il n'y a pas lieu de s'en étonner, car cette région est sur les confins de l'Imerina et les Hovas se sont croisés avec eux.

Nous laisserons de côté ces quelques exceptions, pour nous occuper seulement du vrai Sakalave du Nord, de celui qui est resté pur de tout croisement.

*Aspect physique et caractère*. — Le Sakalave est noir; mais sa peau est moins luisante que celle des nègres d'Afrique. Il est de forte taille et n'a pas encore souffert de la loi de dégénérescence des races. Il porte les cheveux longs, tressés en une infinité de petites nattes collées avec de la graisse de bœuf; le front est ceint d'une étoffe bleue ou d'un fil supportant un coquillage blanc, qui vient se coller au-dessus du sourcil droit; l'œil, très grand, ni bon ni méchant, est plutôt bestial. Le nez est épaté, les lèvres sont semi-épaisses. Le torse nu laisse voir une poitrine bien développée, sur laquelle pendent les gris-gris les plus divers; les jarrets sont musclés à faire rougir nos plus forts marcheurs, et les attaches des poignets sont d'une finesse quasi-féminine. Malheureusement, le Sakalave est trop paresseux pour faire bon emploi de ses qualités physiques.

Comment, du reste, en serait-il autrement? Il n'a aucun besoin et ne croit devoir ajouter aucun bien-être à la vie misérable à laquelle il est habitué. Allons dans un village et interrogeons le premier Sakalave que nous rencontrerons. Cet homme a sa case qu'il a construite de ses mains, avec les matériaux que la nature lui fournit à proximité. Ses champs de riz lui assurent la nourriture pour toute l'année; près de chez lui, quelques cultures de manioc, d'arachides, de patates et de maïs lui permettent de varier un peu son ordinaire; devant sa porte, se promènent quelques volailles qu'il portera au marché ou qu'il tuera un jour de fête; dans les champs, les enfants gardent ses bœufs. S'il a besoin d'un peu d'argent pour acheter des étoffes ou de menus objets, il se défera de quelques mesures de riz blanc qu'il a en surplus, il vendra un canard ou une poule, ou même il mènera un bœuf au marché.

Tout dérangement qui ne fait pas partie de sa vie habituelle lui est pénible, et, si vous lui parlez de l'employer comme travailleur, il regardera avec dédain l'argent que vous lui proposerez ; il n'en a pas besoin et ne demande qu'à vivre de sa vie bestiale et monotone.

Si le Sakalave refuse, de prime abord, tout ce qui pourrait lui apporter une augmentation de bien-être, il reste encore bien plus fermé à toute idée de perfectionnement intellectuel. La lecture et l'écriture lui sont choses ignorées ; on n'a pas besoin de cela pour vivre !

Il a la notion très exacte de l'orientation ; mais c'est une connaissance d'instinct. Il connaît fort bien les saisons, les vents ; il prédit assez longtemps d'avance les pluies et les changements d'atmosphère ; mais c'est une aptitude spéciale, une sorte de don naturel qu'il tient de ses ancêtres et qu'il ne se préoccupe pas de cultiver.

Il reste sourd à toute idée de progrès, persuadé qu'il a des connaissances très suffisantes pour vivre heureux et il faudra très longtemps pour réussir à lui prouver le contraire, si toutefois on obtient jamais ce résultat.

L'école est l'unique moyen à employer pour arriver ou, plus exactement, pour essayer d'arriver à perfectionner le Sakalave.

Le système politique actuellement employé, consistant à laisser à chaque race le gouvernement de son territoire, sera d'un puissant secours pour y parvenir ; on arrivera peut-être à démontrer aux Sakalaves que, dans la situation actuelle, ils sont incapables de gouverner sans demander l'aide d'écrivains hovas. En excitant leur amour-propre et en leur démontrant que tout chef sakalave doit être secondé par des écrivains sakalaves, peut-être les décidera-t-on à envoyer leurs enfants dans nos écoles. Si ce résultat peut être obtenu, nous pourrons dire que les Sakalaves sont à nous.

Ils le seront d'autant plus que, par le moyen de l'école, nous pourrons arriver à les redresser non seulement au point de vue intellectuel, mais encore au point de vue moral. Nous pourrons leur inculquer des principes absolument inconnus d'eux et leur enseigner la différence qu'il y a entre le bien et le mal. Car, chez eux, cette différence n'est pas conçue d'une façon bien nette ; ils remplacent les lois morales par un *modus vivendi* spécial, qui consiste à jouer au plus fin, en recourant, quand il le faut, à la ruse et à la fourberie. Un Sakalave sait fort bien qu'il ne faut pas voler ; mais, s'il est assez heureux pour réussir à cacher son larcin, la connaissance du tort qu'il porte à autrui lui importe peu. Il sait fort bien aussi qu'il ne doit pas mentir ; mais, si l'on ne doit pas découvrir un mensonge qui lui est profitable, il lui coûtera peu de laisser de côté la connaissance qu'il a du vrai et du faux.

Et ainsi, dans tous les actes de sa vie, le Sakalave préférera son intérêt immédiat au prix de vols, de mensonges, d'accrocs aux lois, à tout ce qui pourrait faire naître, dans sa conscience, le moindre remords, qu'il ne connaît pas lorsque l'impunité matérielle lui est assurée. L'honnêteté n'est, pour lui, qu'un vain mot qui n'a de valeur que lorsque la vertu qu'il représente est rendue obligatoire par la crainte d'une punition immédiate.

Qu'on nous permette de citer ici quelques lignes qu'écrivait, l'année dernière, au sujet de l'état moral des Sakalaves, un de nos fonctionnaires qui les connaît le mieux, M. l'administrateur Bénévent :

« Quand le Sakalave rentre d'expédition, après avoir tué, pillé, incendié, il n'est pas déshonoré pour si peu. Ses congénères ne le livrent pas à la justice ou ne lui font subir aucun supplice; ceux qui le jugeront le plus sévèrement se contenteront de ne pas le féliciter; quelques-uns écouteront avec plaisir le récit de ces exploits; d'autres lui témoigneront d'autant plus d'admiration que l'expédition aura été plus fructueuse; personne, en tout cas, ne s'étonnera. La valeur se mesure à la réussite; quels que soient les moyens employés, on ne blâme que l'insuccès.

« A Ambodiamontana, un chef envoie ses deux fils chercher des bœufs volés à Avaramanga; personne, dans le village, n'ignore la provenance de ce bétail; cependant, pas une protestation ne s'élève. Les bœufs entrent au parc et deviennent la légitime propriété des voleurs; ceux-ci ont été assez adroits pour ne pas se faire prendre, ils ne méritent que des félicitations.

« A quelques jours de là, on entend de nouveau parler d'un vol de bœufs; cette fois, le voleur a été pris sur le fait; aucune peine n'est assez forte pour punir le coupable; le chef d'Antsatrana se dérange lui-même pour juger cette affaire. Le voleur est ligotté comme un vulgaire colis et jeté dans un coin sans nourriture, en attendant la sentence; celle-ci prescrit la peine de mort et ajoute que la tête du supplicié sera plantée sur un piquet à l'entrée du village. Le condamné n'évite la peine capitale qu'en versant 2000 francs entre les mains de ses juges. »

Il est presque inutile de dire que toute faute est rachetable à prix d'argent, ce qui est un caractère propre à tous les peuples noirs.

Dans toutes les actions de sa vie, le Sakalave est guidé par le même sentiment. Il ne s'agit pas d'être bon et honnête, il suffit d'être rusé. La rouerie remplace toute morale et le mensonge est une institution. L'enfant l'apprend sans professeurs; il se contente de regarder ce qui se passe autour de lui, et, plus tard, il mettra toute son intelligence à imiter ses anciens; s'il fait mieux qu'eux, il sera sûr d'avoir l'admiration de tout le monde.

Nous venons d'essayer de définir le Sakalave dans ses caractères moraux; nous l'avons montré paresseux non pas se vautrant au soleil sans songer à sa nourriture, mais travaillant juste ce qu'il faut pour assurer sa vie matérielle; nous l'avons montré rebelle à toute idée de progrès intellectuel, nous avons défini son honnêteté en démontrant qu'elle n'existe que par crainte du châtiment immédiat. Nous sera-t-il possible de préciser, de la même façon, les caractères extérieurs de son existence habituelle? Nous allons l'essayer; mais en avouant d'avance que ces caractères extérieurs ne sont pas uniformes, depuis que la conquête hova a séparé les Sakalaves en deux parties dont l'une, soumise, a accepté le fait acquis et dont l'autre a gardé toute son indépendance.

Le peuple sakalave a été puissant et peut-être, au siècle dernier, était-il le plus puissant de l'île; il le serait encore probablement s'il avait su rester uni. Ses dissensions ont causé son amoindrissement et sa décadence.

La partie insoumise a gardé ses habitudes, celles qui caractérisaient probablement le Sakalave d'origine et dont les traits principaux sont un instinct nomade et un amour extraordinaire du pillage. M. Gautier cite un roi du

Menabé qui, chaque année, se met à la tête de bandes armées pour aller rançonner ses voisins; il amasse ainsi, pendant la belle saison, de quoi vivre et se reposer pendant la saison pluvieuse.

Le peuple ne se conduit pas autrement et possède des habitudes invétérées de brigandage. Les fahavalos sont, en grande partie, des Sakalaves; ce sont eux qui rendent inhabitables ces vastes étendues, qu'on peut prendre sur les cartes pour des déserts, mais où, en réalité, on trouve de l'eau et de la verdure autant qu'ailleurs.

« Chez les Sakalaves et dans la plupart des tribus indépendantes du Sud, dit M. Gautier, on vole et on tue, comme on respire; c'est une fonction naturelle. » En résumé l'Ouest et le Sud de Madagascar constituent un véritable repaire de brigands, où le pillage est à la fois général et mutuel (E. Caustier).

Les Sakalaves soumis semblent cependant avoir oublié une partie des mauvais instincts de leurs ancêtres. Le brigandage, quoique admis, n'est pas élevé à la hauteur d'une institution; les biens, petits ou grands, qu'ils possèdent, retiennent chacun dans le devoir, et la fréquentation des conquérants hovas et des Européens a un peu adouci leur sauvagerie héréditaire; ils sont plus sédentaires et restent chez eux, cultivant leurs rizières pendant la saison favorable et ne faisant rien le reste du temps.

Ils semblent doux et de mœurs tranquilles, mais il ne faut pas trop se fier à cette apparence. Même dans la partie du Bouéni où les Sakalaves ont accepté le joug hova, l'étranger est toujours et reste toujours étranger. Il sera bien reçu dans les villages, mais seulement parce que l'hospitalité est de tradition; on lui apportera du riz, des poules, des œufs, mais il devra, malgré cette réception, éviter de se laisser aller à une trop douce quiétude et se tenir toujours en garde contre la malveillance.

Le Sakalave insoumis, au contraire, ne cache pas son inimitié pour l'étranger; il est chez lui et il désire y rester seul. Quelques voyageurs, il est vrai, ont réussi à pénétrer dans certaines régions qu'il habite, mais au prix de quelles précautions et combien de fois ont-ils été en danger! En janvier 1893, M. Müller a payé de sa vie son zèle d'explorateur dans la région moyenne de la Mahajamba.

La même année, M. l'ingénieur Guinard, perdu dans les solitudes de l'Ouest de l'Ikopa, a pu, à grand'peine, rentrer sain et sauf à Mevatanana. Arrivé par hasard devant le village sakalave d'Ambalatany, il s'est vu obligé de déposer sa carabine et d'amadouer les chefs par des présents et de l'argent. Il a même réussi, par sa bonhomie, à se faire un ami du chef du village qui le pria de revenir lui faire visite; toutefois, M. Guinard ne jugea pas prudent de répondre à cette invitation.

Ces Sakalaves insoumis sont désignés sous la dénomination générale de « fahavalos ». Chaque année quand les eaux sont basses, ils sortent de chez eux et font irruption par bandes dans le Bouéni soumis; ils s'adjoignent tout ce qu'ils peuvent trouver de gens sans aveu, d'esclaves en fuite et de soldats déserteurs, et se forment en bandes souvent assez nombreuses.

Il ne se passe pas d'année où l'on n'ait à enregistrer les méfaits de ces bandes. En 1890, le jeune François Suberbie est laissé pour mort au Ranomandry, le front traversé par une balle; en 1891, le docteur Béziat est sagayé en pirogue et son corps est jeté en pâture aux crocodiles; en 1892, M. Guine-Folleau repousse une attaque de fahavalos au Mandraty; en 1893, M. Guilhaumès voit son village pillé et incendié, et, à Tsarasaotra, quinze personnes tombent victimes des bandits; en 1894, vingt-sept indigènes d'Ampotakely sont emmenés en esclavage; puis, ce sont les villages de Tainangidina, d'Andriba et de Bemarivo qui reçoivent la visite de ces brigands. On apprend à chaque instant que des caravanes ont été attaquées; les grands chemins ne sont plus sûrs, et cela dure ainsi quatre ou cinq mois, jusqu'à ce que la saison des pluies renvoie chez eux ces sinistres coupeurs de têtes. Telle est la vie de ce Sakalave, qui a refusé d'accueillir l'Européen, sous prétexte de conserver son indépendance, et qui est resté le type de ce qu'était le Sakalave primitif.

Quelle différence avec le Sakalave soumis! L'un est nomade, l'autre est sédentaire. Le premier est voleur et n'a comme ressources que le produit de ses razzias; le second vit de ses champs de riz et de maïs. Malgré cela, ce dernier ne peut être classé parmi les peuples agriculteurs. On l'a déjà dit, le Sakalave ne cultive que le lopin de terre qui doit lui fournir le nécessaire et dédaigne tout produit qui pourrait lui créer un surplus de bien-être.

Il est vrai qu'à Marovoay et à Ambato on rencontre des rizières magnifiques, véritables greniers du Bouéni. Mais là, la terre s'est trouvée naturellement prête à recevoir la semence, sans qu'un effort trop grand ait été exigé du Sakalave pour la préparation de la récolte. Nulle part, on ne trouve dans le Bouéni un travail sérieux qui puisse rappeler, voire de très loin, les travaux des rizières des Asiatiques ou même des Hovas et des Betsileos. Le Sakalave est un paresseux héréditaire qui tient à rester seul.

*Habitations.* — Quand le Sakalave a choisi son terrain de culture, il y installe sa case, qui est construite sur un modèle invariable.

Quatre pieux forment les angles d'un rectangle qui sera l'unique pièce; un toit à arête, soutenu par deux ou trois poteaux plus élevés, recouvrira la case.

Les matériaux employés varient avec les ressources du pays avoisinant; la cloison sera en côtes de rafia, si le pays produit ce palmier en quantité; elle sera en roseaux, si le roseau domine dans les environs. Quant à la toiture, elle est le plus généralement en chaume; cependant, dans la région qui s'étend entre Marovoay et Majunga, la feuille du latanier sert presque exclusivement à la couverture des cases. Quelquefois, une véranda entoure la maison, mais c'est un luxe; la véranda indique généralement la case d'un chef ou d'un riche indigène.

La porte est toujours tournée vers l'Ouest. Les Sakalaves, interrogés pour savoir d'où provenait cet usage, ont répondu que, dans ce monde, tout doit regarder l'Occident; le soleil y va, les lunes et les étoiles y vont et les hommes ont aussi leur porte de ce côté (la mort). D'autres pensent que c'est simplement pour ne pas avoir le soleil du matin.

De même que l'extérieur, l'intérieur des maisons est partout le même. Dans le coin Nord-Est de la case est un lit, celui du propriétaire; dans le coin Sud-Ouest, un carré dans lequel sont plantées trois pierres servant de foyer, c'est la cuisine.

La pièce entière est généralement tendue de nattes en jonc, tressées par les femmes; ce sera pour la nuit la couche des enfants, des esclaves et aussi des hôtes, s'il y en a.

Si l'esclave veut un lit, il peut se construire une case; mais, dans aucun cas, il ne peut en avoir un chez son maître.

Les cloisons des cases ne comportent aucun ornement, sauf, parfois, une étagère servant à ranger les sobika neuves qu'on emplit de riz à la récolte.

Au-dessus du foyer est un tréteau en treillage sur lequel se placent tous les objets dont on n'a pas journellement besoin, les marmites et la vaisselle des jours de fête, etc. Les autres menus objets et bibelots sont indistinctement dispersés dans la maison ou suspendus à des crochets en bois.

La cruche à eau est toujours placée du même côté que le foyer; une calebasse de coco est mise auprès pour permettre à tous de puiser dans la cruche et de se désaltérer.

N'oublions pas, avant de terminer cette description, la malle du propriétaire qui est en bois ou en fer-blanc et placée sous le lit; elle contient le linge propre de toute la famille et les costumes du dimanche; d'ordinaire, elle renferme aussi les économies. La maîtresse de la maison a seule le droit de conserver la clé de la malle et elle tient à ce privilège avec une jalousie absolue.

Quelles qu'en soient les dimensions, les cases sont faites pour loger une seule famille et les esclaves du propriétaire qui n'en ont pas construit pour leur propre usage. On peut compter une moyenne de 5 habitants par case.

*Villages.* — Le Sakalave ne bâtit pas sur les hauteurs, comme les habitants du plateau central; il construit sa maison là où est sa rizière. Il en résulte que les villages sakalaves sont composés, tantôt de maisons bien groupées, si la plaine est vaste et peut fournir des rizières à un grand nombre de familles, tantôt disséminées, si la plaine est entrecoupée de plateaux rocheux ou arides et ne présente pas de terres arables continues.

Il ne faudrait pas se faire illusion sur le sens du mot village et croire que l'on peut trouver dans le Bouéni de grandes agglomérations de cases. Les groupes de quatre ou cinq cases portent le nom de villages, et ceux qui en comptent vingt et plus sont rares; on n'en rencontre guère qu'à Kandrany, Mahabo, Androtra, Ambato et autour de Marovoay, et encore dans ces villages se trouve-t-il des éléments étrangers.

En revanche, les petites agglomérations sont nombreuses; on en rencontre un peu partout sur la route; le corps expéditionnaire a eu à traverser, dans le Bouéni, une grande quantité de ces petits villages, tels qu'Ambovory, Amparihingidro, Ambodinambatokely, etc.

Quelquefois la dissémination des terrains cultivables est telle que l'on trouve les cases, trois par trois, deux par deux, et même isolées. Ainsi, sur la route de Suberbieville à Tsarasaotra, on traverse pendant près de cinq kilomètres le village de Beanana ; le voyageur qui a vu ce nom inscrit sur la carte cherche en vain le village ; mais s'il veut, de temps en temps, regarder à droite et à gauche de sa route, il aperçoit ici une case, là deux ou trois, au milieu de quelques cultures, et il arrive ainsi au bout du cinquième kilomètre, à un groupe de six cases, qui est le village proprement dit. On conçoit aisément, d'après ce qui vient d'être expliqué, qu'on ne peut établir aucune moyenne, même approchée, pouvant donner une idée plus ou moins exacte des dimensions des villages sakalaves et du nombre de cases qui les composent ; on pourrait, toutefois, adopter la classification suivante :

   Grands villages . . . . . . . 20 cases et au-dessus.
   Moyens . . . . . . . . . . . de 20 à 10 cases.
   Petits . . . . . . . . . . . . 10 cases et au-dessous.

Mais, quel que soit le nombre des cases, quelle que soit leur étendue, les villages sakalaves présentent toujours le même aspect : des cases élevées sans aucun souci de l'alignement, sans préoccupation des voies de communication, sans ordre et sans méthode.

Le village ainsi constitué est toujours ouvert ; aucune défense n'en interdit les approches, le Hova s'étant réservé le droit de se retrancher derrière des fortifications. Le Sakalave, du reste, a de lui-même rejeté toute idée de défense des villages. Il n'avait pas besoin de cela quand sa race était puissante, et il lui plaît de ne pas changer ses habitudes.

*Vêtements.* — Le Sakalave ne se vêt pas pour marcher ou travailler ; la tête, le torse et les jambes sont nus ; une étoffe de quelques centimètres de largeur, le « sikina », attaché à la ceinture, retombe jusqu'au-dessus des genoux ; c'est plus qu'il n'en faut pour sauvegarder la pudeur. En rentrant au village, il jette sur ses épaules un lamba carré de 2 mètres de côté ; en marche, ce lamba est roulé et attaché autour de la ceinture en forme d'écharpe. Certains Sakalaves portent la robe mi-longue des Hovas ; d'autres, surtout les habitants de la côte, préfèrent la longue chemise des musulmans comoriens et anjouanais.

La femme remplace le « sikina » par une étoffe plus large, qu'elle attache au-dessus des seins et qui tombe jusqu'à la cheville ; comme l'homme, elle se couvre les épaules d'un lamba de cotonnade Le port de ce lamba n'est pas chose si facile qu'on pourrait s'imaginer, et les jeunes femmes mettent une grande coquetterie à savoir se draper dans ce morceau d'étoffe carré. Tantôt, elles le laissent tomber négligemment sur les épaules en lui donnant le pli le plus gracieux possible par le placement des bras et des mains ; tantôt, elles passent d'une épaule à l'autre les extrémités retombantes ; souvent aussi, l'étendant avec les bras à la façon de deux ailes, elles s'en couvrent la tête, puis se découvrent par le même geste en prenant grand soin, chaque fois, de faire ressortir leur luxuriante poitrine ; c'est un jouet pour le maniement duquel la grâce est indispensable.

L'homme et la femme déjà âgés n'ont pas de ces coquetteries et se servent de leur lamba d'une façon unique, en le plaçant sur leurs épaules et en rejetant l'extrémité droite sur l'épaule gauche.

Tous ces vêtements sont généralement d'une saleté repoussante; les propres ne sortent de la malle que les jours de fête ou de cérémonie. Ces jours-là aussi s'exhibent les ombrelles, parapluies et parasols, tous objets d'importation dont les Indiens font un grand commerce.

Les femmes s'ornent d'un grand collier en verroterie; les plus riches mettent des boucles d'oreilles et des bracelets en or ou en argent.

Ajoutons, avant de terminer, que le lamba, vêtement pendant le jour, devient couverture la nuit, quelles que soient la saison et la température.

*Ustensiles.* — Les ustensiles employés par les Sakalaves sont en petit nombre; pour nous en rendre compte, passons une case en revue. Sur le pas de la porte est le mortier à riz; en dedans, et dans l'angle opposé au foyer, quelques marmites en terre ou en fonte, la cruche en terre et la calebasse qui sert à y puiser l'eau; à côté, dans une sobika, un ou deux plats creux et des bols; enfin, dans un petit panier suspendu à la cloison, des cuillers de différentes formes et matières. Le mortier à riz est un morceau de tronc d'arbre, dans lequel est percée une excavation ayant la forme d'un cône renversé d'environ 20 centimètres de diamètre à la base; le riz à piler est versé dans cette cavité et frappé au moyen d'un pilon, qui est une simple tige de bois dont on a arrondi légèrement l'extrémité.

Une fois le riz pilé, le son est séparé facilement au moyen d'un van manié à la main; ce van, en bois d'adabo (*ficus*), est rond et légèrement creux : pour s'en servir, on en saisit les rebords avec les deux mains, et on l'agite de façon à faire sauter le riz à nettoyer; le vent emporte le son et le riz est reçu dans le van. Les femmes et les enfants sont généralement chargés de cette opération.

La cruche en grès ou en terre poreuse est fabriquée par les indigènes. On en trouve de toutes les dimensions, mais celles qui se vendent le mieux ont une capacité d'environ 15 litres. A côté de la cruche est un récipient, gobelet en fer-blanc, qui sert à puiser l'eau et qui, très rarement nettoyé, sert indistinctement à tout le monde, propriétaires ou étrangers.

Les marmites sont en terre ou en fonte; ces dernières sont importées à Madagascar par grandes quantités; malgré leur prix assez élevé, les Sakalaves les préfèrent aux marmites en terre fabriquées dans le pays. La marmite est le seul ustensile de cuisine qui serve à la préparation des aliments, préparation rudimentaire du reste, comme nous le verrons plus loin.

Les plats et les bols sont en faïence et fournis par l'importation. Le plat est creux et doit être de grandes dimensions; il est destiné à contenir le riz cuit qui sera mangé en commun par toute la famille, sans le concours d'assiettes. Les bols renferment les aliments qu'on mange avec le riz.

Avant l'introduction de la faïence, les Sakalaves fabriquaient des plats en bois : on trouve encore des spécimens de ces ustensiles primitifs.

La fourchette est absolument inconnue; tous les mets se mangent à la cuiller. Les cuillers sont en bois, en corne ou en métal ; ces dernières sont importées à Madagascar par les commerçants indiens ; les autres sont fabriquées par les habitants de l'Imerina.

En dehors des ustensiles de première nécessité énumérés ci-dessus, rien ou presque rien ne vient encombrer le mobilier du Sakalave.

On trouve, toutefois, dans certaines maisons, un petit parallélépipède en bois dur, dans lequel sont creusées deux cavités hémisphériques qui servent, l'une à piler les feuilles de tabac séchées qui, mélangées aux cendres de bois, fournissent le tabac à chiquer, l'autre à piler le piment, qui est le condiment indispensable ajouté au riz cuit.

Quelques-uns de ces ustensiles sont d'un travail particulièrement soigné, formant boîte fermée par un couvercle à charnières et, quelquefois même, ornée de dessins gravés au couteau ; quelques-uns sont taillés dans du palissandre, d'autres dans de l'ébène ; ce sont alors de véritables objets de curiosité, dont les Européens sont assez amateurs.

Terminons en citant encore le tréteau grillé en bois, qui, placé sur les cendres chaudes, sert à faire sécher les feuilles de tabac.

*Nourriture.* — La simplicité des ustensiles de cuisine est la conséquence obligée de la simplicité de la nourriture.

Aucune recherche dans la fabrication des mets. Tout se fait à l'eau et au sel. Le riz est le fond de la nourriture du Sakalave du Nord, comme de tous les Malgaches en général ; il se mange cuit à l'eau, sans sel.

Avec le riz, les indigènes mangent généralement du « ro mazava », sorte de bouillon très allongé, composé d'eau, de sel et d'une denrée comestible quelconque, feuilles de manioc ou de patates, brèdes, bœuf, poulet. Quand le ro mazava manque, le riz est mangé avec le ranon-ampango qui n'est autre chose que de l'eau bouillie avec le riz brûlé qui est resté adhérent aux parois de la marmite ; c'est une boisson très rafraîchissante et très saine ; elle a un goût de riz grillé qui n'est pas désagréable et elle désaltère parfaitement ; on peut la recommander aux gens qui doivent vivre dans les pays chauds.

Le Sakalave mange aussi des racines de manioc et des patates ; mais nous n'insistons pas sur ce genre de nourriture, qui est commun à tous les habitants de Madagascar. Le maïs et le sorgho servent également à varier leur ordinaire.

En principe, le riz bouilli suffit à l'alimentation du Sakalave du Nord et nul ne saurait se plaindre, qui n'aurait que cet aliment à manger à chaque repas. Mais il est d'usage, chaque fois qu'on le peut, d'ajouter à son ordinaire un bouillon quelconque de viandes ou de légumes.

Toutes les viandes, — volailles ou gibiers, — sont goûtées par les Sakalaves ; seule, la viande de porc a des opposants, particulièrement parmi les habitants des pays où quelques coutumes musulmanes ont prévalu.

Comme mets bizarres, je dirai même comme friandises, il convient de citer les préparations culinaires suivantes : les sauterelles frites ; les larves de ver à soie ; les « sakondry », larves d'un hémiptère de la famille des Fulgorides qu'on trouve dans les bois et les « sahobaka », grosses larves qu'il faut chercher sous terre.

Le Sakalave nomade, qui ne cultive pas la terre, est souvent obligé de vivre de ce que la nature lui fournit; son alimentation comprend surtout :

1° Les racines de lianes diverses désignées sous la dénomination générale d' « oviala » (ignames des bois), qui sont très différentes et portent chacune un nom particulier;

2° Le chou de rafia, d'un goût très agréable, mais peu nourrissant, et, d'une façon plus générale, tous les cœurs des palmiers;

3° Le « kabija », sorte de tubercule poussant naturellement et à profusion dans presque tout le pays, qui a un goût très amer et doit subir une préparation spéciale avant d'être comestible. Desséché et réduit en farine, il fournit un aliment ressemblant, comme goût et comme aspect, à la farine de manioc; extérieurement et à l'état naturel, il ressemble à la pomme de terre. Les Hovas achètent la farine de kabija pour en faire une sorte d'amidon qui ne le cède en rien à l'amidon de riz.

Il serait trop long de donner ici une nomenclature complète de tout ce qui peut chatouiller, plus ou moins agréablement, le palais des Sakalaves, mais il est impossible de ne pas parler des préparations de bœuf et de poisson desséchés.

Les conserves sèches de bœuf sont connues sous le nom de « masikita » ou « kitoza » (« tavitavihy » des Hovas). La viande est découpée en lanières étroites qu'on laisse exposées au soleil pendant trois ou quatre jours, suspendues à une corde; il faut éviter avec soin de les laisser mouiller, soit par la pluie, soit même par l'humidité de l'atmosphère. Quand la viande est bien sèche, on peut la conserver deux et même presque trois semaines; si on a soin de la saler avant de la sécher, elle peut se conserver un mois sans se gâter et sans acquérir ni mauvais goût, ni mauvaise odeur.

Cette préparation de la viande, qui rend de grands services aux indigènes, n'est généralement pas goûtée des Européens. La viande, en séchant, durcit et perd sa saveur. Le seul moyen de lui rendre un peu de goût est de la faire griller sur la braise; mais cette préparation même ne lui enlève pas sa dureté.

Le poisson est plus difficile à sécher que la viande de bœuf. On l'étend sur un grillage en bois exposé au soleil, en ayant soin de faire au-dessous un feu de braise, qui le cuit légèrement, en même temps qu'il est boucané par la fumée et desséché par le soleil. On parvient ainsi à le conserver assez longtemps et à le transporter, pour être vendu, dans les pays où le poisson manque.

Le poisson desséché, cuit à l'eau, fournit un bouillon dont les indigènes sont friands. Quelquefois, ils le pilent en le mélangeant avec du piment et forment ainsi une espèce de poudre de cary de poisson, d'odeur forte, que l'on mange avec le riz.

Le poisson sec, pilé en poudre avec du piment, se conserve indéfiniment et est d'un transport peu encombrant.

Nous avons cru devoir citer ici quelques préparations de mets indigènes.

mais nous rappelons que la base essentielle de la nourriture du Sakalave est le riz cuit à l'eau; tous les autres mets ne sont qu'accessoires et non point indispensables.

*Coutumes. Superstitions.* — A sa naissance, le Sakalave n'est inscrit sur aucun registre; aussi ne saura-t-il jamais son âge. Interrogez un indigène sur ce point, il vous répondra peut-être qu'il gardait les bœufs au moment du voyage de Radama, ou qu'il a connu Rasoherina; vous ne pouvez tirer de lui que des renseignements de ce genre.

La femme qui va enfanter a généralement recours à l'accoucheuse du village; celle-ci, qui est toujours une vieille praticienne, opère pour une somme modique et continue ses soins pendant quelque temps.

La femme en couches est obligée de rester chez elle pendant une huitaine, près d'un feu allumé nuit et jour; elle ne doit manger que certains mets permis par l'accoucheuse, à l'exclusion de tous les autres. Pendant sa convalescence, elle reçoit la visite de ses parents et amis, qui lui apportent leurs félicitations et un peu d'argent; quand il y a un festin, il n'a lieu qu'après son complet rétablissement.

Lorsque le nouveau-né reçoit un nom, ce nom devient celui du père et de la mère. Si le fils s'appelle « Boto », celle-ci s'appellera mère de « Boto » et celui-là père de « Boto ».

Le mariage des Sakalaves n'entraîne pas plus de formalités légales que la naissance des enfants. Le cérémonial est des plus simples; lorsque deux jeunes gens se plaisent, ils vivent ensemble pendant un temps plus ou moins long; si le caractère du jeune homme convient à la jeune fille, et réciproquement, l'affaire est rapidement réglée. Le jeune homme n'a droit à aucun renseignement sur sa future, dont la vie passée ne doit pas être fouillée, la virginité ne faisant jamais partie de la dot. Il va simplement trouver les parents de la jeune fille et expose sa demande; comme il n'y a pas de bans à publier, le mariage est l'affaire de peu de temps. L'époux doit à ses beaux-parents une légère rémunération en argent, appelée « vodi-akoho » (croupion de poulet); cette coutume vient de ce qu'autrefois, au moment du repas de noce, ce morceau était celui destiné aux beaux-parents. Aujourd'hui encore, le jeune homme offre le « vodi-akoho »; mais le croupion est remplacé par une ou deux pièces de 5 francs. Quand le mariage est consommé, les biens des époux sont mis en commun; la femme en a la gestion; c'est elle qui règle les dépenses et qui recueille les économies; elle en donne seulement compte de temps à autre à son mari. Quand les époux ont cessé de se plaire, ils se séparent, généralement à l'amiable, et chacun d'eux reprend les biens apportés en dot; si les biens ont prospéré, le surplus est partagé. Les enfants restent toujours à la mère.

Les partages de biens, les successions et les héritages sont les actes pour lesquels les Sakalaves faisaient le plus souvent appel à l'intervention et à l'arbitrage des Hovas.

Lorsqu'ils règlent leurs litiges entre eux, ils s'adressent au chef du village, qui ne juge pas seul, mais généralement réunit le Conseil des anciens et, avec eux, les parties intéressées ; il ne rend son jugement qu'après maintes séances, dont la plupart sont perdues en discours inutiles. Ces jugements sont sans appel et immédiatement exécutoires. Quelquefois, si l'une des parties est ou se croit lésée, il surgit des haines de village parfois terribles. En 1894, le village des Bemarivo fut complètement détruit à la suite d'une rancune entre parents. Souvent aussi, des individus disparaissent secrètement, victimes de ces haines ; l'esprit sakalave ne s'émeut pas de ces faits, qui n'ont jamais de sanction.

Les morts ne sont pas plus enregistrées que les naissances ; mais l'inhumation des défunts donne lieu à quelques cérémonies dont il convient de parler. Si le mort est pauvre, l'enterrement se fait sans grands frais ; le cadavre, enveloppé dans une étoffe blanche ou de couleur, est transporté par des amis à l'endroit qui doit lui servir de sépulture ; quelques coups de fusil sont les derniers honneurs rendus à ses restes ; sur la tombe, on dresse une pierre levée, du côté où repose la tête, et le reste de la fosse est recouvert de roches. Encore deux ou trois coups de fusil, et tout le monde va reprendre ses occupations.

Quand le défunt est un chef ou un riche Sakalave, la cérémonie a plus d'importance. Le cadavre est enveloppé dans un lamba de soie rouge et enroulé dans un treillage de branches de rafia ; on le recouvre ensuite d'un drap blanc et il reste exposé jusqu'au lendemain. Pendant la journée, les parents du défunt, en pleurs, vêtus de deuil et les cheveux dénoués, reçoivent les visites de tout le village ; chaque personne leur apporte un peu d'argent pour payer une quote-part du lamba rouge ; cela s'appelle apporter le « solon-damba ». Au dehors, des gens armés de fusils brûlent de la poudre sans discontinuer en l'honneur du décédé. Le cadavre est éventé sans cesse pour que les mauvais esprits ne puissent en approcher.

Puis, tout d'un coup, la scène change ; la nuit est arrivée et la veillée commence ; plus de visites, plus de coups de fusil. Les femmes du village ont toutes dénoué leurs cheveux, et elles accourent vers la maison mortuaire ; les hommes revêtent leurs plus beaux lambas et arrivent aussi ; les chants commencent graves et monotones. Mais, bientôt, la fatigue et le sommeil gagnent les chanteurs ; une distribution de rhum les stimule, et la mélopée recommence. Il en est ainsi toute la nuit, et, jusqu'au jour, les libations alternent avec les chants. L'effet de l'alcool ne tarde pas à se produire ; les cerveaux s'échauffent, les voix s'éraillent et les chants font place aux cris ; il n'est pas encore minuit que déjà la veillée funèbre s'est transformée en une bacchanale désordonnée.

Le jour naissant arrête seul ce spectacle écœurant. On va procéder à l'inhumation. Le cadavre, placé sur une civière portée par quatre hommes, est accompagné par les parents et amis. Pendant le trajet, les fusils lancent leur pétarade, jusqu'à ce que le mausolée de famille abrite pour toujours la dépouille du défunt. Puis, l'orgie recommence de plus belle et, sur la tombe fermée, on immole des bœufs, dont l'âme, c'est du moins la croyance sakalave, accompagne celle de leur maître au séjour des trépassés. Nous avons vu à Anjokojoko une hécatombe de cinquante bœufs sur la tombe d'un chef du pays ; la graisse de ces bœufs est recueillie dans une grande marmite en fonte ; on la fait fondre et on la répand sur la tombe ; en s'évaporant, elle emporte avec elle les âmes des bœufs sacrifiés qui doivent servir de cortège à celle du mort. Enfin, on allume dans une bassine une sorte de punch dont les vapeurs doivent s'élever jusqu'au nouveau séjour du chef et lui en faciliter l'entrée. Les coups de fusil recommencent de plus belle, et les parents et amis retournent au village où ils festoient jusqu'au soir.

Cette nouvelle orgie de viande, de riz et de rhum finit très tard, lorsque tout le monde, vaincu par cette gigantesque débauche, succombe au sommeil de l'ivresse.

Il arrive quelquefois que le mort ne veut pas partir. On n'a donné, jusqu'ici, aucune explication plausible de ce phénomène ; de tous les Sakalaves interrogés, aucun n'a été capable de répondre ; ils sont persuadés que certains morts ne veulent pas s'en aller, et cette conviction leur suffit. Voici, en réalité, ce qui se passe.

Au moment de procéder à l'inhumation, quatre Sakalaves chargent la litière funèbre sur leurs épaules et prennent la tête du cortège ; or, les quatre porteurs sont toujours pris parmi les gens qui ont participé aux orgies de la nuit, et on comprend aisément qu'ils ne soient pas bien d'aplomb sur leurs jambes.

Tout faux pas des porteurs de devant se traduit immédiatement par un mouvement de recul sur les épaules des porteurs de derrière ; ceux-ci, n'étant pas plus solides que leurs camarades, éprouvent ainsi un mouvement de balancement qui renvoie la secousse aux porteurs de devant. Si ce fait se produit deux ou trois fois, la superstition et l'alcool aidant, le cadavre passera pour récalcitrant, et le peuple s'écriera qu'il ne veut pas encore partir. Tout est mis en jeu pour calmer le mort ; les grosses caisses, les tambours, tous les instruments de musique commencent un tintamarre infernal ; hommes et femmes chantent et dansent en frappant dans leurs mains ; les porteurs eux-mêmes entrent dans la ronde sans lâcher le cadavre ; en quelques minutes l'excitation est à son comble ; une sorte d'hallucination gagne tous les cerveaux ; ce ne sont plus des humains, ce sont des sorciers noirs qui s'agitent dans une farandole macabre, au son d'un orchestre satanique. Bientôt les porteurs tombent épuisés à côté du cadavre ; d'autres les remplacent et la scène se continue jusqu'à ce que le mort soit calmé et qu'il se décide enfin à gagner de bon gré sa nouvelle demeure.

Dans une de ces scènes à Ampotakely, un chef a épuisé seize porteurs avant de consentir à aller rejoindre ses ancêtres. L'inhumation, qui devait avoir lieu à sept heures du matin, n'a pu se faire qu'à onze heures ; le cadavre avait résisté pendant quatre heures.

L'importance donnée aux cérémonies d'inhumation est d'autant plus grande que le décédé a plus de pouvoir ou plus de fortune, abstraction faite de son passé, de son esprit de justice et de ses qualités.

Si dans leur langue il existe des mots pour exprimer les différentes vertus civiques ou guerrières, la pratique leur en est complètement inconnue.

En revanche, chez les Sakalaves, les défauts sont nombreux, résultat

Pl. XVIII. — TANANARIVE : LA GENDARMERIE.

d'une éducation trop libre et d'une morale trop élastique. Il ne s'agit pas d'être bon et honnête, il faut être roué; la rouerie remplace toute espèce de morale. L'enfant apprend à mentir naturellement, en regardant ce qui se passe autour de lui, et, plus tard, il met toute son intelligence à imiter ses anciens.

Devenus grands, ils ne prennent aucun soin pour sauvegarder la vertu de leurs filles. Les mères essayent bien d'éviter aux fillettes le contact de l'homme jusqu'à la nubilité, mais quand l'enfant devient femme, environ vers treize ans, elle est maîtresse absolue de son corps; elle en use et abuse à sa volonté, sans que les parents y mettent le moindre obstacle.

La fille ne se mariera que plus tard, quand elle sera fatiguée de ses premières débauches; mais le joug d'un mari lui pèsera encore longtemps, jusqu'à ce que les ans aient éloigné les adorateurs. C'est seulement alors que la femme sakalave restera fidèle à son mari. Si l'adultère est un fait pour ainsi dire normal, en revanche, les vices contre nature ne sont pas connus. L'inceste n'existe pour ainsi dire pas. Les relations de sexe entre parents sont tellement répudiées qu'elles ne sont même pas admises entre personnes liées par le sang; les « fatidra » (frères de sang) se considèrent comme parents et les relations qui violent cette parenté sont regardées comme incestueuses. C'est peut-être la seule qualité des Sakalaves; enregistrons-la avec plaisir.

*Religion.* — Les Sakalaves n'ont pas à proprement parler de religion. Ils possèdent cependant la notion d'un être tout-puissant, créateur de toutes choses et maître de tout ce qui existe et l'appellent « Zanahary ». Ils ne le prient pas; toutefois, ils l'invoquent de temps à autre par des exclamations ou des phrases très courtes. Un Sakalave à qui il arrive quelque chose de malencontreux dira, par exemple : « O ehy! Zanahary ehy! » ou bien encore, s'il éprouve quelque joie, il dira : « Merci, ô Zanahary! » Devant le malheur, il se contentera de dire que telle est la volonté de « Zanahary ». Enfin, il ne manquera pas de vous dire en vous saluant : « Que Zanahary vous protège! » Le mot sakalave désignant Dieu est aujourd'hui presque partout remplacé par le mot « Andriamanitra », d'importation hova.

Les Sakalaves ne construisent pas de temples pour le culte. Leur véritable religion est celle des ancêtres. Ceux-ci sont de deux sortes : les anciens rois et les Vazimbas.

Les mânes des quatre premiers rois sakalaves sont déposés à Majunga. Les indigènes ont pour ces reliques une telle vénération que l'on peut presque affirmer que la possession de ces mânes équivaut à l'assurance de la fidélité de presque tout le pays. Ramasombazaha, gouverneur général du Bouéni, connaissait tellement ce fait qu'il se garda bien, en évacuant Majunga avant le bombardement de 1895, d'abandonner ce palladium. Il emporta avec lui tous les objets du culte sakalave et força la reine du Bouéni, Ramboatofa, à partir à sa suite, en emmenant ses sujets. Nos troupes n'ont pu retrouver ces reliques qu'à Tananarive; elles ont été ramenées à Majunga par le général Metzinger, qui les a fait solennellement réinstaller à leur ancien emplacement. Elles sont en ce moment gardées par des Sakalaves, sous la surveillance des autorités locales.

Les noms des quatre rois si vénérés sont : Andriamisara; Andriamihanina; Andriamandrosoarivo; Andrianamboniarivo.

Les parties conservées sont les moustaches, les ongles et les dents de devant. Elles sont placées dans des coffrets en bois du pays, sculptés et ornés d'or ou d'argent. Le coffret le plus riche est celui d'Andriamisara, le chef de la caste royale; il est tout plaqué de dessins sur or et fermé par un filigrane de même métal.

Le coffret d'Andriamihanina est plaqué d'or et d'argent seulement. Le style de ces ornements ne semble pas être d'origine sakalave; ils paraissent avoir été faits par des orfèvres arabes qui ont longtemps habité la côte Ouest de Madagascar.

Les quatre coffrets sont alignés sur un lit et enfermés dans une étoffe de satin rouge.

Les autres objets du culte sont plus pauvres; en voici la nomenclature :

    1 chaîne lourde en argent de 5 mètres de longueur;
    2 vieux chapeaux en feuilles d'argent ciselé et 4 lambas noirs;
    1 grand couteau, 2 hallebardes et 9 sagaies;
    4 tridents et 1 fer de sagaie isolé;
    2 grandes cuillers en fer et 3 chandeliers (2 en fer et 1 en étain);
    2 marmites en terre noire et 14 gargoulettes à large goulot;
    7 brûle-parfums en terre cuite;
    4 assiettes en faïence et 1 verre;
    1 grand coquillage;
    2 tambours sakalaves et 2 autres tambours, enfermés dans une étoffe, dont l'un contient une pièce de 100 francs en or, et l'autre une pièce de 5 francs en argent.

Ces différentes reliques sont gardées dans une petite case en latanier qui est située derrière le réduit du rova de Majunga; leur culte est très suivi. On voit, à certains jours, des groupes nombreux de Sakalaves qui se forment au pied de la colline du rova, monter en chantant jusqu'à la demeure vénérée. Là, les chants cessent; les assistants s'accroupissent dans une posture suppliante et l'officiant, prenant la parole, adresse une prière ardente aux vieux rois. Les chants et les danses reprennent ensuite, pendant qu'on prépare le repas des ancêtres qui se compose toujours de graisse de bœuf et d'eau; la graisse fondue est consommée en éclairage, l'eau sert aux ablutions du culte et au lavage des ustensiles sacrés.

Tous les jours ne sont pas bons pour prier; les mardis, mercredis, jeudis et dimanches sont dits jours « fady » pendant lesquels les prières adressées aux ancêtres ne sont pas exaucées.

Pour ces cérémonies, les Sakalaves accourent de tous les points du Bouéni; la promenade des reliques est accompagnée de coups de fusil, de cris, de chants et de musique ; le rhum coule à flots toute la journée et la fête se termine par un enivrement général.

Les rues de Majunga appartiennent ce jour-là aux Sakalaves ; mais, le lendemain, la ville reprend son aspect accoutumé.

Outre la vénération qu'ils ont pour les mânes des quatre anciens rois, les Sakalaves conservent religieusement, dans les endroits appelés « doany », les tombes des familles des rois régnants. Ces tombes sont entourées de palissades en bois, formant une enceinte sacrée. L'entretien en est confié à des gardiens qui installent leurs cases autour de l'enceinte et qui ne peuvent abandonner leur service sous aucun prétexte. On trouve des « doany » à Kandrany, à Mahabo, à Trabonjy, à Androtra, à Marololo et dans beaucoup d'autres villages.

A côté du culte des rois morts, se place celui des Vazimbas. On n'a jamais su exactement ce qu'étaient les Vazimbas. Il semble, d'après les légendes, qu'ils furent les premiers propriétaires du sol et qu'ils appartenaient à une race disparue aujourd'hui sans avoir laissé de traces.

Leurs tombeaux, toujours très anciens, offrent tous le même caractère. Ils sont généralement isolés et situés sur les points les plus élevés ; ils ont la forme d'un rectangle régulier, construit avec des pierres plates dressées et placées les unes à côté des autres.

Les Sakalaves professent une grande vénération pour ces tombes et ils interdisent de les profaner. L'esprit du Vazimba plane en permanence sur la région où il repose ; rien ne s'y fait sans son autorisation ; aucune entreprise ne réussit, s'il ne lui est favorable.

Il ressort de ce qui vient d'être dit que le culte des ancêtres constitue une vraie religion, dont les tombeaux sont les temples et les reliques les divinités. A côté des dieux vénérés, on en trouve, comme partout, qui sont craints ; ce sont les mauvais esprits, que les croyances superstitieuses des Sakalaves ont placés un peu partout.

Certains endroits sont réputés hantés ; un Sakalave ne s'y risquera jamais pendant la nuit, de peur d'être enlevé. « J'ai habité, dit M. Bénévent, le village de Mandraty, où j'avais réussi à me créer un jardin potager ; un jour, mon domestique sakalave me répondit qu'il aimait mieux me quitter que d'aller cueillir une salade au jardin à sept heures et demie du soir ; je fus obligé de m'y rendre moi-même. Mon domestique ne fut nullement étonné de me voir revenir sain et sauf ; il était persuadé que, comme blanc, je jouissais de certains privilèges, mais qu'il lui serait arrivé malheur s'il s'était risqué à me suivre. »

On trouve de distance en distance, sur les chemins, d'énormes tas de cailloux blancs, dont la présence s'explique par une superstition du pays. Lorsqu'un Sakalave est en voyage, il croit être toujours suivi par quelque esprit. Si cet esprit lui veut du mal, il doit chercher à s'en débarrasser ; un caillou blanc, placé à un endroit choisi, arrêtera immédiatement ce compagnon mal intentionné et le Sakalave pourra dès lors continuer son chemin sans crainte.

L'accumulation des cailloux sur certains chemins fréquentés arrive quelquefois à former des amas considérables.

Les Sakalaves supposent qu'après la mort des êtres animés il reste d'eux quelque chose de vivant, d'indéterminé, d'insensible qui voltige dans l'espace : c'est le « lolo », l'esprit du mort. Les animaux ont leur « lolo », comme les humains, toujours susceptible de faire du mal aux vivants. Un chien vient-il à mourir par suite de mauvais traitements, son esprit se vengera du meurtrier et celui-ci aura tout à craindre de sa victime. A Karambily, les Sakalaves ne tirent jamais sur les crocodiles de la rivière ; un de ces animaux, inconnu, bien entendu, est sacré et son esprit est considéré comme pouvant attirer les plus grands malheurs sur celui qui le tuerait. La crainte de se tromper empêche les Sakalaves de détruire aucun des représentants de l'espèce. Le mot « lolo » signifiant papillon, on s'explique la raison qui l'a fait choisir pour exprimer cette chose vague et indéfinie qui vole toujours sans bruit autour de tous ; l'expression française « papillons noirs » exprime à peu près la même pensée.

Les esprits font partie d'un monde fictif, d'où ils viennent pour gêner les vivants. Le monde réel possède aussi ses démons, ce sont les « mpamosavy » ou jeteurs de sorts.

Il est rare que, dans chaque village, on n'accuse pas quelque vieille femme bien laide d'être « mpamosavy » ; c'est elle qui cause tous les malheurs et toutes les maladies ; elle est crainte et détestée ; les enfants fuient à son approche et les grandes personnes ne l'abordent qu'avec terreur. Elle est l'objet de toutes les haines, mais personne n'ose le lui faire sentir, par crainte de représailles ; les femmes enceintes ne la laissent jamais entrer dans leur maison : elle les ferait avorter. Les méfaits des « mpamosavy » ne s'accomplissent que pendant la nuit quand tout le monde est endormi. La vieille sort alors de chez elle et va chercher ses compagnons, les chouettes, les chats sauvages et nombre d'autres vilaines bêtes ; elle force les portes des cases pour aller jeter un sort sur ses victimes et ne rentre chez elle qu'à l'aube ; ses acolytes de la nuit regagnent alors la forêt. Le pouvoir malfaisant des « mpamosavy » est très étendu ; il peut arracher le cœur d'un amant à sa maîtresse, causer des malheurs conjugaux et conduire même à l'inceste ; il donne toutes les maladies et répand les épidémies sur les gens et sur les bêtes. Malheur à ceux qui ont affaire à ces jeteurs de sorts !

Heureusement, à côté du mal, se trouve le remède ; nous voulons parler des « mpisikidy » ou sorciers médecins. Ces « mpisikidy », hommes ou femmes, sont des personnages qui ont acquis une certaine réputation dans la connaissance des simples ; ils savent soigner les maladies ordinaires, plaies, fièvres, coliques, variole, etc. Quelques-uns ont une influence très grande, et l'ignorance des indigènes leur accorde même des pouvoirs surnaturels. Ils tirent la bonne aventure au moyen de petites graines rondes, plates et très dures, et les Sakalaves ont une foi très grande dans leurs prévisions. Ils ont le pouvoir de détourner les sorts et de chasser les mauvais esprits. Ils vivent de leur métier, en acceptant, comme rémunération de leurs soins, de petites sommes d'argent, et ils augmentent leurs revenus par la confection et la vente des amulettes.

Ces amulettes (en malgache : ody), sont de plusieurs sortes et de différentes formes, suivant les services qu'on leur demande.

Les unes rendent invulnérable et ont le pouvoir d'arrêter les balles. Elles sont généralement confectionnées avec des extrémités de cornes de bœuf ou des dents de crocodiles, en général, enrichies d'ornements en verroterie et enduites d'huile de ricin; elles sont consacrées par le mpisikidy, avant d'être livrées au client qui les porte en sautoir ou nouées sur la tête, au moyen de bandes d'étoffe bleue, et ne s'en sépare jamais.

Un autre genre d'amulettes est celui qui préserve des mauvais sorts et des maladies; ce sont, généralement, des colliers faits de perles, de graines noires, et de petits morceaux de bois travaillés à la main que portent les hommes et les femmes et qui servent en même temps de préservatifs et d'ornements.

Quelquefois l'ody est un simple petit sachet, renfermant une matière quelconque à laquelle le mpisikidy a donné un pouvoir déterminé; ce sachet, suspendu au cou par un fil, ne quitte jamais son propriétaire, pas même de nuit.

On conçoit aisément que la superstitieuse imagination des Sakalaves se soit donné libre cours dans la confection de ces gris-gris; il serait trop long de les énumérer tous, et leurs formes sont tellement variées qu'il serait impossible de les décrire. Il suffit de dire que le Sakalave leur accorde une telle confiance que, même dans le Bouéni, on a toutes les peines du monde à s'en procurer à prix d'argent.

Le mpisikidy a l'habitude d'ajouter certaines obligations au droit de porter les gris-gris, si l'on veut bénéficier de leurs privilèges. Suivant la nature du mal qu'il est destiné à combattre, le gris-gris entraîne l'abstention complète de certains aliments ou de certaines boissons désignées par le mpisikidy; les choses défendues sont appelées « fady ». Les Sakalaves obéissent scrupuleusement aux instructions de leurs médecins.

On en voit qui ne connaissent pas le goût du porc, d'autres qui n'ont pas le droit de manger de volaille; certains ne peuvent pas boire d'alcool, de rhum ou d'absinthe; il y en a même qui vivent uniquement de patates et de manioc, le riz leur ayant été interdit. Contrevenir aux défenses du mpisikidy entraînerait un malheur, et le Sakalave est trop superstitieux pour s'y exposer.

L'idée que les Sakalaves se font de la mort est assez douce. D'après leurs croyances, le corps meurt, mais ne disparaît pas complètement; il en reste quelque chose de vivant qui n'est pas la matière, mais un assemblage vague, vaporeux et invisible de contours qui conservent les formes du corps du défunt; c'est son image sans être lui. Cette ombre vivante va au séjour des trépassés retrouver ceux qui l'y ont précédée et y continuera la vie commencée sur terre, mangeant de l'ombre de riz avec l'ombre d'une cuiller, soignant l'ombre des bœufs qu'elle aura emmenés avec elle et paraissant d'autant plus riche que les sacrifices auront été plus nombreux sur sa tombe. Elle recevra toujours avec plaisir ceux qu'on lui enverra dans la suite, ainsi que tout ce que ses parents et amis encore vivants lui adresseront.

Cette conception de la mort est très originale. Elle explique le culte que les Sakalaves ont pour les mânes des ancêtres et elle nous permet de comprendre comment les morts peuvent profiter des repas qu'on leur prépare; c'est l'ombre de ces repas qui leur revient.

*Langage.* — En règle générale, on trouve à Madagascar autant de dialectes que de provinces. Ces dialectes ne diffèrent les uns des autres que par de légères nuances ; mais le fond est toujours le même que celui du dialecte hova.

Dans toute l'île, le langage hova a prévalu sur les autres et le sakalave ne fait pas exception à cette règle ; il est en effet le plus harmonieux, le plus grammatical de tous ceux qui sont parlés dans la Grande île ; il est compris partout. M. Fleury-Mavia, qui connaît un grand nombre de dialectes malgaches, divise en trois classes les différences qui existent entre les dialectes hova et sakalave du Nord.

1° *Différence de prononciation.* — Dans cette classe, nous trouvons les mêmes mots ayant même signification, mais prononcés différemment dans les deux dialectes :

| Hova. | Français. | Sakalave. |
|---|---|---|
| Fanjaitra | Aiguille | Fanjaitsy. |
| Maintso | Vert | Maitso. |
| Maniraka | Envoyer quelqu'un | Manjiraka. |
| Vitsika | Fourmi | Vitsiky. |
| Lalitra | Mouche | Lalitsy. |
| Omby | Bœuf | Ahomby. |
| Mainty | Noir | Mahintsy. |

2° *Différence de vocabulaire.* — Exemples :

| Hova. | Français. | Sakalave. |
|---|---|---|
| Sasatra | Fatigué | Vaha. |
| Lainga | Menti | Vandy. |
| Tokoa | Vraiment | Ankitiny. |
| Tezitra | Fâché | Meloka. |
| Mangatsiaka | Froid | Manintsy. |
| Alika | Chien | Fandraoka. |
| Saka | Chat | Piso. |
| Lalao | Amusement | Soma. |
| Misotro | Boire | Migoka. |
| Hazandrano | Poisson | Filao. |
| Mahagaga | Étonnant | Mahatserika. |
| Varavara | Lit | Kibana. |
| Mikizaka | Se moquer | Miketina. |
| Hira | Chant | Antsa. |
| Kamo | Paresseux | Mavozo. |
| Noana | Qui a faim | Mosary. |

3° *Différence grammaticale.* — Le langage sakalave n'a pas, comme le hova, été emprisonné dans des règles de grammaire fixes; il est de construction rude, brutale; quelquefois, les mots sont placés sans méthode à la suite les uns des autres pour constituer les phrases. Il est au hova ce que le parler d'un paysan français non instruit est à la langue française.

Prenons quelques exemples :

1° *Français* : Connaissez-vous cet homme
   *Hova* : Fantatrao moa io lehilahy io?
   *Sakalave* : Moa fantatranao ileilahy io?

2° *Français* : A qui est-ce?
   *Hova* : An' iza ity?
   *Sakalave* : Any an' iza ity?

3° *Français* : Dans combien de jours serez-vous arrivé là-bas?
   *Hova* : Hafirian' andro hianao dia tonga any?
   *Sakalave* : Firy andro ataonao mandeha any?

Ces différences, comme on le voit, sont peu importantes et il est toujours facile, à ceux qui connaissent la langue hova, de se faire comprendre des Sakalaves.

Il est donc indiscutable que les dialectes sakalave et hova sont les dérivés d'une même langue.

Quelques mots étrangers, principalement des mots kisoahily, sont employés par les Sakalaves de la côte Ouest où l'élément musulman domine. Ces mots propagés à l'intérieur sont devenus d'un usage courant et font partie de la langue sakalave.

Tels sont, par exemple :

| Hova. | Français. | Sakalave et Kisoahily. |
|---|---|---|
| Tavohangy. | Bouteille. | Tsapa. |
| Afo. | Feu. | Motro. |
| Hoditra. | Peau. | Ngogy. |
| Antsy. | Couteau. | Meso. |
| Isaka. | Compter. | Hisabo. |
| Mofo. | Pain. | Mokary. |
| Sambo. | Bateau. | Merikebo. |
| Tokoa. | Vrai. | Kabisa. |
| Hery. | Force. | Ngovo. |
| Satroko. | Chapeau. | Kofia. |

Il existe en outre, en sakalave, quelques mots dont l'application est réservée aux rois et reines ou qui désignent des objets pour leur service.

Ainsi, au lieu de :

| | | |
|---|---|---|
| Rano. | Eau, *on doit dire*. | Mahetsaka. |
| Rivotra. | Air. | Tsiko. |
| Volo. | Cheveux. | Maramara. |

| | | |
|---|---|---|
| Maso . . . . | Yeux . . . . . . . . . | Fanenty. |
| Marary. . . . | Malade . . . . . . . | Mafana. |
| Orana. . . . | Pluie . . . . . . . . | Mahalena. |
| Zaza . . . . | Enfant . . . . . . . | Tsaiky. |
| Vorona . . . | Oiseau . . . . . . . | Fitily. |

Le dialecte sakalave est facilement assimilable pour tous ceux qui connaissent la langue hova. Mais, si l'on parvient facilement à comprendre les Sakalaves et à se servir de leurs mots et de leur forme de langage, il est presque impossible de s'assimiler leur accent et d'avoir leur intonation; seuls, quelques étrangers, n'ayant jamais appris le hova et ayant toujours eu affaire aux Sakalaves, ont pu, après un temps assez long, nasiller à la façon des indigènes du pays. Ce résultat n'a jamais pu être atteint par ceux qui ont appris le malgache en Imerina.

*Hiérarchie. — Les rois sakalaves.* — L'histoire des rois sakalaves, aussi loin que la tradition et les légendes peuvent nous faire entrevoir la vérité, est absolument dépourvue de tout souvenir mémorable, de tout fait guerrier, de tout acte héroïque ou réputé tel. Pas la moindre querelle ayant occasionné une collision, même minime, entre deux tribus, pas d'incursions à repousser d'un ennemi de même race ou de race différente; on ne trouve rien, dans les vieilles légendes, qui puisse faire croire que le peuple sakalave a une histoire.

Le seul souvenir précis est celui de la conquête de leur pays par Radama Ier et encore n'a-t-on la relation d'aucun combat, d'aucun acte d'indépendance.

Il semble probable qu'autrefois les habitants du Menabé, de l'Ambongo et du Bouéni, gens de même race, ont vécu tranquilles chez eux sous leurs paillottes, cultivant leurs champs et élevant leurs troupeaux.

La légende ne signale nulle part l'arrivée de l'élément musulman sur la côte Ouest de Madagascar; mais il est à présumer que les Arabes ont habité ce pays depuis fort longtemps, puisque, comme on le verra plus loin, ils sont signalés comme fournissant les parfums aux obsèques des rois sakalaves.

L'historien reste à court devant l'aridité des souvenirs légendaires des Sakalaves; c'est à peine s'il parvient à retrouver la série des rois depuis le premier qui ait laissé un nom connu, Andriamisara.

Andriamisara est considéré comme le chef de la famille royale sakalave, qui régna dans le Menabé; à sa mort, il laissa le pouvoir à son fils, Andriamihanina.

A l'époque où vivaient ces deux rois, on n'en signale aucun dans l'Ambongo où dans le Bouéni; d'après les dires des anciens, le Menabé, l'Ambongo et le Bouéni n'étaient pas trois provinces distinctes; c'étaient trois noms différents donnés aux diverses parties du territoire du même roi.

A la mort d'Andriamihanina, Andriamandrosoarivo abandonna le Menabé et se transporta dans le Bouéni en emportant les restes de son aïeul et de son père; c'est seulement de cette époque que date la scission en trois royaumes du territoire des Sakalaves.

Andriamandrosoarivo fut donc le premier roi du Bouéni; il établit sa capitale à Ankazontrano, sur les rives du fleuve Mahavavy. Ses restes sont déposés à Majunga, à côté de ceux de son aïeul et de son père; il eut pour fils Andrianamboniarivo, qui s'établit à Befito, non loin de l'ancienne résidence de son père et dont les restes sont déposés à Majunga à côté de ceux de ses trois ascendants. Andrianamboniarivo eut quatre fils : Andrianatanarivo; Andriamahatindriarivo; Andrianevenarivo; Andrianailitrarivo.

Comme il fallut songer à les pourvoir chacun d'un fief spécial, il y eut partage d'autorité, et chacun d'eux alla régner dans un endroit différent.

L'aîné, Andrianatanarivo, resta à Befito, résidence de son père.

Andriamahatindriarivo alla régner à Boinakely, au nord de Mahabo.

Andrianevenarivo régna à Ankara, au nord de la région du précédent.

Andrianailitrarivo eut son royaume à Ambolomoty, au sud de Marovoay.

A partir de ce moment, le territoire des Sakalaves du Nord s'est morcelé en une quantité considérable de petits royaumes, chacun des enfants du roi, fils ou fille, voulant avoir son fief distinct et chacun d'eux se faisant appeler « mpanjaka » (qui gouverne).

Andrianatanarivo et Andrianevenarivo n'eurent pas d'enfants.

Andriamahatindriarivo n'eut qu'un fils, qui lui succéda, Andriamiavotrarivo.

Andrianailitrarivo n'eut également qu'un fils, Andriamarofaly, qui lui succéda dans son royaume d'Ambolomoty et qui eut trois enfants dont les rejetons portent encore le titre de mpanjaka dans le royaume d'Ambongo.

Mais il serait oiseux et trop long d'exposer une à une les descendances de tous ces petits rois ou reines; il est préférable d'exposer succinctement, dans un tableau généalogique[1], les parentés réciproques des différents mpanjaka du royaume sakalave du Bouéni, nous réservant de donner après cet exposé les noms des mpanjaka encore vivants et le nom des pays, territoires ou contrées qui sont sous leur autorité.

Il ne faut pas s'étonner de l'aridité de cette liste, dans laquelle n'est désignée aucune des limites des petits fiefs des mpanjaka; ces limites n'existent pas ou, du moins, elles sont tellement vagues que les habitants eux-mêmes sont incapables de les désigner. Dans chaque fief, le nom du village où demeure le mpanjaka est le nom qui sert à désigner la région dépendant d'un même chef.

Chaque mpanjaka commande à un certain nombre de villages, nombre essentiellement variable du reste, et les habitants de ces villages se dénomment eux-mêmes gens de tel ou tel mpanjaka; c'est seulement en les interrogeant dans ce sens, que l'on peut arriver à avoir une légère idée des limites approximatives des divers fiefs.

Il semble inutile, après avoir expliqué le mode d'organisation des Sakalaves,

1. Il est bon de faire remarquer que les noms inscrits dans ce tableau sont ceux qui ont été donnés aux rois après leur mort et qui se terminent *toujours* par le mot *arivo* (mille), un usage superstitieux voulant qu'on ne prononce plus le nom qu'ils portaient pendant leur vie.

## TABLEAU I. — Liste généalogique des rois sakalaves du Bouéni.

| NOMS DES ASCENDANTS | RÉGIONS OÙ ILS ONT RÉGNÉ | DESCENDANTS : NOMBRE | NOMS |
|---|---|---|---|
| Andriamisara. | Menabé. | 1 | Andriamihanina. |
| Andriamandrosoarivo. | Ankazontrano. | 1 | Andrianambonarivo. |
| Andrianamboniarivo ⎫ mariés. Andriamanohiarivo ⎭ | Befito. | 4 | Andrianatanarivo. Andriamahatindriarivo. Andrianevenarivo. Andrianailitrarivo. |
| Andrianatanarivo. | Befito. | » | » |
| Andriamahatindriarivo. | Boinakely. | 5 | Andrianailinarivo. Andriamiavotrarivo. Andriamaninarivo. Andriamitsenarivo. Andriamanosokarivo. |
| Andrianevenarivo. | Ankara. | » | » |
| Andrianailitrarivo. | Ambolomoty. | 1 | Andriamarofaly. |

### 1° Descendance d'Andriamahatindriarivo.

| NOMS DES ASCENDANTS | RÉGIONS OÙ ILS ONT RÉGNÉ | DESCENDANTS : NOMBRE | NOMS |
|---|---|---|---|
| Andrianailinarivo. | ? | » | » |
| Andriamiavotrarivo. | » | » | » |
| Andriamaninarivo. | » | » | » |
| Andriamitsenarivo. | » | 4 | Andrianitiokarivo. Andriamitoharivo. Indanitra. Ingala. |
| Andriamanosokarivo. | » | » | » |
| Andrianitiokarivo. | ? | 2 | Iampela. Andriamamahanarivo. |
| Andriamitoharivo. | » | 10 | Faky. Ketsy. Mokolo. Fanony. Takony. Gaga. Manka. Moanakoa. Voaitra. Iaramy. |
| Indanitra. | Ambohimanoro. | 1 | Iambongo. |
| Ingala. | Kandrany. | 1 | Isalimo. |
| Iampela. | Boina. | 5 | Ivoho. Tsimaifitra. Isafy. Rama. Mahafany. |
| Andriamamahanarivo. | ? | 1 | Maroba. |
| Isalimo. | Kandrany. | » | » |
| Andriamarolafy ⎫ mariés. Andriamatahariyo ⎭ | | 1 | Andriamelonarivo. |

## ETHNOGRAPHIE.

| NOMS DES ASCENDANTS | RÉGIONS OÙ ILS ONT RÉGNÉ | DESCENDANTS : NOMBRE | NOMS |
|---|---|---|---|
| Andriamelonarivo. | Trabonjy. | 3 | Andriamandranitrarivo. Andriamandraradraza. Andriamifefiarivo. |
| Andriamandranitrarivo. | Manongarivo. | 4 | Andriamanetsiarivo. Andriantsirehanarivo. Andriamanorinarivo. Andriamanavakarivo. |
| Andriamandraradraza. | » | 1 | Andriamanarinarivo. |
| Andriamifefiarivo. | Marodoka. | 3 | Andriamahatantiarivo. Tsifolakarivo. Andriantsenarivo. |
| Andriamanetsiarivo. | Kamakony. | » | » |
| Andriamanorinarivo. | » | » | » |
| Andriantsirehanarivo. | Ambariolava. | 1 | Andriamamitranarivo. |
| Andriamanavakarivo. | Mahetsampanjava. | 7 | Fatoma. Andrianohatrarivo. Isafitamo. Andrianinganarivo. Mozongo. Ivony. Isoka. |
| Andriamahatantiarivo. | ? | 1 | Ramboatofa. |
| Tsifolakarivo. | ? | 3 | Andrianinganarivo. Andriamamoriarivo. Andriamamonjanarivo. |
| Andriantsenarivo. | Trabonjy. | 1 | Andriamanefarivo. |
| Ramboatofa. | Trabonjy. | » | » |
| Andrianinganarivo. | ? | 2 | Ralaivao. Andriamahady. |
| Andriamamoriarivo. | ? | » | » |
| Andriamamonjanarivo. | ? | 8 | Razoely. Andrianasy. Ramangalahy. Ramananjonaharivo. Rabarivelo. Razanakolona. Rakalavao. Razanatsoa. |
| Andriamanefarivo. | Ambato. | 3 | Ratovelo. Raboto. Ravahoaka. |
| Andriamamitranarivo. | Antonibé. | 1 | Ianona. |
| Ianona. | » | 1 | Tondroka. |
| Fatoma. | Taranta. | » | » |
| Andrianohatrarivo. | Antsakoamanera. | 2 | Bareravony. Andrianonjinarivo. |
| Isafitamo. | Soalala. | » | » |
| Andrianinganarivo. | ? | 1 | Hotsy. |
| Mozongo. | ? | » | Binao. |
| Ivony. | ? | 1 | Bavambongo. |
| Isoka. | Karangy. | » | » |
| Bareravony. | Antsakoamanera. | 2 | Tsimietry. Karany. |
| Bavambongo. | ? | 2 | Safary. Zoma. |
| Tsimietry. | Analalava. | » | » |
| Karany. | Ampasindava. | » | » |

**TABLEAU II.** — Noms des rois du Bouéni encore vivants (avril 1897) et des royaumes qu'ils gouvernent.

*(Ceux qui sont marqués « Anadoany » sont ceux qui n'ont pas de royaume et qui vivent avec leurs parents.)*

| NOMS | | NOMS DES RÉGIONS QU'ILS GOUVERNENT | RÉSIDENCES |
|---|---|---|---|
| Ramboatofa | f. | 13° honn., gouverneur général du Bouéni. | Trabonjy. |
| Indanitra | f. | » | Ambohimanoro. |
| Ingala | f. | » | Kandrany. |
| Ratovelo | f. | 11° honneur, sous-gouverneur. | Ambato. |
| Bareravony | f. | Marambitsy. | Antsakoamanera. |
| Itondroka | h. | Varamanga. | Antonibé. |
| Iampela | f. | » | Boina. |
| Ifaky | h. | Anadoany. | » |
| Ketsy | h. | » | Antremo. |
| Moanakoa | h. | » | Katsepy. |
| Mokolo | h. | » | » |
| Takony | f. | » | » |
| Fanony | h. | » | » |
| Gaga | h. | » | » |
| Manka | h. | » | » |
| Ivoaitra | f. | » | Marovoay. |
| Karany | f. | » | » |
| Isalimo | h. | Sous-gouverneur de Mahabo. | Mahabo. |
| Ivoho | h. | » | » |
| Tsimaifitra | h. | » | » |
| Isafy | f. | Anadoany. | » |
| Rama | f. | » | » |
| Mahafany | f. | » | » |
| Maroba | h. | 10° honneur. | » |
| Iambongo | f. | Anadoany. | Ambenja. |
| Voantara | h. | » | » |
| Fatoma | f. | Baie de Baly. | Taranta. |
| Isafitamo | h. | » | Soalala. |
| Ralaivao | h. | » | » |
| Razoely | f. | » | Mangabé. |
| Razanakolona | f. | » | » |
| Andriamahady | h. | » | » |
| Andriaginasy | h. | » | » |
| Rabarivelo | f. | Anadoany. | » |
| Ramananjahary | f. | » | » |
| Ravaonarivo | f. | » | » |
| Razanatsoa | f. | » | » |
| Ramangalahy | h. | » | Belobaky. |
| Ilesoka | f. | » | Karananjy. |
| Tsimietry | h. | » | Analalava. |
| Karany | f. | » | Ampasindava. |
| Zoma | h. | » | Andranoboka. |
| Safary | h. | » | Morafeno. |
| Binasy | f. | » | Kisimany. |

de parler de leur administration ou de leur façon de conduire leurs affaires; car le désordre règne partout et l'unité de commandement n'existe pas; aucun grand chef ne peut rassembler sous ses ordres et faire marcher tous les gens d'une province, chacun restant soumis au mpanjaka qu'il a choisi pour suzerain.

Il est très difficile de déterminer la part de puissance que peuvent avoir ces chefs. Ceux ou celles que nous appelons improprement rois ou reines, et auxquels nous aurions dû conserver leur titre malgache de mpanjaka, sont, en réalité, de tout petits chefs, respectés sans aucun doute, mais peu obéis.

Tant que le mpanjaka ne demandera à ses sujets que les faibles redevances de services ou d'argent auxquelles ils ont de tout temps été habitués, il sera obéi; mais, vienne une loi plus sévère, un ordre nouveau de choses à établir, un acte quelconque pouvant être considéré par les Sakalaves comme portant atteinte à leur indépendance, le peuple murmurera, puis discourra et, finalement, changera de région ou disparaîtra dans la brousse.

Comment, du reste, en serait-il autrement? Le Sakalave n'est retenu chez lui par aucun intérêt pécuniaire ou sentimental; sa case est peu de chose, et il en construira rapidement une autre dans le nouvel endroit qu'il choisira; il emmènera ses bœufs avec lui; sa famille le suivra; quant à ses terres de riz, s'il en a, il les abandonnera volontiers, car la forêt lui fournira suffisamment de racines.

Dans certains cas, le mpanjaka suivra ses sujets et ira régner sur un territoire nouveau; il y en a toujours d'inoccupés.

Si le mpanjaka, jaloux de son indépendance, résiste à tout essai d'introduction de nouvelles mœurs, il sera immédiatement approuvé et obéi par tout son peuple; si un autre, plus timide, se soumet et abdique son indépendance, il aura, au contraire, tout à craindre de ses sujets.

En résumé, le Sakalave respecte ses rois; mais les rois craignent leurs sujets.

Il est certain, toutefois, que, par de sages mesures et par une administration conciliante, on arrivera à changer les habitudes même les plus invétérées; mais il faudra se montrer très ferme et frapper sévèrement ceux qui ne voudront pas écouter la voix de la sagesse.

Au tableau II, nous avons donné la liste des rois encore vivants et le nom de leur résidence; nous saurons donc toujours à qui nous en prendre dans le Bouéni des désordres qui pourraient se produire.

Il reste, cependant, à compléter cette liste en y ajoutant quelques noms de mpanjaka provenant de familles déclassées ou bâtardes.

I. Les *Marotsiratsy*. — Les Marotsiratsy datent d'Andrianevenarivo, qui était un roi méchant, n'ayant, vis-à-vis de ses sujets, d'autres règles que son bon plaisir. Chaque fois qu'il lui naissait un enfant mâle, il le faisait tuer, craignant que le peuple mécontent ne lui donnât sa royauté. Il tua ainsi plusieurs de ses héritiers; mais, un jour, sa femme, ayant accouché d'un garçon, le fit cacher par sa nourrice; plus tard, cet enfant une fois grand fut présenté à son père : « Eh bien, dit celui-ci, qu'il vive; ici-bas, il n'y a que de mauvaises gens (Marotsiratsy), seulement qu'on l'emmène loin d'ici et qu'il n'approche jamais de mon royaume. »

Ce sont les descendants de cet enfant échappé ainsi à la mort qui sont désignés sous le nom de « Marotsiratsy ».

Les représentants de cette caste sont :

Ianararena, f.  
Itsisata, 10ᵉ honneur, f. } toutes deux à Marosakoa.  
Isorodany, 10ᵉ honn., f., à Baly, et leurs descendants

II. Les *Antimamalika*. — Ils sont réellement de la famille royale, mais de la branche cadette; l'aîné étant paresseux et incapable de régner, le peuple préféra le cadet et le gouvernement changea de mains (mivalika ny fanjakana), c'est pourquoi cette branche s'appela « Antimamalika ». Le Bouéni n'en possède qu'un seul représentant, les autres sont tous dans l'Ambongo.

III. Les *Mandroatra*. — Quoiqu'ils soient des descendants des vrais rois, ils n'ont pas eu de royaume ; ils étaient cependant plus riches qu'aucun des mpanjaka « régnants » ; c'est pour cela que les Sakalaves leur donnèrent le nom de Mandroatra (qui débordent comme l'écume).

Il existe encore de cette famille, Ranatolotra, h., à Ankaraobato ; Fanjo, h., à Ambarimanjibo, et Tojy, h., à Antanipaika.

IV. Les *Antimanaraka*. — Les Antimanaraka sont les fils des maîtresses des rois, quoiqu'il soit défendu aux rois sakalaves d'avoir des enfants d'une maîtresse. Il existe, à Bevovoka, un représentant de ces bâtards, Tsimanendry.

V. Les *Homankazo*. — Ce sont des descendants des rois; mais ils n'ont jamais eu de royaume et ont toujours été très pauvres ; ils n'avaient comme moyens d'existence que la ressource d'aller dans les forêts, où ils fabriquaient des assiettes et des cuillers en bois, d'où leur vient le nom de Homankazo, qui signifie « mangeurs de bois ».

Leurs descendants encore vivants sont Izava et Itamo, tous deux à Andakavy et leurs enfants.

VI. Les *Marolahy*. — Les Marolahy ne sont que des parents de rois. Comme ils avaient l'habitude de ne pas castrer leurs bœufs, le nombre considérable de taureaux (ombilahy) qu'ils possédaient les firent désigner sous le nom de Marolahy.

De cette caste, vivent encore Rajaka, h., à Besakoa; Rambony, h., à Tsinjoarivo et leurs descendants.

Nous ne voudrions pas terminer cet historique des rois sans parler un peu des personnages ayant des fonctions spéciales, quelquefois même héréditaires.

Outre les familles royales, il existe chez les Sakalaves :

I. Les *Mananadabo*. — Les Mananadabo ont régné autrefois, il y a très longtemps, dans le Bouéni ; vaincus, ils furent contraints d'accepter des fonctions plus humbles et ils vécurent sous la dépendance des vainqueurs. Ils sont considérés par les Sakalaves comme appartenant à une race plus ancienne que celle des rois actuels.

A leur mort, les Mananabo étaient jadis placés dans un cercueil en bois solidement fermé, qu'on précipitait dans un lac ne se desséchant jamais; le lac d'Amparihingidro était choisi de préférence.

Cet usage a disparu et les Mananadabo sont aujourd'hui enterrés en terre ferme.

II. Les *Andratsoka*. — Les Andratsoka sont ceux qui, à la mort des mpanjaka, ont seuls le droit de brûler les bœufs sacrifiés; cette opération se fait dans les doany.

III. — Les *Tsiarana*. — Ils ont pour fonctions de couper le cou aux bœufs qu'on sacrifie aux mânes des rois ou reines qui meurent. Ils ne peuvent procéder à cette opération que dans les doany.

IV. Les *Andraramaiva*. — Les Andraramaiva sont chargés de porter les « jiny » ou petits coffrets, tels que ceux qui sont déposés à Majunga et qui contiennent les reliques vénérées des ancêtres des rois.

V. Les *Vatobé*. — Les Vatobé sont chargés de la propreté et de la bonne tenue des doany.

VI. Les *Tankoala*. — Ils ont seuls le droit de monter sur les maisons sacrées (zomba) pour les recouvrir.

VII. Les *Jongoa*. — Les Jongoa sont spécialement chargés de porter en terre les cadavres des rois morts.

VIII. Les *Morarivobé*. — On appelle ainsi les gardiens des tombeaux des rois. Ce sont eux qui sonnent la trompe (anjombona) et qui frappent sur les tam-tams; seuls, ils ont le droit de toucher à tout ce qui sert à brûler des parfums dans les cérémonies ; seuls, à l'exclusion même du roi régnant, ils ont le droit d'ouvrir les portes des demeures sacrées; on les appelle aussi « rainitrampanjaka ».

IX. Les *Morarivokely*. — Les Morarivokely sont chargés de préparer les repas des rois vivants; les rois n'ont confiance qu'en eux pour la cuisson des aliments.

Il y a à côté des rois ou reines d'autres personnages dont il est bon de parler. Chaque mpanjaka désigne, parmi ses sujets, celui qu'il estime être le plus apte, le plus habile et le plus dévoué; l'homme ainsi choisi est consulté pour toutes les affaires du gouvernement, il prend le nom de « manantany » ; c'est, à proprement parler, le premier ministre du roi. De plus, un

Conseil est constitué avec les gens les plus intelligents du pays ; ceux-ci sont pris parmi les rainitrampanjaka.

Chaque mpanjaka a le droit de prendre à sa suite des jeunes gens et des jeunes filles parmi les enfants des Sakalaves et des Zazamangas. Une fois donnés, ces enfants ne peuvent plus quitter leur roi.

Les jeunes garçons prennent le nom de « fihitra » et les jeunes filles celui de « maromanangy » ; ce sont les compagnons inséparables des mpanjaka.

*Mort des rois. — Cérémonies des funérailles.* — Quand un roi ou fils de roi meurt, le peuple entier se rassemble et tous les sujets viennent en foule s'associer au deuil de la famille royale ; chaque matin et chaque soir, pendant trois et quelquefois même quatre mois, des coups de fusil sont tirés en l'honneur du décédé. Les trompes ne cessent de retentir, les tambours ne discontinuent pas leur tintamarre. Du matin au soir, les pleurs se mêlent aux chants. Tous les Sakalaves amènent des bœufs destinés à être sacrifiés ; ces bœufs sont appelés ombimanitra (bœufs parfumés). Ceux qui ne possèdent pas de bœufs en achètent ou portent à la famille du défunt une rémunération en argent dite « solon-omby » (en remplacement de bœuf). Les silamos[1] (musulmans) viennent avec des parfums destinés à être répandus sur le cadavre.

L'enterrement ne se fait jamais de jour ; les rois doivent toujours être inhumés la nuit.

Pendant la cérémonie, de nombreuses salves de fusil sont tirées, les cornes sonnent, les tam-tams font grand bruit et les femmes tantôt pleurent, tantôt dansent, en frappant dans leurs mains. Tout ce bruit ne finit que lorsque le cadavre est enterré, et encore ! Si le rhum a été distribué en trop grande abondance, la cérémonie ne se terminera que plus tard, dans une bacchanale orgiaque et licencieuse.

Les rois et leurs descendants sont enterrés dans des endroits spéciaux appelés doany. Une fois par an a lieu la cérémonie de la vénération des morts ; chaque doany a un jour particulier.

Tant que dure le deuil, le Sakalave ne doit laver ni son corps, ni ses vêtements. Lorsque toutes les formalités funèbres ont été remplies, le peuple est réuni à nouveau pour écouter le kabary spécial, dans lequel on autorise le lavage du corps et du linge.

Les fils de roi qui n'ont pas de royaume jouissent des mêmes honneurs ; on leur retranche seulement les fihitra et les maromanangy, auxquels, seuls, ont droit les mpanjaka réellement en possession de fiefs.

*Cérémonies. — Jeux, chants et danses.* — Les cérémonies mortuaires sont à peu près les seules solennités en pratique chez les Sakalaves, qui n'ont ni grandes réceptions, ni jours à proprement dire fériés, ni anniversaires. Comme ce peuple n'a pas de culte, il n'a pas par conséquent de temples et, par suite, pas de cérémonies religieuses, ni de sacrifices aux dieux.

Les seuls jours où ils célèbrent un semblant de fête sont ceux qui sont

---

1. Transcription malgache du mot Islam.

réservés au culte des Vazimbas ou des ancêtres. Une fois par an, les Sakalaves de tout le Bouéni se réunissent à Majunga pour la promenade des reliques sacrées; de plus, dans chaque village où il existe des « doany » ou « mahabo », il y a des jours consacrés au culte des tombeaux; ces jours de vénération sont en même temps jours de réjouissances. Dans le Bouéni soumis aux Hovas, les Sakalaves célébraient également le « fandroana » ou bain de la reine.

Il est d'usage, chaque jour de fête, que le Sakalave porte un peu d'argent au chef du village. Puis, il est procédé à l'abatage d'un ou plusieurs bœufs.

L'abatage d'un bœuf, un jour de fête, donne toujours lieu à une sorte de jeu préparatoire qui consiste à taquiner et à exciter l'animal, à la façon de nos toréadors landais. La joute n'a pas lieu dans une enceinte spéciale, mais sur la place ou même au milieu des maisons du village. L'animal, taureau, bœuf ou vache, est solidement attaché par les cornes avec une longue corde et l'un des pieds de derrière est tenu par une autre corde. Tiré par devant et retenu par derrière, le bœuf a peu de liberté de mouvement et les jouteurs ne courent pas de bien grands dangers; il arrive, en effet, peu d'accidents. Quelquefois cependant, les hommes qui tiennent l'animal par le pied de derrière, surpris par la violence du départ, lâchent trop rapidement la corde et, si les jouteurs de devant ne sont pas sur le qui-vive, ils reçoivent des coups de tête et des coups de corne. Quelquefois aussi, la corde se rompt et c'est alors un sauve-qui-peut général, un tohu-bohu épouvantable, une fuite désordonnée devant un combat inégal où l'animal est toujours le vainqueur.

Les animaux qui doivent entrer dans la lice ne sont pas excités artificiellement avant le combat; aussi le jeu manque-t-il absolument d'intérêt au début. Mais, bientôt, les vociférations des jouteurs et de l'assemblée deviennent telles, que la bête, même la plus douce, finit par perdre la tête et devient furieuse; c'est le moment intéressant du jeu, celui que les audacieux choisissent pour se mesurer; mais bientôt la bête épuisée devient inerte et, quelquefois même, se couche sans plus se soucier de ses insulteurs. Du reste, épuisé ou non, le sort de l'animal est réglé d'avance: il finit sous le couteau du boucher.

Ces jours de fête, le Sakalave se gorge de rhum et d'absinthe; il devient alors bruyant, insolent et méchant; il provoque ses camarades et leur cherche des querelles qui tournent quelquefois au tragique, ses provocations ne restant pas toujours sans écho, et il n'est pas rare d'assister à des scènes de pugilat.

Dans tous les cas, quand les cerveaux sont surchauffés, si aucune bagarre n'a lieu à la suite de provocations ou de querelles, une lutte est toujours organisée à titre de divertissement.

Le jeu de la boxe sakalave s'appelle le « morengy ». Le morengy est un instrument rappelant beaucoup le tambour; la caisse proprement dite est creusée dans un tronc d'adabo (*ficus*) et les parties résonnantes sont faites de peau de chèvre ou de mouton; les cordes de tension de ces peaux sont en fils de rafia ou de coco. Pour faire résonner cet instrument, on le frappe des deux côtés à la fois avec les mains, à plat, ou quelquefois avec une baguette; le son est mat et ressemble à celui des tam-tams.

Ce tambour a donné son nom au jeu de morengy, parce que, pendant la lutte, on l'emploie pour exciter les combattants.

Deux jeunes gens se mettent face à face au centre d'un cercle formé par le public; ils vont essayer leur force à grands coups de poing. Pendant le combat, le morengy mêle son bruit aux cris sauvages de l'assemblée; chaque coup qui porte est signalé par une ovation stridente, par des vociférations qui n'ont rien d'humain. Quand les adversaires sont épuisés, deux autres les remplacent et ainsi de suite jusqu'à ce qu'il n'y ait plus de combattants.

Ce jeu, à première vue, semble cruel; mais, en voyant les Sakalaves à l'œuvre, on revient rapidement sur ces sentiments.

Le Sakalave, en effet, ne risque pas un mauvais coup pour le simple amusement de la galerie, et la joute se termine généralement sans que les adversaires se soient rapprochés suffisamment pour que les coups portent; c'est, en somme, un simulacre de combat. Quelquefois, quand les cerveaux sont par trop échauffés, les passions peuvent s'exciter au point de rendre le jeu dangereux. Nous avons vu, à Marovoay, une partie de morengy qui a duré plus de deux heures; à chaque instant, de nouveaux adversaires entraient en lice pour appuyer tel ou tel parti, et la lutte a fini par devenir générale; ce n'était plus un jeu, mais un véritable combat. Les simples spectateurs recevaient des coups comme les autres et, à un moment donné, il devint prudent de faire rentrer dans les maisons les femmes et les enfants; les portes des maisons fermées furent défoncées et il y eut du sang versé.

Mais laissons là ces plaisirs violents. Le Sakalave sait aussi faire de la musique, chanter, danser, et il n'est pas de chef, de roi ou de reine qui oserait sortir en cérémonie, sans être précédé de ses musiciens et de ses danseuses.

La revue des instruments de musique est vite passée; il n'y en a que trois : la *grosse caisse*, le *morengy* et la *lokanga*.

La grosse caisse est un article d'importation qu'il est inutile de décrire.

Le morengy est le tambour sakalave dont nous venons de parler.

La lokanga, seule, mérite d'attirer notre attention; c'est un instrument à cordes dans le genre de nos mandolines; la caisse résonnante est formée d'une moitié de courge vide, attachée par son extrémité convexe au-dessous des cordes, qui sont en fil de rafia, fixées par les deux bouts à un manche en bois travaillé au couteau et tendues par de petits chevalets en corne. Ces instruments, que les Sakalaves fabriquent eux-mêmes, sont à une, deux ou trois cordes; leur son est mat et faible; les notes qu'ils rendent sont peu nombreuses, mais très suffisantes pour la musique monotone dont les indigènes se contentent.

Pour se servir de cet instrument, l'artiste appuie la courge contre sa poitrine, de façon à en augmenter la résonance; de la main droite, il pince les cordes pendant qu'avec les doigts de la main gauche il en augmente ou diminue la longueur, à la façon des violonistes. Il obtient ainsi des sons qui forment plutôt une cadence musicale que de la musique proprement dite.

Au point de vue musical, le Sakalave n'est pas exclusif; il accepte volontiers tous les instruments étrangers; il a même une passion pour l'accordéon[1] et il écoute volontiers jouer du violon; le clairon et le cor de chasse le ravissent et le cornet à piston l'enthousiasme.

Comme partout, les chants sont l'accompagnement obligatoire de la musique, ils sont la spécialité des femmes. Il est difficile de définir leur caractère particulier; nous allons, toutefois, essayer d'en donner un aperçu.

Les femmes sont assises à terre; elles frappent toutes dans leurs mains, accompagnant ainsi le rythme du tambour; puis, l'une d'elles commence non à chanter, mais à parler sa chanson; elle raconte tout ce qui lui passe par la tête et, après chaque phrase, un refrain repris en chœur lui donne le temps de réfléchir à ce qu'elle doit dire. Et cela dure ainsi, dans une monotonie désespérante, jusqu'à ce que la fantaisie imaginative de la chanteuse soit épuisée.

Tout est bon à mettre en chanson; la poésie du sujet importe peu et l'auditeur, s'il est étranger, est souvent lui-même l'objet des railleries. On lui fera comprendre, par exemple, qu'au lieu de rester là à écouter le chant des autres, il serait bien mieux considéré, s'il fournissait le rhum destiné à ramoner les gosiers et, s'il s'exécute, il deviendra le héros auquel l'artiste s'empressera de dédier sa prochaine chanson.

Les hommes savent aussi chanter, mais ils dédaignent généralement ce genre d'amusement; ils se réservent pour le moment où la musique et les chants ne suffiront plus au divertissement de l'assemblée et où il faudra y ajouter la danse.

La danse est pratiquée par les hommes et par les femmes, mais toujours séparément; les danseurs de sexe différent ne s'accouplent pas et se font même rarement vis-à-vis; les hommes dansent avec les hommes, les femmes avec les femmes.

Les danses se font toujours au son du tambour et de la grosse caisse, pendant que les assistants frappent dans leurs mains et accentuent la cadence.

Le caractère de la danse sakalave est le même pour les deux sexes, avec la différence qu'il y a entre la lourdeur des gestes d'un homme et la douceur de ceux d'une femme; les pieds battent la terre, tantôt lentement, tantôt plus vite, suivant la cadence de la musique; les hanches prennent un mouvement de balancement gracieux, surtout chez certaines femmes qui maintiennent leur buste droit et immobile, pendant que le bas du corps suit la cadence. Les bras étendus horizontalement marquent la mesure, s'élevant et s'abaissant, tantôt ensemble, tantôt séparément, et, quelquefois, se remuant dans une trépidation finale qui n'est pas sans charme.

C'est moins une danse qu'un exercice physique, un mouvement cadencé de toutes les parties du corps.

Chez les Sakalaves Marofotsy, qui habitent la rive droite de la haute Betsiboka, il existe un genre de danse très distinct des autres: c'est une sorte de quadrille où les danseurs des deux sexes se font vis-à-vis, sans

---

1. Comme la plupart des peuplades de Madagascar.

jamais se toucher; quand la danse nécessite un rapprochement, un mouchoir sert de trait d'union entre les danseurs. Les mouvements, les passages, les différents pas se font tantôt à la cadence de la marche, tantôt à celle de la polka; le nombre des figures est illimité et le quadrille ne cesse que quand l'imagination du conducteur est épuisée.

Dans tous les pays sakalaves, la décence est de règle dans les danses : aucun geste, aucun mouvement ne peuvent offenser la pudeur, ce qui est surprenant pour un peuple aussi relâché dans ses mœurs. Toutefois, quand des libations trop fréquentes surexcitent l'ardeur des danseurs, quelques femmes se laissent aller à accentuer le mouvement de leurs hanches et se livrent à des gestes impudiques.

Enfin, il existe un genre de danse armée chez les Sakalaves de la Menavava, qui sont un peu fahavalos ou tout au moins exposés aux incursions des fahavalos. Cette danse est pratiquée habituellement à la suite des expéditions ou des coups de main.

Un village, celui d'Ampotakely, venait d'être pillé par une bande de tontakely; appelés au son de la trompe, une quarantaine de guerriers sakalaves se réunirent au village de Mandraty, armés de fusils, et se lancèrent à la poursuite des pillards. Ils revinrent vers le soir ramenant quatre têtes de fahavalos qui furent déposées au centre du village et ils se formèrent en cercle autour d'elles; puis, le chef sortit des rangs, se plaça au centre et, jouant avec son fusil, le lançant et le rattrapant, le faisant tourner autour de sa tête, frappant la terre de la crosse et simulant toute une série de gestes guerriers, il se mit à danser en racontant les exploits de la journée; les guerriers soulignaient chacun de ses gestes et chacune de ses phrases en poussant des cris féroces et en frappant le sol de la crosse de leurs fusils; c'était une vraie danse guerrière.

*Famille.* — Dans un des chapitres précédents, nous avons dit que, pour être valable, le mariage n'exigeait aucune des formalités rigoristes des lois qui régissent les peuples civilisés; mais, de même qu'aucune formalité légale n'est nécessaire pour consacrer le mariage, de même aussi aucune loi ne le protège. Or, la stabilité du mariage étant la base constitutive de la famille, on devrait conclure que, chez le Sakalave, la famille n'existe pas; ce serait une erreur, car elle est, au contraire, constituée régulièrement; elle comprend le père qui en est le chef et qui exploite les biens, la mère qui en est pour ainsi dire le régisseur, et les enfants, de quelque lit qu'ils proviennent.

On sait que, dans le mariage, la virginité de la femme ne préoccupe pas son futur; la femme se marie après avoir usé de son corps à sa guise, quitté un ami pour en prendre un autre, et cela, plusieurs fois en quelques années, si bien qu'elle se met le plus souvent en ménage, en y amenant des enfants, qui sont toujours bien reçus et font partie de la famille dans laquelle ils entrent. Le nouveau père les élève généralement à la qualité de fils par le fanangan-jaza (adoption).

Dans une famille sakalave, les hommes (le père et les fils) s'occupent des travaux pénibles : construction des cases, labour, transport du riz mûr, etc.; ce sont eux qui vont au marché acheter ou vendre le bétail et qui chargent dans les pirogues les lourds fardeaux.

Mais, quel que soit le travail fait, s'il en est résulté, pour le père de famille, une rémunération ou un profit en argent, c'est la femme qui l'encaisse; car, en dehors des travaux pénibles dont je viens de parler, la femme est tout et fait tout, sans le mari.

Si l'argent est enfermé dans une caisse, la clef est entre les mains de la maîtresse de maison; s'il est enterré ou caché, elle seule a le droit d'aller ouvrir la cachette. C'est elle qui règle toutes les dépenses du ménage et qui en organise le régime économique. Au moment du repas, c'est elle qui distribue les parts, en ayant soin toutefois de mettre dans un plat spécial le déjeuner du maître de la maison.

Quand les hommes vont aux champs, au moment du travail des rizières, la femme s'occupe de faire piler et cuire le riz nécessaire au repas de tous les travailleurs.

Rien ne doit lui échapper de tous les détails de l'intérieur : la conservation des nattes, la propreté de la maison ou du linge, la nourriture et l'entretien des volailles, leur rentrée et leur sortie du poulailler. Quand la femme est vaillante, elle doit passer les heures que ses occupations lui laissent libres à faire sécher des joncs, à les préparer et à les tresser pour en faire des paniers ou des nattes.

Les enfants sont toujours sous la surveillance de la mère, c'est elle qui les soigne et les élève, si l'on peut appeler éducation l'ignorance absolue de toutes choses dans laquelle les enfants sont entretenus.

Si la femme réclame pour elle tous les droits de l'homme; elle en prend également tous les vices; elle chique, elle boit du rhum, elle s'enivre à l'occasion sans que l'homme ait le droit de crier au scandale.

Si l'homme lui fait des infidélités, elle en sera rarement fâchée; ce sera pour elle une occasion toute trouvée de quitter de temps en temps le lit conjugal pour prendre une revanche. Du reste, à ce jeu dangereux, la femme est toujours victorieuse et elle en connaît d'avance l'issue. Il arrive que le mari se fâche, frappe sa femme et la jette dehors; mais généralement, quelques jours après, il revient la supplier de rentrer au domicile conjugal, et alors la femme n'accorde son pardon qu'après plusieurs semaines d'attente et lorsque son mari lui a fait cadeau d'un lamba neuf et d'une pièce de 5 francs.

La séparation définitive est plus rare et ne survient qu'après quelques escarmouches comme celle dont nous venons de parler. Il existe des familles sakalaves où de semblables faits ne se produisent pas, mais il est excessivement rare de trouver un homme ou une femme qui n'ait été marié qu'une fois.

Les ménages commencent à être tranquilles lorsque les intérêts des époux sont tellement unis que la séparation entraînerait un préjudice considérable pour les deux parties; à ce moment, d'ailleurs, les époux ont vieilli ensemble et l'âge des ardeurs juvéniles est passé. Nous avons dit plus haut que les biens des époux étaient mis en commun; après quelques années de mariage toute espèce de partage devient impossible; les biens ont augmenté ou dépéri; les rizières n'ont plus la même valeur; le nombre des bœufs a changé, des esclaves ont été vendus, d'autres achetés, et, de ces changements, pas un n'est régulièrement inscrit sur les livres du gouvernement; les époux pourraient-ils dès lors se séparer?

Si nous avons parlé d'esclaves vendus ou achetés, c'est que, malgré la loi de l'abolition de l'esclavage, les Sakalaves soumis ont, seuls, libéré les leurs; les autres, les Sakalaves du désert, ceux des côtes, ceux de l'Ambongo, du Mailaka, du Menabé, etc., où nous n'avons pas encore pénétré, n'en ont libéré aucun.

Dans le Bouéni, l'esclave était toujours bien traité et faisait partie de la famille à laquelle il appartenait.

*Relations avec les autres peuples, avec les Hovas.* — Les Sakalaves eussent été fort heureux de vivre chez eux, sans relations, sans commerce avec d'autres peuples ou même avec les races voisines.

Les étrangers qui semblent s'être les premiers introduits chez eux sont les Arabes, venus, soit des îles Comores, soit de la côte d'Afrique, soit de Zanzibar. Ces musulmans ont depuis fort longtemps accaparé la côte Nord-Ouest de Madagascar, où ils se sont installés en maîtres.

Il est probable que, plus intelligents que les Sakalaves, mais de peau noire comme eux, leur arrivée n'a pas, dès le début, effrayé les indigènes; les Sakalaves ont eu du reste besoin d'eux, pour se procurer des esclaves, des fusils et de la poudre. Peut-être aussi les ont-ils éblouis par leurs connaissances supérieures, et, par là, se sont-ils imposés à eux; en tout cas, les musulmans n'ont eu à livrer aucun combat : ils sont venus et ils ont régné.

Les noms des villes de la côte, Majunga, Baly, etc., sont des preuves irréfutables de la domination musulmane.

Aujourd'hui encore, les villes de la côte Nord-Ouest et même de l'Ouest appartiennent réellement, soit aux Indiens, soit aux Arabes, et, si les rois ou les reines sont d'origine sakalave, ils ont uniformément pris les mœurs et les habitudes de ces étrangers, dont ils subissent manifestement l'influence.

Les Hovas avaient moins bien réussi, et cela s'explique facilement, car ils sont venus en conquérants, mais n'avaient pas les forces nécessaires pour affermir leur conquête. Les Sakalaves qui ont voulu rester indépendants se sont retirés dans les vastes solitudes où les Hovas n'ont pas pu les poursuivre.

Il faut cependant constater que, dans leur œuvre de conquête, les Hovas n'ont pas omis, lorsqu'ils l'ont pu, d'occuper les points qu'ils ont jugés indispensables à leurs intérêts et à leur domination et d'y installer des postes militaires reliés à Tananarive. La route de Majunga à Tananarive leur appartenait, et les Sakalaves qui occupaient cette partie du Bouéni leur obéissaient. Les riches vallées de la Mahajamba, du Bemarivo et de la Sofia étaient à eux; par Analalava, Maevarano et Anorontsangana, que reliaient à l'Imerina des postes intermédiaires, ils possédaient tous les points importants de la côte Nord-Ouest de Madagascar.

Pl. XIX. — 1 ET 2. FEMMES MALGACHES DE LA CÔTE NORD-OUEST. — 3. MÉTISSE ARABE.
4. SIHANAKA.

Les Sakalaves soumis aux Hovas n'ont jamais aimé leurs conquérants ; mais ils les craignaient et leur obéissaient. Il faut ajouter que la plus grande partie du territoire sakalave, la moitié du Bouéni, l'Ambongo, le Mailaka et le Menabé sont toujours restés insoumis et que les Hovas n'ont jamais réussi à s'y établir.

Il nous est impossible de tolérer cet état de choses et de laisser des peuplades entières se croire indépendantes dans une île qui est devenue française. En outre, il est de notre devoir d'ouvrir à l'industrie ces contrées où se cachent d'importantes richesses agricoles et minières. Ces peuplades insoumises sont très jalouses de leur indépendance, elles n'ont pas accepté la domination hova et elles ne reconnaîtront pas davantage la nôtre jusqu'au jour où, persuadées que nous sommes les plus forts, elles se résigneront à vivre sous notre protection ; c'est un résultat qu'on n'obtiendra probablement que par la force des armes.

Il ne faut pas, du reste, nous cacher que, même soumis, les Sakalaves nous considéreront longtemps comme des étrangers venus pour les déposséder de leur sol et non comme des protecteurs leur apportant les bienfaits de la civilisation.

**Sihanakas.** — S'il est un peuple qui, à première vue, semble peu intéressant, s'il est des hommes qui paraissent dénués de toute originalité, s'il est un pays qui ne montre, à l'étranger qui arrive, ni des usages, ni des coutumes, ni des caractères particuliers, c'est bien le peuple sihanaka. Timides, effrayés par le blanc, les habitants de l'Antsihanaka se montrent à lui comme effarouchés, et cependant, si l'on pénètre plus avant dans la vie de ces indigènes, on y trouve une série de coutumes et d'usages fort curieux, on découvre quelque chose d'original à tout ce peuple que la domination hova avait écrasé, annihilé par un régime de suspicion, de cruauté, de vol et de terreur.

*Historique.* — Avant d'entreprendre l'étude ethnologique proprement dite de ce pays, il ne semble pas inutile de tracer les grandes lignes de l'histoire sihanaka, surtout au moment de la conquête des Hovas.

Autrefois, chaque ville de l'Antsihanaka avait son roi, et les guerres de ville à ville étaient fréquentes ; le parti vaincu était emmené en esclavage par le vainqueur. C'est l'éternelle histoire des peuples au début de leur civilisation ! Ces luttes fréquentes, souvent meurtrières, exigeaient des moyens de défense puissants, des fortifications, et c'est pour cette raison que l'on y trouve des villages aussi bien fortifiés que les plus beaux de l'Imerina.

Ambohitromby, qui, il y a quelques mois, servait de repaire aux rebelles, est un îlot dans la rizière, qu'entoure une triple haie de nopals géants. Le village d'Amboavory au nord du lac Alaotra est superbe, avec son chemin de ronde sous une voûte de nopals et sa triple porte.

La désorganisation de cette féodalité sihanaka eut lieu sous Radama I$^{er}$, le grand envahisseur de Madagascar. Le roi suzerain des nombreux fiefs sihanakas s'appelait alors Ratohana; il vivait à Antanambé, à l'ouest du lac Alaotra, village qui, après avoir été détruit, vient d'être reconstruit, il y a quelques mois, par le grand sorcier des Sihanakas, parce qu'il pensait attirer du monde à l'insurrection en s'établissant dans l'ancienne résidence du dernier de leurs rois.

Le premier village qui essaya de se rallier à la cause hova fut le village d'Ambohidehilahy, situé à 8 ou 10 kilomètres à l'ouest d'Ambatondrazaka, au milieu des zozoro. Le roi Ratohana partit avec ses guerriers pour châtier la ville rebelle. Mais quarante soldats de Tananarive suffirent pour mettre en déroute toute l'armée sihanaka. Les gens de l'Imerina, prévoyant une conquête facile, vinrent en plus grand nombre et s'établirent à Andranomarivo.

Ils reçurent alors un certain nombre de soumissions, notamment celle des trois sœurs qui régnaient dans la région de l'Est; l'aînée Rasaheno avait son royaume à Ambohitrahena, la seconde Ramiangaly à Ambohimiangaly, où se trouve maintenant le fort « Antony »; la plus jeune Razaka régnait en un point qui, à cause d'elle, s'appela Ambatondrazaka (où est la pierre de Razaka). Cette pierre existe encore, elle est au milieu du rova. D'aucuns disent que c'est une pierre funéraire et d'autres prétendent que Razaka aimait à s'y reposer et haranguait de là son peuple. Il semble que c'est une pierre funéraire, plutôt qu'un siège commode; aiguë, à bords tranchants, elle ne paraît réunir aucune des qualités nécessaires à un siège d'orateur.

Comme la région de l'Ouest du lac ne se soumettait pas et que le village d'Ambohitsimenaloha notamment voulait résister, les Hovas tendirent une embuscade à ses habitants et en massacrèrent un grand nombre; les survivants et leurs esclaves, sous la conduite du chef Rasola, allèrent s'abriter à Antanambé.

Ratohana était vieux. Son fils Andrianombelaza, fatigué d'attendre la succession de son père, voulut se tailler un royaume en pays sakalave et profita de l'arrivée de Rasola et de ses réfugiés pour partir dans l'Ouest. En vain, le vieux roi le supplia de rester, lui disant qu'il était « mal de laisser ainsi son pays aux mains des Hovas », le fils persista dans sa décision. C'est alors que son père le maudit en lui disant : « Tu ne reverras pas la terre de tes ancêtres, tes restes ne viendront pas reposer dans le tombeau de tes aïeux; le vent du Nord te chassera au Sud, le vent du Sud te chassera au Nord; les hommes qui te suivent vivront comme des bêtes sauvages, sans famille et sans foyer. »

Telle est, dit la légende, l'origine des Marofotsy qui n'ont jamais de demeure fixe et qui, nomades, vivent toujours de rapines et de vols.

En résumé, à ce moment-là, trois villes restaient libres, fidèles à leurs traditions, Antanambé, Anosimboahangy et l'île d'Anosy située au milieu du lac.

Antanambé se soumit à la mort de Ratohana. Anosimboahangy fut soumis un peu plus tard. Quant à l'île d'Anosy, ses habitants se défendirent vaillamment et les Hovas furent repoussés. Radama fit brûler vif son général qui avait été vaincu, disant que « la loi n'avait pas de considérations pour les grands ». D'ailleurs il ne fit plus aucune tentative contre l'île d'Anosy, pas plus que contre Anosimboahangy, et il installa la capitale de l'Antsihanaka à Ambatondrazaka.

Les nobles se réunirent alors et lui prêtèrent serment de fidélité. Radama leur demanda s'ils voulaient des gouverneurs de leur race ou bien des gens d'Imerina. Voici la réponse que lui fit un des chefs sihanakas :

« Instruis-nous! Nous ne sommes pas assez versés dans l'art de gouverner pour nous diriger nous-mêmes. Écoute, ô roi! écoute plutôt cette histoire. A Mahakary, il existe un homme très riche qui ne connaît pas la plante qui donne le riz et qui demande à en voir la feuille. Mieux encore, à Anororo, les habitants disent qu'un homme très grand est fait de deux hommes, et ils en ont fait couper un en deux; ils s'étonnent de voir les étrangers manger du manioc qu'ils appellent « bouse de vache »; ils croient que le miel est le fruit d'une plante et ils ne veulent pas admettre que c'est une mouche qui le produit. Tu vois que ces gens-là seraient incapables de se gouverner eux-mêmes. Gouverne-nous, grand roi, instruis-nous. »

Ainsi eut lieu l'introduction de l'élément hova chez les Sihanakas, qui formèrent cependant des soldats dont la reine « daigna » se montrer satisfaite.

Que ressort-il de ces quelques anecdotes, en somme? La conclusion à en tirer, c'est que les Hovas pour s'introduire dans l'Antsihanaka surent profiter de la division de l'autorité qui existait dans tout ce vaste territoire. Ils firent un tout de ces petits royaumes, et y laissèrent des soldats de Tananarive, des gouverneurs, des officiers, des commerçants qui contractèrent des unions dans le pays et peu à peu s'identifièrent à peu près complètement ce peuple docile et craintif.

*Étude ethnologique. — Races — Limites du pays des Sihanakas.* L'Antsihanaka a pour limites Mangatany et Anjiro au Sud, Anosimboahangy au Nord, la forêt à l'Est et Amparafaravola à l'Ouest.

Il est peuplé par une série, je ne dirai pas de races distinctes, mais en quelque sorte de familles issues de croisements divers. C'est ainsi que nous avons :

1° Les Sihanakas purs, qui sont de plus en plus rares. Il en existe encore dans l'Anororo, pays dont le niveau est inférieur à celui du lac Alaotra. On en trouve également à Mahakary, Ivohitraivo, Amboanato, Ampilahoana.

2° Les Sihanakas-Hovas, les plus nombreux. Ils existent à Imerimandroso, à Ambatondrazaka et dans leurs environs, ainsi que dans les colonies militaires, comme Amparafaravola, Ambohijanahary, Ambohitromby.

3° Les Tanosimboahangy ou Sihanakas-Sakalaves. Ils peuplent Miarinarivo et Anosimboahangy.

4° Les Zafimpanotany ou Sihanakas-Betsimisarakas. Ils vivent à l'est d'Ambatondrazaka, sur les bords de la forêt.

5° Les Mpiandromby sont, comme l'indique leur nom, des bergers. Ils vivent autour de Mangatany.

6° Les Mpanazary, espèces de devins qui vivent à l'ouest de Marosalazana ; c'est une caste plutôt qu'une tribu proprement dite.

7° Les Marofotsy, nomades dissidents qui habitent certains villages à l'Ouest du lac.

*Caractère, Mœurs, Coutumes.* — Ces différents groupes d'individus n'ont pas le même type ; leur teinte, leurs cheveux, leur taille sont très variables, suivant que l'on considère un individu métissé de Hova, de Sakalave, etc....

Le Sihanaka pur, celui de Mahakary par exemple, est noir, ses cheveux sont crépés, son front est bas et son nez épaté, ses lèvres sont grosses, sa barbe est irrégulière. Il est, en général, bien bâti ; il y a cependant peu d'exemples de gens très grands, peu de types de « colosses ». La femme, de taille moyenne, est noire également, les cheveux coiffés avec une série de petites tresses qui pendent autour de la tête.

Hommes et femmes ont un caractère commun, leur saleté repoussante. Tout bon Sihanaka, quand il achète un lamba de toile blanche, le met sur lui, se garde bien de le laver jamais et ne le quitte que lorsqu'il est en loques. Jusqu'à l'âge de 5 ou 6 ans, l'enfant court tout nu dans les rues immondes de villages infects, se vautrant avec les familiers habituels de la case, les chiens, les cochons, les poules.

La fille est réglée de bonne heure et se livre très jeune à ses instincts, sous l'œil bienveillant des parents qui savent « qu'une fille est maîtresse de son corps » ; elle est souvent mère à 13 ans ! Et le pauvre petit qui naît, mal soigné, gorgé de viande, de riz et de fruits pas mûrs, s'étiole bien vite et va grossir le chiffre de la mortalité infantile, déjà considérable dans ce pays. Et puisque je parle de l'enfant, je crois que la façon la plus simple d'étudier d'un peu près le Sihanaka, c'est de le prendre tout petit, quand il vient au monde, de le suivre dans sa vie et de ne le quitter qu'après les orgies qui honoreront ses obsèques.

Nous étudierons successivement : l'accouchement, la circoncision, le mariage et la mort, qu'accompagnent des coutumes curieuses.

*Accouchement.* — On a peu de renseignements sur l'accouchement chez les Sihanakas. Une chose est à noter cependant : dès que la femme sent les premières douleurs, elle se couche et aussitôt, sous son lit, on allume un feu qui doit durer pendant tout l'accouchement et pendant les huit jours suivants. Cette coutume est probablement une forme de cette croyance que l'on retrouve chez tous les peuples, et qui veut que la femme soit purifiée après ses couches.

Les manœuvres qui accompagnent l'accouchement se bornent à des massages et à des pressions violentes sur l'abdomen. La ligature du cordon se fait assez bien et les cas de hernie ombilicale sont assez rares chez les enfants.

*Circoncision.* — La cérémonie a lieu quand l'enfant a 4 ou 5 ans. La veille du jour fixé, les parents et les amis de la famille arrivent, portant leur cadeau de fête au chef de famille, quelquefois de l'argent, souvent des bœufs, mais toujours du toaka (*rhum indigène*). Après les kabary, ou salutations d'usage, on sort en procession de la maison du chef de famille et on se rend devant la case qu'habite l'enfant à circoncire, portant un bananier avec ses feuilles, de la canne à sucre et du rhum. Oublier la cruche de rhum serait, paraît-il, un manque de déférence très grave.

Le chef de famille prend alors la parole et dans une allocution, qui est toujours la même d'ailleurs, il remercie « ses amis d'avoir quitté leurs travaux pour venir le visiter ». Il leur dit que « Dieu leur rendra ce qu'ils ont fait pour lui, etc., etc. » Les danses commencent alors, et les cruches de toaka sont mises largement à contribution.

Vers neuf heures du soir, on prend l'enfant qui doit être circoncis et un des invités le porte sur son épaule, en chantant une sorte de cantique dont voici le sens, et qui doit se dire trois fois avant le chant du coq : « Que cet enfant ne souffre pas de l'opération qu'il va subir ! qu'il ne saigne pas trop, et que sa plaie ne se referme pas trop vite ! »

La nuit se passe en chants et danses et, au lever du jour, on procède à la cérémonie.

Au premier chant du coq, un des invités pousse un cri : « Venez, les chercheurs d'eau mahery » (de l'*eau forte vigoureuse*). A cet appel, trois hommes arrivent, deux d'entre eux portant une cruche, le troisième, une sagaie et un bouclier, et ils partent tous trois vers la source sainte, la source qui donne la « rano mahery ».

Dès qu'ils sont sortis, tous les invités, toutes les personnes de la famille se placent à la porte du village ; on s'arme de pierres, de mottes de terre, de morceaux de bois, et, quand ils reviennent, on essaye de les en frapper ; c'est à celui qui a le bouclier de parer les coups et de se protéger, lui et ses compagnons. On choisit toujours, pour remplir ce rôle, un homme habitué à ce jeu-là ; il y en a de très habiles. Dès qu'ils ont franchi la porte du village, on cesse le jeu, et on va en procession vers la case où doit se faire la circoncision, et dont les porteurs d'eau font sept fois le tour en courant. Les préparatifs faits, l'opérateur, le « rainizaza », pénètre dans la case avec la famille. La mère de l'enfant se couche au pied de la fenêtre de l'Est, sur le bord de laquelle une femme tient l'enfant. A côté, on met une sobika de riz cuit par un homme et des bananes mûres. L'opérateur s'avance, se purifie avec l'eau sainte, purifie l'enfant et l'opère simplement, avec un couteau ordinaire.

L'oncle de l'enfant prend alors le prépuce, le roule dans un morceau de banane et l'avale. Aussitôt opéré, l'enfant sort de la case, sa mère se lève, le suit, et une femme jette la sobika de riz sur la famille du nouveau circoncis.

Le repas ou plutôt l'orgie commence alors. On amène les bœufs et on les excite jusqu'à les rendre furieux. « Ceux qui ont peur ne sont pas des hommes », disent les assistants, et ils sautent sur le bœuf. Il y a des Malgaches qui sont de vrais toréadors. Pour la cérémonie de la circoncision, les riches tuent parfois vingt ou trente bœufs. Le toaka est distribué avec largesse, et, au moment où les têtes sont un peu échauffées, les « mpisaotra » (*évocateurs des dieux, des ancêtres*) viennent faire leurs évocations. Quand ils ont fini de prier, ils conduisent l'enfant circoncis à côté du bœuf, lui font passer un couteau sur le cou de l'animal.

Une fois le repas fini, les cruches de toaka vides et les bœufs partagés, on rentre. Quelques jours après, a lieu la purification de la case où a été opéré l'enfant.

C'est la fête du « fafalapa » (*balayage du lapa* de la grande case). On se réunit et, comme dans toutes les fêtes, les bœufs et les cruches de toaka sont encore mis à contribution.

*Mariage.* — Le mariage est toujours précédé d'un essai. Les jeunes gens doivent se bien connaître, avant de se marier, et pour cela ils cohabitent pendant un temps assez long. Il n'est pas besoin de dire que beaucoup s'en tiennent à cette première formalité. Lorsqu'après dix mois, un an d'essai, le désir de s'unir officiellement persiste chez les jeunes gens, le jeune homme, accompagné de sa famille, va rendre visite à la famille de sa future et il dit au père que sa fille consent à l'épouser. Après cette visite première, l'essai continue et, un ou deux mois plus tard, le mariage se fait.

Au jour fixé, la famille et les amis du futur se rendent dans la famille de la future et, quand tout le monde est réuni, ils réitèrent la demande en mariage. Le père répond qu'il ne demande pas mieux, mais qu'il doit consulter sa fille et ne pas la marier malgré elle. Après le Oui sacramentel, les parents du marié donnent aux parents de la mariée une somme d'argent. Puis tous s'assoient sur une natte et le plus âgé de la famille, après avoir versé de l'eau dans une assiette et y avoir placé une tige de roseau, bénit les époux, demandant à Dieu de les rendre heureux. Ils sont alors mariés et vont prendre part au grand festin, où le bœuf et le toaka seront largement offerts.

*Mort. Coutumes funéraires.* — Quand un individu est sur le point d'expirer, on l'entoure pour recueillir son dernier souffle. Si l'agonie est trop pénible, on brise sur sa tête une courge, afin « de faciliter le dernier soupir ». Quand il est mort, on le porte dans un coin sombre de la case, et on procède à la dernière toilette : on le lave, on lui tresse les cheveux et on le couche sur une natte, on met dans sa bouche une pièce de monnaie, on entoure ses doigts de perles et on lui passe un collier autour du cou.

Des envoyés partent alors du village pour aller prévenir les parents éloignés. La façon dont ils font part du décès est assez curieuse : « Un tel, votre parent, est bien malade et, si vous recueillez son dernier soupir, cela vous portera bonheur. » Les invités se mettent alors en route et arrivent à la maison mortuaire. Est-il besoin de dire qu'ils mettent quelquefois deux jours, trois jours de marche !... Le cadavre attend ; quelquefois il attend cinq ou six jours. Cette coutume se perd, Dieu merci, dans les grands centres, et, règle générale, les obsèques ont lieu maintenant, au maximum, quarante-huit heures après la mort.

Autrefois, paraît-il, on promenait le défunt sur un filanjana et un pleureur chantait ses vertus ; il terminait invariablement en disant que, malgré leur chagrin, la reine ne perdrait pas son « hasina ».

Quand tous les invités sont réunis, les kabarys de condoléance commencent et ils sont nombreux, puis les cadeaux (bœuf, argent, toaka). On mange, on boit, on pleure, on crie. Les gens riches payent des musiciens, qui, tout le jour, exécutent des mélopées lugubres.

Quand les bœufs sont mangés, quand le toaka est bu, on se décide à porter le défunt dans sa dernière demeure. Le convoi n'a rien de triste, rien de solennel ; on cause, on court, on a hâte d'en finir. Une fois arrivé à la fosse, le principal des assistants prononce une oraison funèbre, où il célèbre les vertus du mort, où il rapporte ses dernières paroles. Puis, le cortège rentre, on boit les dernières cruches de toaka, et on se sépare.

Huit jours après, nouvelle réunion, nouvelle orgie pour la purification de la maison mortuaire.

*Religion. Morale. Croyances particulières.* — Beaucoup de Sihanakas se disent protestants, mais très peu, on peut même dire pas un n'est convaincu. Ils vont au temple pour y chanter, mais se gardent bien de prendre à la religion ses principes de morale. Le mensonge est élevé à la hauteur d'une institution ; la liberté des mœurs est la même qu'en Imerina, et les ministres indigènes du culte, les évangélistes, sont les premiers à laisser à leurs filles la liberté entière de leur corps.

Ils ont la plus grande foi dans les sorciers, qui ont été les gros promoteurs de la rébellion.

Ils croient à l'existence de demi-dieux. Les Vazimbas sont des êtres à visage humain dont les pieds sont retournés. Malheur à qui foule leurs tombeaux. Les Zaza ny rano sont des espèces de nymphes qui habitent les bords du lac. Les Kalanoro sont les divinités des marais qui volent les enfants.

Ils ont peur des serpents, car ils croient que ces animaux entrent chez les femmes qui allaitent leurs enfants et, après avoir écarté le nourrisson, se substituent à lui pour boire au sein de la mère.

Il y a d'autres croyances, qui n'ont rien de bien curieux ; on les rencontre, en effet, un peu partout.

*Moyens d'existence. Commerce.* — Les bœufs constituent la richesse du Sihanaka. Dès qu'un homme a un peu d'argent, il achète des bœufs. Aussi y a-t-il eu beaucoup de gens ruinés pendant cette période où les fahavalos ont volé des milliers de bœufs.

Il y a, sur les bords du lac, des villages de pêcheurs qui font sécher et fumer le poisson, puis le portent chez les Betsimisarakas. D'autres chassent et prennent au collet des canards, des sarcelles, qu'ils colportent sur les marchés de l'intérieur.

Le Sihanaka est paresseux. Il ne cherche pas à amasser, parce qu'il est encore imbu des idées du temps des Hovas, où, dès qu'un homme possédait quelque chose, les gouverneurs le lui prenaient.

Aussi ce sol, qui ne demande qu'à produire, est-il inculte dans la plupart des endroits ; et, pourtant, le café, la canne à sucre, le maïs, le riz, la vanille, tout pousserait dans l'Antsihanaka aussi bien et mieux que partout ailleurs. On doit croire à l'avenir de cette province, car, quand le Sihanaka aura complètement compris que le blanc est définitivement installé à Madagascar, quand il verra s'ouvrir des routes, quand les moyens de communication faciles faciliteront les échanges, alors cette province, aujourd'hui misérable, sera peut-être l'une des plus belles et des plus productives de cette île malgache qui pourrait bien devenir le plus beau fleuron de notre couronne coloniale.

**Bezanozanos.** — 1. *Limites. Esquisse historique.* — Les limites du pays bezanozano sont en grande partie naturelles et ont été, pour ainsi dire, imposées par les accidents géographiques représentés par les monts Ifahana qui ferment au Nord le bassin du Mangoro et par les monts de Fito, qui séparent le cirque de Didy du bassin de l'Ivondrona.

À l'Ouest, elles sont jalonnées par les pitons de la chaîne montagneuse, couverte d'une épaisse forêt, qui forme la corniche circulaire de l'Imerina; elles embrassent presque entièrement les vallées de la Sahara, de la Sahanjanjona, de l'Isafotra et coupent la Mandraka et la ligne d'étapes actuelle, au pied du mont Ambolontanina; puis, laissant à l'Imerina les sources de l'Ikopa, elles longent les crêtes de l'Iharamalaza, qu'elles accompagnent presque dans leurs courbures vers Vohitromby, sur le Mangoro.

À l'Est, elles suivent, à travers la région forestière, une des crêtes les plus élevées du massif montagneux au nord d'Anosibebetsimisaraka, coupent la ligne d'étapes au col d'Amboasary et se prolongent jusque vers Fito. C'est dans ce massif montagneux de Didy-Ifahana que le bassin du Mangoro se noue aux systèmes orographiques du lac Alaotra et des rivières tributaires de l'Ivondrona.

Au Sud, ni les accidents topographiques, cours d'eau, montagnes ou forêts, ni une cause morale, comme la différence de race ou de langue, n'ont imposé de limites; les deux peuples bezanozano et betsimisaraka se sont pénétrés et leur mélange a été si profond qu'il est assez difficile de reconnaître la ligne où commence le pays bezanozano. On peut affirmer, cependant, que la population de Lakata est plutôt bezanozano, tandis que, sur la rive droite du Mangoro, les villages au Sud de Manakana sont vraiment betsimisarakas.

On a donné plusieurs étymologies du mot *bezanozano*. Certains voyageurs croient que ce nom est dû à la façon dont les hommes et les femmes tressent leurs cheveux, qu'ils arrangent en nattes longues et fines; d'autres en attribuent l'origine à la région même qui est le berceau des Bezanozanos et qui est située entre deux forêts. Mais, si l'on considère la composition du mot bezanozano, on doit écarter cette dernière explication, qui s'appliquerait plutôt au nom « d'Antankay » (habitants des clairières), ancienne dénomination des riverains du Mangoro. Il n'est pas vrai, d'autre part, que bezanozano signifie « qui a de longs cheveux tressés ».

L'explication qui nous paraîtrait la plus judicieuse serait que ce mot vient d'un arbuste appelé « zano », qui s'est multiplié en abondance dans la vallée. C'est donc, en langue malgache, le pays où il y a beaucoup de « zanos », et, par extension, le nom du pays lui-même a été appliqué aux habitants.

Nous avons constaté que les Bezanozanos parlaient autrefois un idiome national, car, sur trois cents mots choisis parmi les plus usuels, près de deux cents différaient de la langue de l'Imerina. Des recherches linguistiques, non approfondies d'ailleurs, ont été faites chez les peuplades qui ont peu subi l'influence hova, principalement à Didy et à Antaisaha. L'interprète malgache, qui parlait la langue littéraire de l'Imerina, a eu parfois certaines difficultés pour se faire comprendre. Cependant, les habitants affirment que les différences de langage sont assez peu sensibles entre les diverses peuplades avoisinantes, Bezanozanos, Sihanakas, Betanimenas et Betsimisarakas, pour qu'elles arrivent à s'entendre facilement, de telle sorte que l'on serait tenté de croire que les conquérants hovas ont renoncé à leur idiome malais, pour adopter en partie la langue du pays; si la différence entre ces dialectes et la langue littéraire de l'Imerina est assez grande, cela tient sans doute à ce que celle-ci a été perfectionnée ou modifiée, soit par le contact des Hovas avec les Européens, soit par l'effet d'autres circonstances historiques.

Quoi qu'il en soit, grâce à cette similitude du langage, c'est de temps immémorial que des relations se sont établies entre Bezanozanos et Sihanakas par les cols de Mangatany, au Nord des sources du Mangoro; il est probable aussi qu'il y a affinité de races entre ces deux peuples, car les Bezanozanos de Didy s'identifient tellement avec les Sihanakas par leurs mœurs et leurs habitudes que cette similitude de coutumes corrobore l'opinion d'une origine commune aux deux peuplades ou plutôt à ces deux familles, qui ne se distinguent l'une de l'autre que par quelques détails ethniques.

Les Sihanakas avaient appelé le pays et les habitants du Mangoro « Ranomianatsimovody » (pays où les eaux coulent vers le Sud), de même que les Bezanozanos avaient dénommé les Sihanakas « Ranomianavarabody » (pays où les eaux coulent vers le Nord). C'étaient là des appellations particulières aux deux peuples, tandis que le surnom général « d'Antankay » (habitants des clairières) a été donné aux Bezanozanos par toutes les peuplades environnantes.

Si les échanges continuels entre Sihanakas et Bezanozanos sur les marchés d'Ambatondrazaka et de Didy (où, à côté d'une race métisse, existent les deux races pures) ont prouvé que le commerce entre ces tribus remonte à une époque reculée, il n'en a pas été de même vers l'Est, où les Betanimenas se sont confinés chez eux.

C'est qu'entre les Bezanozanos et les Betanimenas s'élève un rempart escarpé et difficile de montagnes qui forment le soubassement oriental du plateau central; c'est que là aussi, vers l'Est, dans cet immense dédale de plateaux, de monts, de ravines enchevêtrées, se dresse la barrière presque infranchissable d'une épaisse forêt vierge, large de 40 kilomètres, longue de plus de 200, entre Didy et Anosibé. Cette forêt et ces murs prodigieux de la montagne n'ont laissé que quelques échancrures ou quelques brèches, et c'est seulement à travers ces défilés étroits et difficiles que les minces infiltrations ont dû se produire réciproquement, soit vers les Betanimenas, soit vers les Bezanozanos. Donc, vers l'Est, dans le pays d'Anevoka et de Beforona, ou plus au Nord, la fusion a été peu sensible ; il est certain, néanmoins, que des relations sont depuis longtemps établies, relations assez rares sans doute, mais d'où est sortie l'appellation « d'Antaiva » (habitants des pays bas), que les Bezanozanos donnent aux Betanimenas et Betsimisarakas en échange du surnom « d'Antankay » (habitants des clairières), donné par ceux-ci aux Bezanozanos.

Vers le Sud, les rapports furent assez étroits entre Betsimisarakas et Bezanozanos et le croisement des races, dans le moyen Mangoro, paraît avoir été aussi important que dans les régions Didy-Alaotra au Nord.

Le pays de Lakata en particulier et quelques points de la rive droite au sud-est de Beparasy forment des agglomérations mélangées des deux peuples, et tout porte à croire que les Betsimisarakas, race prolifique, remontant lentement le Mangoro, allaient absorber le peuple bezanozano, quand l'arrivée des Hovas arrêta toute infiltration du Sud vers le Nord.

Il est très difficile d'avoir une idée bien exacte de l'époque à laquelle les Hovas ont commencé à envahir la vallée du Mangoro ; le défaut de documents écrits, la rareté des traditions, l'absence totale de monuments, sont un sérieux obstacle à l'étude de cette conquête.

Mais tout tend à prouver que l'invasion, partant de l'Imerina, s'est faite à peu près simultanément de tous les côtés. Il est vraisemblable que les Hovas se sont emparés d'abord des chemins qui les mettaient en communications avec leurs voisins (Sakalaves, Betsileos, Bezanozanos, Betsimisarakas, etc.) dans l'espoir d'un commerce lucratif. Maîtres de ces voies, ils ont pris possession méthodiquement, et pied à pied, des secteurs compris entre ces différents rayons, le trop plein de la population se déversant de toutes parts au delà des barrières formées par les montagnes et la forêt Est de l'Imerina.

Les nombreux sommets entourés de fossés, d'autant plus nombreux qu'on se rapproche davantage de l'Imerina et, par suite, qu'ils sont plus près du commencement de l'expansion hova, semblent être l'indice certain d'une conquête faite pas à pas, le réseau des postes s'élargissant au fur et à mesure.

Cependant, il n'est point vrai que tous ces villages fortifiés (tananaolo) des régions bezanozanos aient été exclusivement construits par les Hovas, car la tradition rapporte que, lors d'une violente épidémie de petite vérole, la population saine, désertant les montagnes, alla construire des villages dans la plaine. Quant aux contaminés, parqués près de la forêt, afin que le fléau fût circonscrit, ils furent contraints de s'entourer de fossés profonds qu'ils ne pouvaient jamais franchir. En dehors de cette circonstance particulière, d'autres fortifications furent encore construites au Nord de Moramanga, pendant la guerre civile qui suivit immédiatement l'épidémie de petite vérole.

C'est de cette époque de luttes intestines, de pillages et d'incendies, de rapts de femmes et d'enfants, que date vraiment l'occupation du pays par les Hovas. Alarmé de ces désordres croissants, le chef bezanozano Randrianomonjohena, dont la résidence était à Ambohitrany, près d'Andakana, se rendit à Tananarive et, à force d'instances et de prières, obtint du roi Radama I$^{er}$ des officiers et des soldats pour réprimer la guerre civile.

Il est probable que des Hovas, armés ou non, avaient déjà fait incursion dans les campagnes bezanozanos, et les anciens du pays racontent encore avec ingénuité combien leurs grands-pères prirent peur quand ils virent arriver pour la première fois, dans la région, des gens coiffés d'un chapeau. A chaque apparition des chapeaux hovas, les Bezanozanos s'enfuyaient et ne revenaient dans leurs villages qu'après le départ des étrangers venus d'Imerina. C'est dans ces incursions que le trop-plein de la population hova a dû, pour prendre pied prudemment dans le pays, construire ces fortifications étagées sur les paliers du rempart de l'Imerina, qui marquent, depuis les hauts sommets jusqu'à la plaine, les étapes successives et les progrès de l'extension de la race conquérante vers la vallée du Mangoro. Il est certain que le commencement de cette conquête n'est pas éloigné de nous, car l'assujettissement de ce peuple, en 1896, n'était qu'une œuvre imparfaite, et les Bezanozanos ont toujours conservé une humeur indépendante; il n'y a que cinq ou six ans que les gouverneurs hovas se sont décidés à armer la population de mauvais fusils.

Quoi qu'il en soit, l'appel, fait à Tananarive par Randrianomonjohena l'instigation probable de pacifiques marchands hovas déjà établis sur la ligne d'étapes actuelle, fut entendu à la cour d'Imerina. Ainsi, ce furent les Bezanozanos eux-mêmes, longtemps défendus par des forêts presque inaccessibles contre la pression et les tentatives des peuples habitant à l'Ouest et à l'Est, qui appelèrent l'invasion.

Radama I$^{er}$ installa d'abord des garnisons à Sabotsy, à Ambohitrony, à Moramanga; les soldats hovas s'établirent en maîtres dans la province, entraînant à leur suite de nombreux marchands et, marchands eux-mêmes, ils gagnèrent du terrain à grands pas. L'insurrection fut éteinte; mais une pareille situation devait fatalement aboutir à l'anéantissement de l'indépendance de chaque district en particulier et à l'asservissement partiel du pays bezanozano; aussi, quand Randrianomonjohena, se déclarant satisfait, voulut renvoyer en Imerina les soldats hovas, il était trop tard, et Radama I$^{er}$ plaça à Moramanga un gouverneur hova, nommé Rafaralahitsidiso, qui acheva de tranquilliser le pays et emprisonna le chef bezanozano.

Radama divisa le pays en huit régions, quatre à l'Ouest, quatre à l'Est du Mangoro; Lohasaha (Andakakely), Antanambolo (Sabotsy), Ilamanotra (Ambilona), Zafimbahy (Mandialaza et Betafo), Zafindrafanala (Moramanga), Menalefona (Imahatsara), Vohibolo (Ambohidray-Amboasary), Loharano (Andaingo-Didy).

Les limites de ces différentes régions furent capricieusement déterminées.

De plus, des chefs de mille et de cent y furent institués, mais, à cause des anomalies et de la difficulté d'application de cette loi de Radama, ils n'eurent jamais qu'une autorité nominale.

En un mot, dans l'organisation, on ne tint aucun compte des habitudes et des coutumes bezanozanos.

La province Antankay, gouvernée jadis, paraît-il, par un seul chef, formait alors une sorte de royaume. Mais la décentralisation était extrême, car la plus grosse unité administrative était le district, composé de trois ou quatre villages, et chaque chef de district dépendait directement du grand chef bezanozano. C'était une organisation lourde ; la direction des affaires était très pénible et l'administration, basée sur le caprice, devait conduire aux luttes intestines ; l'obéissance était nulle ; les Hovas ont su habilement profiter de cette anarchie par la mainmise sur Ambohitrony et sur Moramanga, puis, progressivement, sur la plus grande partie du pays.

Depuis Radama, les gouverneurs hovas qui se sont succédé, faute d'organisation, et malgré l'immigration assez considérable et l'influence policée des gens d'Imerina, n'ont jamais eu raison de la race bezanozano.

Du reste, un facteur de suprême désobéissance aux lois fut l'arrivée, dans le pays, de la tribu des Maromainty composée d'esclaves sakalaves, betsileos, antaimoros, baras, etc., appartenant à la famille de Rainilaiarivony.

Il y a quelque 40 ans, ils furent envoyés dans la vallée du Mangoro, au Sud et près de Merimitatatra, pour garder les troupeaux de la reine. Peu surveillés dès le principe, ils devinrent d'une turbulence extrême et se mirent à piller les villages bezanozanos de la contrée, qu'ils terrorisèrent, jusqu'à Sabotsy et Moramanga. Rainilaiarivony envoya des soldats hovas à Merimitatatra pour les maintenir dans le devoir ; de cette époque date la création de ce sous-gouvernement.

D'autre part, le premier ministre assigna cette région insalubre comme séjour aux nombreux prisonniers faits dans les expéditions lointaines ; cette portion de pays était donc une sorte de colonie pénitentiaire. L'arrivée, chez les Maromainty, de ces gens de sac et de corde n'était pas faite pour ramener la tranquillité ; il advint, au contraire, que les garnisons hovas furent impuissantes à contenir ces bandits, qui vécurent, en ces derniers temps, tout à fait indépendants.

Le dangereux exemple des forçats chez les Maromainty ne tarda pas à être suivi par les Bezanozanos de la contrée, qui se mirent en état de révolte ouverte contre la reine ; aussi, peut-on affirmer que tout ce pays allait échapper à l'autorité hova quand la guerre de 1895 éclata.

Quoi qu'il en soit, malgré la rigueur d'un climat qui frappe sans merci les Ambaniandros (habitants de l'Imerina), l'infiltration, en ces derniers temps, marchait à grands pas, enveloppant le pays bezanozano dans un cercle dont Ambatondrazaka, Merimitatatra, Mandialaza, Sabotsy, Lohasaha, Antaisaha, jalonnaient la demi-circonférence, et Ankeramadinika, Sabotsy, Andakana, Moramanga, Analamazaotra, le diamètre. D'autre part, de Moramanga vers Ambatondrazaka, perpendiculairement au diamètre, montaient lentement d'autres colons ou marchands hovas, s'égrenant dans les villages bezanozanos.

Donc, au moment de l'occupation française, la conquête pacifique par le négoce et par l'implantation d'une civilisation plus policée se substituait à la conquête par les armes ; le peuple bezanozano allait disparaître par l'effet de cette invasion lente, et l'absorption de la race au profit des Hovas ne devait plus être que l'affaire d'un court laps de temps. Car, la population, sur la rive droite du Mangoro, à l'exception de quelques rares villages, se considère presque tout entière comme appartenant à la race de l'Imerina, si vivace a été l'immigration hova qu'elle a donné à la race métisse l'orgueil de la race conquérante.

Est-ce à dire que les Ambaniandros constituent la population dominante par le nombre dans la vallée du Mangoro? Non. Mais un peuple intelligent devait forcément laisser un sillon profond de son passage à travers une population à demi sauvage et ignorante, et il est facile de remarquer combien différents, par le langage et par les mœurs, sont les Bezanozanos qui ont côtoyé la civilisation hova de ceux que l'influence de l'Imerina n'a pas encore touchés ; mais ceux-ci, s'ils ont toujours conservé leur aspect sauvage et leur méfiance, ont gardé aussi un tempérament loyal, presque brutal, qui contraste singulièrement avec l'obséquiosité maladroite des métis bezanozanos des frontières Nord-Ouest de la province. En particulier, les habitants des vallées d'Antaisaha et de Beparasy sont restés purs de tout contact avec l'Imerina.

En résumé, l'influence hova sur les frontières et dans certaines régions a été due moins à la densité de la population immigrée qu'au prestige de la race conquérante et à l'action politique et dominatrice des gouverneurs généraux ou autres. Mais, en vérité, c'est l'élément bezanozano qui est partout prépondérant par le nombre, et la civilisation hova, si superficielle et si intéressée, est destinée à disparaître devant l'organisation méthodique que nous pratiquons et devant nos écoles et nos institutions libérales.

Sous notre administration équitable, les Bezanozanos se transforment ; ils voient déjà, dans notre autorité souveraine, une garantie de liberté et de sécurité individuelles ; ils adoptent sans difficulté notre langage et nos coutumes ; ils commencent à comprendre l'esprit de nos institutions et surtout de notre administration exempte de vénalité. Ils seront plus tard nos plus dévoués sujets ; ce résultat sera d'autant plus facile à obtenir que nous sommes puissamment aidés par cette haine, demeurée sourde, que les Bezanozanos de pure race ont pour leurs anciens conquérants, qui les ont tant méprisés et qui ont tant essayé de les opprimer.

II. — *Description succincte de la vallée du Mangoro*. — Avant de passer à l'étude ethnologique, il semble judicieux de donner une esquisse rapide de la haute et moyenne vallée du Mangoro, où vivent les Bezanozanos.

Cette vallée, autrefois, faisait partie, sans nul doute, d'une région de lacs successifs et étagés qui s'étendaient probablement, au Nord, jusque vers Mandritsara, au Sud jusqu'à Andakana. Le lac Alaotra et les lagunes qui sont les sources du fleuve en sont un dernier vestige ; il en est de même de la vaste plaine de Didy, avec son mélange de marécages, de petits lacs et de mares aux eaux stagnantes ou ayant un très faible courant, remplies de joncs et de roseaux, boues fangeuses destinées à disparaître tôt ou tard sous l'apport des alluvions et devant les empiétements de la culture, comme ont disparu en partie les marais du haut Mangoro.

La ligne d'étapes divise cette vallée en deux parties parfaitement distinctes, qui n'ont entre elles aucune similitude de formes. — Au Nord, c'est généralement une grande plaine partagée, par le Mangoro, en deux régions de surface inégale ; au Sud, c'est la montagne avec sa forêt, ses ravins marécageux et ses vallées fertiles.

La vallée du haut Mangoro semble avoir été formée lors des commotions de l'écorce terrestre, par un plissement dont la direction générale est Nord-Sud.

La plaine est un terrain d'alluvions, vaste bassin lacustre, comblé dans son entier et acquis désormais à la culture ; les dépôts sédimentaires sont généralement des argiles quartzeuses ou siliceuses, légèrement ferrugineuses. Il y a peu ou point de calcaire.

Les montagnes forment une série d'assises s'élevant graduellement vers la forêt, à l'Ouest et à l'Est ; le plissement et les érosions y ont été très considérables et les arêtes des terrains brisés de chaque côté de l'axe central forment trois ou quatre rides profondes, entrecoupées de ravins et parallèles entre elles.

A l'Ouest, particulièrement, le système orographique est tel que les montagnes s'élèvent presque en muraille vers l'Imerina, présentant parfois des pentes inaccessibles ; elles forment, au-dessus des vallées ou de la plaine, derrière deux ou trois avant-chaînes de faible hauteur, un brusque ressaut qui atteint parfois à des hauteurs de 300 à 400 mètres ; sur la rive gauche, au contraire, les assises s'élèvent graduellement jusqu'à l'axe central, qui passe vers Anevoka.

Les deux chaînes orientées Nord-Sud sont raccordées par des collines transversales se reliant, d'une part au Fody, s'affaissant au gué de Maroarano pour se relever ensuite dans la chaîne courte et escarpée d'Ambohitsiakarivo (région d'Amboanjo).

Cette contrée est formée de terrains primitifs. Il y a du granit et des quartz opaques en filons ; au-dessus, on trouve une couche d'argile rouge ; les terrains carbonifères et calcaires ne paraissent pas s'y rencontrer. Le mica en paillettes est très abondamment répandu vers les sources des ruisseaux. D'une façon générale, c'est l'argile et la silice qui forment le type organique des terrains primitifs de la vallée du Mangoro, terrains imperméables, donnant naissance à des cours d'eau torrentiels pendant la saison des pluies, mais propices à l'élevage de la race bovine. Ce sol argilo-siliceux, formé par la désagrégation du feldspath, coloré en rouge, très compact et très tenace, très boueux en temps de pluie, se crevassant durant les sécheresses, doit être asséché et assaini par le drainage ou une canalisation bien entendue.

Au Sud de la route d'étapes, le système montagneux a une grande analogie avec celui des campagnes de l'Imerina ; il est à considérer, cependant, que les massifs boisés, d'une succession presque ininterrompue, offrent ici une étendue considérable.

Une première chaîne secondaire, qui se rattache aux montagnes de l'Imerina, et qui court de l'Ouest à l'Est, forme l'îlot du Fody, qui est de constitution granitique. Les sources, les ruisseaux, y sont innombrables et les

Pl. XX. — LA CATHÉDRALE DE FIANARANTSOA.

dépressions de terrain renferment une grande quantité de prairies marécageuses.

Une deuxième chaîne, aux plissements confus, contourne au Sud la vallée du Mangoro, sépare de l'Imerina la vallée longitudinale d'Antaisaha et se termine, au Mangoro, en un épanouissement de vallées enchevêtrées, près de Vohitromby. De ce massif, qui atteint parfois la hauteur de 1 300 mètres, et dont la direction générale est Ouest-Est, se détache un contrefort qui, par un ensemble de hauteurs généralement boisées et successivement soudées, rejoint au Nord le Fody.

Ce pays est agrémenté par de nombreuses chutes d'eau et cascatelles d'une hauteur atteignant parfois 60 et 80 mètres, qui sortent d'un pêle-mêle de rochers aux flancs grisâtres et se changent bientôt en une masse d'écume qui forme une nuée de vapeurs irisées apparaissant à travers les branches des berceaux de feuillage. Il y a, dans ce pays d'Antaisaha-Vohitromby, de beaux spectacles de la nature.

De même que le système orographique, le régime des eaux est tout dissemblable au Nord et au Sud de la route d'étapes.

Dans les diverses parties de la vallée comprises entre Antanjona et les chutes de Belambo (1$^{er}$ bief), entre Belambo et ses sources (2$^{e}$ bief), le Mangoro n'offre, dans son aspect, aucune différence marquée; et, si l'on considère, dans chacun de ces biefs, la régularité uniformément variable de son lit, de ses allures, de son débit, où les changements de pentes se font par transitions graduelles, on peut affirmer, même à première vue, que ce n'est pas une rivière torrentueuse. Il n'y a de changement de pente véritablement brusque qu'aux rapides de Belambo et d'Antanjona.

Dans la partie supérieure de son cours, le Mangoro est donc formé de deux biefs, chaque bief étant limité par des barrages composés de pierres et de blocs de rocher, qui présentent des interstices où les eaux glissent en cascades; au-dessous, la rivière s'étale dans la vallée en nappe d'eau plus large, perdant en vitesse ce qu'elle gagne en volume, de telle sorte que le courant n'est jamais considérable et pourra toujours être remonté, soit par des pirogues, soit même par des embarcations d'un plus fort tonnage ou d'une autre forme.

Le Mangoro, dont les berges sont boisées et généralement presque plates, dans le pays bezanozano, glisse sur un terrain imperméable, recouvrant aux mois de janvier, de février et de mars les rizières qui bordent immédiatement son cours et s'épandant en nappe d'eau tranquille dans la vallée; obligée de gagner en superficie l'espace qu'elle ne trouve pas en profondeur, la masse liquide des grandes crues atteint une largeur de plus de 100 mètres avec une profondeur hors lit de 4 à 5 mètres, de telle sorte que les riverains pourraient faire deux récoltes de riz par an, une dans les rizières bordant immédiatement le cours d'eau (mai-septembre), une autre dans les rizières situées au delà des collines qui l'enserrent.

Ce fleuve forme de nombreux méandres, semblables les uns aux autres, quelques-uns presque entièrement annulaires, qui, s'ils allongent la durée de la navigation, lui sont, à certains points de vue, de la plus grande utilité, car chaque détour a pour résultat de diminuer la pente et de retarder la vitesse du courant.

Sur la rive gauche, c'est la plaine immense, dont la monotonie est seulement rompue, à une dizaine de kilomètres à l'Est, par une ondulation parallèle au fleuve ; l'uniformité fatigante de cette plaine, son aspect pareil à celui des étendues marines contrastent nettement avec les montagnes boisées de la forêt de Moramanga, dont les premières hauteurs sont jalonnées par les villages de Fiasinana, Imahatsara, Ambohibesandina, etc.

Cette plaine, grâce aux alluvions fertiles qu'elle a reçues, grâce aussi à l'humidité presque constante qui la pénètre, a donné naissance à de vastes prairies naturelles et à de nombreux bosquets. Là, sans nul doute, s'accompliront à bref délai des progrès et des résultats remarquables.

Sur cette rive, les collines, qui bordent la vallée propre au Mangoro et qui ont une hauteur d'une cinquantaine de mètres, ont une crête bien dessinée depuis Andakana jusqu'à Analabé, ressemblant vaguement à un squelette de poisson, dont les arêtes vers l'Ouest seraient autant de ravins, courts et rectilignes, à sec en hiver, torrentueux en été, tandis que, vers l'Est, les vallons sont en pente douce et s'affaissent insensiblement jusqu'à se confondre avec la plaine, dans les immenses pâturages que parcourent librement les troupeaux de bœufs à demi sauvages.

A 25 ou 30 kilomètres à l'Est du Mangoro, prolongeant la plaine par un ressaut assez léger, s'égrènent, du Nord au Sud, une série d'éperons allongés, formant une succession ininterrompue de petites vallées courtes et droites, dont l'origine forme généralement un cirque adossé à ces collines, qui sont le premier gradin de ces rides immenses qui vont s'élevant jusqu'à Anevoka.

Au pied de ces collines, coulent des ruisseaux qui se subdivisent en d'autres ruisselets entremêlés, à courant insensible, minuscules lagunes, de telle sorte qu'on ne sait pas trop où est la rivière. C'est dire combien ce pays est naturellement irrigué. Ces ruisseaux finiront plus tard par se combler et toutes ces dépressions, qui forment les lagunes, se rempliront successivement. Les alluvions déposées par ces ruisseaux ou apportées par les torrents qui descendent de la montagne, sont souvent molles et peu consistantes.

La rive droite, presque toujours dominée par la rive opposée, offre un aspect différent ; c'est un plateau d'une terre argileuse, dure et compacte comme le sol d'une aire longtemps battue, où la végétation est maigre sur de grandes étendues, et principalement formée de touffes d'herbe poussant sur d'innombrables petits morceaux de terre rougeâtre, comme battus à la main ; ce sol raboteux rend la marche extrêmement fatigante.

Vus sous un certain angle, ces espaces ont l'aspect d'un plateau continu ; mais on est vite détrompé, et, lorsqu'on s'avance vers l'Ouest, on se trouve arrêté par de nombreux ravins, de profondeur et de largeur variables, qui sont découpés dans le terrain comme à l'emporte-pièce, se heurtant les uns les autres, sillonnant le pays en tous sens, sans direction bien définie. Ces ravins sont formés par les nombreux ruisseaux ou torrents tributaires de l'Andranobesera, de la Morarano, de la Sabanjanjona, de la Sahara, de l'Isandrinta ; ils prennent leur origine dans les premières assises tourmentées qui forment les avant-chaînes de la brusque et haute corniche de l'Imerina.

Au sortir de ce terrain déchiqueté, on trouve, principalement au sud de Mandialaza, de belles plaines, assez étroites, au pied même du rempart de l'Imerina (Mangabé, Isafotra, Mandialaza, Betafo, etc.), où l'immigration hova a été très influente, parce que cette partie de la vallée est privilégiée sous le rapport de la fertilité, qui y est au moins comparable à celle des grandes plaines de la rive gauche.

En résumé, la partie de la vallée du Mangoro, au nord de la ligne d'étapes, est appelée à un bel avenir. Les terrains, quoique dépourvus de calcaires, mais préparés à la culture par une végétation herbeuse de plusieurs siècles, seront plus tard, sous l'action d'un peu de fumure et d'un amendement bien compris, très bons pour l'élevage de la race bovine et aussi pour la production des céréales, si l'on veut y enfoncer le soc de la charrue.

Au Sud de la route d'étapes, le pays est tout différent, ainsi que nous l'avons déjà dit, et l'ancienne route malgache, si difficile et si pénible de Bedara à Ankeramadinika, a dû suivre un tracé judicieux par les trouées d'Ampasimpotsy et de Sabotsy, au pied même du chaos de montagnes dont le Fody semble être le nœud principal.

La nature compliquée du pays a exercé son influence sur le cours même du Mangoro ; tandis que, depuis sa source et presque jusqu'à Andakana, le fleuve coule sans difficulté, sur une pente généralement très douce, à l'exception de deux rapides, il rencontre, au contraire, dans le Sud, une série d'obstacles en muraille, dont il a fini par percer les barrages, s'épandant ensuite en torrent à l'étage inférieur.

L'harmonie des formes du Mangoro est presque parfaite dans son cours supérieur, avec les lignes des montagnes ou les plaines symétriques. Dans le bassin moyen, la vallée forme un contraste soudain par ses escarpements isolés, aux reliefs fortement accusés, disposés soit en massifs, soit en rangées de chaînons groupés à l'aventure et offrant aux yeux une diversité inattendue.

Au sud d'Andakana, le fleuve ne présente plus de sinuosités, n'a plus des contours aussi gracieux ; l'attrait et le charme du paysage est dû à l'aspect sauvage du pays ; il n'y a plus de rizières, plus de bosquets épars ; peu d'habitations, peu de cultures sur les bords du fleuve ; dans sa prison étroite et haute de montagnes tortueuses, couvertes d'une épaisse forêt vierge qui alterne avec des étendues d'argile rougeâtre, le Mangoro a un cours impétueux, se creusant un canal rectiligne comme pour gagner plus vite l'Océan par la pente la plus rapide, s'abîmant en tournoyant dans un fossé à forte déclivité, hérissé d'écueils parfois pointus, parfois larges et plats ; les courants bouillonnent d'écume et emportent de grandes quantités de débris, puis le fleuve s'allonge sur un lit moins fortement incliné et va, majestueux et solennel, en nappe tranquille, à la recherche de nouveaux précipices. C'est un spectacle saisissant, entre Andakana et Vohitromby, que cette rapidité du fleuve qu'accompagne le tonnerre de la cataracte, dont le fracas, dans le lointain, semble pareil au bruit assourdissant du canon. Du choc des eaux contre les rochers, s'élèvent en tourbillons les embruns, qui flottent comme de la fumée bien au-dessus de la surface du fleuve; l'illusion est telle que, du haut de la montagne, on croit apercevoir les fumées d'un village où les feux seraient allumés. (Notes du voyage fait en mars en compagnie de M. le capitaine Détrie).

En dehors de la vallée proprement dite du Mangoro, s'étendent, dans le Sud, de riches vallées, telles que celles de Beparasy, d'Antaisaha, de Rango, de Lohasaha, sillons profonds et rectilignes que semble avoir creusés une charrue géante entre les contreforts de la chaîne d'Imerina.

III. — *Aperçu ethnologique*. — Le passé des Bezanozanos nous échappe presque entièrement, faute d'archéologie, faute d'écriture idéologique ou phonétique, faute enfin de traditions lointaines sur les origines de ce peuple.

L'histoire et les souvenirs dynastiques ne dépasse pas le temps du roi d'Imerina, Andrianampoinimerina (1788-1810), et encore cette histoire est-elle plutôt légendaire. Les souvenirs ne remontent pas au delà de trois ou quatre générations et ils sont tellement confus qu'il est difficile de démêler la vérité enveloppée dans un amas de particularités naïves et grossières.

Dans les archives de Tananarive, peut-être trouverait-on quelques notions détaillées sur l'origine et sur la vie du peuple bezanozano ; mais nous n'avons voulu nous servir que des seuls renseignements pris dans les limites mêmes de la province. De ce fait, l'esquisse historique que nous avons tracée plus haut est sans doute diffuse par l'abondance des détails; mais elle est l'expression de la vérité. Autant qu'il a été possible, nous avons laissé les Bezanozanos se peindre tels qu'ils sont et mettre eux-mêmes à nu leur ignorance, leur mépris du temps passé comme de l'avenir et leur indifférente insouciance pour tout ce qui n'est pas le moment présent et ne se rapporte pas directement à eux-mêmes.

Ce peuple, à la mémoire si courte, ne pouvait donc nous être d'une utilité quelconque dans les études de son origine; pour connaître ses migrations, nous nous sommes adressé à l'ethnologie et M. le docteur Lasnet a bien voulu nous prêter le concours de son savoir pour compléter notre étude.

Cet officier a mesuré les diamètres céphaliques chez trente miliciens bezanozanos de la compagnie de Moramanga ; mais les chiffres obtenus ne peuvent être qu'approximatifs, faute d'instruments anthropométriques exacts. Il résulte de cette mensuration que les indices céphaliques varient entre 72 et 75 ; chez deux individus, l'indice 78 a été obtenu ; mais, ici, l'influence du métissage hova était très manifeste.

D'après ces indices, les Bezanozanos sont dolichocéphales. Chez eux, la région occipitale est assez développée ; le front est étroit, haut de 5 centimètres en moyenne, peu incliné et, chez beaucoup, presque droit. Les yeux sont horizontaux, nullement bridés, noirs, à sclérotique un peu jaunâtre, remarquables par la longueur et la beauté des cils qui les couvrent.

Chez ce peuple, le prognathisme, qui existe seulement parfois dans la région sous-nasale, est très peu accentué et la comparaison des deux types bezanozano et haoussa est frappante par leur dissemblance.

Le nez est moyennement épaté et n'est pas écrasé comme chez le nègre africain. Il est souvent droit, mais les narines sont toujours assez larges ; les lèvres sont généralement épaisses, irrégulièrement développées, rarement fines, peu renversées.

Les Bezanozanos ont les pommettes saillantes, les oreilles petites avec le lobe très court et adhérent, les mâchoires puissantes, avec des dents peu écartées, blanches et saines, le menton droit et carré, ordinairement massif et accentué.

Ils ont les cheveux crépés, noirs et courts, beaucoup moins laineux que ceux des nègres, disposés sur la tête à la manière d'une toison et non en touffes, comme, par exemple, chez les Papous. Les hommes les portent coupés très ras, sauf dans la région de Didy ; les femmes les séparent sur le milieu de la tête et les tressent en nattes fines, qui se terminent par une boule pleine et ronde, retombant de chaque côté du visage, qu'ils encadrent d'une façon assez originale et presque gracieuse. Elles enduisent ces boules d'une graisse blanchâtre, ce qui donne l'illusion, à une certaine distance, d'un ornement de plaques d'argent entourant le visage. Les nattes sont généralement assez courtes et ne dépassent pas le front ; mais elles couvrent les oreilles presque entièrement.

La peau n'est pas noire comme chez le nègre de la côte occidentale d'Afrique. Veloutée au toucher, elle est d'une coloration brun-jaune, dont les nuances se foncent parfois, mais qui conservent toujours un fond clair, principalement chez les femmes.

Les muqueuses de la bouche sont souvent pigmentées par îlots isolés.

Les Bezanozanos ne se font pas de tatouages. Mais on trouve chez quelques-uns, au creux de l'estomac, une série de scarifications pratiquées à la suite de la coutume assez répandue de s'allier par « le sang ».

De l'ensemble de ces caractères anthropologiques, il ressort que le peuple bezanozano est de race noire. Mais les croisements avec d'autres immigrants, malais, arabes, juifs ou indiens, ont modifié la pureté du type primitif, au moins dans certaines régions de la vallée. Cependant, tels qu'ils sont aujourd'hui, ils présentent encore des signes caractéristiques, qui ne permettent pas de les confondre avec les autres groupes ethniques de l'île.

Ils sont un beau type, moins robustes que le nègre africain, mais plus agiles, plus dégagés et plus élégants dans leurs allures. D'une taille assez élevée ($1^m,75$ en moyenne), ils sont bien constitués et bien proportionnés ; leur système musculaire est très développé et leur squelette est puissant. Les membres inférieurs ne présentent pas le développement exagéré que l'on observe chez le nègre pur du pays des Achantis et de la Côte d'Ivoire. Ils ont le cou bien dégagé, au-dessus d'épaules larges et puissantes, et la finesse de leurs attaches témoigne d'une certaine délicatesse de race.

En résumé, les Bezanozanos diffèrent des Papous, auxquels on a essayé de rattacher la plupart des populations malgaches. Au caractère physique des Papous, taille moyenne, peau noire, système pileux développé s'implantant par touffes distinctes, à la barbe assez fournie, au nez presque trilobé, menton fuyant et, d'autre part, à un caractère farouche, on trouve en opposition, chez les Bezanozanos, un caractère doux, presque timide et les signes distinctifs que nous avons énumérés plus haut et qui semblent établir, dans l'ethnographie incertaine et compliquée de toutes les races noires, un type spécial distinct qui, pour nous, semble plutôt se rapprocher de celui des Bantous, qui règnent dans toute l'Afrique méridionale, sauf dans les territoires occupés par les Hottentots.

Comme les Bantous, ils sont très dolichocéphales et les traits communs qu'ils ont avec le type nègre sont très atténués.

Il nous paraît peu probable que les Bezanozanos soient le résultat d'une immigration océanienne ; ils proviendraient plutôt d'une immigration sud-équatoriale, venue de la côte orientale d'Afrique par le canal de Mozambique, et nous croyons que c'est des Bantous que descendent les Bezanozanos, que des conditions de milieu, des intervalles de temps considérables et des influences diverses ont différenciés légèrement de leurs congénères.

La population bezanozano est supérieure en beauté à celle de l'Imerina et à celle des pays betsimisarakas; on note surtout le charme des femmes d'Ambilona, dont le type rappelle un peu celui des Indo-Européennes, et dont l'allure gracieuse et les formes bien proportionnées ont une réputation presque universelle dans le pays. Quant aux hommes, ils sont un modèle de force, de souplesse et d'élégance.

V. — *Climat.* — *Voies de communication.* — *Habitations.* — *Ressources naturelles.* — *Cultures.* — La vallée du Mangoro est située à 950 mètres environ au-dessus du niveau de la mer. Grâce à cette altitude, la chaleur n'est pas considérable et, au plus chaud de l'été, le thermomètre ne dépasse pas 28°; en hiver, la température n'est pas, en 1896-1897, descendue au-dessous de 10°.

La vallée jouit donc d'un climat tempéré et relativement doux. La saison la plus chaude dure de décembre à mars ; c'est l'époque des pluies torrentielles et des orages accompagnés d'un tonnerre ininterrompu ; c'est aussi l'époque des cyclones ou des rafales d'une violence telle qu'elles déracinent les arbres qui sont exposés à leur action. Les pluies sont diluviennes et destructives, et les inondations sont d'autant plus redoutables dans ces terrains de granit et d'argile qu'elles sont plus soudaines.

La chaleur de l'été s'abaisse progressivement en avril et continue à diminuer jusqu'en août. Juillet et août sont les mois les plus froids. En septembre, la chaleur augmente insensiblement jusqu'en janvier-février.

On peut dire qu'il y a trois saisons dans la vallée du Mangoro : printemps (août-novembre), été (décembre-mars), hiver (avril-juillet). Il est à remarquer que la chute des feuilles passe presque inaperçue.

Si les conditions d'altitude et topographiques rendent le climat du Mangoro relativement tempéré, la vallée est, néanmoins, fiévreuse et la malignité des maladies est due, non seulement à la nature encaissée d'un pays situé entre de hautes montagnes et deux épaisses forêts, mais encore et surtout aux émanations morbifiques des marais et aux immenses étendues non cultivées d'un terrain presque toujours humide, où ne croissent que des herbes mélangées de joncs. La partie la plus malsaine est celle qui est à l'Ouest et qui, s'étendant au pied du rempart de l'Imerina, est jalonnée par Merimitatatra, Betafo, Mandialaza, Sabotsy et la vallée de Lohasaha. Moramanga passe aussi pour être très malsain.

Les mois de mars-avril et d'octobre-novembre (c'est-à-dire à la fin et au commencement des grandes pluies) sont ceux où la fièvre sévit le plus. Les autres mois de l'année sont plus favorables aux Européens et aux Hovas; mais, en réalité, il n'y a pas de véritable saison sèche.

Les Bezanozanos ne subissent pas ou subissent peu les atteintes de la fièvre. Quant aux Ambaniandros, ils redoutent le climat du Mangoro et, s'ils s'engagent à séjourner à Sabotsy, à Andakana, à Moramanga, c'est toujours pour peu de temps et surtout dans l'espoir d'un gain très lucratif, car les ouvriers hovas exigent actuellement, dans la vallée du Mangoro, le double de ce qu'ils gagnent en Imerina; les ouvriers ambulants sont appelés « beririnina ».

La difficulté d'établir des routes praticables à travers les marais de la haute vallée avait découragé l'indolence bezanozano et le peu de chemins que les Français y ont trouvé à leur arrivée se réduisait à de simples sentiers, recouverts de hautes herbes pendant la saison des pluies; dans tout le pays, les communications étaient assez difficiles, même dangereuses en certaines régions; les ponts étaient inconnus; les digues, d'une largeur de 30 à 40 centimètres à peine, étaient à peine assez larges pour que l'on pût poser les pieds l'un devant l'autre et on était obligé, à défaut d'autre chemin, dans les marais mouvants de Lohasaha ou de Didy, par exemple, de traverser les passages difficiles sur un seul bambou enfoncé dans l'eau, ayant, comme appuis, deux bâtons inclinés l'un vers l'autre au point d'arrivée; au moindre faux pas, on enfonçait dans la boue jusqu'aux aisselles. Il n'y avait même pas sur le Mangoro la moindre passerelle. Les Bezanozanos qui sont forcés de traverser le fleuve le passent aux gués où en pirogues. Ils ne craignent pas les crocodiles, qui cependant infestent ce fleuve et ses affluents; ce sont, d'ailleurs, d'intrépides nageurs et, comme tels, ils ont fait leurs preuves sous nos yeux aux imposants rapides de Belambo, grossis par les pluies et embarrassés de récifs. Le manque total de chemins était dû aussi bien à l'apathie des gouverneurs, qu'à l'insouciance des Bezanozanos, qui n'en reconnaissaient pas l'utilité.

Les maisons, dans la vallée du Mangoro, sont généralement construites en bois; le toit est en paille, les parois en zozoro, et il n'y a guère de différence entre les habitations des riches et celles des pauvres. L'intérieur est simple; on y trouve, pour la cuisine, un foyer composé de trois pierres posées debout, quelquefois un ou deux escabeaux, rarement un lit; quelques ustensiles de pêche, des « vatas » ou boîtes, des paniers en joncs sont épars dans la case, c'est tout le mobilier. Mais les Bezanozanos placent leur amour-propre dans la propreté des nattes, et il n'est pas de malheureux qui n'ait, lorsqu'un étranger vient le visiter, une natte neuve à lui offrir, qui tient lieu de siège.

Si, dans le pays, les maisons sont presque toutes en bois, c'est que la forêt est très proche et il entre bien dans l'esprit de ces gens, d'une nonchalance sans pareille, de ne travailler que juste ce qu'il faut pour ne pas mourir de faim ou pour ne pas être trop exposés aux intempéries. Il y a cependant quelques habitations dont les parois sont en planches et les gouverneurs, depuis quelques années déjà, ont mis une certaine coquetterie à se créer une installation moins rudimentaire. Quelques portes sont ornées d'arabesques et ces sculptures grossières, que relèvent le poli et la beauté du bois, sont parfois assez originales; à signaler aussi, dans l'intérieur des cases, une grosse pièce de bois qui joint les deux pignons et porte, vers le quart de sa longueur, une sculpture bizarre, qui représente deux seins de femme, ce qui veut dire, paraît-il, que, dans cette partie de la maison, les femmes et les jeunes filles ont seules le droit de demeurer et de se reposer. Cette poutre de milieu est généralement en palissandre ou autre bois précieux, commun dans la forêt de Moramanga, où les essences d'arbres sont très nombreuses.

Les arbres feuillus, durs, pesants et noueux, semblent être en grand nombre dans cette forêt. On y trouve plusieurs bois d'ébénisterie, auxquels leur grain fin permet de donner un beau poli; les rares meubles du pays en bois de vandrika, de voamboana, etc., sont remarquables aussi bien par la beauté et le luisant du bois que par le capricieux entrelacement des veines qui y sont naturellement dessinées.

Certains bois (vandrika, hazodomohina, etc.) sont d'un jaune plus ou moins foncé; d'autres, tels que le hazomena, le menahy, etc., sont d'un rouge sombre; de ces bois rouges ou jaunes, on doit pouvoir extraire une matière colorante, autant, sinon plus que du « bois de Bahia », du « bois de Pernambuco » ou du « bois du Brésil »; cependant, les indigènes bezanozanos ne s'en sont jamais servis comme bois tinctoriaux. Ils les utilisent, soit pour la construction, soit comme bois de chauffage; ils tirent aussi parti de quelques essences pour la fabrication des ustensiles de ménage, des meubles et des portes.

Les bois durs ont une densité incomparable et peuvent être, sans aucune préparation, assimilés au chêne rendu inaltérable par un long séjour dans l'eau. Comme le chêne, plusieurs essences prennent, au contact de l'air, une teinte plus foncée; d'autres arbres changent de teinte avec l'âge : le tambity qui, jeune, a une couleur tirant sur le brun et devient ensuite d'une couleur rouge orangé qui se fonce encore à mesure que l'arbre se développe.

Quant aux bois blancs, ils sont généralement d'essence molle, fibreuse et facile à travailler.

La forêt semble contenir peu de bois résineux, mais on y trouve du caoutchouc.

Les essences forestières sont aussi nombreuses que précieuses ; malheureusement, le procédé de fabrication des planches consiste à ne se servir que de la hache pour faire, d'un arbre d'un diamètre de 60 centimètres, un seul madrier, épais, grossier et des plus primitifs, d'où résulte une perte considérable de temps et de bois ; la scie est inconnue dans le pays.

Une scierie à bois serait d'une utilité incontestable, et combien il serait facile d'en établir une à moteur hydraulique, près de la route d'étapes; car les points principaux où les arbres précieux se développent en grande quantité sont les villages d'Ampasimpotsy, d'Analamazaotra et de Tsimatahobolana, et on trouve, auprès d'Ampasimpotsy, au pied des blockaus, la Sahatandra; à Analamazaotra un ruisseau à fort débit d'eau, à Tsimatahobolana la Sahamarirana. L'initiative européenne aurait beau jeu d'engager quelques capitaux dans l'établissement d'une scierie mécanique, en plein bois, où les matériaux seraient à pied d'œuvre.

Outre ces bois de construction et d'ébénisterie, il y a aussi des bois tinctoriaux, notamment le nato, qui donne une teinture rouge vif assez jolie; les Hovas pilent l'écorce de l'arbre dans un mortier, puis, dans la substance liquide qui en résulte, ils trempent trois ou quatre fois l'étoffe à teindre, qu'ils ont soin de laisser sécher au soleil après chaque bain.

Il existe encore dans la forêt, près de Moramanga, une liane à caoutchouc. appelée « vahy », qui peut donner lieu à une exploitation industrielle considérable. Il est difficile de se prononcer sur les qualités de ces produits. Les seuls renseignements qu'on ait, c'est que les lianes à caoutchouc sont nombreuses dans la forêt, qu'elles poussent sans culture et que nul soin ne leur est donné ; enfin, le procédé d'extraction routinier, rudimentaire et lent des indigènes ne peut fournir que des produits défectueux, contenant beaucoup de matières étrangères. Un mode d'extraction plus perfectionné donnerait, sans nul doute, des produits sinon purs, du moins débarrassés des liquides si nuisibles à la manipulation ultérieure.

Les indigènes recueillent le caoutchouc à toute époque de l'année. La liane dont ils tirent cette substance dépasse parfois une longueur de 40 mètres ; elle s'attache à un arbre autour du tronc duquel elle s'enroule.

Leur procédé d'extraction consiste à couper la liane, à partir du sommet, en tronçons de 50 à 60 centimètres, qu'ils réunissent en fagots d'un diamètre d'environ 15 centimètres, et qu'ils posent presque verticalement au-dessus d'un conduit en écorce d'arbre qui reçoit le suc et sert de canal jusqu'au goulot de la courge qui sert de récipient. Il faut environ dix lianes et un jour entier pour recueillir un peu plus d'un litre de caoutchouc. Les Bezanozanos le vendent aux Hovas à raison de 20 à 25 francs le litre.

Le vahy est la véritable liane à caoutchouc; le « vahintampotra » (*Vahea gummifera*) est une plante à suc laiteux pouvant aussi fournir cette gomme; c'est une liane d'une épaisseur de 5 à 6 centimètres, tandis que le vahy atteint à peine un diamètre de 2 centimètres. Les indigènes tirent du vahintampotra un caoutchouc d'une qualité inférieure, qu'ils mélangent au suc, plus rare et plus précieux, du vahy. Les autres lianes de la forêt près de Tsimatahobolana, telles que le vahy nonoka, le vahindity, le vahinato, ne produisent qu'un suc résineux.

Quant aux arbres fruitiers, pêchers, goyaviers, bibassiers, etc., ils poussent naturellement dans la campagne, sans soins, sans culture. Les fruits sont généralement médiocres, car ils ne mûrissent pas; mais si, par une taille raisonnée, on pouvait retarder la maturation jusqu'après la cessation des grandes pluies, on obtiendrait sans nul doute des fruits qui arriveraient à bonne maturité; la greffe améliorerait leur qualité.

Les cultures industrielles sont à peu près nulles chez les Bezanozanos, sauf dans les villages de la ligne d'étapes actuelle et en quelques points dans l'intérieur du pays, où l'on trouve d'importantes plantations de café et de thé ; encore sont-ce à des Hovas ou à des métis qu'on doit ces plantations, la paresse et l'humeur des Bezanozanos ne s'accommodant nullement de cultures qui exigent une application soutenue et une attention minutieuse ; ils ne peuvent même pas, présentement, arriver à cultiver de simples légumes.

D'ailleurs, leur façon de cultiver les rizières montre à quel point ils sont arriérés, faute d'ardeur au travail. Il y en a beaucoup ; mais elles sont fort étroites et situées au fond de ravins ; elles ont parfois plusieurs kilomètres de longueur et seulement de 30 à 40 mètres de large (vallées d'Antaisaha, Sahasaha, Loharano). Or, les Bezanozanos ne font pas de semis, comme en Imerina, et ils se servent très rarement de l'angady pour remuer les terres.

Aux mois de juillet et août, ils inondent les champs afin de rendre la terre molle et peu consistante. Dans chaque rizière, l'eau circonscrite par de petites digues séjourne pendant un mois environ sur le terrain à cultiver. Lorsque le terrain est prêt, ils rassemblent le plus grand nombre possible de bœufs et ils les poussent dans les terres amollies, qui sont foulées et piétinées par le troupeau entier jusqu'à ce que les herbes spontanées aient entièrement disparu sous l'épaisse couche de boue soulevée par les pieds des bœufs. On sème alors à la volée. Dès que les grains commencent à germer, on inonde de nouveau et on attend que le riz soit mûr pour le couper.

Cette manière primitive de cultiver les rizières donne un déchet considérable et certains Hovas déclarent que les rizières d'Imerina, toutes choses égales d'ailleurs, mais cultivées à l'angady, donnent une récolte supérieure d'un tiers au moins.

Les Bezanozanos cultivent aussi le manioc, les patates et quelquefois le maïs. Le mode de culture de ces productions accessoires, généralement peu soignées, diffère peu de celle de l'Imerina. Les pommes de terre et les légumes potagers sont totalement inconnus dans le pays.

Les Bezanozanos vivent de peu et leur imprévoyance va de pair avec leur paresse. Ils ne s'inquiètent pas de l'avenir ; si l'un d'eux voit sa provision de riz prématurément épuisée, il se retire avec sa famillle dans la forêt, où il se construit un abri et il vit là tranquillement, sans souci, des feuilles d'un arbre particulier, de racines et de miel.

*Mœurs. — Coutumes. — Occupations. — Vêtements. — Fêtes. — Religion.* — Les Bezanozanos sont, en général, de mœurs douces et pacifiques ; ils sont d'une nature plutôt contemplative et ils passeraient volontiers leur existence dans l'oisiveté la plus absolue, s'il ne leur était nécessaire, pour vivre, de se livrer quinze jours par an à la culture peu fatigante de leurs rizières. Et, pourtant, il ne manque pas d'espaces, dans la vallée du Mangoro, où ils pourraient cultiver des champs à perte de vue ; mais leur activité est circonscrite à l'élevage des bœufs et aux travaux strictement indispensables à leurs besoins.

La richesse d'un Bezanozano s'évalue par le nombre de têtes de bétail qu'il possède. L'industrie et le commerce sont nuls dans le pays ; et, tandis qu'en Imerina une grande partie de la vie nationale se concentre dans les marchés, les habitants de la vallée du Mangoro se confinent, au contraire, dans leurs villages et se dérobent aux tentations des achats. Cependant, comme toutes les peuplades à demi sauvages, ils trafiquent sans cesse entre eux.

Il est de toute nécessité qu'on éveille chez eux le goût du véritable commerce, au lieu de ce trafic de menus objets qui est stérile et improductif, et, comme tout s'enchaîne en économie politique, il est aussi de toute nécessité d'imprimer au peuple une forte impulsion vers l'agriculture, de le contraindre à une exploitation considérable de rizières, à l'élève en grand du bétail, en un mot, de le mettre dans des conditions telles de vie matérielle qu'il soit obligé de porter au dehors, contre des échanges, la surabondance de ses biens.

Le commerce et l'industrie naîtront de ces échanges, car il n'est pas douteux que ces ignorants, par la fréquentation des lieux publics, ne tarderont pas à connaître la valeur réelle des objets échangés contre leur riz ou leurs bœufs ; ce sera l'origine de l'industrie. A considérer ce peuple, que l'insouciance et la paresse ont rendu lourd et pesant, on se croirait revenu à l'âge de pierre ; tous les objets d'agriculture ou autres viennent d'Imerina, le fer des angady, les sagaies et même les étoffes. Les Bezanozanos n'ont aucune notion de l'art de filer ou de tisser. Nés près des forêts ou des marais, ils ne savent que grossièrement tailler le bois et tresser des nattes ou des paniers en jonc.

La principale occupation des femmes est le travail des nattes, qu'elles échangent contre des vêtements et quelquefois contre des bijoux. Une natte de 4 mètres carrés de superficie se vend de 40 à 60 centimes. Elles se livrent quelquefois aussi à la pêche des crevettes et des petits poissons, qu'elles font sécher et vendent ou font vendre en Imerina ; cette pêche se pratique au moyen d'un tissu à claire-voie en forme de sac qui est fait avec les fils très résistants tirés de l'écorce des papyrus.

Quant aux hommes, qui ne sont ni industrieux, ni commerçants, mais des agriculteurs routiniers, ils étaient autrefois employés par les Hovas au transport de lourds fardeaux sur la côte ou dans l'intérieur, et ce métier, qui ne les astreint pas à une application d'esprit et n'exige qu'un effort des muscles, est celui qui leur déplaît le moins.

Il y a peu de différence entre les vêtements des hommes et ceux des femmes ; ils se composent d'un lamba ayant assez d'analogie avec la toge antique et qui sert de manteau et de couverture pour la nuit ; sous le lamba, une chemise longue (akanjo) ; sous la chemise, une ceinture assez large appelée « salaka », qui, chez les femmes, est remplacée par un pagne très long.

Les hommes portent les cheveux coupés ras, sauf dans la région de Didy où, comme les Sihanakas, hommes et femmes portent la même coiffure. Ceux-ci ne tressent pas leurs cheveux d'une façon uniforme ; au contraire, chacun les tord à sa manière, de telle sorte que l'on voit, dans ce pays, une très grande variété de coiffures originales : les uns les portent en boucles longues et légères de chaque côté du front et sur les tempes ; les autres, en torsades plus ou moins régulières ; chez d'autres, les boucles tombent jusqu'aux épaules. Hommes et femmes ont souvent sur la tête une petite toque ronde en paille tressée. En un mot, le costume des deux sexes est tellement identique qu'on ne saurait parfois les différencier. Cependant, chez les hommes, cette coutume des cheveux longs tend à disparaître.

La similitude des mœurs et des coutumes entre les Bezanozanos du Nord et les Sihanakas d'Ambatondrazaka serait encore une preuve de l'affinité des deux races, et, si, comme il a été dit plus haut, les Bezanozanos sont le résultat d'une émigration sud-africaine, cette émigration se serait produite vraisemblablement sur les côtes Nord-Ouest de Madagascar, pour occuper plus tard les régions du lac Alaotra et se répandre ensuite, guidée par les fleuves et tentée par la fertilité du terrain, dans les vastes plaines de Didy et du Mangoro. La diversité des milieux et le croisement des Bezanozanos avec d'autres races ont établi, dans la suite, les légères différences qui existent actuellement entre ces deux races, qui sont, sans aucun doute, de la même famille.

Dans les régions Nord de la province bezanozano, limitrophes du pays d'Antsihanaka, les unions sont fréquentes entre les deux peuples. Il est rare, au contraire, qu'un Bezanozano du Centre s'allie à une femme de race étrangère ; mais les femmes épousent volontiers un Hova, un Betsimisaraka ou tout autre Malgache qui vient s'établir dans le pays.

Les hommes se marient généralement vers l'âge de 18 ans et les femmes à 16 ans. Il ne faut point considérer le mariage des Bezanozanos comme une union selon la loi ; à vrai dire, ce n'est pas un contrat, mais plutôt entre les conjoints un accord qui dure autant que dure la conformité des sentiments. Dès qu'une sympathie s'établit entre deux jeunes gens, ceux-ci vivent ensemble dans la même demeure et prennent le nom de « sakaiza » (amis), ce qui correspondrait à fiancés. Cette existence à deux dure quelquefois un mois. Si, ce temps écoulé, rien n'est venu briser l'harmonie et la bonne intelligence du couple, le jeune homme fait une demande en mariage régulière. Cette formalité quasi-légale est précédée de cadeaux consistant en akanjos, robes, lambas et en parures généralement modestes, même pour les plus riches. Les gens ordinaires se contentent d'un seul lamba et d'un seul pagne. Les bijoux sont un collier de petites perles de toutes couleurs, orné de quelques pièces d'argent, des boucles d'oreilles, et quelquefois des bracelets en argent ou en cuivre, suivant la qualité des époux ou l'éclat que veut donner le fiancé à son mariage.

Le jeune homme réunit ses proches, leur fait part de son intention et choisit, parmi eux, les deux plus éloquents qui se rendent chez les parents de la fiancée ; ceux-ci, suivant la coutume, doivent être informés dès la veille ou l'avant-veille de la demande en mariage. La jeune fille, qui est retournée dans la maison paternelle, revêt chaque jour le lamba et les vêtements qu'elle a acceptés et se pare de ses bijoux de fiançailles.

Au jour fixé pour la demande, tous les parents de la fiancée et ses amies se réunissent chez elle et reçoivent les envoyés qui prononcent cette formule :

« Devant vous tous, nous demandons que soient unis les deux fiancés », et ils disent les noms des futurs époux.

Les parents répondent par une autre formule consacrée :

« Nous ne pouvons pas retenir notre fille, car une jeune fille peut, quand il lui plaît, sortir d'une maison; elle est donc libre d'accepter ou de refuser. Mais si elle accepte son fiancé comme époux, il ne faut pas qu'il la batte avec un balai, car c'est contraire aux mœurs des ancêtres, ni avec un bâton, ni avec les pieds, car cela peut lui faire du mal; il ne faut pas non plus que son mari lui casse les dents; en cas de discorde, nous aimons mieux qu'elle revienne ici saine et sauve. »

Les futurs époux reçoivent ensuite la bénédiction du père de la jeune fille et l'on célèbre les noces en festinant pendant huit jours et en buvant de nombreuses rasades de toaka ou d'hydromel.

La coutume veut aussi, une fois le mariage conclu, que toutes les jeunes filles, amies ou parentes de la mariée, paraissent toutes nues devant le mari. La mariée elle-même est nue. C'est la cérémonie de l' « ampitahana » (comparaison).

Les libations copieuses, les festins prolongés ont les danses et les chants comme intermèdes. La danse bezanozano n'exprime aucune idée particulière de sentimentalité. Les danseurs se mettent en rond à la file indienne, serrés les uns derrière les autres, s'emboîtant le pas et avançant par saccades; à ce mouvement cadencé des jambes, se joint un mouvement ondulé des bras, de telle sorte que tous les bras gauches et tous les bras droits semblent mus successivement par des fils qui leur correspondraient. Cette ronde dure des heures entières sans variation; sans variation aussi, le chant qui accompagne la danse, chant qui n'exprime rien, jette sa note nasillarde suivant une cadence donnée par l'homme qui conduit la ronde. La monotonie rompt le charme de l'originalité.

Cependant, il est quelques chants, ou plutôt des proverbes mi-chantés, mi-parlés, qui montrent le sentiment naïf et l'art borné du peuple bezanozano. Il est difficile, parfois, de découvrir un sens caché sous l'obscurité des mots; nous donnons ci-dessous la traduction, aussi fidèle que possible, de quelques chants dont nous avons réussi à pénétrer le sens :

*Chant de fiançailles* : « Raketakilovoka est coquette, elle ne se livre, ni ne se refuse; elle trouble la raison des gens qui s'attardent chez elle.

« Rentrez donc, il est déjà tard.

« Voici la belle Rafotsiramangazafy aux dents blanches. Pourquoi quitte-t-elle le village quand la nuit tombe?

« Rentrez donc, il est déjà tard.

« Si vous allez au loin vers le Nord, vous rencontrerez les trois filles de Zakatsara; elles sont jolies, ces trois filles. Mais pourquoi ne se marient-elles pas? Il n'y a, sachez-le bien, aucune différence entre la femme laide et la jolie fille qui ne se marie pas. La beauté ne sied qu'aux femmes qui désirent un mari.

« Je m'arrête, Raketakilovoka, il est tard, mais nous nous reverrons. »

*Proverbe* : « Elle est malheureuse, si elle n'a pas d'héritiers, la femme qui a des richesses; mais elle est heureuse, la femme pauvre qui a des enfants. »

*Chant d'un amant évincé* : « Je ne suis pas un milan qui plane et je n'ai point les griffes puissantes du faucon pour enlever de force ce qui déjà appartient à un autre. Mais j'attendrai. Adieu et qu'on réfléchisse à ce que j'ai dit. »

Il y a quelques années, une nuée de sauterelles traversant le Mangoro s'était abattue sur les rizières au nord de Moramanga; on eut grand'peine à les chasser. Ce souvenir est rappelé dans une chanson qu'on chante en avril, quand les épis commencent à se former.

« Rainimanahoana, prends garde à ton riz. Les chenilles sont au village de Mahajery et les sauterelles passent le Mangoro.

« Le Mangoro, tu le sais, est un fleuve profond. Ses eaux rougeâtres et sales te rendent cependant net de toute souillure quand tu l'as traversé à la nage. »

La réponse de Rainimanahoana est celle-ci : « Le crocodile meurt près du sable et les sauterelles près des herbes ».

Le chœur reprend :

« N'allons pas plus loin, reposons-nous; le temps ne manque pas ».

*Chant des funérailles :* « Pourquoi tes yeux sont-ils rouges, Ravarika?

« — Mes yeux se sont lassés à contempler la foudre.

« — Pourquoi ta bouche est-elle noire, Ravarika?

« — Mes dents se sont lassées à manger les poissons.

« — Pourquoi ta jambe est-elle si longue, Ravarika?

« — Pourquoi...? » (Ici nous avons rencontré de trop grandes difficultés de traduction.)

La poésie des Bezanozanos est naïve; c'est la fraîcheur d'une fleur sauvage. Mais le proverbe « Reposons-nous, le temps ne nous manque pas » peint bien l'insouciance de ce peuple. Combien loin nous sommes de l'impression qui reste du dicton anglais « Time is money », impression d'activité fébrile, d'excès de travail, de lutte pour l'existence!

C'est surtout à l'époque des cultures (août et septembre) que l'on chante et que l'on danse; c'est le temps des fêtes.

Pour la culture des rizières, tous les efforts se concentrent, tous les bœufs du village sont réunis pour piétiner les champs de chacun à tour de rôle; on travaille depuis huit heures du matin jusqu'au coucher du soleil. Excités par le toaka, les Bezanozanos se livrent à des exercices de force, en luttant avec des bœufs à demi sauvages.

Pendant ces prouesses, les femmes préparent le festin sur la montagne voisine; on mange beaucoup, on boit encore plus. La nuit tombée, on revient au village et on y danse jusqu'à l'aurore, au son du tambour et des flûtes en roseau. Les réjouissances durent presque sans interruption pendant quinze jours.

A la moisson, il y a aussi des fêtes, mais souvent attristées par de graves accidents. Les Bezanozanos, en effet, frappent l'épi de riz avec tant de force de leurs palettes que les grains, échappant de tous côtés, sautent parfois à la figure, crevant les yeux. Un jeu barbare consiste aussi à se battre à coups de poignée de paddy. C'est pourquoi l'on voit tant de Bezanozanos privés d'un œil et quelquefois de la vue.

La naissance et la circoncision donnent lieu à des pratiques bizarres. La coutume veut que les femmes stériles assistent aux naissances, et les organes maternels qui enveloppent l'enfant appartiennent de droit à leur appétit. C'est, dit-on, une panacée contre la stérilité.

L'enfant circoncis est porté en grande pompe jusqu'aux portes du village. Là, on fait le souhait, répété plusieurs fois par toute l'assistance : « Sois un homme puissant ». La partie amputée est conservée par le grand-père de l'enfant.

La naissance et la circoncision sont une occasion de fêtes.

Quoique leur esprit ne conçoive, en général, rien qui ne soit matériel, les Bezanozanos croient vaguement à l'existence d'un Dieu créateur et paraissent avoir l'idée d'une vie future.

La religion chrétienne a été professée dans la vallée du Mangoro et des édifices y sont consacrés aux divers cultes. Mais les gens ne comprennent rien aux pratiques extérieures de nos cérémonies et le côté moral leur échappe; aussi continuent-ils à obéir à leurs superstitions. Il nous a été rapporté que des Bezanozanos, il y a quelques années, furent invités à venir un dimanche dans un édifice religieux. Ils y vinrent par curiosité. Le ministre de la religion prêcha. Après avoir écouté silencieusement le prêtre pendant quelques instants, ils s'entre-regardèrent et se demandèrent : « Que dit-il? C'est surprenant, nous ne comprenons pas. Allons-nous-en. » Et ils quittèrent sur-le-champ leur place sans en entendre davantage. Ce fut un scandale; ils ne revinrent plus et, depuis, ils sont restés, comme avant, peu soucieux de connaître nos mystères sacrés.

Ils ont surtout confiance dans les pratiques de la sorcellerie et craignent beaucoup les sortilèges.

Ils ont un grand respect pour les morts, auxquels ils font des sacrifices. Ils croient aux esprits des défunts et leur vraie religion semble être le culte des ancêtres; ils croient donc à la vie des morts et à leur intervention dans le monde des vivants : mais l'idée de Dieu n'est qu'occulte et mystérieuse et leurs croyances en un être suprême sont indécises et confuses.

Lorsqu'on parcourt le pays, on rencontre souvent, implantées dans le sol, de hautes pierres levées, semblables aux menhirs de Bretagne. Souvent aussi, on voit des groupes de huit ou dix petites pierres dressées et alignées entre elles et qui, contrairement à ce qu'on a cru, ne surmontent pas une sépulture. Ce sont des monuments votifs en l'honneur de parents ou d'amis morts au loin ou disparus. Les Bezanozanos enveloppent souvent une de ces pierres d'un bandeau d'étoffe blanche pour rappeler dans le pays l'âme de celui qui n'est pas revenu.

Les tombeaux sont situés près des villages, et chaque famille a le sien, où on enterre pêle-mêle hommes, femmes et enfants. Un simple lamba, d'étoffe commune pour les pauvres, de soie rouge pour les riches, sert de linceul. Le cercueil est inconnu.

Les tombeaux sont les seuls autels, les seuls temples des Bezanozanos. C'est près de ces lieux sacrés qu'ils font les kabarys importants et les sacrifices propitiatoires.

Les funérailles sont toujours conduites avec pompe. Les riches sacrifient un ou plusieurs bœufs. On enterre avec le défunt des aliments de toutes sortes, en le chargeant de messages pour le monde des esprits.

Le deuil consiste, pour les hommes, à ne porter que le lamba seul ; les femmes ont les cheveux épars et les épaules nues.

Dans la demeure de la veuve, avant la levée du corps, le vacarme est étrange ; les femmes poussent des cris lamentables ; le tambour résonne et la fusillade éclate dans la cour du village. Au tapage, aux pleurs, succèdent les chants et la danse, auxquels tous participent, fils et filles, petits-enfants, parents et amis du mort. Quand le corps repose dans le tombeau, le cortège revient à la demeure du défunt et un festin est offert aux assistants. Le repas achevé, la veuve ou un parent proche, suivant le cas, asperge d'eau de riz les personnes assemblées. C'est le signal du départ.

**Tsimihetys.** — Les Tsimihetys sont d'une race absolument différente des Betsimisarakas. Le mot « Tsimihety », signifie : « qui ne se coupe pas les cheveux », à cause de l'usage qu'a cette tribu de garder une chevelure tressée.

Le type est très beau ; leur peau blanche, à peine teintée d'une chaude couleur cuivrée, très transparente, au travers de laquelle apparaissent les veines bleues, et leur physionomie intelligente et très ouverte en font le type de la race de l'île de Madagascar qui se rapproche le plus de l'Européen. Une légende explique ce phénomène en attribuant l'origine des Tsimihetys à un groupe nombreux de colons venus du centre de la France, se rendant à Bourbon et jetés, il y a fort longtemps, par un cyclone, sur la côte de Maroantsetra. Ce seraient donc tout simplement des Auvergnats ou des Languedociens. Laissant de côté cette légende qui est très improbable, il n'en est pas moins vrai que les Tsimihetys forment un groupe bien distinct de leurs voisins.

Les hommes sont de taille moyenne, vigoureux et ont l'air énergique ; ils le sont souvent, en effet, bien que d'un naturel plutôt doux. Ils n'aiment pas l'état militaire ; mais, au besoin, ils sont assez braves. Ils habitent loin des Hovas, qui n'ont jamais sérieusement pénétré chez eux ; vivant toujours à l'écart, et loin des côtes, ils sont restés très en retard sur la colonisation apportée chaque jour par l'influence européenne ; ils sont tous illettrés, s'habillent grossièrement d'étoffes de rafia, dont ils se font une chemise, et n'ont souvent qu'un simple et rudimentaire pagne. Ils ne font aucun commerce. Quand ils désirent de l'argent, ils vont chercher du caoutchouc qu'ils vendent sur place, mais ne descendent à la côte que très rarement, et ils ne semblent pas tenir aux richesses.

Ils sont sobres, s'enivrent peu, cultivent le riz, le manioc, les patates, préparent eux-mêmes leur sel par la calcination de certains végétaux, élèvent de la volaille et des bœufs et s'adonnent à la pêche. Ils sont extrêmement paresseux et aiment beaucoup les femmes. Ayant à satiété tout ce qui leur est nécessaire pour subvenir à leur existence, ils ne voient pas la nécessité de travailler et il sera très difficile de les y habituer.

Les femmes sont très jolies, généralement petites, de taille mince, avec d'agréables minois éveillés, rappelant, par quelques traits, nos Provençales; les formes sont distinguées, les extrémités petites et les attaches délicates; la chevelure, presque lisse, longue, opulente et très belle, est peignée généralement avec une certaine coquetterie. Il est malheureusement fâcheux de les voir dans le cadre de saleté où elles vivent et qui est l'apanage distinctif de la race tsimihety. Toutefois, leurs mœurs sont pures... relativement, et elles passent pour être généralement fidèles à leurs époux.

Les fiançailles sont bizarres. Après avoir résisté longtemps aux tentatives de séduction de son galant, la jeune fille prend la fuite, poursuivie par lui. Si elle se laisse atteindre, souvent à la suite d'une course assez longue, elle accepte, par là même, tout ce qui va advenir (c'est le Oui sacramentel en vigueur dans nos coutumes), et le mariage est conclu incontinent, sans témoins; c'est l'union libre par excellence. Bien que maris et femmes soient assez unis, la polygamie est fréquente, en particulier chez les chefs; il n'est pas rare de rencontrer, chez certains d'entre eux, jusqu'à cinq ou six femmes vivant sous le même toit en bonne intelligence, sous la direction de la plus âgée, qui est la matrone.

Les enfants sont nombreux. On rencontre peu de femmes n'ayant pas un enfant au sein; malheureusement, l'état de malpropreté dans lequel vivent les Tsimihetys engendre des maladies qui déciment de bonne heure la population enfantine.

Ce peuple est très soumis à ses chefs et met son travail en commun. C'est le chef qui ordonne de bâtir une case pour tel ou tel individu et tout le village collabore à la construction. Le chef ordonne-t-il à sa femme de faire une natte dont il donne les dimensions, cette dernière, qui a la direction des femmes, les appelle aussitôt et la confection commence en commun.

Bien mieux, la vie du village est réglée au commandement; c'est au commandement, crié dans le village par la femme du chef, qu'a lieu le réveil, le matin; c'est aussi à ses commandements successifs que toutes les femmes pilent ensemble le riz, vont chercher de l'eau, commencent la cuisine et que, enfin, le riz étant cuit, tout le monde se met à manger.

Leur dialecte est particulier et souvent même les Betsimisarakas ne les comprennent pas; ils ont beaucoup de locutions venant du pays sakalave et de Sainte-Marie. Leur accent les fait reconnaître et prête à rire aux autres Malgaches.

Leur religion est simple; ils croient à un Dieu créateur (Zanahary), auquel ils font des sacrifices. Dans presque tous les villages, se trouve un arbre entouré d'une petite balustrade; c'est au pied de cet arbre que le chef offre à l'Être suprême des cadeaux : poulets, bœufs, riz, manioc, etc.

Très défiants, les Tsimihetys ne semblent pas vouloir se convertir au christianisme.

Comme chez les Betsimisarakas, les faux bruits se répandent facilement chez eux et y trouvent créance. Ainsi, à l'arrivée de l'administrateur français dans le pays, on leur a fait croire qu'il était l'ennemi des grands cheveux ; tous se sont empressés de se tondre et le chef de la province n'a pu en voir qu'un seul ayant les cheveux longs. Il s'empressa de les détromper et les engagea à laisser repousser cet ornement national. Toutefois, un chef déclara que, bien que Tsimihety, il ne portait plus ses grands cheveux depuis longtemps, ayant remarqué qu'ils étaient le repaire de nombreux parasites et il ajouta que son exemple serait suivi.

Les Tsimihetys sont peu musiciens ; leur chef, Babanitsimitiatoko, a cependant, à Antsahovy, une fanfare de 15 à 20 exécutants, tambours, fifres, jejy, grosse caisse, dont il est le directeur.

Les Tsimihetys se sont installés dans la contrée il y a environ vingt ans ; ils viennent du sud de Maroantsetra, qui paraît être leur berceau. Depuis ce temps, la migration a continué, mais ne dépasse guère, au Nord, le territoire de Sahambavany.

Ceux de la vallée de l'Androranga sont croisés de Sakalaves et se ressentent de ce croisement ; ils ont un esprit indépendant et ils sont difficiles à diriger. C'est après la guerre de 1885 qu'Andriambola (le prince de l'Argent), oncle de Tsialana, quittant Vohémar avec une centaine d'hommes et autant de femmes, vint s'installer à Doany, sur l'Androranga, où il resta dix ans ; il y a environ trois ans que les émigrés sont retournés sur la côte Ouest, laissant dans cette vallée un peu de leurs mœurs et de leur langue.

Les **Antanalas d'Ambohimanga du Sud**. — *Limites* : Antanalas (les habitants de la forêt) est le nom que l'on donne à tous les indigènes qui habitent la forêt depuis le Sakaleony jusqu'au delà de la Mananara.

Les Antanalas d'Ambohimanga du Sud sont compris entre les 20$^e$ et 22$^e$ parallèles et les 45$^e$ et 46$^e$ degrés de longitude. Les limites du territoire sont : au Nord, le Sakaleony ; à l'Est, le territoire de Mananjary ; au Sud, le Faraony ; à l'Ouest, les Betsileos et le district d'Ambositra. Ces limites ont été fixées par Andrianampoinimerina et des bornes territoriales ont été fichées en terre à cette époque.

*Communications*. — Les communications sont assurées de la façon suivante :

1º Trois grandes voies de pénétration à l'intérieur :

*a*) La route de Mananjary à Fianarantsoa, qui est la plus suivie (11 000 indigènes sont montés ou sont descendus en janvier 1898).

*b*) La route de Mananjary à Antsirabé, par Ambohimanga du Sud et Ambositra, qui est moins fréquentée que la première, mais les nombreux travaux qui y ont été faits et les ponts récemment construits la rendent tellement facile que les indigènes la préféreront dorénavant.

En effet, une nouvelle piste dispense de passer sept fois la Manandriana, et le pont de 80 mètres près de Betampona, qui vient d'être terminé, permet de franchir cette rivière par les temps les plus mauvais.

Pl. XXI. — 1. FEMME TANALA (DE VANGAINDRANO). — 2. BETSILEOS.

ETHNOGRAPHIE.     379

*c*). La route de Mahela à Ambositra, par Tsaramiadana et Lohoniby, qui n'est fréquentée que par les marchands de cire.

Des routes transversales ont été améliorées ou créées et permettent de se rendre assez facilement du Nord au Sud. Des pirogues spacieuses et des radeaux de bambous permettent le passage des rivières.

Quinze itinéraires ont été relevés par l'administrateur adjoint commandant le district

*Orographie et hydrographie.* — Deux chaînes parallèles courent Nord-Sud; l'une, la grande falaise, à l'Ouest (1 600 à 1 800 mètres d'altitude); l'autre, la chaîne orientale (1 000 à 1 100 mètres d'altitude).

De la grande falaise sort le Mananjary qui traverse le territoire du Nord-Ouest au Sud-Est sur une étendue de plus de 100 kilomètres. Ce grand fleuve draine les eaux de la région à l'Ouest par des rivières qui portent les noms de Manandriana, Salanofa, Ivoanana, Nanonoka et Faraony sur la rive droite, et de Fanampiana, Amboasary et Sandramora sur la rive gauche. Affluents et fleuve ne sont pas navigables.

*Géologie. Minéralogie.* — En pays tanala, comme dans tous les territoires que nous avons traversés, le terrain est inextricable et difficile à décrire; toutefois, les alluvions qui ont constitué les étroites vallées ont une grande valeur au point de vue des cultures.

Le sol présente une sorte de chaos de terres sablonneuses pailletées de mica, à côté de terrains rouges semés de quartz plus ou moins aurifère; le gneiss et le granit dans les terrains primaires cristallins sont régulièrement placés.

On y a trouvé du cristal de roche, du fer, du quartz limpide et opaque; et enfin, tout dernièrement, l'administrateur adjoint a trouvé des cailloux qui semblent contenir de l'étain. Cette découverte, si elle est confirmée par les analyses du service des mines, serait de la plus haute importance.

L'or se trouve en poussière dans les terrains alluvionnaires, où il est l'objet de fouilles constantes à la mode malgache, car les prospecteurs n'ont apporté aucun perfectionnement dans le travail à la battée.

*Climatologie. Température.* — Les vents régnants sont ceux d'Est, de Sud-Sud-Est et de Sud-Est; ils sont très froids en mars, avril, mai, juin et juillet.

La pluie est continuelle pendant toute l'année et torrentielle à la saison chaude. Température moyenne de novembre 1897 à avril 1898 inclus : 7 heures du matin : 21°,2; 3 heures du soir : 27°,7.

*Ethnographie.* — Il y a encore six mois, il y avait les 3 000 du Nord et les 3 000 du Sud, d'où résultaient des discussions continuelles. Après explications, ces deux fractions se sont fondues en un tout qui s'intitule les 6 000 Zanaka-Menabé, et, depuis lors (4 décembre 1897), l'ordre est parfait.

Le territoire était divisé en peuplades multiples continuellement en guerre. Au Nord, les Zafidiamanana; à l'Ouest, les Zafimaniry; au Centre, les Zafinakotry; au Sud, les Zafindrasoa, les Zanakivavy, les Antaivarondrika et, enfin, les Sakaleony venus du Nord, des rives de la rivière de ce nom. Ces grandes familles étaient elles-mêmes divisées. Mais Rananarivo, le gouverneur hova, qui était brutal et arbitraire, mettait tout le monde d'accord en confisquant à son profit les terrains et troupeaux des uns et les esclaves des autres.

La différence qui existe entre les gens de la forêt et ceux de la plaine consiste dans la chevelure : les Zafimaniry ont les cheveux lisses et les Zafidiamanana et les Zafinakotry les ont crêpés.

Les habitants de la montagne sont forts et vigoureux. Les femmes zafimaniry sont presque jolies et bon nombre de villages comptent des sujets absolument blancs. Elles ont le nez droit, la figure ovale, la bouche petite et nullement lippue.

Au contraire, en pays bas, on retrouve presque le type betsimisaraka; ce qui en différencie les Tanalas, c'est la superbe coiffure des hommes, qui consiste en un énorme casque bien peigné. Cette originalité tend à disparaître; en effet, bon nombre de Tanalas ont maintenant les cheveux coupés ras, comme les miliciens.

Les villages sont haut perchés en forêt et les maisons sont en bois. Dans la plaine, ils sont n'importe où et bâtis en bambous. Il n'y existe pas de fossés pour se protéger contre l'invasion de l'ennemi. Il suffit au brave Tanala de voir venir, car, à la première alerte, il s'enfuit.

La hache (antsy) est l'arme et l'instrument du Tanala comme le fusil à pierre est celui du Sakalave. On ne conçoit pas un Tanala sans sa hache, qui lui sert à tout et lui tient lieu de tout : rabot, vrille, marteau, scie, ciseaux, etc.

Tous les villages sont orientés Nord-Sud et les portes sont tournées vers l'Ouest.

Les femmes portent des bracelets en bambou, en fer, en argent ou en cuivre. Elles ont le corps entièrement tatoué et beaucoup portent un soleil levant sur le bas des reins. Tout récemment encore les vêtements étaient peu employés; les hommes avaient un peigne dans les cheveux et les femmes un bonnet en paille sur la tête. Nous avons vu en forêt nombre d'indigènes absolument nus; ceux qui avaient un peu de pudeur portaient un salaka de la largeur de deux doigts, en écorce d'arbre battue, et les femmes un petit morceau d'étoffe en jonc tressé autour des reins.

Les hommes portent dans le lobe de l'oreille un petit bambou depuis 2 millimètres jusqu'à 2 centimètres de diamètre. Cela s'appelle « kavimbolo ».

Les ustensiles de cuisine sont des plus primitifs; les Zafimaniry se servent de plats en terre betsileo; en pays bas, on emploie les plats en fer de provenance européenne.

Le riz cuit est servi sur des feuilles de bananier et mangé avec des feuilles de longoza transformées en cuillers.

Les bambous servent à puiser l'eau. La nourriture consiste en feuilles ou brèdes bouillies, en riz ou en maïs, selon la région, car, en forêt, le riz ne pousse pas, en patates, en manioc, en racines de holika, de vihana et de sonjo.

Le mariage n'existe que pour la forme ; si deux indigènes se plaisent, ils vivent ensemble et demandent à se marier. Ils donnent 2 fr. 50 aux parents et l'affaire est conclue. D'ailleurs, la polygamie existe et pas un Tanala de marque n'a moins de trois femmes.

Aucune formalité pour les naissances, et encore moins pour les enterrements. Les Tanalas n'ont aucun respect des morts et ne possèdent pas de cimetières de famille. Les tombeaux des ancêtres qui forment la base de la religion, au moins des croyances tanalas, sont un amas de cercueils (300) sans marque distinctive, et respectés uniquement parce qu'ils n'osent pas s'en approcher, de peur des esprits « lolo ».

Ils croient aux sorciers aux ody, aux sampy, et surtout au diable, « Angatra ». Ils croient aussi à Dieu, à Zanahary qu'ils vénèrent et à qui ils demandent de les protéger, mais toutes les cérémonies ne revêtent aucun caractère de solennité.

Toutefois, le serment de l' « Ivelirano » a une certaine importance, en raison surtout du nombre d'indigènes qui se rendent à l'appel du gouverneur.

La circoncision existe. Pour la cérémonie, le village est réuni sur la place ; on enlève le prépuce de l'enfant ; puis, placé dans un verre de rhum, il est avalé par le grand-père.

Le dialecte tanala est très agréable à entendre en pays zafimaniry.

*Pathologie.* — La fièvre et la variole font, tous les ans, de nombreuses victimes.

Les fruits verts et l'eau, absorbés en trop grande quantité, sont la cause de dysenteries cruelles.

La lèpre, les clous, les abcès, les plaies malgaches, la gale, la bronchite et les maux de tête sont courants.

Les maladies vénériennes ne sont pas un danger, sauf dans les centres.

*Gouvernement.* — Les rois tanalas existaient pour la forme et servaient de rempart aux demandes que les Européens adressaient au palais d'Argent, où l'on a toujours représenté les Tanalas comme impénétrables.

Les correspondances prouvent qu'une direction unique, celle de Ranavalona, était donnée aux Tanalas comme aux autres peuplades.

Les rois, puisque rois il y avait, sont : Rainilahivola, Rainilamiangiva, Ramatoa-Niovana, la fondatrice d'Ambohimanga, et enfin Raivanarivo.

Les jeux sont nombreux : le mitolona, le midy, le miveirano, le kitala, le fanorona, le mandrity, le fandroso et le mitava ou danse des sagaies. Les danses des femmes tanalas sont toutes lascives et monotones : la manandra, la miangala, la biaba, la bedidy, etc.

Leurs instruments sont le tambourin et la « sodina », ou flûte en bambou.

**Les Baras.** — Les Baras habitent au sud-ouest du Betsileo. Ils sont assez mélangés avec les Tanalas, parfois en nombre égal ; ces deux tribus sont divisées, depuis longtemps, en nombreux clans ayant des intérêts divers et constamment en lutte les uns avec les autres. Le brigandage a été de tout temps la seule occupation de ces indigènes qui se sont acquis ainsi une triste célébrité dans le pays betsileo et même aux confins de l'Imerina.

La grande famille bara se subdivise en plusieurs peuplades qui ont reçu des noms différents.

1° Les *Iantsantsas*, dont le nombre atteint à peine 6 000 ; ils habitaient autrefois la vallée du Menaharaka jusqu'à son confluent avec le Ranomena et la vallée de cette dernière rivière.

Vers 1882, les Hovalahy ny Antara et les Zafimbolamenas chassèrent les Iantsantsas du haut Menaharaka et s'établirent à leur place. C'est alors que les vaincus s'installèrent dans la vallée de la Ranomena ; leur chef Isambo vint s'établir à Ivohibé, situé sur l'un des contreforts du versant Ouest du pic de ce nom. Son autorité, aussi bien que celle des nombreux chefs de clans ou tribus des régions du Sud, était d'ailleurs contre-balancée par celle des sorciers ou conseillers, méfiants et hostiles aux étrangers.

Les Baras Iantsantsas gardent encore le souvenir des mémorables luttes qu'ils soutinrent contre les Hovas avec un tel succès que ceux-ci furent forcés de quitter définitivement le pays.

Ceux qui habitent sur la rive gauche de l'Ionaivo forment un petit clan spécial portant le nom du village le plus important « Manombo. »

2° Les *Ambilionys*. — Originaires du Sud, ils se divisent en plusieurs clans fixés sans ordre dans le Sud.

Dans le district d'Ivohibé, ils forment deux groupes ayant chacun son chef ; le premier réside à Imahaso, le deuxième à Besavao, près du confluent du Menaharaka et de l'Ionaivo.

Plus au sud de la Grande île, l'origine des Baras est difficile à établir. Les renseignements contradictoires, l'absence de tradition et surtout le changement de dénomination de ces clans à la suite de guerres ou de pillages ont contribué beaucoup à obscurcir leur histoire. Ce nom de Baras leur aurait été donné depuis soixante-dix ans environ et proviendrait probablement des Zafimanelys, caste dirigeante provenant de la côte Est et du Sud-Est d'Ihosy et ayant peu à peu occupé les plateaux de l'intérieur.

Leur histoire se précise à peu près à la même époque que celle des Hovas en Imerina, vers le commencement du xix$^e$ siècle ; tout ce qui remonte au delà de cette époque n'est que légende.

La tradition rapporte que le chef de famille des Zafimanelys, Rakanjobé, était le fils d'un blanc qui avait fait naufrage sur la côte Est de la Grande île. Une autre version le donne comme émigré de l'île Bourbon. Quoi qu'il en soit, on s'accorde pour faire descendre les Zafimanelys des blancs (Arabes).

Rakanjobé et ses fils habitaient le village d'Andrizaha, au nord d'Ambato (dans l'Ivondro actuel entre Betroka et Vangaindrano). Ses descendants conclurent un arrangement avec Lacaze, qui leur fournit des fusils. Ainsi armés, ils attaquèrent immédiatement leurs voisins.

Le premier grand chef vaincu se nommait Rakiboarivo, dont le village Ankazomangany fut donné à Lacaze, ainsi qu'une partie du butin. Les alliés de ce dernier s'établirent alors sur les rives de l'Oniaivo ; les Zafimanelys actuels parlent fréquemment de leurs ancêtres, les Oniaivos ou Ionaivos.

Pl. XXII. — 1. CHEF BARA IMAMONO ET SES SUIVANTS. — 2. ISAMBO, ROI BARA-BÉ ET SES CHEFS.

Peu à peu les vainqueurs progressèrent vers l'Ouest et vers le Nord, recherchant les pâturages. Sous la conduite d'Andriamanely, ils s'emparèrent de Volambita (au Sud-Ouest d'Ivohibé) ; c'est cet Andriamanely, chef renommé, qui a laissé son nom à la famille. Son fils, Andriamanafatrivo, quitta Volambita et s'établit à Andranotsara, au Sud d'Ivohibé. après avoir repoussé vers le Nord les Betsileos, qui y habitaient.

Andranotsara est resté la capitale des Zafimanelys, jusqu'à la mort de Raikitroka. A ce moment, une querelle éclata entre ses deux fils, nommés Rasaleha et Ratsimamo, qui résolurent de soumettre leur différend à Radama I$^{er}$, roi d'Imerina (1810-1828), et partirent tous deux pour Tananarive. D'après la légende, Radama I$^{er}$ les invita à dîner et, plaçant devant eux deux cuillers d'argent, il donna raison à celui qui avait le premier pris sa cuiller. Ce fut Ratsimamo. Radama rendit son arrêt : Ratsimamo gardera le pays de ses pères ; Rasaleha aura le pays qui se trouve à l'Ouest de la montagne de Manivela (et qui forme actuellement province des Bara-bé.)

3° *Baras Imamonos* avec la capitale Tsimamonolongo (qui ne tient pas les amis). Le roi de cette tribu, Ratsimivila, est le grand-père du roi actuel.

4° *Bara-bé*. — Lorsque Radama I$^{er}$ ordonna à Rasaleha, l'un des deux princes qui étaient venus lui demander justice, d'occuper la région d'Ihosy, à l'Ouest de la montagne de Manivela, celui-ci trouva le pays occupé par des peuplades amies des Betsileos de l'Est qu'il repoussa vers l'Ouest et il fit d'Irima sa capitale. Sous son règne, les Hovas envoyèrent leurs premières expéditions dans le Sud.

Rasaleha les accueillit d'abord assez bien ; mais, bientôt obéissant à son instinct, il fit massacrer les soldats hovas malades laissés sur son territoire et prétendit qu'ils étaient morts de maladie. La supercherie fut découverte et Rasaleha fut exécuté à Fianarantsoa ; il fut ligotté, jeté dans un trou où gisait déjà un chien égorgé, et où fut ensuite versée de l'eau bouillante.

Ranavalona I$^{re}$ envoya chez les Baras un officier qui y fonda un poste, mais les Hovas n'y eurent jamais que des chefs nominaux et conservèrent en grande partie leur indépendance. Ce même officier voulut établir un poste identique chez les Baras Iantsantsas, mais ceux-ci résistèrent si bien que les Hovas ne purent s'emparer d'Ivohibé.

Peu de temps après, un chef bara fit sa soumission et fonda le village de Vohimarina qui se peupla de Hovas et de Baras soumis. A la suite de querelles sans fin engendrées par les successions, les Tanalas appelés à l'aide s'établirent dans le haut Menaharaka, d'où ils chassèrent les Baras Iantsantsas. Depuis, la discorde n'a cessé entre ces deux tribus qu'avec l'installation d'un poste français à Ivohibé.

Il y a encore les Baras Vindas, qui sont très peu nombreux, et dont le roi actuel est un descendant des rois des Baras Iantsantas, les Baras Manongas, les Menamatys et les Mananantananas. Ce sont de petites tribus betsileos ayant adopté la coiffure des Baras et qui ont pour chefs des descendants de chefs Zafimanelys.

Les Menamatys ont une femme pour chef et habitent la vallée de la rivière du même nom, qui est un affluent du Mangoka.

Les Mananantananas habitent la vallée du Malio, autre affluent du Mangoka.

Enfin, aux confins du pays bara, habitent les Antaivondros qui ont les mêmes mœurs, les mêmes « fady » ou superstitions que les Baras proprement dits, mais qui ne sont pas commandés par des Zafimanelys.

**Antaimoros.** — Le pays des Antaimoros au Sud-Est de Madagascar est limité, au Nord, par la rivière Fanoriana ; au Sud, par la rivière d'Andakana, à l'Est, par l'océan Indien ; à l'Ouest, par le pays des Tanalas.

Les Antaimoros sont d'origine arabe. Quoiqu'ils n'aient conservé aucun souvenir de leur arrivée à Madagascar, ils ont gardé de la langue arabe beaucoup de mots mélangés aux mots malgaches ; quelques vieillards savent lire et écrire l'arabe ; il y en a même qui possèdent un Coran. On peut approximativement fixer à dix-sept le nombre de générations successives de cette race, depuis leur débarquement sur les côtes de Madagascar.

Comme les Arabes, ils ne mangent pas de viande de porc ; comme les Arabes, ils détestent le chien et ils mâchent, à la mode arabe, du bétel mélangé à de la chaux, ce que ne font jamais les Malgaches. Très fiers de leur origine, ils ont toujours le souci de garder, au milieu des autres races, leur caractère propre, une distinction à part. Ils ne tolèrent pas les liaisons des membres de leur tribu avec ceux des tribus voisines, et, de ce fait, ils ont gardé une certaine originalité.

La race antaimoro se compose de deux castes : les nobles et les gens du peuple.

Les nobles sont connus sous le nom d'Antimahazos, Antisambos et Antihongos. Ils font bande à part, pratiquant la même religion, ayant les mêmes mœurs, les mêmes habitudes ; ce sont les vrais descendants d'Arabes, venant de la Mecque qu'ils appellent Imaka.

Un des fils des rois de la Mecque, Kalita Mamody (Mahomet), étant en désaccord avec son père, vint s'installer dans le pays des Antaimoros en asservissant le peuple qui l'habitait déjà, peuple désigné sous le nom d'Ampanabaka. Kalita Mamody y avait emmené avec lui sa famille et ses esclaves et s'établit dans la vallée de la Matitanana. Les esclaves furent libérés peu de temps après, et acquirent une certaine suprématie sur les Ampanabaka ; ils s'installèrent auprès de leur chef, sur les bords de la Matitanana, dans les villages de Savana et de Vohipeno, sous les noms d'Anakaras, Antisimetos et Antalaotras.

Les descendants de Kalita Mamody, ou Antihongos, habitèrent le royaume d'Ivato, grand village situé sur la rive gauche de la Matitanana ; les Antisambos s'établirent à Fehinaoly et les Antimahazos à Mahasoa sur les bords de la même rivière.

A la suite des rigueurs exercées sur le peuple par le roi d'Ivato, qui avait réuni autour de lui tous les nobles venus avec Kalita Mamody, les Ampanabaka se révoltèrent et, comme ils étaient beaucoup plus nombreux que leurs oppresseurs, ils les battirent et les chassèrent au nord et au sud du territoire des Antaimoros. Un grand nombre de ces nobles émigrèrent à Mahanoro, au bord de la mer. Cependant, l'accord revint en vertu de traités par lesquels les nobles abandonnaient une partie de leur autorité sur les Ampanabakas. Ceci se passait il y a une quarantaine d'années.

Les clauses de ce traité n'ayant pas été observées par les nobles, un nouveau soulèvement eut lieu en 1883. Les nobles furent une seconde fois battus. C'est alors que les Hovas intervinrent, et, depuis cette époque, ils se sont implantés dans ce pays et l'ont ruiné.

À la suite de cette révolution, les nobles perdirent plusieurs de leurs privilèges; ils n'eurent plus le droit de prendre femme dans le peuple, car une femme du peuple pouvait en effet, auparavant, se marier à un noble et, dans ce cas, les fils nés de ce mariage étaient nobles, tandis qu'un homme du peuple ne pouvait prétendre à la main d'une femme noble. Les libres ou roturiers ne pouvaient manger d'un bœuf qui n'avait pas été tué par les nobles et, lorsqu'un homme du peuple se mariait, la nouvelle mariée devait passer la première nuit de ses noces dans le lit du roi ou du prince du village. Véritables serfs des rois, ils furent pour ainsi dire affranchis par l'intervention des Hovas, mais ils eurent à en souffrir plus que de l'ancienne tyrannie des nobles. Avant, en effet, le pays était prospère; il n'était pas rare de voir un Antaimoro possesseur de soixante à cent bœufs. Pour échapper à la rapacité des Hovas et plutôt que de les enrichir, ils préférèrent immoler leurs bœufs, et, aujourd'hui, le pays est misérable; c'est à peine si l'on y rencontre quelques maigres troupeaux, restes d'une hécatombe générale.

Le premier roi d'Ivato, après Kalita Mamody, fut Ramavalisarivo; le dernier, Ramasitrasarivo, est aujourd'hui gouverneur d'Ambohipeno.

Faraony et Namorona ont toujours été habités par les Ampanabakas. Sous le règne du deuxième successeur de Kalita Mamody, ils demandèrent au roi d'Ivato ses enfants pour les gouverner, et celui-ci s'empressa d'envoyer plusieurs représentants nobles qui furent massacrés lors de la première insurrection. Depuis lors, la noblesse d'Arabie n'a pas de représentants à Faraony, ni à Namorona. Ces deux pays, grands et peuplés, possèdent de beaux villages : Namorobé et Vohimasina.

A Antimangaza, qui est plus à l'Ouest, existe une tribu ou famille méprisée par tous. Une légende prétend que, à la suite d'un pari de cent piastres fait avec le roi du pays, un de ses ancêtres se serait livré à des actes de bestialité sur une chienne; depuis, cette famille dégradée, méprisée, ne peut s'allier aux autres et n'a pas même le droit de manger avec elles.

En quittant Andranambo, on arrive chez les Zafisoros, guerriers qui se sont souvent battus avec leurs voisins les Antaifasys. Ces derniers, avec les Antimatangas, arrivent jusqu'à Farafangana. Les Antaifasys sont assez serviables; les Antimatangas sont voleurs, pillards; leur véritable patrie est Anosy, près de Masianaka.

Ce district de Farafangana s'avance jusqu'auprès d'Ankarana où se trouvent les Antaisakas. Les Antaisakas sont divisés en nobles (Zafiramilihena), et gens du peuple (Zafimamanga), beaucoup moins intelligents que les premiers, mais durs au travail, s'exilant pour gagner de l'argent et des bœufs, allant faire le métier de porteurs à Tananarive et à Tamatave et ne rentrant chez eux que pour travailler à leurs rizières.

Les Marorongos sont de véritables bandits qui exercent leur fâcheuse industrie depuis le haut de la Matitanana jusqu'à Fort-Dauphin.

Toutes ces tribus sont très mélangées; elles se marient entre elles, mais jamais avec un étranger. Leurs pratiques religieuses sont celles des Hovas. Les descendants des Arabes pratiquent une sorte de religion musulmane.

Le pays a été à peu près ruiné par l'intervention hova; mais, comme les indigènes sont bons travailleurs et facilement civilisables, il est permis d'espérer qu'on pourra en faire de bons et fidèles sujets.

**Antambahoakas.** — Le pays des Antambahoakas s'étend de Mahela dans le Nord, jusqu'à Maroita dans le Sud et Sandramora dans l'Ouest. C'est une tribu d'origine arabe. Contrairement aux autres peuplades de Madagascar, ils ont conservé une légende relative à leur arrivée dans le pays.

Autrefois, les deux tribus des Antambahoakas et des Antaivandros, qui sont aujourd'hui entièrement fondus avec les Antambahoakas, habitaient les environs de la Mecque. Les premiers étaient des marins, les seconds des cultivateurs et vivaient dans l'intérieur des terres; c'étaient des esclaves, qui, fatigués du joug de leur maître, décidèrent de s'y soustraire et, une certaine nuit, ils s'embarquèrent sur un grand boutre, confiant à Dieu leurs destinées. Ils naviguaient depuis longtemps lorsqu'ils aperçurent une grande terre : c'était Madagascar. Mais, à ce moment, une violente tempête s'éleva et il fallut songer à alléger le navire; on décida qu'on jetterait les enfants à la mer. Les Antambahoakas se placèrent à la poupe, les Antaivandros à la proue du navire. Mais les Antambahoakas se souvinrent d'avoir vu lester le navire avec des pierres. Quelques-uns descendirent à la cale et, à la faveur de la nuit qui était à ce moment-là très noire, ils installèrent une chaîne d'hommes permettant de monter les pierres sur le pont. Chaque fois que les Antaivandros jetaient à la mer un de leurs enfants, les Antambahoakas, eux, jetaient une pierre et, ainsi, jusqu'au dernier des enfants des Antaivandros.

Lorsque le jour fut venu, le boutre ayant été jeté à la côte, les Antaivandros s'aperçurent de la supercherie dont ils avaient été la victime pendant la nuit. Les deux tribus s'assemblèrent et les Antambahoakas, ayant reconnu leur faute, durent accepter les injures et les coups auxquels ils furent condamnés, eux et leurs descendants. Mais, depuis cette époque, le temps a émoussé le ressentiment des Antaivandros et les deux tribus vivent sur un pied d'égalité.

Cette venue des Arabes à Madagascar eut lieu avant l'hégire.

Les Antambahoakas ont conservé l'écriture arabe, qui était récemment encore enseignée aux principaux d'entre eux, mais ils ont abandonné la langue de leurs pères, dont ils ont conservé seulement quelques mots.

L'Antambahoaka est bon, généreux, hospitalier. Dès qu'un voyageur est signalé, une case est aussitôt préparée à son intention, ainsi que des présents composés de riz et de volaille. En échange, le voyageur doit remettre à son hôte un morceau de monnaie coupée, simple formalité que le Malgache se charge d'ailleurs de rappeler, car, s'il aime à donner, il aime surtout à recevoir. Les Antambahoakas sont également très doux. Les vols, les disputes graves, les assassinats sont rares. Ils ont cependant conservé certaines coutumes barbares qui paraissent en contradiction avec la douceur de leurs mœurs : c'est ainsi qu'ils tuent, en les plongeant dans un marais, les jumeaux nouveau-nés, parce que, d'après une vieille légende, la présence de deux jumeaux dans une famille est pour leurs parents une source de malédictions.

Les cases des Antambahoakas sont propres, comme leur personne, et recouvertes de feuilles de ravinala ou arbre des voyageurs. Les indigènes aiment à se vêtir de costumes européens; jeunes gens et jeunes filles s'affublent volontiers de chapeaux de paille, dits canotiers, et de robes à la française. Ils ne portent pas encore de souliers, mais ils ne sauraient tarder. Les uns et les autres chiquent un mélange de tabac, de manioc et de cendres.

On peut dire que les Antambahoakas n'ont pas de religion. Ils croient à un être suprême, bon, « Andriamanitra », et à un mauvais, « Biby », mais ils ne s'occupent pas du premier et combattent le second au moyen de fétiches contre la balle, la sagaie, la fièvre, etc.

Aucune cérémonie ne consacre le mariage, l'union étant absolument libre.

L'Antambahoaka est peu travailleur, juste pour se suffire; il répugne particulièrement à l'idée d'être porteur. Aussi, le monopole des transports appartient-il aux Betsileos, qui viennent de Fianarantsoa chercher le salaire qui suppléera à leur pauvreté. Aux yeux de la population malgache, ils passent pour être dépourvus d'intelligence; les Hovas les appellent « babakoto » (ou lémuriens, singes). Une légende assez originale a donné naissance à ce nom. Lorsque Dieu eut créé les races, il leur dit de s'établir où il leur plairait. Les blancs prirent l'Europe, les noirs l'Afrique, les Hovas l'Imerina; mais, dès qu'ils furent sur le plateau central de Madagascar et qu'ils virent des montagnes abruptes de tous côtés, ils demandèrent à Dieu une race de porteurs pour aller à la côte. Dieu se mit en colère, parce qu'en ce moment il était occupé à créer les diverses espèces de singes; cependant, il se ravisa et donna un de ces singes aux ambassadeurs hovas; en ce moment, son travail étant fini, Dieu cria : « Ouch », le même cri que poussent les Betsileos en déposant un fardeau. Cette légende s'applique à toutes les peuplades autour de l'Imerina.

A cette histoire de la race antambahoaka, on peut ajouter quelques indications sur l' « éléphant en pierre » qui se trouve un peu au nord-ouest de la maison du chef d'Ambohisary. C'est une espèce de pierre savonneuse, dans un bon état de conservation (quoique exposée aux injures de l'air) et représentant un éléphant disproportionné. Il a quatre pieds de hauteur sur sept de long; ses défenses sont brisées; le corps est creusé, évidemment dans le but de recevoir des dons et des offrandes.

D'après la version la plus accréditée, ce fut Ramania, un roi de la Mecque, chef de la famille établie à Madagascar sous le nom d'Antambahoakas, qui apporta cette pierre d'Imaka (la Mecque) quand il vint s'établir sur la côte Est. Ramania fut le fondateur des familles connues aujourd'hui sous la dénomination générale de Zafiramania, qui habitent le district de Mananjary et l'Anosy et qui sont tous des andriana (nobles), bien distincts du peuple.

A ce qu'il paraît, Ramania n'apporta pas l'éléphant de pierre à son premier voyage. Après avoir fixé l'emplacement où il s'établirait, il revint à la Mecque et le ramena alors. Quels moyens de transport employa-t-il? Les indigènes se contentent de dire qu'il se trouvait dans une *vata masina* ou boîte sacrée. Il y a quelques livres, ayant chacun son gardien, qui traitent du symbole représenté par cette pierre. Les étrangers jusqu'ici n'ont pu les consulter.

A une certaine époque, un Français établi à Ambinanisakaleony, où était alors la pierre, voulut l'envoyer en France à M. Grandidier, mais les Malgaches s'y opposèrent.

**Antandroys.** — Les Antandroys habitent un pays qui s'étend au Sud de Madagascar, depuis la province de Fort-Dauphin jusqu'au pays des Mahafalys et qui est limité par les Mahafalys à l'Ouest, par les Baras au Nord et par les Antanosys à l'Est.

C'est une tribu des plus sauvages et en même temps des plus guerrières de Madagascar. Fourbes, cruels et adonnés depuis longtemps aux pratiques du plus grossier fétichisme, ils se sont de tout temps opposés à l'entrée des Européens dans leur pays.

Leur pays est un vaste plateau dénudé et presque entièrement désert, terminé du côté de l'Océan par des dunes qui s'élèvent d'une masse jusqu'à une hauteur d'une centaine de mètres avec une forte inclinaison et qui sont séparées de la mer seulement par une plage de quelques mètres. Plaine sans fin, d'une monotonie désespérante, où l'œil ne découvre ni un monticule, ni un arbre, rien qu'une végétation rabougrie où des arbustes épineux ne dépassent guère un mètre de hauteur.

Les villages sont petits, clairsemés. Ils s'annoncent par des plants de nopal, de plus en plus nombreux à mesure qu'on approche de l'endroit habité. Les cases, petites et peu élevées, ne présentent qu'une ouverture basse et étroite, par laquelle on ne pénètre qu'en se baissant. Un homme de taille ordinaire peut à peine s'y tenir debout. Elles sont faites en planches juxtaposées, retenues entre deux tiges de bois longitudinales, de manière qu'on peut les faire glisser et même les enlever pour regarder à l'intérieur. L'eau est si rare qu'elle est une véritable denrée de luxe. Les habitants, qui passent parfois un temps assez long sans boire une seule goutte d'eau, étanchent leur soif au moyen de figues de Barbarie ou de racines sauvages aqueuses. Ils les piquent de leur sagaie pour les détacher du buisson épineux, les roulent dans le sable pour bien enlever les soies épineuses dont elles sont recouvertes, les pèlent avec le fer de leur sagaie et les mangent, soit crues, soit cuites sous la cendre ou quelquefois dans de l'eau boueuse. C'est le fond de leur nourriture. Ils y ajoutent parfois un peu de mil ou « ampemby » qu'ils font griller ou broient cru sous la dent, ou une espèce de haricot malgache ou « antaka » et des citrouilles ou courges qu'ils laissent mûrir outre mesure, on pourrait dire pourrir, afin que la pulpe liquide leur serve de breuvage. Ce sont là les seuls produits de cette terre aride, sablonneuse et desséchée, à peine couverte de quelques brins d'une herbe rare et chétive, poussant sous les nopals et nourrissant quelques rares bœufs.

Les populations sont presque sauvages et se rapprochent beaucoup plus de la bête que de l'homme. Robustes, courageux, ne marchant jamais qu'armés d'un fusil et d'une lance, ce sont de grands enfants qui veulent tout voir, que rien cependant n'étonne et qui n'apprécient que ce qui est utile et peut servir à leurs besoins. On dirait qu'ils sont habitués à tous les raffinements de notre civilisation, eux qui n'ont vu que leur misérable hutte et leur désert, et il y a lieu de s'étonner, à bon droit, de ce calme, de cette inertie, de cette insouciance du sauvage, fruit de leur vie indolente, mais plus encore trait typique du caractère malgache (d'après Grandidier).

Les Antandroys vivent beaucoup de guerres et de razzias : leur pays si pauvre ne pouvant leur donner ce qu'ils désirent, poudre, fusils, étoffes, liqueurs, ils ont recours au pillage des goélettes, ou ils achètent ces produits avec l'orseille, le caoutchouc et même avec leurs prisonniers.

Les rois placent près du rivage des gens appelés « masondranos » (litt. veilleurs de plages), chargés de les avertir chaque fois qu'un navire vient mouiller sur la côte pour commercer. Ces navires doivent donner un cadeau à ces masondranos qui ne vivent que de cette ressource, comme, du reste, aux ministres du roi et au roi lui-même, lequel ne porte qu'un simple morceau de toile autour des reins et un lamba sur les épaules. Tout ce monde vient percevoir dans les factoreries le droit de séjour « lilintany » des navires.

Il y a quelques années, les échanges se faisaient à bord même des navires, comme chez les Mahafalys, ou sur la plage, mais sans poste fixe. Le roi ayant donné l'autorisation d'établir des factoreries, plusieurs négociants en profitèrent; mais leurs établissements ne tardèrent pas à être pillés et brûlés, lorsque les indigènes y virent une grande quantité de marchandises; les comptoirs des maisons Bonnemaison et Hermann, Fulgence et Rozier aîné, de l'île de la Réunion, et Thompson d'Angleterre, ont été incendiés le 14 mars 1896. Malgré ces habitudes de vol et de pillage, les Antandroys ne sont pas assassins et ils laissent la vie aux commerçants.

Pendant longtemps, les Antandroys ont repoussé les avances de la France, continuant leur commerce d'esclaves et attaquant régulièrement les courriers de Fort-Dauphin à Fianarantsoa. Nos ouvertures pacifiques ayant été repoussées et les peuplades du haut Mandraré y ayant répondu par l'assassinat du garde principal de milice Philippini, un détachement commandé par le capitaine Lacarrière pénétra, au commencement d'octobre 1897, dans leur pays. Cette reconnaissance a vengé la mort de Philippini, mais elle a montré l'audace des Antandroys et fait prévoir qu'ils opposeront une vive résistance à notre occupation.

**Antanosys.** — La région des Antanosys s'étend au Sud de Madagascar et a pour limites à l'Est la mer, à l'Ouest une ligne passant par Elakelaka, Ankaramena et la baie de Ranofotsy, au Nord la tête de la vallée d'Ambolo. Les habitants de cette région peuvent se subdiviser en trois sous-tribus principales : les Zafindrasambos, les Antambolos et les Zafiravalos, qui se subdivisent elles-mêmes en un grand nombre de familles, qui ont longtemps obéi à un roi absolu, assisté d'un Conseil de ministres; mais, comme, depuis quelques années, ces rois et ces ministres commettaient de trop grandes exactions, les sujets pressurés ont secoué leur joug et chargé les plus notables d'entre eux de les administrer et de régler leurs querelles privées.

Indépendantes les unes des autres, ces républiques minuscules étaient constamment en guerre entre elles et soumises à la loi du plus fort. Ainsi peut-on s'expliquer que de vastes étendues de terrain, autrefois fertiles, sont aujourd'hui complètement incultes.

Ni la domination hova, ni l'influence française n'ont pu encore modifier ces coutumes. Très méfiants de leur naturel et d'une mobilité d'impression extrême, les indigènes de cette contrée tentent rarement un acte d'hostilité contre les Français, mais ils n'acceptent leur présence qu'avec des réserves équivoques.

Ce fut chez les Antanosys que furent faits autrefois les premiers essais de colonisation française par les soins de Richelieu d'abord, puis de Colbert. Ces essais ne durèrent pas longtemps. Beaucoup d'Antanosys se louent à des traitants créoles ou français, généralement pour dix ans, s'expatrient à la Réunion où ils apprennent à parler un peu notre langue et à connaître un peu la culture et quelques métiers.

On évalue de 150 à 200 000 le nombre des Antanosys. Leurs mœurs sont loin d'être bonnes; ils ont notamment un faible pour le rhum; leurs croyances et superstitions sont, d'ailleurs, celles de la généralité des Malgaches.

**Mahafalys.** — En raison de l'intérêt et de la curiosité qu'a excités dans ces derniers temps le pays mahafaly presque complètement inconnu jusqu'ici, au lieu de nous borner, comme pour les autres peuplades de l'île, à une simple notice ethnographique, nous allons résumer ci-après tous les renseignements que nous avons pu recueillir sur cette race et le pays qu'elle habite.

Ces renseignements sont dus à l'obligeance de M. Pacific Payet, négociant à Tulléar qui, depuis 1889, fait le commerce sur la côte mahafaly, soit au moyen de goélettes, soit même au moyen de comptoirs établis à terre.

M. J. Bonnemaison, de Tamatave, qui est aussi propriétaire de comptoirs dans cette partie de Madagascar, M. le capitaine Toquenne et M. le résident Estèbe, administrateurs de la province de Tulléar, nous ont également adressé d'intéressants renseignements sur la géographie de la contrée et les mœurs de ses habitants.

Le pays mahafaly est situé au sud de Madagascar entre la province de Tulléar et le cercle annexe de Fort-Dauphin. Il est compris entre l'Onilahy au Nord et la Menarandra au Sud.

Il est divisé en trois royaumes :

1° Royaume de Befotaka, de l'Onilahy à Lanivato.

2° Royaume de Tsiverenja, de Lanivato à la Linta (dans la baie des Masikoros)[1].

---

1. Ce nom de *Masikoro* signifie « gens de l'intérieur, pasteurs et agriculteurs », en opposition aux gens des côtes aux *Vezos* qui sont les marins.

3° Royaume de Tsihempona ou Tsiampandro, de la Linta à la Menarandra.
Au point de vue géographique nous étudierons séparément le littoral et l'intérieur.

*Littoral.* — De l'Onilahy à la baie des Masikoros, on ne trouve que très peu d'eau; aussi les cultures y sont-elles rares et le pays n'offre-t-il que peu de ressources.

Au sud de la baie des Masikoros, le pays est mieux arrosé et, par conséquent, plus fertile; le commerce y est aussi plus actif. Les indigènes achètent ou se procurent par voie d'échange des étoffes et des marmites.

*Royaume de Befotaka.* — Les principaux mouillages que l'on rencontre dans le royaume de Befotaka sont les suivants :
Beheloka, atterrissage de chaloupes, eau potable, population vezo[1].
Besambatra, *id.*
Ankarapona, atterrissage de chaloupes, village à l'intérieur
Amontana, atterrissage de chaloupes, pays désert.
Maromaty, atterrissage de chaloupes, pays désert.
Ambatonasifitsa, *id.* — A marée basse les chaloupes doivent se retirer à Antaribohy à 2 kilomètres au Sud à cause du fond de roches. A 500 mètres de la côte, on trouve, à marée basse, une source d'eau douce.

*Royaume de Tsiverenja.* — Les principaux mouillages sont les suivants : Lanivato, atterrissage de chaloupes. La côte, qui est basse jusque-là, s'élève à partir de ce point; la base des dunes est rocheuse. Les pirogues seules peuvent atterrir à Ambatomijoko, Ampanobé et Lambehitaka (ou Limbetaka). A Lambehitaka, réside un lieutenant de Tsiverenja.

Maharano, atterrissage de chaloupes, étang d'eau douce. La côte s'abaisse.

Itampolo, mouillage de chaloupes; la rade est peu sûre; il y a, dans un petit étang, sur la plage, de l'eau potable, quoique saumâtre. Il doit exister sur cette partie du littoral, notamment à Itampolo et à Lambehitaka, un sous-sol rocheux sur lequel glissent les eaux de pluie; on trouve, dans certains endroits, des excavations qui contiennent de l'eau douce très limpide. A Lambehitaka, les sources sont sur la plage même et ne peuvent être utilisées qu'à marée basse.

*Royaume de Tsihempona.* — Dans le royaume de Tsihempona, on remarque :
Andravana, grand village où l'on trouve de l'eau douce. Le reste de la côte est dépourvu d'eau.
Ankaotaka, mouillage de chaloupes.
Lanirano, mouillage pour navires, gros village, eau douce.
Befefy, mouillage de chaloupes, village à l'intérieur.
Androka ou baie des Masikoros, mouillage pour navires, avec un gros village mi-partie à Tsiverenja, mi-partie à Tsihempona. L'Ilinta, qui s'y

---

1. Ce nom de *Vezo* qui signifie « ramer » s'applique à toute la population maritime du Sud-Ouest et du Sud de Madagascar.

jetté, ne coule pas toute l'année, mais, pendant la saison sèche, on creuse des puits dans son lit. La population est composée de Sakalaves, Vezos émigrés.

Ampalaza, eau et terrains de culture.

Bevalavo, fin du pays mahafaly.

*Intérieur*. — L'intérieur est assez peu connu. Les traitants, en effet, n'y ont jamais pénétré et n'en connaissent rien. Un ouvrage sur le pays mahafaly a été publié par un marin anglais naufragé Drury qui a habité ce pays et le pays sakalave pendant 15 années. M. Grandidier s'occupe en ce moment de donner une édition française de cet ouvrage.

En 1891, M. Estèbe, alors résident à Nosy Vé (Tulléar), avait obtenu du roi l'autorisation d'aller au lac Tsimanampetsotsa (litt. : où il n'y a pas de marsouins); lac qu'a découvert et visité, non sans avoir couru de grands dangers, M. Grandidier en janvier 1869, et qui est fort intéressant au point de vue géographique. Malgré cette autorisation, il fut assailli par les masondranos (veilleurs de plage) et ne parvint qu'avec peine à s'enfuir sain et sauf; son interprète, atteint d'une balle à la cuisse, ne put s'échapper et fut massacré sur place. Ces sortes d'autorisations, comme le fait remarquer M. Bonnemaison, sont presque toujours accordées, parce que le postulant ne manque jamais d'appuyer sa demande d'un cadeau sérieux; mais la réponse du roi n'est pas sans quelque réticence. « Je vous donne l'autorisation que vous sollicitez, répond-il, et vous promets que vous n'aurez rien à craindre de ma part, mais méfiez-vous des malfaiteurs », ce qu'il faut entendre de la façon suivante : « Allez visiter le lac si vous y tenez, mais je donnerai des ordres pour qu'on vous empêche d'y arriver ».

Dans ces conditions, on comprend que nous ne puissions donner sur l'intérieur du pays que des renseignements peu précis et fort incomplets.

*Géographie*. — Du cap Sainte-Marie, ou plutôt de la Menarandra jusqu'à Itampolo (et peut-être plus au Nord), une chaîne de montagnes ou ligne de hauteurs de 7 à 800 mètres d'altitude au moins court parallèlement à la mer, à une distance d'environ 40 kilomètres de la côte.

Au delà de cette chaîne de montagnes, règnent des déserts appelés Fatrambé (grands déserts) et des forêts renfermant des arbres de très grosses dimensions, dont les indigènes se servent pour confectionner les cercueils. D'ailleurs, d'après M. Pacific Payet, les forêts commencent à apparaître à une dizaine de kilomètres de la côte; leur superficie et la nature des essences qu'elles renferment sont à peu près inconnues, à l'exception des arbres à caoutchouc et des arbres à résine et à gomme dont il sera parlé plus loin.

L'eau et les pluies y sont rares; la quantité d'eau qui y tombe annuellement est inférieure à la moyenne de Tulléar, qui est d'environ $0^m,50$ et même à celle de Nosy Vé, qui est de $0^m,30$ à $0^m,40$. Aussi n'y a-t-il pas de pâturages, du moins à proximité du littoral, et les bêtes que l'on achète sur la côte ont la langue garnie d'épines, de raquettes, qui constituent probablement leur unique nourriture; mais les bestiaux ne rongent ni les os ni le bois, comme on l'a prétendu.

# ETHNOGRAPHIE.

D'après M. Payet, il y aurait dans l'intérieur des pâturages d'hiver et des pâturages d'été, où les troupeaux sont envoyés alternativement, si bien qu'ils ne souffrent pas de la saison sèche. On ne conserverait dans les villages que les vaches laitières nécessaires à l'alimentation.

Il n'y existe que deux cours d'eau, la Linta et la Menarandra. On peut voir à Itampolo le lit d'un ancien cours d'eau aujourd'hui entièrement desséché. La Linta ne coule que pendant la saison des pluies (de novembre à avril). La Menarandra a plus d'eau; cependant elle n'arrive jusqu'à la mer que dans les crues exceptionnelles; c'est ce que les indigènes ont du moins affirmé à M. Payet, qui, lui-même, n'a jamais vu la Menarandra atteindre la mer; ses eaux se répandent habituellement en nappes à 2 ou 3 kilomètres de la côte.

On ignore si, dans l'intérieur, il existe des étangs, mais on y rencontre certainement des nappes d'eau souterraines, puisque, pendant la saison sèche, les indigènes creusent des puits pour se procurer de l'eau potable.

Deux régions du pays mahafaly sont un peu plus connues, la région voisine de l'Onilahy et celle d'Ampalaza.

Pour la première, voici les renseignements fournis par les indigènes sur un itinéraire d'Anakao, village sur la côte (en face de Nosy Vé), à Miary qui se trouverait à 15 jours (?) dans l'intérieur à l'Est.

| | | |
|---|---|---|
| D'Anakao à Andranany | 1 jour | Troupeaux de bœufs et de chèvres, volaille. Population relativement dense, mais pays aride, sablonneux sol sans eau, pays de famine faute d'irrigation. |
| Lanjiro (à 1 jour au sud-est d'Isatra sur l'Onilahy, cimetière royal). | 1 — | |
| Tonjaha, Analamena | 2 jours | |
| Kilimaro, Berony, Kalimahavoha. | 3 — | |
| Ambato, Itioso | 2 — | A partir d'Ambato, on longe les contreforts de collines élevées. On s'élève, l'air est plus chaud, il pleut davantage; sol argileux; maïs, pois du Cap, patates, manioc, cannes à sucre, tabac. |
| Kelimitaka | 1 jour | |
| Tanamboaraty | 1 — | |
| Belamboro | 1 — | On traverse une rivière torrentueuse, au lit rocheux, qui vient du Sud, d'un haut plateau dont on longe la base. |
| Manera | 1 — | A Manera, cours d'eau; sol gras, humide, fatigant pour la marche. |
| Beroky | 1 — | |
| Miary | 1 — | |

*Région d'Ampalaza*. — Les habitants ont le teint d'un brun chocolat. Ils sont superstitieux, pillards, mais nullement féroces; ils n'ont aucune moralité. Ils croient aux sorciers, dont l'un, en particulier, a une grande influence sur Tsihempona.

Le roi est assisté de chefs, qui sont ordinairement ses parents. Le commandement est héréditaire; toutefois, le roi nomme les chefs de canton. Le chef du village est le membre le plus âgé de la principale famille. Tous les grands chefs sont parents. Les conditions de la propriété sont les mêmes que dans le reste du pays.

Les bœufs du littoral sont maigres, ceux de la montagne sont en meilleur état; ils se déplacent souvent pour rechercher les pâturages, sans cependant s'éloigner beaucoup du même centre. Sur le bord de la mer, les animaux mangent ou plutôt mordillent le bois et l'écorce des arbres, probablement parce que l'acidité des herbages leur agace les dents. La population boit beaucoup de lait.

A Ampalaza la population cultive la terre pour en vendre les produits; dans l'intérieur la sécheresse empêche toute culture, le sol absorbant l'eau très rapidement. Il y a beaucoup de trous d'eau infectés par l'urine des bœufs.

Les vols de bœufs sont assez fréquents; les rapts d'enfants sont rares.

La baie d'Ampalaza peut, par beau temps et à marée haute, recevoir des bateaux de 30 tonnes.

On n'a d'eau douce que sur le littoral et jusqu'à 3 kilomètres environ du rivage. Dans l'intérieur, l'eau est saumâtre.

La pointe Barrow a un beau port pour navires par beau temps; on y débarque facilement. C'est le point de départ pour le village où habite Tsihempona, à environ 100 kilomètres dans l'intérieur.

Le cap Sainte-Marie n'offre aucun intérêt, ni aucune ressource, au moins depuis que le commerce de l'orseille a été abandonné.

*Productions. Bétail.* — On trouve dans tout le pays de nombreux bœufs, moutons, chèvres; les Mahafalys portent le plus grand intérêt au bétail, qui est leur richesse principale.

*Tortues.* — Très abondantes sur la côte, les tortues se vendent bien à la Réunion, mais le marché en est restreint. Si elles se sont conservées jusqu'ici dans le Sud, c'est parce que les indigènes ne les mangent pas; ils n'osent même pas les toucher ni les prendre pour aller les vendre; aussi les commerçants sont-ils obligés de louer des Sakalaves du Fiherenana ou des Antanosys émigrés pour les faire ramasser dans les plaines qui avoisinent les factoreries.

*Tripan de mer.* — La pêche des tripans a été autrefois très fructueuse.

*Caoutchouc.* — Le commerce du caoutchouc date de 1892; dans les premières années, on en a exporté environ 400 à 500 tonneaux; mais, actuellement, l'exportation annuelle ne dépasse guère une soixantaine de tonneaux, les indigènes ayant presque entièrement détruit les lianes. En revanche, on trouve en abondance dans tout le pays un arbre à caoutchouc, qui est le même que le caoutchouc antandroy ou intisy, avec lequel il semble présenter beaucoup d'analogie. D'après M. Payet, il atteint 2 ou 3 mètres de hauteur, ne porte pas de feuilles et présente un fort renflement à la naissance du tronc; le latex qu'il produit a la même odeur que celui du « laro » (*Euphorbia tirucalli*) de Tuléar, mais ce dernier ne se coagule pas spontanément. L'arbre à caoutchouc du pays mahafaly produit, dit-on, à partir de la cinquième année, une sorte de fruit ovale d'une capacité d'environ 1 litre et qui renferme une certaine pulpe que mangent les indigènes; l'enveloppe du fruit est assez dure pour jouer le rôle de calebasse.

*Gommes, résines.* — Il en existe en grande quantité.

*Orseille.* — L'orseille est abondante, mais, sans emploi depuis la découverte des couleurs d'aniline, elle ne fait plus l'objet d'aucun trafic.

*Mines.* — D'après les renseignements recueillis, il existerait des mines dans l'intérieur du pays.

*Historique.* — D'après Guillain, l'un des auteurs les plus consciencieux qui aient écrit sur Madagascar, le pays mahafaly serait en quelque sorte le berceau, dit-on, des Sakalaves qui seraient venus du pays mahafaly sous la conduite d'un certain Andriandahifotsy (le grand chef blanc). Cet Andriandahifotsy était fils d'Andriamisara, fils d'Andriamandazoalina, fils de Rahorombi-Tsimalefaka, fils d'Andrianalimbé, lequel, d'après la tradition, arriva dans le pays mahafaly venant de l'Est avec « d'autres blancs », peut-être des Arabes, car on sait qu'une colonie arabe (dont descendaient incontestablement les Antaimoros et les Antambahoakas) vint, il y a sept siècles environ, directement de la Mecque s'établir sur la côte Est.

Ainsi, il semble, d'après la tradition et d'après les renseignements recueillis par Guillain, que le pays mahafaly a été visité, sinon occupé pendant un certain temps, par les Arabes venus de la côte Est et que ces Arabes, soit par esprit de conquête, soit que le pays ne leur offrît pas de ressources suffisantes, sont ensuite remontés au nord du Fiherenana.

*Ethnographie.* — De taille moyenne, le Mahafaly a le teint jaune, les cheveux lisses, les lèvres un peu fortes, le nez peu épaté.

Il est d'un naturel plutôt doux, superstitieux et inconsciemment immoral. Il vit en famille, dont le père, ou, à défaut, le frère aîné, est le chef, et qui souvent forme tout le village.

Les Mahafalys sont polygames, surtout les chefs; certains individus ont jusqu'à sept femmes, mais, s'ils en prennent plusieurs, c'est pour les faire travailler. La femme n'a aucune autorité publique; elle s'occupe des soins du ménage, tisse les lambas avec le coton du pays ou la bourre de soie fournie par les vers du pays. En outre, chaque femme a son carré de terrain.

Les enfants appartiennent au mari.

Ces indigènes se nourrissent de fruits, de graines et de laitage; ils ne consomment de viande qu'à l'occasion des sacrifices, des cérémonies ou des réjouissances. Ils mangent, comme friandise, une graine produite par un arbre appelé « atakaka », qu'ils font griller; ils se montrent également friands d'une espèce de résine sucrée que déposent de petits diptères, et que visitent certaines fourmis, sur les feuilles d'un autre arbre nommé « atambora ».

Les villages mahafalys se composent d'une ou de plusieurs familles dont les cases sont construites comme celles de Tulléar. Il sont entourés d'une enceinte formée de nopals ou de broussailles qui ne laissent qu'une seule entrée et qui constituent une véritable défense; ils ont tous leur territoire distinct, et, autour de chacun d'eux, il y a une certaine étendue de terrain qui est défrichée pour la culture et entourée de broussailles et de nopals, comme cela se pratique à Tulléar.

Les tribus se composent d'un certain nombre de villages; le titre et les fonctions de chef y sont héréditaires; elles sont réunies sous l'autorité d'un roi, entouré de chefs qui lui forment une sorte de cour, lui servent de ministres et exercent une grande influence sur ses décisions. Le roi a droit de vie et de mort sur ses sujets, mais il n'en use que pour satisfaire des vengeances personnelles ou pour exécuter des brigands ou des voleurs.

Les indigènes ne payent aucune redevance au roi, ni à ses chefs. Le roi a toujours sa résidence dans l'intérieur, à 50 ou 60 kilomètres de la côte au moins; mais il a, sur la côte, ses « masondranos », qui sont chargés de le prévenir dès qu'un navire prend son mouillage ou qu'il y a des droits importants à percevoir. Ce sont les traitants qui doivent entretenir ces masondranos, et ils ont, de plus, à acquitter entre les mains des « mpitaka » (représentants du roi) des droits de séjour ainsi que des droits de sortie dits « lilintany ».

Dans ces dernières années, les traitants avaient obtenu des chefs indigènes l'autorisation de faire la traite à terre, mais, presque chaque fois qu'on débarquait de grandes quantités de marchandises, les factoreries étaient pillées, aussi bien d'ailleurs chez les Antandroys que chez les Mahafalys. C'est ainsi que les maisons J. Bonnemaison et Hermann, Fulgence et Rozier aîné, de Bourbon, et Thompson, d'Angleterre, furent pillées le 14 mars 1896 par les ministres antandroys accompagnés d'environ 200 hommes armés. Les agents de ces maisons durent s'enfuir dans la brousse et trouvèrent à leur retour leurs cases entièrement pillées, brûlées et détruites.

Instruits par l'expérience, les quelques commerçants, qui font encore le trafic sur ces côtes, ne débarquent plus qu'une très petite quantité de marchandises à la fois, puis, l'échange fait, rapportent à bord le caoutchouc ou les autres produits obtenus et recommencent de même le lendemain. En échange de cotonnades, de marmites, de pois du Cap ou de maïs, les indigènes fournissent du caoutchouc, du bétail, etc.

Outre les droits dont nous venons de parler et qui sont perçus sur les traitants, les rois mahafalys exigent encore des Baras ou des Antanosys émigrés, qui traversent leur territoire pour se rendre dans les ports de trafic, le payement d'un tribut très élevé, atteignant quelquefois jusqu'à la moitié, mais au moins, dans tous les cas, le tiers de la valeur des marchandises.

Dans les guerres ou les expéditions, les chefs ont une grosse part de prises. La conclusion, comme le but de toutes ces guerres, est la réduction à l'esclavage des prisonniers, hommes, femmes et enfants. Les bestiaux sont également razziés. Habituellement, on ne s'empare pas du territoire des vaincus et il n'y a, en général, annexion de territoire que dans les guerres entre rois.

Les hommes valides sont appelés à la guerre au son d'une conque marine « antsiva »; ils font grand bruit avec cet instrument et poussent, en outre, des cris pour effrayer l'ennemi. Au reste, les partis opposés n'ont que de mauvais fusils à pierre et tirent à une distance très respectable; aussi y a-t-il rarement des morts. Les combats singuliers avec la sagaie sont très rares en guerre, mais il s'en présente quelquefois dans les kabarys particuliers, sous l'influence de la colère et surtout du rhum. C'est, en effet, dans des kabarys particuliers que se tranchent tous les différends. Il arrive souvent dans ce cas, comme le fait s'est produit à Tsitampolo, qu'il y a des blessures et même mort d'hommes; les combats corps à corps dans ces circonstances sont assez fréquents, et un grand nombre d'indigènes portent des traces de blessures. Très rarement ils se livrent à des voies de fait sur les blancs, se contentant généralement de les menacer, de les bousculer et de gesticuler, en criant très fort en leur présence.

Le roi, les chefs, les particuliers, ont chacun son troupeau, mais tous les bestiaux des individus d'un même village sont réunis dans le même parc et surveillés par des gardiens communs. Il n'existe dans le pays aucun insecte, ni aucun animal dangereux pour le bétail.

Nous terminerons cette notice par quelques renseignements sur les chefs et par un mot sur la faune du pays.

Le roi Befotaka a une résidence à Lanjiro, non loin de la côte, et une autre à Miary, à quinze jours (?) dans l'intérieur. — Ce dernier village appartient pour moitié à Tsiverenja. Befotaka est âgé de vingt-cinq ans, d'un caractère timide; il est affligé d'une plaie cancéreuse au pied. Il a un frère nommé Radama. Le chef local d'Anakao s'appelle Remanono.

La résidence de Tsiverenja est inconnue.

Les chefs de la côte sont :

Beravo, à Tsitampolo, au bord de la mer.

Boteda, à Limbetaka, à 1 kilomètre de la mer.

Tolondraza, à Lanirano, à 4 kilomètres de la mer.

Angalita, à la baie des Masikoros, au bord de la mer.

La capitale de Tsihempona est aussi inconnue.

Les chefs côtiers sont :

Tsimariry, à Ambohibola, à 2 kilomètres de la mer.

Tsizafy, à Ampalaza, au bord de la mer.

Bekeké, à Androka.

*Faune.* — La faune est sensiblement la même que dans la province de Tulléar. Il n'existe pas d'animaux dangereux. Il y a une sorte de gros chat sauvage, musqué, la queue en panache, le museau allongé et la peau tigrée (civette).

On a trouvé à Tsitampolo des débris d'animaux disparus, tels que l'hippopotame de M. Grandidier, dont M. Payet a rapporté un os frontal.

**Masikoros.** — Les Masikoros (habillés de jonc) ne sont pas une tribu spéciale, comme beaucoup de personnes le croient à tort, c'est la dénomination générale des Malgaches de l'Ouest et du Sud-Ouest qui habitent l'intérieur et ne s'adonnent pas à la navigation; ce sont les paysans, les cultivateurs, en opposition des Vezos ou habitants de la côte qui sont avant tout des pêcheurs.

# CHAPITRE III

## Organisation et administration de la colonie.

Gouvernement général de Madagascar et dépendances.
Gouvernement général. — Bureau des affaires civiles, politiques, commercial, de la comptabilité et des affaires indigènes. — État-major du corps d'occupation. — Division navale de l'océan Indien. — Administration des territoires militaires et des territoires civils.

---

## GOUVERNEMENT GÉNÉRAL DE MADAGASCAR
### ET DÉPENDANCES

MM. Gallieni, C. ✱, O. ✪, général de brigade d'infanterie de marine, commandant en chef du corps d'occupation et gouverneur général de Madagascar et dépendances;
Martin, lieutenant d'infanterie de marine, officier d'ordonnance;
Boucabeille, lieutenant d'infanterie de marine, officier d'ordonnance.

### Bureau des affaires civiles, politiques, commerciales, de la comptabilité et des affaires indigènes.

M. Lallier du Coudray, ✱, commissaire adjoint des colonies H. C., chef de bureau.

#### 1<sup>re</sup> Section :

Affaires civiles et politiques en territoire civil. — Budget. — Service judiciaire. — Service pénitentiaire. — Postes et télégraphes. — Milices. — Travaux publics. — Bâtiments civils. — Transports civils. — Secrétariat du Conseil d'administration et du contentieux.

MM. Hesling, administrateur adjoint, chef de la 1<sup>re</sup> section.
Cardes } commis de résidence.
Philip }

## ADMINISTRATION.

### 2ᵉ Section :

Affaires civiles diverses. — Naturalisation. — Législation. — État civil. — Personnel de tous les services civils. — Demandes d'emploi. — Archives. — Bulletin administratif officiel de la colonie.

MM. Lagriffoul, administrateur adjoint, chef de la 2ᵉ section ;
Lainé, commis de résidence auxiliaire.

### 3ᵉ Section :

Commerce et colonisation. — Domaines. — Service topographique. — Agriculture. — Forêts. — Concessions. — Mines. — Chambres consultatives. — Impôts. — Taxes diverses. — Douanes.

MM. Guyon, administrateur adjoint, chef de la 3ᵉ section ;
Fournier, administrateur adjoint ;
Bonneval
Pouperon  } commis de résidence.
Fontan

### 4ᵉ Section :

Ordonnancement et mandatement des dépenses. — Liquidation des dépenses du personnel. — Solde. — Tenue des contrôles. — Comptabilité. — Mouvements de trésorerie. — Délégations. — Régularisation des dépenses faites en France pour le compte du service local.

MM. Marpaux, administrateur adjoint, chef de la 4ᵉ section ;
Champon, administrateur adjoint ;
Thibers
Vergé  } commis de résidence.
Sibon

### Affaires indigènes.

Affaires indigènes. — Affaires civiles et politiques en territoire militaire. Enseignement. — Cultes.

MM. Lacaze, ✳, administrateur adjoint.

### Imprimerie officielle.

MM. Leiffeit, garde de 2ᵉ classe d'artillerie de marine, H. C., administrateur de l'imprimerie ;
Bailly, correcteur, chef de composition ;
Barincou  } commis de résidence.
Hubert

#### Conseil d'administration :

*Président :*

MM. le général Gallieni, commandant en chef du corps d'occupation et gouverneur général de Madagascar et dépendances.

*Membres :*

LALLIER DU COUDRAY, chef du bureau des affaires civiles du gouvernement général ;
CRAYSSAC, inspecteur des colonies ; directeur des finances et du contrôle ;
DUCHESNE, procureur général p. i., chef du service judiciaire ;
X..., commissaire, chef des services administratifs ;
BARTHOLOMÉ, chef du service des domaines, conservateur de la propriété foncière.

*Secrétaire archiviste :*
HESLING, administrateur adjoint.

## Conseil du contentieux administratif.

Les membres du Conseil d'administration, auxquels sont adjoints deux magistrats nommés, au commencement de chaque année et pour sa durée, par arrêté du gouverneur général.

Le même arrêté désigne deux autres magistrats comme membres suppléants pour remplacer, au besoin, les premiers.

Les fonctions du ministère public sont remplies par le directeur des finances et du contrôle, qui prend le titre de commissaire du gouvernement.

Le secrétaire archiviste du Conseil d'administration remplit les fonctions de greffier.

## Conseil de défense.

Le gouverneur général, *président* ;
Le commandant en chef du corps d'occupation ;
Le commandant de la division navale ;
L'officier supérieur commandant les troupes du territoire où se réunit le Conseil ;
L'administrateur local ou l'officier supérieur qui en remplit les fonctions ;
Le chef des services administratifs ;
Le chef du service de l'artillerie ;
— — du génie ;
Le chef d'état-major du général commandant en chef du corps d'occupation.

Le chef du service de santé est appelé de droit au sein du Conseil de défense pour les questions qui intéressent son service. Il a voix délibérative sur ces questions.

## État-major du corps d'occupation.

MM. Gérard, ✻, chef de bataillon d'infanterie de marine, chef d'état-major ;
Dubois, capitaine d'artillerie faisant fonctions de sous-chef d'état-major ;
Michel, lieutenant d'artillerie de marine, adjoint au chef d'état-major.

### 1ᵉʳ *Bureau* :

Personnel militaire. — Budget militaire. — Administration des corps et services. — Service de santé. — Recrutement. — Mobilisation. — Réserves. — Justice militaire. — Sociétés d'assistance. — Œuvres des tombes. — Télégraphie optique.

M. Faudet, ✻, capitaine d'infanterie de marine, chef de bureau.

### 2ᵉ *Bureau* :

Opérations militaires. — Transports. — Ravitaillements. — Artillerie. — Génie. Travaux et constructions. — Remonte. — Renseignements.

M. Debon, capitaine d'artillerie de marine, chef de bureau.

### 3ᵉ *Bureau* :

Service topographique. — Section de géodésie.

M. Mérienne-Lucas, capitaine d'infanterie de marine, chef de bureau.

### 4ᵉ *Bureau* :

Presse. — Journal officiel. — Revue. — Notes. — Reconnaissances et explorations.

M. Baudoin, capitaine d'infanterie de marine, chef de bureau.

## Archives.

Situations périodiques. — Contrôle. — Rengagements. — Pensions et secours. Réformes. — Retraites.

M. Jaubert, archiviste principal.

## Liste des chefs de corps et de services militaires.

### *Chefs de corps* :

MM. Houry, colonel, commandant le 13ᵉ régiment d'infanterie de marine ;
Heiligenmeyer, lieutenant-colonel, commandant le régiment colonial ;
Le Camus, lieutenant-colonel, commandant le 1ᵉʳ régiment de tirailleurs malgaches ;
Schneider, lieutenant-colonel, commandant le 2ᵉ régiment de tirailleurs malgaches ;
Cussac, chef de bataillon, commandant le bataillon de la légion étrangère.

*Chefs de services :*

MM. DE PASQUET, lieutenant-colonel, directeur de l'artillerie;
ROQUES, chef de bataillon, directeur du génie;
X..., commissaire, chef des services administratifs;
LIDIN, médecin en chef de 2ᵉ classe, directeur du service de santé;
COMTE, capitaine de gendarmerie, chef du service de la prévôté;
TATIN, vétérinaire en second, chef du service vétérinaire.

## Division navale de l'océan Indien.

*État-major du chef de division :*

MM. HUGUET, capitaine de vaisseau, chef de la division navale;
LOUEL, lieutenant de vaisseau, adjudant de division;
NEVEU, mécanicien principal de 1ʳᵉ classe, mécanicien de la division;
LE MOINE, sous-commissaire, commissaire de division;
DUVILLE, médecin de 1ʳᵉ classe, médecin de division.

### *La-Pérouse.*
Croiseur de 3ᵉ classe. — 1 750 chevaux. — 15 canons.

MM. HUGUET, capitaine de vaisseau, commandant;
LE CLERC, capitaine de frégate, second.

### *Fabert.*
Croiseur de 3ᵉ classe. — 1 300 chevaux. — 3 canons.

MM. FORESTIER, capitaine de frégate, commandant;
MORTENOL, lieutenant de vaisseau, second.

### *Pourvoyeur.*
Aviso-transport. — 560 chevaux. — 2 canons.

MM. GARNAULT, lieutenant de vaisseau, commandant;
JURAMY, enseigne de vaisseau, second.

### *Météore.*
Canonnière. — 300 chevaux. — 4 canons.

MM. SAGOT-DUVAUROUX, lieutenant de vaisseau, commandant;
URVOY, enseigne de vaisseau, second.

### *Surprise.*
Canonnière. — 500 chevaux. — 2 canons.

MM. CARON, lieutenant de vaisseau, commandant;
LENOBLE, enseigne de vaisseau, second.

## TERRITOIRES MILITAIRES

### 1ᵉʳ Territoire.

Chef-lieu Manjakandriana.

Commandant de territoire, M. le lieutenant-colonel GOUTTENÈGRE.

3 Cercles :

D'Anjozorobé, chef-lieu Anjozorobé, commandant POURRAT.
De Tsiafahy, — Tsiafahy, — LAVOISOT.
De Moramanga, — Moramanga, capitaine MAILLARD.

#### Cercle d'Anjozorobé.

Officier de renseignements, lieutenant MONTOYA ;
Officier chancelier, lieutenant LEFÈVRE.

4 Secteurs :

Secteur d'Anjozorobé.
Secteur A, commandant de secteur, capitaine DE DOUHET.
— B, — lieutenant REITZ.
— C, — capitaine LEBLANC.

#### Cercle de Tsiafahy.

4 Secteurs :

Secteur de Manjakandriana, commandant de secteur, lieutenant LAPORTE.
— Imerinarivo, — capitaine DAGNAUX.
— Andramasina, — lieutenant AÉPEZ.
— Tsinjoarivo, — capitaine RUILLIER.

#### Cercle de Moramanga.

4 Secteurs :

Secteur de Moramanga, commandant de secteur, capitaine MAILLARD.
— Marovato, — lieutenant TALAY.
— Sabotsy, — — MAIGEL.
— Beparasy, — sous-lieutenant CAMES

### 2ᵉ Territoire.

Chef-lieu Soavinandriana.

Commandant de territoire, lieutenant-colonel SUCILLON.

3 Cercles :

De Betafo, chef-lieu Betafo, commandant DURAND.
De Miarinarivo, chef-lieu Miarinarivo, — CUSSAC.
De Morondava, — Morondava, — PUTZ.

2 *Cercles annexes* :

D'Ankavandra, chef-lieu Ankavandra, capitaine Gallois.
Du Betsiriry. — Miandrivazo, — Lucciardi.

### Cercle de Betafo.

Commandant Durand ;
Officier adjoint, lieutenant Maritz.

5 *Secteurs* :

D'Antsirabé, lieutenant Fagneux.
D'Inanatonana, X.
De l'Ankaratra, capitaine de Thuy.

### Cercle Miarinarivo.

Chef-lieu Miarinarivo.

Commandant Cussac ;
Officier de renseignements, lieutenant Quinet ;
Chancelier, lieutenant Récamier.

5 *Secteurs* :

Du Mandridrano, chef-lieu Soavinandriana, lieutenant Vaillant.
Du Mamolakazo, — Miarinarivo, capitaine Grezel.
De Tsiroanomandidy, — Tsiroanomandidy, adjudant Raesberg.
De Makarainga — Makarainga, capitaine Deleuze.
Du Valalafotsy, — Ambohijanamasoandro, — Philippe.

### Cercle de Morondava.

5 *Districts* :

1er district, chef-lieu Andemba, capitaine Maurin.
2e — — Bekopaka, — Orlanducci.
3e — — Ambiky, — Mazillier.
4e — — Mahabo, — Dulin.
5e — — Ambohibé.

### Cercle-annexe d'Ankavandra.

Commandant, capitaine Gallois ;
Officier de renseignements, lieutenant Billecocq ;
Marofenobé, lieutenant Desaulty.

### Cercle annexe du Betsiriry.

Commandant, capitaine Lucciardi.

(Dépendant du cercle de Betafo). Chef-lieu Miandrivazo.

## 3ᵉ territoire.
### Chef-lieu Tananarive.

Commandant de territoire, colonel Houry;
Officier de renseignements, capitaine Brun.

### 2 Secteurs :

D'Ambohimanga, chef-lieu Ambohimanga, lieutenant Thiébault.
De Fenoarivo, — Fenoarivo.

### 1 Cercle annexe :

D'Arivonimamo, chef-lieu Arivonimamo, commandant Taupin.

## 4ᵉ Territoire.
### Chef-lieu Ankazobé.

Commandant de territoire, lieutenant-colonel Lyautey.

### 2 Cercles :

D'Ankazobé,
De Maintirano, commandant Ditte.

### 2 Cercles annexes :

De Mevatanana,
De la Mahavavy.

### Cercle d'Ankazobé.

### 7 Secteurs :

Secteur de Manankasina, chef-lieu Manankasina, capitaine Freystatter.
— de Fihaonana, — Fihaonana, lieutenant Edighoffen.
— d'Ankazobé, — Ankazobé, capitaine Bloch.
— de Vohilena, — Vohilena, — Granet.
— d'Antsatrana, — Antsatrana, — Remond.
— de Kiangara, — Kiangara. — Mayeur.
— de Makarainga, — Makarainga, — Deleuze.

### Cercle de Maintirano.
### Chef-lieu Maintirano.

Commandant Ditte.

### Cercle annexe de Maevatanana.
### Chef-lieu Andriba.

Capitaine Mayer.

### 2 Secteurs :

Secteur de Mevatanana, lieutenant Maroix.
— d'Andriba.

*Cercle annexe de la Mahavavy.*

2 *Secteurs :*

Andemba, capitaine Maurice.
Manambolo, — Orlanducci.

*Cercle d'Ambatondrazaka.*

Chef-lieu Ambatondrazaka.

Commandant Lamolle.

5 *Secteurs :*

D'Ambatondrazaka,
D'Antanimenakely, capitaine Bruat.
D'Anosimboahangy, lieutenant Brunscher.
D'Amparafaravola,
De Morarano, capitaine Gubian.

*Cercle des Baras et des Tanalas.*

Chef-lieu Ivohibé.

Commandant Cléret ;
Officier de renseignements, sous-lieutenant Jacquier ;
Chancelier, lieutenant Bouin, à Tamotamo.

*Cercle annexe de Fort-Dauphin.*

Chef-lieu Fort-Dauphin.

Capitaine Brulard.

3 *Secteurs :*

De Fort-Dauphin, chef-lieu Fort-Dauphin, capitaine Brulard
Des Antandroys, — Behara, lieutenant Prévost.
Des Antanosys, — Ambolo, — Cornetto.

## Territoires civils.

*Province de Diego-Suarez*

Administrateur-maire, M. Titeux.

4 *Districts :*

District de Vohémar, administrateur, M. Faucon.
— de Sahambava, — lieutenant Gillet.
— d'Antalaha, — M. Goujon.
— de Lokia, — N.

### Province de Maroantsetra.

Administrateur, M. le capitaine Rossi.

2 *Districts* :

District de Maroantsetra.
— de la Mananara, administrateur, N.

### Province de Fénerive.

Administrateur, M. Vergnes.

3 *Districts* :

District de Fénerive.
— de Mahambo.
— de Foulepointe.

### Province de Tamatave.

Administrateur, M. de Beckmann.

### Sainte-Marie.

Administrateur-maire, M. Cercus.

### Province d'Andévorante.

Administrateur, commandant Marciani.

5 *Districts* :

District d'Andévorante.
— de Vatomandry, administrateur, lieutenant Cazeaux.
— de Mahanoro, — M. Chessé.
— d'Anosibé, — lieutenant Braconnier.
— de Beforona, — capitaine de Mondésir.

### Province de Mananjary.

Administrateur, capitaine Compérat.

2 *Districts* :

District de Mananjary.
— d'Ambohimanga du Sud, administrateur, M. Durand.

### Province de Farafangana.

Administrateur, M. Cardenau.

4 *Districts :*

District de Farafangana.
— Vohipeno, administrateur, M. Murat.
— d'Ikongo, — lieutenant Clavier.
— de Vangaindrano, — N.

*Province de Tulléar.*

Administrateur, M. Estèbe.

2 *Districts :*

District de Tulléar.
— d'Ankazoabo, administrateur, M. Marcoz.

*Province du Betsileo.*

Administrateur, M. Besson.
District d'Ambositra, administrateur, M. Louédin.

*Provinces sakalaves de la côte Nord-Ouest.*

3 *Provinces :*

Province de Nossi-Bé,
— Analalava.
— Majunga.

*Nossi-Bé.*

Administrateur-maire, M. Chauvot.

6 *Districts ou secteurs :*

District des Antankaras n° 1, administrateur, M. Pujol.
— — 2 — M. Huré.
— — 3 — M. Siadisso.
— des Sakalaves-Bemavazas n° 1 — M. Ravon.
— — 2 — M. Ettori.
— des Bemihisatras, — N.

*Analalava.*

Administrateur, M. Guédès.

6 *Secteurs :*

Secteur de Mandritsara, administrateur, M. Martin.
— de Befandriana, — M. Deglesne.
— de Bealanana, — M. Gouraud.
— de Befotaka, — M. Ayrault.
— d'Ampasindava, — N.

*Majunga.*

Administrateur, M. Martin.

    7 *Districts* :

District de Majunga,    administrateur, M. Bénévent.
— de Marovoay,    —    M. Sagette.
— d'Ambato,    —    M. Milkowski.
— de Mahajamba,    —    M. Vivié.
— de Mahabo,    —    N.
— d'Ambongo,    —    Saïdina.
— de Tsiarasa et Binao,    —    M. Frontin.

38 449. — PARIS, IMPRIMERIE LAHURE

9, rue de Fleurus, 9.

www.ingramcontent.com/pod-product-compliance
Lightning Source LLC
Chambersburg PA
CBHW060516230426
43665CB00013B/1543